O Death, thou comest when I had thee least in mind!

MÜNCHENER UNIVERSITÄTSSCHRIFTEN

Texte und Untersuchungen zur Englischen Philologie
herausgegeben von Helmut Gneuss, Hans Sauer und Wolfgang Weiß

Band 34

PETER LANG

Frankfurt am Main · Berlin · Bern · Bruxelles · New York · Oxford · Wien

Matthias Galler

O DEATH, THOU COMEST WHEN I HAD THEE LEAST IN MIND!

Der Umgang mit dem Tod in der mittelenglischen Literatur

PETER LANG
Europäischer Verlag der Wissenschaften

Bibliografische Information der Deutschen Nationalbibliothek
Die Deutsche Nationalbibliothek verzeichnet diese Publikation in
der Deutschen Nationalbibliografie; detaillierte bibliografische
Daten sind im Internet über <http://www.d-nb.de> abrufbar.

Zugl.: München, Univ., Diss., 2006

Diese Arbeit wurde durch ein
Begabtenstipendium
der Hanns-Seidel-Stiftung
aus Mitteln des Bundesministeriums
für Bildung und Forschung (BMBF) gefördert.

Gedruckt auf alterungsbeständigem,
säurefreiem Papier.

D 19
ISSN 0178-1383
ISBN 3-631-55975-5
© Peter Lang GmbH
Europäischer Verlag der Wissenschaften
Frankfurt am Main 2007
Alle Rechte vorbehalten.

Printed in Germany 1 2   4 5 6 7

www.peterlang.de

Vorwort

Diese Arbeit wurde im Wintersemester 2005/06 von der Philosophischen Fakultät für Sprach- und Literaturwissenschaften an der Ludwig-Maximilians-Universität München als Dissertation angenommen. Mein Dank gilt an vorderster Stelle Herrn Prof. Dr. Hans Sauer, der mich nicht nur bei meiner Arbeit an der Dissertation mit vorbildlicher Zuverlässigkeit und großem Engagement betreut hat, sondern auch bei der Vorbereitung meines Forschungsjahres in Edinburgh oder bei der Bewerbung um Fördermittel oder Praktika alles in seiner Macht Stehende für mich getan hat. Gleichfalls danke ich dem Zweitgutachter Herrn Prof. Dr. Andreas Höfele, der mir Gelegenheit gab, die Arbeit im Rahmen seines literaturwissenschaftlichen Kolloquiums vorzustellen und Herrn Prof. Dr. Bernhard Teuber für seine Teilnahme an der Disputation. Herrn Prof. Dr. Helmut Gneuss danke ich für die aufmerksame und sehr gründliche Durchsicht der Druckfassung und für viele wichtige Hinweise. Für Anregungen danke ich ferner Frau Dr. Ursula Lenker, Frau Dr. Renate Bauer und den Teilnehmerinnen und Teilnehmern des Oberseminars „Historische Sprachwissenschaft, mittelalterliche Literatur und Kultur". Der Hanns-Seidel-Stiftung danke ich für die Bewilligung eines Promotionsstipendiums, mit dem ich während der vergangenen Semester meinen Lebensunterhalt finanzieren konnte und welches mir die Teilnahme an Wochenendseminaren in Wildbad Kreuth und Kloster Banz und an Veranstaltungen mit aktueller politischer Thematik im Konferenzzentrum der Stiftung in München ermöglichte.

Für ihre Gastfreundschaft und ihr reges Interesse an meiner Arbeit danke ich den Dozenten vom Department for English Literature der Universität von Edinburgh: Herrn Dr. David Salter für die Einladung in sein Seminar „Medieval Romance" und für Anregungen vor allem zu meinem Romanzenkapitel und Herrn Prof. Dr. R.S.D. Jack für sein Seminar „Early Poetic Visions of Scotland" und für regen Gedankenaustausch über *The Bruce*, *The Wallace* und die Lyrik Dunbars. Danken möchte ich insbesondere dem Leiter des mediävistischen Postgraduiertenkollegs der Uni Edinburgh, Herrn Dr. Sergi Mainer, der mich schon kurz nach meiner Ankunft in Edinburgh empfangen und am Department eingeführt hat, mir Gelegenheit gab, mein Projekt dem Postgraduiertenkolleg vorzustellen, mir seine zu diesem Zeitpunkt noch unveröffentlichte Dissertation über mittelschottische Romanzenliteratur zur Verfügung stellte und für ein geselliges Miteinander aller Doktoranden mediävistischer Disziplinen sorgte.

Gedankt sei auch Frau Claudia Stegmüller vom Verlagshaus Peter Lang für ihre aufmerksame Betreuung des Dissertationsdrucks, Sönke und Wolf für Rat und Tat und ganz besonders meinen Eltern, auf deren Unterstützung ich mich stets verlassen konnte.

Matthias H. Galler

Inhaltsverzeichnis

Abkürzungsverzeichnis

ae.	altenglisch
Brown XIII	Carleton Brown, *English Lyrics of the Thirteenth Century*, Oxford 1932
Brown XIV	ders., *Religious Lyrics of the Fourteenth Century*, Oxford 1924
Brown XV	ders., *Religious Lyrics of the Fifteenth Century*, Oxford 1939
ChR	*Chaucer Review*
ders.	derselbe
DVJS	*Deutsche Vierteljahrschrift für Literaturwissenschaft und Geistesgeschichte*
EETS	Early English Text Society
EETS OS	Early English Text Society Original Series
EETS ES	Early English Text Society Extra Series
EETS SS	Early English Text Society Supplementary Series
ELH	*English Literary History*
ESEL	Early South English Legendary
JEGP	*Journal of English and Germanic Philology*
Hg.	Herausgeber
hg. v.	herausgegeben von
Hs	Handschrift
Kap.	Kapitel
me.	mittelenglisch
MLQ	*Modern Language Quarterly*
NW	Nine Worthies
PMLA	*Periodical of the Modern Language Association*
ScL	*Scottish Legendary*
SEL	*South English Legendary*

Abbildungsverzeichnis

- S. 5: Skelett als Bogenschütze. Detail eines Holzschnittes zu Geiler von Kaiserspergs Predigten, Deutschland 1514, Abbildung aus Thomas S. Boase, *Death in the Middle Ages. Morality, Judgement and Remembrance*, London 1972, Titelseite.
- S. 18: Holzschnitt aus „Danse macabre" von Guyot Marchaut, Paris 1485, Abbildung aus Johan Huizinga, *Herbst des Mittelalters*, dt. Ausgabe von Kurt Köster, Stuttgart 1987, S. 167.
- S. 158: Miniatur aus „La Science de Bien Mourir", einem französischen Sterbebüchlein des 15. Jahrhunderts, Abbildung aus Boase, *Death in the Middle Ages*, S. 120.
- S. 160: Holzschnitt zur Illustration der Ungeduld („impatience") des Sterbenden angesichts der Schmerzen des Todeskampfes, ebenfalls aus Boase, *Death in the Middle Ages*, S. 120.

1. Das Todesverständnis des Spätmittelalters

Die mittelalterliche Epoche unterscheidet sich auf Grund der Vorherrschaft des Christentums merklich von der experimentierfreudigen Geisteskultur der griechischen Antike. Die menschliche Erkenntnis galt schlichtweg für abgeschlossen. Weite Bereiche der antiken Kulturleistungen waren in Vergessenheit geraten oder wurden erst allmählich wiederentdeckt. Zum weltanschaulichen Angelpunkt wurden die Bibel und die Schriften der Kirchenväter. Aufgabe der Bildungsträger konnte im Mittelalter nur noch sein, in der Erwartung des Jüngsten Gerichtes und der Wiederkehr Christi tradiertes Wissen der Welt und der Nachwelt zu vermitteln. Die Kirche befand sich auf dem Höhepunkt ihrer Macht in Europa und verstand sich als Hüterin einer kodifizierten christlichen Orthodoxie.

Der Hl. Augustinus (354-430 n. Chr.) entwickelte eine Lehre, mit der er das biblische und das platonische Todesverständnis in Einklang zu bringen versuchte. Er beschrieb in *De civitate Dei* (13. Buch) vier verschiedene Arten von Tod: (1) den der Seele, der eintritt, wenn Gott diese verlässt; (2) den Tod des Leibes; (3) den der Seele und des Leibes zusammen, d.h. den Tod des sündigen Menschen, und (4) den zweiten Tod des sündigen Menschen nach seinem Erscheinen vor dem Jüngsten Gericht als Einheit von Leib und Seele.[1] Die Todesauffassung des Mittelalters war wie jeder andere Aspekt seiner Geisteskultur von einem Weltbild bestimmt, in dem sich alles Geschehen in eine theozentrische Gesamtordnung fügte. Krankheit und Tod wurden im Mittelalter den Machenschaften des Bösen zugeschrieben, dem jedoch zugleich die Funktion zuerkannt wurde, dem Gläubigen eine Gelegenheit zur Läuterung und Bewährung zu bieten und ihn auf das Paradies vorzubereiten. Mit dem Sieg des Christentums setzt sich in der Spätantike ein Todesverständnis durch, demzufolge – wie von Platon vorweggenommen - der Tod nicht das Ende der menschlichen Existenz bedeutet, sondern das Tor zur Ewigkeit öffnet – denjenigen, die im Sterben mit sich und mit Gott im Reinen sind. Insbesondere das Spätmittelalter maß deshalb der Sterbestunde eine überragende Bedeutung für das Seelenheil bei. Es kam zu einer „Dramatisierung von Tod und Sterben".[2] Das Leben verlor an Eigenwert, die *ars vivendi* wich der *ars moriendi*. Mit dieser Bewusstseinsänderung verlor der Leib an Wert, was sich vor allem anhand der bildenden Kunst beobachten lässt, während die Bedeutung der Seele in den Vordergrund rückte.

Der Glaube an die Auferstehung Christi ist die Grundlage für das christliche Todesverständnis. So lässt sich dem Brief des Apostels Paulus (1:21-23) an die Philipper entnehmen, dass er sich über seine Verurteilung und bevorstehende

---

[1] Bernhard Sheridan, *Der Tod des Menschen als geschichtsphilosophisches Problem*, Frankfurt am Main 2000, S. 121.
[2] Sheridan, *Der Tod des Menschen*, S. 80.

Hinrichtung regelrecht freute, da er sich so der Gemeinschaft mit dem gekreuzigten und auferstandenen Christus sicher sei. Durch seinen Märtyrertod
könne er ein Glaubenszeugnis ablegen. Die Hoffnung auf ein Leben nach dem
Tod einerseits sowie die Furcht vor dem göttlichen Strafgericht andererseits
prägten die Haltung des mittelalterlichen Menschen zum Tod. Dass das Mittelalter eine andere Konzeption von Tragik entwickelte als Antike und Neuzeit, hat
auch mit dem Todesverständnis der Epoche zu tun: Das mittelalterliche
Passionsspiel endet nicht mit dem Tod, sondern mit der Auferstehung Christi
bzw. dem Jüngsten Gericht. Das Leben eines mittelalterlichen Helden ist auf
Gott hin ausgerichtet, dies gilt für die Heiligen der Hagiographie ebenso wie für
die Romanzenhelden oder die Menschheitsfiguren der Moralitäten.

Eine umfassende Gesellschaftsstudie zu Lebens- und Geistesformen des
europäischen Spätmittelalters wurde 1924 von dem niederländischen Gelehrten
Johan Huizinga veröffentlicht. Im elften Kapitel seines *Herbst des Mittelalters*[3]
geht er auf das „Bild des Todes" des Spätmittelalters ein und kommt zu dem
Schluss, dass sich keine Epoche der Menschheitsgeschichte so intensiv mit dem
Sterben auseinandergesetzt habe wie diese: „Keine Zeit hat mit solcher Ein-
dringlichkeit jedermann fort und fort den Todesgedanken eingeprägt wie das
fünfzehnte Jahrhundert. Unaufhörlich hallt durch das Leben der Ruf des Memento mori."[4] Diese ausgesprochen pessimistische Epoche nahm die Welt allein
unter dem Aspekt der Vergänglichkeit wahr. Ein häufiges Motiv in der Literatur
sei dementsprechend die bereits in antiker Literatur gebräuchliche *Ubi-sunt*-
Formel,[5] die François Villon in seiner *Ballade des dames du temps jadis* verwendet.

Die Epoche war geprägt von einem tief wurzelnden Gefühl der Lebens-
und Weltverachtung (*contemptus mundi*). Huizinga glaubt dabei eine frappie-
rende Ähnlichkeit zwischen dem buddhistischen und dem christlich-mittelalterlichen Weltverständnis zu erkennen (S. 162). Den Anstoß für die lebensfeindliche Haltung des Spätmittelalters gab ein Traktat aus dem 12. Jahrhundert
von Lothaire de Segni, dem späteren Papst Innozenz III. (*De contemptu mundi*).
Dort werden die unangenehmen, abstoßenden Aspekte der Zeugung, der Geburt
und des Heranwachsens des Menschen aufgelistet: Sein Eingang ins Diesseits
werde begleitet von Unreinheit und Gestank, von den Schmerzen der Mutter,
von Traurigkeit und Furcht. Das mittelalterliche Bewusstsein der Vergänglichkeit irdischer Schönheit erläutert Huizinga anhand einer weiteren Ballade
Villons, *La belle heaulmière*, in der eine einst unwiderstehliche Pariser Kurti-
sane ihre früheren Reize mit dem Verfall ihres alten Körpers vergleicht.

---

[3] Deutsche Ausgabe von Kurt Köster, Stuttgart 1987; Original *Herfsttij der middeleeuwen*
erschienen in Leyden 1924.
[4] Huizinga, *Herbst des Mittelalters*, S. 159. Seitenangaben im Text beziehen sich in der Folge
auf die deutsche Ausgabe (1987) dieses Werkes.
[5] Zum Gebrauch dieser Formel in der mittelenglischen Todeslyrik siehe Kap. 2.1.

Im dreizehnten Jahrhundert kam in Frankreich die *Legende von den drei Lebenden und den drei Toten* auf. Diese schildert eine Begegnung dreier Edelleute mit drei halbverwesten Leichnamen, die auf ihre vormalige Größe hinweisen und vor dem baldigen Ende des Lebens warnen. Die Szene findet sich ab dem vierzehnten Jahrhundert gehäuft in Form von Wandmalereien an Kirchen und Friedhöfen, so am Portal der Kirche der Innocents in Paris und als Motiv in der zeitgenössischen französischen Literatur. Dabei wird häufig eine Identität der drei Lebenden mit den Toten suggeriert, so ist z.b. jeweils einer der drei jung, ein zweiter mittleren Alters und der dritte alt oder sie tragen dieselbe Kleidung und Standesinsignien wie ihr jeweiliges Gegenüber (die Toten freilich nur Kleiderfetzen). Ein lateinischer Bildtext erläutert häufig die Darstellungen: „Fuimus, quod estis; sumus, quod eritis".[6] Die *Legende* will Menschen aller Stände und Altersgruppen eine Warnung vor der Vergänglichkeit des Lebens geben.

Ein weiteres Motiv der bildenden Kunst und der Literatur der Epoche, das ebenfalls aus Frankreich kam und sich im fünfzehnten Jahrhundert über ganz Europa ausbreitete, ist der Totentanz. Den Darstellungen der tanzenden Toten verdanken wir das Adjektiv *makaber*, mit dem sich, so Huizinga, gleichsam die gesamte spätmittelalterliche Vision des Todes charakterisieren lasse. Es leitet sich von der französischen Bezeichnung für den Totentanz (*danse macabre*) ab, die ursprünglich auf einen Eigennamen zurückgeht: „je fis de Macabré la dance", schreibt der Dichter Jean le Fèvre.[7] Die bekannteste bildhafte Darstellung des Tanzes befand sich auf dem Friedhof der Innocents in Paris, dessen Säulengang mit Wandmalereien ausgestaltet war. Diese verschwanden zwar im 16. Jahrhundert mit dem Abbruch des Säulengangs, Kopien sind jedoch an zahlreichen Kirchenbauten in Frankreich, Deutschland und England und nicht zuletzt auch in Form von Holzschnitten, veröffentlicht von dem Pariser Drucker Guyot Marchaut im Jahr 1485, erhalten.[8]

Beim Totentanz handelt es sich um eine Szenenfolge, bei der jeweils ein repräsentatives Mitglied der mittelalterlichen Ständegesellschaft (Papst, Kaiser, Kardinal, König, Bischof, Fürst, Bürger, usw. bis hin zum Bauern) von einer Todesfigur zum „Tanz" aufgefordert wird. Es handelt sich bei den halbverwesten Leichen aber weniger um den personifizierten Tod als, ähnlich wie in der *Legende*, um ein Zerrbild des jeweiligen Todeskandidaten, eine Projektion seiner selbst in seine Zukunft. In den französischen Versen wird die Figur deshalb auch nicht als *la mort* (,der Tod') bezeichnet, sondern als *le mort* (,der Tote'), bzw. *la morte* (,die Tote').

---

[6] „Wir waren, was ihr seid; wir sind, was ihr sein werdet". Das Standardwerk zu dem Thema stammt von Karl Künstle, *Die Legende von den Drei Lebenden und den Drei Toten*, Freiburg 1908.

[7] Huizinga, *Herbst des Mittelalters*, S. 165.

[8] Abbildung auf folgender Seite aus Huizinga, *Herbst des Mittelalters*, S. 167.

18

Der Reihe der „Tänzer" wurden im Lauf der Jahrzehnte weitere Mitglieder der
mittelalterlichen Gesellschaft hinzugefügt, etwa das Kind, der Einsiedler, oder
eine Reihe von Frauenfiguren, von denen es zwar nicht für jeden männlichen
Standes- und Berufsrepräsentanten ein Äquivalent gab, die aber dafür in
verschiedenen Lebensphasen auftraten, als Geliebte, Braut, Jungverheiratete und
Schwangere.[9] Der Totentanz betont demnach neben der Unausweichlichkeit des
Todes auch die Gleichheit aller Menschen vor dem Tod. Niemand, auch nicht
die Spitzen der mittelalterlichen Gesellschaft, könne sich seinem Ruf
widersetzen. Der Tod erscheint als der große Gleichmacher.[10] Bernhard
Sheridan misst den Totentänzen eine so große Bedeutung zu, dass er dieser
Auffassung vom Tode, die eine Relativierung der sozialen Unterschiede
verkündet, Rückwirkungen auf das damalige gesellschaftliche Leben zutraut.
Das in den Totentänzen dargestellte Todesverständnis erteile dem Betrachter
eine Lektion gesellschaftlicher Gleichheit und stelle die Überwindung von
Standesbarrieren dar.[11] Das Spätmittelalter, so Huizinga weiter, stellte sich die
Sterbestunde als besonders schrecklich vor, als ultimative Bewährungsprobe des
Menschen (*Moriens*), dessen Widerstandskraft gegen die Versuchungen der
Dämonen über die Zukunft seiner Seele entschied. Der von Christus wiederer-
weckte Lazarus habe seit seiner Rückkehr aus dem Jenseits nichts anderes als
ein jammervolles Grausen vor dem Tode gekannt, den allein er schon einmal
erlitten habe. Der Todeskampf galt als das erste der *quattuor hominum novis-*

---

[9] Huizinga, *Herbst des Mittelalters*, S. 169.
[10] Siehe Kap. 2.1.4, „Death the Leveller". Eine Übersetzung der *Danse macabre* ins Mittelenglische stammt von John Lydgate, siehe dazu Kap. 2.1.
[11] Sheridan, *Der Tod des Menschen*, S. 86/87.

19

sima, der letzten vier Dinge, die sich der Mensch ständig vor Augen halten sollte: Tod, Jüngstes Gericht, Hölle und Himmel. Huizinga skizziert ferner die literarische Tradition der *Ars-moriendi*-Traktate und Blockbücher, die dem Menschen bei der Bewältigung der schwierigsten Aufgabe seines Lebens, dem eigenen Sterben, helfen wollten.[12]

Erna Döring-Hirsch veröffentlichte 1927 eine kulturhistorische Studie mit dem Titel *Tod und Jenseits im Spätmittelalter*, in der sie sich auf das Todesverständnis des Bürgertums im deutschsprachigen Raum konzentriert.[13] Auch sie konstatiert „ein starkes Hervortreten des Problems vom Tode" (S. 1) in der literarischen und künstlerischen Produktion der Epoche und fragt nach den Gründen dieser Geisteshaltung. Diese seien in erster Linie die verheerenden Auswirkungen der Pestepidemien (ab 1348/9), die über Europa hinwegfegten, ferner die allgemeine Unsicherheit und die vielen Möglichkeiten eines frühen Todes, sei es durch Krankheit, Unfall, im Kindsbett, auf Reise oder auf Grund der nicht enden wollenden Fehden. Die Menschheit reagierte auf das Massensterben in Folge der Pestepidemien auf diametral entgegengesetzte Weise, die einen mit ausschweifender Lebenslust (S. 7), andere mit exzessiver Frömmigkeit, Selbstkasteiung (Flagellantentum) und gewalttätigen Ausschreitungen gegen die vermeintlichen Feinde Gottes, die in den mittelalterlichen Städten ansässigen Juden (S. 8). Darin zeige sich das charakteristische Doppelgesicht des Mittelalters. Im Spätmittelalter kam es zur Gründung karitativer Stiftungen (v.a. Hospitäler und Armenhäuser), die sich aus den Testamenten reicher Bürger speisten, die sich in ihrem Nachlass mit Gott auszusöhnen hofften (S. 10). Man wollte in der Todesstunde mit Gott im Reinen sein und fürchtete nichts mehr als den plötzlichen Tod, der einen der Möglichkeit beraubte, auf dem Sterbebett noch um Verzeihung der Sünden zu bitten und das letzte Sakrament zu empfangen. Neben den Geißlerfahrten verweist Döring-Hirsch auf eine Zunahme von Wallfahrten, Kinderprozessionen, Reliquienverehrung und Wundergläubigkeit.[14]

Auch Walter Rehm schreibt in seiner 1928 veröffentlichten Monographie zum Todesgedanken in der deutschen Dichtung über den Umgang des spätmittelalterlichen Menschen mit dem Tod.[15] Er kommt zu ähnlichen Ergebnissen wie Huizinga und Döring-Hirsch: Das Spätmittelalter sei eine depressive und lebensfeindlich-pessimistische Epoche (S. 102/3). In Folge des durch die Epidemien des 14. Jahrhunderts ausgelösten Massensterbens – Rehm nennt erschütternde Zahlen für den Bevölkerungsverlust europäischer Städte durch die Pest (S. 76) - waren sich die Menschen wie nie zuvor der Vergänglichkeit des

---

[12] Huizinga, *Herbst des Mittelalters*, S. 169, siehe dazu Kap. 2.9.
[13] Erna Döring-Hirsch, *Tod und Jenseits im Spätmittelalter*, Berlin 1927.
[14] Ihre Ausführungen in den darauffolgenden Kapiteln zu spätmittelalterlichen Predigten, der *Ars-moriendi-Literatur*, den Totentänzen und dem geistlichen Schauspiel beziehen sich auf die Literatur- und Kulturgeschichte des deutschsprachigen Raums.
[15] Walter Rehm, *Der Todesgedanke in der deutschen Dichtung vom Mittelalter bis zur Romantik*, Halle 1928. Seitenangaben im Text beziehen sich in der Folge auf dieses Werk.

Lebens und ihrer Ausgeliefertheit an den allgegenwärtigen Tod bewusst: „En mitten in des Lebens zeyt / sey wir mit Tod umbfangen", verdeutscht ein Dichter des 15. Jahrhunderts die lateinische Antiphon „Media vita in morte sumus" (S. 75). Rehm beschreibt die Rezeption der französischen Totentänze, der „bildlichen Todesmythologie" (S. 77), im deutschsprachigen Raum und zeigt, worin der zentrale Unterschied zwischen dem 14. und dem 15. Jahrhundert im Umgang mit dem Tod liegt, nämlich in der Angst der Menschen des 15. Jahrhunderts vor dem plötzlichen Sterben, dem „jähen Tod". Die Bedeutung, die in diesem Jahrhundert der Todesstunde beigemessen wurde, ergab sich aus den schmerzhaften Erfahrungen der Pestzeit, wo den Sterbenden wegen der hohen Ansteckungsgefahr oft jeglicher Beistand versagt wurde. In Folge der Erfindung des Buchdrucks entfaltete zudem die in den *Ars-moriendi*-Blockbüchern propagierte Auffassung von der zentralen Bedeutung der Sterbestunde große Breitenwirkung. Der Todesgedanke wurde im 15. Jahrhundert zu einem „großen Kulturgedanken" (S. 79).

Im deutschsprachigen Raum kam durch die Mystik ein weiterer Aspekt im Umgang mit dem Tod hinzu. Heinrich Seuses *Büchlein der ewigen Weisheit* (1328) fand in seiner lateinischen Version, dem *Horologium Sapientiae* (1334), Verbreitung über ganz Europa, so auch in England, wo es von William Caxton in einer mittelenglischen Version gedruckt wurde (*The Seven Poyntes of Trewe Wisdom*).[16] Das 21. Kapitel, das eine Vision vom unvorbereiteten Sterben eines Mannes schildert, wurde zu einer der Vorlagen für die sich ab dem 15. Jahrhundert entwickelnde *Ars-moriendi*-Literatur (siehe 2.9). Das Todesverständnis der Mystik unterscheidet sich jedoch markant von der Haltung, die die „Kunst des Sterbens" propagierte: Sah letztere die Sterbestunde als die härteste Bewährungsprobe, der sich der Mensch zeit seines Lebens zu stellen hatte, so blickten die Mystiker, die „Fachleute", was ein harmonisches Verhältnis des Menschen zu seinem Schöpfer angeht, dem Tod in freudvoller Erwartung entgegen. Aus den Gedichten eines Heinrich von Laufenberg z.B. spricht die Sehnsucht des Gläubigen nach seiner himmlischen Heimat:

> Ich wölt daz ich do heime wer
> Und aller welte trost enber.
> Ich mein do heim im himelrich
> Do ich got schowet ewenclich (…)
> Dohein ist leben one tot
> Und ganzi froiden one not (...)
> Alde, welt! got gsegen dich,
> ich var do hin gen himelrich.[17]

---

[16] Herausgegeben von Carl Horstmann in *Anglia* 10 (1887), S. 323-89. Die Vision des Schülers (Discipulus) vom sterbenden Mann findet sich auf Seiten 357-65.

[17] Zitiert aus Rehm, *Der Todesgedanke*, S. 83.

Der Mystiker rechnet in der Sterbestunde mit keinem Todeskampf, keinen quälenden Schmerzen, keinen hartnäckigen Versuchungen oder Dämonen, die ihn vom rechten Glauben abbringen wollen. Vom Tod verspricht er sich vielmehr die Heimkehr zu Gott; die Seele des Mystikers sehnt sich nach ihrem Schöpfer. Der Sprecher dieses Gedichtes wünscht sich regelrecht, im Jenseits von jeglichem „Trost" dieser Welt, von irdischem Besitz und menschlichen Bindungen befreit zu leben. Die Heimkehr zu Gott mache wahres Leben erst möglich - die Mystik kehrt die Bedeutungen von Leben und Tod somit geradewegs ins Gegenteil um. „O du frolicher suzzer tod! o wie irret, der dich tod nennet: wann du gibest das ewige leben allen goteskindern!", heißt es in der deutschen Version (zwischen 1371 und 1375) der Vita des Hl. Hieronymus von Johannes von Neumarkt.[18] Der Tod wird in der Mystik zum Freund, gar zum Bruder des Menschen, das Todesgefühl geht in dem Gottgefühl auf und hat nichts Schreckliches mehr an sich. Die Todessehnsucht wird zum Ausdruck des Verlangens, in der Gottheit aufzugehen, der Mystiker strebt nach der *unio*, der Vereinigung mit Gott, von der er sich höchstes Glück und tiefste Seligkeit verspricht (S. 96). Mystische Todesliebe artikuliert z.B. folgendes Gedicht aus dem frühen 14. Jahrhundert:

> Gotes lop hât maneges ruof,
> daz er den tôt ie geschuof
> der tôt kann froude geben!
> Der tôt sælget unser leben![19]

Erst durch den Tod erhalte das diesseitige Leben Sinn. In seinem Sonnengesang (1224) dankt Franz von Assisi dem Schöpfer in einem Atemzug für die Sonne, den Mond, den Wind, die Elemente Feuer und Wasser und für „unseren Bruder", den Tod. Die Lyrik der Mystiker scheint in einem deutlichen Kontrast zu allen anderen Äußerungen der spätmittelalterlichen Epoche, was das Verhältnis des Menschen zum Tod betrifft, zu stehen. Doch gründen beide Standpunkte, die in der mittelenglischen Todeslyrik, in den Totentänzen und der *Ars-moriendi-*Literatur propagierte Vision des Todes als Schrecken der Menschheit und dessen freudvolle Erwartung als „Bruder" des Menschen in der Mystik, auf derselben Glaubenslehre, nämlich der des mittelalterlichen Christentums. Schlimm sei allein der Tod des Sünders, insbesondere dessen, der ohne kirchlichen Beistand sterbe: „Wehe denen, die in Todsünden sterben", fährt der Hl. Franziskus im Sonnengesang fort (S. 99). Allein die „spirituelle Elite" der Mystikerinnen und Mystiker vermochte es, sich über die lähmende Todesfurcht und den Heilspessimismus der Epoche zu erheben.

---

[18] Rehm, *Der Todesgedanke*, S. 97/98.
[19] Rehm, *Der Todesgedanke*, S. 96; *ruof*: Tadel.

Dem von Johannes von Tepl um 1400 verfassten Meilenstein der deutschen Literatur, dem *Ackermann aus Böhmen*, widmet Rehm ein ganzes Kapitel (S. 115-37). In seinem Umgang mit der Todesproblematik sei der Autor seiner Zeit weit voraus. Im Dialog des um seine jung verstorbene Frau trauernden Ackermanns mit dem Tod treffen „gleichsam zwei Zeitalter, zwei Weltanschauungen, zwei geistige Haltungen" mit Vehemenz aufeinander (S. 117), das Spätmittelalter und der Frühhumanismus, der in Deutschland erst ein Jahrhundert später, während der Reformation, fortgeführt wird. So erlaubt sich der „Kläger", ein Ackermann, zu Auftakt des Zwiegesprächs mit wüsten Beschimpfungen über den Tod herzuziehen, den er als Gottes und der Menschen Feind beschimpft und des Mordes an seiner geliebten Frau bezichtigt. Der Beschuldigte versucht, sich und sein Handeln mit Gemeinplätzen der spätmittelalterlichen Todesverfallenheit zu rechtfertigen: Er sei der große Gleichmacher, der wie die Sonne über Gute und Böse scheine und vor dem Alter sowie der Jugend keinen Halt mache.[20] „Alle irdische creatur" müsse sterben, auch er, der Kläger, sei seiner Macht verfallen (10. Kap.). Töricht sei es, die Sterblichen zu beweinen; er rät dem Kläger, „die lebendigen mit den lebendigen, die toten mit den toten" (8. Kap.) zu lassen. Der Gram über den frühzeitigen Tod der Frau spielt er mit demselben Argument, das Chaucer seiner Theseusfigur gegen Ende der *Knight's Tale* in den Mund legt, herunter: Wohl sei ihr geschehen, die in der Blüte ihrer Jahre, „in besten lebtagen, ... an bester zeit, mit ungekrenkten eren" (14. Kap.) verstorben sei, denn ihr sei ein guter Nachruf gewiss. Er selbst sieht sich als Gottes Büttel („gotes hantgezeug"), als autonome Macht und Naturgewalt und wirke der Welt mehr zum Nutzen als zum Schaden (16. Kap.). Er sei dem Menschen von Geburt her eigen und sei die physische, natürliche Folge des menschlichen Wesens: „als bald ein mensch geboren wirt, als balde hat es den leikauf getrunken, das es sterben soll. Anevangs geswistred ist das ende" (20. Kap.). Tepl weicht hier von der katholischen Orthodoxie ab, der zufolge seit Augustinus der Tod als Sold der Sünde *strafrechtlichen* Charakter hat.[21] Tepl sieht den Tod eben nicht als verlängerten Arm der göttlichen Gerechtigkeit, denn dieser muss sich Gottes Richterspruch beugen, der ihn zürnend in die Schranken weist: „Der Tod rumt sich gewaltiger herschaft, die er doch allein von Uns zu lehen hat empfangen" (33. Kap.). Von Interesse ist auch die Wesensbeschreibung, die der Tod von sich selbst im 16. Kapitel gibt:

> Wir sein nicht und sein doch etwas. Deshalben nicht, wann wir weder leben weder wesen noch gestalt noch understant haben, nicht geist sein, nicht sichtig sein, nicht greiflich sein. Deshalben etwas, wann wir sein des lebens ende, des wesens ende, des nichtwesens anevang, ein mittel zwischen in beiden.

---

[20] Johannes von Tepl, *Der Ackermann aus Böhmen*, hg. v. von L.L. Hammerich und G. Jungblut, Kopenhagen 1951, 6. Kapitel.
[21] Rehm, *Der Todesgedanke*, S. 125.

Tepl hält hier der spätmittelalterlichen Allegorik einen an Epikur erinnernden metaphysischen Realismus entgegen. Der antike Philosoph sah den Tod als gegenstandslos an, da er uns nicht berühre, solange wir leben, und erst recht nicht nach dem Erlöschen unserer Existenz, da wir zu diesem Zeitpunkt ja nicht mehr seien. Für ein „Mittel", ein Zwischending, als das sich der Tod im *Ackermann* beschreibt, bleibt streng genommen gar kein Platz.

Edelgard E. DuBruck gibt in ihrem 1999 veröffentlichten Aufsatz „Death: Poetic Perception and Imagination"[22] einen Überblick über den dichterischen Ausdruck von Todesbewusstsein im Spätmittelalter auf dem europäischen Kontinent. Insbesondere die Lyrik der Zeit gestatte wertvolle Einblicke in das Todesverständnis der Epoche. Zwei Ereignisse sieht sie als maßgeblich für die zunehmend pessimistische Weltsicht der Zeit, das Große Schisma (1378-1417) und die Pestepidemien des 14. Jahrhunderts. Die Lyrik des 15. Jahrhunderts sieht im Tod den großen Gleichmacher und einen Feind, dem die Menschheit hilflos ausgeliefert ist. Der ideologische Ausgangspunkt für die in spätmittelalterlicher Lyrik artikulierte Lebensfeindlichkeit sei das bereits erwähnte Traktat *De contemptu mundi* von Lothaire de Segni. Das Leben sei nur eine Zeit der Prüfung und Vorbereitung auf eine bessere Existenz im Jenseits. Die deutsche Mystik (Mechthild von Magdeburg, Meister Eckehard, Johannes Tauler, Heinrich Seuse, Hermann von Fritzlar und Johann von Neumarkt) kehre die Bedeutungen von Leben und Tod nahezu um; der Tod bedeute für Heinrich von Laufenberg wahres Leben, die *unio mystica* mit dem Schöpfer. Als französische Vertreter des Mystizismus nennt DuBruck den Hl. Bernhard von Clairvaux und Hugo von St. Victor, die Mystik trage aber insgesamt im deutschsprachigen Raum weit mehr Früchte als in der Romania (S. 309).

Die Totentänze und die *Ars-moriendi*-Literatur hingegen verbreiteten sich von Frankreich und Deutschland ausgehend über den gesamten Kontinent. Ein weiteres Genre, das ähnlich wie die Totentänze das Ausgeliefertsein der Menschen an den Tod artikuliert, sind die ursprünglich lateinischen *Vado-mori*-Gedichte, die ab dem 13. Jahrhundert in volkssprachlichen Versionen Verbreitung über ganz Europa fanden. Kaum jemals, urteilt Werner Goez, sei in der Literatur die ganze Schrecklichkeit und Unerbittlichkeit des Todes elementarer und eindrucksvoller in Worte gefasst worden als in diesen Gedichten.[23] Es handelt sich um Distichen (Doppelverse, bestehend aus je einem Hexameter- und Pentametervers), die mit der Formel „vado mori" beginnen und enden und die Fragwürdigkeit des menschlichen Lebens und Sterbens, irdischer Würden und menschlicher Schönheit und die Unausweichlichkeit des Todes vor Augen

---

[22] In: E.E. DuBruck, und B.I. Gusick, *Death and Dying in the Middle Ages*, New York 1999, S. 295-313.
[23] Werner Goez, „Die Einstellung zum Tode im Mittelalter", in: *Der Grenzbereich zwischen Leben und Tod im Mittelalter*, Göttingen 1976, S. 120.

führen.[24] In jeder Strophe stellt sich ein repräsentativer Sprecher der mittelalterlichen Ständegesellschaft (König, Ritter, Kleriker) vor, beschreibt kurz seine Funktion in der Welt oder seine standestypischen Attribute und schließt damit, dass auch er nun sterben muss. Kein Stand, kein Beruf, weder alt noch jung, ist von der allgemeinen Todesverfallenheit ausgenommen. Es bleibe jedoch, so enden die Gedichte, die Hoffnung auf Erlösung durch Christus. In der Auffassung der *Vado-mori*-Gedichte sei der Tod Bitternis, aber zugleich Durchgang zum ewigen Heil, so Goez.[25] Die routinierte Handhabung des Reimornaments und die kunstvolle Rhetorik, so Rosenfeld, ordnen die Gedichte den literarisch Empfänglichen und Vorgebildeten zu, während *ars moriendi* und Totentanz sich als Anregung zur inneren Einkehr für das breite Volk verstehen.[26] Einen Einblick in das Todesverständnis der Epoche erlauben uns neben Tepls *Ackermann* auch Sebastian Brants *Narrenschiff* (1494) und François Villons *Testament* (1461) und seine *Ubi-sunt*-Balladen. DuBruck hebt nochmals die Gemeinsamkeiten in der Sicht des Todes der europäischen Literatur der spätmittelalterlichen Epoche hervor: Der Tod erscheine als ein Schrecken, eine unkalkulierbare Macht, der der Mensch hilflos ausgeliefert sei.

Theodore Spencer geht im ersten Kapitel seiner Monographie zum Tod in der elisabethanischen Tragödie auf den geistesgeschichtlichen Hintergrund der vorhergehenden Epoche ein.[27] Das Spätmittelalter, insbesondere das 15. Jahrhundert, habe sich intensiver als je eine Zeit davor oder danach mit dem Todesgedanken auseinander gesetzt, wie sich nicht zuletzt an der raschen und weiten Verbreitung der *Ars-moriendi*-Texte feststellen lasse. Villons Werk z.B. kreise fast ausschließlich um die Todesthematik. Diese wurde zum Gegenstand nicht nur der Predigten und moralistischen Traktate, sondern auch der volkstümlichen Lyrik, des Dramas (Moralitäten) und der bildenden Kunst. Spencer weist darauf hin, dass schon frühere Epochen Weltverachtung und tiefsinnige Reflexion über den Tod kannten und nennt als Beispiel die platonische Philosophie, der zufolge die menschliche Seele im diesseitigen Leben in ihrem Körper gefangengehalten werde und sich vom Tod Befreiung und wahre Erkenntnis erhoffen könne. Doch die Deutung des Todes als Strafe Gottes für die Sünde sei erst mit dem Christentum in das europäische Denken gekommen. Eine Folge dieses Todesverständnisses war, dass die Sterbestunde zum entscheidenden Moment im Leben des mittelalterlichen Christen wurde. Der spirituelle Zustand des Menschen zu diesem Zeitpunkt entschied dieser Auffassung zufolge über die Aufnahme seiner Seele ins Paradies oder Fegefeuer oder ihre Verdammnis. An den Tod denken heiße, sich der eigenen Sündhaftigkeit bewusst zu werden, allein diese Erkenntnis könne zu Reue, Umkehr und Aussöhnung mit dem teils stra-

---

[24] Helmut Rosenfeld, „Vadomori", in: *Zeitschrift für deutsches Altertum und deutsche Literatur*, 124 (1995), S. 257.

[25] Goez, „Die Einstellung zum Tode im Mittelalter", S. 121.

[26] Rosenfeld, „Vadomori", S. 257.

[27] Theodore Spencer, *Death and Elizabethan Tragedy*, Cambridge 1936.

fenden, teils gnädigen Gott führen. Der Mensch solle das diesseitige Leben verachten, über die Bedeutung des Todes als Strafe für die Sünde reflektieren, sich ganz auf den Moment des Todes konzentrieren und die Qualen der Hölle stets in Betracht ziehen (Spencer, *Death*, S. 8). Spencer geht des Weiteren den Ursachen für die hohe Emotionalität nach, mit der die Epoche die Thematik des Todes behandelte. Technische Fortschritte in der mittelalterlichen Kunst führten zu einer realistischeren Darstellungsweise christlicher Sujets (die Jungfrau mit Kind, die Kreuzigung oder die gemarterten Heiligen) ab dem Ende des 12. Jahrhunderts. Mit der realistischeren Darstellungsweise ging eine Zunahme an Emotionalität einher, gefördert durch Prediger wie Bernhard von Clairvaux. In diese Zeit fällt auch der Ursprung des Marienkultes. Die neugegründeten Bettelorden, vor allem die Franziskaner, riefen zum Mitleid mit dem gekreuzigten Heiland auf (S. 16/7). Juliana von Norwich, die große englische Mystikerin des 14. Jahrhunderts, nahm in ihren Visionen ebenfalls am Leiden Christi teil (S. 20). Das „Mit-leid" mit dem Gekreuzigten wurde zum Schlüsselerlebnis im Verhältnis der Mystikerin zu Gott.

Emile Mâle zeigt auf, wie die religiöse Kunst des Spätmittelalters in ihrem Bemühen um Effektivität Christi Passion immer realistischer darstellte: Der Körper des Gekreuzigten erschien nun deutlich vom Leid gekennzeichnet.[28] Zu Beginn des 15. Jahrhunderts wandelte sich die Darstellungsweise der Toten auf den Grabmälern, konstatiert Mâle. Im 13. Jahrhundert vermittelten die Grabfiguren noch einen Eindruck von Harmonie, die aus Marmor gearbeiteten Konterfeis der französischen Königinnen und Könige in St. Denis halten in selbstgefälliger Ruhe ihre königlichen Insignien in den Händen. Das Grabmal von Kardinal Lagrange von 1402 hingegen zeigt erstmalig einen halbverwesten, betont abstoßenden Leichnam. Hier trete, so Mâle, ein Realismus in Erscheinung, den sich die großen Jahrhunderte des Mittelalters nicht vorstellen konnten.[29] In eben jener Periode, zu Beginn des 15. Jahrhunderts, wurde auch das Skelett zum allgemein anerkannten Symbol für den Tod.

Johannes Kleinstück vertritt in einem teils kultur-, teils literaturwissenschaftlichen Aufsatz von 1954 die Ansicht, die Haltung der Menschen zum Tod sei „wie ein Negativ, an dem sich ihre Auffassung des Lebens ablesen" lasse.[30] Er zitiert und kommentiert Passagen mittelalterlicher höfischer Literatur wie Chrétiens *Cligès*, die Lyrik Deschamps, Dantes *Vita Nuova* und Chaucers *Pardoner's Tale* um zu zeigen, dass der Tod, verunglimpft als „vilain" und „traitour", der höfischen Welt als „grausam, unersättlich, hemmungslos, töricht, hassens- und tadelnswert" erschien, als „völlig unhöfisch" (S. 52). Kleinstücks Schluss lautet, dass das *höfische* Mittelalter deshalb zu keiner wirklichen Aus-

---

[28] Emile Mâle, *L'art religieux de la fin du moyen âge en France*, Paris 1908.
[29] Mâle, *L'art religieux*, S. 348.
[30] Johannes Kleinstück, „Zur Auffassung des Todes im Mittelalter", *DVJS* 28 (1954), S. 40-60. Der hintere Teil des Aufsatzes, etwa ab S. 55, befasst sich mit der Rolle des Todes in Chaucers *Pardoner's Tale*.

einandersetzung mit dem Tod kam, da es diesen als etwas sah, was an sich gar nicht sein sollte, als Anomalie (S. 53). Hass auf den Tod sei also kein Novum der Renaissance, sondern sei schon in mittelalterlicher Literatur artikuliert und lasse sich nicht als „ein erstes Sich-andeuten renaissancemäßiger Verweltlichung interpretieren", sondern erkläre sich „aus einer spezifisch mittelalterlichen Weise, die Welt zu verstehen" (S. 52).

Werner Goez stellt seine Überblicksdarstellung zur Haltung des mittelalterlichen Menschen zum Tod in den Rahmen einer Diskussion medizinischer und rechtlicher Probleme im Grenzbereich zwischen Leben und Tod.[31] Das Wissen um die eigene Sterblichkeit und das Erleben des Sterbens anderer sei für den Menschen ganz gleich welcher Epoche eines der schwersten persönlichen und gesellschaftlichen Probleme, vielleicht das dringlichste überhaupt (S. 111). Den Zweck seiner Analyse sieht Goez darin, unsere heutige Einstellung zum Tod zu relativieren bzw. auf gegenwärtiges gesellschaftliches Fehlverhalten aufmerksam zu machen. Der „Tabuisierung, Verlegenheit und Verdrängung" der Jetztzeit hält er die intensive Auseinandersetzung mit dem Tod und die gesellschaftliche Relevanz der Sterbestunde im Spätmittelalter entgegen. Auffallendstes Kennzeichen dieser Epoche sei, dass christliche Vorstellungen das soziale Gefüge, die Gedankenwelt und die künstlerischen Lebensäußerungen nachhaltig beeinflussten (S. 112). Die Erwartung eines zweiten Lebens wurde grundlegend für die mittelalterliche Auffassung vom Tode (S. 115). Anders als heute war man sich der ständigen Bedrohung durch den Tod bewusst: „Media vita in morte sumus" - die frühmittelalterliche lateinische Antiphon wurde zum Leitgedanken der Epoche. Goez ergreift an dieser Stelle für das viel gescholtene Mittelalter Partei und wertet die zeittypische Haltung des *contemptus mundi* als legitimen Gegenpol zur Erwartung der kommenden Freude im Jenseits (S. 116). Zwar wurde zuweilen ein christlicher Welt-Defätismus propagiert, beispielsweise von den iroschottischen Wanderpredigern, doch sei eine weniger radikale Haltung weitaus verbreiteter gewesen und ausgerechnet der Stand, in welchem die Weltverachtung als Lebens- und Berufsethos gepflegt wurde, nämlich das Mönchtum, habe im Sinne des biblischen Ethos der Weltgestaltung Erhebliches zur Verbesserung des materiellen Lebensstandards der Bevölkerung geleistet (S. 118).

Die Furcht des mittelalterlichen Christen vor dem plötzlichen Tod steht im Gegensatz zu unserer heutigen Gefühlslage, die wir uns einen möglichst schmerzlosen und raschen Tod wünschen. Als Schutzpatron gegen den unverhofften Tod wurde der Hl. Christophorus verehrt, der in dieser Funktion in den Kreis der vierzehn Nothelfer aufgenommen wurde. Eine zeittypische Reaktion wohlhabender alternder Menschen auf die Einsicht in die eigene Sterblichkeit war, gegen Lebensende durch Stiftungen oder gar durch späten Eintritt ins Kloster Wiedergutmachung für zu Lebzeiten begangenen Sünden zu suchen.

---

[31] Werner Goez, „Die Einstellung zum Tode im Mittelalter", S. 111-53.

Manche Bischöfe verzichteten im Alter auf ihr Amt und legten die Mönchskutte an,[32] reiche Bürger gründeten Hospitäler, Kapellen (*chantry chapels*) und Bettelordenskonvente. Durch Selbstkasteiung und Askese sollte der zürnende Gott milde gestimmt werden (Goez, S. 123). Verbreitet war ferner der Glaube an die Wirksamkeit der Fürbitte, weshalb sich die Sponsoren der Klöster für die Zeit sowohl vor als auch nach ihrem Tode auf die Liste derjenigen setzen ließen, derer die Mönche im täglichen Gebet gedachten. Solche „necrologia", „libri vitae" oder „libri memoriales" gab es zu Hunderten.[33] Goez beschreibt die eigentümliche Allianz, die im Mittelalter zwischen dem Adel und der klösterlichen Sphäre bestand. Es scheint, als hätten gerade die gewalttätigsten Magnaten ihren Politikstil durch klösterliche Stiftungen und deren großzügige finanzielle Unterstützung kompensieren wollen. Je diesseitiger die Großen ihr Leben führten, so Goez, desto mehr sorgten sie dafür, dass ganz besonders fromme Mönche für sie beteten.[34] Das liturgische Totengedächtnis stand in Cluny im Mittelpunkt des Klosterlebens. Das katholische Fest Allerseelen, der Gedächtnistag für die Toten am 2. November, nahm nicht zufällig seinen Ursprung in der burgundischen Abtei.

Als typisch für die damalige Mentalität betrachtet Goez, dass die mittelalterliche Gesellschaftsordnung, die Ständehierarchie, mit größter Selbstverständlichkeit auf das Jenseits übertragen wurde. So wie sich der einfache Mann nicht unmittelbar an den Herrscher wenden konnte, wandte sich der mittelalterliche Christ im Gebet nicht direkt an Gott, sondern bemühte sich um die Vermittlung eines der zahlreichen Heiligen, vor allem des Beistandes der vierzehn Nothelfer. Auch die zunehmende Arbeitsteilung des neuen bürgerlichen Lebens wurde auf den Himmel übertragen, zumindest im Volksglauben (S. 128).

Goez geht ferner auf den Zerfall der gesellschaftlichen Ordnung in Folge der Pestepidemien ein und auf deren literarischen Niederschlag in Boccaccios *Decamerone*, auf die bereits von Döring-Hirsch beschriebenen konträren exzessiven Reaktionsweisen auf das Massensterben (Ausschweifung und Askese), auf den Aggressionsstau, der sich in Judenpogromen entlud, und auf die Geißlerfahrten. Das Gefühl der allgemeinen Ausgeliefertheit an den Tod artikulierte sich am deutlichsten in den Totentänzen. Deren entscheidende Funktion liegt Goez zufolge nicht in der unterschwelligen Sozialkritik, der Demonstration der Gleichheit aller vor dem Tod, sondern in der Darstellung jenes als sinnlos-grau-

---

[32] Vgl. Chaucer, *Canterbury Tales*, General Prologue, 510.

[33] Goez, S. 125. Siehe dazu auch K. Schmidt und I. Wollasch in *Frühmittelalterliche Studien* 1 (1967), S. 365-405.

[34] Goez veranschaulicht den mittelalterlichen Glauben an die Macht der Fürbitte anhand einer zeittypischen Geschichte, die von einem Mönch berichtet, dem auf einer Felseninsel, wo sich angeblich der Eingang zur Hölle befand, zu Ohren gekommen sei, dass es zwar genügend arme Sünder gäbe, deren Seelen von Rechts wegen dem Teufel verfallen seien, besonders unter der hohen Geistlichkeit und dem Adel, doch würden durch die Fürbitte eines bestimmten Klosters – meist wird die Abtei von Cluny in Burgund genannt – dem Teufel immer mehr Seelen entrissen, so dass dieser fürchte, modern gesprochen, arbeitslos zu werden (S. 125).

sam empfundenen Massensterbens (S. 141). Goez beschreibt außerdem die *Ars-moriendi*-Literatur des 15. Jahrhunderts, die dem Menschen rät, sich rechtzeitig eingehend mit dem eigenen Sterben zu beschäftigen. Die in den Sterbebüchlein geschilderten Phasen moribunder Seelenverfassung decken sich, so Goez, über-raschend präzise mit den Ergebnissen der wissenschaftlichen Todesforschung von Elisabeth Kübler-Ross (S. 143). Goez beschließt seine Überblicks-darstellung mit der Frage, ob nicht das von der Neuzeit als „finster" ver-unglimpfte Mittelalter „unbeschadet seiner eindeutigen ärztlichen Inferiorität, dank seiner Integration des Sterbens in das Leben, durch seine psychologisch-pädagogischen Bemühungen um eine frühzeitige, beständige Vorbereitung des Einzelnen auf sein Ende, wegen seiner größeren Offenheit im Umgang mit dem Tod (...) und mit seiner gesellschaftlichen Solidarität gegenüber den Sterbenden, Toten und Trauernden Bewältigungsmöglichkeiten [besaß], um welche wir Heutigen es beneiden können" (S. 144).

Eine ähnliche Überblicksdarstellung zum Umgang mit dem Tod im Spät-mittelalter veröffentlicht Margaret Aston 1994 im Rahmen eines Sammelbandes kulturhistorischer Aufsätze zum 15. Jahrhundert.[35] In dieser Epoche galt das Sterben als eine Kunst, die beizeiten geübt werden sollte und die angeblich zu einem besseren Verständnis des Lebens führte: „Learn to die and thou shalt learn to live", lautete das Grundprinzip der Sterbebüchlein (Aston, „Death", S. 202). Ein allgegenwärtiges Sujet spätmittelalterlicher Kunst und Literatur waren die sogenannten vier letzten Dinge: der Tod, das Jüngste Gericht, Himmel und Hölle. Drastische Darstellungen der Höllenqualen erwiesen sich dabei als weit wirksamer als Versprechungen einer schwer vorstellbaren himmlischen Glück-seligkeit, um die Aufmerksamkeit der Menschen auf das Jenseits zu lenken. Die Bestrafungen stellte man sich dabei korrespondierend zu den Verfehlungen im Diesseits vor. So wird einem Geizhals glühendes Gold eingeflößt und ein Schlemmer muss ekelerregende Tiere verzehren.[36]

Makabere Anblicke gehörten in den mittelalterlichen Städten zum Alltag. So wurden die gevierteilten Leichname von Aufständischen, in England z.B. von Jack Cade, zur Warnung öffentlich zur Schau gestellt, insbesondere London Bridge war von den aufgespießten Köpfen von Verrätern geziert. Menschliches Gebein wurde zur Erinnerung an die Vergänglichkeit aufbewahrt. Die Angst vor einem plötzlichen und somit unvorbereiteten Tod, der die ewige Verdammnis zur Folge haben könnte, findet im heute noch gebräuchlichen *Book of Common Prayer* einen Nachhall: „From lightening and tempest; from plague, pestilence, and famine; from battle and murder, and from sudden death, Good Lord, deliver us" (Aston, „Death", S. 206). Für Juliana von Norwich wurde eine Sterbe-erfahrung mit einer Vision vom gekreuzigten Heiland zum zentralen Erlebnis ihrer spirituellen Entwicklung. Mittelalterliche Vorstellungen erscheinen uns, so

---

[35] Margaret Aston, "Death", in: Rosemary Horrox (Hg.), *Fifteenth-century Attitudes: Perceptions of Society in Late Medieval England*, Cambridge 1994, S. 202-28.
[36] Beispiele aus: Norbert Ohler, *Sterben und Tod im Mittelalter*, München 1990, S. 174.

Aston, die wir in einer postreformatorischen Welt leben, oft nur schwer nach-
vollziehbar, so der Glaube der in der Ständehierarchie Privilegierten, durch
einen erstrangigen Bestattungsort, etwa in unmittelbarer Nähe des Altars oder
des Tabernakels, die Wiederkehr des Erlösers am Jüngsten Tag aus nächster
Nähe miterleben zu können und dadurch die Chancen auf Einlass ins Paradies zu
erhöhen. Häretikern und Selbstmördern hingegen gönnte man nicht einmal ein
Begräbnis draußen auf dem Friedhof. Deren sterbliche Überreste sollten nicht
die Gemeinschaft der Gläubigen kontaminieren. Der Tod bedeutete für den
mittelalterlichen Christen eine nur zeitweilige Trennung von Körper und Seele
bis zu deren Wiedervereinigung bei der allgemeinen Auferstehung der Toten am
Tag des Jüngsten Gerichts.

Klaus Jankofsky interessiert sich in seiner Dissertation von 1970 für
Darstellungen von Tod und Sterben in der mittelenglischen Literatur.[37] Das
elisabethanische Zeitalter, kündigt er in seiner Einleitung an (S. xi und xii),
zeichne sich durch eine besondere Sterbekultur aus, deren Wurzeln in die mittelenglische Epoche zurückreichen. Die mittelalterliche Auffassung des Menschen
vom Tode sei durch eine „morbide Faszination mit der Vergänglichkeit des
Lebens" charakterisiert, die es anhand der Literatur der Epoche zu untersuchen
gelte. In seinem ersten Kapitel, welches sich mit einer breiten Auswahl mittelenglischer Romanzen beschäftigt, will er untersuchen, wie die Helden und ihre
Antagonisten sterben, welche Bedeutung dem Tod innerhalb der Erzählung
zukommt, welche Wertungen sich feststellen lassen und wie Tod und Sterben
sprachlich dargestellt sind (S. xi). Ein zweites Kapitel vergleicht Heiligenleben
des *South English Legendary* mit den lateinischen Versionen der *Legenda aurea*
mit Blick auf das Sterben der Protagonisten. Ein drittes Kapitel beschäftigt sich
mit einer unter der Überschrift „Der Tod des Sünders" gebündelten Sammlung
religiöser, moralisierender und höfischer Dichtung, darunter *Ars-moriendi*-
Texten, *The Prick of Conscience*, Langlands *Piers Plowman*, dem *Streitgedicht
zwischen Leichnam und Würmern*, Chaucers *Book of the Duchess* und *Troilus*
und ein viertes Kapitel beschäftigt sich mit der Darstellung von Tod und Sterben
in den zeitgenössischen Chroniken. Jankofsky listet einzelne Aspekte der Sterbeszenen mittelenglischer Literatur auf, etwa Art und Weise des Sterbens der
Helden und ihrer Gegner (Tod in der Schlacht oder im Einzelkampf, Tod durch
Vergiftung oder durch Selbstmord) oder die genaue Anzahl der getöteten
Feinde, versäumt dabei aber, auf die mentalitätsgeschichtlichen Hintergründe
der Darstellungen näher einzugehen, auf das, was uns die Thematisierung
menschlichen Sterbens in der mittelenglischen Literatur über das Verhältnis der
damaligen Zeit zum Tod aussagen kann.

Der französische Kulturhistoriker Philippe Ariès hat sich über Jahrzehnte
in einer ganzen Reihe von Veröffentlichungen eingehend mit der Thematik Tod

---

[37] Klaus Jankofsky, *Darstellungen von Tod und Sterben in mittelenglischer Zeit: Untersuchungen literarischer Texte und historischer Quellen*, Saarbrücken (Diss.) 1970.

und Sterben in der europäischen Kulturgeschichte beschäftigt.[38] Eine Darstellung der Geschichte des Wandels im Umgang mit dem Tod in den westeuropäischen Gesellschaften vom Mittelalter bis ins zwanzigste Jahrhundert findet sich in seinem im Rahmen einer Vortragsreihe in Baltimore (Maryland) entstandenen Buch *Western Attitudes toward Death* von 1974. Darin setzt er die für die moderne Welt typische Verdrängungshaltung („Forbidden Death") in Kontrast zu den natürlicheren, ehrlicheren und dem menschlichen Bedürfnis nach Verarbeitung des Trauerfalls angemesseneren Sterberitualen vergangener Epochen, insbesondere des Spätmittelalters („One's Own Death"). Die moderne Gesellschaft, die ihren Mitgliedern einen Zwang zum Glücklichsein und zur Lebensfreude auferlegt, tabuisiere und verdränge den Tod ins Außergesellschaftliche. Dem oder der Todgeweihten werde in modernen Krankenhäusern in stillschweigendem Konsens zwischen Ärzten, Pflegern und Angehörigen der Ernst seiner Lage vorenthalten, um ihm oder ihr die unangenehme Auseinandersetzung mit dem bevorstehenden Ende so lange wie möglich zu ersparen (*Western Attitudes*, S. 86). Die Hässlichkeit des Todes, der körperliche Verfall des Sterbenden werde vor allem den Kindern vorenthalten, man verlege den oder die Todgeweihte(n) aus dem häuslichen Umfeld in ein Krankenhaus und dort während seiner (ihrer) letzten Tage und Stunden auf eine separate Sterbestation. Der Tod habe in der modernen Gesellschaft die Sexualität als Tabuthema verdrängt: Fertigte man früher Kinder mit Geschichten vom Klapperstorch ab, der die Babys bringt, so biete man heute den mit Details des Liebesaktes vertrauten Kindern die Erklärung an, der vermisste Großvater schlafe in einem schönen Garten unter Blumen (*Western Attitudes*, S. 93). Das menschliche Sterben habe jegliches Zeremoniell verloren, der Sterbeprozess werde nicht mehr wie früher von einem Geistlichen und den Angehörigen, sondern nur noch von einem Arzt begleitet. Die moderne Technik erlaubt diesem, das Sterben seines Patienten in einzelne Phasen aufzugliedern, vom Verlust des Bewusstseins bis zum Hirntod, die den einst dramatischen Akt des Aushauchens des Lebensatems zerteilen und den Moment des Todes, am mittelalterlichen Sterbebett von überragender Bedeutung, bis zur Unmerklichkeit verschleiern. Auch das Bestattungsritual, bzw. die Abschiednahme von der Asche des Verstorbenen, habe sich im zwanzigsten Jahrhundert weitgehend geändert. Die moderne Gesellschaft lege Wert darauf, die Dramatik des Verlustes herunterzuspielen und den Trauerfall nach Möglichkeit vor Nachbarn, Freunden und Kollegen geheim zu halten (S. 90). Die Sitte, nach Verlust eines nahestehenden Menschen für einen gewissen Zeitraum schwarze Kleidung zu tragen, sei heute obsolet. Gräber werden noch besucht und gepflegt, Urnen hingegen fallen schnell in Vergessenheit. Die Feuer-

---

[38] So in *Essais sur l'histoire de la mort en Occident du moyen âge à nos jours*, Paris 1975; *L'Homme devant la mort*, Paris 1978, dt. Ausgabe: *Geschichte des Todes*, München 1982; *The Hour of Our Death*, New York 1981 und *En face de la mort*, Toulouse 1983.

bestattung drücke das moderne Verlangen aus, den Leichnam und damit die Erinnerung an den Tod möglichst rückstandsfrei zu entsorgen.

Die spätmittelalterliche Epoche hingegen stellte den Tod und insbesondere den Sterbevorgang ins Zentrum des kollektiven Bewusstseins. Sterben wurde ein sozialer Akt, zu dessen Ablauf die zeitgenössische *Ars-moriendi*-Literatur die nötigen Anregungen und Hilfestellungen beisteuerte. Auch theologisch rückte die Sterbestunde in den Mittelpunkt des Interesses. Ging man in früheren Epochen noch davon aus, dass am Tag des Jüngsten Gerichtes über die Aufnahme der Seele ins Paradies entschieden werde, so sah man im 15. Jahrhundert den präzisen Moment, wo die Seele den Körper verlässt, als entscheidend für die Zukunft des soeben Verstorbenen. Die *Ars-moriendi*-Blockbücher stellten diesen Vorgang graphisch als einen Kampf der guten und der bösen Mächte um den Besitz der Seele dar, der sich am Sterbebett unbemerkt von den umstehenden Sterbebegleitern abspielt. Über Sieg oder Niederlage der Vertreter des Himmels (Engel, Erzengel und die Jungfrau Maria) entscheiden dabei jedoch weniger die Einträge im Buch des Lebens, dem persönlichen „Sündenregister", welches die Dämonen oft demonstrativ und mit triumphaler Geste über ihren Köpfen schwenken, sondern vielmehr die spirituelle Haltung des Sterbenden in diesen kritischen Momenten, sein Sieg (oder sein Erliegen) über die fünf Versuchungen der Sterbestunde (Verlust des Glaubens, Verzweiflung, Ungeduld angesichts der Schmerzen, Stolz auf die eigene Rechtschaffenheit und Nichtloslassen-Wollen vom irdischen Besitz, siehe 2.9). Gott beobachtet das Geschehen aus der Distanz und fällt nach seinem Gutdünken das Urteil, nicht ohne sich dabei von den Fürsprachen der Jungfrau Maria oder eines Heiligen beeinflussen zu lassen. Die Verlagerung des göttlichen Urteils vom Jüngsten Tag auf die Sterbestunde bildet zusammen mit dem morbiden Interesse am Zerfall des Leichnams ein zentrales Charakteristikum des spätmittelalterlichen Umgangs mit dem Tod.

Eine neuere Gesamtdarstellung der Thematik stammt von Norbert Ohler.[39] Er erörtert darin mit Rückgriff auf literarische, historische und kunstgeschichtliche Quellen Aspekte der mittelalterlichen Todeskultur vom Testamentsrecht, den Stiftungen für das Seelenheil, der gesellschaftlichen Relevanz der Sterbestunde, der letzten Ölung, der Bedeutung der letzten Worte eines Sterbenden, der Grablege, dem Leichenzug, den Berichten von Wundern an der Totenbahre, der Reliquienverehrung und der mittelalterlichen Friedhöfe bis hin zu der im Mittelalter sehr realen Gefahr eines vorzeitigen Todes (Unfälle und Katastrophen, Kindstötung und Tötung von Alten), dem mittelalterlichen Strafrecht, den Kriegen, Kreuzzügen und Ketzerverfolgungen und der großen Pestepidemie mit ihren gesellschaftlichen Auswirkungen. Grundlegend für den Umgang des mittelalterlichen Menschen mit dem Tod sei die Überzeugung, dass das Leben im Tod nicht genommen, sondern lediglich verändert werde („Vita

---

[39] *Sterben und Tod im Mittelalter*, München 1990.

mutatur, non tollitur", *Sterben und Tod*, S. 49). Allein unter dieser Prämisse lasse sich die exzessive Beschäftigung der damaligen Menschheit mit dem Tod und die Sorge der Menschen um ihr Seelenheil nachvollziehen.

In dem Kapitel „Der Tod – nicht Ziel, sondern Durchgang" (*Sterben und Tod*, S. 158-83) geht Ohler auf zeittypische Jenseitsvorstellungen ein. Aus dem Wortglauben an die Heilige Schrift ergaben sich für die mittelalterliche Theologie uns heute nur schwer nachvollziehbare Probleme, die jedoch damals zu ausführlichen und teilweise heftigen Diskussionen führten, wie die Frage, was mit den Seelen zwischen dem Tod und dem Jüngsten Gericht geschah oder was mit Kindern, die vor ihrer Taufe gestorben waren (S. 159). Auf erstere Frage legte das Konzil von Lyon 1274 eine Antwort fest, nämlich dass der Verstorbene sich unmittelbar nach seinem Tod einem besonderen Gericht stellen müsse, wo die endgültige Entscheidung über das Geschick seiner Seele falle. Später, am Ende aller Zeiten, würden die Verstorbenen und die dann noch Lebenden zum Jüngsten Gericht zusammengerufen (S. 161).

Aus dem allzumenschlichen Verlangen nach ausgleichender Gerechtigkeit entstand jedoch bereits im 12. Jahrhundert die Vorstellung vom Fegefeuer (*purgatorium*), die, 1254 vom Papst anerkannt und noch im späten 14. Jahrhundert von Wycliffe und den Lollarden bekämpft, ihre volle Wirkung auf Theologie und Volksglauben im 15. Jahrhundert entfaltete. Nun war die Jenseitswelt, von Randerscheinungen wie Abrahams Schoß (unter Berufung auf Lukas 16:23) und zwei Arten von Limbo (für die Patriarchen des Alten Testaments und für die unschuldig gestorbenen Kinder) abgesehen, dreigeteilt. Der Aufenthalt der Seele im Fegefeuer war, im Gegensatz zu Himmel und Hölle, zeitlich befristet.[40] Die Vorstellung des Fegefeuers diente dem Zweck, die im Grunde widersprüchlichen Eigenschaften Gottes der Gerechtigkeit und der Barmherzigkeit in Einklang zu bringen.[41] Denn wie konnte ein gnädiger Gott die Menschen für zeitliche Vergehen mit ewiger Verdammnis bestrafen? Und wo wäre die Gerechtigkeit, würde Gott den Sündern aus Gnade ohne Umschweife alle Verfehlungen verzeihen und sie zu sich in den Himmel aufnehmen? Den Seelen im Fegefeuer drohten im schlimmsten Fall Qualen bis zum Jüngsten Gericht, den Verdammten, deren Verzweiflung Hans Memling auf dem Altar des Jüngsten Gerichts in der Danziger Marienkirche (1471-73) besonders eindringlich darstellt, Pein ohne Ende. Der Glaube, dass Gebete und Fürbitten, insbesondere aber Messfeiern, den Aufenthalt der Seelen der Verstorbenen im Fegefeuer verkürzen oder lindern konnten, führte dazu, dass sich die Lebenden stärker als je zuvor mit den Toten verbunden fühlten. Große Mengen an Zeit und Geld - die Messfeiern zum Gedenken an die Verstorbenen entwickelten sich zu einer beträchtlichen Einnahmequelle für den Klerus - wurden dafür aufgebracht, um durch die Fürsprache bei Gott die Zeit der Verstorbenen im Fegefeuer zu ver-

---

[40] Christopher Daniell, *Death and Burial in Medieval England*, London und New York 1997, S. 10/11.
[41] Ohler, *Sterben und Tod im Mittelalter*, S. 166.

kürzen. In England führte der Glaube an das Fegefeuer zur Gründung zahlreicher *chantry chapels*, deren Priester die Aufgabe hatten, für das Seelenheil des Gründers zu beten.[42]

Das Mittelalter stellte sich die Hölle als einen heißen und finsteren Ort unterhalb der Erdoberfläche vor. Doch daraus ergab sich ein weiteres theologisches Problem, nämlich ob nicht zunehmende Hitze auf mehr Helligkeit hinauslief. Die Hölle stellte man sich im Gegensatz zum Himmel als einen dynamischen Ort vor. Prediger sowie Künstler hatten keine Hemmungen, ihren Zuhörern bzw. dem Betrachter anhand sehr irdischer Vorstellungen „die Hölle heiß zu machen", denn die Tortur im Jenseits erwies sich als ein höchst effektiver Stoff religiöser Unterweisung und als Mittel spiritueller Disziplinierung. Die Gepeinigten leiden unter der Hitze, unter Hunger und Durst, bei Dante sogar unter Ekel und Juckreiz. In den Darstellungen von Hieronymus Bosch (1450-1516) werden sie von spektakulär grausigen Zwitterwesen verfolgt, aufgespießt und gefressen. Die himmlischen Freuden erwiesen sich in der Schilderung und der künstlerischen Repräsentation als weitaus schwieriger. Im Himmel fehle das dramatische Geschehen, so Ohler (S. 182), es passiere nichts (vgl. 2.6.4). Die Offenbarung des Johannes betont allein die Abwesenheit von irdischen Übeln wie Hunger, Durst und Hitze. Nach Otto von Freising bestehe die Seligkeit schlicht in der Schau Gottes, der *visio Dei*. Von dem Grundsatz strenger Symmetrie, von dem sich mittelalterliche Autoren ansonsten bei der Schilderung von Himmel und Hölle leiten ließen, wurde in einem Punkt abgewichen: Während die Verdammten in allen ihren Sinnen leiden, auch an ihren Geschlechtsorganen, gebe es die Freuden der Liebe im Paradies nicht, denn die Seligen kennen Otto von Freising zufolge keine Begierde.

Der Ausgangspunkt für vorliegende Arbeit ist Huizingas These von der pessimistisch-morbiden Grundhaltung der spätmittelalterlichen Epoche. Eines unserer Ziele ist, die englische Literatur der Epoche dahingehend zu untersuchen, ob sie die Einschätzung des niederländischen Kulturhistorikers eher bestätigt oder eher fragwürdig erscheinen lässt. Es sei jedoch davor gewarnt, Erkenntnisse aus der Analyse von Literatur auf die Stimmungslage der spätmittelalterlichen Gesellschaft in ihrer Gesamtheit zu übertragen. Literarische Werke, insbesondere die herausragenden, können auch nicht-repräsentative Einzelmeinungen wiedergeben. Bei der Literatur- und der Kulturwissenschaft handelt es sich zumal um zwei separate Disziplinen mit unterschiedlichen Arbeitsweisen und Erkenntnismethoden, deshalb ist es durchaus fraglich, inwieweit sich die Ergebnisse dieser Arbeit dazu eignen, Einschätzungen der Kulturwissenschaft zu modifizieren.

---

[42] Zur Gründung zahlreicher *chantry chapels* im spätmittelalterlichen England siehe Daniell, *Death in the Middle Ages*, S. 14f. Zur Thematik des Fegefeuers siehe auch Kap. 2.4 (Dan Michaels *Ayenbite of Inwyt*) und 2.9 (Gersons *Opusculum Tripertitum*).

Die Idee dieser Arbeit ist, den „Umgang mit dem Tod" in der mittelenglischen Literatur möglichst umfassend, d.h. unter Berücksichtigung möglichst vieler Texte und Genres darzustellen, sodass sich die Möglichkeit des Vergleichs zwischen den einzelnen Textgruppen ergibt, etwa weshalb sich die Heiligenlegende und die Romanze (ein explizit christliches und ein weitgehend religionsneutrales Genre) mit Blick auf diese Thematik überraschend ähnlich sind, die Moralitäten sich in ihrer Sichtweise des Todes hingegen so markant von der Todeslyrik oder der Hagiographie unterscheiden (alles explizit christliche Literatur). Die Überfülle an Material zwang dazu, eine gewisse Selektion vorzunehmen. Es schien sinnvoll, das Korpus auf mittelenglische Texte des 14. und 15. Jahrhunderts zu beschränken (mit Ausnahme einzelner Gedichte aus dem 13. Jahrhundert und der zeitlich schwer fixierbaren Volksballaden), da sich in dieser Epoche ein sehr eigener, spezifisch spätmittelalterlicher Umgang mit den Themen Tod und Sterben entwickelte, bedingt durch die oben beschriebenen Auswirkungen der Pestepidemien und der im 13. Jahrhundert einsetzenden Verinnerlichung des Glaubens in Folge der Missionstätigkeit der Bettelorden. Mit dem historischen und sprachhistorischen Wandel von der mittelalterlichen zur frühneuzeitlichen Epoche ging aller Relativierung der Differenzen zum Trotz auch ein tiefgreifender mentalitätsgeschichtlicher Wandel einher, an dem, was das Verhältnis des Menschen zu Gott betrifft, vor allem die Reformation einen bedeutenden Anteil hatte. Freilich sei auf die Kontinuität der literarischen und allgemein der kulturellen Entwicklung hingewiesen, etwa auf die Fortdauer der *Ars-moriendi*-Literatur bis ins 18. Jahrhundert oder auf die bis in altenglische Zeit zurückreichende Tradition der Hagiographie.

Folgende Überlegungen liegen dem thematischen Aufbau der Arbeit zu Grunde: Das Kapitel zur „christlichen", d.h. explizit christliche Themen verarbeitenden Literatur soll den anderen Kapiteln vorangehen, da sich in diesen Texten der Zeitgeist des Spätmittelalters am deutlichsten wiederspiegelt. Der große Umfang dieses Kapitels lässt sich damit rechtfertigen, dass auch das Gros der überlieferten Werke diesem Bereich zuzuordnen ist. Zuerst sollen die Texte besprochen werden, die Huizingas These stützen (Todeslyrik, Lydgates *Totentanz*, die *Legende* und theologische Traktate), danach diejenigen, die dafür sprechen, Huizingas Urteil zumindest zu modifizieren, bis hin zu Texten, die Zeugnis für eine durchweg optimistische Heilserwartung geben.

In den anschließenden Kapiteln folgt die Suche nach alternativen Sichtweisen im Umgang mit dem Tod, zuerst in dem sehr heterogenen Genre der Romanzen, die teils ebenfalls die christliche Sicht propagieren, teils aber auch vorchristliche (der keltischen Erzähltradition entnommene) oder schlichtweg zeitlos „romanzenhafte" Deutungen von Diesseits und Jenseits, Leben und Tod liefern. Es folgt ein Kapitel zum Umgang mit dem Tod im Werk des wohl bedeutendsten Autors der Epoche. Dessen Umfang rechtfertigt sich nicht allein mit dem großen Namen, sondern schlicht dadurch, dass Chaucer in einer ganzen Reihe von Werken die Thematik so tiefgründig und vielseitig wie noch niemand zuvor ausgestaltet hat. Er nähert sich dem Thema Tod von Seiten der klassischen Heiligenlegende (*Second Nun's Tale*) und des theologischen Traktats (*Parson's Tale*) ebenso wie mit der Philosophie des Boethius (*Knight's Tale*) im Gepäck. Er verflicht das Denken seiner Zeit mit der Welt des antiken Mythos und ist in der Lage, den tieferen Sinn im metaphorischen Sprachgebrauch mit dem Tod offen zu legen (*Pardoner's Tale*). Danach sollen Werke Gowers und Lydgates daraufhin untersucht werden, wie sie mit der Thematik verfahren. Ein Kapitel zum Umgang mit dem Tod in den Volksballaden soll die Arbeit abrunden, wobei darauf hingewiesen sei, dass sich die meisten Balladentexte zumindest in ihrer überlieferten Form nicht der spätmittelalterlichen Epoche zuordnen lassen. Der Blick auf das epochenübergreifende Genre der Volksballade soll einen Eindruck vermitteln, welche Art von Todesverständnis ein womöglich großer Teil der Bevölkerung „unterhalb" der literarischen Hochkultur eines Geoffrey Chaucer oder John Gower hatte.

2. Der Tod aus Sicht mittelenglischer christlicher Literatur

2.1 Mittelenglische Todeslyrik und Lydgates *Totentanz*

Aus dem 13. bis 15. Jahrhundert sind zahlreiche Gedichte zum Thema Tod und Sterben überliefert. Die Texte bestätigen im Wesentlichen die These Huizingas vom Spätmittelalter als einer pessimistischen, lebensfeindlichen Epoche. Es dominieren die Warnungen vor der Vergänglichkeit irdischen Glücks, vor der Allmacht des Todes und seinem unverhofften Auftreten. Die schauerlichen Aspekte menschlichen Sterbens und der Verwesung des Leichnams werden betont, insbesondere die Furcht vor dem Tod wird häufig thematisiert. Rosemary Woolfs Urteil, die religiöse Lyrik artikuliere auf Grund ihres homiletischen Charakters nur eine eingeschränkte Bandbreite von Emotionen,[1] lässt jedoch Gedichte unberücksichtigt, in denen alternative, d.h. von Huizingas postuliertem Weltbild divergierende Haltungen geäußert werden. Die „pessimistischen" Motive, etwa von der Vergänglichkeit irdischen Glücks oder von der Allmacht des Todes, treten in den Gedichten in verschiedenen Variationen auf. Von Interesse ist außerdem, dass sich die weltanschauliche Haltung der Mehrzahl der Texte im Lauf der in dieser Arbeit berücksichtigten drei Jahrhunderte kaum ändert, dass hingegen zeitgleich entstandene Gedichte in teilweise deutlichem Kontrast stehen. Die wüsten Beschimpfungen des Todes in „On the Untimely Death of a Fair Lady"[2] entstehen z.B. zeitgleich mit dem Lobpreis des Todes in „Death, the Soul's Friend".[3] Philippa Tristrams Einschätzung, mittelalterliche Glaubensvorstellungen zu den Themen Leben und Tod seien wesentlich vielfältiger als unsere heutigen,[4] scheint jedoch überzogen. Durch die Wiederentdeckung antiker Philosophie im Zuge des neuzeitlichen Humanismus wurde das Spektrum der Haltungen zu Tod und Sterben erweitert. Der christliche Gedanke des späten Mittelalters hingegen kennt, so Johan Huizinga, nur die beiden Extreme, „die Klage über die Vergänglichkeit (...) und den Jubel über die gerettete Seele in ihrer Seligkeit. Alles was dazwischen liegt, bleibt unausgesprochen."[5]

Um die Todeslyrik sinnvoll in den Kontext mittelalterlicher Kulturgeschichte einordnen zu können, sei vorerst die Frage nach der Wirkabsicht der Texte gestellt. Die Autoren sind, davon können wir ausgehen, fast ausschließlich

---

[1] Rosemary Woolf, *The English Religious Lyric in the Middle Ages*, Oxford 1968, S. 68.

[2] Carleton Brown, *Religious Lyrics of the Fifteenth Century*, Oxford 1939, n° 153.

[3] Brown, XV, n° 163.

[4] Philippa Tristram, *Figures of Life and Death in Medieval English Literature*, London 1976, S. 152.

[5] Huizinga, *Herbst des Mittelalters*, S. 176.

Kleriker.[6] Die Gedichte entstanden in einer Zeit, in der die europäische Geisteskultur aufs engste mit der christlichen Religion verwoben war und die Kirche eine Monopolstellung im Kulturleben innehatte. Die Texte hinterlassen jedoch den Eindruck, dass die Warnungen vor dem baldigen Ende der irdischen Existenz, vor der Allmacht des Todes und den Höllenqualen eben nicht mit solcher Beharrlichkeit wieder und wieder auftreten, weil die Menschen besonders fromm waren, sondern im Gegenteil weil sich die Geistlichkeit genötigt sah, einer zunehmenden religiösen Indifferenz entgegenzuwirken, um ihre Vormachtstellung in der Gesellschaft zu wahren. Passions- und Todeslyrik ergänzen sich insofern, als erstere den Hörer bzw. Leser zum Mitleid mit dem Gekreuzigten und zur Dankbarkeit für das göttliche Opfer anregen und damit ein positives Verhältnis des Menschen zu Gott fördern will, letztere hingegen dem Gläubigen das nötige Maß an Todesfurcht und Höllenangst zu vermitteln sucht, um der Hinwendung zu Gott einen zusätzlichen Antrieb zu verschaffen. Woolf rückt die Todeslyrik deshalb in die Nähe der Predigtliteratur: Mittelalterliche religiöse Lyrik unterscheide sich von der zeitgenössischen Predigt lediglich in dem Punkt, dass sie Mittel der Dichtkunst anwende, um ihre Hörer, die die Botschaft nur widerwillig aufnehmen, auch emotional anzusprechen.[7]

Ist nun Todesfurcht eine natürliche Reaktion des Menschen auf die zeitliche Beschränktheit des Lebens, oder muss sie didaktisch vermittelt werden? Die klassische Antike unterscheidet sich, wie im ersten Kapitel dargestellt, im Umgang mit der Sterblichkeit vom christlichen Mittelalter. Furcht stellt zweifelsohne eine natürliche menschliche Reaktion dar angesichts des Todes und der Unkenntnis dessen, was danach kommt, sonst hätte sich auch die antike Philosophie nicht so eingehend mit dem Problem beschäftigt. Die Frage lautet vielmehr, wie sich die Obsession spätmittelalterlicher Lyrik mit Themen wie der Vergänglichkeit, der Verwesung des Leichnams, den Qualen der Hölle und Ähnlichem erklären lässt. Die Texte entstanden zu einer Zeit, die die Menschen in besonderem Maße dazu zwang, sich mit der Beschränktheit ihrer Existenz auf Erden auseinander zu setzen, könnte die Antwort lauten. Die Erfahrung des Massensterbens während der Pestepidemien vermittelte dem spätmittelalterlichen Menschen den Eindruck der Ausgeliefertheit an eine willkürliche lebensfeindliche Macht.

Die Kirchenväter unterschieden zwischen zwei Arten von Gottesfurcht, dem *timor servilis*, der Furcht vor Bestrafung im Jenseits, und dem *timor filialis* oder *castus*, der Furcht des Menschen, Gottes väterliche Liebe zu verlieren. Diese Differenzierung wurde vom Mittelalter übernommen.[8] Beschreibungen der Hölle mit der Intention, *timor servilis* zu wecken, finden sich häufig in der mittelenglischen Predigtliteratur, gelegentlich auch in der religiösen Lyrik.

---

[6] Sämtliche namentlich bekannte Autoren der hier verwendeten Gedichte sind Kleriker: John Lydgate, John Audelay, William Herebert, James Ryman und Thomas of Hales.
[7] Woolf, *The English Religious Lyric*, S. 67f.
[8] Woolf, *The English Religious Lyric*, S. 72.

Diese thematisiert vor allem die Furcht vor dem Tod und die Vergänglichkeit des menschlichen Lebens. Es klingt widersprüchlich, dass ausgerechnet das Christentum, welches die frohe Botschaft von der Auferstehung Christi verkündet, die Menschheit die Furcht vor dem Tode lehrte, verzweifeln müssten angesichts der Beschränktheit der menschlichen Lebenszeit doch vielmehr die Heiden. Dieses Paradox erklärt sich dadurch, dass der Glaube an die Auferstehung der Toten nur für diejenigen eine Hoffnung darstellt, die mit sich und Gott im Reinen sind. Dem Sünder – nach zeitgenössischer Auffassung kann der Mensch seit der Vertreibung aus dem Paradies gar nicht anders als sündigen - bereitet die Aussicht, im Jenseits Rechenschaft für sein Leben ablegen zu müssen, großen Anlass zur Sorge. Der mittelalterliche Gläubige vertraute aber auf Gottes Gnade für den Bußfertigen, selbst wenn die Reue erst in der Todesstunde eintrat. Im Gegensatz zu den Heiden fürchtete er insbesondere den plötzlichen, unverhofften Tod. Die religiöse Lyrik des Mittelalters will den Menschen aus seiner vermeintlichen Sicherheit wachrütteln und vor der Allgegenwart des Todes warnen, um ihn vor der Verdammnis in Folge eines sündhaften Lebens und unvorbereiteten Todes zu schützen.[9]

Zur Analyse der den Gedichten zugrunde liegenden Haltungen zum Tod wurden relevante Passagen nach Motiven geordnet und unter folgenden Überschriften gruppiert: Erstens die Thematik der Vergänglichkeit, das Fortunamotiv, die *Ubi-sunt*-Formel, der Topos der Nutzlosigkeit irdischer Güter im Jenseits und das Erde-zu-Erde-Motiv. Zweitens der Themenbereich der Macht des Todes, d.h. die Topoi von der Allmacht und Omnipräsenz des Todes, von der Sicherheit seines Auftretens und der Unsicherheit des Zeitpunktes, wann er eintritt. Hinzu kommt die Sorge des Menschen, was nach dem Tod mit seiner Seele geschieht. Drittens die makaberen, gruseligen und ekelerregenden Aspekte menschlichen Sterbens und der Verwesung des Leichnams, inklusive der *Proprietates-mortis*-Gedichte. Viertens die Passagen, in denen die Gleichheit aller sozialen Gruppen angesichts des Todes betont wird („Death the Leveller"). Soweit zum Todes*verständnis* mittelenglischer religiöser Lyrik.

Die weiteren Motivgruppen beschreiben die *emotionalen Reaktionen* des Menschen angesichts des Todes. Die häufigste, in fast jedem Gedicht direkt oder indirekt thematisierte Emotion ist Furcht. Hinzu kommen die Angst vor der Hölle und vor dem Verlust des Paradieses. Eine kleinere Gruppe bilden Beispiele von Beschimpfungen des Todes durch den Sprecher und Äußerungen von Wut. Ansätze von Rechtfertigungen des Todes, Beispiele für das *Carpe-diem*-Motiv und für einen ironischen Umgang des Sprechers mit dem Tod formen ebenfalls kleinere Gruppen. Eine etwas größere Gruppe bilden die Aufforderungen an den Menschen zu Reue, Buße und Umkehr, denen sich das Motiv der

---

[9] "The aim of the death lyric was to dispel the comforting remoteness by emphasizing both the uncertainty and the inevitability of death, and most frequently by, as it were, looking through a magnifying-glass at all the minutiae of death, so that time or aversion might not make its image blurred to the imagination", Woolf, *The English Religious Lyric*, S. 75.

freien Wahl zwischen Gut und Böse zuordnen lässt. Die letzte Gruppe sammelt positive Haltungen zum Tod, dies sind Sehnsucht nach dem Tod und gar, in einem Gedicht, die Sicht des Todes als Freund des Menschen. Das Textkorpus entstammt in weiten Teilen den Ausgaben mittelenglischer Lyrik von Carleton Brown,[10] hinzu kommen Texte des schottischen Dichters William Dunbar,[11] des Franziskanermönchs James Ryman[12] und Lydgates Version des Totentanzes.[13]

2.1.1 Das Motiv der Vergänglichkeit

Warnungen vor der Vergänglichkeit des irdischen Lebens finden sich in der überwiegenden Mehrheit der Texte und prägen nachhaltig den Charakter der mittelalterlichen Todeslyrik. Ein Lyriker des 13. Jahrhunderts z.B. beschreibt die Vergänglichkeit anhand von Vergleichen aus der Natur:

> Man mei longe him liues wene,
> ac ofte him liyet þe wreinch;
> fair weder ofte him went to rene,
> an ferliche maket is blench.
> Þarvore, man, þu þe biþench, -
> Al sel valui þe grene.[14]

Das menschliche Leben vergeht wie schönes Wetter, wie ein Sonnenstrahl, verwelkt wie das Gras. Ein solcher Vergleich findet sich auch in Thomas of Hales' „Love Ron":

> Mayde, her þu myht biholde
> Þis worldes luue nys bute o res
> And is by-set so fele volde,

---

[10] Carleton Brown (Hg.), *English Lyrics of the Thirteenth Century* (XIII), *Religious Lyrics of the Fourteenth Century* (XIV) und *Religious Lyrics of the Fifteenth Century* (XV), Oxford 1932, 1924 und 1939.
[11] "The Poems of William Dunbar", in: *The Makars*, hg. v. J.A. Tasioulas, Edinburgh 1999.
[12] "Die Gedichte des Franziskaners Jakob Ryman", hg. v. Julius Zupitza, *Archiv* 89 (1892), S. 167-338.
[13] John Lydgate, *The Dance of Death*, hg. v. Florence Warren, EETS OS 181 (1931). Erscheinungsort der Ausgaben der Early English Text Society ist, sofern nicht anders angegeben, London. Zeilen- und Strophenangaben beziehen sich auf die Version der Hs Ellesmere.
[14] Brown, XIII, n° 10, V. 1-6; *liues*: am Leben; *wene*: meinen, wähnen; *wreinch*: Kniff, Trick; *ferliche*: plötzlich; *maket*: getrübt; *blench*: Sonnenschein; *al sel*: so, also; *valui*: vergeht; *grene*: Gras.

vikel & frakel & wok and les.
Þeos þeines þat her weren bolde
beoþ aglyden so wyndes bles,
Vnder molde hi liggeþ colde
& faleweþ so doþ medewe gres.[15]

Naturgewalten wie der Wind werden evoziert, um den Tod kühner Fürsten („þeines") bildhaft zu erfassen. Das Leben wird einem Anfall von Wahn („res") gleichgesetzt. Parallele Satzkonstruktionen, eingeleitet jeweils durch das Adverb *nu* (‚nun'), stellen kontrastierende emotionale Zustände des Menschen prägnant einander gegenüber. Der rasche Wechsel von Gemütsverfassungen wie Liebe und Trauer, Zorn und Freude wird dadurch unterstrichen:

Monnes luuve nys buten o stunde:
nv he luueþ, nv he is sad,
Nu he cumeþ, nv wile he funde,
nv he is wroþ, nv he is gled.[16]

Auch William Dunbar kontrastiert die wechselnden Launen der Welt mit Hilfe paralleler Konstruktionen: Die Nacht folgt auf den Tag, Flut folgt auf Ebbe, die Welt ist mal dein Freund, bald darauf dein bitterster Feind. Heute trägst du goldene Kleidung, morgen zerfällst du zu Asche:

Heir nocht abydis, heir standis nothing stabill,
This fals warld ay flittis to and fro;
Now day up bricht, now nycht als blak as sabill,
Now eb, now flude, now freynd, now cruell fo;
Now glaid, now said, now weill, now in to wo;
Now cled in gold, dissolvit now in as;
So dois this warld transitorie go. (...)[17]

Ein Gedicht aus der Vernon-Handschrift[18] vergleicht das Leben mit Feuersglut: Irdische Güter verlöschen wie Heidefeuer. Eine Strophe fordert den Menschen

---

[15] Brown, XIII, n° 43, V. 9-16; *luue*: Liebe; *res*: Anfall von Wahn; *wok*: schwach; *les*: falsch; *þeines*: Fürsten; *beoþ aglyden*: sind hinweggeglitten; *faleweþ*: vergeht.
[16] Brown, XIII, V. 49-52; *stunde*: Weile; *luueþ*: liebt; *wile*: Vergnügen.
[17] Dunbar, „O Wreche, Be War", 3. Strophe; *heir*: hier, im Diesseits; *abydis*: hat Bestand; *glaid*: froh.
[18] Eine der umfassendsten Quellen für didaktisch-moralisierende Literatur der spätmittelalterlichen Epoche ist die nach einem Antiquar benannte Vernon-Handschrift aus dem 14. Jahrhundert, aufbewahrt in der Bodleian Library in Oxford (Eng. poet. a. 1). Dabei handelt es sich um ein umfassendes Kompendium meist volkssprachlicher (die Handschrift beinhaltet auch einen geringen Anteil französischer und lateinischer Texte) religiöser und moralisierender Literatur, zusammengestellt für eine weibliche Ordensgemeinschaft, so lassen gewisse Inhalte

dazu auf, sein Leben zu „erkennen" („Knowe þi lyf"). Damit ist gemeint, er soll sich seiner Vergänglichkeit bewusst werden („hit may not last (...) / Riht as a gletand glem hit geth").[19] Ausdrückliche Warnung vor der Vergänglichkeit alles Irdischen findet sich in „Think on Yesterday", einem weiteren Gedicht der Vernonreihe:

> Whon Men beoþ muriest at heor Mele,
> Wiþ mete & drink maken hem glade,
> Wiþ worschip & with worldlich wele,
> Þei have no deynte for to dele
> With þinges þat ben deuoutli made;
> Þei weene heor honour & heore hele
> Schal euer laste & neuer diffade;
> But in heor hertes I wolde þei hade,
> Whon þei gon richest men on aray,
> Hou sone þat god hem may de-grade,
> And sum tyme þenk on ȝuster-day.[20]

Irdische Freuden wie Essen und Trinken oder schöne Kleidung („aray") lassen die Menschen ihre religiösen Pflichten vergessen. Ihre soziale Stellung und ihr momentanes Wohlbefinden („hele") betrachten sie allzu leichtfertig als Selbst-

---

wie die *Ancrene Riwle* vermuten. Der relativ präzise auf 1380-90 datierbare Kodex ist einzigartig was sein sowohl physisches (er misst 54 mal 39cm und wiegt etwa 22 kg) als auch inhaltliches Volumen betrifft, auch wenn nur 350 der ursprünglich vermutlich 422 Pergamentseiten erhalten sind. Inhaltlich stützt sich die Datierung auf eine Anspielung auf das Erdbeben von 1382 und auf ein Verfahren gegen einen Franziskaner von 1384. Lokalisieren lässt sich die Handschrift auf ein Gebiet im Bereich des südlichen Staffordshire bis südlichen Shropshire (westliche Midlands), angefertigt wurde sie von zwei professionellen Schreibern. Die Vernon-Handschrift steht in enger Verbindung zur zeitgleich entstandenen Simeon-Handschrift. Allein der gewaltige Umfang der Sammlung legt eine klerikale Lesergemeinschaft nahe. Zu den Inhalten zählen neben der *Ancrene Riwle* das *Südenglische Legendar* und der *Northern Homily Cycle* (siehe dazu 2.6 „Hagiographie"), Gebete und Psalmen, mit Miniaturen illustrierte Marienmirakel, das *Speculum Vitae*, *The Prick of Conscience* (siehe 2.4), das *Streitgespräch zwischen Körper und Seele*, die homiletischen Romanzen *Robert of Sicily* und *The King of Tars*, der A-Text von Langlands *Piers Plowman*, eine Lebensbeschreibung von Adam und Eva, ein Disput zwischen einem Christen und einem Juden, die fragmentarische *Estoire del Evangelie* und die sogenannten Vernongedichte, eine Sammlung von Lyrik zu den Themen Tod und Vergänglichkeit, die auf Grund ihres elegischen Charakters und ihrer Nähe zur altenglischen Dichtung eine Sonderstellung innerhalb der Lyrik des Jahrhunderts einnimmt. Eine umfassende Beschreibung der Handschrift liefert die Einführung von A.I. Doyle zur Faksimileausgabe von D.S. Brewer, *Vernon Manuscript: a facsimile of Bodleian Library, Oxford, MS Eng. poet. a.1*, Cambridge 1987.

[19] Brown, XIV, n° 100, V. 25 und 28; *gletand*: glühend.

[20] Brown, XIV, n° 101, V. 1-12; *muriest*: am fröhlichsten; *wele*: Wohlergehen; *deynte*: Vergnügen; *diffade*: vergehen; *degrade*: erniedrigen.

verständlichkeit. Ihr Schicksal liegt jedoch in Gottes Hand. Gott allein ist beständig, irdisches Glück ist eine Illusion:

> Whose wolde þenke vppon þis
> Mihte fynde a good enchesun whi
> To preue þis world, al-wei I-wis
> Hit nis but fantum and feiri.
> Þis erþly Ioye, þis worldly blis
> Is but a fikel fantasy,
> For nou hit is and nou hit nis,
> Þer may no mon þer-inne affy;
> Hit chaungeþ so ofte & so sodeynly,
> To-day is her, to-morwe a-way –
> A siker ground ho wol him gy,
> I rede he þenke on ȝuster-day.[21]

Die f-Alliterationen („fantum", „feiri", „fikel" und „fantasy") bewirken eine prägnante Formulierung des Vergänglichkeitstopos. Die Haltung des *contemptus mundi* (Weltverachtung) liegt dem Gedicht zugrunde. Wieder einmal wird der rasche Wechsel vom Glück ins Unglück durch parallele Satzkonstruktionen rhetorisch unterstrichen. Die Kontrastierung von „is" mit „nis" (ein einziger Laut lässt die Bedeutung des Satzes ins Gegenteil umschlagen) und von „to-day" mit „to-morwe" betont die Plötzlichkeit des Wechsels: Eine Drehung des Schicksalsrades genügt, um den Menschen vom irdischen Glück in den Tod zu stürzen. In der vierten Strophe wird die Warnung vor der Vergänglichkeit von Stärke und Schönheit auf das ganze Leben ausgeweitet. Männer büßen täglich etwas von ihrer Körperkraft ein und Frauen verlieren ihre Attraktivität, sobald sie das dreißigste Lebensjahr überschritten haben:

> For þer nis non so strong in stour,
> Fro tyme þat he ful waxen be,
> From þat day forþ, euer-vch an hour,
> Of his strengþe he leost a quantite.
> Ne no buyrde so briht in bour,
> Of þritti winter, I enseure þe,
> Þat heo ne schal fade as a flour,
> Luite and luite leosen hire beute.[22]

In der 11. Strophe beschreibt der Dichter die Flüchtigkeit des Lebens mit einem besonders eindringlichen Bild. Die Menschen, die sich an die Welt klammern,

---

[21] Brown, XIV, 3. Strophe; *enchesun*: Grund; *fantum / feiri*: Zauber, Illusion; *affy*: vertrauen.
[22] Brown, XIV, 4. Strophe; *stour*: Kampf; *buyrde*: Frau, Dame.

sind wie Kinder, die des Nachts in einem von Kerzen erleuchteten Raum nach ihrem Schatten an der Wand greifen – der ihnen freilich stets entgleitet. Der Schatten wird zum Sinnbild für die Vergänglichkeit der Welt: „Þis schadewe I may likne a-riht / To þis world and ȝuster-day".[23]

Auch in Browns Ausgabe religiöser Lyrik des 15. Jahrhunderts findet sich Vergänglichkeitsmetaphorik. Eines der Gedichte (n° 149) beschreibt die Welt als einen Jahrmarkt („This lyfe, I see, is but a cheyre feyre; / All thyngis passene and so most I algate", Verse 8/9).[24] Die Welt ist schwächlich, haltlos und falsch. Sie gleicht der launischen Fortuna, die ihre Günstlinge für eine Zeit erhöht, um anschließend über ihren Fall zu spotten. Ihre Treue ist nur aufgemalt; ihre Falschheit und List kommen letztlich zum Vorschein:

> This febyll world, so fals and so vnstable,
> Promoteth his louers for a lytell while,
> But at the last he yeveth hem a bable
> Whene his peynted trowth is torned in-to gile.[25]

Das Motiv des *contemptus mundi* findet sich auch in „The Mirror of Mortality", wo die Vergänglichkeit der Welt gar als Feindseligkeit aufgefasst wird („This worldis transsitorie Ioy (...) Which in effect is but aduersite").[26]

Auch in Lydgates Totentanz findet sich das Motiv der Vergänglichkeit, wenn auch eher am Rande: „Under heuene in erthe is no thinge stable".[27] Warnungen vor der Welt als „fals" und „transitory" finden sich auch in der Dichtung Dunbars, z.B. im bekannten „Lament for the Makaris":

> Our plesance heir is all vane glory,
> This fals warld is bot transitory,
> The fleshe is brukle, the fend is sle:
> *Timor mortis conturbat me.*[28]

In einem weiteren Gedicht Dunbars („Of Lentren in the First Mornyng") wird der Tod zur verschlingenden Bestie, die mit aufgesperrtem Maul dem Leben hinterhereilt („Deth followis lyfe with gaipand mowth", Vers 10). Das Alter, das

---

[23] Brown, XIV, V. 131/32; *likne*: vergleichen.

[24] Die Vorstellung von der Welt als Jahrmarktstreiben wird in der englischen Literatur zum Allgemeinplatz, von Chaucer („al nys but a faire / This world that passeth soone as floures faire", *Troilus*, V, 1840/1) über John Bunyan (Kapitel „Vanity Fair" in *Pilgrim's Progress*) bis hin zum gleichnamigen Roman von William Thackeray.

[25] Brown, XV, n° 149, V. 22-25; *bable*: Spielzeug; *gile*: List.

[26] Brown, XV, n° 154, V. 34/5.

[27] *The Dance of Death*, V. 184.

[28] Dunbar, „I that in Heill Wes and Gladness", besser bekannt unter dem Titel "Lament for the Makaris", 2. Strophe; *heir*: hier; *brukle*: schwach, zerbrechlich; *sle*: schlau, verschlagen.

der Jugend folgt, ist der Vorbote des Todes. Der Tod folgt auf das Leben wie der
Winter auf den Frühling und Regen auf Dürre. In einem weiteren Gedicht be-
schreibt Dunbar das menschliche Leben als eine Reise, die geradewegs in den
Tod führt. Der Mensch zieht durchs Leben, er kann nie verweilen. Nur eine
kurze, „gleitende" Weile ist ihm geliehen, um im Glauben an Gott und in der
Hoffnung aufs Paradies Trost zu finden:

> Quhat is this lyfe bot ane straucht way to deid,
> Quhilk hes a tyme to pas, and nane to dwell,
> A slyding quheill us lent to seik remeid.[29]

Der Vergänglichkeit irdischen Glücks wird Ausdruck verliehen im Bild der
launischen Göttin Fortuna, die mit einer Drehung ihres Rades ihre Günstlinge
vom Gipfel des Wohlergehens in den Abgrund schleudert.[30] Ihr Rad dreht sich
ohne Unterlass:

> Man, hef in mynd & mend þi mys,
> quhill þow art heir in lyf lyffand;
> and think apone þis warldis blys,
> sa oft-syis is variand.
> For fortonis quheill is ay turnand,
> Quhil to weil and quhil to wa,
> Quhill owp, quhil downe, I onderstand.
> Memor esto nouissima.[31]

Auch John Lydgate, der Autor von *Fall of Princes*, führt in seiner Version des
Totentanzes (1426) das unverhoffte Sterben seiner Figuren auf das Wirken der
Fortuna zurück: „Fortune hath hem from her whele ythrowe".[32]

Der unverhoffte Tod wird auch in folgendem Gedicht dem Walten der
launischen Fortuna zugeschrieben. Die traditionelle Rolle der Fortuna der *De-
casibus*-Literatur wird dabei jedoch abgewandelt. Das Drehen ihres Rades symbolisiert hier nicht den Fall aus hoher sozialer Stellung ins Unglück, sondern
vom Leben in das Grauen des Todes:

---

[29] Dunbar, „Quahat is this Lyfe", V. 1-3; *straucht*: gerade, direkt; *deid*: Tod; *quheill*: Weile;
remeid: Erlösung, Heil.
[30] Zur Göttin Fortuna in der mittelenglischen Literatur siehe auch Kap. 5 (Rolle der Fortuna in
Lydgates *Fall of Princes*).
[31] Brown, XV, n°156, 1. Strophe; *mys*: falscher Lebenswandel; *is variand*: schlägt um, ändert
sich; *quheill*: Rad; *weil*: Wohl; *wa*: Wehe; *owp*: hinauf; *memor esto nouissima*: gedenke der
letzten [vier] Dinge.
[32] *The Dance of Death*, V. 16.

Fortune, wit, and unstabilite
Disseyvyd me with hir brycht visage;
Sche set me on hyr gret ryolte,
Uppon hir whele, on hire hie stag;
But sodenli all þis gan swage,
And deth is com; lo, Y him see![33]

In der mittelenglischen Todeslyrik findet sich gehäuft die *Ubi-sunt*-Formel, die
Fragen nach verstorbenen Menschen oder einstigem Besitz einleitet. Die Vergänglichkeit des Menschenlebens und aller irdischen Besitztümer soll damit vor
Augen geführt werden. Der Ursprung der Formel liegt E. Gibson zufolge in der
Bibel,[34] möglich ist jedoch auch ein fernöstlicher Ursprung. Wichtige Schritte
bei der Verbreitung der Formel sind deren Gebrauch durch die Kirchenväter,
durch Boethius[35] und Isidor von Sevilla.[36] Auch in der altenglischen Literatur
fand die Formel häufig Verwendung.[37] Ein für die mittelenglische Lyrik typisches Beispiel der Verwendung dieser Formel findet sich in Browns Anthologie
der Lyrik des 13. Jahrhunderts, „Ubi sunt qui ante nos fuerunt“:

Uuere beþ þey biforen vs weren,
Houndes ladden and hauekes beren
And hadden feld and wode?
Þe riche leuedies in hoere bour,
Þat wereden gold in hoere tressour
Wiþ hoere briʒtte rode;

Eten and drounken and maden hem glad,
Hoere lif al wiþ gamen I-lad,
Men keneleden hem biforen,
Þey beren hem wel swiþe heye –

---

[33] R.L. Greene, "A Middle English 'Timor Mortis' poem", *MLR* 28 (1933), S. 234.
[34] E. Gibson, "De la Bible à François Villon", *Les idées et les lettres*, Paris 1932, S. 1-38.
[35] *De Consolatione Philosophiae*, II. Buch, Metrum 7, V. 15 / 16.
[36] Siehe Edelgard DuBruck, *The Theme of Death in French Poetry of the Middle Ages and the Renaissance*, Den Haag 1964, S. 46.
[37] Die Verwendung der Formel im Altenglischen untersucht James E. Cross in "The Sayings of St. Bernard and 'Ubi Sunt qui ante nos fuerunt'", *Review of English Studies*, New Series IX (1958), in "Ubi Sunt passages in Old English – sources and relationships", *Vetenskaps-Socie-tetens i Lund Arsbok* (1959) und in *Latin themes in Old English poetry with an excursus on the Middle English 'Ubi Sount qui ante nos fuerount'*, Bristol 1962. Er kommt dabei zu dem Ergebnis, dass die überwältigende Mehrzahl der ubi-sunt-Passagen in ae. Literatur lateini-schen Ursprungs sind, die Autoren die Listen vergangener Güter und Personen jedoch nach Gutdünken verändern. "Ubi sunt" wurde fester Bestandteil des ae. Formelschatzes, seine Verwendung komme einem "religious journalese" (*Latin themes*, S. 6), also einer Art klischeehaften religiösen Jargons gleich.

And in a twinkling of on eye
Hoere soules weren forloren.[38]

Die Vergänglichkeit der Welt wird für den mittelalterlichen Autor zum Inbegriff ihrer Wertlosigkeit. Die einst so wohlhabenden, schönen und erfolgreichen Menschen, derer der Dichter gedenkt, werden in ihrem Hochmut bloßgestellt. Der moralisierende Kommentar im Anschluss an die Fragen macht aus dem Gedenken eine Warnung. Der Zusammenhang zwischen mittelenglischer religiöser Lyrik und Predigtliteratur wird hier wiederum deutlich.[39] Ein weiteres Gedicht in Browns Anthologie betrachtet den Verlust geliebter Menschen aus der Perspektive des Verstorbenen und antizipiert die Einsamkeit der menschlichen Seele am Jüngsten Tag: „Wer beit nou þine frend, faire þat þe biheten, / Ofte þe igretten bi weis & bi streten?"[40]

Mit der *Ubi-sunt*-Formel können jedoch auch ganz andere Effekte erzielt werden. So verleiht in Villons „Ballade des dames du temps jadis" der Tod, vor allem der frühzeitige Tod, den Verstorbenen im Nachhinein einen besonderen Glanz:

Ou est la tres sage Hellois,
Pour qui chastré fut et puis moyne
Pierre Esbaillart a Saint Denis?
Pour son amour ot ceste essoyne.
Semblablement, ou est la royne
Qui commanda que Buridan
Fust geté en ung sac en Saine?
Mais ou sont les neiges d'antan?

La royne Blanche comme lis
Qui chantoit a voix de seraine,
Berte au grant pié, Bietris, Alis,
Haremburgis qui tint le Maine,
Et Jehanne la bonne Lorraine
Qu'Englois brulerent a Rouan;
Ou sont ilz, ou, Vierge souvraine?
Mais ou sont les neiges d'antan?[41]

---

[38] Brown, XIII, n° 48, Strophen 1 und 2; *Uuere beþ*: wo sind („ubi sunt").

[39] Siehe dazu Woolf, *The English Religious Lyric*, S. 71.

[40] Brown, XIII, n° 29, V. 41/42.

[41] Zitiert aus Douglas Gray, *Themes and Images in the Medieval English Religious Lyric*, London 1972, S. 184/5. „Wo ist die kluge Héloise, für die Pierre Abelard entmannt wurde und dann Mönch in St. Denis? Um ihrer Liebe willen hat er dies erlitten. Gleichfalls, wo ist die Königin, die Buridan in einem Sack in die Seine schmeißen ließ? Wo nur, wo ist der Schnee vom letzten Jahr? / Die Königin, weiß wie die Lilie, die wie die Sirene sang, Berte mit den

Villon gedenkt realer, überwiegend positiv konnotierter Persönlichkeiten der französischen Geschichte, im Gegensatz zu den anonymen und eher negativ porträtierten Reichen und Schönen des mittelenglischen Gedichtes. Seine *Ubi-sunt*-Fragen, vor allem der symbolträchtige Refrain, schaffen eine nostalgische Atmosphäre. Die Verstorbenen erscheinen rückblickend, eben auf Grund ihrer Unwiederbringlichkeit, als besonders wertvoll. In der mittelenglischen Lyrik strebt nur Thomas of Hales nach einem vergleichbaren Effekt:

> Hwer is paris & heleyne
> Þat weren so bryht & feyre on bleo,
> Amadas & dideyne,
> Tristram, yseude and alle þeo,
> Ector, wiþ his scharpe meyne,
> & cesar, riche of wordes feo.
> Heo beoþ I-glyden vt of þe reyne
> So þe schef is of þe cleo.[42]

Doch wird hier das Gedenken der Toten der didaktischen Wirkabsicht des Gedichtes, nämlich die emotionale Bindung des Menschen an die Welt zu lösen und auf Christus zu lenken, untergeordnet. Mittelenglische Lyrik betont häufig die Nutzlosigkeit irdischen Besitzes im Jenseits, etwa folgendes Gedicht aus dem dreizehnten Jahrhundert:

> Wen þe turuf is þi tuur,
> & þi put is þi bour,
> þi wel & þi wite þrote
> ssulen wormes to note.
> Wat helpit þe þenne
> Al þe worilde wnne?[43]

„Turuf" und „tuur" alliterieren, „put" und „bour" stehen parallel dazu in Kontrast. Die künftigen „Wohnstätten" werden an den jetzigen gemessen und in ihrer Armseligkeit bloßgestellt. „Tuur" evoziert das Rittertum, „bour" ergänzt die weibliche Sphäre. Dein Körper wird Futter für Würmer – was nützt dir dann dein irdisches Glück, fragt das Gedicht. Trotz seines Umfangs von nur sechs

---

großen Füßen, Bietris, Alis, Haremburgis, der über Maine herrschte und Johanna, das gute Mädchen aus Lothringen, die die Engländer in Rouen verbrannten: Wo sind sie, wo, Herrscherin des Himmels? Wo nur, wo ist der Schnee vom letzten Jahr?"
[42] Brown, XIII, n° 43, V. 65-72; *on bleo*: anzusehen; *meyne*: Kraft, Stärke; *wordes feo*: irdischer Reichtum; *reyne*: Macht; *schef*: Garbe; *cleo*: Hügel. Zur den Heroen der Vergangenheit, die den illustren Kreis der *Nine Worthies* bilden (Hektor, Julius Cäsar), siehe Kap. 2.1.4.
[43] Brown, XIII, n° 30; *turuf*: Rasen; *put*: Grube, Grab; *wel*: Haut; *to note*: zum Nutzen; *wnne*: Freude.

Versen ist es auf Grund der markanten Gegenüberstellungen höchst wirkungs-voll. Auch in der Lyrik des 15. Jahrhunderts lassen sich Beispiele für Mahnun-gen angesichts der Nutzlosigkeit irdischen Besitzes im Jenseits finden, etwa: „Whate availeth goodys, am I ones dede and roten?"[44] Dunbar macht die „guten Taten" zum einzigen Begleiter des Verstorbenen auf dem Weg ins Jenseits und nimmt damit die Quintessenz der Moralität *Everyman* vorweg:

> Thocht all this warld thow did posseid,
> Nocht aftir death thow sall possess,
> Nor with the tak, bot thy guid deid,
> Quhen thow dois fro this warld the dres.[45]

Auch der Totentanz warnt vor irdischem Reichtum. Wer am meisten besitzt, stirbt am widerwilligsten:

> Who most haboundeth here yn grete richesse
> Shal bere with him but a single shete. (...)
> For after deth no man hathe no gode. (...)
> There-fore wise is no creature
> That sette his herte on gode that mote disseuere
> The worlde hit lente & he wille hit recure
> And who moste hathe lothest dieth euer.[46]

Das antike Epitaph „Quod estis, fuimus; quod sumus, eritis", die Warnung der Toten an die Lebenden, findet sich sinngemäß auch in der Lyrik der mittel-englischen Epoche, z.B. in dem Vers: „Þe Bodi þat on þe Bere lys, / Scheweþ þe same þat we shal be,[47] oder in dem Vierzeiler:

> Þu wreche gost wid mud ydet,
> þync on me her in þys pet!
> A man y was and mannes fere:
> Swylc schalt þu ben as ic am here.[48]

Ein weiteres Beispiel für dieses *memento mori* stammt aus dem 15. Jahrhundert: „I was as ye are nowe, and as I ye shalbe."[49] Der Spruch findet sich gegen Ende

---

[44] Brown, XV, n° 162, V. 15.
[45] Dunbar, „Memento, Homo", V. 33-36; *guid deid*: gute Tat; *the dres*: dich begeben.
[46] *The Dance of Death*, V. 111/12, 256 und 309-12; *haboundeth*: im Überfluss lebt; *disseuere*: zurücklassen.
[47] Brown, XIV, n° 101, V. 91/92.
[48] Rolf Kaiser (Hg.), *Medieval English*, Berlin 1958, S. 294; *with mud ydet*: mit stolzem Schmuck; *pet*: Grube; *mannes fere*: Gefährte von Menschen / Männern.
[49] Theodore Silverstein (Hg.), *Medieval English Lyrics*, London 1971, n° 101.

der Epoche auch gehäuft auf englischen Grabsteinen, z.B. auf dem Friedhof von Higham-Ferrars in Northants (Inschrift von 1425): „Such as ye be, such wer we, / Such as we be, such shall ye be."[50]

Die Warnung der Toten an die Lebenden steht ferner im Zentrum der *Legende von den drei Lebenden und den drei Toten* und findet sich deshalb häufig als Begleittext zu Illustrationen:

Ich am afert	Lo whet ich se,
me þinkeþ hit	Beþ develes þre.
Ich wes wel fair	Such scheltou be,
For Godes love	Be wer by me.[51]

Ein weiterer Allgemeinplatz mittelenglischer Todeslyrik besagt, dass der menschliche Körper letztlich aus Erde besteht und dass sich der Leichnam im Verwesungsprozess in dieses sein ursprüngliches Element zurückverwandelt. Der Topos stammt aus der Aschermittwochsliturgie: „Memento homo quod cinis es et in cinerem reverteris".[52] Das Gedicht „Erþe to erþe" fügt den Bedeutungen des Wortes *erþe* (‚Erde' und ‚menschlicher Körper') eine weitere hinzu, nämlich ‚irdischer Besitz':

Erþe toc of erþe, erþe wyþ woh,
Erþe oþer erþe to erþe droh,
Erþe leyde erþe in erþene þroh –
Þo heuede erþe of erþe erþe ynoh.[53]

Woolf interpretiert die Verse wie folgt: Der Mensch, dessen Körper aus Erde besteht, wurde in Sünde („woh") geboren. Während seines Lebens häuft er irdische Materie, d.h. Reichtum an. Nach seinem Tod wird er in ein Grab aus Erde gelegt, dort hat er schließlich genügend Erde um sich herum (S. 85). Woolf macht in diesem Zusammenhang auf die Bedeutung des Wortspiels (*pun*) in der Literatur dieser Epoche aufmerksam: Für den mittelalterlichen Autor verweisen Wortspiele auf eine grundlegende Synthese, sie offenbaren Korrespondenzen auf einer tieferen Bedeutungsebene. Das Mittelalter geht nicht wie die moderne Sprachwissenschaft von der Willkür des sprachlichen Zeichens aus. Ähnlichkeiten der Zeichenkörper sind dieser Sicht zufolge keine Zufälle, sondern Hinweise auf den der Welt zugrunde liegenden göttlichen Bauplan.

---

[50] T.F. Ravenshaw, *Ancient Epitaphs*, London 1878, S. 8.
[51] Zitiert aus Woolf, *The English Religious Lyric*, S. 345. Zur *Legende* siehe 2.2.
[52] Gray, *Themes and Images*, S. 196.
[53] Brown XIII, n° 73. Meine Übersetzung: „Erde (der menschliche Leib) entstand in Sünde aus Erde, Erde (der Mensch) zog andere Erde (irdischen Besitz) zur Erde (zu sich), Erde (Menschen) legte Erde (den Leichnam) in eine Erdgrube – da hatte Erde (der Mensch) genug Erde (d.h. war wieder in seinem Element angekommen)."

In George G. Perrys Anthologie mittelenglischer religiöser Literatur findet sich eine auf fünf Strophen erweiterte Version dieses Gedichtes. Ausgeführt werden in der ersten Strophe der Ursprung des menschlichen Körpers aus der Erde, in der zweiten und dritten der Machttrieb und die Habgier des Menschen. Die vierte Strophe warnt vor dem Tod, der alle Menschen, Reiche wie Arme, mit sich nimmt:

> Erthe gose appon erthe, as golde appon golde,
> He that gose appon erthe gleterande as golde,
> Lyke als erthe neuer-more goo to erthe scholde,
> And ȝitt schall erthe vn-to erthe ȝa rathere þan he wolde.

Die fünfte Strophe wirft schließlich die Frage auf, was es angesichts dieses Kreislaufes von Erde zum menschlichen Körper und wieder zurück zur Erde für einen Sinn machen kann, irdische Reichtümer anzuhäufen. Letztlich werden alle Menschen im Grab liegen und stinken:

> Now why þat erthe luffis erthe, wondire me thynke,
> Or why þat erthe appon erthe scholde oþer swete or swynke
> For when þat erthe appon erthe es broghte with-in brynnke;
> Thane schalle erthe of erthe hafe a foulle stynke.[54]

„This World fares as a Fantasy" aus Browns Anthologie[55] variiert den Topos. Der menschliche Körper wird auf Grund seiner Bauelemente Erde und Luft mit Mücken und Motten verglichen. Der Mensch wächst, nimmt an Leibesfülle zu und zerfällt wieder wie Ungeziefer. In Dunbars Lyrik findet sich das Aschemotiv:

> *Memento, homo, quod cinis es!*
> Think, man, thow art bot erd and as
> Lang heir to dwell na thing thow pres,
> For as thow come sa sal thow pas;
> Lyk as ane schaddow in ane glas
> Hyne glydis all thy tyme that heir is.
> Think, thocht thy bodye ware of bras,
> *Quod tu in cinerem reverteris.*[56]

---

[54] *Religious Pieces*, hg. v. George G. Perry, EETS OS 26 (1867), n° 15; *swynke*: sich abmühen.
[55] Brown, XIV, n° 106.
[56] Dunbar, „Memento, Homo", 1. Strophe; *as*: Asche; *heir*: hier; *pres*: versuche; *hyne*: davon; *thocht*: selbst wenn.

Die Zeit, die dem Menschen auf Erden gegeben ist, gleitet dahin wie ein Schatten. Sein Körper zerfällt nach dem Tod zu Asche, dem Element, aus dem er geschaffen wurde. Auch Lydgate greift das Aschemotiv auf. Sein Totentanz erinnert daran, dass Gott die ganze Welt aus einer Urmaterie geschaffen hat. Der Mensch wird wie die Blumen letztlich wieder zu Erde und zu Asche zerfallen.[57]

2.1.2 Die Macht des Todes

Die mittelenglische Todeslyrik warnt vor dem Tod aus zwei komplementären Perspektiven: vor der Vergänglichkeit des Lebens einerseits und vor der Allmacht und Omnipräsenz des Todes andererseits. Die Sicht des Todes als tägliche Bedrohung des Menschen und als mächtiger Gegenspieler des Lebens lässt sich mit Blick auf die Umstände der Entstehungszeit dieser Lyrik, insbesondere die Pestepidemien (vor allem 1348/9), erklären. Die Gedichte beschreiben den Tod als ungewiss und paradoxerweise als dennoch höchst zuverlässig. Nichts ist so sicher wie der Tod – der Zeitpunkt, wann er eintritt, ist dem Menschen hingegen nicht bekannt, vor allem in einer Epoche mit einer durchschnittlichen Lebenserwartung von unter 30 Jahren. Den Sprecher von „Three Sorrowful Things" plagt außerdem die Unsicherheit, was nach dem Tod mit seiner Seele geschieht:

> Wanne ich þenche þinges þre
> ne mai neure bliþe be:
> þat on is ich sal awe,
> þat oþer is ich ne wot wilk day.
> þat þridde is mi meste kare,
> i ne woth nevre wuder i sal fare.[58]

Der Tod ist allgegenwärtig. Er steckt einem mittelenglischen Lyriker zufolge im Schuh: „þar deth luteth in his swo / to him fordo",[59] einem anderen Gedicht zufolge im Handschuh: „Deth is hud, mon, in þy gloue".[60] Seine Macht erstreckt sich nicht nur auf die Alten und Schwachen, er nimmt auch die Jungen und Starken, die Schönen und die Mächtigen mit sich.[61] „The Four Foes of Mankind" beschreibt die Macht des Todes mit Vergleichen aus der Natur. Er schlägt ein wie ein Blitz:

---

[57] *The Dance of Death*, Strophen VII und XLVIII.
[58] Brown, XIII, n° 12 (A); *awe*: fort; *wilk*: an welchem; *wuder*: wohin.
[59] Brown, XIII, n° 10 (A), V. 29/30; *luteth*: ist verborgen; *swo*: Schuh.
[60] Brown, XIV, n° 23, V. 31.
[61] Brown, XIV, n° 23, V. 28-30 und n° 101, V. 49-51.

When derne deþ ous haþ ydiȝt,
Is non so war no so wiȝt
Þat he no felles him in fiȝt,
As fire dos in tunder.[62]

Der Tod wird zum Plünderer, der mit roher Gewalt nach dem Leben greift:

Noiþer he stintes no strokes,
Bot ay prickes & prokes
Til he vnclustri al þe lokes
Þat liif ligges vnder.[63]

Ein ähnliches Bild findet sich in „Death, the Soul's Friend", wo es zu einem Kräftemessen mit dem Tod kommt: „Thynk þou may noght stand a pull, / qwen dede þe will asayll."[64] In einem anderen Gedicht „verhaftet" der Tod, Gottes Büttel, den Sprecher: „I am arested to apere at goddes face",[65] ein Motiv, das sich auch im Totentanz findet. Dort ist es ausgerechnet der Wachtmeister, dem vom Tod die Handschellen angelegt werden: „Hit is right to reste & yow constrain / With vs to daunce my maiester sire Conestable", verhöhnt dieser sein Opfer.[66] Lydgates Totentanz zufolge ist der Tod stärker als die mächtigsten Herrscher der Geschichte, keine Waffen und keine Rüstung bieten dem Menschen Schutz:

For more stronge than euer was Charlemayn
Dethe hathe a-forced & more worshipable
For hardynesse ne knyȝthode this is no fable
Ne stronge armoure of plates ne of maile
What geyneth armes of folkes most notable
Whan cruel deth luste hem to assaile. (...)
But I se welle that alle wordli prowesses
Deth can a-bate whiche is a grete despite
To hym al-on sorowe & eke swetenesses
For ageyne deth is founden no respite. (...)
Above al men deth hath the victorie. (...)[67]

---

[62] Brown, XIV, n° 27, V. 49-52; *derne*: hinterhältig; *ydight*: im Visier; *war*: aufmerksam; *wiȝt*: tapfer.

[63] Brown, XIV, V. 57-60; *stintes*: hört auf; *vnclustri*: öffnet; *ligges*: liegt.

[64] Brown, XV, n° 163, V. 43/4; *pull*: Kraftprobe (etwa beim Tauziehen).

[65] Brown, XV, n° 149, V. 2.

[66] *The Dance of Death*, V. 137/38; *reste*: verhaften. Die Vorstellung vom Tod als Büttel hat ein literarisches Echo in Hamlets „fell sergeant, death" (V, ii).

[67] *The Dance of Death*, V. 139-44, 149-52 und 352; *what geyneth*: was nützt; *notable*: berühmt.

Die „prowesse", das ritterliche Ideal der Tapferkeit, wird angesichts der Grausamkeit des Todes bedeutungslos. Dieser wird zu einer bitter-süßen Erfahrung („sorowe & eke swetenesses"). Weder das medizinische Wissen des Arztes, noch die Kniffe und Tricks oder das astrologische Wissen des Tregetour (‚Zauberer, Jongleur') schützen vor der Macht des Todes:

> But I dar saie shortli in sentence
> A-ʒens dethe is worth no medicyne. (…)
> What mai a-vaile Maugik natural
> Or any crafte shewed be apparence
> Or cours of sterres aboue celestial
> Or of the heuene al the Influence
> A-ʒens dethe to stonde atte defence
> Legerdemeyn now helpeth me right nowght
> Fare welle my crafte and al soche sapience
> For dethe mo maistries ʒitte than y hathe wrowght.[68]

Die Beschreibungen der Allmacht des Todes verbinden sich mit der Thematik der Gleichheit aller vor dem Tod („Death the Leveller"). In „Knight, King, Clerk Wend to Death", einer englischen Version der *Vado-mori*-Gedichte, klagen Ritter, König und Kleriker über ihre Machtlosigkeit angesichts des Todes. Wohlstand und Ehre nützen im Jenseits nichts, stellt ausgerechnet der König fest, der jedoch den Tod als natürliches Schicksal des Menschen akzeptieren kann. Der Tod kann weder mit Gelehrsamkeit noch mit Tapferkeit (repräsentiert durch den Kleriker und den Ritter) besiegt werden:

> I Wende to dede, knight stithe in stoure,
> thurgh fyght in felde I wane þe flour;
> Na fightis me taght þe dede to quell –
> weend to dede, soth I yow tell.

> I weende to dede, a kynge I-wisse;
> What helpis honor or werldis blysse?
> Dede is to mane þe kynde wai –
> i wende to be clade in clay.

> I wende to dede, clerk ful of skill,
> þar couth with worde men mare & dill.
> Sone has me made þe dede ane ende –
> beese ware with me! To dede i wende.[69]

---

[68] *The Dance of Death*, V. 431/2, 521-8.

Dunbars „Lament for the Makaris" setzt die Figurenreihe der *Vado-mori*-Ge-
dichte fort. Der Tod nimmt hier nicht nur Ritter und Kleriker mit sich, sondern
auch den „campion", den „capitane" und die „lady in bour full of bewte". Zauberei und Astrologie, Rhetorik, Logik und Theologie sind machtlos gegen ihn,
Repräsentanten aller Stände müssen ihm folgen, kirchliche Würdenträger sowie
weltliche Herrscher (Verse 17-40). Mit einem besonders drastischen Bild, dem
Tod als verschlingenden Drachen, beschreibt Dunbar dessen Macht:

> Thy lustye bewte and thy youth
> Sall feid as dois the somer flouris;
> Syne sall the swallow with his mouth
> The dragone, Death, that all devouris.
> No castell sall the keip, nor touris,
> Bot he sall seik the with thy feiris;[70]

Ein Gedicht aus dem 13. Jahrhundert warnt vor dem überraschenden Auftreten
und der Tücke des Todes („„vox and ferlich is þe wreinch").[71] Der Allgemeinplatz, dass nichts so sicher ist wie der Tod, findet sich z.B. in einem Gedicht aus
dem 14. Jahrhundert: „Wel þou wost wiþ-outen fayle / Þat deþ haþ manast þe to
dye"[72] und in einem aus dem 15. Jahrhundert: „Remember that thou shall dye, /
Ffor this world yn certentee / Hath nothing save deth truele".[73] In einem Gedicht
der Vernon-Handschrift wird das sichere Eintreten des Todes als „Zuverlässigkeit" gepriesen. Das Topos vom Tod als Dieb[74] wird auf den Kopf gestellt:

> Sum men seiþ þat deþ is a þef,
> And al vnwarned wol on him stele,
> And I sey nay, and make a pref,
> Þat deþ is studefast, trewe, and lele,
> And warneþ vche mon of his greef,
> Þat he wol o day wiþ him dele.[75]

---

[69] Brown, XV, n° 158 (A); *stithe*: tapfer; *stoure*: Kampf; *quell*: töten; *kynde*: natürlich; *mare*:
ruinieren, verderben; *dill*: mundtot machen.
[70] Dunbar, „Memento, Homo", V. 25-30; *lustye*: wohlgefällig; *feid*: vergehen, welken; *syne*:
dann; *the*: dich; *keip*: schützen; *seik*: suchen; *feiris*: Gefährten.
[71] Brown, XIII, n° 10, V. 15; *vox*: plötzlich; *ferlich*: fürchterlich; *wreinch*: List, Tücke (des
Todes).
[72] Brown, XIV, n° 101, V. 157/8.
[73] Brown, XV, n° 155, V. 5-7.
[74] Dieser Topos findet sich z.B. in einem Gedicht aus John of Grimestones Predigtbuch: „Be
war, man, i come as þef, / To preven þe life þat is þe lef," Zitat aus Woolf, *The English
Religious Lyric*, S. 337.
[75] Brown, XIV, n° 101, V. 169-74; *vnwarned*: ohne Vorwarnung; *lele*: zuverlässig.

Vor allem in der Lyrik des 15. Jahrhunderts und im Totentanz (nach 1426) wird vor dem plötzlichen und unverhofften („on-avysed") Auftreten des Todes gewarnt:

> To-day I sat full ryall in a cheyere,
> Tyll sotell deth knokyd at my gate,
> And on-avysed he seyd to me, chek-mate![76]

Die Unkenntnis der Todesstunde („ffor of thine houre thou woste no certeinte"[77]) wird zur Warnung an den Menschen, Reue und Buße nicht länger aufzuschieben. Der Fall aus dem vollen Leben heraus in den Tod wird in „Against Death is no Defence" durch die Gegenüberstellung von „þis day" und „þe morn" hervorgehoben:

> Þis day thocht þow were hail & feyr,
> as bern baldast, ore kyng with crowne,
> Þe morn þow may be brocht one beyr
> for al þi castalis, towre & towne.[78]

„Hail & fair", „bern baldast", „kyng with crowne", „castalis, towre & towne" stehen in Kontrast zu „beyr". Die Gedichte der Vernon-Handschrift zeigen wiederum ein hohes Maß an philosophischer Reflexion. „Each Man ought Himself to Know" z.B. nutzt ein gängiges Motiv wie das unverhoffte Auftreten des Todes als Ausgangspunkt für weiterführende Gedanken: Die Akzeptanz des Todes führt zu Selbstkenntnis, die Todesstunde bleibt jedoch ungewiss. Tag für Tag, mit jedem Lidschlag bewegen wir uns ein Stück weit in Richtung Tod:

> Knowe þi-self, þat þou schalt dye,
> But what tyme þou nost neuer whenne;
> Wiþ a twynkling of an eiȝe,
> Euery day þou hiȝest þe henne.[79]

„Death, the Soul's Friend", dem eine überraschend positive Sicht des Todes zugrunde liegt, warnt ebenfalls vor dem plötzlichen Auftreten des Todes, geht dann aber, in Einklang mit seiner optimistischen Grundhaltung, einen Schritt weiter:

---

[76] Brown, XV, n° 149, V. 10-12; *sotell*: plötzlich.
[77] Brown, XV, n° 154, V. 48.
[78] Brown, XV, n° 25-28, *bern baldast*: der tapfeste Ritter; *beyr*: Bahre.
[79] Brown, XIV, n° 100, V. 61-64.

Thynk how dede cummys sudanly,
als þou may se all-day,
Thynk & be noght ferd for-thy,
bot be wel war all-way;
Thynk & rewyl þe rythwysly,
or þat þou clyng in clay;
Thynk on crist & cry mercy,
amend þe qwyle þou may.[80]

Die Warnung vor dem plötzlichen Eintreten des Todes soll den Menschen nicht lähmen, sie soll ihm keine Angst einjagen, sondern ihn zu Reue und Umkehr bewegen. Noch sei es nicht zu spät, mahnt das Gedicht den Hörer. Der Mensch soll an Christus denken und Gott um Gnade anflehen. Auch im Totentanz finden sich Beispiele von Warnungen vor dem plötzlichen Auftreten des Todes („Dethe cometh ai when men leste on hym thenke"). Mit dem Tod sei jederzeit zu rechnen („For dethe eche owre is present & redy").[81]

Auch die Frage, *wohin* die Seele nach dem Tod kommen und was mit ihr geschehen wird, beschäftigt die mittelenglischen Lyriker. Die Unsicherheit der Zukunft der Seele nach der Trennung vom Körper macht das Sterben zur mentalen Qual: „Sharp and strong is mi deying, / i ne woth whider schal i."[82] Ein Gedicht aus dem fünfzehnten Jahrhundert fragt: „Hence muste I nedes, but whother shall I goo?"[83] Reflexiven Charakter haben wiederum die Gedichte der Vernon-Handschrift:

Ho wot, saue he þat al haþ wrouȝt,
Wher mon bi-comeþ whon he schal dye?
Ho knoweþ bi dede ouȝt bote bi þouȝt?[84]

„Make Ready for the Long Journey", ein Gedicht des Franziskaners William Herebert, vergleicht den Tod mit einem Aufbruch zu einer ungewissen Reise. Eben da der Mensch nicht weiß, wann er aufbrechen soll, noch, wohin er bzw. seine Seele nach dem Tod „wandern" werden, empfiehlt es sich, rechtzeitig mit dem „Packen" zu beginnen:

Soethþe mon shal hoenne wende
And nede deȝen at þen ende,

---

[80] Brown, XV, n° 163, V. 31-38; *ferd*: erschrocken; *for-thy*: deshalb; *war*: auf der Hut; *rewyl*: beherrsche; *or þat*: bevor; *clyng in clay*: in der Erde steckst.
[81] *The Dance of Death*, V. 320 und 568.
[82] Brown, XIV, n° 53, V. 5/6.
[83] Brown, XV, n° 162, V. 24.
[84] Brown, XIV, n° 106, V. 45-47; *bi dede*: in der Tat.

And wonyen he not whare,
God ys þat he trusse hys pak
And tymliche pute hys stor in sak
Þat not when hoenne vare.[85]

2.1.3 Verwesung

Der Verwesungsprozess, der Zerfall des Leichnams im Grab, wird in der mittelenglischen Todeslyrik auffallend häufig thematisiert, oft mit morbidem Realismus. So wird z.b. geschildert, wie der Leichnam zu stinken anfängt oder wie
sich Würmer und weiteres Ungetier vom menschlichen Fleisch ernähren. Doch
beschreiben die Texte diese Vorgänge nicht mit objektiv-naturalistischer Detail-
treue, sondern stilisiert im Sinne des mittelalterlichen Weltbildes. So brütet
ausgerechnet eine Schlange, Sinnbild des Bösen, in „The Signs of Corruption"
(s.u.) im Körper der Verstorbenen. Rosemary Woolf erkennt in den makaberen
Darstellungen eine didaktische Intention: Die Lyrik will den Menschen aus
seiner vermeintlichen Sicherheit vor dem Tod wachrütteln und die unangenehme
Realität des Zerfalls seines Körpers vor Augen führen. Die Lyrik inspiziert aus
nächster Nähe, wie durch ein Vergrößerungsglas, die gruseligen Details des
Verwesungsprozesses, sie will schockieren, wachrütteln und beim Hörer einen
Gesinnungswandel bewirken.[86]

Würmer stehen im mittelalterlichen Weltbild ganz unten in der Hierarchie
der Lebewesen. Die Vorstellung, dass ausgerechnet dieses unwürdige Getier
sich in den menschlichen Körper hineinfrisst, ist widerlich. Die Hierarchien der
Welt werden im Grab auf den Kopf gestellt.[87] Der Gang des menschlichen
Fleisches durch den Magen des Wurms bedeutet zugleich eine Rückkehr zur
Ursprungsmaterie, zu dem „Dreck", aus dem der Mensch einst von Gott geschaffen wurde: „of felthe þu ert isowe, / weirmes mete þu selt ben",[88] „þi wel &
þi þrote ssulen wormes to note"[89] und „þi fleschly foode þe wermes wol fye".[90]

---

[85] Brown, XIV, n° 23, 1. Strophe; *not*: weiß nicht; *trusse*: schnüre; *stor*: Besitz; *vare*: reisen.
[86] Woolf, *The English Religious Lyric*, S. 74/5.
[87] Auch in *Hamlet* spottet der Titelheld über den Fall des Menschen vom Esser zum Gefres-
senen im Tod:

King: Now, Hamlet, where is Polonius?
Hamlet: At supper.
King: At supper? Where?
Hamlet: Not where he eats, but where 'a is eaten;
(IV, iii, 16-9)

[88] Brown, XIII, n° 10, V. 33/34.
[89] Brown, XIII, n° 30, V. 3/4; *wel*: Haut; *to note*: zum Nutzen [sein], d.h. als Nahrung dienen.

Auch in Lydgates Totentanz wird der menschliche Körper, ausgerechnet der Leichnam eines Königs, zum Fraß für Würmer:

> Seeth what ye ben & what is youre nature
> Mete vnto wormes not elles yn substaunce.[91]

Im bereits zitierten „Love Ron" verfault der menschliche Leichnam wie Gras: „Vnder molde hi liggeþ colde / & faleweþ so doþ medewe gres."[92] Der verwesende Körper verbreitet einen ekelerregenden Gestank: „Fowl and stinkand is mi roting".[93] Auch Dunbar fasziniert die Metamorphose des menschlichen Körpers zum Abschaum erregenden Leichnam:

> Thocht now thow be maist glaid of cheir,
> Fairest and plesandest of port,
> Yit may thow be, within ane yeir,
> Ane ugsum, uglye tramort;[94]

„Death", ein recht umfassendes Lehrgedicht aus der ersten Hälfte des 13. Jahrhunderts,[95] listet menschliche Organe (Zähne, Zunge, Magen, Milz, Leber, Lunge und Kehlkopf) auf, die allesamt verwesen müssen:

> Nu schal for-rotien
> Þine teð and þi tunge.
> Þi mahe and þi milte.
> Þi liure and þi lunge.
> And þi þrote-bolle
> Þat þu mide sunge.
> And þu schal in þe putte
> Faste beon iþrunge.[96]

Seine Fähigkeit zu singen rückt den Menschen in der Seinskette in die Nähe der Engel. Um so mehr wird die Verwesung des Kehlkopfs, des Organs des Gesangs, zum Zeichen seines Verfalls. Auch die Enge des Grabes wird gelegentlich zum Thema mittelenglischer Todeslyrik. In einem Gedicht aus dem 13.

---

[90] Brown, XIV, n° 100, V. 65; *fye*: fressen.
[91] *The Dance of Death*, V. 635/36.
[92] Brown, XIII, n° 43, V. 15/16.
[93] Brown, XIV, n° 53, V. 7.
[94] Dunbar, „Memento, Homo", V. 17-20; *thocht*: auch wenn; *glaid of cheir*: fröhlich, vergnügt; *port*: Erscheinung; *yeir*: Jahr; *ugsum*: widerlich; *tramort*: Leichnam.
[95] „Death", in der Hs Cotton Caligula A. ix, hg. v. von Richard Morris, *An Old English Miscellany*, EETS OS 49 (1872), n° 23.
[96] „Death", V. 169-76; *for-rotien*: verrotten; *mahe*: Magen.

Jahrhundert ruht das „Dach" der posthumen Behausung auf dem Kinn des Verstorbenen („Þin hus is sone ibuld þer þu salt wonien inne, / Boþe þe wirst & þe rouf sal liggen uppon þin chinne").[97] In „Proprietates Mortis" (s.u.) liegt das Haus des Verstorbenen auf seiner Nase. In „Against Death is no Defence" werden die Rippen des Leichnams gar selbst zum Dach („þi ribbis ar þi ruf tre").[98] Nahezu sarkastisch ist die Rede des Todes zum Abt im Totentanz. Völlerei galt im Mittelalter als Sünde; dementsprechend verwest nach zeitgenössischer Vorstellung der Leichnam eines Dickleibigen besonders schnell:

> Come forthe Sire Abbot with ʒowre brode hatte
> Beeth not abasshed though ʒe haue right
> Grete is ʒowre hede ʒowr beli large & fatte
> ʒe mote come daunce thowʒ ʒe be nothing light (...)
> Who that is fattest I haue hym be-hight
> In his graue shal sonnest putrefie.[99]

Ein Gedicht aus der ersten Hälfte des 15. Jahrhunderts, „The Signs of Corruption", lässt eine Frau, zu Lebzeiten schön und reich, minutiös die Verwesung ihres Leichnams beschreiben. Ihr Körper wird zum Fraß für Würmer: „Wormis fynden at me greet prow, / I am hire mete, I am hire drinke".[100] In ihrem Rücken brütet eine Schlange, das Licht ihrer Augen ist erloschen, ihre Innereien verfaulen, ihr Haar wird grün, nur grinsende Zähne bleiben im Schädelknochen:

> In mi riggeboon brediþ an addir kene,
> Min eiʒen dasewyn swiþe dymme:
> Mi guttis rotin, myn heer is grene,
> Mi teeþ grennen swiþe grymme.[101]

Die Schönheit von einst ist dahin. Es bleibt ein tierischer Gestank:

> Mi bodi þat sumtyme was so gay,
> Now lieþ and rotiþ in þe grounde.
> Mi fairhed is al now goon awai,
> And I stynke foulere þan an hounde.[102]

---

[97] Brown, XIII, n° 29, V. 29/30.
[98] Brown, XV, n° 156, V. 34; *ruf tre*: Dachgestühl.
[99] *The Dance of Death*, V. 233-36, 239/40; *putrefie*: verwesen.
[100] Hs Bodley 789, zitiert aus Woolf, *The English Religious Lyric*, S. 317/18, V. 11/12; *prow*: Nutzen.
[101] Woolf, *The English Religious Lyric*, V. 17-20; *dasewyn*: werden finster, verlieren ihr Licht.
[102] Woolf, *The English Religious Lyric*, V. 21-24.

Ihre Füße und Finger, Augen, Ohren und Glieder fallen auseinander. Die Tote mahnt die Lebenden, den Tod gerade wegen seiner Schauerlichkeit nicht zu verdrängen, sondern ihre Gedanken beizeiten auf die letzten Dinge zu richten. „Proprietates Mortis" oder „The Signs of Death" beschreibt schließlich den Verfall des menschlichen Körpers nicht nach, sondern vor dem Tod und listet Kennzeichen (*proprietates*) des nahenden Todes bzw. des hohen Alters auf. Der Galgenhumor des Todeskandidaten hebt sich von dem düsteren Realismus der bisher zitierten Gedicht erfrischend ab:

> Wanne mine eyhnen misten,
> and mine heren sissen,
> and mi nose koldet,
> and mi tunge ffoldet,
> and mi rude slaket,
> and mine lippes blaken,
> and min muþ grennet,
> and mi spotel rennet,
> and min her riset,
> and min herte griset,
> and mine honden biuien,
> and mine ffet stiuien,
> al to late, al to late,
> wane þe bere ys ate gate.[103]

Die gängige Sicht der Todesstunde mit letzten Versuchungen, Teufelsvisionen und Stoßgebeten, mit einem verzweifelten Sterbenden und seinen Bitte um göttliche Gnade ist diesem Gedicht fremd. Wenn die Totenbahre vor der Tür steht, sei alles zu spät, heißt es lakonisch. Der Katalog der Symptome des Alters hat seinen Ursprung in der antiken Heilkunde[104] und taucht in der mittelalterlichen Literatur hin und wieder auf, z.B. in einem Gedicht des Franziskaners Jakob Ryman:

> Why art thou so cruell to man
> Of hym no man grisly to make,
> His nose sharpe and his lippes wan,
> His chekes pale and his tethe blake,
> His handes and his fete to shake
> And alle his body quake for colde
> And returne hym ayene to molde?[105]

---

[103] Brown, XIII, n° 71, V. 1-14; *rude*: Hautfarbe; *grennet*: sich zu einer Grimasse verzieht; *biuien*: zittern.

[104] Gray, *Themes and Images*, S. 194.

[105] Ryman, n° 92, 2. Strophe.

Vor allem in mittelenglischen Predigten finden sich die „Signs of Death" häufig.
Auch in der Literatur der Frühen Neuzeit tauchen sie noch auf, z.b. bei Shakespeares Beschreibung des sterbenden Falstaff („His nose was as sharp as a
pen",[106] vgl. dazu obiges Zitat 3. Verszeile). Das weitere Schicksal der Seele
spielt in dieser über jegliche Todesfurcht erhabenen Darstellung des Sterbevorgangs keine Rolle. Allein der Leichnam tritt nun eine „Reise" an, die uns das
Gedicht in Form einer Handlungskette schildert:

> Þanne y schel fflutte
> ffrom bedde te fflore,
> ffrom fflore to here,
> ffrom here to bere,
> ffrom bere to putte,
> and te putt ffor-dut.[107]

Der Tote ist nun an seiner letzten Ruhestätte angekommen, schrittweise, in steter
Abwärtsbewegung. Besonders schlimm scheint es ihm dieser Darstellung zufolge nicht ergangen zu sein. Wie fühlt sich nun der Leichnam da drunten im
Grab? Bedauert der Verstorbene seine Sünden, seine spirituelle Gleichgültigkeit
zu Lebzeiten? Trauert er seinen Gütern oder seinem irdischen Glück nach?

> Þanne lyd min hus vppe min nose,
> off al þis world ne gyffe ihic a pese.[108]

Das Gedicht endet in einem ironisch-nihilistischen Tonfall. Ein Sonderfall
innerhalb der mittelenglischen Todeslyrik.

2.1.4 Im Tod sind alle gleich („Death the Leveller")

Die Gleichheit aller Menschen vor dem Tod hat für die Benachteiligten dieser
Welt etwas Tröstliches. Der Topos vom Tod, der alle ohne Ausnahme mit sich
nimmt, bezeugt zugleich dessen Allmacht:

> (...) nis king ne Quene
> þat ne sel drinke of deth-is drench. (...)
> Ne mai strong ne starch ne kene

---

[106] *Henry V*, II, iii, 17.
[107] Brown, XIII, n° 71, V. 15-20; *here*: Leichentuch; *ffor-dut*: wird zugemacht, schließt sich.
[108] Brown, XIII, V. 21/2; *pese*: Erbse.

> a-ȝlyde deth-is wiþer-clench;
> ȝung and old and brith an-siene,
> al he riueth an his streng.[109]

In der Auflistung der Reichtümer und Ehrentitel, die im Tod ihren Wert verlieren, steckt auch die Genugtuung des Dichters angesichts der Gerechtigkeit des Todes nach einem Leben voller Ungerechtigkeiten:

> (...) ffor whome thou clepiste, all muste go with the.
> Nought may preuaile – pompous prosperite,
> Honoure ne heele, gemme ne precious stone,
> Renoun, Riches, rent ne rialte – (...)
> Popes and prelates stand in perplexite,
> And envyus clarkis forth with the thai gone,
> Crowned conquerours and odire of law degre,
> Knyghtly an hir tymes, thou sparith noone.
> Marchauntes, men of law, all vndir oone,
> Leches, laborers, fayne wolde fro the fle.[110]

Die Liste der mittelalterlichen Stände verdeutlicht die Gleichheit *aller* vor dem Tod. Erwähnt werden gemäß der Konvention zuerst drei Vertreter des Klerus in absteigender Rangordnung (Papst, Prälat und Kleriker), dann, ebenfalls in absteigender Rangfolge, Repräsentanten weltlicher Stände: gekrönte Häupter, Ritter und Bürgerliche wie Händler, Rechtsgelehrte und Ärzte und zuletzt die einfachen Feldarbeiter. Der mittelschottische Dichter Dunbar verdeutlicht die menschliche Sterblichkeit mit dem Tod einer Reihe herausragender Persönlichkeiten der mythischen oder realen Geschichte:

> Worthye Hector and Hercules,
> Forcye Achill and strong Sampsone,
> Alexander of grit nobilnes,
> Meik David and fair Absolone,
> Hes playit thair pairtis, and all are gone
> At will of God, that all thing steiris.
> Think, man, exceptioun thair is none,
> *Sed tu in cinerem reverteris.*[111]

---

[109] Brown, XIII, n° 10, V. 7/8, 11-14; *drench*: Trank; *mai*: kann; *a-ȝlyde*: entkommen; *wiþer-clench*: feindliche Umklammerung; *brith*: schön; *riueth*: zerstört.

[110] Brown, XV, n° 154, V. 8-11 und 25-30; *preuaile*: dagegen ankommen; *rent*: Einkünfte; *odire*: andere; *of law degre*: niederer Herkunft; *leches*: Ärzte.

[111] Dunbar, „Memento, Homo", 2. Strophe; *forcye*: mächtig; *meik*: demütg; *steiris*: lenkt, regiert.

Hektor, Alexander und David zählen zu den *Nine Worthies*, den neun „Muster-beispielen" an Tapferkeit, militärischem Erfolg und irdischem Ruhm (drei Heiden, drei Juden, drei Christen).[112] Die Tatsache, dass selbst die Größten der Großen hinweggerafft werden, verdeutlicht die Unausweichlichkeit des Todes. Der Topos der Gleichheit aller im Tod („Death the Leveller") findet sich an

---

[112] Karl J. Höltgen beschreibt in einem Artikel von 1959, „Die ‚Nine Worthies'", *Anglia* 77, S. 279-309, Ursprung und Überlieferung des Topos in der europäischen Literatur des 14. bis 17. Jahrhunderts. Die literarische Konstante der *Nine Worthies* (NW) geht auf eine Alexanderromanze aus dem 14. Jahrhundert zurück, die *Voeux du Paon* des Lothringers Jacques de Longuyon. In diesem Werk wurden erstmalig die Neunzahl, die Namen und die Reihenfolge der Heroen, ihre Einteilung in heidnische, jüdische und christliche Dreiergruppen und eine Auswahl ihrer wichtigsten Taten festgelegt, deren kanonische Fassung der Autor somit begründete (S. 281). Seine Helden verherrlichen das ritterliche Ideal der *prouesse*. Kein warnender Gedanke an ihren Tod kommt auf, die Taten der Neun werden rein positiv bewertet. Zum Geschichtsbild, das der Verwendung des Topos zugrunde liegt, schreibt Höltgen: „Die Abfolge der neun Figuren von Hektor bis Gottfried von Bouillon bietet eine auf Namen reduzierte Universalgeschichte und entspricht dem personalen Charakter mittelalterlicher Historiographie, Geschichte nicht als objektiven Geschehnisverlauf, sondern als Taten und Schicksale hervorragender Persönlichkeiten darzustellen" (S. 280). Die Gliederung in drei Dreiergruppen gemäß den drei Religionen, so Höltgen, entspricht der mittelalterlichen Vorliebe für Zahlensymbolik. Die NW verweisen überdies auf den Translations- und Kontinuitätsgedanken des Mittelalters, der das heidnische und das jüdische Zeitalter als Vorstufen der Herrschaft des Christentums auffasst und eine präfigurative Verbindung zwischen den antiken und den christlichen Heroen erkennt. Aufzählungen berühmter Männer und Frauen des Altertums finden sich bei Verwendung der „Ubi-sunt"-Formel bereits in den religiös-didaktischen Gedichten, etwa in dem oben zitierten „Love Ron" des Franziskaners Thomas of Hales. Dort erscheinen sie jedoch eher als *exempla malorum*, Beispiele gefährlicher Welt-verhaftung. Warnende Funktion erhält der Topos von den neun Heroen dann in einigen Gedichten des *Alliterative Revival*, der heroisch-ritterliche mit didaktisch-religiösen Anliegen verbindet. In dem wahrscheinlich auf Longuyons Werk basierenden *Parlement of the Thre Ages* stehen die beiden Aspekte des Preises der Tapferkeit der NW und der Warnung vor der Allmacht des Todes noch recht unverbunden und künstlerisch unbewältigt nebeneinander, so Höltgen (S. 296). *Elde* evoziert die NW primär um zu belegen, dass sämtliche Menschen, auch die allerbesten, vom Tode besiegt werden, verliert sich jedoch im Lobpreis der Neun, vor allem Alexanders, Arthurs und Karls, deren Taten zum Stoff zahlreicher zeitgenössischer Romanzen wurden. Die alliterierende *Morte Arthure* von 1380 versetzt schließlich die NW in Arthurs Traum auf das Rad der Fortuna und zwingt „die widerstreitenden ritterlich-heroischen und religiös-didaktischen Anliegen in einer christlich-mittelalterlichen Tragödienkonzeption zusammen" (S. 298). Fortuna schmeichelt Arthur, indem sie ihm den neunten Platz in der Reihe seiner illustren acht Vorgänger verspricht, ihr „heilspädagogisches Hauptanliegen" ist jedoch, anhand ihres Beispiels vor dem immanenten Fall aus dem irdischen Glück zu warnen. Der Topos der NW verdankt seine prominente Stellung in der Literatur der spätmittelalterlichen Epoche nicht zuletzt seiner vielseitigen Verwendbarkeit: „Mit erstaunlicher Wandlungskraft", so beschließt Höltgen seinen Artikel, „haben sie, wie kein zweites literarisches Motiv, alle Anliegen des Spätmittelalters, ritterliche, religiöse, nationale, politische, didaktische, dekorative aufgenommen, weil sie in der heilsgeschichtlichen und personalen Geschichtsauffassung der Zeit dem Menschen eindrucksvolle Spiegel seiner Größe und Hinfälligkeit vorzuhalten vermochten (S. 308/9)."

mehreren Stellen in Lydgates Totentanz. So entgegnet die Kaiserin auf ihre Verhaftung:

> What availeth gold richesse or perre
> Or what availeth hih blood or Ientylnesse
> Or what availeth freshnesse or beaute
> Or what is worth hih porte or strangenesse
> Deth seith chek-mate to al sich veyn noblesse
> All worldly power now may me nat availe
> Raunsoun kynrede frenship nor worthynesse
> Syn deth is come myn hih estat tassaile.
> Deth spareth not pore ne blode royal (...)[113]

Weder Gold noch Edelsteine, hohe Geburt, edle Gesinnung, jugendliche Frische, Schönheit, erhabenes Gebaren oder vornehme Zurückhaltung können den Tod beeindrucken. Dieser mahnt den Kaiser, dass er den Herrscher („blod royal") ebenso wenig verschont wie den Bettler (54). Alle Kinder Adams müssen sterben (80). Der Kaiser moniert, dass hochgestellte Personen in dieser Angelegenheit nicht bevorzugt behandelt werden (87/8). Auch der Dialog zwischen dem Armen und dem Wucherer greift den Topos der Gleichheit aller vor dem Tod auf. Der Tod fordert die beiden auf, Rechenschaft für ihr Handeln abzulegen. Die Wucherei verurteilt er als Verstoß gegen Gottes Gebot. Für die notgedrungene Kreditaufnahme des Armen hingegen zeigt er Verständnis.[114]

2.1.5 Todesfurcht und Höllenangst

Eine natürliche Reaktion des Menschen auf die Erkenntnis seiner Sterblichkeit ist - neben Verdrängen - Angst. In der ein oder anderen Form wird diese in fast jedem der untersuchten Gedichte thematisiert. Differenziert werden soll nun zwischen der Furcht vor dem Sterbeprozess einerseits und vor der Hölle andererseits. Todesfurcht und wilde Spekulationen angesichts der Unkenntnis des weiteren Schicksals der Seele finden sich in allen Religionen und Kulturen der Welt und können als menschliche Universalien betrachtet werden. Die einleitend geschilderten Positionen antiker Philosophie deuten ja darauf hin, dass auch die vorchristliche Zivilisation die Auseinandersetzung mit der Todesfurcht kannte. Höllenangst hingegen tritt verstärkt im christlichen Mittelalter auf. Sie ist in der mittelenglischen Epoche besonders ausgeprägt und bleibt bis

---

[113] *The Dance of Death*, Strophe X (Hs Lansdowne).
[114] *The Dance of Death*, Hs Ellesmere, Strophe LII.

in die Neuzeit dominant, sie spielt jedoch auch in vorchristlichen Kulturen eine
Rolle, etwa in der griechischen oder der ägyptischen Mythologie - man denke an
die Qualen eines Tantalus oder Sisyphus. Die Angst vor dem Tod wird im 13.
Jahrhundert vorzugsweise in kurze Merkverse gefasst, etwa in dem Gedicht
„Three Sorrowful Things":

> Wanne ich þenche þinges þre
> ne mai neure bliþe be:
> þat on is ich sal awe,
> þat oþer is ich ne wot wilk day.
> þat þridde is mi meste kare,
> i ne woth nevre wuder i sal fare.[115]

Die sprachhistorische Situation im England des 13. Jahrhunderts macht die
Volkssprache zum geeigneten Medium für diese Art von Lyrik.[116] Das Englische
hat zwei Jahrhunderte nach der normannischen Eroberung seinen Rang als
Literatursprache noch nicht wieder erreicht, kann jedoch volkstümliche Weisheiten und religiöse Unterweisung (*Ancrene Riwle*) trefflich zum Ausdruck
bringen. Die Lyrik artikuliert sich in einfachen Parataxen, die Aussagen sind
knapp und präzise. Reflexionen über den Tod wie in obigem Gedicht benötigen
keine kodifizierte Literatursprache. Die englische und die französische Literatur
der spätmittelalterlichen Epoche haben auf Grund unterschiedlicher sprachhisto-
rischer und kultureller Voraussetzungen weitgehend verschiedene Arten von
Todeslyrik hervorgebracht. Die altfranzösischen Texte sind dabei eher reflexiven, die mittelenglischen eher meditativen Charakters.[117] Im 14. Jahrhundert,
vor allem in den Gedichten der Vernon-Handschrift, gewinnt die englische
Lyrik an philosophischer Tragweite. In „Think on Yesterday" wird der Tod mit
einem physischen Aggressor gleichgesetzt. Die Angst vor dem Sterben erscheint
als gerechtfertigt:

> Mon, ʒif þi neiʒebor þe Manas,
> Oþer to culle or to bete;
> I knowe me siker in þe cas
> Þat þou wolt drede þi neiʒebores þrete,
> And neuer a day þi dore to pas
> Wiþ-oute siker defense and grete,
> And ben purueyed in vche a plas
> Of sikernes and help to gete.
> Þin enymy woltou not for-ʒete

---

[115] Brown, XIII, n° 12 (A); *bliþe*: fröhlich; *awe*: fort, dahin; *wilk*: an welchem; *wuder*: wohin.
[116] Woolf, *The English Religious Lyric*, S. 77.
[117] Woolf, *The English Religious Lyric*, S. 111.

But ay beo a-fert of his affray. (…)

> Wel þou wost wiþ-outen fayle
> Þat deþ haþ manast þe to dye,
> But whon þat he wol þe a-sayle,
> Þat wost þou not, ne neuer may spye.[118]

Der Tod hängt wie ein stetes Damoklesschwert über dem menschlichen Leben. Seine Bedrohlichkeit erstreckt sich nicht nur auf bestimmte besonders gefährliche Situationen, sondern belastet, wie ein meuchelmörderischer Nachbar, den Alltag. Die letzten vier Verse resümieren die *conditio humana*: Sicher ist, dass der Mensch sterben muss, unsicher ist jedoch der genaue Zeitpunkt seines Todes. Der Mensch ist sich - dies macht ihn zum Menschen - seiner prekären Lage zwischen diesseitiger und jenseitiger Existenz (oder Nichtexistenz) bewusst und versucht mittels Reflexion das Dilemma zu bewältigen („*þenke* of ʒuster-day"). Aus dem 15. Jahrhundert stammen Beispiele „makkaronischer", d.h. gemischt lateinisch-volkssprachlicher Dichtung:

> O Mors mordens aspere, yn gyle þou haste noo pere,
> Nam sanos in prospere, Thow bryngyst to the bere,
> Et tua sententia, ffallyt bothe yonge and oolde,
> Et fallax potencia, Thow makyst all vnbolde.[119]

Der Tod ist bitter („aspere") und verschlagen („gyle"). Er reißt auch die Gesunden aus dem Leben heraus, sein Richterspruch bringt Alte sowie Junge zu Fall. Er ist eine trügerische Macht, die dem Menschen Angst bereitet.

In einem Gedicht des Franziskanermönchs James Ryman plagen den Sprecher neben der Todesfurcht („dredefull deth") unausstehliche Schmerzen einer Krankheit im fortgeschrittenen Stadium:

> O dredefull deth, come, make an ende,
> Come vnto me and do thy cure.
> The payne no tunge can comprehende,
> That I fele, woofull creature.
> O lorde, how longe shall it endure?
> Whenne shall I goo this worlde fro
> Out of this bitter payne and woo?[120]

---

[118] Brown, XIV, n° 101, V. 145-60; *þe manas*: dich bedroht; *culle*: töten; *þrete*: Bedrohung; *a-fert*: in Furcht; *affray*: Angriff; *a-sayle*: angreifen; *wiþ-outen fayle*: zweifelsohne.

[119] Brown, XV, n° 157; *gyle*: Verschlagenheit; *sententia*: Richterspruch; *ffallyt*: bringt zu Fall; *vnboolde*: furchtsam, voller Furcht.

[120] Ryman, n° 95, 1. Strophe; *comprehende*: erfassen, beschreiben.

Der Tod wird herbeigesehnt, der Sprecher erhofft sich Erlösung von seinen Schmerzen, die Angst angesichts der Ungewissheit einer jenseitigen Existenz jedoch bleibt. Mag der Mensch sein Leben als noch so leidvoll empfinden, es scheint, als könne er sich dennoch nicht davon trennen. Das Dilemma des Todkranken liegt darin, aufgrund seiner Schmerzen das Leben nicht länger ertragen zu können und dennoch den Tod zu fürchten (2. Strophe):

> Full harde it is forto departe,
> And harde it is this payne to abyde.

William Dunbar beklagt in seinem „Lament for the Makaris" den Tod von Dichtern, u.a. von Chaucer, Gower und Lydgate. Im ersten Teil verurteilt er die Macht des Todes über die Stände der mittelalterlichen Gesellschaft und die Bedeutungslosigkeit menschlicher Leistungen angesichts des Todes, im zweiten Teil, der Litanei der verstorbenen Dichter („Makaris"), wird deren Individualität in der Auseinandersetzung mit dem Tod und mit der Frage nach dem Sinn der menschlichen Existenz herausgearbeitet. Dessen Bedrohlichkeit erstreckt sich schließlich auch auf den Sprecher:

> Sen he hes all my brether tane,
> He will nocht lat me lif alane,
> On forse I man his nyxt pray be;[121]

Der Refrain des Gedichtes lautet bezeichnenderweise: „Timor mortis conturbat me." Ein weiteres *Timor-mortis*-Gedicht stammt von John Audelay, einem klerikalen Autor des frühen 15. Jahrhunderts:[122]

---

[121] Dunbar, „Lament for the Makaris", V. 93-5; *sen*: da; *brether*: Brüder; *tane*: mitgenommen; *on forse*: vielleicht, durchaus; *man*: könnte.

[122] Die Gedichte John Audelays sind in einer einzigen Handschrift (Douce 302, Bodleian Library) aus dem zweiten Quartal des 15. Jahrhunderts überliefert. Einem lateinischen Kolophon, datiert 1426, lassen sich biographische Informationen zum Autor entnehmen. Da heißt es, dass Audelay als „Capellanus" tätig war, bis er sich bedingt durch Krankheit und Erblindung in die Abtei von Haghmond nordöstlich von Shrewsbury zurückzog. Er empfand den Verlust seines Augenlichts als Gottes Strafe für seinen Lebenswandel und verfasste gegen Ende seines Lebens religiöse Lyrik, um Buße zu tun. Audelay war ein Gegner des Lollardentums und bekräftigt in seinem Werk die Autorität der römischen Kirche. Die Hs Douce 302 ist leider unvollständig erhalten. Es könnte sich dabei um die Erstaufzeichnung der Gedichte handeln, doch sicher nicht um einen Autograph des blinden Dichters. Drei distinkte Handschriften lassen sich auf dem Pergament erkennen. Wir können davon ausgehen, dass Audelay seine Lyrik professionellen Schreibern diktierte. Zur Hs Douce 302 und zur Person des Autors siehe Einleitungsteil der Ausgabe von Ella K. Whiting, *The Poems of John Audelay*, EETS OS 184 (1931).

Lade, helpe! Ihesu, merce!
Timor mortis conturbat me.
Dred of deþ, sorow of syn,
Troblis my hert ful greuysly.[123]

In den darauffolgenden Versen klagt der Sprecher über den Verlust seines Augenlichts. Der graduelle Verlust der Sinne (in Vers 11 auch Tast- und Geruchssinn) und körperliche Beschwerden machen ihm das Leben zur Qual. Er wendet sich an Gott mit der Bitte, seine Seele bei sich aufzunehmen. Todesfurcht wird auch im Totentanz wiederholt zum Thema. Wie zu erwarten tun sich die Privilegierten der Welt am schwersten damit, ihren Tod zu akzeptieren, vor allem dann, wenn sie nicht mit sich im Reinen sind, etwa der Erzbischof:

Alas I wote not what partie for to fle
For drede of dethe I haue so grete distresse
To a-scape his myght I can no refute se (…).[124]

Doch nicht nur den wohlgenährten Sünder versetzt der nahende Tod in Angst und Schrecken; Todesfurcht ist eine allgemein menschliche Reaktion. Sogar der Feldarbeiter („Laborere") tut sich schwer, von seinem harten Leben Abschied zu nehmen:

I haue wisshed after dethe ful ofte
Al-be that I wolde haue fled hym nowe
I had leuere to haue leyne vnsofte
In wynde & reyne & haue gon ate plowe
With spade & pikeys and labored for my prowe
Dolue & diched & and atte Carte goon
For I mai sey & telle playnli howe
In this worlde here ther is reste noon.[125]

Der Ackermann befindet sich in einer ähnlichen Lage wie der Sprecher von Rymans Gedicht. Sein Leben ist hart, wie die Details seines Arbeitsalltags verdeutlichen, dennoch bereitet ihm der nahende Tod Angst. Das irdische Leben wird dem Menschen zum Selbstzweck, er klammert sich daran, ohne genau zu wissen weshalb. Allein die Heiligen, d.h. die Menschen, die schon zu Lebzeiten Vollkommenheit im Sinn des Christentums erreichen, schaffen es, die irrationale Verbundenheit mit dem Diesseits zu lösen.

---

[123] *The Poems of John Audelay*, n° 51, V. 1-4; *Lade*: Jungfrau (Maria); *troblis*: beunruhigt.

[124] *The Dance of Death*, V. 161-63; *what partie*: in welche Richtung, wohin; *refute*: Zuflucht.

[125] *The Dance of Death*, Strophe LXX; *I had leuere*: mir wäre lieber; *prowe*: Nutzen.

Um dem Menschen einen zusätzlichen Anstoß zu Reue, Buße und Umkehr zu erteilen, greift mittelenglische Todeslyrik auch zu dem wirkungsvollen
Mittel der Schilderung von Höllenqualen. „Memorare Novissima Tua" aus dem
13. Jahrhundert warnt vor der Unendlichkeit der Höllenqual:

> If man him biðocte
> inderliche & ofte
> hu arde is to fore
> fro bedde to flore
> hu rueful is te flitte
> fro flore te pitte,
> fro pitte to pine
> ðat neure sal fine,
> i wene non sinne
> sulde his herte winnen.[126]

Der schrittweise „Abstieg" vom Bett auf den Boden und schließlich ins Grab
findet sich auch in dem *Proprietates-mortis*-Gedicht (n° 71, vgl. S. 57), welches
bezeichnender-weise mit dem Leichnam im Grab endet und zur Zukunft der
Seele schweigt. „Memorare Novissima Tua" setzt nun den Abstieg eine Etappe
weiter „nach unten" fort, bis in die Hölle. Die Folgerung ist dementsprechend
eine grundlegend andere: Der Sprecher von „Proprietates mortis" verspricht sich
vom Tod Ruhe von irdischen Belangen („off al þis world ne gyffe ihic a pese").
„Memorare" hingegen warnt vor ewigem Höllenfeuer („pine ðat neure sal fine")
und mahnt zur Umkehr („i wene non sinne / sulde his herte winnen"). Die zwei
einleitenden Verse weisen auf den meditativen Charakter der englischen Lyrik
des 13. Jahrhunderts hin: Es handelt sich um kurze Merkverse, leicht auswendig
zu lernen, im Gegensatz zu den teilweise langatmigen und tiefgründigen Reflexionen der Gedichte der Vernonreihe. Wiederholtes Aufsagen der Verse verhilft
zur Verinnerlichung des Inhaltes („inderliche & ofte"), die Rezitation kann zu
einer Form von Meditation werden. In einem besonders umfangreichen Gedicht
des 13. Jahrhunderts, „The Latemest Day", wird Höllenangst mittels einer minu-
tiösen Beschreibung des Teufels geschürt:

> Wose seiye þene feind, hu lotliche he boe,
> Hornes on is heuet & hornes on is cnoe,
> Nis non þinc on liue of so ateliche bloe;
> Wose come hondur his hont ded he moste boe.[127]

---

[126] Brown, XIII, n° 13; *arde*: hart; *fore*: gehen, fahren; *pine*: Höllenpein.
[127] Brown, XIII, n° 29, V. 81-84; *wose*: wer (auch immer); *loteliche*: häßlich; *heuet*: Kopf; *non þinc*: nichts; *of so ateliche bloe*: von so grässlichem Anblick; *hondur*: unter; *hont*: Hand.

Der Teufel starrt wild um sich, aus seinen Nasenlöchern springt Feuer, seine Augen leuchten wie glühende Kessel; allein seine Nähe bringt den Tod. Satan wird in dieser Darstellung zu einem hybriden Schreckgespenst, einem Amalgam aus Mensch, Drachen und gehörntem Vieh. In ähnlicher Manier, wenn auch nicht gar so farbenfroh, beschreibt „Death" den Teufel (Verse 225-32). In diesem Gedicht werden auch die Qualen der Hölle geschildert, von denen der Dichter jedoch eine durch und durch irdische Vorstellung hat:

> For alle þine gultes
> fongon ischal mede.
> þat is hunger and chele
> and furberninge glede.
> And so me wule sathanas
> ful ateliche brede. (...)
> In ful bitter bað
> baþien ich schal naked.
> Of pisch and of bruneston
> wallinde is imaked.[128]

Besonders heiß schürt Heinrich Seuse die Hölle in seinem *Horologium Sapientiae*, einem Vorläufer der *Ars-moriendi*-Literatur.[129] Neben der Furcht vor der Verdammnis steht die Sorge des Gläubigen, dass ihm trotz seiner Bitten der Einlass ins Paradies verwehrt wird: „For-þi hauistu for-lorin þe Ioye of parais".[130] Ein weiteres Beispiel zu dieser Thematik wäre das bereits zitierte *Ubi-sunt*-Gedicht aus dem 13. Jahrhundert. Die lebenslustige *Jeunesse dorée* der mittelalterlichen Ständegesellschaft hat vor lauter Vergnügungen das Paradies aus den Augen verloren. Mit einem Wimpernschlag, d.h. in gemessen an der Ewigkeit kürzester Zeit, haben sie ihr Seelenheil verspielt und liegen nun allesamt in der Hölle, wo auf ewig ein entsetzliches Feuer brennt. Niemals werden sie diesen grausigen Ort je wieder verlassen können:

> Long is ay and long is ho,
> Long is wy and long is wo -[131]

---

[128] "Death", V. 195-200 und 209-12. Die Seele spricht zum Körper: „Für all deine Schuld soll ich den Lohn (*mede*) empfangen (*fongon*)." *Chele*: Kälte; *furberninge*: brennende; *glede*: Glut; *ateliche*: grauenvoll; *brede*: braten; *pisch*: Pech; *wallinde*: siedend.
[129] Henry Suso, *Orologium Sapientiae or The Seven Poyntes of Trewe Wisdom*, hg. v. Carl Horstmann, *Anglia* 10 (1887), S. 323-89. Das 5. Kapitel (S. 357-65) schildert die Vision des sterbenden Mannes (siehe 2.9).
[130] Brown, XIII, n° 38, V. 9.
[131] Brown, XIII, n° 48, V. 22/23.

2.1.6 Beschimpfungen des Todes

In einem stark alliterierenden Gedicht aus dem fünfzehnten Jahrhundert fordert die Macht des Todes den Sprecher zu einem verbalen Gegenschlag heraus. Diesem Text liegt aber bezeichnenderweise eine dem *Ackermann aus Böhmen* nachempfundene Sprechsituation zu Grunde. Der Sprecher beklagt hier den Verlust eines geliebten Menschen ("On the Untimely Death of a Fair Lady"), nicht die eigene Sterblichkeit:

> Ha! Cruell deeth, contrarious to creatures in kynde.
> Ha! Deeth dispitous, who may aduertise
> Thi mourther, thi malice who may haue in mende?
> The mischief that to mankynde þu dost exercise,
> Thi rigour, þi rancour, who may deuyse?
> The matyng of þi miserie no man may endure,
> ffor thi chekkes conclude eueri creature.[132]

Der Tod wird hier als widernatürlich ("contrarious to creatures in kynde") bezeichnet. Diese Sicht steht in deutlichem Gegensatz zur – wenn auch zähneknirschenden – Akzeptanz des Todes im *Vado-mori*-Gedicht: "Dede is to mane þe kynde wai".[133] Er erfüllt hier keinen göttlichen Auftrag (vgl. dazu die Rolle des Todes als Gottes Büttel in *Everyman*), kann sich auch nicht als Naturgesetz rechtfertigen, sondern begeht Mord und agiert aus Boshaftigkeit ("mourther", "malice", "mischief", "rancour"). Der Tod wird des weiteren als Plünderer und "Pirat" verunglimpft und aufgefordert, von seinem böswilligen Tun zu lassen. Liebenden bringt er Unheil (12-14):

> Stynt of þi malice, for, wyth thy malgyse,
> Loueris ful lyking and lusty in game
> Thu marrest with mischief and makest hem lame.

Der Sprecher geht gar einen Schritt weiter und ruft zur Rebellion gegen den Tod auf:

> ffor þi malice, me semeth reames sholde arise
> To destruye cruell deeth and do hym of dawe.[134]

Solches Aufbegehren grenzt an Blasphemie – allein Jesus Christus kann den Tod besiegen – und erinnert an das Verhalten der drei Zechkumpane in Chau-

---

[132] Brown, XV, n° 153, 1. Strophe; *may*: kann; *aduertise*: warnen vor; *mourther*: Mord; *deuyse*: sich vorstellen; *matyng*: Schachmattsetzen; *chekkes*: Verhaftungen.

[133] Brown, XV, n° 158, V. 7; *kynde*: natürlich.

[134] Brown, XV, n° 153, V. 22/23; *reames*: Reiche; *do of dawe*: töten, vernichten.

cers *Pardoner's Tale* (vg. S. 319). Nur die aufrichtige Trauer des Sprechers über den Verlust seiner Dame, deren Vorzüge er gegen Ende des Gedichtes nach Art der Troubadourlyrik auflistet, rechtfertigt die Vehemenz seiner Emotionen. Er nimmt gegen Ende wieder eine versöhnlichere Haltung dem Tod gegenüber ein, als hätte er sich nach seinem Wutausbruch wieder beruhigt und zur Vernunft zurückgefunden. In Versen 27/28 wird dem Tod in Folge des Sündenfalls gar ein „Recht" auf sein Handeln eingeräumt:

> So ys the tyraunt tytled to that victorie
> By adam, the alderman of old auncetrie.

Vor allem Dunbar findet kräftiges Vokabular und drastische Vergleiche, um der Wut seines Sprechers Ausdruck zu verleihen:

> That strang unmercifull tyrand
> Takis on the moderis breist sowkand,
> The bab full of benignite.[135]

Der Tod ist ein „scorpion fell" (57), in einem anderen Gedicht ein alles verschlingender Drache.[136] Der Sprecher von „Deth is so hasty" wirft dem Tod seine Eile vor: „(...) What haue I / Offendit, that deth is so hasty?"[137] Der frühzeitige Tod wird als „vnkynd" (‚widernatürlich') bezeichnet, ein Vorwurf, dem sich die Edelfrau im Totentanz anschließt.[138] Auch das Kind klagt dort über die Hast des Todes („Dethe is so hasti").[139] Die Sterbenden reagieren auf das Erscheinen des Todes gemäß den Stereotypen ihres Berufs- oder Gesellschaftsstandes. So begehrt der Sergeant gegen die Verhaftung durch den Tod auf:

> How dar this dethe sette on me a-reste
> That am the kynges chosen officere.[140]

---

[135] Dunbar, „Lament for the Makaris", V. 25-7; *sowkand*: saugend.
[136] Dunbar, „Memento, Homo", V. 28.
[137] Silverstein, *Medieval English Lyrics*, n° 100, V. 1/2.
[138] *The Dance of Death*, V. 460/61.
[139] *The Dance of Death*, V. 587.
[140] *The Dance of Death*, V. 369/70.

2.1.7 Rechtfertigungen des Todes

„On the Untimely Death of a Fair Lady" (s.o.) kapituliert vor der Macht des Todes und bezieht sich dabei auf den Sündenfall. Auch eines der Gedichte der Vernon-Handschrift räumt dem Tod ein Recht auf sein Handeln ein: „þis pointes may no mon him repele".[141] Der Geschworene im Totentanz verweist auf „positive Nebeneffekte" seines Ablebens, ein Beispiel für Lydgates literarischen Humor: „Of my dethe many a man is glad".[142]

Passagen, in denen der Tod selbst sein Vorgehen erläutert oder sein Handeln etwa wie die Todesfiguren in den Moralitäten rechtfertigt, lassen sich in der mittelenglischen Todeslyrik nicht finden. Zwar tritt der Tod gelegentlich als Sprecher auf, doch hält er es nie für nötig, sein Handeln zu begründen, dafür ist er sich seiner Macht zu sicher. Er droht z.B. in einem Gedicht Dunbars[143] dem Menschen mit dem Grab und protzt in einem Gedicht Rymans mit seiner Macht.[144] In Lydgates Totentanz kommen wechselweise der Tod und seine Opfer zu Wort, doch auch hier rechtfertigt dieser sein Vorgehen nie. Der Tod hinterlässt in den Dialogen den Eindruck einer alles überragenden, nicht zu hinterfragenden Macht, die ihre Opfer in uneingeschränkter Willkür mit sich nimmt.

2.1.8 Das *Carpe-diem*-Motiv

Das *Carpe-diem*-Motiv ist untypisch für die mittelenglische Todeslyrik. Das Mittelalter kennt zwar die (fälschlicherweise) mit Epikur assoziierte Aufforderung zu uneingeschränktem Lebensgenuss, artikuliert etwa in den mittellateinischen *Carmina Burana*, die mittelenglische Todeslyrik nimmt hingegen eine grundlegend andere Haltung ein. Aufrufe zur Heiterkeit nicht trotz, sondern gerade wegen der Immanenz des Todes finden sich in der Vagantenlyrik. In Folge der Auferstehung Christi, des göttlichen Versprechens der Wiedererweckung der Toten und insbesondere der Bedrohlichkeit des Jüngsten Gerichtes und der Hölle verliert die Haltung Epikurs ihre Gültigkeit für den mittelalterlichen Christen. Zwischen dem frivolen Ton der Vagantenlyrik und der Ernsthaftigkeit der mittelenglischen Todeslyrik tut sich eine weltanschauliche Kluft auf. Dennoch findet sich in einem Gedicht der Vernonreihe eine Aufforderung, den „Tag zu pflücken":

---

[141] Brown, XIV, n° 101, V. 177; *poyntes*: Argumente; *repele*: widerlegen.
[142] *The Dance of Death*, V. 496.
[143] Dunbar, „In to thir Dirk and Drublie Dayis", V. 37-40.
[144] Ryman, n° 92, 6. Strophe.

> Of fantasye is al vr fare,
> Olde & ʒonge and alle I-fere;
> But make we murie & sle care,
> And worshipe we god whil we ben here;
> Spende vr good and lytel spare,
> And vche mon cheries oþures cheere.[145]

Das Motiv wird jedoch eigenwillig gehandhabt. Der Aufruf zur unbeschwerten Fröhlichkeit wird umgebogen zum freudigen Lobpreis Gottes, die Verschwendungslust wird zur Spendierfreudigkeit aus altruistischen Motiven.

2.1.9 Ironie

Auch Ironie ist der Thematik entsprechend in der mittelenglischen Todeslyrik selten. Nur vereinzelt finden sich humorvolle oder augenzwinkernde Verse, etwa im bereits zitierten *Proprietates-mortis*-Gedicht („off al þis world ne gyffe ihic a pese") oder im Totentanz, wo der Geschworene auf „positive Nebeneffekte" seines Ablebens hinweist (s.o.). Schauerliches und Komisches schließen sich dem mittelalterlichen Verständnis von Humor zufolge prinzipiell nicht gegenseitig aus, man denke nur an die Teufelchen der Mysterienspiele. Ernste Thematik kann mit humoristischen Elementen gewürzt werden, so bekommt Noah beim Betreten seiner Arche faustdick den Zorn seiner Frau zu spüren und so finden im zweiten Schäferspiel des Towneley-Zyklus die Hirten kein neugeborenes Kind in Maks Krippe, sondern ein frisch gestohlenes Schaf. Die mittelenglische Todeslyrik scheint in ihrer Grundstimmung jedoch zu seriös, um solch ein Nebeneinander von Ernst und Humor zu tolerieren. Und vieles, was der heutige Leser als komisch empfinden mag, etwa die roten Augen, behörnten Knie und feuerspeienden Nasenlöcher Satans, war vom mittelalterlichen Autor nicht so intendiert.

---

[145] Brown, XIV, n° 106, V. 109-14; *fare*: Reise; *I-fere*: zusammen; *sle*: töten; *cheries oþures cheere*: sorge sich um das Wohlergehen der anderen.

2.1.10 Reue, Buße, Umkehr

Die mittelenglische Todeslyrik setzt es sich zum Ziel, den Leser bzw. Hörer zur Reue zu bewegen und zu einem gottgefälligen Leben zu bekehren. Sie warnt davor, diesen Schritt weiter aufzuschieben, denn niemand könne sich sicher sein, wie viel Zeit ihm später noch bleiben werde. Die Mahnung zur Reue wird z.B. in folgenden Versen aus dem 13. Jahrhundert zum Ausdruck gebracht:

> Man, er þu falle of þi bench,
> þu sinne aquench. (...)
> Man, let sinne and lustes stench,
> wel do, wel þench! (...)
> Man fwi neltu þe bi-þenchen?
> Man fwi neltu þi bisen?[146]

Diese relativ frühen Verse verwenden eine kolloquiale Sprache: Statt von „dye" (‚sterben') ist hier die Rede von „falle of þi bench" (‚von der Bank fallen'). Viermal wird der Hörer direkt apostrophiert („Man"). Die Ausrufe- und Frage-sätze suggerieren eine sehr emotionale Dialogsituation. Dem sei eine entspre-chende Passage aus einem der Vernongedichte gegenübergestellt, die die The-matik in vergleichsweise nüchternem Stil angeht:

> Aske Merci wiþ mylde mood,
> Amende þe – þou wot what I mene –
> Vche creatur þat beres bon and blood.
> Preye we to god þat dyed on Rode,
> Ar vre breþ beo out I-blowe,
> Þat cristes face mai ben vr foode.[147]

Der Mensch wird zur Umkehr aufgefordert, solange ihm noch Gelegenheit dazu bleibt. Demutsvoll soll er den Erlöser um Gnade bitten. William Dunbar beendet sein *Timor-mortis*-Gedicht („Lament for the Makaris") mit der Aufforderung an den Leser, das Unabwendbare zu akzeptieren und sich auf den Tod vorzube-reiten. Die Aussicht auf ein Leben nach dem Tod hängt nach spätmittelalterli-cher Überzeugung von der Qualität der Vorbereitung auf den Tod ab:

> Sen for the ded remeid is none,
> Best is that we for dede dispone,
> Eftir our deid that lif may we;
> *Timor mortis conturbat me.*[148]

---

[146] Brown, XIII, n° 10, V. 9/10, 19/20, 31/32; *aquench*: beende, lösche aus; *fwi*: warum (ne. *why*); *neltu*: willst du nicht; *þi bisen*: in dich gehen.

[147] Brown, XIV, n° 100, V. 102-7; *ar*: bevor (ne. *ere*).

Der Appell an den Gläubigen, ein gottgefälliges Leben zu führen, kann auch den Auftakt zu einem Gedicht bilden, in folgenden Versen in Verbindung mit der Mahnung, dass der menschliche Körper aus Erde besteht und zur Erde zurückkehren wird:

> Wake, man, slepe not, rise vp and thynk þat erth thou art;
> And that erth thou shal be, whan the hath cayht deth smart.
> Com to churche, & serve thy maker with dredefull hart,
> Lest that thou repent the when thou art owte of quart.[149]

Der Mensch wird aus seiner spirituellen Indifferenz wie aus dem Schlaf gerissen. Reflexion („thynk") und Frömmigkeit („serve thy maker") können ihm den Weg aus der Verzweiflung angesichts der Nichtigkeit seiner diesseitigen Existenz weisen. Wenn der Mensch diesen Schritt auf die Sterbestunde verschiebt, könnte es zu spät dafür sein. In Lydgates Totentanz warnt der Knappe (Squire) vor der Vergänglichkeit des irdischen Lebens und der Ungewissheit der Todesstunde und fordert ebenfalls zur Umkehr auf (231/2). Der Chorherr (Canon) legt im Sinne der *Ars-moriendi*-Literatur Wert auf eine gute Vorbereitung des Sterbenden: „To dei welle eche man shulde entende" (328). „Death, the Soul's Friend", ein Gedicht aus dem 15. Jahrhundert, kontrastiert die Kürze des diesseitigen Lebens mit der Dauer des jenseitigen:

> Thynk on crist & cry merci,
> amend þe qwyle þou may.
> With an .o. & an .I., thynk qwat .I. þe say,
> thynk þis lyf is lyghly lost, þe tothir lastys ay.[150]

Dunbar wägt irdisches und himmlisches Glück, Leiden im Diesseits und ewige Pein gegeneinander ab. Unser Glück bzw. Unglück im Jenseits steht dabei in indirekt proportionalem Verhältnis zum Vergnügen bzw. Leid im diesseitigen Leben:

> A schoirt torment for infineit glaidnes,
> Als schort ane joy for lestand hevynes.[151]

In „Cherry Fair", dem Lebewohl eines Sterbenden an die Welt, kommt dem Sprecher die Einsicht in die Notwendigkeit von Reue und Umkehr zu spät und verleiht der Warnung vor der Welt zusätzliche Schärfe:

---

[148] Dunbar, „Lament for the Makaris", V. 97-100; *dispone*: sich vorbereiten.
[149] Brown, XV, n° 155, 1. Strophe; *quart*: Gesundheit.
[150] Brown, XV, n° 163, V. 37-40.
[151] Dunbar, „Quhat is this Lyfe", V. 6/7; *lestand hevynes*: ewige, dauerhafte Pein.

> O myghtful god, þu knowest that I had leuere
> Than all this world, to haue oone houre space
> To make a-sythe for all my grete trespace.[152]

Ausgerechnet die geistlichen Würdenträger unter den Figuren des Totentanzes bereuen erst angesichts des Todes ihre Verfehlungen. Es ist nie zu spät, Gott um Gnade zu ersuchen, erinnert sich der Abt, dennoch fürchtet er, dass seine Reue zu spät kommt („Though yn diynge to late men hem a-vise", 248). Der Mönch wünscht sich angesichts des Todes eine letzte Gelegenheit, Versäumtes nachholen und sich frommen Studien widmen zu können. Sterbend bereut er seinen ausschweifenden Lebenswandel und bittet Gott um Gnade:

> I had leuere in the cloystre be
> Atte my boke and studie my seruice
> Whiche is a place contemplatif to se
> But I haue spente my life in many vise
> Liche as a fole dissolute and nice
> God of his merci graunte me repentaunce
> Be chere owtewarde harde to deuyce
> Al ben not meri whiche that men seen daunce.
> (385-92)

Der Appell zur Reue und Umkehr setzt die Entscheidungsfreiheit des Menschen zwischen Gut und Böse voraus. Diese wird in einem Gedicht des 15. Jahrhunderts postuliert:

> And of twey weys thou nedis must take oone.
> Thenk of fre choise god hath the lent alone,
> With witte and Resoun to reule thi liberte;
> Yif thou go mys, odire blame thou noone –
> Thi-selfe arte cause of all that grevith the.[153]

Der Verlauf eines Menschenlebens ist weder vorherbestimmt, noch kann der Mensch die Verantwortung für sein Missgeschick auf Fortuna abwälzen. Dem Menschen ist, mahnt Dunbar, „A fre choice gevin to paradice or hell".[154]

---

[152] Brown, XV, n° 149, V. 3-5; *leuere*: lieber; *make a-sythe*: Wiedergutmachung tun.
[153] Brown, XV, n° 154, V. 36-40; *the*: dir; *odire*: jemand anders.
[154] Dunbar, "Quhat is this Lyfe", V. 4.

2.1.11 Positive Haltungen zum Tod

Die dominante Haltung mittelenglischer Lyrik zum Tod lässt sich auf folgende Punkte zusammenfassen: Das diesseitige Leben ist kurz, alles Irdische ist vergänglich. Der Tod hingegen ist allgegenwärtig und allmächtig. Nichts ist so sicher wie er, der Zeitpunkt, wann er eintritt, ist jedoch ungewiss. Die stete Präsenz des Todes lastet auf dem Leben, hinzu kommt die Angst des Menschen vor dem Jüngsten Gericht und vor der Verdammnis. Er wird deshalb aufgefordert, seine Verfehlungen rechtzeitig zu bereuen und ein gottgefälliges Leben zu führen.

Die klassische Antike hingegen kennt die Sicht des Todes als friedlicher Schlaf, als ersehnter Hafen und Endpunkt einer mühevollen und von Schicksalsschlägen geprägten Reise. Der Tod verliert dadurch seine Bedrohlichkeit. Der Unterschied zwischen der mittelalterlichen und der antiken Haltung rührt letztlich daher, dass das christliche Mittelalter den Schwerpunkt der menschlichen Existenz auf das Jenseits legt und an ein Jüngstes Gericht und einen potentiell strafenden Gott glaubt. Vor allem letzteres hat die überwiegend negative Haltung der mittelenglischen Lyrik zum Tod zur Folge. Die Furcht vor dem Sterben ist jedoch nicht allen mittelalterlichen Christen gemeinsam, man denke etwa an die nahezu freudige Akzeptanz des Todes im Sonnengebet des Hl. Franziskus: „Gelobt seist Du mein Herr, durch unseren Bruder, den leiblichen Tod".[155] Derartiger Lobpreis des Todes findet sich in der mittelenglischen Todeslyrik zwar nicht, doch wird gegen Ende der spätmittelalterlichen Epoche die menschliche Sterblichkeit wieder etwas positiver betrachtet, teils inspiriert von antiken Vorstellungen, teils im Zusammenhang mit der neuerlichen Betonung der Liebe Gottes zu den Menschen. Folgendes Gedicht aus dem 15. Jahrhundert z.B. greift den antiken Topos vom Tod als Hafen des Friedens auf:

> Here ys the reste of all your besynesse,
> Here ys the porte of peese, & resstfulnes
> to them that stondeth In stormes of dysese,
> only refuge to wreches In dystresse,
> and all comforte of myschefe & mysese.[156]

Äußerungen von Todessehnsucht bleiben in der mittelenglischen Lyrik jedoch die Ausnahme. Nur unausstehliche Schmerzen lassen den Sprecher im bereits zitierten Gedicht von James Ryman den Tod herbeiwünschen („O dredefull deth, come, make an ende, / Come vnto me and do thy cure").[157] Trotz extremer körperlicher Schmerzen bleibt der Tod „dredefull" und „harde".

---

[155] Zitiert aus Walter Rehm, *Der Todesgedanke in der deutschen Dichtung vom Mittelalter bis zur Romantik*, Halle 1928, S. 99.
[156] Brown, XV, n° 164, V. 4-8.
[157] Ryman, n° 95, V. 1/ 2.

Ein mittelenglisches Gedicht mit einer eigenwillig positiven Sicht des Todes ist „Death the Soul's Friend". Das Jüngste Gericht und der strafende Gott werden hier ausgeblendet, doch bleibt das Gedicht im Rahmen spätmittelalterlicher Glaubensvorstellungen. Thema ist hier die Sehnsucht der menschlichen Seele nach ihrem Schöpfer:

> Thynk & dred noght for to dy,
> syn þou sall nedis þer-to;
> Thynk þat ded is opynly
> ende of werdes wo;
> Thynk als so, bot if þou dy,
> to god may þou noght go;
> Thynk & hald þe payed þer-by,
> Þou may noght ffle þer-fro.
> With an O & an I, þan thynk me it is so,
> Þat ded sal be þi sawl frend, & erthly lyff þi ffo.[158]

Die Sicht des Todes als Freund der Seele ist das Ergebnis von Reflexion. Viermal wird der Mensch aufgefordert, nachzudenken („thynk"), anstatt sich unreflektiert von Emotionen leiten zu lassen („& dred noght"). Drei Argumente gegen die Furcht vor dem Tod werden angeführt: Das erste lautet schlicht, dem Unvermeidbaren müsse man sich beugen. Das zweite, welches im Tod das Ende des irdischen Leids erkennt, tröstet soweit nur denjenigen, der keine Furcht vor dem Jüngsten Gericht und der Hölle kennt. Das dritte Argument schließlich besagt, dass Gott die Menschen liebt und dass sich die menschliche Seele nach ihrem Schöpfer sehnt. Erst der Tod befreie sie vom Körper, so dass sie zu Gott zurückkehren kann. Der optimistischen Haltung in diesem Gedicht liegt also ein positives Verhältnis des Menschen zu Gott zu Grunde. Die Bedeutungen von Tod und Leben werden in den darauf folgenden Versen wie in der Lyrik der Mystiker schlichtweg vertauscht:

> Thynk þat þou ert ded alway,
> qwyllis þat þou dwellis here;
> Thynk þi lyff be-gynnis ay,
> qwen þou ert layd apon a bere;[159]

Ansätze positiver Haltungen zum Tod finden sich auch gegen Ende des Totentanzes. Der oben bereits zitierte Ackermann (Laborere) hat den Tod oft herbeigesehnt, jedoch nicht auf Grund theologischer Reflexion oder mystischer Todessehnsucht, sondern allein, da ihm dieser Erlösung von seinem unausstehlich

---

[158] Brown, XV, n° 163, V. 51-60; *nedis*: ohnehin; *opynly*: nur; *werdes*: der Welt; *sawl*: Seele.
[159] Brown, XV, V. 61-64.

harten Arbeitsalltag verspricht. Das Kind wird vom Tod ebenfalls mit dem Hinweis auf irdisches Leid getröstet: „Who lengest leueth moste shal suffre wo" (584). Ein Willkommenheißen des Todes rührt im Totentanz bis zu diesem Punkt allein von der Furcht vor dem Leben. Erst der Eremit hat durch sein asketisches Leben in Hinwendung zu Gott ein echt positives Verhältnis zum Tod entwickelt. Allein er heißt den Tod aufrichtig willkommen:

> Life yn deserte callid solitarie
> Mai a-ʒeyne dethe haue respite noon ne space
> Atte vnsette owre his comyng dothe not tarie
> And for my parte welcome be goddess grace
> Thankyng hym with humble chere & face
> Of al his ʒiftes and grete habundaunce
> Fynalli affermyng yn this place
> No man is riche that lacketh suffisaunce.[160]

Bezeichnenderweise bekommt von den rund vierzig Figuren, die mit dem Tod konfrontiert werden, allein der Eremit von diesem eine Antwort, wird gelobt und in seiner Haltung bestätigt: „That is welle seyde & thus shulde euery wight / Thanke his god (...)" (625/26). Der Eremit hat es durch Askese und Hinwendung zu Gott geschafft, seine Angst vor dem Tod zu überwinden. Lydgates Totentanz bestätigt somit die in der mittelenglischen Lyrik dominante Konzeption des Todes.

---

[160] *The Dance of Death*, Strophe LXXVIII; *vnsette owre*: ungewisse Stunde; *habundaunce*: Überfluss; *suffisaunce*: Zufriedenheit.

2.2 Die mittelenglische Version der *Legende von den drei Lebenden und den drei Toten*

Die einzige überlieferte mittelenglische Version der *Legende von den drei Lebenden und den drei Toten* wurde lange Zeit John Audelay zugeschrieben. So veröffentlichte Ella K. Whiting 1931 den Text im Rahmen ihrer Gesamtausgabe der Lyrik des spätmittelalterlichen Autors in einem Band der *Early English Text Society*.[161] Die Autorschaft Audelays wurde jedoch in der Folge in Zweifel gezogen.[162]

Dem im Stil des *Alliterative Revival* verfassten Gedicht von 143 Versen liegt ein inhaltlich progressiver Strophenaufbau (11 Strophen zu je 13 Versen) zugrunde. So schildern die ersten beiden Strophen das Jagdgeschehen, welches zum Anlass der schauderhaften Begegnung der drei Lebenden mit den drei Toten wird. In der dritten Strophe verschlechtert sich das Wetter, die drei „Könige" verirren sich im Nebel und werden von ihrem Gefolge abgeschnitten. Sie müssen sich auf eine schutzlose Nacht in der Wildnis einstellen, fürchten um ihr Leben und bitten den Allmächtigen um Schutz. In diese düster-schaurige Szenerie treten nun drei leichenhafte Gestalten, deren makabres Erscheinungsbild der Autor in der vierten Strophe beschreibt:

> Schokyn out of a schawe þre schalkys at ene,
> Schadows vnshene were chapid to chow,
> With lymes long and lene and leggys ful lew,
> Hadyn lost þe lyp and þe lyuer seþyn þai were layd loue.[163]

Die Toten präsentieren sich den Lebenden in exhibitionistischer Pose. Sie wollen Ekel erregen um die drei im Wald verirrten Könige wieder auf den „rechten Weg" zu bringen (98/99):

> Lo here þe wormus in my wome þai wallon and wyndon, *Bauch*
> Lo here þe wrase of þe wede þat I was in wondon; *Band; Gewand*

---

[161] *The Poems of John Audelay*, EETS OS 184 (1931), S. 344-47.

[162] Whiting begründet ihre Vermutung einer Autorschaft Audelays vor allem mit dem Argument, dass der Text zusammen mit dessen Gedichten in einer Handschrift überliefert ist (S. xxiv-xxvi). T.Turville-Petre hält dem in der *Review of English Studies* 25 (1974) entgegen, dass sich das Gedicht von den vorhergehenden Texten Audelays in Reimschema, Regelmäßigkeit der Alliteration und insbesondere in Einfallsreichtum und künstlerischem Geschick deutlich abhebt (S. 7). Man könne mit Sicherheit davon ausgehen, dass es von einem anderen Autoren stammt. Zur Diskussion der Vorläufer und Quellen der „Legende" siehe W. Rotzler, *Die Begegnung der drei Lebenden und der drei Toten*, Winterthur 1961.

[163] *De Tribus Regibus Mortuis*, V. 42-5: „Da kamen auf einmal aus dem Gebüsch drei Gestalten hervor, / drei Schattengestalten, unschön anzusehen / mit langen, schmalen Gliedmaßen und sehr schwachen Beinen, / sie hatten Lippe und Leber verloren, seit man sie in die Erde gelegt hatte."

Die folgenden drei Strophen schildern die Reaktionen der drei Edlen auf den schauerlichen Anblick. Der erste König verliert angesichts der drei „Geister" den Mut, ihm schwinden die Sinne und er hält sich für verloren. Der Zweite kommentiert den Zerfall der verwesenden Körper und fragt sich, was ihm sein Herrschertum jetzt noch nützt, doch am meisten macht der gruselige Anblick dem Dritten zu schaffen, dem sich aus Angst vor den drei „Teufeln" die Finger krümmen und dem vor Furcht fast das Herz stehen bleibt.

Teufel („fyndus", 92) seien sie keine, versichern die drei Schreckgestalten zu Beginn der achten Strophe den Königen, vielmehr stellen sie sich als deren Ahnen vor. Ihr habt uns als imponierende Herrscher in Erinnerung, meint der Erste der drei, doch seht, was im Tod aus uns geworden ist, wie sich die Würmer durch unsere Eingeweide winden („Lo here þe wormus in my wome þai wallon and wyndon", 98). Der Zweite rasselt lautstark mit seinen blanken Knochen und erteilt den drei Lebenden einen Rat: Glaubt an Christus und haltet euch an sein Wort, verschreibt euch der Askese, denn auch euch wird der Tod einst hinwegraffen, gerade dann, wenn ihr am hochmütigsten seid und euch am sichersten wähnt. Der Dritte, der in der zehnten Strophe zu Wort kommt, ist dem Prinzip der Steigerung gemäß auch der Hässlichste der drei und fordert die Lebenden dazu auf, sich sein verpfuschtes Leben ein abschreckendes Beispiel sein zu lassen:

Makis ʒour merour be me, my myrþus bene mene;	*Freuden; gering*
Wyle I was mon apon mold merþis þai were myne:	*Erde; Freuden*
Me þoʒt hit a hede þenke at husbondus to hene,	*schimpfen*
Fore þat was I hatyd with heme and with hyne,	*Männer; Knechte*
Bot þoʒt me neuer kyng of coyntons so clene. (…)	*gute Beziehungen*
To tel ʒoue we haue no longyr tome,	
Bot turn ʒoue fro tryuyls betyme.	*Nichtigkeiten*

(120-30)

Bei Anbruch des Tageslichtes kehren die drei Gestalten wieder in ihre Gräber zurück und der Spuk hat ein Ende. Doch die Warnung der Toten hat einen so großen Eindruck auf die drei Könige gemacht, dass sie tatsächlich ihren Lebensstil ändern, ihre Lehensmänner und Untertanen nicht mehr unterdrücken und ein Münster stiften, an dessen Wänden die Begegnung der drei Lebenden mit den drei Toten festgehalten wurde – womit uns der Autor eine plausible Erklärung für die Entstehung der zahlreichen spätmittelalterlichen Darstellungen der *Legende* in Form von Wandmalereien gibt. Bedauerlich sei allein, dass allzu wenige Menschen diesem Bericht Glauben schenken werden, so beschließt der Erzähler seine Version der *Legende*.

2.3 „Die drei Todesboten" und das Auftreten des Todes in *Piers Plowman*

In dem 224 Verse umfassenden Gedicht der Vernon-Handschrift mit dem Titel „Of þre messagers of deeth"[164] werden Auentours (‚Unglück' oder ‚Katastrophe'), Seknesse (‚Krankheit') und Elde (‚Alter') als die drei Boten („messagers") des Todes identifiziert. Diese Anordnung will dem Hörer die Einsicht vermitteln, dass er sich glücklich schätzen soll, wenn sich der Tod ihm durch den dritten Boten, das hohe Alter und das allmähliche Nachlassen der Kräfte ankündigt, denn dies gibt ihm reichlich Gelegenheit, sich auf seinen Tod spirituell vorzubereiten. Auentours rafft die Menschen ohne Vorwarnung hinweg, reißt sie mitten aus dem Leben. Dieser erste Todesbote nimmt den Mann samt seiner Frau mit sich, macht auch vor dem Kind in der Krippe keinen Halt (35-8). Selbst der gepanzerte Ritter hoch zu Ross fällt ihm zum Opfer (39/40). Doch wer im Stand der Ungnade dahingerafft wird, wer stirbt, ohne seine Sünden bereut und gebeichtet zu haben, dem droht die ewige Verdammnis (49-52). So wie Gott uns im Moment unseres Todes vorfindet, so wird er uns be- und verurteilen, dessen soll sich der Mensch stets bewusst sein. Seknesse komme dem sündigen Menschen da schon ein Stückchen weit entgegen:

> Whon seeknesse comeþ to a mon
> He may be war ʒif he is sleih, (…)   *klug*
> And þenken þat deþ is swiþe neih. (…)   *sehr nah*
> Hit is vre lordes Cortesy
> Wiþ seknesse for to warne men.
> (69-76)

Wenn Menschen erkranken, gedenken sie ihres Erlösers und suchen Zuflucht bei der Gottesmutter, sind sie wieder genesen, dann ist die Dankbarkeit schnell vergessen, klagt der Dichter. Die Menschen sollten Gott gar darum bitten, ihnen Seknesse als Todesboten zu senden, bevor er sie vor sein Gericht rufen will. Der Apostel Paulus berichtet in einem seiner Briefe, er habe sich während einer gottgesandten Krankheit spirituell am stärksten gefühlt (105-8).

Elde schließlich sei der unnachgiebigste (111/2) und eigenwilligste Todesbote. Die Situation eines alternden Mannes könne mit der eines Dieners verglichen werden, der am Tor seines Herrn lautstark, doch vergeblich um Einlass bittet.[165] Der Mensch soll sich seiner Sterblichkeit stets bewusst sein, mahnt der Dichter. Selbst wenn jemand so alt werden sollte wie der alttestamentarische Methusalem – 969 Jahre – sei seine Lebenszeit nur eine kurze Weile (vom Sonnenaufgang bis zur „prime", der ersten Stunde) gemessen an der

---

[164] Herausgegeben von F.J. Furnivall, *The Minor Poems of the Vernon MS*, Band 2, EETS OS 117 (1901).
[165] Vgl. dazu die Situation des Alten Mannes in Chaucers *Pardoner's Tale*.

Ewigkeit. Es folgt eine Reihe aus der Todeslyrik bekannter Topoi: Schauerlich sei es, an den Tod zu denken (137/8). Vor dem Tod sind alle gleich, selbst Kaiser, König und Papst. Wo sind diejenigen, die vor uns lebten? Der Tod hat sie allesamt mitgenommen (141-6). Jeder, der menschliche Gestalt hat, muss den Toten ins Jenseits nachfolgen (147/8). Wenn wir an einem Friedhof vorbeikommen, sollten wir an den Tod denken und uns fürchten, denn was nützen den vormals Reichen und Mächtigen ihre aufwendigen Grabsteine, wenn sie doch nackt bis auf ein Leintuch in der Erde in ihrem engen Grab liegen? In ihren stinkenden Leichnamen wimmle es nur so von Maden und Würmern (167/8). Eindringlich warnt der Dichter sein Publikum vor der Hölle, denn dort weint der Mensch ganze Ozeane voller Tränen, und das selbst wenn er nur eine Träne pro Tag vergießt. Wer der ewigen Verdammnis anheim gefallen ist, dem können weder Almosen, noch Messfeiern oder Bittgebete etwas helfen. Der nicht näher beschriebene Himmel sei der Lohn für diejenigen, die sich schon zu Lebzeiten zu ihrem Schöpfer bekennen.

Die Vorstellung vom Alter als Bote des Todes findet sich auch in einem der bekanntesten Texte des *Alliterative Revival*, William Langlands *Piers Plowman* (B-Version).[166] Dort schwingt Elde die Fahne des Todes, womit der Dichter verdeutlicht, dass dem hohen Alter die Nähe zum Tod schon deutlich anzusehen ist. Des Menschen Natur (Kynde), die Ursache seiner Anfälligkeit für Krankheiten (Pocken und Pest), folgt auf Elde. Der Tod drängt hinterher – er kommt oft früher als man ihn erwartet - und zermalmt alle zu Staub, die sich gerade in seiner Reichweite befinden, Könige und Ritter, Kaiser und Päpste, Kleriker sowie Laien, d.h. er agiert willkürlich. Die Schläge des Todes sind irreversibel und er bringt den Menschen viel Leid:

Elde the hoore; he was in the vauntwarde,	*Vorhut*
And bar þe baner bifore Deeth - bi right he it cleymede.	*die Fahne*
Kynde cam after hym, with many kene soores,	*böse Wunden*
As pokkes and pestilences - and muche peple shente;	
So Kynde thorugh corrupcions kilde ful manye.	
Deeth cam dryvynge after and al to duste passhed	*zermalmte zu Staub*
Kynges and knyghtes, kaysers and popes.	
Lered ne lewed he lefte no man stonde	*die Gelehrten; die Laien*
That he hitte evene, that evere stired after.	*gleichermaßen*
Manye a lovely lady and [hir] lemmans knyghtes	
Swowned and swelted for sorwe of Dethes dyntes.	

(B-Text, Passus XX, Verse 94-104)

---

[166] William Langland, *The Vision of Piers Plowman*, hg. v. A.V.C. Schmidt, London 2003² (1978).

2.4 Dan Michaels *Ayenbite of Inwyt* und *The Prick of Conscience*

Auf das Jahr 1340 lassen sich zwei inhaltlich eng verwandte, doch in Sprache, Form und Verbreitung stark divergierende Werke moralisierender Literatur datieren, Dan Michaels Traktat *Ayenbite of Inwyt* und das (anonyme) Lehrgedicht *The Prick of Conscience*. Bei ersterem handelt es sich um eine Übersetzung eines zu dieser Zeit weit verbreiteten Moralkatalogs, der *Somme des Vices et des Vertus*, welcher 1279 von einem Dominikaner namens Lorens auf Anfrage des französischen Thronfolgers und künftigen Königs Philipps des Kühnen verfasst wurde. Dan Michael stammte, so lässt sich dem Vorwort der *Ayenbite*-Handschrift (Hs Arundel 57, British Library) entnehmen, aus Northgate in Kent. Das Buch gehörte zur Bibliothek von St. Augustine's in Canterbury, wo Dan Michael als Mitglied der Ordensgemeinschaft lebte. Ziel der Übertragung des altfranzösischen Traktates in den kentischen Dialekt des Mittelenglischen sei gewesen, das Werk einem größeren Kreis von weniger Gebildeten zugänglich zu machen. Der Übersetzer verfehlt jedoch häufig den Sinn seiner Vorlage und seine Version ist ohne Rückgriff auf das Original stellenweise nicht zu verstehen. Herausgegeben wurde das Werk schon 1866 von Richard Morris, einem der Mitbegründer der *Early English Text Society*, und gilt seither auf Grund des kentischen Dialektes auch als Quelle für sprachhistorische Untersuchungen zur mittelenglischen Epoche.[167]

Der von Dan Michael gewählte Titel *Ayenbite of Inwyt* stellt eine wörtiche Übersetzung des französischen *Remors de Conscience* dar: *Ayen-bite* für *remors* und *inwyt* (,inneres Bewusstsein') für *conscience* (,Gewissen'). Im Zentrum des Traktats steht die Thematik der sieben Todsünden, als deren hartnäckigste und folgenschwerste der Hochmut (*pride*) ausgemacht wird. Es findet sich auch eine Passage von ca. drei Seiten,[168] die das Phänomen des Todes erklären und den Hörer wie ein Jahrhundert später die *Ars-moriendi*-Literatur zur Vorbereitung auf den Tod anleiten will. Um richtig zu leben, müsse der Mensch lernen zu sterben („Lyerne to sterue: þanne sselt þou conne libbe", S. 70), heißt es zum Auftakt. Das irdische Leben sei in Wahrheit der Tod, und was wir als den Tod bezeichnen, sei nur ein Übergang („wendinge") von einer Existenzform in die andere. Der Mensch gehe irrtümlich davon aus, ihm stünden sechzig Jahre Lebenszeit zur Verfügung, doch diese seien Eigentum des Todes, der sie bis zur Sterbestunde schrittweise zurückfordere. Das Leben, selbst wenn es tausend Jahre dauern sollte, sei nur ein Nadelstich im Vergleich zur Ewigkeit. Der Text nennt als warnendes Beispiel für die Folgen eines unachtsamen Lebens die Seelen von Königen, Fürsten und Prinzen, die in der Hölle für ihre Verfehlungen büßen.

---

[167] *Dan Michael's Ayenbite of Inwyt*, hg. v. Richard Morris, EETS OS 23 (1866), überarbeitete Ausgabe von P. Gradon 1965.
[168] Seiten 70-2 in Morris' Ausgabe.

Schon heidnische Philosophen wie Cato seien zu der Erkenntnis gelangt, dass es sich beim Tod lediglich um eine Trennung von Körper und Seele handle (S. 72). Nur eine kleine Wand trenne die Gottgefälligen („holy men") vom Paradies. Im Gedanken seien sie schon zu Lebzeiten im Himmel, sie hassen das irdische Leben und sehnen sich nach dem Tod des Körpers. Der Tod sei für die Rechtschaffenen („guodemen") das Ende allen Übels und das Tor („inguoyinge") zu allem Guten. Um einen Einblick in ewige Wahrheiten zu erlangen, fordert das Traktat den Leser dazu auf, seine Seele eine mystische Reise losgelöst vom Körper antreten und einen Blick in die Hölle, das Fegefeuer und den Himmel werfen zu lassen. Die Ausführungen des *Ayenbite* zum Thema Tod enden damit, dass die drei jenseitigen Bereiche knapp charakterisiert werden: In der Hölle räche Gott die Todsünden, im Fegefeuer läutere er den Menschen von den lässlichen Sünden und im Himmel belohne er die Tugend. Die Furcht vor Gott sei der Beginn eines rechtschaffenen Lebens.

Ganz anderer Art ist das zeitgleich entstandene, 9624 Verse umfassende Lehrgedicht *The Prick of Conscience*, 1863 ebenfalls von Richard Morris ediert,[169] das mit 115 Handschriften bestüberlieferte Werk der mittelenglischen Literatur.[170] Da in fünf der Hss Richard Rolle of Hampole (1300-49) als Verfasser genannt wird, ging man von dessen Autorschaft aus, bis Hope E. Allen 1910 diese Vermutung auf Grund stilistischer Untersuchungen widerlegte. Ab 1350 entstanden zahlreiche Handschriften des *Prick of Conscience*, viele in nördlichen Dialekten, so dass man die Gegend von Yorkshire als Entstehungsort annimmt. Der dritte Teil, Verse 1664 bis 2681 des voluminösen und stellenweise recht holperigen Gedichtes beschäftigt sich mit der Thematik des Todes. Dieser sei die meistgefürchtete Sache der ganzen Welt, wie sich an jeglicher lebendiger Kreatur beobachten lasse (1668/9), doch könne keine Macht der Welt ihm widerstehen. Dem Konzept des dreifachen Todes zufolge handle es sich beim ersten, dem physischen Tod (1684), um die Trennung der Seele vom Körper, beim zweiten, dem spirituellen Tod, um die Trennung der Seele von Gott, und den dadurch eingeleiteten Zustand der Gottesferne, in dem sich z.B. die drei Zechbrüder der *Pardoner's Tale* befinden (vgl. Kap. 4.4):

Gastely ded es twynyng thurgh synne,   *spirituell*
Bitwene God and man soule within;
(1690/1)

---

[169] *The Prick of Conscience*, hg. v. Richard Morris, Berlin 1863.
[170] Rang zwei auf der Beliebtheitsskala nehmen mit 64 überlieferten Handschriften die *Canterbury Tales* ein, Rang drei mit 54 Hss *Piers Plowman*. Der *Ayenbite of Inwyt* ist hingegen nur in Hs Arundel 57 überliefert, siehe Robert E. Lewis und Angus McIntosh, *A descriptive guide to the manuscripts of the Prick of Conscience*, Oxford 1982.

Der dritte Tod bedeute die ewige Verdammnis der Seele des Sünders (1685). Die Trennung der Seele vom Körper beim ersten Tod führe zu einem Absterben des von der Seele belebten Körpers, in Analogie dazu führe die Trennung der Seele von Gott zu ihrem eigenen Absterben, bzw. zu ihrer Übernahme durch den Teufel (1702/3). Der zweite Tod sei jedoch dank der göttlichen Gnade („grace" und „mercy", 1723 und 1727) im Gegensatz zum physischen Tod reversibel.

Letzterer sei aus folgenden Gründen vom Menschen zu fürchten: Die Loslösung der fest im Körper verwurzelten Seele sei mit gewaltigen Schmerzen, dem Todeskampf, verbunden – selbst Christus habe am Ölberg aus Furcht vor dem bevorstehenden Tod Blut geschwitzt. Zweitens umringten in der Todesstunde ganze Scharen boshafter Dämonen den Menschen und setzten ihm zu – eine Erwartung, die auch die *Ars-moriendi*-Literatur ein Jahrhundert später verbreitet. Drittens müsse sich der Mensch vor dem Jüngsten Gericht sämtliche Verfehlungen seines Lebens vorhalten lassen und viertens könne er sich, selbst bei einem gottgefälligen Lebenswandel, niemals der göttlichen Gnade sicher sein. Des Weiteren wird erörtert, wie man sich den Tod konkret vorzustellen habe: Als Trennung der Seele vom Körper einerseits und als Abwesenheit des Lebens andererseits, so wie man die Dunkelheit als Abwesenheit des Lichtes beschreiben könne:

And als yhe may se and wate wele,	*du; wohl wissen*
Þat myrknes kyndly es nought to fele,	*Dunkelheit; von Natur aus*
Bot overalle whar na light es	
Þar es properly myrknes;	
Right swa þe dede es noght elles	
Bot a pryvyng of lyf, als clerkes telles.	*Mangel, Abwesenheit*
(1808-13)	

Von jener Vorstellung, die an Epikurs Definition des Todes als bloße Nicht-Existenz erinnert, lässt sich ein halbes Jahrhundert später auch der Verfasser des *Ackermann von Böhmen* leiten.[171] Einen Widerspruch zwischen der Beschreibung des Todes als Trennung der Seele vom Körper und als blanke Nicht-Existenz sieht der Autor des *Prick of Conscience* dabei nicht. Das Lehrgedicht geht fest von der physischen Auferstehung der Verstorbenen am Jüngsten Tag aus. Körper und Seele werden vereint vor dem göttlichen Gericht erscheinen (1858-61).

Breiten Raum nehmen in der Folge eine Reihe gängiger Topoi zu den Themen Tod, Sterben und Jenseits ein. Der Tod sei der große Gleichmacher, er verschone weder Arm noch Reich, nehme keine Rücksicht auf Weisheit, Alter oder gute Manieren. Er schulde weder König noch Kaiser, Bischof noch Papst

---

[171] Im 16. Kapitel des Dialogs beschreibt sich der Tod als „des lebens ende, des wesens ende, des nichtwesens anevang", siehe dazu erstes Kapitel.

Respekt, seine Macht erstrecke sich auf alle Menschen (1885-9). Am meisten fürchteten ihn diejenigen, die in Sünde lebten (1928/9). Gehe dem Tod jedoch ein rechtschaffenes Leben voraus, dann sei er nicht zu fürchten (2154/5), wird der Hl. Augustinus zitiert. Vernünftig sei es, sich rechtzeitig auf den Tod vorzu-bereiten, denn die Todesstunde sei ungewiss und der Tod könne den Menschen ganz plötzlich ereilen. Auf Reue und eine Aussöhnung mit Gott auf dem Sterbe-bett sei kein Verlass.

Der *Prick of Conscience* relativiert schließlich wie *Ayenbite* den Kontrast zwischen Leben und Tod: Unser diesseitiges, stets bedrohtes und zeitlich be-schränktes Leben gleiche einem in die Länge gezogenen Sterbeprozess (2094f.). Von Geburt an schreiten wir Menschen Schritt für Schritt in Richtung Tod. Für den rechtschaffenen Menschen sei der Sterbetag jedoch ein gar größerer Anlass zur Freude als der Geburtstag, Heilige wie der Apostel Paulus sehnten sich geradezu nach dem Tod (2180/1). Doch sei die Sterbestunde auch nach einem gottgefälligen Leben eine herbe Herausforderung: Der Teufel habe selbst dem Hl. Martin und dem Hl. Bernhard auf dem Sterbebett zugesetzt. Letzterer habe den boshaften Einflüsterungen Satans entgegnet, dass er nicht kraft eigenen Verdienstes, sondern allein kraft Christi Erlösungswerkes auf Einlass in den Himmel hoffe, worauf der Versucher von ihm abließ. Mit Blick auf das Jüngste Gericht seien unsere vielen ungebeichteten Sünden zu fürchten und mehr noch die Taten, die wir fälschlicherweise für gut hielten. Unsere guten Taten würden ohnehin verschwindend gering aussehen im Vergleich zu unseren zahllosen Sünden. Kein Mensch könne sich der Erlösung sicher sein, wir alle müssten um die Zukunft unserer Seele bangen. Mit einem Zitat des weisen Salomon, der Mensch solle sich in allem, was er tut, seiner letzten Stunde bewusst sein, schließt der Autor des *Prick of Conscience* sein Kapitel zum Tod und leitet zur Thematik des Fegefeuers über.

2.5 Death and Liffe

Death and Liffe, ein Gedicht des *Alliterative Revival*, bietet eine Alternative zur
warnend-pessimistischen Sicht des Todes der bislang besprochenen Texte. Der
Tod, versinnbildlicht in Dame Death, wird zwar auch hier als machtvoll und
boshaft dargestellt, doch ist die Botschaft dieses Gedichtes für den Menschen in
seiner prekären Stellung zwischen Leben und Tod eine grundlegend andere:
Nicht der Tod, sondern das Leben siegt in der Auseinandersetzung zwischen
Death und Liffe, der Tod ist zwar bedrohlich, doch nicht unbesiegbar oder
allmächtig. Lyell Asher räumt in „Life against Death in *Death and Liffe*"[172] ein,
dass die Kürze des Lebens und der Horror des Todes dominante Themen der
spätmittelalterlichen Epoche sind und dass Huizinga mit seiner Sicht des Spätmittelalters als pessimistischer Epoche im Prinzip Recht hatte, doch finden sich
in Kunst und Literatur der Zeit auch abweichende Haltungen. *Death and Liffe*
bildet mit seiner optimistischen Botschaft vom Sieg des Lebens über den Tod
eine solche Ausnahme. Die Frage ist nun, wie es zu derartigen Variationen im
mittelalterlichen Weltbild kommt, ob es konkrete Gründe für die betont optimistische Haltung in *Death and Liffe* gibt, etwa eine bestimmte theologische
Ausrichtung des Autors, oder ob wir auf Grund dieser alternativen mittelalterlichen Version vom Kampf des Lebens gegen den Tod unser Gesamtbild von der
Epoche zurechtrücken müssen. James H. Hanford und John M. Steadman erklären in ihrer Ausgabe des Gedichtes die lebensbejahende Haltung des Dichters
als eine individuelle Vorwegnahme von Denkweisen der Renaissance:

> The poet has thus transcended the narrow bounds of medieval ascetic
> thought, in which all material things are evil and nature itself an ally of
> Death and Hell, and has unconsciously and half accidentally adopted the
> more modern point of view, constructing out of purely medieval materials
> a work which constitutes a dim prophesy of the Renaissance.[173]

Gegen Hanfords und Steadmans Deutung lässt sich jedoch einwenden, dass eine
mentalitätsgeschichtliche Trennlinie zwischen dem Mittelalter und der Renaissance, für England allgemein zwischen dem 15. und 16. Jahrhundert angesetzt,
mehr unserem Bedürfnis nach Kategorisierung entspringt als der tatsächlichen
Entwicklung. Ferner ist der Schluss, dass ein mittelalterliches Werk, welches
nicht in unser Bild der Epoche passt, dem Geiste nach einer anderen Epoche

---

[172] *Christianity and Literature* 50 (2), 2001, S. 207-24, S. 207.
[173] "*Death and Liffe*: An Alliterative Poem", hg. v. James H. Hanford und John M. Steadman,
Studies in Philology 15 (1918), S. 221-94, S. 245. Der Text von *Death and Liffe* entstammt
Hs Additional 27879, British Library, auch bekannt als Percy Folio, eine umfangreiche
Sammlung von Texten, die auch zahlreiche Sonette, Balladen und Versromanzen enthält. Die
Handschrift wurde, so Hanford und Steadman, um 1650 angefertigt (S. 225).

zuzuordnen sei, nicht ohne Weiteres zutreffend.[174] Wir müssen uns unser Bild vom Mittelalter auf Grund der literarischen und sonstigen kulturellen Hinterlassenschaften der Epoche formen, nicht die Ergebnisse der Mediävistik so zurechtbiegen, dass sie sich in ein gängiges Bild vom Mittelalter fügen.

Das Gedicht gehört der Form halber zum *Alliterative Revival*, dem Wiederaufleben alliterierender Dichtung im Nordwesten Englands im 14. Jahrhundert, einer literarischen Strömung, deren Hauptwerke wie *Piers Plowman*, *Winner and Wastoure* und *The Parliament of the Thre Ages* als Quellen für das Gedicht vorgeschlagen wurden.[175] Die Traumvision und das Streitgespräch (*debate*) zwischen Dame Liffe und Dame Death sind ebenfalls typische Elemente mittelenglischer Literatur. Höchst konventionell sind ferner die Klagen zu Beginn des Gedichtes über die Machtlosigkeit des Menschen angesichts des Todes, der Ausblick auf himmlische Glückseligkeit und die Warnung vor Bestrafung in der Hölle:

For nis boldness of body nor blythenesse of hart,	*Fröhlichkeit*
Coninge of clearkes, ne cost vpon earth,	*Wissen*
But all wasteth away and worthes to nought	
When death driueth att the doere with his darts keene;	
Then no truse can be taken, noe treasure on earth,	*Bündel*
But all lordshipps be lost and the liffe both.	
If thou haue pleased the Prince that paradice weldeth,	
There is noe bearne borne that may thy blisse recon;	*Mensch*
But if thou haue wrongffully wrought and will not amend,	
Thou shalt byterlye bye or else the booke ffayleth.[176]	*dafür bezahlen*

Von der Höllenpein („byterlye bye") ist im weiteren Verlauf des Gedichtes jedoch nie wieder die Rede. Der Schwerpunkt liegt hier vielmehr auf den Freuden des Lebens, versinnbildlicht in der idealisierten Schönheit von Dame Liffe:

Shee was brighter of her blee then was the bright sonn,	*Gesichtsfarbe*
Her rudd redder then the rose on the rise hangeth,	*Zweig*
Meekely smiling with her mouth and merry in her lookes,	
Euer laughing for loue, as shee like wold.	

(65-68)

---

[174] So auch Asher in *Christianity and Literature*, S. 209.

[175] Asher, *Christianity and Literature*, S. 208. Zur Literatur des *Alliterative Revival* siehe auch J.P. Oakden, *The Poetry of the Alliterative Revival*, Manchester 1937, darin zu *Death and Liffe* S. 63f.

[176] *Death and Liffe*, hg. v. Joseph P.M. Donatelli, Cambridge, Massachusetts 1989, V. 7-16.

Die Natur erwacht bei ihrem Auftritt zum Leben, die Menschen fallen ihr zu Füßen. Sie ist in Gold gekleidet und mit Edelsteinen behangen. Ihre Brüste sind unverhüllt:

> And the colour of her kirtle was caruen full lowe   *Ausschnitt; Gewand*
> That her blisfull breastes bearnes might behold
> (90/91)

Die Ambiguität des Wortes *bearnes*, ‚Kinder' bzw. ‚Männer', lässt offen, ob Dame Liffe mütterliche oder sexuelle Reize auf die Menschen / Männer ausstrahlt.[177] Sie ist umgeben von einer Schar von Höflingen, Sir Comfort und Sir Hind (‚Höflich'), Sir Likinge (‚Vergnügen, Lust') und Sir Loue, Sir Cunninge und Sir Honor, Dame Mirth und Dame Meeknes, allesamt positiv konnotierte Figuren, Versinnbildlichungen der angenehmen Seiten des Lebens. Der ausschlaggebende Unterschied zwischen der mittelenglischen Todeslyrik bzw. dem Totentanz und diesem Gedicht liegt also weniger in der Darstellung des Todes, als in der des Lebens und „ihrer" Attribute: Die positive Sicht von Dame Liffe und ihrem Gefolge in *Death and Liffe* steht in deutlichem Kontrast zu der Lebensverachtung, dem *contemptus mundi*, der zeitgenössischen Todeslyrik.

Die Schönheit und der erotische Reiz von Dame Liffe werden zum Kontrastmoment für den Auftritt ihrer Gegenspielerin, Dame Death (ab Vers 140). Diese ist hässlich, abscheulich und abstoßend, „the ffoulest ffreake that formed was euer" (157). Ein nicht unwesentlicher Unterschied zur Sichtweise des Todes in der zeitgenössischen Lyrik ist jedoch der, dass Dame Death keinerlei Ähnlichkeit mit einem verwesenden menschlichen Körper aufweist. Sie ist keine Knochenfrau, sie ist nicht in Leichentücher gehüllt, hat keine tödlichen Wunden, keine abfallenden Gliedmaßen und keine Würmer nagen in ihrem Fleisch. Ihre Hässlichkeit liegt vielmehr in ihrer Negation des mittelalterlichen Schönheitsideals, d.h. ihr Körper weist all die Merkmale auf, die die mittelalterliche Ästhetik als unschön empfindet, wie ein hageres Gesicht, hohle Augen, überdimensionale Brauen, lange, hervorstehende Zähne, eine gewaltige Hakennase (bis zum Bauchnabel) und eine bleierne Gesichtsfarbe. Hässlich ist dieser Darstellung zufolge der Tod an sich, die Tatsache, dass wir sterben müssen, nicht der verwesende menschliche Körper.

In der mittelenglischen Todeslyrik, wir erinnern uns, tritt der Tod unverhofft auf, er schleicht sich ein wie ein Dieb. Dame Death hingegen lässt sich durch ein Hornsignal ankündigen (142/43). Dame Liffe kam aus dem Osten, jene kommt aus dem Norden, literarischer Tradition zufolge der Sitz des Teufels.[178] In einer willkürlichen Machtdemonstration tötet sie bei ihrem Auftritt 1500 Menschen auf einen Schlag. Ihr wird jedoch bald Einhalt geboten durch

---

[177] Asher, *Christianity and Literature*, S. 215.
[178] So auch in Chaucers *Friar's Tale*.

Sir Countenance, gesandt von Gott auf Bitten von Lady Liffe. So einfach kann
Dame Death nicht triumphieren, sie muss sich einer verbalen Auseinandersetzung mit ihrer Gegenspielerin stellen, von der sie zu Beginn mit Beschimpfungen überhäuft wird:

> (...) Thou woefull wretch, weaknesse of care,
> Bold bird full of bale, bringer of sorrowe,
> Dame daughter of the devill, Death is thy name;
> Bute if thy fare be the fairer the feend haue thy soule![179]

Als des Teufels Tochter wird sie beschimpft. Man vergleiche hierzu die Funktion des Todes in den Moralitäten (z.B. *Everyman*) als Bote Gottes oder als
autonome Macht im Totentanz. Dame Death setzt sich zur Wehr: Sie habe sich
stets an Gottes Wort gehalten, die Menschen, Adam und Eva, hätten es gebrochen und auf Drängen Satans von der verbotenen Frucht gegessen. Lady
Liffe hält ihr nun ihren grundlosen Zorn auf die Menschheit vor. Der Tod reißt
Menschen mitten aus dem Leben und lässt die Familie und Freunde der Verstorbenen in Trauer zurück. Solche Boshaftigkeit könne nur vom Teufel stammen.
Dame Death verteidigt sich gegen diesen Vorwurf mit Hinweis auf die sündige
Menschennatur, die, würde sie nicht vom Tod in Schranken gehalten, auszuarten
drohe. Sie selbst sieht sich in einer ähnlichen Funktion wie der Tod in *Everyman*, Gottes Büttel, ausgesandt um dem gottlosen Treiben auf Erden ein Ende zu
bereiten:

> Bearnes wold be ouer-bold, bales ffor to want,   *Leid, Übel*
> The 7 sinnes for to serue, and sett them full euer,
> And giue no glory vnto God that sendeth vs all grace,
> If the dint of my dart deared them neuer;[180]
> To lett them worke all their will, itt were litle ioy.
> Shold I for their fayrnesse their ffoolishnes allowe?
>
> (309-14)

Sie disqualifiziert sich jedoch für die Funktion eines Korrektors der Menschheit
durch ihren grenzenlosen Hass nicht nur auf den sündigen Menschen, sondern
auf das Leben an sich:

> Therfore, Liffe, thou me leaue, I loue thee but a litle;
> I hate thee and thy houshold and thy hyndes all   *Diener*
> Mee gladdeth not of their glee nor of their gay lookes;
>
> (278-80)

---

[179] *Death and Liffe*, V. 233-36: „Wenn sich dein Benehmen nicht bessert, soll der Teufel
deine Seele haben!"
[180] V. 312: „Würde die Wucht meines Speers ihnen nie Angst bereiten."

Das letzte Argument, das Dame Death in der verbalen Auseinandersetzung noch bleibt, ist ihre Macht. Sie habe noch jeden besiegt, Adam und Eva, Abraham, Isaak und Esau, Salomon und Alexander, Arthur und Hector, Lancelot und Gawain, Helden der biblischen, der antiken und der mythischen britischen Geschichte, selbst Christus, Gottes Sohn. Letztere Behauptung wird ihr jedoch zum Verhängnis, denn gerade im Zweikampf mit Christus wurde der Tod ja in die Schranken gewiesen. Diese Niederlage wird ihr nun von ihrer Kontrahentin vorgehalten:

> There [in Jerusalem] was thou shamed and shent and stripped ffor aye.
> (...)
> Thou deemest him to haue beene dead and dreped for euer. (...)
> When the glory of his godhead glented in thy face,
> Then was thou feard of this fare in thy false hart;
> Then thou hyde into hell-hole to hyde thee beliue;[181]

Lady Liffe berichtet nun vom Sieg Christi, von seinem Triumphzug durch die Hölle (*Harrowing of Hell*) und seiner Auferstehung. Ihr wurde damals von Gott versprochen, der Tod werde niemals Macht über sie haben. Nun ermuntert sie ihre Schützlinge, die Menschenkinder, Dame Death nicht länger zu fürchten, diese habe keine Macht mehr über sie. Die 1500 Getöteten werden auch prompt wieder ins Leben zurückgerufen, der Triumph von Lady Liffe über Dame Death ist vollkommen.

Die Inkonsequenz in der Charakterisierung der Hauptfiguren macht J.P. Oakden dem Gedicht zum Vorwurf:[182] Die Dialogpartner spielen Doppelrollen, so stilisiert sich Dame Death einerseits zur Feindin des Lebens, andererseits zur Dienerin des Herrn und fällt bei der Erwähnung der Passion Christi andachtsvoll auf die Knie. Lady Liffe tritt als erotische Fruchtbarkeitsgöttin auf, die über der Lebensfreude der Menschen ihren schützenden Mantel ausbreitet und sieht sich zugleich als Gottes Lieblingstochter, der er den endgültigen Sieg über ihre Antagonistin versprochen hat.

Vergleicht man die Aussage dieses Gedichtes mit dem immerwährenden Sieg des Todes über das Leben in der zeitgenössischen Lyrik und im Totentanz, so überrascht es, dass Gedichte, die in derselben Epoche und vor demselben geistesgeschichtlichen Hintergrund entstanden sind, zu so unterschiedlichen Sichtweisen des Todes gelangen können. Die Diskrepanz rührt einerseits von der positiven Sicht des Lebens und „ihrer" Attribute in *Death and Liffe*, anderer-

---

[181] V. 370, 379 und 384-86: „Dort wurdest du beschämt, vernichtend geschlagen und für immer enteignet. / Du meintest, er sei für immer tot und vernichtet. / Als die Glorie seines göttlichen Wesens in deinem Gesicht schien, / da hast du dich gefürchtet ob dieser Taten in deinem falschen Herz. / Dann hast du dich in einem Höllenloch verkrochen, um dich rasch zu verstecken."

[182] Oakden, *The Poetry of the Alliterative Revival*, S. 65/6.

seits von einer unterschiedlichen thematischen Schwerpunktsetzung: Die Todeslyrik erinnert an die Nichtigkeit der Welt, das Jüngste Gericht und die drohende
Verdammnis, *Death and Liffe* hingegen berichtet vom Sieg Christi über den Tod
und von Gottes Versprechen ewigen Lebens an die Menschen. Die Todeslyrik
bzw. der Totentanz und *Death and Liffe* sehen die christliche Lehre sozusagen
aus zwei konträren und komplementären Perspektiven, einer pessimistischen
und einer optimistischen.

2.6 Das Sterben der Heiligen

Im Totentanz werden Figuren, die als repräsentativ für die spätmittelalterliche Gesellschaft gelten können, mit ihrem Tod konfrontiert. Thema der mittelenglischen Lyrik ist gleichermaßen der Tod, der die Menschheit in ihrer Gesamtheit betrifft. Beide Textsorten wollen den Leser oder Hörer dazu bringen, sich mit seinem eigenen künftigen Tod auseinander zu setzen. Die Hagiographie hingegen berichtet vom Leben und Sterben der Heiligen, Vorreiter der Christianisierung der antiken und mittelalterlichen Welt. So vorbildlich wie ihr Leben ist auch ihr Tod, in dem der oder die Heilige das volle Ausmaß seiner (ihrer) Heiligkeit demonstriert. Die Sterbeszene ist dementsprechend in aller Regel weit mehr als nur irgendeine der oft zahlreichen Episoden seiner (ihrer) Vita. Der Tod des (der) Heiligen ist Höhepunkt der Legende, Apotheose seiner (ihrer) Heiligkeit und ersehntes Ende des Martyriums.[183]

Dieses Kapitel soll sich auf Haltungen der Heiligen und ihrer Entourage zur Bedeutung ihres Todes für den Glauben konzentrieren. Märtyrer[184] entdecken den Sinn ihres Lebens gerade in ihrem Tod als Zeugnis ihres Glaubens. Doch auch die Vita eines Heiligen, der eines natürlichen Todes stirbt, etwa des heiligen Alexius, kann für die Frage nach dem Sinn eines christlichen Lebens und Sterbens von Bedeutung sein.[185] Die mittelalterliche Heiligenlegende kennt grundsätzlich zwei Todesursachen für ihre Protagonisten: den frühen Märtyrertod oder den natürlichen Tod in extrem hohem Alter.[186] Kein Heiliger stirbt in Folge eines Unfalls, im Kindsbett, durch Krankheit oder an Hunger, sprich an einer der zeittypischen Todesursachen. Heilige sterben prinzipiell nie zufällig. Entweder sie werden unter großem technischen Aufwand nach oftmals vielen gescheiterten Versuchen hingerichtet (meist geköpft), oder sie werden alt, teilweise sehr alt. Einen Sonderfall bildet Marias Himmelfahrt: Die Gottesmutter wird zum Zeichen ihrer Sonderstellung physisch in den Himmel aufgenommen,

---

[183] Michel Lauwers untersucht in "La mort et le corps des saints: la scène de la mort dans les vitae du Haut Moyen Age", *Le Moyen Age : Revue d'Histoire et de Philologie* 94 (1988), S. 21-50, lateinische Heiligenviten des 7. bis 10. Jahrhunderts und stellt dabei fest, dass die Sterbeszenen stets zentrale Bedeutung haben. Die Mehrheit der Viten widmen etwa ein Viertel der Erzählung der Darstellung des Todes des Heiligen. Die Sterbeszene ist End- und zugleich Höhepunkt der jeweiligen Legende (S. 22). Hagiographische Sterbeberichte sind stark typisiert, d.h. von der Individualität des oder der Heiligen wird abstrahiert. Deren Tod wird idealisiert als Musterbeispiel christlichen Sterbens (S. 32).

[184] Weibliche Heilige und Märtyrerinnen werden in der Folge unter der grammatisch männlichen Form mitverstanden.

[185] Die Alexiuslegende wird auf Grund der Besonderheiten des Stoffes innerhalb der mittelenglischen Hagiographie separat gegen Ende dieses Kapitels behandelt.

[186] Ein Asket wie Alexius fällt mit seinem gewaltlosen und dennoch vergleichsweise frühen Tod (Jugendzeit plus zwei Mal 17 Jahre) hier aus der Reihe, doch lässt sich sein Asketod auch als Sonderform des Märtyrertodes deuten, sozusagen als Martyrium ohne äußere Gewalteinwirkung.

wodurch ihr die unangenehmen Aspekte des Todes, etwa ein schmerzvolles
Sterben, die Versuchung auf dem Sterbebett oder die Verwesung ihres Leichnams, erspart bleiben.

Das Kapitel ist in folgende Motiv- und Themenbereiche untergliedert:
Untersucht wird zu Beginn die Opferbereitschaft des Märtyrers, d.h. seine Entschlossenheit, für den Glauben zu sterben, die oft in Kontrast zur Todesfurcht
anderer, namenloser Christen steht. Es folgt die freudige Erwartung des Todes
seitens des Märtyrers, häufig im Gegensatz zur Trauer der Anwesenden bei der
Hinrichtung. Drittens das Motiv des „guten Tausches", darunter sei zu verstehen
die Überzeugung des Heiligen, sich im Austausch für sein Christus geopfertes
irdisches Leben einen Platz im Himmel reserviert zu haben. Die Aussicht auf
das Paradies als Belohnung für den Märtyrer sei Punkt vier, gefolgt von der
Bestrafung seines Antagonisten als Kontrastmoment zum guten Tod des soeben
Hingerichteten. Weitere Gründe, etwa politischer Natur, für die Opferbereitschaft des Heiligen bilden Punkt sechs. Es folgt siebtens die Frage der Macht
über Leben und Tod, in der Regel eine Gegenüberstellung der Machtfülle Gottes, der irdisches und jenseitiges Leben gibt und nimmt, und der eingeschränkten
Macht der weltlichen Herrscher, die dem bekennenden Christen nur das irdische
Leben nehmen können. Im Anschluss soll die Rolle des Todes in der Legende
des Hl. Alexius untersucht werden, einem Stoff, der vom standardisierten hagiographischen Schema merklich abweicht. Zuletzt soll der Frage nachgegangen
werden, ob sich die Persönlichkeit eines Heiligen im Lauf seiner Vita entwickelt.

Das für dieses Kapitel verwendete Textkorpus setzt sich wie folgt zusammen: In der Frage der Haltung der Heiligen zum Tod sind die mittelenglischen Versionen der Legenden von Georg, Alexius, Katharina, Margarete und
Cäcilia von besonderem Interesse. Nur Alexius stirbt friedlich, die anderen vier
sterben einen Märtyrertod. Deren Sterbeszenen werden in allen Texten ausführlich beschrieben, die künftigen Märtyrer nehmen zu ihrer Entscheidung, ihr
Leben für ihren Glauben zu opfern, meist deutlich Stellung. Die zitierten Passagen entstammen folgenden Legendensammlungen: dem südenglischen Legendar
(*Early South English Legendary*[187] und *South English Legendary*[188]) der schottischen Legendensammlung (*Scottish Legendary*)[189] und den Legenden von
Osbern Bokenham[190] und John Lydgate (Georg und Margarete).[191] Die Georgs-
legenden werden ergänzt durch Versionen von Alexander Barclay[192] und der

[187] *The Early South English Legendary* (ESEL), hg. v. Carl Horstmann, EETS OS 87 (1887).
[188] *The South English Legendary* (SEL), hg. v. Charlotte D'Evelyn und Anna J. Mills, drei
Bände, EETS OS 235, 236 und 244 (1956 und 1959).
[189] *Legends of the Saints* (ScL), hg. v. Metcalfe, Scottish Text Society (1896).
[190] *Legendys of Hooly Wummen by Osbern Bokenham*, hg. v. Mary S. Serjeantson, EETS OS
206 (1938).
[191] John Lydgate, *The Minor Poems*, hg. v. Henry N. MacCracken, EETS ES 107 (1911).
[192] Alexander Barclay, *The Life of St. George*, hg. v. William Nelson, EETS OS 230 (1955).

Gilte Legende.[193] Nach Bedarf werden weitere Legendenstoffe herangezogen: die Viten des Hl. Edmund, Erzbischof von Canterbury[194] und der Hl. Juliana aus dem südenglischen Legendar und Bokenhams Versionen der Legenden der Hl. Faith (Fides), Agnes und Agatha. Ergänzt wird dieses Korpus durch drei Versionen der Legende des Thomas à Becket (Thomas von Canterbury), nämlich aus der *Gilte Legende*[195], dem *Speculum Sacerdotale*[196] und der Version von Laurentius Wade.[197] Eine der verwendeten Versionen der Alexiuslegende entstammt der schottischen Legendensammlung, alle übrigen den von F.J. Furnivall in *The Life of St. Alexius* edierten englischen Handschriften.[198]

2.6.1 Die Opferbereitschaft der Märtyrer

Die Entschlossenheit des Märtyrers, für seinen Glauben zu sterben, wird vor allem in den Legenden von Georg, Katharina und Margarete gepriesen. In der Georgslegende wird die Standhaftigkeit des Heiligen in Kontrast gesetzt zum Wankelmut der eingeschüchterten Glaubensleugner. Dacian, Statthalter zur Zeit der Kaiser Diokletian und Maximian in der Stadt Diaspoli in Persien, droht den ansässigen Christen mit Folter und Tod, sollten sie sich weigern, den heidnischen Götzen zu opfern. 22 000 Christen, so die Version der schottischen Legendensammlung, hat der „Tyrann" schon grausam ermordet. Angesichts dieser Bedrohung wird die Zahl derer, die aus Angst um ihr Leben ihren Glauben leugnen, immer größer. Die Furcht der meisten Christen vor dem Tod ist stärker als ihr Glaube (377-80):

> For-þi for dout of dede ful fele   *sehr viele*
> Reneyt god & þare saule-hele
> & sacrifit ine ilk stede   *an jenem Ort*
> To mawmentis,[199] for drede of dede.

---

[193] *Three Lives from the Gilte Legende*, hg. v. Richard F.S. Hamer, Heidelberg 1978.

[194] In England werden zwei Heilige mit Namen Edmund verehrt: Bei dem einen handelt es sich um einen König von East Anglia, der im Jahr 869 von einfallenden Dänen getötet wurde, bei dem anderen um Edmund Rich of Abingdon, seit 1233 Erzbischof von Canterbury, der den Namen des ersten Edmund trägt, weil er an dessen Gedenktag geboren wurde. Meiner Einschätzung nach berichtet das ESEL von Leben und Tod des letzteren.

[195] *Supplementary Lives in some Manuscripts of the Gilte Legende*, hg. v. Richard F.S. Hamer und Vida Russel, EETS OS 315 (2000).

[196] *Speculum Sacerdotale*, hg. v. Edward H. Weatherly, EETS OS 200 (1936).

[197] Laurentius Wade, *Thomas Beket, Epische Legende (1497)*, hg. v. Carl Horstmann, Englische Studien 3 (1880), S. 407-69.

[198] *The Life of St. Alexius*, hg. v. F.J. Furnivall, EETS OS 69 (1878).

[199] *Mawmentis*: Götzen, abgeleitet vom Namen des Begründers des Islam.

Georg ist über den Abfall seiner Mitchristen betrübt. Der Ritter beschließt, sein Leben dem Ideal eines standhaften Glaubens zu opfern und strebt den Märtyrertod an. Er verkauft seine Rüstung, verschenkt sein Geld und bekennt sich öffentlich zum Christentum. In der Version der *Gilte Legende* bekundet Georg beim ersten Treffen mit seinem Antagonisten, dem Christenverfolger Dacian, offen seine Absicht:

> I am called George and am of the noble kinrede of Capadocye, and I am come into Palestine by the will of God, and I haue lefte alle erthely thing frely for that I myght the more suerly serue to almyghti God of heuene.[200]

In der Version des schottischen Legendars fordert er bei diesem Treffen provokant den heidnischen Glauben seines Gegners heraus:

Al maumentis, þat þere folk cane cal	cane = ne. *do*
Godis, are but feyndis al,	*Teufel*
& suthfast god bot ane Is	*wahr*
þat mad hewine & Is kinge of blis. (…)	
& þi godis, gyf þu cane kene,	*wissen*
Ar mad bot of handis of mene	
Of gold and siluir & of clay,	
Of stok, of stane ore of lay.	
(393-402)	

Georg hat sein Heldentum bereits im ersten Teil der Legende, der Episode des Drachenkampfes, unter Beweis gestellt. Dreimal wurde er auf dem Feld vor der belagerten Stadt von der geopferten Königstochter aufgefordert zu fliehen, um sein Leben zu retten, dreimal blieb er jedoch im Vertrauen auf Christus standhaft:

(...) douchtir, drede þu nocht	
Na disese haf ine thocht!	*Unwohl, Unglück*
For I sal rycht wele helpe þe now	
Of Jhesu Criste thru þe vertu.	
(243-46)	

In der Version von Alexander Barclay nennt Georg Gründe für seine Opferbereitschaft. Gott selbst habe sein Leben für ihn am Kreuz hingegeben, sein Tod in der Nachfolge Christi sei im Vergleich dazu nur eine Kleinigkeit:

---

[200] *Gilte Legende*, hg. v. R.F.S. Hamer, S. 69, Z. 6-10.

(...) It is a thing but smal
My lyfe to bestowe: more hath he done for me   *herzugeben*
For trouth to contende it semeth my degre.

(1776-9)

Georg ist fest entschlossen, in Erfüllung seiner ritterlichen Pflicht zu sterben. Alle Kreatur müsse früher oder später sterben, das irdische Leben sei ohnehin nur von geringem Wert. Er sei bereit, sein Leben einem höheren Ideal zu opfern:

(...) no thyng shall tourne my mynde
From this byleve though I shulde deth indure   *Glauben*
Deth is laste ende of euery creature
The noblest dede that longyth to a knight
Is for to dye to fortyfye the right.

(1788-92)

Auch in der Katharinenlegende wird die Opferbereitschaft der Märtyrerin, deren Vorbild sich im Lauf der Legende ganze Gruppen von Nachahmern anschließen, gerade durch den Kontrast zum Wankelmut anonymer Christen hervorgehoben. Auch für Katharina wird der Abfall zahlreicher Gläubiger zum Anlass, sich vor dem „Tyrannen" Maxens offen zu ihrem Glauben zu bekennen:

Seinte Katerine baldeliche þiderward gan drawe
Heo stod bihalues & bihuld here gydihede
Heo seʒ honure þe maumetʒ meni Cristene men for drede
Þo hadde heo gret deol in hurte. heo blescede hire anon
& forþ anon to þemperour baldeliche gan gon[201]

Katharina gelingt es im weiteren Verlauf der Legende, fünfzig Weise, die eigens nach Alexandria gereist waren um ihren Glauben zu widerlegen, kraft ihrer Argumente zum Christentum zu bekehren. Grundsätzlich gilt in der Hagiographie, dass Figuren wie die Märtyrerin, ihr Antagonist, dessen Gattin, der Hofbeamte, der Gefängniswärter oder der Scharfrichter nur entweder gut oder böse sein können. Die „Guten" lassen sich zum christlichen Glauben bekehren und folgen dem Vorbild der Märtyrerin bis in den Tod. Dies gilt auch für die fünfzig Weisen. Sie lassen sich von Katharina von der Wahrheit des christlichen Glaubens überzeugen und zum Christentum bekehren und bleiben angesichts der Drohungen des Kaisers standhaft: „gladeliche forþ hi [ne. they] ʒeode / & nome

---

[201] SEL, V. 12-16: "Die Hl. Katharina begab sich mutig dorthin. / Sie stand an der Seite und sah deren Torheit. / Sie sah, wie viele Christen aus Angst den Götzen opferten. / Da spürte sie eine große Trauer in ihrem Herzen. Sie segnete sie sogleich / Und trat voller Mut nach vorne zum Kaiser."

þane deþ for Godes loue" (145/46). Vor allem Katharinas Entschlossenheit zum Märtyrertod kann durch nichts erschüttert werden. Sie trotzt dem Christenverfolger Maxens:

> Mid al þi poer þu neschalt fram Iesu wende mi þoȝt   *Macht*
> Alle þe turmenteȝ þat þu miȝt þenche of pynes swiþe stronge   *erdenken*
> Þu migȝt do me if þu wolt. iredi ich am to afonge   *auf mich nehmen*
> For noþing me wilny ich so moche as mi flesch & blod iwis
> To ȝyue for mi Louerdes loue.   *meines Herrn*
> (216-20)

Kurz vor ihrem Tod bekräftigt sie erneut ihre Überzeugung. Sie will ihr Leben für Christus hingeben, der sie durch seinen Tod am Kreuz erlöst hat:

> Þu neschalt me neuere fram him bringe þat haþ me deore iboȝt
> Do what þu wolt & haue ido & bring þi wille to ende
> For þu neschalt mid no torment mi þoȝt fram Iesu wende.
> (280-82)

Katharina bekehrt durch ihr Beispiel ausgerechnet die Gattin des Kaisers zum Christentum und Porphyrius, einen Beamten bei Hofe. Zuletzt schließen sich noch zweihundert (!) Ritter im Dienst des Porphyrius der Christengemeinde an und bekunden ihre Bereitschaft, für den neuen Glauben zu sterben (264-66). Eine ähnliche Darstellung findet sich in der schottischen Legendensammlung.[202] Auch in dieser Version wendet sich Katharina aus Protest gegen die Christenverfolgungen an den Herrscher von Alexandria, Kaiser Maxens, und bekennt sich zu ihrem Glauben (78-80). Maxens versucht im Lauf der Legende mit allen nur erdenklichen Mitteln, sie von ihrem Glauben abzubringen. Er schmeichelt ihr zuerst, versucht, ihren Glauben mit Hilfe der fünfzig Weisen zu widerlegen, droht ihr mit Gewalt und foltert die junge Frau schließlich. Doch Katharina lässt sich durch nichts erschüttern. Vor ihrem Märtyrertod bekundet sie gar ihr ausdrückliches Verlangen, für ihren Erlöser zu sterben:

> for I will neuir consent þe till,   *ne. to you*
> bot thole meekly for cristis sak   *leiden*
> quhat-euir turment þu will I tak.   *ne. whatever*
> for I desire to deye for hyme,
> fra lestand deide þat can me wyne.   *immerwährender Tod*
> (ScL, 1097-1102)

---

[202] Verse 63-66: zahlreiche Christen opfern aus Angst vor Verfolgung. V. 541/42: die 50 Weisen nehmen das Martyrium auf sich. V. 1082: die 200 Ritter bekennen sich zum Glauben.

In dieser und in Bokenhams Version der Legende betont Katharina ihre Hoffnung auf ewige Glückseligkeit zum Lohn für ihren Märtyrertod:

I wyl þou knowe, tyraunth, certeyn,
That lyuyn I desire in swych degree
That cryst, my loue, my lyf may be,
For whom to deyn I no thyng drede,   *überhaupt nicht*
For fully I trust endlees mede   *unendlichen Lohn*
To purchase þer in heuene blys.
                              (7074-79)

Die heilige Margarete empfindet gar *vor* dem ersten Treffen mit ihrem Widersacher Olibrius schon den Wunsch, als Märtyrerin zu sterben. Sie will, so berichtet das südenglische Legendar, dem Vorbild des Hl. Stephanus und Hl. Laurentius nacheifern (9-12). Ihr jugendliches Alter kontrastiert mit ihrer Entschlossenheit zum Tod:

Þis clene maide þat was so ӡong of fifteen ӡer vnneþe   *kaum*
Heo wilnede euere to beo ido for oure Louerdes loue to deþe. *wollte*
                              (SEL, 37/8)

Dem Machthaber Olibrius gegenüber bleibt sie standhaft. Sie ist bereit, für Gott das Martyrium auf sich zu nehmen („And al prest [bereit] was for is [seine, d.h. Gottes] loue to auonge [empfangen] martirdom", 98). Auch John Lydgate preist Margaretes Treue zu ihrem Glauben. Das irdische Leben und dessen Verlust haben für sie keine Bedeutung:

I am cristen, in verray sothfastnesse;
And in that lawe, with-oute doublenesse,   *Glauben; Falschheit*
For lyf or dethe playnly I wille abide,
Perseuere stable, and varien on no side.[203]

In Bokenhams Version bietet ihr Olibrius seine Liebe an. Sie setzt sich, wie kaum anders zu erwarten, zur Wehr und bekräftigt ihren Willen, jungfräulich für Christus zu sterben, den Erlöser der Menschheit („I nowise doutè [fürchte mich], for cristys sake / That for alle men deyed, deth to take", 66/67). Auch Bokenhams Fides (Faith) und Agatha bleiben standhaft in ihrem Entschluss, für Christus Folter und Tod zu erleiden. Letztere vertraut insbesondere auf den Beistand des Hl. Geistes während des Martyriums.[204]

---

[203] Lydgate, *The Minor Poems*, "The Legend of Seynt Margarete", V. 158-61.
[204] *Legendys of Hooly Wummen by Osbern Bokenham*: Fides, V. 3711/12 und Agatha, V. 8523-35.

2.6.2 Die freudige Erwartung des Märtyrertodes

Märtyrerinnen und Märtyrer nehmen ihren Opfertod nicht nur duldsam auf sich, sie sehen der blutigen Klimax ihrer Vita gar voller Freude entgegen. Die Zuversicht der Heiligen (v.a. Margarete, Katharina und Cäcilia) wird in der mittelenglischen Hagiographie oft in Kontrast gesetzt zu der Trauer und Verzweiflung der Freunde und anonymen Bewunderer. Es entsteht der Eindruck, dass die Märtyrerinnen ihr ganzes Leben auf diesen einen Höhepunkt hin ausrichten. Das irdische Leben ist für sie eine Zeit der Versuchungen und Prüfungen, der Tod hingegen bringt das Ende ihres Leids, er führt zur Apotheose ihres Glaubens und zu ihrer Aufnahme in die unmittelbare Nähe Gottes. Die freudige Akzeptanz des Todes durch die Märtyrer bleibt ihren Antagonisten, die weder an Gott noch an das Jüngste Gericht glauben, ein Rätsel. Maximus, der Gefängniswärter in der Cäcilienlegende spricht den zu Tode verurteilten Valerian (Cäcilias Gatte) und Tiburce (Valerians Bruder) auf ihre in seinen Augen widernatürliche Fröhlichkeit an:

> 'O purpyl flowrys of youth delycyous,
> O brothirly affeccyoun, in oon knyt
> Indyssolubylly, how ben may yt
> At ye to deth as gladly go   *at = ne. that*
> As to a feste?' quod valeryan þo:
> 'If þou wylt to us make promys
> To beleuyn, þou shalt seyn, I-wys,   *sehen*
> Aftyr oure deth oure soulys vp wende
> To þat ioyful blys wych neuere shal ende.'
> (Bokenham, 7996-8004)

Maximus ist davon so beeindruckt, dass er sich zum Christentum bekehren lässt. Die heilige Juliana freut sich ebenfalls, als sie ihr Todesurteil vernimmt. Sie bittet den Scharfrichter, möglichst rasch zur Tat zu schreiten. Ihrer Aufnahme in den Himmel ist sie sich sicher:

> Glad was this holy maide tho heo weste hure ende   *als sie ihr Ende sah*
> For heo weste after hur tormens woder seo ssolde wende   *wusste*
> Go bliue heo sede to the quellare & bring me of this bende   *Scharfrichter*
> As me ladde this maide touward hur martyrdom.   *als man führte*
> (SEL, 188-91)

Auch Bokenhams Katharina drängt ihren Peiniger nahezu, sie zu foltern und hinzurichten. Sie fühlt sich von Jesus in den Himmel gerufen, für den sie ihr irdisches Leben nur allzu gerne hergibt (7080-5). Katharinas freudige Erwartung des Märtyrertodes steht in auffälligem Kontrast zur Trauer ihrer Anhängerinnen.

Nicht näher beschriebene Frauen sind ihr zur Hinrichtungsstätte gefolgt und weinen über den Tod der jungen Christin. Katharina fordert sie auf, von ihrer Trauer zu lassen und sich mit ihr zu freuen:

'O nobyl wyuys & wedwys & maydyns ying,
Leuyth your heuynesse & your weping,   *lasst eure Traurigkeit*
& lettyth no wise youre entencyoun   *lasst*
Be besy for to lettyn my passyoun,   *verhindern*
But rather ioyith & makyth good chere
That my lord, my loue, no lengere here
Wyl me suffryn, but to hys house
Home with hym ledyn as hys owyn spouse.'
(Bokenham, 7285-92)

Im Fall der Hl. Agnes freuen sich ihre Eltern, die selber Christen sind, gar über das ultimative Glaubenszeugnis ihrer Tochter. Agnes wird „wyth gret ioy" in der Familiengruft beigesetzt. In Bokenhams Version der Legende erscheint die Heilige kurz darauf ihren Eltern und bekräftigt diese in ihrer Haltung.[205]

Die Erwartung einer glorreichen Aufnahme in den Himmel lässt das irdische Leben in den Augen der Märtyrer nahezu vollkommen an Wert verlieren. Die Katharina des schottischen Legendars äußert schon bei einem ihrer ersten Gespräche mit ihrem Widersacher ihre Sehnsucht nach dem Tod (602-4). Als Maxens sie vor die Wahl stellt, sich entweder seinem Willen zu beugen und den Götzen zu opfern oder zu sterben, lehnt sie sein Angebot brüsk ab. Sie drängt Maxens geradezu, sie zu foltern und zu töten, sie will Christus aus Dankbarkeit für sein Erlösungswerk ihr Leben hingeben. Katharina schildert Maxens ihr Verhältnis zu Christus:

sir, I (...) sais planely þat I will   *ich sage klar und deutlich*
in-to na thing concent þe till.   *dir zustimmen*
quharfor, quhat torment þou has thocht   *ne. wherefore; what*
to do to me, differe þu nocht!
for I dyssyre my flesch & blud
to gyf for hyme þat in þe Rud   *am Kreuz*
mad offerand of hym-self for me,   *sich selbst geopfert hat*
þat is my blis, my luff, my gle,
my ankire, my Ioy, my welth, my wele,
& of myn sawle þe lestand heile,   *immerwährendes Heil*
& giffis lyf, þat ma nocht fale,
to his luffers for þare trawalle.   *denen, die ihn lieben*
(ScL, 819-32)

---

[205] Bokenham, Verse 4603-5 und 4627-30.

Auch in der Version des schottischen Legendars fordert Katharina die bei ihrer
Hinrichtung trauernden Frauen auf, sich mit ihr zu freuen (1111-20). In Bokenhams Version des Martyriums der Margarete fordern die Umstehenden die
Heilige auf, sich in letzter Minute doch noch dem Willen des Olibrius zu beugen
und dadurch ihr Leben zu retten. Margarete hingegen vertraut vollends auf
Gottes Beistand („The lord that syttyth in throne ful hy / Is myn helpere – this
weel troste y", 594/5). Auch bei Lydgate wird Margarete vor ihrer Hinrichtung
von ihren Freunden aufgefordert, sich in letzter Minute doch noch dem Willen
der weltlichen Macht zu beugen. In dieser Version reagiert die Märtyrerin zornig
auf die wohlmeinenden Ratschläge. Sie fühlt sich in ihrer Geringschätzung des
Lebens und in ihrem Verlangen nach Vereinigung mit dem Schöpfer miss-
verstanden. Allein durch den Tod für den Glauben könne ihre Seele gerettet
werden:

> Quod she: 'Goth hens, ye fals counsaylirys,
> Ye worlde peple, vnsad and euer vntrewe,   *verweltlicht; unseriös*
> Flesshely, changeable, and in youre desirys
> Delityng euere in thinges that be newe;
> Amonge remembreth – and wolde God ye knewe –
> That of my flesshe the mortal tourmentrie
> Is to my soule chief salve and remedie.'   *Heilung*
>
> (37. Strophe)

Auch dem südenglischen Legendar zufolge raten ihr die Umstehenden, in letzter
Minute doch noch ihrem Glauben abzuschwören und werden von der Heiligen
scharf zurückgewiesen. Gegen Ende dieser Version der Legende findet sich eine
eigenartige, paradox anmutende Szene: Malthus, der Scharfrichter, bringt es
nicht über das Herz, ein so schönes und unschuldiges Mädchen wie Margarete
zu töten. Ein himmlisches Licht, das sie umgibt, lässt ihn ihre Heiligkeit erahnen. Er würde lieber mit ihr in den Himmel aufsteigen als durch ihre Hinrichtung Schuld auf sich laden. Die Heilige freut sich jedoch über die
Gewissensbisse ihres Henkers genauso wenig wie über die Ratschläge ihrer
wohlmeinenden Freunde. Schließlich will sie als Märtyrerin in den Himmel
aufsteigen. Sie drängt ihn, den Todesstreich seiner Bedenken zum Trotz auszu-
führen. Tatsächlich sterben Heilige und Henker im selben Moment. Über das
weitere Schicksal der Seele des Malthus erfahren wir bedauerlicherweise nichts:

> O Margarete merci þis quellare anon sede,   *Scharfrichter*
> I nedorste do for al þe world a so fol dede   *wage nicht; töricht*
> So muche liȝt of heuene ich iseo aboute þe in ech ende
> Ac ich wolde ich miȝte wiþ þe deie & wiþ þe þuder wende.   *ne. whither*
> Maltus quaþ þis holy maide bote þou do þis dede

Þe netit no part þerof wiþ me þereruore do ich rede.[206]

Beim Martyrium der Hl. Agatha unterbricht ein gewaltiges Erdbeben die Folterungen. Die Menschenmenge deutet dies als ein Zeichen göttlichen Zorns und drängt den Richter dazu, die Unschuldige freizulassen. Dieser verfügt ein vorläufiges Ende der Qualen und lässt Agatha zurück ins Gefängnis bringen, wo die Heilige jedoch Gott nicht etwa um Genesung ihrer Wunden bittet, sondern um ihren Tod. Er habe ihre jungfräuliche Reinheit bewahrt und ihr den Sieg über jegliche Folter zugesichert. Nun möge er ihre Seele zu sich nehmen und ihrem leidvollen Leben ein Ende bereiten. Auf diese Bitte hin stirbt die Heilige ohne weiteres Zutun der Folterknechte.[207]

Auch Heilige, die eines natürlichen Todes sterben, freuen sich angesichts ihres Lebensendes. St. Edmund z.B. wird um so fröhlicher, je schlechter es ihm geht. Seiner Aufnahme in den Himmel ist er sich sicher:

> Þe more is body i-pined was: þe ner was þen ende;   *Schmerzen litt*
> And þo is ende-day was I-come: he wuste ʒwodere wiende.   [s. FN]
> Euere þe more þat he was in sicknesse and in wo,
> Þe gladdore he was, for he wuste ʒwodere he scholde go,   *wohin*
> And þe more he was in Ioye (…).[208]

2.6.3 Das Motiv des „guten Tausches"

Die heilige Cäcilia hat ihren Gatten Valerian vom Ideal der Keuschheit überzeugt und ihn mit Hilfe von Papst Urban und einem Engel zum Christentum bekehrt. Nun soll auch Tiburce, Valerians Bruder, in den wachsenden, doch auf Grund der Christenverfolgungen im Verborgenen agierenden Kreis der Gläubigen aufgenommen werden. Dieser ist dem Christentum grundsätzlich nicht abgeneigt, hat jedoch Bedenken wegen der Gefahren, die die Mitgliedschaft in einer verfolgten Sekte mit sich bringt. Papst Urban wird vom Kaiser gesucht; wer sich in Gegenwart des Geächteten ergreifen lässt, riskiert sein Leben. Dieses für die neue Sekte zu riskieren, scheint Tiburce zu viel verlangt. Cäcilia will ihm deshalb die volle Reichweite der christlichen Heilsbotschaft vermitteln. Durch Christi Tod und Auferstehung und durch das Versprechen ewigen Lebens für

---

[206] SEL, V. 303-8: „Auf dich wartet kein (*netit*) Teil davon mit mir, deshalb tu es, ich rate dir."
[207] Bokenham, V. 8807-29.
[208] ESEL, S. 448, n° 63, V. 590-4. Zweite zitierte Verszeile: „Und obwohl sein letzter Tag gekommen war: Er wusste, wohin er gehen würde."

seine Anhänger verliere das irdische Leben an Bedeutung. Der Himmel hingegen währe nicht nur ewig, das Leben dort sei obendrein unermesslich viel schöner als hier in dieser Welt. Wäre dem nicht so, erklärt Cäcilia, dann hätte Tiburce mit seinen Vorbehalten freilich recht:

> Thys lyf to lese were good to fere   *verlieren; fürchten*
> And to eschewe besyly, yf ellys-wher
> Noon oþir lyf were bettyr þan þis.
> But who þus thynkyth doth amys.
> For a-nothyr lyf þer ys incomparabylly
> Bettyr þan þis & more worthy;
> Wych who-so haue grace onys to kecche,
> Shal deth hym þens neuere aftyr feche,   *von da an*
> Nere hungry ner thyrst, ner no syknesse
> Shal hym no wyse moun dystresse.   *betrüben können*
>   (Bokenham, 7789-98)

Valerian und Tiburce lassen sich von Cäcilia überzeugen. Im weiteren Verlauf
der Legende werden die beiden von den Schergen des römischen Statthalters
Almachus dabei gefasst, wie sie die Leichen ermordeter Christen beerdigen.
Nun sind Valerian und Tiburce an der Reihe, dem Christenverfolger Almachus
ihren Glauben zu erläutern. Christi Anhänger, die hier auf Erden Folter und Tod
erleiden müssen, werden im Himmel mit ewiger Glückseligkeit belohnt. Den
Heiden droht jedoch endlose Pein:

> For we now here in þis lyf present
> Suffren myscheef, peyn & torment   *Unglück*
> Wych sone be doon, but whan we hens wende
> We receue ioye that neuere shal haue ende.
> But ye doon euene þe contrary,   *geradewegs*
> For ioye ye han here transytory
> And momentanye; but, whan ye hens go,
> To þe place ye wende of endless wo.
>   (Bokenham, 7945-52)

Glückseligkeit oder Verdammnis im Jenseits hängen nach Überzeugung der
Märtyrer also indirekt proportional von den Lebensumständen im Diesseits und
der Art des Todes ab. Ein verkürztes Leben hier auf Erden und ein Tod in der
Nachfolge Christi wird mit dem Paradies belohnt, ein langes und vergnügliches
Leben hingegen hat die Verdammnis zur Folge.[209] Es liegt folglich in der Hand

---

[209] Im Gegensatz dazu jedoch Arcites Furcht vor einer Fortsetzung seines irdischen Leids
nach dem Tod (Chaucers *Knight's Tale*, siehe S. 289):

des Menschen, sein irdisches Glück gegen den Himmel „einzutauschen". Valerian, Tiburce und der Gefängnisaufseher Maximus entscheiden sich deshalb für
den Märtyrertod. Schließlich wird auch Cäcilia von den Christenverfolgern
gefasst. Sie akzeptiert ihren Tod, die Gefängniswärter jedoch sind betrübt,
weshalb sie diesen eben jenes Prinzip des „guten Tausches" anhand einer Reihe
von Vergleichen aus dem täglichen Leben erläutert: Das irdische Leben gegen
das Himmelreich zu tauschen sei wie Dreck gegen Gold, ein verfallenes Haus
gegen einen Palast oder einen Penny gegen einen Schilling. Wer würde nicht
gerne auf einem Jahrmarkt sein Kleingeld gegen Edelmetall eintauschen? Doch
Gottes Angebot sei noch viel besser: Er gebe für alles, was wir ihm hier opfern,
hundertfachen Lohn zurück, für das irdische Leben schenke er uns das Himmelreich:

That I now rather to deye chese	
Than to sacryfyse, ys not to lese	*den Götzen opfern*
My youth, but a commutacyoun	*ein weiser Tausch*
Of wysdam it ys, as ye se moun;	*wie ihr sehen könnt*
Lych as a man comenauht dede make	*eine Abmachung*
Erthe to yiuyn & gold to take,	*zu geben*
Or ellys to chaungyn an ould rottyn hous	
For a ryal paleys of stonys precious.	
But now of you I aske a questyoun:	
For ych peny if ye receyue shuld moun	[s. FN]
At a market of a feyr an hool shylyng,[210]	
As many as þedyr ye dede bring,	ne. *thither*
Wolde ye not spedyn you þedyr hastly?	*eilen*
I trowe ye wold! Now, serys, treuly	
God of hys goodnesse hath up set	
In hys courht abouyn a bettyr market;	
For to euery thing þat to hym ys soulde	ne. *sold*
The reward ys ordeynyd an hundyr-folde,	
And þer-to lyf þat neuere shal cees.[211]	*enden*

But man after his deeth moot wepe and pleyne,
Though in this world he have care and wo.
(Knight's Tale, I, 1319/20)

[210] „Solltet ihr auf einem Jahrmarkt für jeden Penny einen ganzen Schilling bekommen
können (...)".

[211] Bokenham, V. 8071-89. In jeder Version der Cäcilienlegende findet sich die Passage, in
der Cäcilia ihrem Schwager Tiburce das Prinzip des „guten Tausches" erklärt, in der schottischen Legendensammlung Vers 231-54, im *Early South English Legendary* V. 119-26 und
in Chaucers Version der Legende (*Canterbury Tales*, „Second Nun's Tale") V. 309-25.

Die Vorstellung, dass das irdische Leben gegen das Himmelreich eingetauscht werden kann bzw. dass ein qualvoller Märtyrertod ewige Glückseligkeit garantiert, findet sich in verschiedenen Legenden. Margarete ist z.b. davon überzeugt, dass ihr zum Ausgleich für ihren qualvollen Tod das Jüngste Gericht erspart bleibt:

> (...) whan Gabriel his horn doth blowe
> In the day of the gret and last assyse,   *Jüngste Gericht*
> Whan men in body & soule vpryse,
> Than shal my soule be this torment
> Be sauyd from hard iugement.
> (Bokenham, 598-602)

In Barclays Georgslegende werden die Nichtigkeit der Welt und die Glorie des Paradieses einander gegenübergestellt (1380-3). Bokenhams Katharina verspricht der Kaiserin, der Gattin des Christenhassers Maxens, im Jenseits ewige Herrschaft im Tausch gegen ihre zeitlich begrenzte irdische Macht, außerdem einen unsterblichen Gatten, Christus, im Tausch gegen den sterblichen Maxens. Dann ermutigt sie die Kaiserin, die Schmerzen des Martyriums nicht zu fürchten, denn diese gingen vorüber und führten zu ewiger Glückseligkeit. Dies sei ein guter Tausch (6961-64).

2.6.4 Die Belohnung des Märtyrers im Jenseits

Die Sprecher der unter 2.1 untersuchten Gedichte empfinden die Unsicherheit, was nach dem Tod mit ihrer Seele geschehen wird, als qualvoll. Erlösung oder Verdammnis liegen letztendlich in Gottes Hand. Es gibt mittelenglischer Todeslyrik zufolge keinen Automatismus der Aufnahme in den Himmel zur Belohnung für einen standhaften Glauben oder ein rechtschaffenes Leben. Selbstzufriedenheit oder Selbstgefälligkeit ist der *Ars-moriendi*-Literatur zufolge eine der fünf Versuchungen des Teufels in der Todesstunde. Gottes Gnade ist groß, doch nach welchen Kriterien er sie verteilt, bleibt dem Menschen verborgen. Das Jüngste Gericht ist die letzte Instanz, es gibt keine Berufung gegen Gottes Entscheid, noch gibt es einen Anspruch auf seine Gnade. Diese Unsicherheit, das Gefühl, einem unberechenbaren, unergründlichen Willen letztlich hilflos ausgeliefert zu sein, schafft in der Todeslyrik eine angstvolle Grundstimmung. Der Todesstunde und dem Jüngsten Gericht blicken selbst die Frommen mit Bangen entgegen.

Die Erwartungshaltung der Heiligen der mittelenglischen Hagiographie ist eine grundlegend andere. Sie sind sich schon zu Lebzeiten ihrer Sonderrolle als

Mittler zwischen Gott und den Menschen bewusst. Die Hl. Katharina z.B. prophezeit als ob mit göttlicher Autorität der Kaiserin ihr Schicksal als Märtyrerin
und ihre Aufnahme ins Paradies.[212] Was ihre eigene Aufnahme in den Himmel
betrifft, so sind sich Heilige erst recht sicher. Die Todesstunde ist für die Märtyrer, die Helden des Christentums, kein Moment der Prüfung, der Ängste oder
Glaubenszweifel. Bei Hinrichtungsszenen werden deshalb die Rollen regelrecht
vertauscht - man denke an die skurrile Hinrichtungsszene der Margareten-
legende im südenglischen Legendar, in der die Initiative von den Christenverfolgern auf die Heilige übergeht. In ihrer Todesstunde, an der Schwelle zu ihrem
großen Triumph, entreißt Margarete ihren Widersachern endgültig die „Regie".
Zu Beginn ihres Leidensweges, bei ihrer Entdeckung durch ihren Antagonisten
Olibrius, hatte sie es noch nötig, Gott um Gnade und Beistand anzuflehen.[213] Die
Sicherheit, mit der Margarete am Ende ihres Martyriums auf ihren Tod hin
drängt, fußt auf ihrer unerschütterlichen Gewissheit, dass sie Gott auf ihrer Seite
hat und im Anschluss an den Todesstreich sofort in den Himmel aufgenommen
werden wird. Bei Lydgate lauten ihre letzten Worte:

> 'Come nere,' quod she, 'myn oune brother dere,
> Smyte with the swerde, and loke thou spare nought.
> My body shal behynde abiden here,
> But my soule to heuene shall be brought.'
> (484-87)

Heilige stehen schon zu Lebzeiten in einem besonderen Verhältnis zu Gott. Sie
sind mehr als „nur" herausragende, vorbildliche Christen, sie sind schon zu
Lebzeiten vollkommen. Für normale Menschen, die Adressaten der Ars-
moriendi-Literatur, ist die Todesstunde ein gefürchteter Kampf ums Seelenheil,
für den Heiligen hingegen, so scheint es, ist das Martyrium weniger Prüfung als
vielmehr Nachweis ihrer Heiligkeit. Gott bedient sich der Heiligen, seiner
„Parteigänger" auf Erden, um den Menschen seine Macht kundzutun, z.B. im
Sieg Georgs über den Drachen, der eine ganze Stadt zum Christentum übertreten
lässt. Auch Katharina spricht und handelt mit göttlicher Autorität, nur so ist es
zu erklären, wie sich das fünfzehnjährige Mädchen im theologischen Disput
gegen fünfzig Weise behaupten kann. Katharina löst wahre Massenbekehrungen
am Hof ihres Widersachers aus, ein weiterer Hinweis auf ihre Verbundenheit
mit Gott. Als Nachweis für die göttlich legitimierte Autorität Katharinas berichtet das südenglische Legendar ferner von einer Begegnung der Heiligen mit
Gott im Anschluss an die Bekehrung der Kaiserin, des Porphyrius und der zweihundert Ritter. Der Herr kommt vom Himmel herab zu ihr und ermutigt sie, in
allen Qualen standhaft zu bleiben. Er werde bei ihr sein, der Sieg sei ihr gewiss.

---

[212] Bokenham, V. 6948-54.
[213] Bokenham, V. 484-90.

Sie werde nach ihrem Martyrium bei ihm im Himmel wohnen.[214] Auch in der schottischen Legendensammlung erscheint Gott in Begleitung einer Vielzahl von Engeln und Jungfrauen der Heiligen am Ende ihrer zwölftägigen Kerkerhaft.[215]

Ein häufiges Element im Handlungsverlauf der Heiligenlegende ist folgerichtig die Einlösung dieses Versprechens im Moment des Todes. So berichtet das südenglische Legendar von einer weiteren Intervention Gottes just in dem Moment, als Katharina ihren Kopf vor dem Schwert des Scharfrichters beugt. Ihre Bitte, in den Kreis der vierzehn Nothelfer aufgenommen zu werden, wird ihr gewährt:

Þo com oure Louerd silf & sede: ich granti þe þi bone	*Bitte*
Com her forþ mi lemman, mi leoue spouse also	*liebe*
Heueneȝat yopened is þat þu schalt come to.	

(SEL, 292-94)

Wie sollen sich die Menschen das Reich Gottes vorstellen? Welcher Art ist die Belohnung, die den Märtyrer im Himmel erwartet? In der Version der schottischen Legendensammlung beschreibt Katharina dem frisch bekehrten Porphyrius das Himmelreich mit folgenden Worten:

in þat kinrik þat is so clere,	
quhar for delyt men lewis here,	[s. FN]
þai sall haf euir-lestand lyff[216]	
but payne or verray duel or striffe.	*ohne*
& gif þu franis quhat thing is þare;	*frägst*
þar is ese & sic welfare	
þat ma nocht wthir-ways be (...)	*auf andere Weise*
bot all þat gud is, It is þare,	
& illthing ma þar cum neuir mare.	ne. *may; never more*
& gif þu speris quhat gud þat is;	*frägst*
It is sic gud, I tell þe þis,	
þat neuir ere herd, na yhet saw hye,	*Ohr; Auge*
na mycht in hart comprissit be	*verstanden, erfasst*
þat god has grathit for all þai	*versprochen*
þat seruis hyme here, quhen þa hyne ga.	*dorthin*

(ScL, 717-26)

---

[214] SEL, V. 193-96.
[215] ScL, V. 474 f.
[216] Verse 718/19: „(...) wo die Menschen für das Vergnügen, das sie hier zurücklassen, ewiges Leben bekommen sollen (...)."

Das Leben im Himmel währt ewig („euir-lestand"), doch die Ewigkeit ist für den Menschen nicht fassbar – der Begriff an sich lässt sich nur anhand seines Gegenteils als End-losigkeit definieren. Noch schwerer zu fassen ist die Vorstellung himmlischer Glückseligkeit. *Kinrik, ese* und *welfare* sind sehr vage Begriffe, zu eng mit irdischen Vorstellungen verbunden, um jenseitiges Glück adäquat zu beschreiben. Katharina betont bei ihrer Schilderung vor allem die Abwesenheit irdischen Leids. Der Himmel ist quasi die Negation der unangenehmen Seiten des Lebens hier auf Erden. Dort gibt es keine Schmerzen, keine Trauer, keinen Kampf („striffe"). Im Himmel gibt es alles, was gut ist und nichts, was böse ist („illthing"). Aber was bedeuten schon irdische Gegensätzlichkeiten wie „gut" und „böse" im Jenseits? Himmlische Glückseligkeit ist im wahrsten Sinne des Wortes „unvorstellbar", d.h. alles wird schöner sein als das Schönste, was je ein irdisches Auge gesehen haben mag. Himmlisches Glück ist vollkommener, als wir uns Glück überhaupt vorstellen können. In Bokenhams Version der Legende gibt Katharina dem Porphyrius eine noch umfassendere Schilderung der Glückseligkeit (6965-89). Allein die Sonne, Quelle des Lichts, kann als Vergleichsobjekt dienen. Doch im Himmel sei alles noch strahlender, heller, schöner. Wieder wird die himmlische Glückseligkeit vor allem durch die Abwesenheit irdischen Leids definiert. Es gibt dort keine Mühsal, keinen Zorn, keine Traurigkeit, keinen Zweifel („thouht"), keine Sehnsucht, keine Krankheit, keinen Hunger und Durst, keine Sorgen und kein Leid. Im Himmel gibt es nur die angenehmen Aspekte des irdischen Lebens: Liebe, Frieden und Einigkeit, Heiterkeit, Freude und ewige Fröhlichkeit. Der Versuch, die himmlische Glückseligkeit zu beschreiben, lässt Katharina zum Unsagbarkeitstopos greifen: Die Freuden des Himmels sind einfach zu vollkommen, als dass sie mit menschlichen Worten oder anhand irdischer Vergleiche beschreiben werden könnten. Sie beruft sich dabei auf das Johannesevangelium:

For as þe apostyl Ioon us dotht teche,	*Johannes*
Was neuere tunge cowd telle wyth speche,	
Nere hert thynk, nere eerys here,	*Ohren*
The ioyis wych god hath to hys dere	*denen, die er liebt*
And welebelouyd ordeynyd aboue	
In the blysse of heuene; (…)	
(Bokenham, 6983-88)	

Können sich Menschen durch bestimmte Verhaltensweisen für die Aufnahme in den Himmel qualifizieren? Wir erinnern uns, dass in der mittelenglischen Lyrik die Entscheidung über Erlösung oder Verdammnis der menschlichen Seele von einem unberechenbaren, unergründlichen Gott gefällt wird. Aus Sicht der Lyriker kann sich der von Natur aus sündhafte Mensch nicht durch gute Taten oder rechten Lebenswandel ein Recht auf den Himmel erwerben, er bleibt, was sein Seelenheil betrifft, stets abhängig von der oft willkürlich ausgeteilten göttlichen

Gnade. Die Hagiographie ist in dieser Frage optimistischer. Menschen können sich für das Himmelreich qualifizieren, das Prinzip des „guten Tausches" funktioniert wie ein Automatismus. Wer sein Leben in der Nachfolge Christi hingibt, ist ein Märtyrer und hat Anspruch auf einen Platz im Himmel, und dies sogar wenn er bzw. sie gar nicht getauft ist. Nun ergibt es sich nicht selten, dass der Heilige durch sein Zeugnis und seine Standhaftigkeit während der Passion Menschen aus dem engsten Umfeld des Antagonisten (Gattin, Hofbeamter, Leibwächter oder Gefängniswärter) zum christlichen Glauben bekehrt und diesen somit isoliert. In den Legenden stellt sich somit die Frage der göttlichen Gnade für ungetaufte Märtyrer. So wendet sich sterbend die Gattin des Dacian an den Hl. Georg:

> "Þu licht of suthfastnes,
> Quhat trewis þu sal be of me   *glaubst*
> Gyf I de in sic degree
> Vnbaptyst ʒet?" With gud chere
> Sancte George sad: "cystir dere,   *Schwester*
> Dred nocht! for schedinge of þi blud
> Sal be to þe baptysme gude,
> Quhare-thru þe crone resaf sal þu   *empfangen*
> Of martirdome, I tel þe now.'
> & as he hyr þis had talde,
> þe spret vn-to god scho ʒald.   *Geist*
> (ScL, 786-96)

Wer sein Blut für Christus vergießt, gilt als einer der Seinen. Die fünfzig Weisen der Katharinenlegende bangen ebenfalls um ihre Erlösung, da sie vor ihrem Tod nicht getauft wurden. Auch ihnen sichert die Heilige die „Vollwertigkeit" ihres Martyriums zu:

> For of your blood þe reed streme
> Shal been to you suffycyent bapteme
> And able to bring you to þe blysse of heuene.
> (Bokenham, 6843-45)

Auch Maxens' Gattin wird von Katharina die Aufnahme in den Himmel versprochen. Nach dem Prinzip des „guten Tausches" bekommt sie alles, was sie in Christi Namen verliert, hundertfach zurückerstattet, für ein vergängliches Königreich einen Platz in Gottes ewigem Reich, für die Schmerzen des Martyriums ewige Freude.[217]

---

[217] ScL, V. 963-75.

Die Frage ist nun, wie es zu solch unterschiedlichen Vorstellungen kommen konnte. Die mittelenglische Lyrik propagiert die pessimistische Sicht, dass sich der Mensch seiner Erlösung nie sicher sein kann und dass das Heil seiner Seele letztlich von der Willkür eines unergründlichen Gottes abhängt. Die Hagiographie hingegen geht optimistisch vom Prinzip des „guten Tausches" aus, welches dem Menschen eine Art Automatismus der Erlösung verspricht. In der mittelenglischen Epoche entstanden sowohl hagiographische Texte als auch Todeslyrik, beide Gattungen wurden für dasselbe Publikum verfasst, eventuell sogar von denselben Autoren - ein namentlich bekannter Autor von Heiligenlegenden, John Lydgate, ist z.B. zugleich Autor der mittelenglischen Version des Totentanzes. Die Unterschiede der jeweiligen heilsgeschichtlichen Phasen, die den Hintergrund bilden für die Hagiographie einerseits und Todeslyrik und Totentanz andererseits, liegen diesen Differenzen zugrunde. Heiligenlegenden berichten vom Leben und Sterben herausragender Persönlichkeiten des christlichen Glaubens in der Anfangsphase des Christentums.[218] In dieser Zeit war die Christenheit noch nicht so „degeneriert" wie in der - aus Sicht der Autoren - mittelalterlichen Jetztzeit, der Entstehungszeit der Texte. Die Christen waren im antiken Rom noch in der Minderheit und Verfolgungen ausgesetzt, es ereigneten sich noch Wunder und Gott griff häufiger in den Lauf der Welt ein. Das Bekenntnis zu Jesus Christus war demnach keine Selbstverständlichkeit, sondern entsprang der mutigen Entscheidung seiner Anhänger. Die Mitgliedschaft bei der verbotenen Sekte musste einen Anreiz haben – hier unterstellen die Autoren Gott ein sehr menschliches Kalkül – sonst hätte sich ein Tiburce z.B. nicht zum Christentum bekehren lassen. Die staatlichen Verfolgungen machten den frühen Christen das Überleben schwer, doch das Sterben einfach: Das Opfer des Märtyrers setzt Gott – wieder sehr diesseitig gedacht – moralisch unter Druck, dem Kandidaten Einlass ins Himmelreich zu gewähren.

In Barclays Georgslegende findet sich eine heidnische Stellungnahme zur Frage des Heilsautomatismus bzw. zur Belohnung im Jenseits für ein höheren Zwecken geopfertes Leben, die in diesem Kontext Beachtung verdient. König und Königin der vom Drachen bedrohten Stadt wollen ihrer todgeweihten Tochter Mut zureden:

> To hyr they sayd: that all they playnly shall
> Become great goddess whiche wyll indure suche payne
> Theyr lawes londes with deth so to mentayne.
> And that as goddes all men shuld them honour
> With yerely festys and great solemnyte
> As Romulus and Numa men of great valour
> They shulde nat oonly in that londe laudyd be

---

[218] Die Legende des Hl. Thomas à Becket bildet hier eine Ausnahme, ebenso die Lebensbeschreibungen „englischer" Märtyrer, d.h. angelsächsischer Christen, die von heidnischen Dänen ermordet wurden.

But also in other londes beyonde the se
Who euer they were that shuld here of the fame
Of that noble dede shulde magnyfye hyr name.

(726-35)

Der Glaube an ein Paradies ist den heidnischen Herrschern unbekannt. Sie trösten ihre Tochter mit der Aussicht auf Ruhm, Festlichkeiten zu ihrem Gedenken und einem posthumen Götterstatus. Die Versprechen deuten darauf hin, dass auch die heidnische Königsfamilie auf ein Leben nach dem Tod in irgendeiner Form hofft, und wenn sie nicht an den Fortbestand der menschlichen Seele glauben, so trösten sie sich mit einem Weiterleben im Gedächtnis der Hinterbliebenen. Der göttliche Status wird der Opferungswilligen automatisch verliehen, die Königstochter sichert sich durch die Hingabe ihres Lebens wie der Märtyrer Georg ihren Platz im Jenseits.

2.6.5 Tod und Verdammnis der Antagonisten

Märtyrer erhoffen sich vom Tod das Ende ihrer Pein und gleichzeitig die Aufnahme in die himmlische Glückseligkeit, ihren Antagonisten hingegen bringt der Tod ewige Verdammnis. Die mittelenglische Hagiographie erwähnt gelegentlich den Tod des Christenverfolgers im Anschluss an das Martyrium und die glorreiche Aufnahme des Heiligen in den Himmel und unterstreicht damit den Kontrast zwischen dem „guten" Tod des Heiligen und dem bösen Ende seines Gegners. Letzterer stirbt in der Regel auf besonders schreckliche Art und Weise und unvorbereitet – die Schreckensvision für den spätmittelalterlichen Christen. Ein rächender Gott lässt dem Erzsünder nicht einmal die Chance, sich in letzter Minute angesichts seines Todes zu besinnen und um Gnade zu flehen. Der Gott der mittelenglischen Hagiographie straft teilweise schon zu Lebzeiten des Heiligen dessen Widersacher mit dem Tod, selbst wenn sie diesem noch gar kein Leid zugefügt haben. Er sendet z.B. auf Bitten des Hl. Georg ein Feuer, welches nicht nur die Götzen und den heidnischen Tempel zerstört, sondern auch die Priester verbrennen lässt. Die Erde tut sich auf und verschlingt alle Tempelbesucher.[219] Der Christenverfolger Dacian wird nach Georgs Martyrium samt

---

[219] "And whanne George entered into the temple of ydoles [Götzen] to do sacrifice, and alle the peple were there to beholde hym, he kneled down and praied to oure Lorde that he wolde vtterli destroie al the temple and the ydoles, so þat atte the preisinge of hym and the conuersion [Bekehrung] of the peple ther shuld nothinge abyde therof. And anone ther descended fyre from heuene and brent the temple and the goddes and the prestes, and sodenly þe erthe opened and swaloued alle so that ther lefte nothinge therof." *Three lives from the Gilte Legende*, hg. v. Richard F.S. Hamer, Heidelberg 1978, S. 71.

seiner Diener auf dem Nachhauseweg von einem „göttlichem Rachefeuer" dahingerafft.[220]

Die Cäcilia des *Südenglischen Legendars* nennt ihren Widersacher Almachus einen „Diener des Todes" und prophezeit ihm einen „endlosen Tod". Unvorbereitet und in Sünde soll er sterben und dadurch der ewigen Verdammnis anheimfallen:

> ffor whan þou deþes sergeant art, deþ þi louerd is,　　　　　*Herr*
> ȝin deþ wiþ-outen ende þou wilt be, I-wis. (...)
> Gydi ȝ blind þou schalt deye, in helle pyne deye.[221]

Auch Bokenhams Margarete droht ihrem Antagonisten Olibrius mit der Hölle.[222] In der Katharinenlegende wird das berüchtigte Rad, konstruiert speziell um der Heiligen einen besonders qualvollen Tod zu bereiten, vom Folterinstrument zum Werkzeug göttlicher Rache. Ein Engel kommt geflogen, haut das Rad in tausend Stücke und tötet dabei 4000 (!) Schaulustige:

> Oure Louerd Crist fram heuene an angel gan þider sende
> Þis angel wiþ a drawe swerd þis wheles al toheu　　　　*zerschlug*
> & þe peces flowe aboute as corn whan me hit seu　　　　*me = man*
> & smyte on þis liþere men wel harde to þe grounde　　　*heidnisch*
> þat four þousend þer were aslawe.
> 　　　　　　　　(SEL, 228-32)

2.6.6 Weitere Gründe für die Opferbereitschaft des Märtyrers

Das zentrale Motiv für die Opferbereitschaft des Märtyrers ist die Hoffnung auf einen Ehrenplatz im Himmel. In den Legenden des Hl. Georg und des Hl. Thomas von Canterbury (Thomas à Becket) finden sich, zusätzlich zur Aussicht auf Belohnung im Jenseits, weitere Gründe für das Opfer ihres Lebens. Georg ist im ersten Teil der Legende, bevor er seine Rüstung und sein Pferd verschenkt, ein Ritter und in dieser Funktion einem besonderen Ehrenkodex verpflichtet. Pflicht eines christlichen Ritters ist es, die Schwachen und Schutzlosen zu verteidigen, insbesondere Jungfrauen, und diese ganz besonders vor Drachen. Georg übernimmt deshalb ohne zu zögern die Rolle des Beschützers des Mädchens:

---

[220] Hamer, *Three lives*, S. 73. In Lydgates Version der Legende V. 243-5.
[221] ESEL, V. 205/6 und 216: „In Sünde und blind [d.h. ohne Einsicht in die Gefahr für deine Seele] sollst du sterben, in der Hölle Qualen erleiden."
[222] Bokenham, V. 626-30.

Thought he wolde beon hir Chaumpyoun,
For lyff nor deeth frome hir not to depart
But in hir quarell his body to Iupart.   *riskieren*
(Lydgate, 96-98)

Alexander Barclays St. Georg riskiert schon in der Drachenkampfepisode sein Leben, doch weniger aus spirituellen Gründen als vielmehr als Teil seines „Standesethos". Der christliche Ritter setzt sein Leben aufs Spiel, um für die Wahrheit („trouth") zu kämpfen und dem Recht („ryght") Geltung zu verschaffen. Sterben müsse er ohnehin früher oder später:

For trouth to contende it semeth my degre. (...)   *ziemt sich für*
I wyll thou knowe no thynge shall tourne my mynde
From this byleue though I shulde deth indure
Deth Is laste ende of euery creature
The noblest dede that longyth to a knyght
Is for to dye to fortyfye the ryght.
(Barclay, 1779 und 1788-92)

Beim Märtyrertod des Hl. Thomas à Becket, Erzbischof von Canterbury, spielt ein weltliches, nämlich kirchenpolitisches Motiv eine zentrale Rolle. Thomas tritt wenn nötig mit seinem Leben für die Rechte der Kirche ein. Er will sich unter keinen Umständen der weltlichen Macht, dies ist Heinrich II. von England, beugen, selbst wenn er dabei zu Tode kommen sollte: „I thonke oure lorde Ihesu and am right glad to dye for the right of holy Churche."[223] Auch in der Version von Laurentius Wade (1497) weist Thomas auf den politischen Hintergrund seines Martyriums hin. Die vier von Heinrich gesandten Ritter können ihn mit ihren Drohungen nicht beeindrucken, er blickt seinem Tod mit derselben Gelassenheit, gar Freude entgegen wie die Märtyrer der frühen Christenverfolgungen:

'Thowe here shalt dye and no lenger in this life bee.'   *du*
Oure Thomas tho answered: 'fulle glade I ame off that,
In the ryghte off the church ande to kepe hitt in libertee.'[224]

In der Version des *Speculum Sacerdotale* schließlich wird Thomas' Standhaftigkeit in dem Machtkampf mit Heinrich in Zusammenhang mit dem spirituellen Aspekt seines Opfertodes gebracht, der Hingabe für den Glauben. Die Darstellung will den Eindruck erwecken, bei den beiden Motiven handle es sich um

---

[223] *Gilte Legende, Supplementary Lives*, Z. 845-7. Thomas betont seine Entschlossenheit mehrere Male, so auch Z. 888/9, 922-4 und 1046/7.
[224] Laurentius Wade, *Thomas Beket*, V. 1962-64.

zwei Seiten derselben Sache: „I am redy to die for Crist and his riʒtwisnes and fredome of holy chirche."[225]

2.6.7 Die Macht über Leben und Tod

Die Antagonisten der Märtyrer sind Herrscherfiguren, Könige, römische Statthalter oder Kaiser. Sie üben Macht über Leben und Tod ihrer Untertanen aus. Im Zentrum jeder Legende steht eine verbale Auseinandersetzung zwischen dem Heiligen und seinem Antagonisten über den Wahrheitsgehalt der christlichen Botschaft. Die Christenverfolger verwenden dabei ihre Macht als Druckmittel. Sie sind im Recht, so argumentieren die Feinde des Christentums, weil sie ihrem Standpunkt gewaltsam, wenn nötig durch Folter und Hinrichtung, Geltung verschaffen können. Die Märtyrer halten den Christenverfolgern aber gerade eben die Beschränktheit jener Macht vor Augen. Weltliche Herrscher haben nur Macht über den Körper, nicht über die menschliche Seele. Bokenhams Cäcilia weist den Anspruch ihres Widersachers Almachus, Herr über Tod *und Leben* zu sein, entschieden zurück:

> Quod Almache ageyn: 'knowyst not, wrecche,
> Hou þat my power doth astrecche,
> By commyssyoun of oure prynce myhty,
> To quekyn or sleen? (…)
> [Cäcilia:] Sle many þou mayest, but quekyn noon. *wieder lebendig machen*
> Sey þan þus, yf þou wylt not lye,
> Mynystyr of deth of your polycye *Herrschaftsbereich*
> The pryncys the han maad, & no more;
> (Bokenham, 8155-8 und 8172-5)

Almachus ist ein Diener des Todes, nicht Herrscher über Leben und Tod, so wie er sich gerne sieht. Der Tod, den er austeilen kann, ist nur von kurzer Dauer. Sein eigener Tod hingegen, so die Cäcilia des *Early South English Legendary*, wird endgültig sein:

> 'Certes', quaþ þe mayde þo, 'þou lixt þer-of wel heye: *lügst*
> a wreche caroyne þou myʒth ʒiue, ʒdeþ þat wel schort is, *Leiche*
> Ak of lyf ne myʒtte no-þing ʒiue þi-selue nat, i-wis.
> Seþe þou myʒth ʒiue deþ ʒ no lif, me þinkþ be pur ryʒtte *da*

---

[225] *Speculum Sacerdotale*, S. 15, Z. 4/5.

Þat þou art deþes seriant, for of lif hasto no myȝtte.   *Diener des Todes*
ffor whan þou deþes sergeant art, deþ þi loured is,   *Herr*
ȝin deþ wiþ-outen ende þou wilt be, I-wis.'
(ESEL, 200-6)

2.6.8 Leben und Sterben des Hl. Alexius

Alexius ist nicht nur was seinen Tod betrifft ein hagiographischer Sonderfall. Der Stoff ist im Mittelalter äußerst beliebt, sieben Versionen seiner Vita sind allein aus mittelenglischer Zeit überliefert.[226] Alexius ist *kein* Märtyrer, er stirbt friedlich, einsam und allein, unerkannt, ohne zu triumphieren, eines „natürlichen" Todes nach 34 Jahren zermürbender Abstinenz. Tatsächlich gleicht sein Leben von seinem Entschluss an, seine Familie zu verlassen, einem in die Länge gezogenen Sterbeprozess. Sein Tod ist der Höhepunkt der Legende, inhaltlich sowie erzähltechnisch das zentrale Ereignis,[227] kein Endpunkt wie in den Märtyrerlegenden, sondern ein Wendepunkt in der Wahrnehmung des Außenseiters durch sein Umfeld, der Beginn seiner Heiligkeit. Das Leben des Alexius weicht vom Standardschema mittelenglischer Hagiographie merklich ab. Dieser Heilige predigt nicht, er schart keine Anhänger um sich, demonstriert nicht seinen Glauben, vollbringt keine Wunder, vermeidet vielmehr jegliche öffentliche Aufmerksamkeit, zieht sich aber auch nicht in die Einsamkeit zurück, sondern lebt unauffällig als Bettler unter den Menschen. In Alexius' Leben passiert seltsamerweise nichts. Was macht ihn dann zum Heiligen?

Das Schlüsselereignis im Leben des Alexius ist die Hochzeitsnacht, in der er sich zum Ideal der Askese bekennt und seine Braut jungfräulich im Haus seiner Eltern zurücklässt. Bis zu diesem Punkt ähnelt die Vita des Alexius noch derjenigen anderer Heiliger. Wie die Hl. Katharina stammt er aus einem angesehenen Haus, wie sie ist er alleiniger Erbe, gebildet und angesehen. Er ist in jeder Hinsicht privilegiert und nichts läge näher, als dass er sich seiner idealisierten Lebenschancen erfreut. Doch Alexius liebt Gott mehr als alles, was die Welt ihm bieten kann. Zwischenmenschliche Beziehungen haben für ihn gemessen an seiner Gottesbeziehung nur einen geringen Wert. Alexius sieht sich an der Schwelle zum Erwachsenwerden gezwungen, sich für eine von zwei grund-

---

[226] Sechs mittelenglische Versionen und die Version der schottischen Legendensammlung.
[227] Der Autor der besten aller mittelalterlichen Versionen der Alexiuslegende, der altfranzösischen aus dem 11. Jahrhundert, legt den Tod des Alexius exakt in die Mitte seiner 625 Verse. Die Struktur dieser Version fußt auf mittelalterlicher Zahlensymbolik. Siehe dazu Ernst R. Curtius, „Zur Interpretation des Alexiusliedes", *Zeitschrift für romanische Philologie* 56 (1936), S. 113-37.

verschiedenen Lebensweisen zu entscheiden: ein privilegiertes Leben in weltlichem Glück oder ein asketisches Leben in vollkommener Hingabe an Gott. Christenverfolgungen hätten Alexius eine willkommene Gelegenheit geboten, seine Glaubensfestigkeit unter Beweis zu stellen. Doch seine Vita fällt in eine Zeit, in der sich das Christentum in Rom bereits etabliert hat. Alexius' Liebe zu Gott wird auf eine viel härtere Probe gestellt: Er soll heiraten, und zwar nicht irgend jemand, sondern ein ausnehmend schönes Mädchen aus der kaiserlichen Familie. Die Zeremonie lässt er gehorsam über sich ergehen, doch in der Hochzeitsnacht tut er etwas Unerwartetes: Der Vollzug der Ehe würde seine Gottesbeziehung beeinträchtigen, deshalb verabschiedet er sich von seiner Braut, ermahnt sie zur Frömmigkeit, lässt sie jungfräulich zurück und macht sich davon.

Das Glaubensideal eines Hl. Alexius stößt beim modernen Leser auf Ablehnung, da sein heiliger Lebenswandel kein Heil, sondern fast ausschließlich Unheil bewirkt. Seine Braut lässt er im Stich; sie kann sich nicht einmal mehr nach einem anderen Mann umsehen, da sie seit der Hochzeit an Alexius gebunden ist. Seine Eltern, Eufemian und Agloes, sind über den Verlust ihres einzigen Sohnes und Erben verzweifelt. Auch in Edessa, der Stadt in Syrien, wo Alexius wieder auftaucht, bewirkt der Asket nicht viel Gutes. Zwar verschenkt er sein Geld und seine Kleider, doch tut er dies weniger aus Nächstenliebe, sondern um sich von der Last irdischen Besitzes zu befreien. In der fremden Stadt sitzt er siebzehn Jahre lang müßig herum, bettelt und macht sich zum Gespött der Leute. Den Boten, die seine Familie nach ihm ausgesandt hat, gibt er sich nicht zu erkennen. Als ein Bildnis der Jungfrau auf den unscheinbaren Bettler aufmerksam macht und ihm öffentliches Aufsehen droht, sucht er wiederum demutsvoll das Weite. Die göttliche Vorsehung verschlägt ihn diesmal zurück in seine Heimatstadt. Dort findet er ausgerechnet im Treppenhaus seines Vaters Unterschlupf, bleibt unerkannt, sitzt den Bediensteten im Weg herum, bettelt, macht sich wieder zum Gespött und beobachtet siebzehn Jahre lang den täglichen Kummer seiner Eltern und seiner Braut aus nächster Nähe. Ansonsten passiert nichts.

Das nächste Ereignis ist sein Tod. Dieser wird zum Höhe- und Wendepunkt der Legende. Er stirbt einsam und unerkannt, hinterlässt jedoch auf einem Pergament seinen Lebensbericht. Im Moment seines Todes macht eine göttliche Stimme über Rom auf ihn aufmerksam. Der Papst, beide Kaiser und eine Menschenmenge strömen zum Haus des Eufemian, wo das Pergament gefunden, gelesen und Alexius' Identität enthüllt wird. Der nichtsnutzige Bettler wird posthum zum Objekt der Verehrung einer ganzen Stadt. Der tote Asket wird auf einmal ganz anders wahrgenommen als der lebende:

Eufamyane þane to þe sted	*Ort*
Quhare he wes þane, ȝed, & fand hyme ded,	*ging*
& saw his face brycht & clere	

As he of hewine ane angel were;   *als ob; Gesichtsfarbe*
                  (ScL, 375-8)

Die Reaktionen der Familie des Alexius und der Öffentlichkeit auf den Tod des Heiligen, bzw. auf die Entdeckung der Identität des Bettlers, stehen in deutlichem Kontrast. Der Triumph des Alexius hat so grundlegend verschiedene Auswirkungen auf die Hinterbliebenen, dass die spirituelle Botschaft der Legende zweideutig wird: Wie kann ein heiliges Leben gut sein, wenn es so viel Leid verursacht? Wie kann Gott die Christen Roms angesichts des Leids der Familie des Eufemian jubilieren lassen? Alexius' Vater hält seinem Sohne die 34 Jahre zermürbender Ungewissheit vor und bricht über der Leiche in Trauer aus:

Þu has distrybulyt me but were,   *zweifelsohne*
Swet sone, þis foure & threty ȝere;
Bot endlas sorow now haf I
Ded þus to se þe ly!   *liegen*
                  (ScL, 421-24)

Die Version der Hs Laud 622 (Bodleian Library) vermittelt einen lebhaften Eindruck von der Verzweiflung des Vaters:

He fel in swowenyng.   *in Ohnmacht*
On his owen son þat was,
His cry was euere, 'allas! allas!
deþ! why nyltou me stynge?
Allas! sorouȝ! what is þi red?   *Rat*
þou hast me brought vnto my ded,
Myne herte wil to-sprynge.'[228]

Auch Alexius' Mutter macht ihrem Sohn bittere Vorwürfe. Er habe vor lauter Heiligkeit nur an sich selbst gedacht. Mit ihr habe er kein Mitleid gehabt. Ihr Lebenswille ist gebrochen:

Quhy did þu þis, my sone dere,
Þat of myne ene suld be þe lycht?   *Augen*
Ful butlas bale þu has me dycht,   *sinnloses Leid; bereitet*
Hafand, sone, na pyte   *ne. having*
Of þe dyses & thocht of þe   *Unbehagen*
In wonder wa & panys sere   *tiefen Wunden*

---

[228] Hs Laud 622, hg. v. F.J. Furnivall, *The Life of St. Alexius*, EETS OS 69 (1878), V. 1014-20.

Now al þire foure & threty ʒere.
(ScL, 458-64).

Auch Alexius' Braut stimmt in die Klagen mit ein. Sie hält sich für die unglück-
lichste Braut der Welt:

Al my welþe is fro me went,
No woman is in swiche tourment
In lengþe ne in brede.
(Laud 622, 1075-77)

Von den dreien ist sie diejenige, die Alexius am aufrichtigsten geliebt hat. Sie
macht ihm keine Vorwürfe, sie sehnt sich allein nach ihrem einstigen Bräutigam:

Al þis werlde, & it myne were,   & [zu lesen:] *and* = *wenn*
I wolde ʒiue it fer an nere,   *für eine Ähre*
To seen his fairehede.
(Laud 622, 1078-80)

Der Papst, die zwei Kaiser und die Volksmenge reagieren grundlegend anders
auf die Entdeckung des Alexius. Sie erweisen dem Glaubenszeugen (*confessoure*) ihre Ehre:

Þapostoile & þe clergie,   *der Papst*
þemperoures & her chiualerie,   *Gefolge*
Token þat confessoure,   *Bekenner*, [d.h.] *Glaubenszeugen*
And leiden on a bere riʒth;   *legten*
ffair & wel hij habbeþ hym diʒth,   *aufgebahrt*
wiþ menske & honoure;   *ehrenvoll*
(Laud 622, 1093-98)

Der Jubel in Rom ist groß. Die Stadt hat nun einen Heiligen, einen Fürsprecher
bei Gott. Der Leichnam bewirkt Wunderheilungen unter den Tauben, Stummen,
Hinkenden und Blinden der Stadt. Der Andrang auf die Reliquie ist so groß,
dass die Kaiser Gold und Silber auf die Straße werfen lassen, um die Menschenmenge zu zerstreuen und einen Weg zur Kirche des Hl. Bonifaz bahnen zu
können. Diese Taktik hat jedoch wenig Erfolg; das sonst so habgierige Volk
lässt das Edelmetall unbeachtet liegen und drängt sich weiter um den Leichnam
des ehemaligen Bettlers. In der Kirche findet Alexius schließlich seine letzte
Ruhestätte.

Welche der beiden Reaktionen ist nun die richtige? Wie lässt es sich erklären, dass Alexius seine Familie ins Unglück stürzen muss, um Rom in fromme Aufwallung zu versetzen? Handelt es sich bei der Heiligkeit des Alexius nicht vielmehr um frommen Egoismus („In heuyn ther fore þou hast mede"[229])? Der Papst, die zwei Kaiser und das römische Volk können mit ihrer Wertschätzung des Heiligen jedoch kaum im Unrecht sein. Die göttliche Stimme und die Wunderheilungen legitimieren den Lebenswandel des Alexius zweifelsfrei, wir erfahren außerdem, dass seine Seele augenblicklich in den Himmel aufgenommen wird. Ferner bekommen auch die momentan noch verzweifelten Familienmitglieder noch ihren Anteil ab von der Heiligkeit ihres Sohnes bzw. Gatten. Alle drei leben von nun an ein „heiliges Leben" und werden nach ihrem Tod in den Himmel aufgenommen.[230] Ihre Trauer bei der Identifizierung des Leichnams ist menschlich und verständlich und unterstreicht die Größe des Opfers, welches Alexius bringen musste, um seine Rolle als Heiliger bis zu seinem einsamen Tod zu Ende zu spielen. Eben die Tatsache, dass die Beziehungen innerhalb dieser Familie so liebevoll waren, dass das Leid der Eltern und der Gattin so groß ist, lässt die spirituellen Werte, für die Alexius all dies aufgegeben hat, in vollem Glanz erstrahlen. Das Himmelreich, so die Botschaft des Alexiusliedes, ist so kostbar, dass selbst so widernatürliche Opfer wie die des Alexius gerechtfertigt sind, um es zu erlangen.

2.6.9 Abschließende Bemerkungen zur Hagiographie

Die Heiligen der mittelenglischen Hagiographie erscheinen schon bei ihrem ersten Auftritt trotz ihrer Jugend als vollkommene Persönlichkeiten. Ihr Martyrium durchleben sie, um ihre Heiligkeit unter Beweis zu stellen und um ihrer Umgebung als Vorbild zu dienen. Das Fehlen von inneren Konflikten, von Reifungsprozessen oder menschlichen Schwächen fällt auf, so will z.B. Margarete schon vor ihrer ersten Begegnung mit Olibrius den Hl. Stephanus nachahmen und einen Märtyrertod sterben.[231] Den Hl. Georg erleben wir im ersten Teil der Legende als Drachentöter, im zweiten Teil als Märtyrer, doch erscheint er in beiden Teilen als derselbe Heilige, der sich nur der Situation entsprechend anders verhält. Auf die Bedrohung durch den Drachen reagiert er kämpferisch, der Abfall eingeschüchterter Christen von ihrem Glauben hingegen lässt ihn vor die Christenverfolger treten, um der Gemeinde ein Vorbild an Standhaftigkeit zu sein. Auch Cäcilia und Katharina sind bei ihrem ersten Auftritt schon durch und durch Heilige. Sie erwecken den Eindruck statischer Persönlichkeiten, was sie

---

[229] Hs Cotton, hg. v. F.J. Furnivall, *The Life of St. Alexius*, EETS OS 69 (1878), V. 349.
[230] Laud 622, V. 1135-40.
[231] SEL, V. 9-12.

„entmenschlicht" und schon zu Lebzeiten in die Nähe Gottes rückt. Allein Nebenfiguren machen Entwicklungen durch: Die Bösewichte verrohen schrittweise, sie wandeln sich vom verbalen Gegenspieler des oder der Heiligen zum blinden Wüterich, etwa der Kaiser von Alexandria, der zuletzt gar seine eigene Frau foltert und ermordet.

Heilige sehen das Leben auf Erden als ein Durchgangsstadium, als Zeit der Prüfung und Bewährung für das Himmelreich. Allzu gerne tauschen sie ihr irdisches Leben gegen die himmlische Glückseligkeit ein. Sie vertrauen dabei blind auf Christi Versprechen, dass denjenigen, die für ihn sterben, ein Platz im Himmel zusteht. Der radikalste Heilige ist Alexius, da er ohne jedwede äußere Notwendigkeit sein irdisches Glück zerstört, allein um sich durch die Größe seines Opfers einen Ehrenplatz im Himmel zu reservieren. Heilige identifizieren sich mit ihrer Seele, ihren Körper betrachten sie als Hindernis auf dem Weg zu Gott, als ihre schwache Seite, die durch Folter erpresst werden kann. Der Tod, der Moment der Trennung von Körper und Seele, öffnet ihnen das Tor zum Himmel, beendet das irdische Leid und bringt den Märtyrern das ersehnte Ende ihrer Qualen. Die Antagonisten und ihre Gehilfen hingegen fahren im Tod zur Hölle. Die Freunde und Anhänger der Märtyrer klagen bei deren Hinrichtung, diese selbst sehen dem Ereignis in freudiger Erwartung entgegen und fordern die Umstehenden auf, ihren Optimismus zu teilen. Frisch bekehrte Märtyrer, etwa die fünfzig Weisen in Alexandria oder die Gattinnen wütender Christenverfolger, trauen der neuen Religion noch nicht ganz und sind besorgt, ob das Opfer ungetaufter Märtyrer auch volle Anerkennung im Himmel erfahren wird. Der oder die Heilige kann sie aber in diesem Punkt beruhigen. Für Gott zählt letztlich allein das Bekenntnis zum Glauben, nicht die förmliche Taufe. Der Tod hat für den Heiligen nichts Erschreckendes an sich, ganz im Gegensatz zu der in zeitgenössischer Lyrik propagierten Todesfurcht. Der Tod wird in der Hagiographie auch nie personifiziert, er wird *ex negativo* wahrgenommen, als Ende des irdischen Lebens. Da sich Heilige nach Gott sehnen und sich ihrer Aufnahme in den Himmel sicher sind, wird für sie das Ende des Lebens ein Grund zur Freude. Selbst die Folter kann ihrer Zuversicht nichts anhaben. Die Haltung der Heiligen zum Tod unterscheidet sich somit grundlegend von derjenigen, die sich der mittelenglischen Lyrik entnehmen lässt.

2.7 Tod, Jenseits und Erlösung in *St. Erkenwald* und *Lazarus*

Das alliterierende Gedicht *St. Erkenwald*[232] und *Lazarus*, eine Episode aus dem Towneley-Zyklus mittelenglischer Mysterienspiele,[233] durchkreuzen beide die von der jeweiligen literarischen Gattung erweckten Erwartungen. *St. Erkenwald* bietet nicht den üblichen hagiographischen Lebensbericht, sondern konzentriert sich auf ein bedeutsames Ereignis aus dem Leben des Heiligen. Die Episode der Wiedererweckung des Lazarus fasst das dramatische Geschehen äußerst knapp zugunsten eines ausführlichen Berichtes des Erstandenen vom Schrecken des Todes und den Qualen der Hölle. Vergleichbar sind die beiden Texte mit Blick auf ihre Thematik: In *Erkenwald* sowie in *Lazarus* wird ein Toter ins Leben zurückgerufen und befriedigt die Neugier der Umstehenden mit seinen Eindrücken aus dem Jenseits. St. Erkenwald spielt quasi als Stellvertreter Christi die Rolle des Erlösers. Doch die spirituelle Macht des Heiligen ist im Vergleich zu der des menschgewordenen Gottes stark beschränkt. Erkenwald kann das Sakrament der Taufe spenden, doch allein Gott kann Tote ins Leben zurückrufen oder eine Menschenseele retten. Die beiden Texte treffen unterschiedliche theologische Aussagen: Erkenwalds Schützling stirbt erneut, seine Seele wird von Gott in den Himmel aufgenommen und allgemeiner Jubel bricht aus. Lazarus wird zwar aus einem düsteren Jenseits wieder zurück ins Leben gerufen, leidet jedoch fortan an seiner traumatischen Jenseitserfahrung, deren Bericht seine Hörer alles andere als zuversichtlich stimmen kann.

Zunächst zu *St. Erkenwald*: Das alliterierende Gedicht, entstanden um 1400, berichtet in 352 Versen von einem bedeutsamen Ereignis aus dem Leben des vierten Bischofs (675-93) von London.[234] Bei Umbauten in der St. Pauls-Kathedrale wird das Grab eines Unbekannten entdeckt, eines Herrschers, so lassen seine kostbare Kleidung, Zepter und Krone schließen. Wie lange der Leichnam hier schon gelegen haben mag, kann niemand sagen, es existieren in der Bibliothek der Kathedrale keinerlei Aufzeichnungen über ihn. Er stammt wohl aus alter Zeit, vor der Christianisierung Britanniens. Das Merkwürdige an diesem Leichnam ist, dass er unverwest geblieben ist. Es findet sich keine Spur des Zerfalls, nicht einmal seine Kleidung ist im Lauf der Jahrhunderte gealtert:

Als wemles were his wedes, withouten any tecche,	*makellos; Fleck*
Oþer of moulynge, oþer of motes, oþir moght-frete,	*von Motten zerfressen*
And als bryʒt of hor blee in blysnande hewes,	*leuchtend*
As þai hade ʒepely in þat ʒorde bene ʒisturday shapen;	*kürzlich*

---

[232] Ausgaben: Henry L. Savage, *St. Erkenwald: A Middle English Poem*, Yale 1972, Nachdruck der Ausgabe von 1926 (Diss. von 1924) und Ruth Morse, *St. Erkenwald*, Cambridge 1975.

[233] *The Towneley Plays*, hg. v. Martin Stevens und A.C. Cawley, EETS SS 13 und 14 (1994).

[234] Was die Historizität Erkenwalds betrifft, müssen wir uns auf Bedes *Historia Ecclesiastica Gentis Anglorum* von 731 verlassen. Siehe Morse, „Introduction", S. 13.

And als freshe hym þe face and the fleshe nakyde,
Bi his eres and bi his hondes þat openly shewid
With ronke rode as þe rose, and two rede lippes,
As he in sounde sodanly were slippide opon slepe.   *Gesundheit*
(85-92)

Bischof Erkenwald wird herbeigeholt, um das Rätsel des wundersamen Leichnams zu lösen. Nach einer Nacht des Gebetes wendet er sich an den Toten und fordert ihn auf, seine Identität preiszugeben. Kraft der spirituellen Autorität des Heiligen erwacht der Tote zu neuem Leben und antwortet auf die Fragen Erkenwalds. Er war vor langer Zeit, vor Christi Tod und Auferstehung, ein hoher Richter in dieser Stadt. Er hielt sich bei der Ausübung seines Amtes stets an Recht und Gesetz („riȝt"), also an das, was er intuitiv, ohne die Heilige Schrift zu kennen, für Wahrheit („trouthe") hielt. Zu Lebzeiten stand er bei der Bevölkerung Londons in hohem Ansehen und wurde deshalb ehrenvoll beigesetzt. Gott, der Gerechte und Wahrhafte, hat seinen Körper in Anerkennung seiner Rechtschaffenheit vor der Verwesung bewahrt:

Bot þe riche Kynge of reson, þat riȝt ever alowes,   *Recht-*
                                                            schaffenheit
And loves al þe lawes lely þat longen to trouthe;   *treu*
And moste he menskes men for mynnynge of riȝtes,   *Achtung des Rechtes*
Þen for al þe meritorie medes þat men on molde usen;   *auf Erden*
And if renkes for riȝt þus me arrayed has,   *die Menschen*
He has lant me to last þat lover ryȝt best.   *unversehrt zu bleiben*
(267-72)

Zu seinem Unglück starb er jedoch ungetauft, vor dem Erlösungswerk Christi. Seiner Seele wurde der Zutritt zum Paradies verwehrt. Sie verharrt im Limbus, der Vorstufe zur Hölle. Beim Triumphzug durch die Hölle, dem in den Mysterienspielen zelebrierten „Harrowing of Hell", ließ Christus die Seele des Richters unbeachtet. Dort harrt sie nach wie vor und büßt für Adams Ungehorsam. Der Unerlöste hat demnach auch nur einen Wunsch: die Taufe zu empfangen und dadurch erlöst zu werden. Dieser wird ihm auch ohne zu zögern gewährt. In einer rührenden Taufszene ersetzen die Tränen Erkenwalds das Weihwasser. Das Sakrament zeigt unmittelbar Wirkung: Mit der ersten Träne des Bischofs, die auf das Gesicht des Richters tropft, springt dessen Seele in den Himmel:

Þe fyrst slent þat on me slode slekkyd al my tene;[235]
Ryȝt now to soper my soule is sette at þe table.

(331/32)

Der Richter ist erlöst, doch es folgt ein weiteres wundersames Ereignis. Sein Körper verfärbt sich und zerfällt, die Jahrhunderte lang suspendierte Verwesung vollzieht sich nun vor den Augen der Gemeinde in Sekundenschnelle:

For as sone as þe soule was sesyd in blisse,
Corrupt was þat oþer crafte þat covert þe bones;[236]
For þe ay-lastande life, þat lethe shalle never,   *enden*
Devoydes uche a vayneglorie, þat vayles so litelle.   *vertreibt*

(345-48)

Der Richter, so könnte man die Ereignisse deuten, stirbt zweimal, bzw. in zwei Etappen. Der erste, „eigentliche" Tod bewirkt die Trennung von Seele und Körper und damit das Ende des irdischen Lebens. Doch das Ziel des Todes nach christlichem Verständnis hatte der Richter noch nicht erreicht, nämlich die Aufnahme seiner Seele in den Himmel. Diese und sein Körper verweilen über mehrere Jahrhunderte in einem als leidvoll empfundenen Moratorium, einem Stadium zwischen Tod und Erlösung. Erst durch den Rückruf ins Leben dank Erkenwald und durch die Taufe wird dieser Zustand beendet und der Richter stirbt ein zweites Mal, diesmal endgültig. Seine Seele wird nun erlöst und sein Körper zerfällt. Auffallend an dem Zwischenstadium ist, dass Körper und Seele zwar durch den ersten Tod voneinander getrennt werden, doch beide in einem Stadium der Nichterfüllung, in einem „Un-Stadium" verharren: die Seele bleibt *un*erlöst, der Körper *un*verwest. Die beiden Schwebezustände scheinen sich gegenseitig zu bedingen, deshalb „reagiert" der Körper auch in Sekundenschnelle auf die Erlösung der Seele mit Verwesung. Angesichts der himmlischen Glückseligkeit verliert der irdische Körper an Bedeutung.

Eine spiegelbildlich entgegengesetzte Entwicklung der beiden menschlichen Existenzformen (Körper und Seele) nach dem Tod ist der Normalfall, vorausgesetzt natürlich, der Sterbende hatte einen im Sinn der *Ars-moriendi*-Literatur „guten Tod" und kann auf ein gottgefälliges Leben zurückblicken. Seele und Körper werden im Moment des Todes gespalten. Der im christlichen Mittelalter als lasterhaft und diesseitsverbunden gescholtene Körper sinkt zu seinem Ursprung, zur Erde herab, die Seele, befreit von den Fesseln des Körpers, steigt zu Gott auf. Dieses Schema einer spiegelbildlichen Entwicklung wird im Falle des Todes des heidnischen Richters beibehalten: Während des Moratoriums blockiert der unerlöste Zustand der rechtschaffenen Seele den

---

[235] „Der erste Tropfen, der auf mich fiel, hat all meinen Kummer hinweggewischt."
[236] „(...) das andere Element, das die Knochen bedeckt" – gemeint ist das Fleisch.

Zerfall des Körpers, der Aufstieg der Seele zu Gott bewirkt hingegen dessen Abstieg, d.h. Verwesung.

Wie werden nun die jeweiligen Zustände und Prozesse vom Sterbenden empfunden? Die hoffnungsvolle Sicht des Todes als Befreiungsschlag für die zu Gott strebende Seele ist dem Mittelalter nicht unbekannt, man denke nur an die Lyrik der deutschen Mystiker oder an das mittelenglische Gedicht „Death the Soul's Friend" (siehe 2.1). Beim Gros der mittelenglischen Todeslyrik steht die Hoffnung auf Erlösung zwar nicht im Vordergrund, betont werden vor allem die negativen Aspekte menschlichen Sterbens, doch stellt die mittelalterliche Glaubenslehre dem Menschen angesichts des Todes prinzipiell ewiges Leben, die Aufnahme seiner Seele ins Paradies und die Vereinigung mit Gott in Aussicht. *St. Erkenwald* offeriert eben jene hoffnungsvolle Sicht des Todes, nur muss der heidnische Richter vor seiner Erlösung Jahrhunderte lang in einem leidvollen Moratorium verharren. Wie Christus so unachtsam sein konnte, dessen Seele beim Triumphzug durch die Hölle zu übersehen, verschweigt das Gedicht. Die Botschaft von *St. Erkenwald* leidet eben darunter, dass uns das Gedicht keinen Grund nennen kann, weshalb der Richter so lange unverdient leiden musste. Verfehlungen zu Lebzeiten können ihm, soweit uns das Gedicht informiert, nicht vorgehalten werden. Der Richter wird aber dank Erkenwalds Bemühungen durch einen zweiten Tod, bzw. eine zweite Phase in seinem Sterbeprozess letztlich doch erlöst. Dieses Ereignis lässt den Richter frohlocken und die Londoner Gemeinde zum Klang der Glocken den Lobpreis des Herrn singen (Verse 350-52). Der Tod des Richters wird somit zum Anlass allgemeiner Freude. Das Gedicht propagiert, soweit steht fest, eine positive Haltung zum Tod, verweist auf Christi Erlösungswerk und macht den Gläubigen Hoffnung.

Im Vergleich mit der Szene der Erweckung des Lazarus aus dem Towneley-Zyklus gewinnt die theologische Aussage von *St. Erkenwald* an Kontur. Ziel der Erweckung des Lazarus von den Toten ist die Wiederherstellung des Status quo, die Wiedervereinigung der Familie. Die Erfahrung des Todes und des jenseitigen Lebens ist für Lazarus jedoch traumatisch. Ziel der Bemühungen Erkenwalds war, wir erinnern uns, eben nicht die Wiedererweckung des Richters zum Leben - was hätte dieser auch in Erkenwalds London verloren - sondern dessen endgültiger Tod. Um Lazarus wird getrauert, an den Richter erinnert sich nicht einmal die Bibliothek der St. Pauls-Kathedrale. Lazarus verwest vor seiner Wiederkehr ins Leben, der Richter danach.

Der Monolog des Lazarus, in dem dieser seine Erfahrungen im Tod und im Jenseits beschreibt, nimmt gut die Hälfte der Szene ein (Verse 103-216). Lazarus' Botschaft aus dem Jenseits bestätigt im Grunde die Sicht des Todes der mittelenglischen Lyrik: Die Allmacht des Todes wird unter Verwendung konventioneller alliterierender Phrasen („styf on stede", „dughty in his dede", „wight in wede") betont (111-18). Der menschliche Körper wird, so warnt Lazarus, zum Fraß für Würmer (119-22). Der Mensch kehrt im Tod zur Erde zurück, sein Dach liegt auf seiner Nase (135-36). Dein Fleisch, so Lazarus an sein Publikum, wird verrotten, du wirst stinken, Würmer werden in dir ihre Brut großziehen, Kröten deine Augen auspicken (141-54). Nichts von deinem Besitz kannst du mitnehmen, dir bleibt allein das Leichentuch (155/56). Deine Freunde und Angehörigen werden dich rasch vergessen (157-64). Es mutet seltsam an, dass diese Warnung ausgerechnet aus dem Munde des Lazarus kommt, wird doch gerade er von seinen Schwestern und von Christus so aufrichtig betrauert. Lazarus warnt seine Zuhörer dann eindringlich vor der Vergänglichkeit des Lebens und dem Jüngsten Gericht und ermahnt zur Besserung (174-89) – was ebenfalls unpassend erscheint, wurde Lazarus doch soeben dank der übergroßen Liebe des menschgewordenen Gottes aus dem Reich des Todes geholt, nicht, da sein Rechenschaftsbericht vor dem Jüngsten Gericht standhalten konnte.

In *Lazarus* siegt das Leben über den Tod, doch paradoxerweise hinterlässt die Szene vielmehr den Eindruck der Macht und des Schreckens des Todes. In *St. Erkenwald* geschieht genau das Gegenteil: Im Tod erlangt ein gottesfürchtiger Mensch ewiges Leben. In *Lazarus* kommt ein Mensch unverdient in den Genuss göttlicher Gnade - und jammert über sein Schicksal. In *St. Erkenwald* muss ein rechtschaffener Mensch Jahrhunderte lang unverdient leiden – und frohlockt, zu guter Letzt. Die Szene der Erweckung des Lazarus, so könnte man die Ungereimtheiten deuten, wurde der dominanten pessimistischen Sicht des Todes der spätmittelalterlichen Epoche angepasst. Die vom Evangelisten intendierte frohe Botschaft vom Sieg des Lebens über den Tod und von der unermesslichen Liebe Gottes zu den Menschen wird im mittelenglischen Mysterienspiel mit zeitgenössischer Todesfurcht überdeckt.

In *St. Erkenwald* wird im Rahmen der theologischen Diskussion um den Stellenwert der Taufe und die Aufnahme rechtschaffener Heiden in den Himmel die Gnade Gottes betont. Die mittelalterliche Theologie war sich des Problems der unerlösten „guten" Heiden bewusst: der „gerechte" römische Kaiser Trajan galt hierfür als Musterbeispiel. Eine Legende berichtet, dass der Hl. Gregor beim Anblick der Trajanssäule Mitleid mit dem gerechten, doch unerlösten Kaiser empfand.[237] In einer anderen Version tut sich das Grab Trajans auf und die Zunge des Kaisers spricht zu Gregor. Gott lässt sich durch Gregors Fürsprache gnädig stimmen und befreit den heidnischen Kaiser aus der Hölle. Diese Legende wurde vom *Erkenwald*-Autor auf britischen Boden verpflanzt. Das theologische Problem ist somit die Frage, ob ein Ungetaufter in den Himmel kommen kann. Wird dadurch nicht der Glaube an die Taufe als unabdingbare Voraussetzung für die Erlösung unterminiert? Kann Gott aus Gnade seinen eigenen Gesetzen zuwider handeln kann oder nicht? Der *Erkenwald*-Autor beantwortet diese Frage prinzipiell mit ja. Gottes Gnade, so demonstriert die Aufnahme des Richters in den Himmel, ist oberstes Prinzip, doch vermeidet Gott, dem Wortlaut seiner Gebote zuwider zu handeln. Die Erlösung des Menschen ist letztlich

---

[237] Siehe Morse, „Introduction", S. 17.

immer ein Geschenk Gottes, der aus welchen Gründen auch immer dem Menschen seine Gnade zukommen lassen oder verwehren kann. Um es sich mit der Gegenpartei, der Fraktion von Theologen, die von der Unabdingbarkeit der Taufe ausgehen, nicht zu verscherzen,[238] setzt der *Erkenwald*-Autor unsere Wundergläubigkeit gewaltigen Belastungen aus. Damit der Heide erlöst werden kann, aber nicht als Ungetaufter die Himmelspforte durchschreitet, müssen wir der Wiedererweckung eines seit Jahrhunderten im Grab ruhenden Mannes Glauben schenken. Um eine solch außergewöhnliche spirituelle Leistung zu vollbringen bedarf es freilich eines Heiligen, Gregors oder Erkenwalds. Selbst dieser muss sich vor solch einer Tat erst in einer Nacht des Gebetes stärken. All dies betont den Ausnahmecharakter der Episode. Gott kann, so die Botschaft des Gedichtes, in besonderen Fällen den natürlichen Lauf der Welt manipulieren, damit rechtschaffenen Nichtchristen Gnade zuteil wird - ohne dabei gegen den Grundsatz von der Unabdingbarkeit der Taufe zu verstoßen. Das Gedicht preist Gott für diesen besonderen Gnadenerweis. Doch wie viele gerechte Heiden warten noch und bis in alle Ewigkeit vergeblich auf Erlösung? Die Exklusivität dieses göttlichen Gnadenerweises wirft - so mag der heutige Leser empfinden – einen Schatten auf den Jubel der Londoner Christengemeinde.

---

[238] Die katholische Kirche erhebt den Anspruch, alleinige Mittlerin zwischen Gott und dem Menschen zu sein. Allein katholische Geistliche können das zur Erlösung essentielle Sakrament der Taufe spenden. Auf dieser Monopolstellung ruht ein Großteil der Macht der Kirche, sie zu leugnen wäre folglich eine machtpolitische Herausforderung mit weitreichenden Folgen.

2.8 *Pearl*

Pearl betrachtet den Tod aus der Perspektive eines Hinterbliebenen. Ein Mann trauert um seine im Alter von zwei Jahren verstorbene Tochter. Doch bleibt der Verwandtschaftsgrad des Trauernden zur Verstorbenen eine Frage der Interpretation von Vers 233, „Ho watȝ me nerre þen aunte or nece".[239] Die Erzählerfigur, der trauernde Vater, kann den Tod seiner Tochter nicht verkraften. Im Traum findet er sie am jenseitigen Ufer des Todesstroms wieder und erhält im Lauf einer Unterredung mit ihr und dank einer Vision vom himmlischen Jerusalem einen Einblick in die jenseitige Welt und das Wirken der göttlichen Gnade. Die Traumvision ist insofern tröstlich, als er erfährt, dass sie unter den glücklichen Seelen weilt, doch bleibt zu diskutieren, inwieweit dies dem Träumer bei der Aufarbeitung seines Trennungsschmerzes hilft und ob die Antworten von *Pearl* auf Fragen zum Jenseits überhaupt geeignet sind, den Menschen angesichts seiner Sterblichkeit hoffnungsvoll zu stimmen.

Formal ist das Gedicht äußerst komplex. Überliefert ist es zusammen mit drei weiteren Gedichten (*Purity, Patience* und *Sir Gawain and The Green Knight*) in einer einzigen Handschrift, Cotton Nero A. x, in der British Library, London. Dass alle vier Texte vom selben Autor verfasst wurden - der uns unbekannte Dichter wird in der Literatur teils als „*Gawain*dichter", teils als „*Pearl*dichter" bezeichnet - liegt auch aus sprachlichen und stilistischen Gründen nahe. *Pearl* stellt einen ersten Höhepunkt in seinem Schaffen dar – wir gehen davon aus, dass die Texte in der Reihenfolge *Patience, Purity, Pearl, Sir Gawain*[240] entstanden sind. *Patience* und *Purity* sind in alliterierenden Langzeilen verfasst und bezeugen bereits die hohe Formkunst des Dichters. Die stilistische und formale Gestaltung tritt jedoch bei den ersten beiden Werken hinter dem Inhalt, es handelt sich um Nacherzählungen der Hl. Schrift, zurück.[241]

In *Pearl* wird die Form selbst Teil der Aussage. Das Gedicht besteht aus 101 Strophen (100 + eine „überschüssige") zu je 12 Versen, ist folglich genau 1212 Verse lang. Die Strophen sind inhaltlich sowie formal zu 20 Fünfergruppen geordnet (eine Gruppe, n° 15, hat die unregelmäßige 6. Strophe). Die Verse sind kurz, was die Alliteration zusätzlich erschwert, und das Reimschema ist komplex: ababababbcbc, wobei jede Strophe innerhalb einer Gruppe mit einer Variante derselben Verszeile endet, woraus folgt, dass sämtliche c-Reime innerhalb einer Gruppe identisch sein müssen. Innerhalb einer Gruppe greift noch dazu die jeweils erste Verszeile einen Begriff der vorhergehenden letzten Verszeile wieder auf. Dieses Schlüssel- oder Bindewort, durchgehend mit zentraler inhaltlicher Bedeutung (z.B. „Jerusalem"), erscheint somit in sämtlichen ersten und letzten Verszeilen innerhalb einer Strophengruppe und sorgt für deren

---

[239] „Sie stand mir näher als Tante oder Nichte." Sämtliche Zitate aus der Ausgabe von William Vantuono, *Pearl, An Edition with Verse Translation*, Notre Dame, Indiana, 1995.

[240] Zu *Sir Gawain and the Green Knight* siehe Kap. 3.8.

[241] A.C. Spearing, *The Gawain-Poet*, Cambridge 1970, S. 97.

Zusammenhalt.[242] Die formale Virtuosität des Gedichtes spiegelt inhaltliche Aspekte wie die Perfektion des Neuen Jerusalem und wird somit zu einem Teil der Gesamtaussage.

Zahlensymbolik spielt in *Pearl* wie häufig in mittelalterlicher Literatur (z.b. bei der französischen Version der Alexiuslegende) eine große Rolle. Die 100 sowie die 12 symbolisieren Vollkommenheit: 100 = 10 mal 10, 12 = 3 (für die Dreieinigkeit) mal 4 (für die vier Evangelisten). Das Produkt der beiden Zahlen, die 1200, potenziert diesen Effekt. Doch ist das Gedicht, mit Sicherheit nicht zufälligerweise, eine Strophe bzw. zwölf Verse zu lang. Deuten lässt sich diese Unstimmigkeit als Hinweis darauf, dass der Träumer das einer Harmonisierung von Gerechtigkeit und Gnade entspringende göttliche Urteil nicht akzeptieren kann, sich von seinem Anspruch auf die Tochter nur notgedrungen löst und trotz des visionären Einblickes in seinem irdischen Denken befangen bleibt. Inhalt und Form beziehen sich bei diesem literarischen Meisterwerk eng aufeinander und bilden eine künstlerische Einheit. In seinem anderen Hauptwerk, *Sir Gawain and the Green Knight*, verleiht der Dichter in derselben Weise der Verszahl Bedeutung: Auch dort symbolisiert der „Überschuss" an Versen (2530 statt 2500) Gawains Fehler, die Unterschlagung des grünen Gürtels, und seine angestrebte doch auf Grund seines Menschseins unvollkommene Vollkommenheit (siehe 3.8).

Ziel dieses Kapitel ist es herauszuarbeiten, was uns *Pearl* zum Sinn frühzeitigen Sterbens, zum Wirken der göttlichen Gnade und zum Trost der christlichen Offenbarung sagen kann. Die Frage, ob der Träumer, d.h. die Erzählerfigur, in Folge seiner Jenseitserfahrung einen Wandel in seiner Einstellung durchmacht, ob ihm das Treffen mit seiner Tochter an der Grenze zwischen Diesseits und Jenseits Trost spendet oder nicht, ob er den Verlust dadurch besser verkraften kann oder nicht, wurde in der Forschung der letzten Jahrzehnte kontrovers diskutiert. Eine Inhaltsanalyse scheint als Ausgangsbasis für eine Erörterung dieser Themen angebracht.

2.8.1 Inhaltsanalyse

Die erste Gruppe, dies sind die ersten fünf Strophen zu je zwölf Versen, schildert die Ausgangssituation vor Beginn der Traumvision. Ein Sprecher beklagt den Verlust einer kostbaren Perle in einem Garten. Die Vermutung, dass sich hinter dem Schmuckstück weitere Bedeutungen verbergen, liegt nahe. Die Schönheit der „Perle" wird mit Vokabular gepriesen, welches ansonsten der Beschreibung weiblicher Schönheit vorbehalten ist:[243]

---

[242] Spearing, *The Gawain-Poet*, S. 97.
[243] Spearing, *The Gawain-Poet*, S. 138/39.

So rounde, so reken in vche araye,[244]
So smal, so smoþe her sydeȝ were.

(5/6)

Der Verlust der „Perle" versetzt den Sprecher in tiefe Trauer, er leidet an „luf-daungere" (‚unerfüllter Liebe'), ein Begriff, der an die Terminologie des *fin' amor* der Troubadourlyrik anknüpft. Handelt es sich um einen mittelalterlichen Shylock, der sich in sein Hab und Gut verliebt hat? Doch weshalb macht er der Erde den Vorwurf, seine „Perle" zu zerstören (23/24)? Die Flora des Gartens jedenfalls scheint vom Verschwinden der Perle zu profitieren, eine üppige Blumenpracht ziert den Ort der Trauer. Die Vermutung, dass ein Todesfall den Klagen des Mannes zugrunde liegt, wird von den Versen 39/40 weiter genährt, die den Monat August evozieren, die Zeit, wo mit „crokeȝ kene" - Sicheln sind Attribute zeitgenössischer Todesfiguren – die Kornernte eingebracht wird. Die Trauer überwältigt den Perlenliebhaber und er fällt in tiefen Schlaf.

Die Loslösung des Geistes aus dem Körper des „Träumers" bei Eintritt in eine übersinnliche Welt („sprang in space", 61) rückt dessen Vision in die Nähe einer Todeserfahrung (zweite Fünfergruppe). Sein Bewusstsein springt in ein unbekanntes Land, ein irdisches Paradies, eine Welt mit Anklängen an eine diesseitige Naturlandschaft, mit steilen Klippen, Wäldern, Hügeln, Flüssen und bunten Vögeln. Doch ist die Traumwelt im Vergleich zur Realität verfremdet: Die Baumstämme sind blau, die Blätter silbrig, die Kieselsteine sind kostbare Perlen. Diese Landschaft hebt die Stimmung des Träumers, doch ist seine Er-regtheit keine paradiesische Glückseligkeit, welche sich das Mittelalter als statisch vorstellt. Jeder neue Ausblick verspricht noch Schöneres, erweckt noch mehr Verlangen. Der Träumer trifft schließlich auf einen von Edelsteinen flan-kierten Strom, den Todesstrom, die Grenze zwischen Diesseits und Jenseits, wie sich bald herausstellen wird.

Der Träumer wähnt sich bereits im Paradies, doch jenseits des Stromes scheint die Welt noch schöner zu sein (dritte Strophengruppe). Dessen Wasser ist tief und reißend, deshalb wagt der Träumer es nicht, ihn zu durchqueren. Am anderen Ufer, am Fuße einer Klippe entdeckt er schließlich ein Kind, ein Mäd-chen, so scheint ihm, gekleidet in strahlendem Weiß. Je näher er tritt, desto bekannter kommt sie ihm vor. Der Träumer scheut sich, die Erscheinung anzu-sprechen, aus Angst, sie könnte ihm dadurch entschwinden (vierte Gruppe). Ihre Schönheit wird mit demselben Vokabular beschrieben wie die verloren ge-glaubte Perle der ersten Strophe[245] - die Identität des Mädchens mit der Perle im Garten liegt auf der Hand. Das Mädchen ist von engelsgleicher Schönheit, ihre Haut ist hell wie Elfenbein, ihr Haar golden und eine Perlenkette ziert ihren Hals. Am auffallendsten ist jedoch eine Perle von überdimensionaler Größe, die

---

[244] Vers 5: *reken*: strahlend.
[245] "So smoþe, so small, so seme slyȝt [ziemend schlank]", Vers 190.

sie auf der Brust trägt. Das Perlmädchen wendet sich dem Träumer zu, nimmt zum Zeichen des Grußes ihr Krönchen vom Kopf, verbeugt sich und erteilt ihm das Wort.

Die fünfte Gruppe markiert den Beginn des Dialogs über den Jenseitsfluss hinweg. In vorwurfsvollem Ton erkundigt sich der Träumer, ob es sich bei der Erscheinung tatsächlich um seine verlorene „Perle" handle, und hält ihr seine Trauer und seine einsam durchwachten Nächte vor. Sie lebe hier im Land des Glücks, er habe der Trennung von ihr jedoch nie zugestimmt. Das Mädchen entgegnet in kindlichem Trotz, sie sei gar nicht fort, sie sei ja hier (257-62), in dem Land, in dem es keinen Verlust und keine Sehnsucht gibt, d.h. im Paradies, so wie das Mittelalter es sich vorstellt. Der Tod habe ihm, so tröstet sie den Vater, eine Rose genommen (Symbol vergänglicher Schönheit) und zum Ausgleich dafür eine Perle geschenkt (Symbol unvergänglicher Schönheit). Der Träumer kann mit diesem Trost wenig anfangen und äußert nun den Wunsch, zu ihr zu gelangen, auf die andere Seite des Stroms. Nicht der Tod seiner Tochter an sich mache ihm zu schaffen, sondern die Trennung von ihr. Da hält sie ihm sein dreifaches Missverstehen der Lage vor: Erstens könne er aus dem Augenschein ihrer Anwesenheit am jenseitigen Ufer nicht ohne Weiteres schließen, sie stünde ihm leiblich gegenüber.[246] Zweitens gehe er zu leichtfertig davon aus, selbst ins Paradies aufgenommen zu werden und drittens sei es ihm, dem Lebenden, nicht möglich, den Todesstrom zu überqueren.

Sein Körper müsse, so fährt sie fort, zuerst sterben, erkalten und zur Erde sinken, denn nur der Tod erlaube dem Menschen den Einlass ins Paradies (sechste Gruppe). Der Träumer ahnt, dass er sie erneut verlieren wird und dass ihre Begegnung keine Wiedervereinigung, sondern einen endgültigen Abschied bringen wird (329). Das Mädchen hält ihm vor, er solle anstatt zu klagen seine Gedanken lieber auf Gott richten, den Allmächtigen, dessen Entschluss er sich stets zu beugen habe. Glückseligkeit könne er nur in der Liebe zu Gott finden (353/4). Der Träumer versucht nun von der konfliktträchtigen Frage der Wiedervereinigung abzulenken und erkundigt sich bei ihr nach ihrem Leben im Paradies (siebte Gruppe). Sie starb sehr jung, antwortet das Perlmädchen, doch Christus nahm sie, ohne Verdienst, doch frei von Sünde, als seine Braut zu sich und krönte sie zur Königin des Himmels.

Diese frohe Botschaft fordert jedoch das Gerechtigkeitsempfinden und Standesdenken des Träumers heraus (achte Gruppe). Wie könne sie Königin des Himmels sein, wo doch die Gottesmutter Maria diesen Status innehat? Die Verständnisschwierigkeiten zwischen dem Perlmädchen und dem Träumer, die nun folgen, rühren daher, dass die Dialogpartner in unterschiedlichen Kategorien denken, sie in jenseitigen, er in diesseitigen, und keiner von beiden in der Lage ist, sich in die Denkweise des bzw. der jeweils anderen hineinzuversetzen.

---

[246] "þou says þou traweʒ [wähnst] me in þis dene [Tal] / bycawse þou may with yʒen [Augen] me se" (295/6).

Jede Seele, der Einlass ins Paradies gewährt werde, erhalte von Christus eine Königskrone. Neid und Missgunst seien im Himmel unbekannt, so das Mädchen. Allein die Gottesmutter sei die unangefochtene Herrscherin („Emperise") des Himmels. Durch *Cortaysye* (‚höfischer Umgang', ‚uneigennütziges Verhalten'), die ethische Grundlage der Himmelsgesellschaft, seien alle Seelen wie die Glieder eines Körpers zu einer Einheit verbunden, mit Christus als Haupt.

Doch wie sei es möglich, so hält ihr der Träumer weiter vor, dass sie, die sie nur zwei Jahre auf Erden lebte, den Status einer „Himmelskönigin" erlangt habe, und dies noch dazu gleich nach ihrer Aufnahme (neunte Gruppe)? Der Träumer haftet in seinem Denken in irdischen Kategorien. Gott verteile seine Gnade nicht nach Leistung, entgegnet das Perlmädchen und erzählt zum Beleg die biblische Parabel von den Arbeitern im Weinberg. Frühmorgens heuert der Besitzer eines Weinbergs Arbeiter an und verspricht jedem einen Pfennig als Lohn. Im Laufe des Tages, bis in den Abend hinein, stellt er weitere Arbeiter ein und verspricht diesen denselben Lohn wie denjenigen, die schon seit Tagesbeginn für ihn gearbeitet haben. Am Abend (zehnte Gruppe) wird jedem der Arbeiter genau ein Pfennig, der vereinbarte Satz, ausgezahlt, was dem Gerechtigkeitsempfinden der Männer, die den ganzen Tag über gearbeitet haben, zuwider läuft. Der Weinbergsbesitzer lässt sich von deren Beschwerden über die Ungerechtigkeit jedoch nicht beeindrucken und macht sie darauf aufmerksam, dass sie genau soviel bekommen haben, wie ihnen versprochen wurde. Der Bezug der Parabel zur Situation des Perlmädchens ist der, dass sie wie die Arbeiter, die erst spät angeheuert wurden, nach nur zwei Jahren Lebenszeit dieselbe Belohnung erhält wie die gottesfürchtigsten Heiligen und standhaftesten Märtyrer. Der Träumer sträubt sich zu verstehen, wie Gott so „ungerecht" sein kann.

Die elfte Gruppe thematisiert das Konzept der göttlichen Gnade, bezeichnenderweise mit Hilfe des Bindewortes *inoghe*. Kein Mensch kann sich auf Grund eigener Leistung, d.h. guter Taten, den Einlass ins Paradies verdienen, der Menschheit kommt dieses unermessliche Geschenk allein dank Christi Sühnetod am Kreuz zu, der die Menschheit mit seinem Blut erlöste. Das Wasser der Taufe wäscht die Schuld vom Menschen ab, Adams Sündenfall wurde durch Christi Erlösungswerk revidiert. Bindewörter der zwölften Gruppe sind *ry3t* bzw. *ry3twys*: Nicht die göttliche Gerechtigkeit, sondern Christi unschuldiger Tod rettet die Menschen vor der Verdammnis. Gottes Liebe ist ein Geschenk an die Menschen, kein erworbenes Gut. Nach seiner Auffassung von Recht verdienen die Unschuldigen, etwa das im Alter von zwei Jahren verstorbene Mädchen, die Aufnahme in den Himmel. Christus sagt: Lasst die Kinder zu mir kommen, denn ihnen gehört das Himmelreich (718/19).

In der dreizehnten Gruppe wird die Perlsymbolik fortgeführt. Über die Bedeutungen ‚Schmuckstück' und ‚betrauerte Tochter' legt sich nun als weitere Sinnschicht die Bedeutung ‚Himmelreich'. Symbole lassen sich vielschichtiger verwenden als Allegorien: Die vom trauernden Vater gesuchte „Perle" hat nicht eine bestimmte im Text verschlüsselte Bedeutung, die vom Interpreten „entdeckt" werden muss und deren „Lösung" weitere Bedeutungsmöglichkeiten ausschließt. Das Titelwort häuft vielmehr im Lauf des Gedichtes semantisches Potenzial an.[247] Die Bedeutung ‚Himmelreich' wird durch ein weiteres biblisches Gleichnis (Matthäus 13:45/46) nahegelegt, nämlich von dem Mann, der sein gesamtes Hab und Gut verkaufte, um in den Besitz einer besonders wertvollen Perle zu gelangen. So rät nun auch die Tochter dem Vater, die Welt („þe worlde wode", 743) zu missachten, um das Himmelreich zu erlangen.

Ab der vierzehnten Gruppe (mit dem Bindewort „Jerusalem") basiert das Gedicht auf der Apokalypse des Johannes. Das Perlmädchen berichtet von dem Kreis der 144 000 Jungfrauen, dem sie nunmehr angehört, und von Christus, dem göttlichen Lamm, das schuldlos getötet wurde. Christi Tod bringt der Menschheit Hoffnung, so setzt sie ihren apokalyptischen Bericht in der fünfzehnten Gruppe fort. Zu Beginn der sechzehnten Gruppe bittet sie der Träumer, einen Blick auf ihr neues Zuhause werfen zu dürfen. Er denkt immer noch in irdischen Kategorien und versteht deshalb ihre Schilderung des Himmelreichs grundlegend falsch. „Jerusalem" ist für ihn eine Stadt in Judäa, wie kann es sein, dass seine Tochter in diesem fernen Land wohnt? Das alte Jerusalem, so erklärt das Perlmädchen, ist die Stadt, in der Christus ans Kreuz genagelt wurde, das Neue Jerusalem ist das Reich Gottes, die Stadt des ewigen Friedens.

Die siebzehnte bis neunzehnte Gruppe schildert die Vision des Träumers vom himmlischen Jerusalem. Die heilige Stadt schwebt vom Himmel zum Betrachter herab. Das architektonische Wunderwerk erscheint in seiner Perfektion und Symmetrie wie erstarrt: gebaut auf zwölf Fundamentschichten, mit zwölf Pforten, jeweils drei an den vier Seiten, verziert mit zwölf Edelsteinen und beschriftet mit den Namen der zwölf Stämme Israels - der *Pearl*dichter hält sich minutiös an seine biblische Vorlage. Im Neuen Jerusalem scheinen weder Sonne noch Mond, Gottes Glanz strahlt in einem fort und bietet mehr Licht als je auf Erden gesehen. Es gibt keine Kirchen oder Heiligtümer, denn die ganze Stadt ist Gottes Tempel. Der Träumer wird zuletzt Zeuge einer Prozession der glücklichen Seelen, in deren Mitte er nochmals seine Tochter entdeckt, mit einer Krone auf dem Kopf und der überdimensionalen Perle auf der Brust. Höhepunkt der Prozession ist das Erscheinen des göttlichen Lamms, einer fabulösen Kreatur

---

[247] Zum Bedeutungsgehalt des Wortes „Perle" siehe Sandra P. Prior, *The Pearl Poet revisited*, New York 1994, S. 45/46 und A.C. Spearing, *The Gawain-Poet*, S. 128/29. Zu den Vorschlägen zählen u.a. „unbefleckte Jungfräulichkeit", „die Hostie", „die Seele des Dichters" und „ewiges Leben". Spearing schlägt vor, bei der Analyse des symbolischen Bedeutungsspektrums nicht von äußeren Einflüssen, d.h. konventionellen allegorischen Bedeutungen auszugehen, sondern vielmehr den vom Gedicht selbst entwickelten Symbolismus um den Begriff „Perle" zu untersuchen: „In fact, however, (...) the poet of *Pearl* was a poet. He *used* the symbols provided for him by his age, and if we wish to understand his poem as a work of art we must begin not by superimposing on it some system of allegorical significances drawn from external sources, but by reading the poem as sensitively and intelligently as possible to discover what symbolism is created by his actual words (S. 136)."

mit sieben Hörnern aus rotem Gold, die trotz einer blutenden Wunde in der Seite Freude ausstrahlt.

Der Träumer bringt seine Vision in der zwanzigsten Gruppe durch seine Unbeherrschtheit zu einem abrupten Ende. Sein Verlangen, zu seiner Tochter zu gelangen, ist so groß, dass er sich über ihr Gebot, diesseits des Todesstromes zu verharren, hinwegsetzt und durch das Wasser zu ihr zu schreiten versucht, was wie zu erwarten scheitert. Er erwacht in dem Garten der ersten Strophengruppe, nicht von Freude und hoffnungsvoller Erwartung erfüllt, sondern von einem Gefühl tiefer Sehnsucht. Der trauernde Vater hat die Botschaft seiner Tochter nicht oder nur teilweise verstanden, was durch die überzählige 101. Strophe symbolisiert wird. Er erklärt seinen Misserfolg als Resultat seiner menschlichen Schwäche, stets mehr zu wollen, als ihm vom Schicksal zugesprochen wurde. Er kann seine Tochter nur noch Gott anvertrauen und muss ohne sie weiterleben.

2.8.2 Das Jenseits in *Pearl*

Als nächster Schritt soll die jenseitige Welt, in der sich der Visionär wiederfindet, näher betrachtet werden. Sie bietet dem Träumer neue Reize, bereitet ihm jedoch auch erhebliche Verständnisschwierigkeiten. Sein erster Eindruck ist der einer exotisch verfremdeten Welt: Die Klippen und Wälder erinnern an diesseitige Landschaften, der Träumer wandert durch eine wilde, doch mit irdischen Begriffen fassbare Topographie. Eigentümlichkeiten wie die blauen Baumstämme oder die silbrigen Blätter wecken die Entdeckungslust des Besuchers aus dem Diesseits. Die wundersamen Eindrücke verleihen ihm, der eben noch todtraurig war, ein Glücksgefühl:

The dubbement dere of doun and daleȝ,[248]	
Of wod and water and wlonk playneȝ,	*wunderbar*
Bylde in me blys, abated my baleȝ,	*Leiden*
Fordidden my stresse, dystryed my payneȝ.	*Pein; zerstreuten*
Doun after a strem þat dryȝly haleȝ,	*in einem fort fließt*
I bowed in blys, bredful my brayneȝ.	*Hirn*
(121-26)	

Im Neuen Jerusalem, der Heimat der glücklichen Seelen, in die er vom diesseitigen Ufer des Todesstroms aus einen Blick werfen darf, strahlen die Bewohnerinnen – der Träumer sieht in den Reihen der Prozession nur Jungfrauen – eine

---

[248] V. 121: „die kostbare Verzierung von Hügeln und Tälern".

himmlische Glückseligkeit aus. Es gibt dort, so versichert das Perlmädchen ihrem Vater in der achten Strophengruppe, keinen Neid und keine Unzufriedenheit. Die Himmelsköniginnen wünschen sich gegenseitig, ihre Krönchen seien fünfmal so kostbar, wäre dies überhaupt möglich (451/52). Bindewort der neunzehnten Strophengruppe, die die Prozession durchs himmlische Jerusalem beschreibt, ist bezeichnenderweise *delyt*:

Wyth gret delyt, þay glod in fere	*schritten sie zusammen*
On golden gateʒ þat glent as glasse.	
Hundreth þowsandeʒ I wot þer were,	
And alle in sute her liureʒ wasse.	*alle ihre Kleider waren gleich*
Tor to knaw þe gladdest chere.	*schwierig*
(1105-9)	

Der Träumer entdeckt schließlich sein Töchterchen („my lyttel quene", 1147) in der Menge, sichtbar glücklich unter ihresgleichen. Bei aller öffentlichen Zur-Schau-Stellung von Glückseligkeit irritiert den Beobachter aus dem Diesseits jedoch die tiefe, blutende Wunde in der Seite des vergnügten Opferlamms (1135/36). Die gesamte Stadt wirkt in den Augen des irdischen Betrachters befremdend und scheint in ihrer vollendeten Proportionalität und Symmetrie wie erstarrt. Wie soll in einer Stadt mit exakt abgestimmten Maßen noch Platz bleiben für die Seelen der Menschen, die erst spät in der Menschheitsgeschichte geboren wurden? Die Zahl der Jungfrauen, die um das siebenhornige Lamm tanzen, ist auf genau 144000 beschränkt. Was passiert mit den Seelen der Jungfrauen, die erst später im Jenseits ankommen? Wo bleiben die Seelen der Mütter, wo die der Männer?

Kritische Fragen stellt der Träumer auch während des Dialogs mit seiner Tochter. Wie kann es sein, will er wissen, dass sie zur Königin des Himmels gekrönt wurde? Hat sie damit nicht der Gottesmutter Maria den Rang streitig gemacht (achte Strophengruppe)? Die Fragen des Träumers sind berechtigt und sein Unverständnis rührt nicht von Dummheit oder Egoismus, sondern ergibt sich vielmehr daraus, dass er *logisch* denkt.[249] Eine Krone, die keine Sonderstellung verleiht, die jedem Neuankömmling im Paradies auf den Kopf gesetzt wird, kann keine Auszeichnung sein. Das Perlmädchen wurde in den Himmel aufgenommen, ohne sich in irgendeiner Weise darum verdient gemacht zu haben.

Bei aller Freude, seine Tochter im Jenseits in der Schar der glücklichen Seelen wiederzufinden, empfindet der Vater aber auch Neid angesichts der unverdienten Ehren, die sie dort erhält. Er hatte es als seine Aufgabe betrachtet, sie vor bösen Einflüssen zu schützen und im christlichen Glauben zu erziehen. Nun muss er feststellen, dass seine väterliche Liebe für ihr Seelenheil nicht von

---

[249] Ad Putter, *An Introduction to the Gawain-Poet*, London & New York 1996, S. 165/66.

Nöten war. Die abrupt beendete Kindheit scheint ihr, die sie im Jenseits ein neues Zuhause gefunden hat, auch nicht abzugehen. Der Vater empfindet tiefe Sehnsucht nach seiner Tochter, sie geruht lediglich mit einer Geste der Höflichkeit ihr Krönchen zum Gruße abzunehmen bevor sie ihrem Vater das Wort erteilt. Bei der Prozession entdeckt er sie unter ihresgleichen, sie beachtet ihn nicht weiter. Weshalb sollte sie sich auch länger als nötig mit dem Eindringling aus dem Diesseits befassen, der ihr Glück mit seinen kritischen Fragen zu zerreden droht?

Mit Hilfe des Gleichnisses von den Arbeitern im Weinberg erläutert sie ihrem Vater die göttliche Gnade, doch ihre Erklärung bereitet ihm Schwierigkeiten, da er nach wie vor in irdischen Kategorien denkt. Die Parabel vom Weinberg, kann man ihm Recht geben, ist tatsächlich kein Beispiel göttlicher Gerechtigkeit, sondern göttlicher Ungerechtigkeit („Þenne þe lasse in werke to take more able, / And euer þe lenger, þe lasse, þe more"[250]). Wer im Diesseits über lange Zeit harte Geduldsproben standhaft übersteht, bekommt der Parabel zufolge im Himmel nicht mehr Lohn als jemand, der in der Sterbestunde die gängigen Bekenntnis- und Reueformeln der *Ars-moriendi*-Traktate aufsagt. Der Hl. Alexius hätte es sich 34 Jahre lang gut gehen lassen können, denn am Ende steht er vor Gott nicht besser da als der Henker Malthus, der Margarete den Kopf abschlägt und dabei demutsvoll zum Himmel blickt oder der Schächer, dem Christus noch am Kreuz das Paradies verspricht.

So reibungslos wie ihre Aufnahme in den Himmel verlief, so problematisch ist das Verhältnis des trauernden Vaters zum Jenseits und zu Gottes Urteil. Dabei können wir uns mit seinen Gedanken und Gefühlen durchaus identifizieren. Er betrauert aufrichtig seine Tochter, sie hingegen bleibt reserviert. Er reflektiert über das Reich Gottes, sie hat, so scheint es, die Heilsbotschaft kritiklos akzeptiert und relevante Bibelstellen auswendig gelernt – weshalb sollte sie auch kritische Fragen stellen, wo sie doch von der göttlichen „Ungerechtigkeit" profitiert? Das Wiedersehen von Vater und Tochter verläuft in der Tat alles andere als glücklich. In der sechsten Versgruppe ahnt der Träumer, dass dieses Treffen zugleich ein Abschied sein wird, wahrscheinlich für immer:

Now haf I fonte þat I forlete,	*gefunden; verlor*
Schal I efte forgo hit er euer I fine?	*aufgeben; sterbe*
Why schal I hit boþe mysse and mete?	*verlieren; finden*
(327-9)	

In der elften Gruppe empfindet die Tochter seine Kritik an der Parabel als beleidigend und wirft ihm vor, er missgönne ihr nur ihr Glück:

---

[250] V. 599/600: „Dann erhalten sie um so mehr, je weniger sie arbeiten, / und immer so weiter: je weniger sie tun, desto mehr bekommen sie."

Bot, now þou moteȝ, me for to mate,   *behauptest; verstören*
Þat I my peny haf wrang tan here.   *zu Unrecht erhalten*
Þou sayȝ þat I þat com to late
Am not worþy so gret lere.   *Wohnung*
(613-6)

Irdische Vorstellungen von Gerechtigkeit werden im Himmel nahezu auf den Kopf gestellt. Christus behält sich gar das Recht vor, am Jüngsten Tag aus der Menge der Seelen willkürlich diejenigen für das Paradies herauszusuchen, die ihm am liebsten sind. Allzu viele Plätze sind dabei jedoch nicht zu vergeben:

Þus schal I, quoþ Kryste, hit skyfte.   *arrangieren*
Þe laste schal be þe first þat strykeȝ,   *eintritt*
And þe first þe laste, be he neuer so swyft,
For mony ben calle, þaȝ fewe be mykeȝ   *jedoch; auserwählt*
(569-72)

Wie soll sich der Mensch angesichts göttlicher Willkür verhalten? Das Perlmädchen kann ihrem Vater keinen besseren Ratschlag geben, als die Dinge so zu akzeptieren, wie sie sind – Ärger nütze himmlischen Mächten gegenüber nichts – und Gott, dem er hilflos ausgeliefert sei, zu lieben:

Þe oȝte better þyseluen blesse,
And loue ay God, and wele and wo,   *im Guten wie im Schlechten*
For anger gayneȝ þe not a cresse,   *nützt nicht im Geringsten*
Who nedeȝ schal þole. (…)   *demjenigen, der leiden muss*
Þou moste abyde þat he schal deme.   *erdulden; urteilen*
(341-8)

Gegen Gottes Urteil gibt es keine Berufung (359/60). Was Er urteilt, ist recht, *weil* Er so urteilt. Gleich Adam, der im Paradies die von Gott gesetzten Grenzen nicht akzeptieren wollte, „überschreitet" auch der Träumer die ihm gesetzte Grenze, den Todesstrom, der ihn von seiner Tochter trennt. Seine Rebellion ist wie die des ersten Menschen natürlich zum Scheitern verurteilt. Er bedauert seine Unbeherrschtheit, ist sich aber auch keiner Schuld bewusst und führt seine Menschennatur zur Rechtfertigung seines Handelns an:

Bot ay wolde man of happe more hente
Þen moȝten by ryȝt vpon hem clyuen.[251]

---

[251] V. 1195/96: „Doch stets will der Mensch mehr Glück haben, / als ihm von Rechts wegen zustehen kann."

Hat die Jenseitsreise dem Erzähler Trost gespendet? Man wagt, dies zu bezweifeln. Sein Lobpreis Gottes in der letzten Strophe klingt nach nicht viel mehr als einem Lippenbekenntnis, nach frommer Konvention:

> To pay þe Prince oþer sete saȝte, [252]
> Hit is ful eþe to þe god Krystyin,   *leicht*
> For I haf founden hym, boþe day and naȝte,
> A God, a Lorde, a Frende ful fyin.   *ausgezeichnet*
> (1201-4)

Seine Hingabe zuletzt an Gott kann als Zeichen dafür gelesen werden, dass er sich in das fügt, was er nicht ändern kann. Verrückt seien diejenigen, die gegen ihren Herrn aufbegehren, oder sein Missfallen erregen wollen (1199/1200).

2.8.3 Der Umgang des Erzählers mit dem Tod seiner Tochter

Die Erzählerfigur wurde von der Literaturkritik unterschiedlich bewertet. Charles Moorman[253] konzentriert sich bei seiner Analyse des Gedichtes auf den Erzähler, da das Perlmädchen ihren Jenseitsbericht nicht an uns, sondern primär an ihn adressiert. Ihre Botschaft erreiche uns durch seine Wahrnehmung gefiltert. Sie dominiert im Mittelteil des Gedichtes, doch bleibt der Erzähler als Dialogpartner, an den ihre Worte gerichtet sind, stets präsent. Mit seinen Einwänden, Kommentaren und Fragen, durch sein Verständnis bzw. Unverständnis ihrer Botschaft trägt er entscheidend zum Verlauf des Dialogs und damit zur Aussage des Textes bei.

Moorman vergleicht die Haltung des Erzählers am Anfang des Gedichtes mit der am Ende und konstatiert dabei eine Entwicklung hin zu einem besseren, wenn auch nicht vollkommenem Verständnis der christlichen Heilsbotschaft. Der Trostlose wird zum Getrösteten, seine Verzweiflung weicht Hoffnung und er lernt, den Verlust seiner Tochter als Teil des göttlichen Heilsplanes zu akzeptieren. In der ersten Strophengruppe, in der der *juelere* (,Besitzer einer Perle', ,Perlenfreund') über den Verlust seines Juwels klagt, stößt sich dieser an einem Paradox des Lebens: Die Verwesung des Körpers bedingt die Blumenpracht im Garten (29/30), der Tod des Samenkorns wird zur Voraussetzung für neues Leben (,,For vch gresse mot grow of grayneȝ dede; / No whete were elleȝ to

---

[252] V. 1201: „den Willen dieses Fürsten tun oder Frieden zu finden"
[253] Charles Moorman, "The Role of the Narrator in *Pearl*", in: John Conley (Hg.), *The Middle English "Pearl": Critical Essays*, Notre Dame, Indiana, 1970, S. 103-21.

woneʒ wonne"[254]). Die Einsicht in das Naturgesetz, welches verfügt, dass Kreaturen sterben müssen, um anderen Kreaturen Leben zu ermöglichen, bietet dem trauernden Vater jedoch keinen Trost. Vor allem die Frage nach dem Sinn des frühen Todes seiner Tochter - sie starb im Alter von gerade mal zwei Jahren – bleibt unbeantwortet.

Am Ende des Gedichtes hat sich die Haltung des Erzählers zum Verlust seiner „Perle" grundlegend gewandelt, urteilt Moorman.[255] Seine ersten Worte nach seiner Rückkehr aus der Traumvision drücken sein wiedergewonnenes Vertrauen und seine Hingabe an Gott aus: „Now al be to þat Prynceʒ paye [Wohlgefallen]" (1176). Der Erzähler äußert, so Moorman, in den letzten Strophen keine Zweifel und stellt keine Fragen mehr, er akzeptiert in Folge seiner Einsicht während der Traumvision den Tod seiner Tochter als Teil des göttlichen Heilsplanes, auch wenn er Gottes Entscheidungen nicht verstehen kann:

> But through a *rite de passage*, he has journeyed into a new and more meaningful life. He will thus accept the standards of God, for the most part without understanding, but also without questioning.[256]

Was hat nun die Begegnung an der Grenze zwischen Diesseits und Jenseits bewirkt? Der Träumer wird mit dem Perlmädchen und ihrer jenseitigen Welt konfrontiert, in der andere Maßstäbe gelten und in der in anderen Kategorien geurteilt und gedacht wird als im Diesseits. Insbesondere seine Vorstellungen von Rangordnung, Ehre und Gerechtigkeit werden im Jenseits negiert. Auf Erden gibt es Hierarchien, im Himmel jedoch sind alle gleich, alle 144 000 Jungfrauen stehen als Bräute Christi auf derselben sozialen Rangstufe, mit einer Ausnahme, Maria, der Herrscherin des Himmels. Auf Erden wird Lohn dem Verdienst entsprechend verteilt, vor Gott gibt es hingegen keinen Anspruch auf Belohnung für gute Taten, die Menschen können allein auf Gnade hoffen, welche Gott mal mehr, mal weniger freizügig unter den Bußfertigen verteilt. Der Erzähler stößt sich an den Differenzen, stellt kritische Fragen, kann jedoch letztlich akzeptieren, dass im Himmel andere Maßstäbe gelten als auf Erden.[257]

Die vermeintliche Sinnlosigkeit des frühen Todes der Tochter bewirkt am Anfang des Gedichtes die Trauer und Verzweiflung des Erzählers. Sein Einblick ins Jenseits hingegen spendet ihm Trost. Während seiner Vision lernt er einerseits, dass seine Tochter lebt und dass es ihr mehr als gut geht - sie hat in der Tat das höchste Ziel eines jeden Christen erreicht, nämlich die Vereinigung mit Gott - andererseits, dass eine Wiedervereinigung mit ihr, worauf er so sehr gehofft

---

[254] V. 31/32: „Denn jeder Halm muss aus toten Samenkörnern wachsen; / sonst kann kein Weizen zu den Wohnstätten [der Menschen] gebracht werden. Vgl. Johannes 12: 24/25.

[255] Moorman, "The Role of the Narrator in *Pearl*", S. 120.

[256] Moorman, S. 121.

[257] Moorman, S. 118.

hatte, nun keinen Sinn mehr macht, da sie unterschiedlichen Welten angehören: Er ist an seinen im Garten ruhenden irdischen Körper gebunden und muss deshalb diesseits des Stroms verharren, sie hingegen hat die Grenze zwischen Leben und Tod überschritten und wurde ins Paradies aufgenommen.

Dementsprechend differieren ihre Denkweisen. Seine Erziehung ist ein für allemal beendet, seine Tochter übernimmt nun für ihn die Rolle der Lehrerin. Aus ihr wurde eine Autorität in Glaubensfragen, ihr Vater ist nun ihr streckenweise etwas begriffsstutziger Schüler. Das Kind, mit dem dieser spricht, ist nicht mehr diejenige, die er auf Erden kannte. Jedoch auch wenn der Vater die Lehren seiner Tochter nicht restlos versteht, kann er deren Gültigkeit akzeptieren. Selbst wenn ihm Gottes Entscheidungen, die „Doppelnatur" der göttlichen Gerechtigkeit, unverständlich bleiben, vertraut er darauf, dass der Tod seiner Tochter im Rahmen des göttlichen Heilsplanes Sinn macht.[258] Mit dieser Einsicht geht der Erzähler geläutert aus seiner Jenseitsvision hervor, seine Trauer ist Hoffnung, sein Aufbegehren gegen Gott der Liebe zu und dem Vertrauen auf Gott gewichen. So weit zu Moormans Lesart des Gedichtes.

Sandra P. Prior hingegen glaubt, keine nennenswerte Entwicklung der Erzählerfigur erkennen zu können.[259] Dieser passt sein Benehmen und seine Ausdrucksweise lediglich den Erwartungen seiner Dialogpartnerin an und wird dafür von ihr gelobt (400-2). Seine Denkweise und Haltung ändern sich Priors Einschätzung zufolge im Lauf des Gesprächs nicht. Zu unterscheiden sei jedoch zwischen der Entwicklung des Gedichtes und der des Erzählers.[260] Dieser begreife nicht, dass im Jenseits andere Maßstäbe gelten als im Diesseits und dass das Prinzip der göttlichen Gnade sich nicht mit menschlichen Vorstellungen von Gerechtigkeit vereinbaren lässt. Die Frage, ob ihr Status im Neuen Jerusalem ihr rechtens zugeteilt wurde oder nicht, wird nicht ausdiskutiert, sondern einfach fallen gelassen. Das neue Zuhause seiner Tochter stellt sich der Erzähler anhand diesseitiger Begrifflichkeiten vor, wie eine mittelalterliche Wohnstätte:

Haf ʒe no woneʒ in castel-walle,
Ne maner þer ʒe may mete and won?"[261]

„Jerusalem" ist für ihn eine irdische Stadt im fernen Judäa (922). Er versteht auch nicht die Bedeutung der blutenden Wunde des Lamms („Alas, þoʒt I, who

[258] Moorman, "The Role of the Narrator in *Pearl*", S. 108 und 119.
[259] Sandra P. Prior, *The Pearl Poet revisited*, New York 1994. Zur Erzählerfigur in *Pearl* („The Jeweller") siehe S. 40-44.
[260] Prior, *The Pearl Poet revisited*, S. 40.
[261] V. 917/8: „Hast du deine Wohnstätte nicht innerhalb von Burgmauern / oder auf einem Herrensitz, wo du wohnen kannst?"

did þat spyte [Untat]?, 1138), noch die unbeschwerte Heiterkeit der Prozession. Er nimmt lediglich Eindrücke auf und kommentiert, begreift jedoch nicht.

Prior fällt ferner der Eigensinn, die Egozentrik der Erzählerfigur auf. Gegen Ende des Traumes, im Anschluss an den Moorman zufolge so tröstlichen Dialog und die Vision vom himmlischen Jerusalem, betrachtet er das Perlmädchen immer noch als sein Eigen, als seine Tochter, die zu ihm gehört und er zu ihr:

> Quen I seʒ my frely, I wolde be þere,
> Beʒonde þe water þaʒ ho were walte.
> I þoʒt þat noþyng myʒt me dere,
> To fech me bur and take me halt,
> And to start in þe strem schulde non me stere,
> To swymme þe remnaunt, þaʒ I þer swalte.[262]

Das einzige, was er im Gespräch mit seiner - ehemaligen - Tochter gelernt hat, so lässt sich anmerken, ist, dass sie seine Autorität und seinen Anspruch auf sie nicht mehr anerkennt. Er missachtet ihre Warnung, auf seiner Seite des Stroms zu bleiben und bekommt die Folgen zu spüren. Dieser Akt lässt sich als Ausdruck einer romantischen, durch Vernunft nicht einzudämmenden Sehnsucht deuten („luf-daungere", 11), aber ebenso als eigenmächtige Überschreitung göttlicher Gebote, als blanke Uneinsicht. Beim Erwachen im Garten ist er dementsprechend auch nicht hoffnungsvoll Gott ergeben, sondern enttäuscht und leidet nur noch mehr an seiner Sehnsucht. Das onomatopoetische Verb *raxle* beschreibt seine emotionale Verfassung treffend. Im Licht dieser Lesart erscheint Vers 1176 weniger als Ausdruck von Gottvertrauen denn als Resignation:

> I raxled and fel in gret affray,   *wand mich innerlich*
> And, sykyng, to myself sayd,   *seufzend*
> 'Now al be to þat Prynceʒ paye.'   *Wohlgefallen*
> (1174-6)

Erst das Gefühl der Machtlosigkeit gegenüber dem göttlichen Willen bewirkt eine Änderung seiner Einstellung. Er resigniert, entschuldigt seine Unbeherrschtheit als typisch menschliches Verhalten (1195/96) und wirft Gott indirekt Tyrannei vor (1199/1200). Er findet sich mit der Tatsache ab, dass er seine Tochter nun endgültig verloren hat - dies wird dadurch ersichtlich, dass er

---

[262] V. 1155-60: „Als ich mein Liebstes sah, wollte ich dort sein / jenseits des Wassers, auch wenn sie dies empören sollte. / Ich dachte, nichts könnte mich daran hindern, / mir Kummer bereiten und mich zaudern lassen / und niemand sollte mich daran hindern, in diesen Strom zu springen / und den Rest zu schwimmen, selbst wenn ich dabei umkommen sollte."

das Possessivpronomen vor Bezeichnungen seiner Tochter („my perle", „my dere", „my swete", etc.) ab Vers 1192 („þe perle") fallen lässt. Prior kommt zu dem Schluss, dass die Erzählerfigur keine graduelle Entwicklung zu einem tieferen Verständnis der Heilsbotschaft durchmacht, sondern dass seine Emotionen und Einstellungen, seine Worte und Handlungen starken Schwankungen unterliegen:

> The poem narrates nothing like a step-by-step development in understanding nor a gradual conversion of the will, although it does record a series of different attitudes and moods, some of which are good, and some foolish and sinful. (S. 44)

Der Erzähler resigniert am Schluss des Gedichtes angesichts des göttlichen Willens, lässt seinen Anspruch auf die verstorbene Tochter fallen und fasst den Entschluss, mit sich selbst und Gott wieder ins Reine zu kommen. Sein Aufbegehren gegen den Tod der Tochter am Anfang des Gedichtes hatte ihm intensiven Kummer bereitet – insofern kann man behaupten, dass ihm die Vision ein Wiederfinden seiner emotionalen Balance ermöglicht hat, doch ist er nicht zu einem tieferen Verständnis der göttlichen Seinsordnung vorgedrungen, welches ihm seine Dialogpartnerin am Jenseitsfluss vermitteln wollte.

Ad Putter stellt eine provokante These auf:[263] Der Erzähler sei am Ende des Gedichtes überhaupt nicht getröstet, er habe nach seiner Traumvision gar mehr Grund zur Trauer als zuvor. Es wurde bereits festgestellt, dass die Begegnung des Visionärs mit dem Perlmädchen am Todesstrom den Charakter einer Abschiedsszene hat. Ihre Unterredung verläuft Putter zufolge so unglücklich, dass er am Ende des Gedichtes die Hoffnung aufgibt, sie als seine Tochter - im Diesseits oder im Jenseits - jemals wieder zu sehen. Während der Unterhaltung kommt es zu keinem wechselseitigen Verstehen, Vater und Tochter reden aneinander vorbei. Die Missverständnisse bleiben ungelöst, das diesseitige und das jenseitige Denken erweisen sich als unvereinbar.

Das Paradies, so wie es in *Pearl* dargestellt wird, gibt wenig Grund zur Zuversicht, so Putter. Die Welt, durch die der Träumer wandert, sei keine Welt der Erfüllung, sondern der Verfremdung.[264] Bei der Inhaltsanalyse wurde bereits auf die Eigenart dieses Paradieses aufmerksam gemacht, den Betrachter mit stets neuen Reizen zu stimulieren, neue Sehnsüchte in ihm zu wecken, diese jedoch unbefriedigt zu lassen.[265] Dem Theologen Pierre Abelard zufolge ist der Himmel

---

[263] Ad Putter, *An Introduction to the Gawain-Poet*, Kapitel zu *Pearl* S. 147-98.

[264] Putter betitelt seine Ausführungen zum Charakter des Paradieses in *Pearl* mit „Making heaven strange: the description of heaven", S. 151-61.

[265] Putter beschreibt diese Eigenart des Paradieses als "tantalizing" (S. 155), nach den Qualen des Tantalus, dem die Objekte seiner Begierde vorgeführt und dann doch wieder entrissen

146

hingegen ein Ort, wo das Verlangen nie über das Angebot hinausgeht und deshalb nie enttäuscht wird.[266] Der apokalyptische Bericht in *Pearl* ist laut Putter gar nicht apokalyptisch in dem Sinn, dass er dem Menschen seine Zukunft im Jenseits verkündet, sondern er vermittle ihm vielmehr seinen Ausschluss aus dem Paradies.[267] Putters These wirkt überzogen, doch finden sich im Text Belegstellen dafür. Der Träumer empfindet die Normen des Paradieses als ungerecht, kann den Jubel der Teilnehmerinnen der Prozession nicht nachvollziehen („Alas, þoȝt I, who did þat spyt?", 1138) und fühlt sich ausgeschlossen.

Das Neue Jerusalem erstrahlt in seiner Symmetrie und architektonischen Präzision, doch fühlen sich Menschen in solch einem Gebilde wohl? Einerseits, so Putter, suggeriert seine Ordnung Schönheit und Perfektion, andererseits provoziert eben diese statische Qualität unseren Widerstand und wir ahnen, dass dieses Gebilde unnatürlich und unmenschlich ist (S. 160). Putter bündelt diese Effekte unter dem Begriff der Entfremdung („defamiliarization", S. 156). Die Diskussion (*debate*) von Vater und Tochter am Todesstrom, charakteristisches Element mittelalterlicher Traumvisionen,[268] verdiene diese Bezeichnung nicht einmal (S. 161). Die Dialogpartner denken in unterschiedlichen Kategorien und reden deshalb zwangsläufig aneinander vorbei. Es wurde bereits angedeutet, dass die Parabel von den Arbeitern im Weinberg die Verständnisschwierigkeiten des Träumers nicht aus dem Weg räumt, sondern vielmehr das volle Ausmaß der Differenz zwischen dem menschlichen Gerechtigkeitsempfinden und der göttlichen Ordnung aufdeckt. Die Verwendung von Parabeln als Erklärungsmodelle für Gottes Handeln seitens des Perlmädchens bezeichnet Putter als figurale Akkommodation (S. 162). Diese Taktik erscheint auf den ersten Blick als wohlmeinende Hilfestellung für den Träumer, als Gegenstück zur Entfremdung: Göttliche Weisheit wird auf ein für Menschen fassbares Maß reduziert und anhand von Alltagsbeispielen erklärt. Der Effekt der Bemühungen des Perlmädchens ist jedoch genau der gegenteilige:

> (...) accommodation may better be understood as a strategy akin to defamiliarization. It seems to make concessions to our ordinary ways of thinking, but it is actually out to expose their helplessness before the divine otherness. (S. 162)

Der Träumer ist, betont Putter, nicht naiv oder begriffsstutzig; er denkt vielmehr sehr logisch („Me þynk þy tale vnresounable", 590) und eben dies versperrt ihm

---

werden. „The landscape in *Pearl* allegorizes this predicament of human desire, of always wanting 'more and more'" (S. 156).
[266] Putter, *Gawain-Poet*, S. 156.
[267] Putter, *Gawain-Poet*, S. 160.
[268] In Traumvisionen kommt es typischerweise zu einem Streitgespräch, der *debate*, zwischen dem Träumer und einem Vertreter der Traumwelt.

die „Einsicht" in Gottes Wesen.[269] Wie lassen sich die Gleichheit aller „Königinnen" und „Bräute Christi" im Himmel mit der Sonderstellung Marias vereinbaren? Die metaphorische Sprechweise von „Königinnen" und „Kronen" vermittelt dem Träumer gerade eben nicht das Wesen des Himmels, sondern verleitet zu diesseitigen Vorstellungen und führt dadurch in die Irre. Der Eindruck, den die Parabel von den Arbeitern im Weinberg auf den Träumer hinterlässt, ist der, dass Gott schlichtweg ungerecht urteilt. Der Hl. Augustinus deutet die Parabel dahingehend, dass es für den Menschen dank der göttlichen Gnade niemals zu spät ist, umzukehren und ein gottgefälliges Leben zu beginnen. In der Nacherzählung durch das Perlmädchen ist dieser Sinn kaum mehr erkennbar. In ihrer Version lässt die Parabel vor allem den Schluss zu, dass Gott in völliger Willkür die Himmelspforten für die einen öffnet und anderen verschlossen hält:

I watȝ payed anon of al and sum.	*in jeder Hinsicht*
ȝet, oþer þer werne þat toke more tom,	*andere gab es; Zeit*
Þat swange and swat for long ȝore,	*schufteten; lange Zeit*
Þat ȝet of hyre noþynk þay nom,	*erhielten*
Paraunter noȝt schal to ȝere more.	*vielleicht; noch weitere Jahre*
(584-8)	

Die Parabel löst Putter zufolge keine Verständnisschwierigkeiten, sondern wirft die Probleme, die sie beseitigen sollte, nur auf allgemeiner Ebene erneut auf (S. 175). Erst im Tod können die Menschen ein Verständnis für Gottes Wesen erlangen (S. 177), deshalb wird die verstorbene Tochter zur Lehrerin des lebenden Vaters. Allein der Tod, „drwry deth" (323), ermöglicht dem Menschen Einlass ins Paradies, sofern er in den Genuss der göttlichen Gnade kommt. *Pearl* scheint somit die „positive" und die „negative" Sichtweise des Todes der zeitgenössischen Lyrik in sich zu vereinen:

Þy corse in clot mot calder keue,
For hit watȝ forgarte at Paradys greue.
Oure ȝorefader hit con misseȝeme.
Þurȝ drwry deth boȝ vch ma dreue
Er ouer þys dam hym Dryȝtyn deme.[270]

---

[269] „Paradoxically, it is reason that leads the Dreamer astray. (…) As we have seen, the Dreamer's problem is his logical thinking. His failure, it follows, consists in not being able to *mis*understand the Pearl-maiden's words, to realize that they do not mean what they say" (Putter, *An Introduction*, S. 166 und 168).

[270] V. 320-4: „Dein Körper muss erkaltet zur Erde sinken, / denn er wurde im Garten Eden verdammt. / Unser Urvater [Adam] hat das Paradies verspielt. / Den trüben Tod muss jeder Mensch durchschreiten / bevor ihn der Herr über diesen Strom führt."

Die Haltung der Erzählerfigur von *Pearl* zum Tod der Tochter ist schwankend. Er macht infolge der Vision emotional und intellektuell in seinem Umgang mit dem Verlust seiner „Perle" eine Entwicklung durch. Dieser Prozess lässt sich in drei Phasen unterteilen: die Ausgangssituation im Garten, das Treffen mit der Tochter am Todesstrom und die Situation nach Rückkehr aus der Vision.

Im Rahmen der Inhaltsanalyse wurde bereits auf die Strategie der Verrätselung in den ersten Strophengruppen hingewiesen. Ein Mann trauert in einem Garten einem Juwel nach, das ihm dort abhanden gekommen sei. Die Intensität seiner Emotionen legt jedoch nahe, dass es sich um einen verstorbenen Menschen handelt. Dabei scheint es bezeichnend für den Umgang des Erzählers mit dem Tod seiner Tochter, dass er es durchgehend meidet, den Sachverhalt direkt anzusprechen. Er meidet die Konfrontation mit den schmerzhaften Tatsachen und vergoldet seine Erinnerung mit Hilfe der Perlensymbolik. In *Pearl* ist über weite Strecken nicht vom „Tod" die Rede, sondern lediglich vom „Verlust" eines Kleinods. Der Erzähler nimmt das Unwort „deth" gar nicht in den Mund – bezeichnenderweise ist es seine Dialogpartnerin, die in Vers 323 erstmalig den Tod beim Namen nennt („drwry deth").

Die Stilisierung des Todes der Tochter zum Verlust einer Perle ist Teil der Verdrängungsstrategie des Erzählers. Das Entgleiten der Perle („Þurʒ gresse to grounde hit fro me yot", 10) suggeriert die Möglichkeit einer Rückgewinnung, denn nach einem verloren gegangenen Schmuckstück kann man suchen. Vielleicht ist es ja nur eine Frage der Zeit, bis der Juwelenfreund seine Perle wieder findet, vielleicht muss er sich nur in Geduld üben und abwarten:

> Syþen in þat spote hit fro me sprange,
> Ofte haf I wayted, wyschande þat wele
> Þat wont watʒ whyle deuoyde my wrange,
> And heuen my happe and al my hele.[271]

Störend wirkt dabei der Vorwurf des Perlenfreundes an die Erde, sein Juwel zu beschädigen („O moul, þou marreʒ a myry iuele", 23) – eine Perle (Symbol dauerhafter Schönheit) wäre im Gegensatz zum menschlichen Körper nicht der Verwesung ausgesetzt. Dass ihm etwas Wertvolles abhanden gekommen ist, kann der Erzähler nicht leugnen. Er sträubt sich jedoch, die Endgültigkeit dieses Verlustes anzuerkennen und klammert sich an die Hoffnung, dass sein Schatz vielleicht doch nicht ganz verschwunden ist. Teil der Verdrängungsstrategie ist außerdem die Stilisierung seiner Trauer zur konventionellen Liebesklage („I dewyne, fordolked of luf-daungere"[272]). Auch während des Dialogs mit seiner

---

[271] V. 13-16: „Seit sie an diesem Ort von mir glitt, / habe ich oft gewartet, voller Sehnsucht nach dieser schönen [Perle] / die einst meinen Kummer zu zerstreuen pflegte / und mein Glück und all mein Heil zu mehren."

[272] V. 11: „Ich klage, voller Gram vor unerfüllter Liebe."

Tochter umschreibt der Träumer ihren Tod euphemistisch als „Trennung" und „Verabschiedung": „And, quen we departed, we wern at on" (378). In derselben Strophe äußert er indirekt die Hoffnung, seine Tochter in der Zukunft wieder zu treffen: „God forbede we be now wroþe. / We meten so selden by stok oþer ston" (380).[273] Die Begegnung und der Dialog mit dem Perlmädchen am Todesstrom konstituiert die zweite Phase in der Entwicklung des Erzählers im Umgang mit dem Tod seiner Tochter. Die Wiedersehensfreude weicht, wie bereits angedeutet, bald einer großen Enttäuschung. Im Garten hatte der Vater noch die Endgültigkeit der Trennung angezweifelt und einer trügerischen Hoffnung auf ein Wiedersehen angehangen. Für einen Moment scheint es, als könnte diese Hoffnung in Erfüllung gehen, doch dann muss er feststellen, dass sich gar etwas Schlimmeres ereignet hat als ihr Tod: Sie fühlt sich nicht mehr der diesseitigen Welt zugehörig, die Bindung zu ihrem Vater ist durchbrochen. Dies lässt sich auch am Sprachgebrauch zeigen. Der Träumer und das Perlmädchen verwenden die Personalpronomen der ersten Person Plural mit unterschiedlicher Referenz: Für den Vater beziehen sich *we*, *oure* und *vs* stets auf ihn und seine Tochter, auf die irdische Kleinfamilie, in ihrem Gebrauch bezeichnen dieselben Pronomen die Gemeinschaft im Himmel, im Gegensatz zu den Menschen auf der Erde, etwa zu ihrem Vater.[274]

Der Erzähler findet seine Perle nicht nur an einem fremden Ort wieder, sie selbst ist ihm fremd geworden. Putter erläutert, dass nach mittelalterlicher Vorstellung die glücklichen Seelen von jeglicher unangenehmen Erinnerung geläutert sind und zitiert zum Beleg Otto von Freising:

> Sicut ergo sancti habebunt omnium, quae delectare possunt, plenam memoriam, sic nichil, quod officere possit, eorum tanget conscientiam, ut plene habeant, unde redemptori suo gratias agant (...).[275]

Das Perlmädchen der Vision ist nicht mehr diejenige, die er auf Erden als seine Tochter kannte, so lautet die bittere Einsicht des Erzählers. Sie begegnet ihm mit förmlicher Höflichkeit, kann aber seine Trauer nicht nachvollziehen. Sie behandelt ihn wie einen Fremden und weist ihn gefühlskalt auf seine Fehleinschätzungen hin:

| That juel, þenne, in gemmeʒ gente, | *in leuchtenden Perlen* |
| Vered vp her vyse wyth yʒen graye, | *erhob ihr Antlitz* |

[273] Die Phrase „by stok oþer ston" kann ferner als Beleg für die Diesseitsverbundenheit der Erzählerfigur in Denken und Sprachgebrauch gewertet werden.

[274] Putter, *An Introduction*, S. 178.

[275] Otto von Freising, *Chronica*, VIII, xxviii, zitiert aus Putter, *An Introduction*, S. 185: „So also werden sich die glücklichen Seelen vollständig an alles erinnern, was sie erfreuen kann, und so dringt nichts in ihr Bewusstsein, was ihrem Glück im Weg stehen kann, damit sie im Überfluss haben, wofür sie ihrem Erlöser Dank schulden."

Set on hyr coroun of perle orient,
And soberly after þenne con ho say:
Sir, ȝe haf your tale mysetente,[276]
To say your perle is al awaye (...)
(253-8)

Bis zum Ende der Vision klammert sich der Träumer an die Hoffnung, dass eine Wiedervereinigung mit der Tochter doch noch möglich sei. Er äußert Einwände gegen ihre Lehren und bemüht sich zugleich aufrichtig, seine diesseitige Denkweise ihrer jenseitigen anzupassen. An den Punkten, wo ihm dies nicht gelingt, wo die Differenzen zu offenkundig werden, wechselt er das Thema (z.B. beim Übergang von der fünfzehnten zur sechzehnten Strophengruppe). Dem enttäuschenden Verlauf der Begegnung und ihrem ausdrücklichen Verbot zum Trotz versucht er, eine Wiedervereinigung durch Überschreitung des Todesstromes zu erzwingen, eine Verzweiflungstat, die ihm freilich nichts nützt.

Trauert der Erzähler am Ende immer noch um seine verstorbene Tochter? Kann er ihrem Ratschlag folgen, sein Liebesverlangen auf Gott richten und sein Heil in der Religion suchen („Stynt of þy strot and fyne to flyte, / And sech hys blyþe ful swefte and swyþe"[277])? Wie oben beschrieben, fühlt sich der Erzähler beim Erwachen im Garten enttäuscht, frustriert und machtlos. Ihr neues Glück im Jenseits und ihre emotionale Kälte ihm gegenüber mehren nur seine Trauer. Er überantwortet seine Tochter dem Allmächtigen („And syþen to God I hit bytaȝte, / In Krystes dere blessyng, and myn"[278]), da sein Versuch, für sie weiterhin die Vaterrolle zu übernehmen, gescheitert ist. Er trauert am Ende des Gedichtes nicht mehr um seine verlorene „Perle", sondern um sich selbst. Der Erzähler gibt am Ende des Gedichtes seine Hoffnung auf Wiedervereinigung mit der Tochter auf – damit hat er aber zugleich den ersten Schritt in Richtung einer erfolgreichen Bewältigung seiner Trauer geschafft.

---

[276] V. 257: „Mein Herr, Eure Einschätzung beruht auf einem Missverständnis"
[277] V. 353/4: „Lass ab von dem Kampf, höre auf dich zu widersetzen / und suche so schnell wie möglich Sein Heil.
[278] V. 1207/08: „Und dann vertraute ich sie Gott an, / meinem und Christi Segen."

2.9 Die *Ars-moriendi*-Literatur

Eine Einordnung der *Ars-moriendi*-Literatur an hinterer Stelle innerhalb eines Kapitels zum Umgang mit dem Tod in christlicher mittelenglischer Literatur ergibt sich aus dem relativ späten Entstehungszeitraum der Texte (ab dem 15. Jahrhundert) und aus ihrer optimistischen Sicht, was die Chancen des sterbenden Sünders auf das Seelenheil betrifft. So erkennt Dennis Siy auf Grund der optimistischen Erwartungshaltung des Genres einen geistigen Zusammenhang der Texte mit den spätmittelalterlichen Moralitäten und geht in seiner Dissertation von 1985 gar so weit, Huizingas These von einem allumfassenden Heilspessimismus des ausgehenden Mittelalters mit Berufung auf das Todesverständnis jener beiden Textsorten zu hinterfragen.[279] Das Paradies befinde sich dank der göttlichen Gnade in Reichweite auch des sündhaftesten Menschen, von dieser Grundannahme geht *ars moriendi* aus, entscheidend sei allein, wie der Mensch die schwierigste Aufgabe seines Lebens, sein Sterben, meistere. Dabei wollen ihm die im 15. Jahrhundert aufkommenden Sterbebüchlein behilflich sein.

Als Entstehungsursache der Gattung nennt Mary Catharine O'Connor den Priestermangel im 15. Jahrhundert in Folge der Pestepidemien.[280] Ging man bislang davon aus, dass allein ein Geistlicher dem Sterbenden die Beichte abnehmen und ihm einen mit Gott versöhnten Tod ermöglichen könne, so ergab sich nun wegen der häufigen Abwesenheit eines Priesters die Notwendigkeit einer schriftlich fixierten und allgemein verständlichen „Anleitung zum Sterben" als Hilfe zur spirituellen Selbsthilfe des Sterbenden und seiner den Sterbeprozess begleitenden Freunde und Familie. Zusätzlich wollten die *Ars-moriendi*-Texte diejenigen, die noch mitten im Leben standen, dazu auffordern, sich möglichst langfristig auf den aus spätmittelalterlicher Sicht so fundamental wichtigen Moment im Leben eines Christen vorzubereiten. Ein Meilenstein in der literarischen Tradition der *ars moriendi* ist der vermutlich zwischen 1414 und 1418 im Auftrag des Konzils von Konstanz entstandene (anonyme) *Tractatus artis bene moriendi*. Dieser farblose, sprachlich ungelenke und inhaltlich widersprüchliche Traktat, der, so Nancy Lee Beaty, als literarisches Werk an sich kaum Beachtung verdient,[281] erwies sich als durchschlagender Erfolg und fand durch zahlreiche Übersetzungen in die Volkssprachen, ins Deutsche und Niederländische sowie in mehrere romanische Sprachen, Verbreitung über ganz

---

[279] Dennis Siy, *Death, Medieval Moralities and the Ars Moriendi Tradition*, University of Notre Dame (Diss.) 1985, S. 21.

[280] Sister Mary Catharine O'Connor, *The Art of Dying Well: The Development of the Ars moriendi*, New York 1942, S. 6/7.

[281] Nancy Lee Beaty, *The Craft of Dying: A Study in the Literary Tradition of the Ars Moriendi in England*, New Haven und London 1970, S. 36.

Europa.[282] Überlieferte englische Versionen sind die von David W. Atkinson edierten Texte *Crafte and Knowledge For to Dye Well* (anonym) und Caxtons *The Arte & Crafte to Know Well to Dye*, beide von ca. 1490. Einen entscheidenden Beitrag zur Verbreitung der „Kunst des Sterbens" spielten ferner die populären Blockbücher, die die theologischen Inhalte des *Tractatus* auf ein übersichtliches und der Allgemeinheit leichter zugängliches Maß reduzierten und die im zweiten Kapitel ausgeführten Versuchungen des Teufels und Abwehrstrategien von Moriens (,der Sterbende') mit Hilfe von Holzschnitten bildhaft darstellten.[283] Die Inhalte des *Tractatus* fanden in ganz Europa beispiellosen Anklang - Emile Mâle stellt fest, dass die Lehre von der Kunst des richtigen Sterbens in Frankreich sogar die Totentänze an Bedeutung übertraf.[284] Nancy Lee Beaty schlägt deshalb vor, den Erfolg der *ars moriendi* im Kontext des allmählichen Zerbröckelns des mittelalterlichen Weltbildes im 15. Jahrhundert zu betrachten, speziell der für die Epoche typischen religiösen Exzesse und Verzerrungen der christlichen Lehre. Die zentrale Stellung, die der Tod und die Schreckensvision ewiger Verdammnis in der spätmittelalterlichen Theologie einnehmen, könne auch als Reaktion der Kirche auf wachsende religiöse Indifferenz gedeutet werden.[285]

Bei seiner Darstellung der Entwicklung der *Ars-moriendi*-Tradition geht Dennis Siy auf zwei Texte ein, die er für die vorrangigen Quellen des *Tractatus* hält: ein Kapitel aus Heinrich Seuses mystischem Lehrwerk *Horologium Sapientiae* und ein Kapitel aus Jean Gersons *Opusculum Tripertitum* („De arte moriendi"). Siy konstatiert mit Blick auf seine Textauswahl ein im Lauf der Dekaden wachsendes Verständnis für die Lage des Sterbenden und zunehmende Effizienz der Texte als praktische Sterbehilfe.[286] Die Texte schildern den Sterbevorgang von Mal zu Mal optimistischer: Stellt Seuse noch einen verzweifelten Sterbenden dar, der selbst nicht mehr an die Möglichkeit seiner Rettung glaubt, so wendet sich Gerson, der langjährige Kanzler der Pariser Universität, an diejenigen, die dem Sterbenden beistehen wollen und gibt Anleitung zu praktischer Sterbehilfe. Der *Tractatus* verkündet zu Auftakt, dass jeder, selbst der größte Sünder, Gnade vor Gott finden kann, wenn er sich mit der richtigen Einstellung (und Anleitung) der Aufgabe seines Sterbens stellt, und die Blockbücher illust-

---

[282] O'Connor kommt zu dem Ergebnis, dass fast sämtliche überlieferte Versionen der *ars moriendi*, etwa dreihundert Handschriften sind erhalten, entweder vollständig oder zumindest auszugsweise von dem *Tractatus* abstammen.

[283] Bei Blockbüchern handelt es sich um in Buchform gefasste Folgen von Holztafeldrucken des späten Mittelalters mit kurzen Begleittexten, wobei immer eine Seite von einer Holztafel (Block) abgezogen wurde. Da jeder Bogen nur einseitig bedruckt werden konnte, wurden zwei Bögen aneinander geklebt, in der Mitte gefaltet und zusammengeschnürt. Die Blockbücher sind 1430-50 zumeist in Deutschland und den Niederlanden entstanden; Anfang des 16. Jahrhunderts wurden sie durch typographisch hergestellte Holzschnittbücher verdrängt.

[284] Emile Mâle, *L'Art religieux de la fin du moyen âge en France*, Paris 1908, S. 382.

[285] Beaty, *The Craft of Dying*, S. 37 und 43.

[286] Siy, *Ars Moriendi Tradition*, S. 22 f.

rieren schließlich den Sieg von Moriens über die Anfechtungen der Dämonen und den Aufstieg seiner Seele in den Himmel.

Der Dominikaner Heinrich Seuse adressiert sein *Büchlein der ewigen Weisheit* (1328) allerdings nicht an Sterbende oder Sterbebegleiter, sondern an die Mitglieder christlicher Ordensgemeinschaften ganz gleich in welcher Lebensphase. In seiner überarbeiteten lateinischen Version von 1334 (*Horologium Sapientiae*) fand das Werk Verbreitung in ganz Europa, in England dank der Übersetzung und Drucklegung von William Caxton, *Horologium Sapientiae or The Seven Poyntes of Trewe Wisdom*.[287] James M. Clerk preist den im Vergleich zur Nüchternheit späterer *Ars-moriendi*-Texte sprachlich und stilistisch reichhaltigen Text Seuses als ein „Meisterwerk der religiösen Literatur" und den Autor als den „Lyriker unter den [deutschen] Mystikern".[288] Dass sich mit diesem Adressatenkreis eine von den Sterbebüchlein des 15. Jahrhunderts abweichende spirituelle Zielsetzung verbindet, liegt auf der Hand, doch hebt Dennis Siy bei seiner Interpretation den Einfluss Seuses auf die Inhalte späterer *Ars-moriendi*-Texte und somit letztlich auf die mittelenglischen Moralitäten hervor. Vor allem der Autor von *The Pride of Life* teile sein Todesverständnis mit dem deutschen Mystiker.[289] Die grimmige Botschaft von Seuses Sterbekapitel lautet, dass dem sündigen Menschen in der Sterbestunde keine spirituelle Kehrtwende mehr gelingen kann, und dass Versuche einer Rettung seiner Seele in letzter Minute zum Scheitern verurteilt sind. Der dringliche Rat an den Menschen lautet also, die Vorbereitung auf den Tod nicht länger aufzuschieben und schon jetzt, auch wenn der Tod noch in weiter Ferne zu liegen scheint, mit Gott ins Reine zu kommen. Das Kapitel hat die Form eines Dialoges zwischen der Weisheit (Sapiencia) und ihrem Schüler (Disciple), dem im Lauf des Kapitels mit Hilfe einer Vision eines Sterbenden eine spirituelle Lektion erteilt wird. Die Weisheit lehrt, wie wichtig es ist, dass sich der Mensch beizeiten auf die letzten Dinge einstellt, damit ihn der oft unverhofft eintreffende Tod gut vorbereitet antrifft. Wenn der Mensch rechtzeitig damit beginnt, könne er die Kunst erfolgreichen Sterbens lernen – eine Doktrin, die zum Grundgedanken und Ausgangspunkt der *Ars-moriendi*-Literatur wird: „Þou schalte vndirstande þat hit is a science moost profitabil and passynge alle oþer sciences, forto kunne dye."[290] Um dem zweifelnden Schüler diese Lektion zu verdeutlichen, lässt die Weisheit ihn

---

[287] Ausgabe von Carl Horstmann, *Orologium Sapientiae or The Seven Poyntes of Trewe Wisdom*, Anglia 10 (1887), S. 323-89. Das Kapitel zum Sterben ist das fünfte, in Horstmanns Ausgabe S. 357-65.

[288] Im Original "A masterpiece of devotional literature" und "the lyric poet among the mystics", James M. Clerk, *The Great German Mystics Eckhart, Tauler and Suso*, New York 1949, S. 62 und 60.

[289] Siy, *Ars Moriendi Tradition*, S. 24.

[290] Horstmanns Ausgabe, S. 358. Seitenangaben im Text beziehen sich in der Folge auf diese Ausgabe.

mittels einer mystischen Vision am Sterben eines sündhaften und auf den Tod unvorbereiteten Mannes („the liknesse of a man diynge", S. 358) teilhaben. Dieser bereut angesichts des Todes seinen lasterhaften Lebenswandel bitterlich. Besser sei es für ihn gewesen, er wäre gar nicht erst geboren worden, denn nun sei er in die Falle des unverhofften Todes geraten:

> And þerfore I wepe not sorowynge [klagend über] þe dome [Urteil] of deth, but I wepe for þe harmes of vndisposed [unvorbereitet] dethe; I wepe not for þat I schalle passe hennes, but I am sory for þe harmes of þoo dayes þat ben passed vnprofitabil and withoute eny fruyte. (S. 359)

Wie konnte er sich nur zeit seines Lebens Nichtigkeiten hingeben anstatt sich aufs Sterben vorzubereiten? Dringlichst rät er Sapiencias Schüler, sich jetzt schon, während seiner Jugend, frommen Werken zu widmen, damit ihm ein ähnliches Schicksal erspart bleibe (S. 360). Der Schüler hält sich für klüger, gibt sich optimistisch und will dem Verzweifelten den Weg eines guten Todes weisen: Alle Menschen müssen sterben, meint er, doch Gott habe den Menschen nicht geschaffen, damit er zugrunde gehe. Er solle nun seine Sünden bekennen, Buße tun und den Allmächtigen um Gnade anflehen. Reue auf dem Sterbebett könne doch noch sein Seelenheil bewirken. Dazu ist der Sterbende jedoch nicht mehr in der Lage, da ihn die Todesangst lähmt:

> Loo I am so greetly feerid [ich habe so große Angst] with þe drede and horrour of deth and so bounden with þe bondes of deth, þat I maye not see or knowe what I schalle do; (S. 360)

Wie gerne würde er jetzt beten, doch dazu ist er nicht mehr in der Lage. Da empfindet der Schüler Mitleid mit dem sterbenden Mann und will wissen, was er tun soll, um einem solchen Schicksal zu entgehen. Er solle rechtzeitig seine Sünden bekennen, so der Sterbende, alle für die Seele schädlichen Dinge meiden und jeden Tag so leben, als sei dieser sein letzter. Er selbst fühle sich nun von der ganzen Welt im Stich gelassen.[291] Die Freunde des Körpers seien die Feinde der Seele. Nur wenige Menschen seien auf ihren Tod gut vorbereitet. Die allermeisten seien von eitler, überflüssiger Sorge um ihr physisches Wohlergehen geblendet und in irdischen Ambitionen verhaftet. Oh wie glücklich sei doch er, der Schüler, dem in dieser Vision die Einsicht in die Notwendigkeit rechtzeitiger Sterbevorbereitung vermittelt werde! Er könne sich von nun an auf seinen Tod einstellen und seine Seele könne einst den Weg zu Gott finden (S. 362). Nun sieht der Sterbende sein Ende gekommen und verzweifelt vor Angst angesichts

---

[291] Dennis Siy argumentiert anhand solcher Textstellen für eine geistige Verwandtschaft der *Ars-moriendi*-Tradition mit den etwa zeitgleich entstandenen Moralitäten (S. 23). Man denke z.B. an die erste Szenenfolge in *Everyman*, die darstellt, wie dieser nach und nach von jeglichem irdischen Beistand im Stich gelassen wird.

der Dämonen und schwarzen Teufelchen, die ihn nun umringen und schon nach seiner Seele greifen. Seine Hände werden steif, er wird leichenblass, seine optische Wahrnehmung verschwimmt. „Oh du gerechter Richter," klagt er, „wie hart ist dein Urteil über meine Sünden, wo ich doch nichts Schlimmeres getan habe als die meisten anderen, Sünden, die ich stets für lässliche gehalten habe!" (S. 363). Der Mann stirbt und sieht nun im Fegefeuer die armen Seelen wie Funken durch die Glut springen; der geringste Schmerz hier drunten, so lässt er noch von sich hören, übertreffe die größte irdische Pein. Am bedauerlichsten sei jedoch die Abwesenheit Christi.

Als die Erscheinung verschwunden ist, zittern dem Schüler vor Furcht noch alle Glieder, er dankt Sapiencia für die Belehrung und gelobt Besserung (S. 364). Er werde sich von nun an auf seinen Tod vorbereiten und seinen Lebenswandel korrigieren. Er bittet Gott gar um Strafe für seine Sünden hier im Diesseits, um jetzt schon einen Teil seines Schuldenkontos abtragen zu können. Wie töricht sei es doch bisher von ihm gewesen, die Gedanken an das Fegefeuer zu verdrängen. Die Weisheit lehrt ihn weiterhin, dass es eine wirksame Strategie für die Todesstunde sei, seine ganze Hoffnung auf die göttliche Gnade zu setzen und im Geiste die Passion Christi zwischen sich und den göttlichen Urteilsspruch zu stellen – ein Rat, der Eingang in den *Tractatus* findet. Doch nun könne er wieder zuversichtlich sein, denn die Furcht vor Gott sei der Beginn der Weisheit:

O how blessid is hee þat seeþ byfore and purueyeþ [trifft Vorkehrungen] for þese laste thynges and kepith hym fro synne and doþ after þy cownseyle [Rat] & in alle tyme disposith hym to þis laste houre! (S. 365)

Ein gottgefälliges Leben und rechtzeitige Vorbereitung auf den Tod sind Seuse zufolge unabdingbare Vorraussetzungen für eine erfolgreiche Bewältigung der Sterbestunde. Die Möglichkeit einer Rettung der Seele in letzter Minute auf dem Sterbebett wird ausdrücklich negiert, insofern unterscheidet sich die Sichtweise des *Horologium Sapientiae* deutlich von der optimistischeren Perspektive späterer *Ars-moriendi*-Texte. Seuse konzipiert sein Werk nicht als spirituellen Ratgeber zur Bewältigung der Sterbestunde, sondern als Lehrwerk zur Unterweisung der Gläubigen, speziell der Mitglieder einer Ordensgemeinschaft.

Eine weitere Quelle für den *Tractatus artis bene moriendi* ist das praktischer Sterbehilfe gewidmete Kapitel „De arte moriendi" aus Jean Gersons *Opusculum Tripertitum*. Der Verfasser übte als langjähriger Kanzler der Pariser Universität (1395 bis 1429) nachhaltigen Einfluss auf den theologischen Diskurs und auf kirchenpolitische Auseinandersetzungen (etwa das Große Schisma) seiner Zeit aus, er verfasste zahlreiche Traktate und Predigten auf Latein sowie in der Volkssprache. Sein *Opusculum* blieb bis ins 18. Jahrhundert als Referenzwerk für den französischen Klerus in Gebrauch.[292] Seine Ausführungen im Sterbekapitel unterscheiden sich vor allem darin von Seuses Lehrwerk zur Mystik, dass er sich direkt mit der Situation des Sterbenden befasst und optimistisch davon ausgeht, dass sich ein guter Wille des Menschen während seiner letzten Minuten durchaus noch positiv auf das Schicksal seiner Seele nach Eintritt des Todes auswirken kann. Er richtet den Großteil seiner Ratschläge jedoch nicht an Moriens, sondern an diejenigen, die sich am Sterbebett versammelt haben, um ihm Sterbehilfe zu leisten. Er adressiert also weniger die emotionalen Bedürfnisse von Moriens, sondern formuliert seine Instruktionen eher als praktischen Rat zur Sterbeassistenz. Idealerweise solle sich ein Geistlicher mit am Sterbebett befinden, doch empfehle es sich für den Gläubigen zu Beginn des 15. Jahrhunderts, einer Zeit, in der häufig kein Pfarrer zur Verfügung stand und wo einem an einer ansteckenden Krankheit Dahinsiechenden oft überhaupt keine Sterbehilfe gewährt wurde, sich möglichst bald mit Gersons Instruktionen vertraut zu machen, auch wenn der Tod noch in weiter Ferne zu sein scheine.

In der ersten Sektion adressiert Gerson noch den Sterbenden selbst und fordert ihn auf, Gott für alles Gute in seinem Leben zu danken. Er solle die Schmerzen des Todeskampfes duldsam ertragen und hoffen, dass sie ihm nach dem Tod von seinen Leiden im Fegefeuer abgezogen werden. Er solle sich nun einzig auf das Heil seiner Seele konzentrieren und sich nicht von irdischen Belangen ablenken lassen, denn diese könnten ihm im Jenseits nichts mehr nützen. Beide Empfehlungen werden von dem Autor des *Tractatus* übernommen, ebenso die Fragen der zweiten Sektion, die die Sterbeassistenten an Moriens richten sollen, solange er noch bei Bewusstsein ist und antworten kann, notfalls mit einer einfachen Geste. Der Sterbende soll gefragt werden, ob er Gott um Vergebung seiner Sünden und um Gnade bittet, ob er sich seiner Sünden bewusst ist, ob er bereit wäre, seine Verfehlungen wieder gut zu machen, sollte ihm Zeit dazu bleiben, ob er seinen Mitmenschen ihre Sünden ihm gegenüber vergibt und ob er diese selber um Vergebung bittet. Eine dritte Sektion formuliert Gebete an Gott, Christus, die Hl. Maria und die Engel, die mit bzw. für den Sterbenden gesprochen werden sollen. Im Gegensatz zu Seuse hebt Gerson die Bedeutung von Christi Sühnetod am Kreuz für die Rettung der menschlichen Seele hervor. Der Pariser Theologe entwirft damit erstmalig ein Muster für einen positiven Verlauf des Sterbeprozesses und formuliert Instruktionen, Fragen und Gebete, die in der Folge zum festen Bestandteil der *Ars-moriendi*-Literatur werden.

Der als *Crafte and Knowledge For to Dye Well* betitelte Traktat von ca. 1490 ist eine anonyme englische Version des *Tractatus artis bene moriendi*. Der Text wurde erst kürzlich von David W. Atkinson im Rahmen einer Gesamtdarstel-

---

[292] Die Informationen zu Gersons *Opusculum* wurden der Arbeit von Dennis Siy entnommen, S. 36f.

lung der englischen *Ars-moriendi*-Tradition neu herausgegeben.[293] Dabei handelt es sich dem Urteil Mary Catharine O'Connors zufolge um ein simples „conduct-book (...) comparable to contemporary works on hunting and hawking or on the table manners for children" (S. 2 und 5). Der Text ist in sachlichnüchternem Stil verfasst und sprachlich wenig elegant, es häufen sich feste Phrasen („holy chirch", „synfull wrech") und Synonymdoppelungen („hope and confidence", „ferefull and horrible", „grevouce and grete", „abyde and persevyr"). Obendrein muss sich der Traktat inhaltliche Inkonsequenz vorhalten lassen: Dem Sterbenden wird versichert, dass aufrichtige Reue selbst in letzter Minute noch eine spirituelle Kehrtwende bewirken kann, die am Sterbebett Anwesenden hingegen sollen glauben, dass die Schmerzen der Todesstunde einen solchen Wandel verbieten. Der spätmittelalterlichen Konzeption des Todes fügte der Text nicht viel Neues hinzu. Dennoch initiierte dieses Nancy L. Beaty zufolge „magere" Werk eine sich über Jahrhunderte erstreckende Tradition von Sterbeliteratur und sein Einfluss sei noch in Werken des 17. Jahrhunderts erkennbar.[294] Das erste Kapitel, das sich als „a commendation of dethe and kunninge to dye well" ankündigt, warnt unter Berufung auf Aristoteles vor dem körperlichen Tod als der schlimmsten Sache, die dem Menschen zustoßen kann, und fügt hinzu, dass der spirituelle Tod, gar noch schrecklicher sei, wo doch die Seele um so viel wertvoller sei als der Körper. Der Tod des Sünders sei fürchterlich, der Tod eines rechtschaffener Menschen jedoch sei kostbar in den Augen Gottes, so die Psalmen.[295] Für diejenigen, die ein gottgefälliges Leben führen, sei der Tod:

> nothyng elles but agoyng [ne. a going] owte off pryson and endyng off exyle, and dyschargyng off an heuy burden that ys the body, fynysshyng of all infyrmytees [Krankheiten], escapyng off all perylles, destroyyng off all euell thynges, brekyng of all bondys, payinge off all dette off naturall dewte [Pflicht], tornyng ayene [zurück] in to hys contre and enteryng in to blysse and ioye. (S. 2)

Der Mensch solle deshalb seinen Tod willkommen heißen, die begleitenden Schmerzen geduldig ertragen und sich dem göttlichen Willen fügen, denn gut zu sterben bedeute unter Berufung auf Seneca in erster Linie froh und willentlich zu sterben („bene mori est libenter mori", 61. Brief an Lucillus). Die Kunst des

[293] David W. Atkinson, *The English ars moriendi*, New York 1992, S. 1-20. Atkinson entnimmt den Text der Hs Harley 1706 f. 26. Frühere Ausgaben stammen von Carl Horstmann, "The Boke of the crafte of dying", in: *Yorkshire Writers: Richard Rolle of Hampole and his Followers*, London 1896, und von F.M. Comper, *The Book of the Craft of Dying*, New York 1917.
[294] „A remarkably meager work", Beaty, *The Craft of Dying*, S. 6 und 7.
[295] *Crafte and Knowledge For to Dye Well*, in Atkinsons Ausgabe S. 1. Die Psalmen, auf die der Text Bezug nimmt, sind die Nummern 49, 55 und 116 (Lutherbibel).

Sterbens läge darin, sich zeit seines Lebens für den Tod bereit zu halten, damit dieser den Menschen gut vorbereitet antrifft und von ihm wie ein lange ersehnter Freund empfangen werden kann (S. 3). Dem Autor der *Crafte*, der im Gegensatz zu Seuse optimistisch davon ausgeht, dass auch derjenige, der erst auf dem Sterbebett zur Einsicht kommt, noch auf den Himmel hoffen kann, ergibt sich nun das Dilemma, wie er dem Sünder die gute Nachricht des Neuen Testamentes von der Vergebung der Schuld überbringen soll ohne dabei die moralische Ordnung einer Gesellschaft zu unterwandern, die davon ausgeht, dass Verstöße gegen Gottes Gebot, wenn schon nicht im Diesseits, dann doch im Jenseits geahndet werden. Der Autor verspricht demjenigen, der sich erst angesichts des Todes Gedanken über sein Seelenheil macht, das Paradies, will aber in demselben Traktat die anderen Gläubigen mit der Warnung vor dem Tod zu Reue, Buße und innerer Umkehr bewegen.

Das zweite Kapitel warnt den Gläubigen vor den fünf großen Versuchungen der Todesstunde, bedrohlicher als alles, was ihm zu Lebzeiten je zugesetzt haben mag. Dieser Katalog kristallisiert sich im Lauf der Geschichte von *ars moriendi* als der prägnanteste und nachhaltig wirksamste Teil des Traktates heraus, die Blockbücher rücken die Versuchungsszenen mit Hilfe von Illustrationen auch visuell ins Zentrum der Lehre.

Obige Abbildung aus einem französischen Sterbebüchlein des 15. Jahr-hunderts[296] zeigt, wie sich der Teufel dem Sterbenden nähert in der Hoffnung, sich dessen Seele zu schnappen, wenn sie die göttliche Gnade verfehlt.

Das zweite ist auch das umfangreichste Kapitel der *Crafte*, es nimmt etwa ein Drittel des Gesamtumfangs ein (etwa 3250 von etwa 10500 Wörtern).[297] O'Connor hält diesen Teil für den distinktiv eigenen Beitrag des Autors zum thematischen Repertoire der *Ars-moriendi-Literatur*.[298] Beaty zufolge handelt es sich dabei um das Herzstück der Lehre des Traktates (S. 18). Die erste Versuchung ist die des Glaubenszweifels. Ein starker Glaube sei in der Sterbestunde von fundamentaler Bedeutung, denn dieser sei die Grundvoraussetzung für das Seelenheil: „fundamentum aliud nemo potest ponere",[299] zitiert das Traktat aus dem Hebräerbrief des Apostels Paulus (11:1). Ohne den Glauben könne der Mensch nicht zu Gott gelangen, so Paulus weiterhin. Die Treue zur Kirche bildet aus Sicht der *Crafte* einen ebenso zentralen Bestandteil der christlichen Identi-tät, der Gläubige solle sich bis zu seinem Tod gehorsam zu den Statuten der römischen Kirche bekennen (S. 4). Diese Warnungen werden mit dem Trost kompensiert, dass der Teufel dem Gläubigen keinen Schaden zufügen kann, wenn dieser nicht bei vollem Bewusstsein zustimmt. Macht über die Seele könne der Teufel nur ausüben, wenn der Mensch willentlich seinen Einflüste-rungen Gehör schenke. Der Christ solle sich am Beispiel des Glaubens der alttestamentarischen Patriarchen ein Beispiel nehmen, an Abraham und Isaac, Jakob, Hiob und Naab.

In der Beschreibung der zweiten Versuchung, dem Verzweifeln („despair") an der Möglichkeit der Rettung, liegt der entscheidende Unterschied zur Botschaft des Sterbekapitels des *Horologium Sapientiae*. Bei Seuse bleibt dem reuigen Sünder auf dem Sterbebett keine Aussicht auf Rettung, der Autor der *Crafte* hingegen verurteilt jeglichen Zweifel an der Wirksamkeit der gött-lichen Gnade – selbst im Falle des schlimmsten Sünders – als eine grobe Fehl-einschätzung, zu der sich der Sterbende auf keinen Fall hinreißen lassen darf. Der Teufel hält Moriens in seinen letzten Momenten alle ungebeichteten Sünden vor und versucht damit, ihn zur Verzweiflung zu bringen, doch es gilt die Zu-sage Gottes, auch in letzter Minute dem reuigen Sünder noch zu verzeihen:

> But therfore ther shall no man dispayre [verzweifeln] in no wyse, ffor, though any man or woman had doo as moch theftos and manslaughtres or as many other synnes as been droppes of water in the see & grauell-stonys in the stronde, yef he hadde neuer do noo penaunce for hem before, ne neuer had be schryven [gebeichtet] off hem tofore, neyther mayth [ne.

---

[296] *La Science de bien Mourir*, Abbildung aus Thomas S. Boase, *Death in the Middle Ages. Morality, Judgement and Remembrance*, London 1972, S. 120.
[297] Zahlen aus Beaty, *The Craft of Dying*, S. 18.
[298] O'Connor, *The Art of Dying Well*, S. 27-9.
[299] In Atkinsons Ausgabe S. 3.

might] haue noo tyme for seekenes or lak off speche or shortenes off tyme
to be shryuen off theym, yet shuld he neuer dispeyre, for in suche a case
verrey [wahre] contricion off hert withyn, with wyll to be schryuen yeff
tyme suffysyd, ys suffysaent [ausreichend] and accepte to God for to saue
hym with euerlastyngely. (*Crafte*, S. 5)

Gott sei vielmehr beleidigt, wenn der Mensch in der Sterbestunde sein Angebot
der Gnade anzweifle, und die Sünden eines Zweiflers würden vor dem Jüngsten
Gericht nur um so größer erscheinen. Zahlreiche Beispiele aus dem Neuen
Testament belegen uns Gottes Bereitschaft, Sünden zu vergeben, etwa dem
Petrus, der seinen Herrn dreimal verleugnete, dem Paulus, der die junge
Christengemeinde verfolgte, dem Zöllner Matthäus, der Maria Magdalena und
vielen mehr.

Die Ungeduld („impatience") des
Sterbenden angesichts der Schmerzen des
Todeskampfes, der dritten Versuchung, wird
verurteilt als ein Zeichen mangelnder Bereitschaft des Menschen, sich dem göttlichen
Willen zu fügen. Gott rechne uns unsere Pein
während der Sterbestunde als Buße für unsere
Sünden an, eine in Hingabe an Gott erduldete
Krankheit lasse sich von der Zeit im Fegefeuer abziehen. Es sei ein Gnadenerweis,
wenn uns Gott zu Lebzeiten zeitliche Strafen
für unsere Sünden schicke anstelle ewiger
Strafe im Jenseits. Obige Abbildung zeigt
hingegen einen ungeduldigen Moriens, der
seinem Arzt einen Tritt mit dem Fuß verpasst
und dabei den Tisch zum Umfallen bringt.[300]
Bei der Ungeduld handle es sich außerdem um das Gegenstück der *caritas*, einer
dem Apostel Paulus zufolge zur Rettung der Seele unabdingbaren Tugend. Die
Nächstenliebe sei geradezu der Inbegriff christlicher Geduld („caritas paciens
est [et] omnia suffert", S. 7). Beaty kritisiert an diesem Absatz den Mangel an
Ideen in Relation zu den vorhergehenden Sektionen und das Fehlen von Veranschaulichung. Auch der Umgang mit den „Autoritäten" der Bibel, der Schriften
klassischer Autoren und der Kirchenväter lasse an dieser Stelle zu wünschen
übrig, da der Autor hier lediglich anstatt wie bei der Beschreibung der ersten
beiden Versuchungen eine eigenständige Argumentationsweise entwickle (S.
14).

Die vierte Versuchung ist der Stolz des frommen Christen auf die eigene
Rechtschaffenheit („complacence or pleasaunce off a man that he hathe in hem

---

[300] Abbildung ebenfalls aus Th. S. Boase, *Death in the Middle Ages*, S. 120.

selfe, that ys spyrytual pryde"), die Versuchung, mit der Satan gerade dem nahezu perfekten Christen, dessen Glaubensfestigkeit er nichts anhaben könne, auf dem Sterbebett massiv zusetze. Das Traktat zitiert dazu erstmalig Worte, die der Verführer dem sterbenden Christen ins Ohr raunt: „O how stable arte thow in the feyth, how stronge in hoope, how sadde [ernst] in pacyence, O how many good dedys [Taten] hast thow doen" (S. 7). Um diese Versuchung abzuwehren, rät der Autor der *Crafte* unter Berufung auf den Hl. Isidor und den Hl. Gregor, soll sich der Sterbende von seinen guten Taten distanzieren, sich selbst erniedrigen und demutsvoll seiner Sünden gedenken. Er solle dabei aber nicht etwa in das Gegenteil der Verzweiflung fallen, sondern sich erneut auf die göttliche Gnade besinnen. Gott wolle weder den Tod des Menschen noch die Verdammung des Sünders, sondern dass sich dieser zu ihm bekehre und gerettet werde. Der Christ solle sich am Verhalten des Hl. Antonius ein Beispiel nehmen, der sich angesichts der Versuchung des Teufels erst selbst erniedrigte und sich dann in der Hoffnung auf Gnade wieder aufrichtete und dadurch den Teufel besiegte.

Die fünfte und letzte Versuchung betrifft das Nicht-loslassen-Wollen des Sterbenden von seinem irdischen Besitz („avarice") und seine Verbundenheit mit seinen Freunden und Familienmitgliedern, die er zurücklässt. Der Mensch solle sich, so der Rat der *Crafte*, in seiner Sterbestunde auf sein Seelenheil konzentrieren und sich ganz dem göttlichen Willen überlassen, die Beschäftigung mit irdischen Belangen könne ihn nur von diesem Ziel ablenken. An keiner Stelle wird der Kontrast zwischen der spätmittelalterlichen „Kunst des Sterbens" und unserem heutigen Umgang mit dem Sterben augenfälliger als an diesem Gedanken: Dem Rat an den Sterbenden, sich von seinem irdischen Besitz zu distanzieren, können wir zustimmen, nicht jedoch der Aufforderung, nahestehende Menschen und deren Abschiedsschmerz mit Blick auf die Zukunft der Seele bewusst zu ignorieren. Auch dieser Abschnitt ist Beaty zufolge mager ausgefallen, denn der Autor hat es versäumt, auf die Verlockungen der Welt, ein Lieblingsthema mittelalterlicher Literatur, näher einzugehen (S. 16). Der Autor bringt das zweite Kapitel zu einem Ende, indem er den Sterbenden nochmals ausdrücklich davor warnt, sich an die Hoffnung zu klammern, doch noch mit dem Leben davonzukommen. Er versichert seinem Lesepublikum erneut, der Teufel könne keine Macht über den Sterbenden ausüben, wenn dieser nicht bei vollem Bewusstsein dessen Einflüsterungen beipflichte. Wenn sich der Gläubige demutsvoll erniedrige und sich ganz dem Willen Gottes anvertraue, dann sei ihm der Sieg über die Versuchungen des Bösen, über die Schmerzen der Sterbestunde und über den Tod gewiss.

Das dritte Kapitel formuliert sieben Fragen, die an den Sterbenden gerichtet werden sollen, um ihm spirituelle Orientierung zu geben und seine Aussöhnung mit Gott zu erleichtern. So wird Moriens gefragt, ob er sich freue, im Glauben an Christus sterben zu können, ob ihm bewusst sei, dass er nicht so gelebt habe, wie er hätte leben sollen, ob er dies bereue, ob er bereit sei, sich zu bessern, sollte er wieder genesen, ob er bereit sei, all denen vollständig zu ver-

zeihen, die sich an ihm versündigt haben, ob er bereit sei, jegliches unrecht-
mäßig erworbenes Gut zurückzuerstatten, selbst wenn dies bedeuten sollte, dass
er damit sein gesamtes Hab und Gut verliere und zuletzt, ob er daran glaube,
dass Christus für ihn gestorben sei und dass er allein dank Christi Passion gerettet werden könne und ob er Gott deshalb aus ganzem Herzen dankbar sei. Der
Sterbende, von dem erwartet wird, dass er alle Fragen affirmativ beantwortet,
solle nun zu Gott beten:

> I putte the dethe off oure Lord Ihu Cryste betwene me & my euyll dedys,
> betwene me and thy jugement, (…) betwene me and mine euyll merytes,
> and (…) betwene me and thy ryghtwysnes. (…) in manus tuas dominus
> commendo spiritum meum, into thy handes I comytte my sowle. (S. 9)

Diese weitgehend Gersons Kapitel „De arte moriendi" entlehnte Fragesequenz
schreitet von der Anerkennung der Sündhaftigkeit des Menschen zur freudigen
Akzeptanz der Erlösung durch Christi Tod am Kreuz.[301] Die erste und die letzte
Frage wollen testen, ob der Sterbende bereit ist, Christi Erlösungswerk auf sich
und sein Sterben zu beziehen, ob er zum Kreise derer gehören will, deren Tod,
wie zu Beginn des Traktates ausgeführt, „wertvoll ist in den Augen Gottes".
Fragen zwei bis sechs wollen klären, ob Moriens aufrichtig bereut und bereit ist,
angesichts des Todes sein Verhältnis zu seinen Mitmenschen zu bereinigen.
Nancy L. Beaty fällt der Nachdruck auf, mit dem die Sequenz die Möglichkeit
der Erlösung auf Grund guter Taten bestreitet und Christi Passion als den einzigen Grund der Hoffnung gelten lässt (S. 21). Die Gebetsformel, die dem Sterbenden helfen soll, sich ganz auf Christi Tod zu konzentrieren, erweckt fast den
Eindruck, Christus habe im Tod nicht nur das Böse, sondern auch die göttliche
Gerechtigkeit besiegt.

Das vierte Kapitel empfiehlt dem Sterbenden, die letzten fünf Handlungen
Christi am Kreuz nachzuahmen. Der Überlieferung zufolge betete Christus, er
schrie auf, weinte, überantwortete seine Seele dem Vater und gab willentlich
seinen Geist auf. Auf die Situation des Sterbenden übertragen bedeute dies, er
solle still beten, denn dem Hl. Isidor zufolge sei es besser, still und aufrichtig zu
beten als laut und ohne dabei innerlich Anteil zu nehmen. Er solle in seinem
Inneren aufschreien, weinen und seine Sünden bereuen. Dann soll er seine Seele
Gott anvertrauen und zuletzt wie Christus willentlich sterben. Sofern er dazu
noch in der Lage sei, solle er eine Reihe vorformulierter Gebete an Gott,
Christus, die Jungfrau Maria und die Engel sprechen – der Hl. Geist tritt in dem
spätmittelalterlichen Traktat nicht in Erscheinung. Gott solle er um Gnade bitten, Christus um Rettung der Seele und um Beistand, die Hl. Maria um Fürsprache bei Gott und die Engel um Abwehr der Teufel und um Geleitschutz der
Seele auf ihrem Weg in den Himmel. Auch an die Apostel, Märtyrer, Bekenner

---

[301] Beaty, *The Craft of Dying*, S. 20.

und Jungfrauen solle er seine Bitten richten, und ganz besonders an den Heiligen, den er zur Zeit seiner Gesundheit am meisten verehrt habe. Die Konzentration auf den präzisen Moment des Todes ist typisch für die spätmittelalterliche Theologie.[302] Die letzten Handlungen Christi am Kreuz werden zur Vorlage für ein ritualisiertes christliches Sterben. Auch in seiner Zahlensymbolik (fünf letzte Handlungen, dreimaliges Aufsagen bestimmter Gebete), im Glauben an die Wirksamkeit des rituellen Gebetes, in der Wertschätzung der Heiligen, der Missachtung des Hl. Geistes und in dem Bemühen, aus dem Leben Christi präzise Handelsnormen für den Christen abzuleiten ist insbesondere das vierte Kapitel ein typisches Produkt seiner Zeit.

Das fünfte und das sechste Kapitel richten sich an die beim Sterbeprozess Anwesenden. Diese werden einerseits dazu aufgefordert, ihrem Mitchristen bei der Bewältigung seiner schwierigen Aufgabe den richtigen Beistand zu leisten, andererseits sollen sie sich ihrer eigenen Sterblichkeit bewusst werden, sich die spirituellen Ängste des Sterbenden ein warnendes Beispiel sein lassen und die Situation zum Anlass nehmen, sich von nun an auf ihren eigenen Tod vorzubereiten, auch wenn dieser noch in weiter Ferne zu liegen scheint. Als praktische Sterbehilfe empfiehlt das fünfte Kapitel den Anwesenden, Moriens ein Kruzifix vor Augen zu halten, oder ein Bildnis der Jungfrau oder seines Lieblingsheiligen und das Sterbebett mit Weihwasser zu besprenkeln, um die Dämonen fern zu halten. Nur falsche Freunde, darauf hat Gerson schon aufmerksam gemacht, versuchen, den Sterbenden aufzuheitern, indem sie ihm trügerische Hoffnungen auf baldige Genesung machen. Diese Art von „Beistand" setzt das Seelenheil von Moriens aufs Spiel. Wahre Freunde hingegen halten ihm den Ernst seiner Lage vor Augen und drängen ihn dazu, mit Gott ins Reine zu kommen (S. 14). Besser sei es, den Sterbenden auf seine Verfehlungen aufmerksam zu machen, ihn in einen Zustand „heilsamer Angst" („holsom feare and drede", S. 15) zu versetzen und dadurch seine Aussicht auf Rettung seiner Seele zu verbessern, als ihn durch sinnlose Schmeichelei der Verdammnis anheim fallen lassen. Ausgerechnet seine besten Freunde, seine Frau und seine Kinder, sowie seinen Besitz, solle man in der Sterbestunde von ihm fern halten. Diese wären ihm bei der Bewältigung seiner schwierigen Aufgabe eher ein Hemmnis (S. 15). Beaty vermutet, dass solcher Rat aus der seelsorgerischen Praxis Eingang in die *Ars-moriendi*-Literatur fand. Den Geistlichen war es wohl ein Anliegen, lärmende Verwandte und lautstark weinende Familienmitglieder von der Sterbeprozedur fernzuhalten, da diese womöglich den rituellen Ablauf gestört hätten. Insbesondere die Aufforderung an Moriens, auf halblegale Weise erworbenen Besitz auf dem Sterbebett zurückzuerstatten, könnte zu störendem Protest von Seiten der Erben geführt haben (S. 30).

Der Autor der *Crafte* ermahnt noch diejenigen, die sich zur Sterbeassistenz eingefunden haben, einen frommen Gesinnungswandel eben nicht auf

---

[302] Beaty, *The Crafte of Dying*, S. 24.

den letzten Moment zu verschieben (S. 16). Ohne aufrichtige Reue sei eine Umkehr in der Sterbestunde nicht möglich, denn mit der Zunahme der Schmerzen werde es immer schwieriger, sich auf Gott und das Heil der Seele zu konzentrieren:

> Be leve [glaube] me therof that, whan dethe or grete sekenes falleth vpon the, deuocion passeth oute ffro the. (...) Therffore yeff [ne. if] thow welt nat be dissayued [getäuscht] nor erre, yef thou welt be sure, do besyly what thow mayste [kannst] whyle thow art in heele & hast the vse & ffredom of thy wyttes and reason well dysposed, and whyle thow may be mayster of thy selfe and off thy dedys. (S. 16)

Die „Kunst des Sterbens" soll man lernen, solange man noch mitten im Leben steht, mahnt das Traktat, und die beim Sterbevorgang Anwesenden sollen sich dessen bewusst sein, dass sie sich selber vielleicht schon bald in ähnlicher Lage wiederfinden werden.

Die Gebete des sechsten Kapitels decken sich inhaltlich weitgehend mit denen des vierten. Sie sind jedoch umfangreicher und sollen von den Umstehenden zum Wohle der Seele des Sterbenden bzw. des soeben Verstorbenen gesprochen werden. Eine Neuerung stellen lediglich die letzten beiden Gebete dar, an Moriens gerichtete Geleitwünsche („I commende the to almyghty God ...", S. 19). Das erste nimmt die Hoffnung auf Rettung der Seele vor der Verdammnis und auf Aufnahme ins Paradies zum Anlass, zeittypische Höllenvisionen in ihrem gruseligen Detailreichtum anzuzitieren und diesen einen erhofften Empfang der Seele im Himmel entgegen zu stellen, während das zweite („Go Crysten soule owte of thys worlde ...") mit einer traditionsreichen liturgischen Formel, aus der ein heilsgeschichtlicher Optimismus früherer Epochen (8. Jahrhundert) spricht, die Seele förmlich aus der Welt verabschiedet. Der Autor kennt, fällt Beaty auf, nur die beiden emotionalen Extreme der Furcht vor der Hölle und der Vorfreude auf das Paradies, ein zeittypisches Phänomen, das schon Huizinga beschrieben hat.[303] Die Bedeutung der Sterbestunde, deren Verlauf aus Sicht spätmittelalterlicher Theologie bei der Urteilsfindung vor dem göttlichen Gericht eine entscheidende Rolle spielt, wird dadurch erheblich gesteigert, was freilich im Interesse des Verfassers eines Traktates zur erfolgreichen Bewältigung der angeblich schwierigsten Aufgabe im Leben des Christen liegt.

---

[303] Nancy L. Beaty, *The Art of Dying Well*, S. 35 und Johan Huizinga, *Herbst des Mittelalters*, S. 176, siehe dazu 1. Kapitel, S. 12f.

2.10 Der Tod im mittelenglischen Drama

2.10.1 Mysterienspiele

Die Mysterienspiele dramatisieren die biblische Heilsgeschichte von der Schöpfung bis zum Jüngsten Gericht. Im Zentrum stehen dabei Leben und Passion Christi, der Stoff der vier Evangelien. Thema dieses Kapitels sei jedoch nicht die Darstellung von Tod und Auferstehung des menschgewordenen Gottes, das Erlösungswerk des Heilands mit seinen theologischen Prämissen und Folgerungen, sondern das menschliche Sterben, der Tod als menschliches Schicksal, als Teil der *conditio humana*. Nicht die Mysterienspiele, sondern die spätmittelalterlichen Moralitäten stehen deshalb im Zentrum des Interesses. Ein Mysterienzyklus, der *The N-Town Play*,[304] thematisiert jedoch im Rahmen der Dramatisierung des Lebens Christi auch menschliches Sterben in den Szenen vom Tod des Herodes und vom Tod und der Auferstehung des Lazarus. Diese beiden Szenen stellen menschliches Sterben aus unterschiedlichen Perspektiven dar: Herodes wird zur Strafe für seine Missetaten vom Tod überwältigt; in der Sterbeszene des Lazarus werden die Trauer seiner Schwestern und die aufdringlichen Tröstungsversuche von vier Verehrern Marthas und Magdalenas geschildert. Das Todesverständnis von *The Death of Herod* (Ausgabe Spector S. 187f.) harmoniert mit der Grundhaltung mittelenglischer Todeslyrik (Tod und Verdammnis sind die Strafe für den sündigen Menschen) und Hagiographie (Gott straft die Gegenspieler der Heiligen) und das Auftreten der Todesfigur nimmt entsprechende Szenen der Moralitäten (*Castle of Perseverance* und *Everyman*) vorweg. Die Trauer um den verstorbenen Bruder in *The Raising of Lazarus* (Ausgabe Spector S. 230 f.) führt hingegen die Thematik von *Pearl* fort. Die Unterscheidung zwischen angemessenem und fehlgeleitetem Sterbebeistand in letzterer Szene lässt ferner den Einfluss der zeitgleich entstandenen *Ars-moriendi*-Literatur erkennen.

Zuerst zur Sterbeszene des Herodes: Der Tod, Instrument göttlicher Rache, tritt ausgerechnet in dem Moment auf, als Herodes am wenigsten mit ihm rechnet und mit seinen Soldaten und Höflingen seinen vermeintlichen Triumph über den Rivalen Christus zelebriert. Bevor der Tod den gottlosen König zu Fall bringt, bekräftigt er seinen Machtanspruch über die Menschheit:

> Þer is no lord lyke on lyve to me wurth a toost
> Nother kyng nor kayser in all þis worlde abought! (…)
> Þer xal be neythe[r] kayser nere knyge
> But þat I xal hem down dynge   *niederschlagen*
> Lesse þan he at my byddynge   *damit*

---

[304] Ausgabe von S. Spector, EETS SS 11 und 12 (1991).

Be buxum to myn honde.[305]   *gefolgsam, hörig*

Das Festbankett ist angerichtet, verkündet der Seneschall. Herodes fordert seine Soldaten, die ihm blasphemisch ihre Verehrung („wurchepp") anbieten, auf kräftig zuzulangen. Nie in seinem Leben, so meint Herodes, sei er so glücklich gewesen wie jetzt. Just in diesem Moment wird der Erzschurke vom Tod ereilt. Von der Bühnengesellschaft unbemerkt tritt Mors auf und wendet sich vorerst an die Zuhörer. Herodes' stolze Worte werden als Prahlerei entlarvt. Sein Vorhaben, das Christuskind zu töten, ist trotz seiner Grausamkeit, dem Mord an den unschuldigen Kindern, gescheitert. Der Tod stellt sich vor als Gottes Bote, ausgesandt, um Herodes für seine Verbrechen und seinen Hochmut zu bestrafen:

> I am Deth Goddys masangere
> Allmyghty God hath sent me here
> ȝon lordeyn to sle withowtyn dwere   *ohne Furcht*
> For his wykkyd werkynge.
> I am sent fro God; Deth is my name.
>   (177-81)

In seiner Funktion als Instrument der göttlichen Gerechtigkeit rückt er sich in ein positives Licht. Seine Selbststilisierung zum Boten Gottes nimmt den Auftritt der Todesfigur in *Everyman* vorweg. Sein Machtanspruch auf die gesamte Schöpfung erinnert jedoch an den Hochmut der Todesfigur von *Death and Liffe*:

> Allthynge þat is on grownd I welde at my wylle   *beherrsche*
> Both man, and beste, and byrdys wylde and tame,
> Whan þat I come them to with deth I do them kylle.
>   (182-4)

Die Bestrafung des Herodes liegt vor allem darin, dass er unvorbereitet zur Rechenschaft gezogen wird. Alles was lebt muss früher oder später sterben, doch gewährt der Tod dem Menschen meist eine kurze Frist vor seinem Ende, die er nutzten kann, um Gott bzw. die Jungfrau Maria um Gnade zu ersuchen. Die Menschheitsfiguren der Moralitäten, Everyman und Mankind (*Perseverance*), können sich durch einen Sinneswandel während eben jener „Gnadenfrist" in letzter Minute noch retten. Nicht so Herodes:

> [Mors:] Ow! Se how prowdely ȝon kaytyff sytt at mete!
> Of deth hath he no dowte: he wenyth to leve evyrmore!
> To hym wyl I go (…)   (194-6)

---

[305] *N-Town Play, The Death of Herod*, V. 133-41.

Der König und seine Soldaten ahnen nichts von ihrem Schicksal. Herodes verehrt – etwas anachronistisch – den Propheten Mohammed („mahound", 209) und prahlt erneut mit seiner Macht. Die Soldaten gedenken in grausamer Schadenfreude der ungestraften Morde an den unschuldigen Kindern und bekräftigen ihren König in seinem Herrschaftsanspruch. Damit ist das Maß nun endgültig voll und Mors streckt aus dem Hinterhalt Herodes und seine zwei Soldaten nieder. Sie haben keine Gelegenheit, um Gnade zu flehen, nicht einmal die im Totentanz übliche Wechselrede mit der Todesfigur wird ihnen gewährt. Da freut sich der Teufel, der in diesem Moment hervorspringt und die drei Seelen für sich beansprucht:

All oure! All oure! Þis catel is myn!	*Besitz*
I xall hem brynge on to my celle.	
I xal hem teche pleys fyn,	*nette Spiele*
And shewe such myrthe as is in helle! (…)	
For in oure logge is so gret peyn	*Wohnstätte*
Þat non erthely tonge can telle!	
(233-40)	

Zuletzt wendet sich Mors mit warnenden Worten an die Zuhörer. Seine Worte lassen auf eine Darstellung des Todes als ein von Würmern zernagter Leichnam schließen („Now is he as pore as I, (...) wurmys knawe me al a-bowte", 255 und 273). Der Tod sieht erbärmlich aus („Thow I be nakyd and pore of array", 272), herrscht jedoch über alles Leben auf der Erde und gebietet den Menschen Furcht. Die ambige Sicht des Todes in dieser Szene als Gottes Büttel einerseits und als unberechenbare, furchterregende Macht andererseits lässt Schlüsse auf das Gottesbild dieses Mysterienzyklus zu. Gottes Gnade, so die Botschaft der Szene, ist *nicht* grenzenlos. Erzschurken wie Herodes und seinen Mordgesellen wird die letzte Chance auf Reue und Umkehr verweigert. Gott liebt nicht alle Menschen, er kann auch erbarmungslos sein. Gott bedient sich des Todes als Instrument seiner Rache und „kooperiert" mit seinem Widersacher, dem in dieser Szene triumphierenden Teufel, um die Menschheit zu maßregeln.

Die Lazarusepisode im *N-Town Play* unterscheidet sich von der entsprechenden Szene des Towneley-Zyklus[306] vor allem darin, dass hier vor dem Auftreten Jesu Christi und der Wiedererweckung des Lazarus auch dessen Sterben, die Trauer seiner beiden Schwestern und die tölpelhaften Tröstungsversuche der vier Männer dargestellt werden. In ihrem Bemühen um die Gunst der beiden Schwestern bewirken die „Tröster" jeweils das Gegenteil von dem, was sie vorhatten. Ihr erster Fehler besteht darin, dass sie mit ihrem aufdringlichen Optimismus dem Rat der zeitgenössischen *Ars-moriendi*-Literatur zuwiderhandeln: In Lazarus'

---

[306] Siehe 2.7 „Erkenwald und Lazarus".

Todesstunde versuchen sie noch, ihm seine Krankheit auszureden und ihn von der Ernsthaftigkeit seiner Situation abzulenken. Lazarus solle modern gesprochen „positiv denken" und sich nicht hängen lassen, dann werde schon wieder alles gut:

> 4us consolator:
> 3e xal haue hele and leve in qwart   *Gesundheit*
> If 3e wol take to 3ow good chere.

> Lazarus:
> Whan deth on me hath shet his dart,
> I xal haue hele and ly on bere.

> 1us consolator:
> Be of good comforte and thynke not so,
> Put out of herte þat idyl thought.
> 3oure owyn mysdemynge may werke 3ow wo   *Fehleinschätzung*
> And cause 3ow sonere to deth be brought.[307]

Lazarus muss sich regelrecht für seinen Zustand rechtfertigen und sendet einen der vier aus, Jesus herbeizuholen. Der Autor des anonymen Traktates *Crafte and Knowledge For to Dye Well* warnt im fünften Kapitel die am Sterbebett Anwesenden ausdrücklich davor, Moriens keine falsche Hoffnung auf Genesung zu machen. Dies sei ein verführerischer Trost und verleite den Sterbenden dazu, sich an sein irdisches Leben zu klammern. Es bringe seine Seele ernsthaft in Gefahr:

> Wherfore euery sekeman, and euery other man that ys in any peryll, shulde be dylygently enduced and exorted that he make hym selfe before all other thynges pease with God (...) And these shulde nat be yeue first to no man to moche hope off bodyly hele, but the contrary theroff ys now oftetymes doe in many men in to grete peryll of sowles (...). And so oftetymes by suche a veyn and a false cherynge and comfortyng and feyned behotyng of bodyly hele, and trustyng theropon, men rynnyn and fallen in to certeyn dampnacion euerlastyngly.[308]

Im Kontrast zu den selbstgefälligen Ermunterungsversuchen der „Tröster" steht die aufrichtige Sorge der beiden Schwestern, die Christi Abwesenheit bedauern und ihrem sterbenden Bruder liebevoll alle Wünsche von den Augen ablesen:

---

[307] *N-Town Play, The Raising of Lazarus*, V. 61-8.
[308] David W. Atkinson, *The English ars moriendi*, New York 1992, S. 14.

What wele ȝe ete? What wele ȝe drynk?
Loke what is plesynge to ȝoure pay;   *Wohlbefinden*
Ȝe xal haue what ȝe wole thynke.
                    (102-4)

Als Lazarus zur Überraschung der aufdringlichen Tröster dann tatsächlich stirbt, passen diese ihr Verhalten der Situation im Handumdrehen an und „trösten" nun die Schwestern mit Worten, die sie zuvor an den Sterbenden hätten richten sollen:

Be of good comforte and thank God of al,
For deth is dew to every man.   ne. *due*
What tyme þat deth on us xal fal
Non erthely wyght þe oure telle can.   *Stunde*
                    (129-32)

Für die überbordende Trauer der Schwestern – Magdalena wäre am liebsten ihrem Bruder in den Tod gefolgt – zeigen sie kein Verständnis,[309] stattdessen widmen sie sich den praktischen Aspekten des Trauerfalls: Sie packen Lazarus' sterbliche Überreste fein säuberlich in ein Tuch und deponieren das Bündel, dessen Anblick die Schwestern nicht zur Ruhe kommen lässt, in einem Grab. Weniger hilfreich erweisen sie sich bei der Aufarbeitung der Trauer. Magdalena und Martha brechen dort erneut in Tränen aus. Bei so tiefer Trauer meinen zwei der hilfsbereiten Männer schließlich, einschreiten zu müssen:

Arys! For shame, ȝe do not right!
Streyth from þis grave ȝe xul go hens.
Þus for to grugge ageyns Godys myght   *aufbegehren gegen*
Aȝens hyȝ God ȝe do offens.
                    (173-6)

Mary Mawdelyn, be of good herte,
And wel bethynke ȝow in ȝour mynde,
Eche creature hens must depart:
Þer is no man but hens must wende.
                    (273-6)

---

[309] Phebe S. Spinrad deutet in *The Summons of Death on the Medieval and Renaissance English Stage* (Columbus 1987, S. 56) den Gefühlsausbruch der Schwestern über Lazarus' Leichnam als Ausdruck ihres Bedürfnisses nach Katharsis (Äußerung starker Gefühle zur Wiederherstellung des emotionalen Gleichgewichts) angesichts des Todes ihres Bruders, eine Reaktion, die die „Tröster" nicht nachvollziehen können.

Fast könnte man meinen, die „Tröster" seien fromm geworden. Vers 276 z.B. klingt wie ein Echo auf die mittelenglischen *Vado-mori*–Gedichte („Knight, King, Clark Wend to Death"). Zum Glück für die Schwestern wird nun Jesus angekündigt, der Lazarus aus dem Reich des Todes zurückholen wird.[310] Dieser erweist sich als wahrer Tröster und gibt Martha und Magdalena erst einmal Gelegenheit, ihrer Trauer Ausdruck zu verleihen. Christus teilt mit den Schwestern den Schmerz und weint mit ihnen am Grab des Bruders (369-72), obwohl er sich seiner Macht über Leben und Tod bewusst ist. Er erteilt Magdalena und Martha keine frommen Lehren, sondern wendet sich betend an seinen Vater, bevor er schließlich Lazarus ins Leben zurückholt.

Phebe S. Spinrad fällt bei ihrer Analyse der Szene auf, dass die Tröster im Prinzip nichts Falsches sagen. Sie richten ihre tröstenden Worte lediglich im falschen Moment an die falschen Personen. Ihren Ratschlag, sich Gottes Willen zu fügen, hätten sie an Lazarus richten sollen, nicht an die trauernden Schwestern. Einem heilbar Kranken hätten sie durchaus Lebensmut zusprechen dürfen, jedoch nicht einem Sterbenden. Dramatischer Zweck dieser vier Figuren sei, so Spinrad, den Zuhörern ein Negativbeispiel von „Tröstern" vor Augen zu führen und diese dadurch zu aufrichtigerem und sensiblerem Verhalten in ähnlichen Situationen anzuleiten.[311]

2.10.2 Moralitäten

Bei dreien der überlieferten Moralitäten steht der Tod im Zentrum des dramatischen Geschehens, nämlich *The Pride of Life*, *The Castle of Perseverance* und *Everyman*. Das Genre an sich ist sehr heterogen. Gemeinsam ist diesen Dramen, die erst im Nachhinein (ab ca. 1600) unter dem Begriff „Moralitäten" gebündelt wurden, die allegorische Darstellungsweise. Im Zentrum steht dabei stets eine die Menschheit repräsentierende Figur mit bezeichnenden Namen wie „Mankind", „Humanum Genus" oder „Everyman". Begleitet wird diese in der frühesten Moralität noch relativ konkret von seiner Gattin und einem Bischof und von inneren Attributen wie Strength und Health (*Pride of Life*), in späteren Texten von Pride, Wroth, Envy, Generosity und Industry (*Perseverance*) oder von Beauty, Discretion und Five Wits (*Everyman*), von äußeren Einflüssen wie dem Guten und dem Bösen Engel, Fellowship und Kindred sowie von Good Deeds, die menschliches Handeln repräsentiert.

---

[310] Innerhalb der Szene liegen Zeitsprünge von insgesamt vier Tagen.

[311] Spinrad vergleicht die Rolle der vier Tröster mit der des begriffsstutzigen Träumers in Chaucers *Book of the Duchess* (siehe S. 270f.). Dessen hartnäckiges Nachfragen hilft jedoch dem schwarzen Ritter bei der Aufarbeitung seiner Trauer (*The Summons of Death*, S. 57).

E.K. Chambers meinte Anfang des 20. Jahrhunderts, den Konflikt zwischen Gut und Böse, symbolisiert durch die Virtue- und Vicefiguren, als Grundmotiv des Genres herauskristallisieren zu können.[312] Die *Psychomachia* des spätantiken Autors Prudentius, die den Kampf zwischen Gut und Böse im Menschen thematisiert, wurde vor allem von deutschen Gelehrten als Hauptquelle für das Genre herangezogen.[313] Von dieser Sicht ist die Forschung seit den 70er Jahren jedoch abgekommen. Der Konflikt zwischen Vice (z.b. Covetise) und Virtue (z.b. Generosity) steht lediglich bei einem Teil der Stücke inhaltlich im Zentrum und wirkt selbst bei *Perseverance* nicht strukturbildend. Robert Potter erkennt ein anderes Grundmuster hinter den unter der Gattungsbezeichnung „Moralität" subsumierten Stücken, nämlich eine Kreisbewegung von der ursprünglichen Unschuld des Menschen über den Sündenfall und die Reue bis zur Wiederaufnahme in den Stand der Gnade:[314] „The pattern in these dramas is not one of combat, but rather a sequence of innocence / fall / redemption."[315]

Die Moralitäten beschäftigen sich mit Fragen des rechten Lebenswandels und dem Schicksal der menschlichen Seele. Das mittelalterliche Weltbild positioniert den Menschen zwischen die Tierwelt und die Engel. Erörtert wird nun die Frage, welchem der beiden „Nachbarn" der Mensch näher steht, d.h. ob im Menschen, dessen Willensfreiheit *Perseverance* ausdrücklich betont (Verse 25/6), die kreatürlichen Laster oder die göttlichen Eigenschaften die Oberhand gewinnen können. Robert Potter weist darauf hin, dass die Menschheitsfiguren der Moralitäten nicht als mittelalterliche „Durchschnittsmenschen" aufgefasst werden dürfen: Everyman sei nicht der mittelalterliche „man on the street", der „Willy Loman" (S. 40), also kein „Heinz" oder „Lieschen Müller". Liest man Moralitäten in diesem Sinn, laufe man Gefahr, die Stücke zu trivialisieren. Die Figur Everyman sei vielmehr eine Abstraktion der gesamten Menschheit, der dummen sowie der klugen Menschen, der Ungebildeten sowie der Gebildeten, der Untertanen sowie der Herrscher. Everyman ist der Mensch in seiner Gesamtheit, in Opposition zu den Engeln und den Tieren. Die Menschheitsfigur von *The Pride of Life*, der stolze King of Life, unterscheidet sich trotz seines königlichen Titels in seiner dramatischen Funktion nicht von den Protagonisten der übrigen Moralitäten. Er herrscht über ein „Reich", das aus nicht viel mehr

---

[312] Zwei weitere zentrale Themen der Moralitäten sind laut Chambers der Totentanz und die Versöhnung der himmlischen Tugenden, doch „both are subordinate to a third, which may be called the Conflict of Virtue and Vice", *The Mediaeval Stage*, II, London 1903, S. 153.

[313] Wilhelm Creizenach z.B. kommentiert Anfang des 20. Jahrhunderts in *Geschichte des Neueren Dramas*, I, (Halle 1911) die *Macro Plays*: „alle drei behandeln das bekannte Thema: der Mensch als Kampfobjekt zwischen Tugenden und Lastern stehend" (S. 468).

[314] Im Fall von *Perseverance* wären dies gleich zwei Kreisbewegungen mit einem Aufenthalt der Menschheitsfigur im *Castle* im Zentrum des Stückes.

[315] Robert Potter, *The English Morality Play*, London und Boston 1975, S. 8.

als aus ihm selbst und seinen inneren Attributen, Strength, Health und Mirth, besteht. Die scholastische Philosophie sieht den Menschen optimistisch als Krone der Schöpfung: Gott schuf ihn nach seinem Angesicht, als Träger der Vernunft ragt der Mensch aus dem Tierreich heraus. Sein Körper sei selbst ein Mikrokosmos und seine Seele könne, sofern er sich von seiner Vernunft leiten lasse, nach dem Tod auf Wiedervereinigung mit ihrem Schöpfer hoffen.[316] Dem gegenüber steht die weit verbreitete, vor allem in der mittelenglischen Lyrik häufig geäußerte pessimistische Sichtweise des Menschen als Teil der materiellen Welt. Der Mensch werde nicht von seiner Vernunft, sondern von körperlichen Trieben geleitet, die zu überwinden nur ausnehmenden Persönlichkeiten der Menschheitsgeschichte, nämlich den Heiligen, gelinge. Der großen Mehrheit hingegen versperren die menschlichen Triebe den Weg zu Gott. Die diesseitige Welt ist vergänglich und deshalb wertlos, gar verachtungswürdig, so die Attitüde des *contemptus mundi*. Der Einfluss beider Sichtweisen der menschlichen Existenz, so Potter, ist in den Moralitäten erkennbar (S. 41). Diese stellen sozusagen den Versuch dar, die beiden konträren Haltungen miteinander zu verbinden. Thematisiert wird das zentrale Paradox der Rolle des Menschen in der Schöpfung: Der Mensch kann auf Grund seiner Diesseitsverbundenheit gar nicht anders als sündigen, doch bietet ihm Gott stets aufs Neue die Vergebung seiner Sünden und damit unverdient, aus reiner Liebe, die Rettung seiner Seele an. Die Grundhaltung der Moralitäten ist demnach, so lautet auch das Ergebnis der Arbeit von Dennis Siy, optimistisch.[317]

> Thus, The morality play is acted out on the stage of a world where man is born to rule, bound to sin, and destined to be saved. To its audiences, and to their consciences, the plays reveal that the fall out of innocence into experience is unavoidable, theologically necessary, and solvable, through the forgiveness of sins. The action is thus an affirmation of the life process and the ultimate rationality of the human predicament.[318]

---

[316] Potter, *The English Morality Play*, S. 40.

[317] Dennis Siy, *Death, Medieval Moralities and the Ars Moriendi Tradition*, University of Notre Dame (Diss.) 1985.

[318] Potter, *The English Morality Play*, S. 57.

2.10.2.1 *The Pride of Life*

Die älteste bekannte mittelenglische Moralität, aus der ersten Hälfte des 15. Jahrhunderts, ist nur fragmentarisch überliefert (502 Verse). Die Royal Society of Antiquaries of Ireland veröffentlichte sie 1891 unter dem Titel *Account Roll of the Priory of the Holy Trinity, Dublin, 1337-1346, with the Middle English Moral Play 'The Pride of Life'*. Der Dramentext war auf ungenutzte Stellen in der Account Roll gekritzelt, unachtsam und offensichtlich in Eile. Die Beschreibung der Handschrift und die Ausgabe von *The Pride of Life*, auch der Vorschlag für den Titel, stammen von James Mill. Die Handschrift ging in Folge politischer Unruhen 1922 bei einem Brand verloren, einziger Anhaltspunkt ist seither Mills' Ausgabe.[319] Der fragmentarische Text besteht aus zwei Episoden und dem Prolog, dem wir den inhaltlichen Verlauf der nichtüberlieferten Passagen entnehmen können. Ursprünglich mag das Drama in etwa die doppelte Länge gehabt haben. Auf Grund des frühen Entstehungszeitraums hat das Stück laut W.A. Davenport weniger den Charakter eines abgeschlossenen Werkes (dies mag natürlich auch an der bruchstückhaften Überlieferung liegen), sondern scheint vielmehr künftige Moralitäten *in nuce* vorwegzunehmen.[320] *The Pride of Life* erfüllt bereits alle wesentlichen Kriterien der Gattung und bildet den Ausgangspunkt für die weitere Entwicklung des Genres.

Protagonist ist der prahlerische Rex Vivus, der King of Life. Dieser brüstet sich lautstark wie Herodes mit seiner Macht, doch hier enden die Parallelen schon. Der King of Life ist kein tyrannischer Herrscher, er lässt sich problemlos in die Reihe der Menschheitsfiguren späterer Moralitäten („Mankind", „Humanum Genus" und „Everyman") einordnen. Seine Soldaten repräsentieren seine inneren Attribute: Fortitudo (Strent) und Sanitas (Hele),[321] sein Ratgeber ist Mirth. Ihm zur Seite stehen seine Gattin, die Königin, die positiven Einfluss auf ihn ausüben will, und der Bischof als Vertreter der Religion. Das „Reich" des King of Life erfüllt, so scheint es, keinen geographischen Raum, denn seine „Herrschaft" besteht allein darin, dass er sich seines Lebens erfreut. Dass es sich bei dem King of Life nicht um einen König, ein Individuum in höchster sozialer Stellung handelt, sondern um einen allgemeinen Menschheitsvertreter, wird auch daraus ersichtlich, dass er weder regieren, noch Schlachten gegen feindliche Armeen schlagen muss, sondern eine allgemein menschliche Erfahrung durchmacht: Er wird vom Tod bedroht, verkennt aber dessen Macht und wähnt sich sicher, lässt es auf eine Auseinandersetzung ankommen, bei der er unterliegt und stirbt.

---

[319] Informationen aus Norman Davis, *Non-Cycle Plays and Fragments,* EETS SS 1 (1970), S. lxxxv. Zitate ebenfalls aus dieser Ausgabe.

[320] William A. Davenport, *The Early Moral Plays and their Literary Relations*, Cambridge 1982, S. 17.

[321] Die lateinischen Namen erscheinen in den Regieanweisungen, die mittelenglischen im Text.

Der King of Life hat nichts Boshaftes an sich, fällt Phebe S. Spinrad auf.[322] Er wirkt vielmehr kindlich, eine naive und leicht verführbare, doch nicht böswillige Kreatur. Er ist König, verkündet er prahlerisch zu Beginn der Handlung, König über die ganze (d.h. seine) Welt. Gerne lässt er sich und seine Macht von seinen schmeichlerischen Soldaten Fortitudo und Sanitas preisen, die ihn in seinem Übermut bestärken:

> Þou art lord of lim and life,
> And king withouten ende;
> Stif and strong and sterne in strif,   *stark*
> In londe qwher þou wende.

> Þou nast no need to sike sore   *seufzen*
> For no thing on lyue;
> Þou schal lyue euermore:
> Qwho dar with þe striue?   *sich mit dir messen*
> (159-66)

Langlebigkeit ist in diesem Königreich Ausdruck von Macht. Ihn kümmern keine Regierungsgeschäfte, sondern die Verlängerung seines Lebens, seiner Form von Herrschaft, in alle Ewigkeit:

> I schal lyue evermo
> And croun ber as kinge;
> (175/76)

Die aufrichtige Liebe seiner Gattin hebt sich deutlich von den Schmeicheleien der Hofschranzen ab. Die Königin, so lässt uns der Prolog wissen, ist „lettrit in lor" (41), sie ist gebildet. Hochmut gilt als eine der sieben Todsünden, deshalb fürchtet sie um das Seelenheil ihres Gatten und warnt ihn vor drohender Gefahr: Der Tod habe sich im Königreich angekündigt (50). In der Staatsszene (erste Episode) versucht sie mit Vernunftargumenten dem Einfluss der Schmeichler entgegenzuwirken. Er müsse zu einem ungewissen Zeitpunkt in der Zukunft sterben, so argumentiert sie, da er einst geboren wurde. Ein Leben, das einen Anfang hatte, müsse auch einmal zu Ende gehen. Doch mit Logik kann sie an den kindlich-eigenwilligen „König" nicht herankommen. Dieser hört nur, was er hören will, und fordert die störenden Einwände seiner Gattin mit dem Vorwurf der Untreue heraus: „Woldistou þat i were dede / þat þou miȝt haue a new?" (195/6). Die Königin ist so klug, auf diese Provokation nicht weiter einzugehen. Sie warnt stattdessen ihren Gatten erneut vor der Vergänglichkeit der Welt – unter Verwendung von Topoi mittelenglischer Todeslyrik:

---

[322] *The Summons of Death*, S. 61.

Þis world is bot fantasye
And ful of trechurye.

(231/32)

Der König schlägt ihre Worte als „woman tale" in den Wind und ersucht stattdessen seine Schmeichler um Rat. Das Eindringen des Todes ins Königreich
lässt sich nun nicht mehr leugnen, doch sind sich die Soldaten der Bedrohlichkeit der Lage nicht bewusst. Sie verkünden großmäulig ihren baldigen Sieg über
den Tod:

Mi lord, so brouke I my bronde,	*Schwert*
God þat me forbede	
Þat Deth schold do þe wronge	
Qwile I am in þi þede.	*Land*
I wol withstonde him with strife	
And make his sides blede,	
And tel him þat þou art King of Life	
And lorde of londe and lede.	*Leute*

(247-54)

Die zwei Soldaten machen in ihrer naiven Siegesgewissheit eher den Eindruck
prahlerischer Kinder als erfahrener Kämpfer, so Spinrad (S. 61). Der König ist
trotz ihrer Zuversicht beunruhigt und sendet nach einem weiteren Untertan,
Mirth, der ihn ebenfalls in seiner Eitelkeit bekräftigt und ihm seine Bedenken
ausredet. Dessen Worte haben dem King of Life sichtlich gut getan und er überhäuft den Schmeichler mit Belohnungen. Die Königin sendet inzwischen einen
Boten zum Bischof mit der Bitte, ihren Gatten wieder zur Vernunft zu bringen.
Sie macht dem König seine Entgleisungen nicht zum Vorwurf und entschuldigt
seine Selbstgefälligkeit und Naivität als Irrtum:

My lord þe King is ney lore	*verloren*
Bot he [der Bischof] wol be his leche.	*Arzt*
Sey him þat he wol leue noȝt	*glauben*
Þat euer he schal deye;	
He is in siche errour broȝte	
Of God stont him non eye.	*fürchtet er sich nicht*

(313-8)

Der Bischof möge ihrem Gatten ins Gewissen reden. Dieser tritt auf und klagt, vorerst ans Publikum gerichtet, im Stil der *Twelve Abuses of the Age*[323] über die Nichtigkeit der Welt und den allgemeinen Sittenverfall. Dann wendet er sich an den König mit Worten, die an die Warnungen der Königin anknüpfen. Er appelliert an dessen Vernunft und hält ihm die Macht des Todes und die Gefahr der Verdammnis vor – des Bischofs Bild vom Tod entspricht dem der zeitgenössischen Lyrik. Doch auch von der kirchlichen Autorität lässt sich der King of Life nicht beeindrucken und schlägt die Warnungen in den Wind. Seine Antwort auf das Argument der Macht des Todes lautet, er sei noch zu jung, um den Tod fürchten zu müssen. Dem Bischof bleibt nichts anderes übrig, als den Unbelehrbaren der Obhut Jesu Christi anzuvertrauen (447/8).

An dieser Stelle bricht der Text ab. Den weiteren Verlauf der Handlung können wir lediglich in groben Zügen der Inhaltsangabe des Prologs entnehmen. Dort heißt es, der König hat daraufhin einen fürchterlichen Traum. Dann tritt der Tod auf und nimmt Vater, Mutter und Onkel des Königs mit sich (83). Es kommt zur Auseinandersetzung zwischen Leben (d.h. dem King of Life) und Tod. Die prahlerischen Soldaten können diesem nichts anhaben und der König wird tödlich verwundet. Am Handlungsverlauf fällt das graduelle Vorrücken des Todes auf die Person des Königs auf: Erst erscheint er diesem im Traum, dann demonstriert er seine Macht an der Familie des Königs, greift auf dessen innere Attribute über und schließlich auf ihn selbst. Die Inhaltsangabe lässt ferner ein Streitgespräch (*debate*) zwischen Körper und Seele des Königs im verlorenen Textteil vermuten:[324]

Qwen þe body is doun ibroȝt	
Þe soule sorrow awakith;	*sorgenvoll*
Þe bodyis pride is dere aboȝt,	*teuer bezahlt*
Þe soule þe fendis takith.	

And through priere of Oure Lady mylde	
Þe soule and body schul dispyte;	*einen Disput führen*
Scho wol prey her son so mylde,	
Al godenisse scho wol qwyte.	*entlohnen*

(93-100)

Des Königs Hochmut würde mit Verdammnis bestraft – wäre da nicht die Jungfrau Maria, die für den Sünder Fürsprache einlegt und zu guter Letzt doch noch die Erlösung seiner Seele ermöglicht.

---

[323] Die Topoi der *Twelve Abuses of the Age*, erläutert Davenport, tauchen häufig im mittelalterlichen Drama auf, oft in satirischer Intention (S. 16).
[324] Spinrad, *The Summons of Death*, S. 60.

The Pride of Life entwirft somit erstmalig das für Moralitäten typische Handlungsschema einer Kreisbewegung vom Zustand der Unschuld über den Sündenfall wieder zurück in den Stand der Gnade. Der King of Life ist, wie gesagt, kein Schurke, er hat im Unterschied zu Herodes keine Gräueltaten begangen. Er repräsentiert nicht einen besonderen Menschentyp, sondern die Menschheit an sich: Gutes und Böses, Arroganz und Liebenswürdigkeit halten sich in seiner Person die Waage. Er wird dadurch zur Identifikationsfigur für die Zuhörer, die auf seine Schwächen, dies sind sein Hochmut, seine Arroganz und seine Leichtgläubigkeit, aufmerksam werden und als ihre eigenen erkennen sollen.[325] Was die Aussicht des Menschen auf Erlösung betrifft, bezieht diese Moralität optimistisch Stellung: Der King of Life ist hochmütig und setzt leichtsinnig sein Seelenheil aufs Spiel. Dies gibt der Königin und dem Bischof Anlass zur Sorge, doch besteht selbst für den uneinsichtigen König noch Aussicht auf Gnade dank der Fürsprache Marias.

2.10.2.2 *The Castle of Perseverance*

The Castle of Perseverance ist die bei weitem umfangreichste der uns erhaltenen mittelenglischen Moralitäten (3649 Verse). Der Text ist überliefert in der Macro-Handschrift, der vermutlich in Norfolk oder Lincolnshire entstandenen und heute in der Folger Shakespeare Library in Washington aufbewahrten Sammlung von Cox Macro (1683-1769).[326] Im Gegensatz zu *The Pride of Life* und *Everyman*, die sich auf die Darstellung des Lebensendes der Menschheitsfigur beschränken, zeichnet *Perseverance* Szene für Szene die Entwicklung von Mankind von seiner Geburt bis zum Tod nach, inklusive der anschließenden (vermutlich erst im Nachhinein hinzugefügten) Diskussion im Himmel über Aufnahme oder Verdammnis seiner Seele. Dieser Typ von Moralität wird auch als der *biographical type* bezeichnet.

Die Handlung lässt sich als eine gedoppelte Kreisbewegung beschreiben: Mankind wird als unschuldiges Wesen geboren, erliegt jedoch bald den Verlockungen des Bösen Engels und lebt in Sünde. Er weiß, dass er die Wahl zwischen materiellem Wohlergehen im Diesseits und seinem Seelenheil treffen muss: „I wolde be ryche in gret aray / And fayn I wolde my sowle saue".[327] In seiner Lebensmitte, die auch genau in die Mitte des Stücks fällt, gelingt es dem

---

[325] Spinrad, *The Summons of Death*, S. 63.
[326] Die Texte dieser Handschrift wurden 1969 von M. Eccles in der Early English Text Society (Original Series n° 262) veröffentlicht. Die Informationen zum *Macro*-Handschrift wurden einer Monographie von Eva Keppel, *Ironie in den mittelenglischen Moralitäten*, Heidelberg 2000, S. 73, entnommen.
[327] *The Castle of Perseverance*, V. 377/8, Ausgabe von M. Eccles, EETS OS 262.

Guten Engel, Shrift und Penance, ihn von der Notwendigkeit rechtzeitiger Reue und Umkehr zu überzeugen, vor allem mit dem Argument des unverhofften Auftretens des Todes (1359/60). Mankind sucht Schutz im Castle of Perseverance, der „Burg der Standhaftigkeit", der das Stück seinen Titel verdankt. Eine zusammen mit dem Text überlieferte Skizze situiert diese im Zentrum einer kreisförmigen Bühne. Dort wenden zwar vorerst die Tugenden (Meekness, Patience, Generosity, Charity, Chastity, Industry und Abstinence) einen Ansturm der Laster (Wrath, Envy und Pride im Gefolge von Belial, Lechery, Sloth und Gluttony im Gefolge von Flesh) ab, doch gelingt es dem hartnäckigsten der Angreifer, Covetise, schließlich, den inzwischen betagten Menschheitsvertreter der Obhut von Generosity zu entlocken und einen zweiten Sündenfall zu initiieren.

Doch bald ergeht es Mankind nicht besser als den übrigen Menschheitsfiguren und er wird vom Tod überrumpelt. Er muss erleben, wie die Welt ihn verleugnet und sein Hab und Gut an einen ihm unbekannten Erben weitergibt. In seinen letzten Momenten bittet er Gott angesichts seines verpfuschten Lebens um Gnade für seine Seele. Dem Schema der Moralität entsprechend wird dieser, die nun zerknirscht unter dem Totenbett hervorkriecht, nach zähen Verhandlungen zwischen Mercy und Peace auf der einen Seite und Truth und Righteousness auf der anderen die Aufnahme in den Himmel schließlich gewährt, womit sich der zweite Handlungskreis schließt. Anhand des Verlaufs von *Perseverance* lässt sich die von Potter formulierte Grundstruktur der Moralität am deutlichsten demonstrieren: „The morality plays have a common theme and a practical (if theologically complex) moral: sin is inevitable; repentance is always possible."[328] Mankind fällt auf Grund seiner menschlichen Natur („Man-kind") gleich zweimal den Verlockungen der Laster zum Opfer, doch aufrichtige Reue und die Bitte um Gnade versöhnen ihn beide Male mit seinem Schöpfer.

Der Konflikt zwischen Tugenden und Lastern in der menschlichen Seele, den Chambers zum genrekonstituierenden Merkmal erhoben hatte, spielt in *Perseverance* eine zentrale Rolle. Schon kurz nach seiner Geburt rivalisieren der Gute und der Böse Engel um die Rolle als Mankinds Mentor. Beide bemühen sich, diesen für ihre jeweilige Position in der Frage der richtigen Lebensgestaltung zu gewinnen. Der Gute Engel warnt im Sinne der zeitgenössischen Lyrik vor der Schlechtigkeit und dem Irrsinn der Welt. Mankind solle rechtzeitig an sein Ende denken, denn allein die Vergegenwärtigung der eigenen Sterblichkeit könne ihn von der Sünde fernhalten (404-10). Der Böse Engel hingegen rät, das gottgefällige Leben auf einen späteren Zeitpunkt zu verschieben: Der Tod werde sich schon anhand typischer Kennzeichen (den *proprietates mortis*) wie dem Erkalten der Nase rechtzeitig ankündigen und zu Reue und Umkehr bleibe dann immer noch Zeit (416-20). Mankind ist sich des Dilemmas der menschlichen Existenz, der wechselseitigen Ausschließlichkeit von irdischem und jen-

---

[328] Potter, *The English Morality Play*, S. 16.

seitigem Glück, mit Bedauern bewusst (siehe Zitat oben, Verse 377/8), doch schließlich erweisen sich die Reize der Welt als unwiderstehlich. Weshalb sollte er sich die Daseinsfreude vom Jüngsten Gericht verderben lassen, wo doch der Wohlstand in greifbarer Nähe liegt, das Jenseits hingegen so fern? Er wolle vergnügt sein, solange ihm Zeit dazu bleibe (605-9). Blasphemisch mokiert er sich über die Furcht seiner Zeitgenossen vor der Hölle (1244-6). World und Covetise leisten ihren Beitrag dazu, Mankind zur Sünde zu verführen. Das Leben, so argumentieren sie, dauere lang und die Todesstunde sei noch fern:

> Loke þou ʒive not a lous
> Of þe day þat þou schalt deye.
> (768/9)

> Be not agaste of þe grete curse;[329]
> Þis lofly lyfe may longe leste.
> (854/5)

Covetise ist hinterhältig. In Mankinds Abwesenheit offenbart sie ihren Kumpanen ihre Motive hinter den wohlklingenden Ratschlägen: Sie will den Vertreter der Menschheit in Sicherheit wiegen, um ihn später der Verdammnis anheim fallen zu lassen (1041/2). Pride rät ihm, seine Mitmenschen gnadenlos auszubeuten und sich selbst für den Größten und Besten zu halten. Dieses Laster ist wenigstens ehrlich und bestreitet nicht die Gefahr des Todes:

> Tyl dethys dynt þi body delfe   *zerhaut*
> Put holy þin hert in Pride.   *ganz*
> (1067-70)

Mankind erliegt schließlich vollends den schmeichlerischen Worten von Covetise. Gerade dem Moment, als er den Tiefpunkt in seinem Verhältnis zu Gott erreicht hat, tritt der Tod auf (2778). Das Stichwort für dessen Erscheinen kommt ausgerechnet aus dem Mund von Mankind selbst, der mit blasphemischen Worten den Tod nahezu heraufbeschwört:

> On Coveytyse is al my lay   *Vertrauen, Glaube*
> And schal tyl deth me ouyrthrow.
> (2771/2)

Dieser betritt nun die Bühne und hält eine fünf Strophen lange, eher ans Publikum als an Mankind gerichtete Rede.[330] Er sei nicht Gesandter Gottes, sondern eine autonome Macht:

---

[329] „The great curse": gemeint ist die Exkommunikation.

Ow, now it is tyme hye
To castyn Mankynd to Dethys dynt.
In all hys werkys he is vnslye;   *töricht*
Mekyl of hys lyf he hath myspent. (…)   *viel*
Whanne I com iche man drede forþi,   *deshalb*
But ʒyt is þer no geyn-went,   *Rückweg, Umkehr*
Hey hyl, holte, nyn hethe.   *Wald*
ʒe schul me drede euerychone;
Whanne I come ʒe schul grone;
My name in londe is lefte alone:[331]
I hatte drery Dethe.   *heiße*
(2778-90)

Der Tod wird von Mankind gefürchtet, das Wissen um seine Macht hat er lediglich verdrängt. Seine Selbstcharakterisierung als „dreary Death" ist ein Echo auf die Beschreibung des Todes in *Pearl* („drwry deth", Vers 323). Er straft den Menschen für seine Narrheit (2780) und seinen falschen Lebenswandel (2781), so rechtfertigt er sein Handeln, ohne dabei näher auf menschliche Laster einzugehen. Der Tod in *Perseverance* ist, im Gegensatz zur Todesfigur in *Everyman*, nicht Teil des göttlichen Heilsplanes. In der nächsten Strophe beschreibt er anhand konventioneller Phrasen seine Macht:

Drery is my deth-drawth.
Ageyns me may no man stonde.
I durke and downbrynge to nowth   *schlage zu*
Lordys and ladys in euery londe. (…)
In my carful clothys he schal be cawth,
Ryche, pore, fre and bonde.
Whanne I come þei goo no more.
Whereso I wende in any lede   *Land*
Euery man of me hat drede.
Lette I wyl for no mede   *davon ablassen; Lohn*
To smyte sadde and sore.   *machtvoll; schmerzhaft*
(2791-2803)

Alle Menschen habe er in seiner Gewalt, ihre soziale Stellung spiele für ihn, den großen Gleichmacher, keine Rolle. Lords und Ladies werden mitgenommen, Reiche und Arme, Freie sowie Leibeigene. Der Tod ist, dieser Gedanke findet sich auch in *Everyman* (124-6), unbestechlich („Let I will for no mede") und

---

[330] In *Perseverance* gibt es keine stichomythischen Passagen. Die Sprechpartien bestehen aus langatmigen, strophischen Reden.
[331] D.h. sein Name wird aus Furcht nicht laut ausgesprochen.

omnipräsent („in every land", „in any lede"). In der dritten Strophe seiner Rede erinnert er an sein Wüten während der großen Pestepidemie („In the great pestilence / Then was I well know", 2815/6), ein Hinweis, der zur Datierung des Stückes auf die zweite Hälfte des 14. Jahrhunderts herangezogen wurde. In der fünften Strophe verkündigt der Tod schließlich, an Mankind, der Covetise seine Seele vermacht hat, ein Exempel zu statuieren. Erstmalig wendet er sich direkt an sein Opfer:

> Now I kylle þe wyth myn knappe   *heftiger Schlag*
> I reche to þe, Mankynd, a rappe
> To þyne herte rote.
> (2840-2)

Mankind erkennt, im Gegensatz zu Everyman, in seinem Gegenüber augenblicklich seinen Tod und reagiert voller Entsetzen:

> A, Deth, Deth! drye is þi dryfte.   *schwer zu ertragen; Zwang*
> Ded is my desteny.
> (2843/4)

Er spürt in diesem Moment schon angeblich typische Anzeichen des Todes wie einen stechenden Schmerz, den Verlust seines Augenlichtes, eine Leere im Kopf – die Autoren der *Ars-moriendi*-Traktate warnten in selbigem Jahrhundert vor einem Aufschieben der Reue nicht zuletzt deshalb, weil in der Todesstunde die Konzentrationsfähigkeit des Menschen nachlasse[332] - und ein allgemeines Schwächegefühl:

> Myn hed is cleuyn al in a clyfte;
> For clappe of care now I crye.   *sorgenvoller Schicksalsschlag*
> Myn eyeledys may I not lyfte;
> Myn braynys waxyn al emptye.
> I may not onys myn hod up schyfte;   *Kapuze*
> Wyth Dethys dynt now I dey!
> (2845-50)

Der Verlust der Kräfte und des Urteilsvermögens wird in *Everyman* mit Hilfe der Figuren Strength und Discretion allegorisiert und ausführlicher dargestellt. Bedauerlicherweise kommt es zu keinem Dialog Mankinds mit dem Tod. Dieser verschwindet unauffällig, ab Vers 2850 ist von ihm nicht mehr die Rede. Mankind wendet sich stattdessen an World, der Figur, der er sich seit seiner Kindheit

---

[332] "Whan dethe or grete sekenes falleth vpon thee, deuocion passeth oute ffro the", *Crafte and Knowledge For to Dye Well*, in Atkinsons Ausgabe S. 16.

vertrauensvoll zugewandt hat. Doch diese will angesichts seines Todes nichts mehr von ihm wissen und beschäftigt sich allein damit, wem sie sein Hab und Gut vermachen soll. Zu Mankinds Enttäuschung kommen nicht seine Verwandten in den Genuss des Erbes, sondern ein ihm unbekannter Junge mit dem bezeichnenden Namen „I Wot Never Who" (2969). All seine Reichtümer hat er also letztlich für einen Unbekannten angehäuft, muss er enttäuscht feststellen. Der glückliche Erbe zeigt wenig Mitgefühl mit dem sterbenden Mankind:

> Deye on, for I am maystyr here.
> I schal þe makyn a nobyl feste
> And þanne haue I do myn deuere. (...)   *meine Pflicht*
> Syn þou art ded and browth of dawe,   *aus dem Tageslicht*
> Of þi deth, syr, I am ryth fawe.   *erfreut*
> (2953-62)

Der Vertreter der Menschheit mahnt in seiner letzten Rede das Publikum, sich an ihm ein Beispiel zu nehmen. Mit seinen allerletzten Worten, bevor ihm die Stimme versagt, fleht er schließlich Gott um Gnade an (3006/7).

Das Stück wird jedoch über seinen Tod hinaus fortgesetzt. Es folgen die Verhandlungen im Himmel über Aufnahme oder Ausschluss seiner Seele aus dem Paradies. Righteousness und Truth plädieren vor Gott angesichts Mankinds Sündenkontos für die Verdammnis. Peace und Mercy pochen hingegen auf den Gnadenappell, den er sterbend gen Himmel sandte, worauf Righteousness erwidert, es ginge doch nicht an, dass jeder noch so sündhafte Mensch mit einem Wort in letzter Minute alle Verfehlungen seines Lebens revidieren könne. Gott muss nun entscheiden, wie ernst es Mankind mit seiner Bitte um Vergebung auf dem Totenbett wirklich war. Hat er aufrichtig bereut, oder hat ihn nur die Furcht vor der Hölle zum Umdenken bewegt? Der Gott von *Perseverance* fügt sich der Konvention der Gattung Moralität und entscheidet zu Gunsten Mankinds, ermahnt aber zugleich das Publikum, nicht nach dessen Vorbild leichtfertig auf Seine Milde zu hoffen. Über Übeltätern hänge das Damoklesschwert ewiger Verdammnis:

> And þey þat evyl do, þey schul to helle lake   *Höllensee*
> In byttyr balys to be brent: my jugement it is.   *Qualen*
> (3639/40)

Im Anschluss an ein sündhaftes Leben, trotz seiner Rückfälle, Gedankenlosigkeit und blasphemischen Sprüche findet Mankinds Seele dank der göttlichen Gnade letztlich den Weg ins Paradies. Am Beispiel von *Perseverance* lässt sich zeigen, dass das Spätmittelalter auch eine hoffnungsvolle Sicht des menschlichen Lebens und Sterbens kannte.

2.10.2.3 *Everyman*

Das heute vielfach inszenierte und beim Publikum ausgesprochen beliebte Drama[333] kommt unserem Interesse am Todesverständnis der spätmittelalterlichen Epoche besonders entgegen. *Everyman* lässt sich auf die letzte Dekade des 15. Jahrhunderts datieren und ist uns in mehreren Drucken aus dem frühen 16. Jahrhundert überliefert. Man geht davon aus, dass es auf dem flämischen Stück *Elkerlijk* von 1495 basiert, dem auf Grund metrischer und sprachlicher Untersuchungen von der Forschung zeitliche Priorität anerkannt wird.[334] Die Todesfigur konfrontiert den Menschheitsvertreter nicht erst gegen Ende, sondern initiiert durch eine Begegnung mit Everyman schon am Anfang des Stückes seine Auseinandersetzung mit seiner Sterblichkeit, seine psychologisch realistisch gezeichnete Reaktion auf die Nachricht des unmittelbar bevorstehenden Todes.

Der Held wird nicht erst im Anschluss an ein langes Leben mit dem Tod konfrontiert - man denke an den in die Länge gezogenen Alterungsprozess der Menschheitsfigur in *Perseverance* - sondern auf dem Höhepunkt seines irdischen Glücks, zu einer Zeit, da er am wenigsten mit seinem Ende rechnet. Der Tod ist in *Everyman* nicht wie in den bislang besprochenen Moralitäten Ende einer Ereigniskette, sondern er löst die Abfolge von Ereignissen erst aus. Der Held wird zum Subjekt eines Lernprozesses, er macht im Laufe des Stückes einen Wandel in seinem Verhältnis zum Tod durch, und das Publikum ist aufgefordert, diese Entwicklung nachzuvollziehen.[335] Anzeichen physischer Degeneration finden sich erst im Endstadium des Sterbeprozesses: Die Aufmerksamkeit wird in diesem Stück ganz auf die Haltung(en) Everymans zu seinem Tod gelenkt.[336] Diese Methode der Vermittlung von Lebensweisheiten, die Inszenierung eines Lernprozesses anstelle der autoritativen Präsentation einer Doktrin – man vergleiche dazu die Rede der Todesfigur in *Perseverance* - ist didaktisch klug und dramatisch wirkungsvoll. Die Thematik des Stückes entspringt dem spätmittelalterlichen Todesverständnis, die detaillierte, psychologisch fundierte Darstellung der Entwicklung des Helden und die dramatische Umsetzung seines Lernprozesses nimmt jedoch die Errungenschaften des Dramas der Frühen Neuzeit vorweg: „What differs is the method of instruction – a method that not only teaches doctrine in a new way but forces the audience to develop a new way of viewing drama."[337]

Allan D. Goldhamer hat für seine Analyse des Werkes die Erkenntnisse moderner Todesforschung mit herangezogen. Er stellt fest, dass sich Everymans

---

[333] Man denke etwa an die Aufführungen des *Jedermann* von Hugo von Hofmannsthal (1911) zur Festspielzeit in Salzburg.

[334] Eva Keppl, *Ironie in den mittelenglischen Moralitäten*, S. 78.

[335] Spinrad, *The Summons of Death*, S. 69.

[336] Allen D. Goldhamer, „Everyman: A Dramatization of Death", *Quarterly Journal of Speech* 59 (1973), S. 87.

[337] Spinrad, *The Summons of Death*, S. 68.

Reaktion auf den ungebetenen Gast und seine spirituelle Entwicklung in Folge der Konfrontation mit dem Tod weitgehend mit der Beschreibung der mentalen Zustände des Sterbenden von Elisabeth Kübler-Ross decken.[338] Die Übereinstimmungen bezeugen, was für einen fundierten Einblick in den menschlichen Sterbeprozess der Autor von *Everyman* dramatisch umzusetzen vermochte. Das Stück vermittelt Erfahrungen mit dem Sterben, die uns in der heutigen Zeit, in der Todgeweihte in die Sterbestationen von Großkrankenhäusern abschoben werden, verwehrt bleiben.[339]

Goldhamer verweist auf den Kontext mittelalterlicher Todesliteratur (v.a. die *Ars-moriendi*-Texte), dem das Stück entwächst, geht aber insbesondere auf die Abweichungen des englischen bzw. flämischen Autors von seinem Quellenmaterial ein. Die dem Drama zugrunde liegende Heilslehre unterscheidet sich vom Todesverständnis der *Ars-moriendi*-Literatur vor allem in folgenden Punkten: Letztere versucht durch eine alarmierende Darstellung von Sterbeszenen (man denke an die verzweifelten Klagen des Sterbenden in Seuses *Horologium Sapientiae*), den Leser aus seiner spirituellen Indifferenz wachzurütteln; *Everyman* bleibt vergleichsweise nüchtern. In der Frage der Relevanz der guten Taten (Good Deeds) eines Menschen für die Erlangung des Seelenheils vertritt der Autor von *Everyman* die Ansicht, die sich während der Reformation die katholische Seite zu eigen machen wird, nämlich dass vor dem Jüngsten Gericht den Taten eines Menschen, z.B. finanziellen Zuwendungen an die Bedürftigen oder an den Klerus, ausschlaggebende Bedeutung zukommen wird. Der *Tractatus artis bene moriendi* scheint hingegen den protestantischen Standpunkt vorwegzunehmen, welcher besagt, dass die (ohnehin viel zu wenigen) guten Taten des sündigen Menschen das göttliche Gericht unbeeindruckt lassen werden und dass der Seele letztlich allein auf Grund der göttlichen Gnade die Rettung unverdient zuteil werden kann. *Ars moriendi* stellt ferner die erfolgreiche Bewältigung der Sterbestunde als ein schweres, nur mit fachkundigem spirituellen Beistand erreichbares Ziel in Aussicht, *Everyman* hingegen veranschaulicht, wie der Menschheitsvertreter – dem es der Realität entsprechend an Weisheit und Frömmigkeit eher mangelt - sich in der Todesstunde selbstständig seinen Weg in Richtung Erlösung ertasten kann, ohne die Hilfe seiner „Freunde", die bei der Erwähnung des Unwortes „Tod" abrupt das Weite suchen. Das Stück verkündet gegen Ende der von Huizinga als „pessimistisch" gebrandmarkten Epoche die hoffnungsvolle Botschaft, dass das Seelenheil trotz allem in „Jedermanns" Reichweite liegt.

Ein zentraler Unterschied zwischen dieser und den oben besprochenen Moralitäten liegt in der Rolle der Todesfigur. In *Everyman* ist der Tod nicht autonome Macht, sondern Teil des göttlichen Heilsplanes. Sein Handeln ist legitimiert, der Schöpfer des Himmels und der Erde sendet ihn auf die Mensch-

---

[338] Goldhamer bezieht sich auf Elisabeth Kübler-Ross, *On Death and Dying*, New York 1969.
[339] Goldhamer, „Everyman", S. 97.

heit los mit dem Auftrag, diese vor sein Gericht zu bringen und Rechenschaft für ihre guten und schlechten Taten ablegen zu lassen. Gott selbst initiiert somit die Handlung des Dramas. Er ergreift nach einem knappen Prolog seines Boten zu Beginn des Stückes das Wort und legt dem Publikum die Gründe seiner Vorgehensweise dar:[340] Die Menschheit sei außer Kontrolle geraten, sie fürchte ihn, den Schöpfer, nicht mehr und habe ihre Seele den sieben Todsünden verschrieben. Besonders schmerzhaft ist für diesen personifizierten Gott die Erinnerung an seine Passion, an sein Leiden und Sterben auf Golgatha, erbracht aus Liebe zu den Menschen, die ihn jedoch vergessen haben und gewissenlos seine Gebote missachten. Die Menschheit, im mittelalterlichen Weltbild zwischen den Engeln und der Tierwelt situiert, droht nach unten abzurutschen, wenn Gott nicht einschreitet:

> Therefore I wyll, in all the haste,
> Haue a rekenynge of euery mannes persone;
> For, and I leue the people thus alone
> In theyr lyfe and wycked tempestes,
> Veryly they will become moche worse than beestes;
> For now one wolde by enuy another vp ete;
>
> (45-9)

Der Tod wird nicht ausgesendet, um die Menschen zu *bestrafen* (im Gegensatz zur Rolle des Todes in *The Death of Herod*), sondern um sie zur Rechenschaft zu ziehen. Sie sollen sich vor Gott für ihre Lebensweise verantworten.[341] Da die Menschheit zur Lasterhaftigkeit neige, müsse Gott in periodischen Abständen Maßnahmen ergreifen, um sie wieder auf den rechten Weg zu bringen. Gott wolle aber nicht ein weiteres Mal in menschlicher Gestalt in die Heilsgeschichte eingreifen, sondern lasse diesmal die Menschen vor sein Antlitz treten und Rechenschaft für ihren Lebenswandel ablegen. Der Tod avanciert in diesem Drama zu einem der wichtigsten Gehilfen des Allmächtigen – man ziehe zum Vergleich Dame Liffes Schmähung der Todesfigur („Dame daughter of the devill", Vers 235) in *Death and Liffe* heran, um sich der Bandbreite mittelalterlicher Sichtweisen des Todes bewusst zu werden. Gott entsendet den Tod, seinen „myghty messengere", mit den Worten:

> Go thou to Eueryman,
> And shewe hym, in my name,
> A pylgrymage he must on hym take,
> Whiche he in no wyse may escape;
> And that he brynge with hym a sure rekenynge

---

[340] Alle Zitate entstammen der Ausgabe von A.C. Cawley, *Everyman*, London 1961, Gottes Rede darin Verse 22-62.
[341] Spinrad, *The Summons of Death*, S. 70.

Without delay or ony taryenge.

(66-71)

Den Sterbeprozess bezeichnet Gott als eine Pilgerfahrt („pylgrymage"), Inbegriff der Suche des Menschen nach Seelenheil. Die Sicht der Todesstunde als Reise ist in der mittelalterlichen Literatur ein Novum. Bislang galt die Trennung von Körper und Seele als Ausgangspunkt der „Reise", welche die Seele – hoffentlich – in Begleitung der Engel zu Gott antritt. Die Konfrontation der Menschheitsfigur mit dem Tod beendet in diesem Stück also nicht ihre spirituelle Entwicklung (wie etwa in *Perseverance*), sondern initiiert erst ihre Neuausrichtung in ihrem Verhältnis zu Gott, zum Tod und zu sich selbst. Sterben ist in diesem Drama kein punktuelles Ereignis, sondern ein in Einzelheiten geschilderter Prozess. *Everyman* knüpft in der allegorischen Darstellungsweise an die älteren Moralitäten an, erneuert jedoch durch diesen Perspektivenwechsel das Genre grundlegend: Das Leben der Menschheitsfigur, in *Perseverance* Stoff von mehreren tausend Versen, erscheint hier nur noch in der Retrospektive, der Tod, bisher ein punktuelles Ereignis, wird zum Sterbeprozess ausgedehnt. Es folgt nach der Einleitung die Konfrontation des Titelhelden mit der Todesfigur:

[*Dethe*:] Eueryman, stande styll! Whyder arte thou goynge
Thus gayly? Hast thou thy Maker forgete?
[*Eueryman*:] Why askest thou?
Woldest thou wete?
[*Dethe*:] Ye, syr; I wyll shewe you:
In grete hast I am sende to the
Fro God out of his mageste.
[*Eueryman*:] What, sente to me? (…)
[*Dethe*:] On the thou must take a longe iourney;
Therefore thy boke of counte with the thou brynge,
For tourne agayne thou can not by no waye. (…)
[*Eueryman*:] Full vnredy I am suche rekenynge to gyue.
I knowe the not. What messenger arte thou?

(85-114)

Mit dem Tod hat der aus der Fülle des Lebens schöpfende Everyman nicht gerechnet. In erster Reaktion weigert er sich, diesen überhaupt zu erkennen. Zeitgenössischen bildlichen Darstellungen dieser Szene können wir entnehmen, dass die Todesfigur durchaus als solche erkennbar gewesen sein mag, als stilisiertes Skelett oder mit den üblichen Erkennungszeichen wie Würmern, Sense oder Speer ausgestattet,[342] wie kann dieser Mensch also behaupten, er erkenne den Besucher nicht? Der Tod trifft Everyman so unvorbereitet an, dass sich

---

[342] Spinrad, *The Summons of Death*, S. 71.

dieser schlichtweg weigert, seine Präsenz zu realisieren. Anstatt die an ihn gerichteten Fragen zu beantworten, sucht er mit Gegenfragen vorerst Zeit zu schinden. Der Tod erklärt ihm unmissverständlich seinen Auftrag, doch immer noch meint Everyman, sich durch Leugnen aus der Affäre ziehen zu können. Wie zu erwarten, bringt ihn diese Taktik nicht weit, denn der Tod wählt nur deutlichere Worte und nennt seinen Namen:

> [*Dethe*:] I am Dethe, that no man dredeth,
> For euery man I reste - and no man spareth;   ne. *arrest*
> For it is Goddes commaundement
> That all to me sholde be obedyent.
> [*Eueryman*:] O Deth, thou comest when I had the leest in mynde!
>
> (115-9)

Zur Einsicht gezwungen reagiert Everyman mit Entsetzen. Der Dialog zwischen der Menschheits- und der Todesfigur ist eine weitere entscheidende Neuerung dieses Stückes. In *Death of Herod* und *Perseverance* betrat der Tod lediglich die Bühne, um an das Publikum gewandt sein Wesen und seine Handlungsweise zu erläutern und den sündhaften Menschen bzw. Menschheitsvertreter niederzustrecken. In dieser Moralität wird er zum Ansprechpartner Everymans, zum ersten Lehrmeister auf seiner Pilgerfahrt zur Erlösung. Diese Todesfigur hält keine Reden, sondern gibt Antworten auf Everymans Fragen. Das ganze Stück besteht von diesem Punkt an aus einer Abfolge lehrreicher Begegnungen. Das menschliche Sterben wird in *Everyman* zu einem Lernprozess.[343]

Elisabeth Kübler-Ross hat bei ihrer Arbeit in der Krankenpflege beobachtet, dass Todgeweihte häufig auf die Nachricht einer unheilbaren Krankheit mit einem schlichten Leugnen der Tatsachen reagieren.[344] Everymans Weigerung, seinen ungebetenen Gast zu erkennen, deckt sich mit den Erkenntnissen moderner Psychologie. Als weitere Reaktion auf die Nachricht des unmittelbar bevorstehenden Todes beschreibt Kübler-Ross die Versuche von Patienten, mit dem Tod bzw. mit Gott zu feilschen.[345] Ansonsten seriöse Leute versuchen ernsthaft, sich mit Versprechungen wie einem gottgefälligen Leben oder kirchlichem Engagement Lebenszeit „herauszuhandeln". Everyman probiert es mit seinem Geld: Mit tausend Pfund hofft er, den Tod gnädig zu stimmen und ihm einen Aufschub zu gewähren. Everyman denkt, so lässt sich seine Taktik deuten, noch in irdischen Kategorien. Er hat noch nicht verstanden, dass sich Methoden, die sich im Diesseits als zugkräftig erwiesen haben, den Mächten des Jenseits gegenüber nicht anwenden lassen. Der Tod ist freilich unbestechlich (124-9).

---

[343] Goldhamer, „Everyman", S. 88.

[344] Kübler-Ross, *On Death and Dying*, Kap. 3.

[345] Kübler-Ross, *On Death and Dying*, Kap. 5. Die von Kübler-Ross in ihrem vierten Kapitel beschriebene Reaktion der Wut auf Gott bzw. das Schicksal wird in *Everyman* nicht dramatisiert.

Wollte er Geld annehmen, lässt er sein Gegenüber wissen, dann könnte er sich allen Reichtum der Welt erwerben. Everyman muss einsehen, dass der unbestechliche Tod vor ihm steht, zielt aber nunmehr mit einer neuen Strategie darauf ab, sich weitere Lebenszeit herauszuschinden, um sich auf das Sterben wenigstens angemessen vorbereiten zu können. Er appelliert an das Gerechtigkeitsempfinden des Todes und hält ihm sein urplötzliches Auftreten, so ganz ohne Vorwarnung, vor (132). Sein Rechenschaftsbericht („boke of rekenynge", 134) sei noch nicht fertig, zwölf Jahre Lebensverlängerung würden ihm jedoch ausreichen, den Mangel zu beheben. Everyman lässt sich dazu herab, den Tod um Gnade anzuflehen (138/39). Dieser bleibt von seinem Gebaren sichtlich unbeeindruckt und weist ihn höflich, doch bestimmt auf die Gesetzmäßigkeit des Todes hin:

> For, wete thou well, the tyde abydeth no man,   *Zeit*
> And in the worlde eche lyvynge creature
> For Adams synne must dye of nature.
>   (143-5)

Der Tod rechtfertigt sich als ein Resultat des Sündenfalls. Des Menschen degenerierende Natur, die Gott als Begründung für die Notwendigkeit periodischer Rechenschaftsberichte angeführt hatte, führt er auf Adams Ungehorsam zurück. Er wurde in Folge des Sündenfalls Teil der menschlichen Natur. Der Dialog mit dem Tod nimmt Lektionen späterer Begegnungen teilweise vorweg. Everyman lernt an dieser Stelle, dass es aus dem Reich des Todes kein Wiederkommen gibt (150-2). Er darf sich eine Reisebegleitung suchen, „yf ony be so hardy / That wolde go with the and bere the company" (157/8), fügt der Tod zynisch hinzu. Sein Leben und sein irdischer Besitz gehören ihm nicht, sondern waren ihm nur geliehen (161-4). Nicht einen Tag Aufschub gewährt der Tod, denn auf Erden ward ihm genügend Zeit gegeben, sein Leben in Ordnung zu bringen. Everyman soll sich nun auf sein Ende vorbereiten.

Es folgen nun Begegnungen des Titelhelden mit allegorischen Figuren, die sein soziales Umfeld repräsentieren, Fellowship, Kindred und Cousin, zuletzt auch Goods, sein Besitz. Die Gespräche zwingen Everyman, sich seiner Isolation als Sterbender bewusst zu werden. Er gelangt schrittweise zu der Einsicht, dass er sich im Tod weder auf zwischenmenschliche Beziehungen, noch auf materiellen Besitz, sondern allein auf seine inneren Werte verlassen kann. Phebe S. Spinrad fällt dabei auf, dass die vier falschen Freunde ihrer emotionalen Bedeutung für den Helden entsprechend in aufsteigender Reihe angeordnet sind.[346] In den *Ars-moriendi*-Traktaten gelten die Beziehungen des Sterbenden zu seinen Nahestehenden und zu seinem Hab und Gut als eine der fünf Ver-

---

[346] Spinrad, *The Summons of Death*, S. 77.

lockungen des Teufels.[347] Fellowship steht für den Freundeskreis, ein relativ oberflächliches Beziehungsgefüge, das sich im Lauf der Jahre dem Wohnort und den Lebensumständen entsprechend austauschen lässt. Er gibt sich anfangs gesellig und hilfsbereit und versucht, den niedergeschlagenen Everyman aufzuheitern. Dieser antwortet, er suche nach Begleitung für eine weite Reise, die er antreten müsse, „A longe waye, harde and daungerous" (243). Als Fellowship erfährt, dass es von dieser Reise keine Wiederkehr gibt und dass der Tod zu Everyman gesprochen hat, schlägt seine Hilfsbereitschaft rasch in Ablehnung um:

> Now, by God that all hathe bought,
> If Deth were the messenger,
> For no man that is lyvyng to-daye
> I wyll not go that lothe iourney –
> Not for the fader that begate me! (…)
> For from the I wyll departe as fast as I maye.
>
> (265-96)

Ein wahrer Freund hätte *ars moriendi* zufolge Moriens bei seinem Sterben Beistand geleistet. Folgenschwerer für Everyman wird der Verrat von Kindred und Cousin, seiner Verwandtschaft. Diese ist dem Menschen von Geburt her gegeben, kann nicht ausgetauscht werden und steht ihm deshalb näher als Fellowship:

> [*Kynrede*:] In welth and wo we wyll with you holde.
> For ouer his kynne a man may be bolde.
>
> (325/6)

Diesmal rückt Everyman, um falschen Hoffnungen vorzubeugen, gleich mit der vollen Wahrheit heraus. Er erklärt sogleich, dass es von der Reise, für die er sie um Begleitung bittet, kein Wiederkommen gibt. Er hat angesichts seiner Lebensbilanz (340-2) große Bedenken, allein vor den hohen Richter zu treten. Kindred erteilt ihm zwar noch gute Ratschläge (351/2), lässt ihn aber alleine losziehen und Cousin kann nicht mitgehen, da er ausgerechnet in diesem Moment einen Krampf in seiner Zehe verspürt. Goldhamer urteilt, dass Everyman trotz der Zurückweisungen von Fellowship, Kindred und Cousin von den Begegnungen profitiert. Allein die Tatsache, dass er den Dialogpartnern seine

---

[347] "The fythe temptacion that tempteth & greueth moste carnall men & seculer men that ben in ouermoche occupacion & besynesse owtewarde aboute temporall thynges as her wyfes, her children, her carnall ffrendes, and wordely rychesses, and other thynges that they haue loued inordynatly byffore (…)", *Craft and Knowledge For to Dye Well*, in Atkinsons Ausgabe S. 8.

prekäre Situation erklären und sich diese dabei selbst vergegenwärtigen musste, hat ihn einen Schritt weiter gebracht auf dem Weg zu einem guten Sterben.[348]

Die inniglichste Beziehung verbindet Everyman mit seinem Hab und Gut. Goods stand ihm zu Lebzeiten stets willenlos zur Verfügung und half ihm, so können wir aus Everymans Bestechungsversuchen dem Tod gegenüber schließen, schon aus mancher Klemme. Der Besitz wird für den Habgierigen Teil seiner Identität.[349] Goods, ein entfernter Verwandter von World und Covetise (*Perseverance*), ist jedoch ein schlechter Freund. Als Everyman ihn an seine lebenslange, innige Zuneigung erinnert (427/8), meint er schadenfroh:

> [*Goodes*]: That is to thy dampnacyon, without lesynge,   *ungelogen*
> For my loue is contrary to the loue euerlastynge;
> But yf thou had me loued moderately durynge,
> As to the poore gyue parte of me,
> Than sholdest thou not in this dolour be,
> Nor in this grete sorowe and care.
> [*Eueryman:*] Lo, now was I deceyued or I was ware!
> And all I may wyte my spendynge of tyme.[350]
> (429-36)

Everyman hat sich zeit seines Lebens von Goods täuschen lassen, er hat sich der Illusion dauerhaften materiellen Wohlergehens hingegeben. In seiner Todesstunde wird er „ent-täuscht", i.S.v. eines Besseren belehrt. Er lernt, zwischen guten und schlechten Freunden zu unterscheiden. Sein mentaler Zustand entspricht nun dem vierten der von Kübler-Ross beschriebenen Stadien in der Entwicklung des Sterbenden, dem der Depression:[351]

> Than of my selfe I was ashamed,
> And so I am worthy to be blamed;
> Thus may I well my selfe hate.
> (476-8)

Everyman schämt sich, macht sich Vorwürfe und empfindet gar Hass auf sich selbst. Erst eine weitere Begegnung verhilft ihm, diesen mentalen Tiefpunkt zu

---

[348] Goldhamer, "Everyman", S. 93.

[349] „Goods is a mistaken image of the self – personal objects that one has gathered outside oneself as an identity for the self", so Spinrad in *The Summons of Death*, S. 77.

[350] V. 436: „Und ich muss es ganz auf den Missbrauch meiner Zeit schieben."

[351] "It appears that people who have gone through a life of suffering, hard work, and labor, who have raised their children and been gratified in their work, have shown greater ease in accepting death with peace and dignity compared to those who have been ambitiously controlling their environment, accumulating material goods and a great number of social relationships but few meaningful interpersonal relationships which would have been available at the end of life", Kübler-Ross, *On Death and Dying*, S. 265.

durchschreiten. Er sucht nun den Beistand von Good Deeds – die lautliche Ähnlichkeit zu Goods ist sicher kein Zufall – und schafft damit Goldhamer zufolge einen weiteren Schritt in Richtung einer Lösung seines Problems. Die Äußerlichkeiten seines Lebens lassen ihn angesichts des Todes im Stich. Sein Sterben kann er nur erfolgreich bewältigen, wenn er sich auf seine inneren Attribute, darunter seine guten Taten, besinnt. Diese Neuorientierung Everymans bringt Hoffnung, auch wenn eine Überwindung der Krise noch in weiter Ferne liegt. Im Gegensatz zum wohlgenährten Goods ist Good Deeds nämlich abgemagert, entkräftet und liegt gar gefesselt in einer Grube:

> [*Good Dedes*:] Here I lye, colde in the grounde;
> Thy synnes hath me sore bounde,
> That I can not stere. (…)
> [*Eueryman*:] I praye you that ye wyll go with me.
> [*Good Dedes*:] I wolde full fayne, but I can not stande, veryly.
>
> (486-98)

Good Deeds zeigt Everyman sein „boke of counte", das Verzeichnis seiner guten und schlechten Taten. Die Einträge sind jedoch unleserlich geworden (507). Die schwächliche Good Deeds ist machtlos, kann ihn jedoch weitervermitteln an ihre Schwester Knowledge,[352] die auftritt und ihm ihren Beistand zusichert (522/3). Everymans Hinwendung zu Good Deeds bedeutet, dass er den Wert seiner inneren, aller sozialen Rollen entkleideten Persönlichkeit zu erkennen beginnt. Der Diskurs mit Knowledge, d.h. seine Selbstanalyse und das Produkt dieser Analyse, Selbsterkenntnis,[353] ermöglicht ihm die Akzeptanz des bevorstehenden Todes – das Stadium, in das Everyman nun eintritt, entspricht somit dem fünften Stadium des Sterbeprozesses gemäß der Beschreibung von Kübler-Ross.[354] Akzeptanz bezieht sich dabei sowohl auf die Situation, die Sterbestunde, als auch auf die eigene Person. Everyman überwindet in der Hinwendung zu Good Deeds und dank dem Rat von Knowledge seinen Selbsthass. Diese begleitet ihn nun zu Confession, wohnhaft bezeichnenderweise im „hous of saluacyon" (540). Dort wird ihm ein Kleinod mit Namen „penaunce" geschenkt, eine bittere Medizin, welche ihm zusammen mit „abstynence" und „perseueraunce" (560) zurück in den Gnadenstand verhelfen soll:

> [*Confessyon*:] Aske God mercy, and he wyll graunte truely.
> Whan with the scourge of penaunce man doth hym bynde,
> The oyle of forgyuenes than shall he fynde.

---

[352] "Everyman can accept his present state if he can see himself as a morally good person. It is therefore no accident that his thoughts of good deeds lead him to knowledge – a consideration and acceptance of his moral worth as an individual", Goldhamer, "Everyman", S. 94/5.

[353] Goldhamer, „Everyman", S. 95.

[354] Kübler-Ross, *On Death and Dying*, 7. Kapitel.

[*Eueryman*:] Thanked be God for his gracyous werke!

(570-3)

Zum ersten Mal in dem Stück fühlt sich Everyman erleichtert und dankbar. Er betet zu Gott und zur Jungfrau Maria (581-604) und tut Buße in der Hoffnung, dass ihm dadurch das Fegefeuer erspart bleibe. So ganz ohne weiteres, lediglich kraft eines kurzen Gnadengesuchs im letzten Atemzug (man denke an den Appell des sterbenden Mankind in *Perseverance*), wird in diesem Drama die Wiederaufnahme in den Gnadenstand nicht gewährt. Aufrichtiger Wille und ein bisschen Anstrengung müssen schon dabei sein. Wehe dem Bußfertigen, dem keine Zeit mehr bleibt, seine Reue unter Beweis zu stellen: „Eueryman, God gyue you tyme and space!" (608), wünscht Knowledge ihrem Schützling.

Everymans Bemühungen zeigen jedoch Wirkung. Good Deeds entsteigt der Sündengrube, hinkt nicht mehr und fühlt sich gestärkt (619/20). Ihre Genesung verdeutlicht, dass Everyman, der sich vor Confession zu seinen *schlechten* Taten bekannt hat, nun auch den Wert seiner *guten* Taten zu erkennen vermag.[355] Knowledge fordert ihn auf, sich zu freuen und legt ihm ein neues, mit seinen eigenen reuigen Tränen durchtränktes Gewand (Contrycyon) an, welches vor Gott als Erkennungszeichen seiner Läuterung dienen soll (636-41). Sein Rechenschaftsbericht ist nun klar und deutlich lesbar, ein drittes Zeichen seiner Wiederaufnahme in den Gnadenstand (652/3).

Doch Everyman ist an diesem Punkt noch nicht am Ende seiner Pilgerfahrt angelangt. Er bekommt nochmals ein Quartett von Begleitern zugewiesen, nämlich Strength, Discretion (‚Urteilsvermögen'), Beauty und Five Wits, seine inneren Attribute. Five Wits rät ihm, sich Priesthood anzuvertrauen, der Mittlerin zwischen Gott und den Menschen, um aus ihren Händen die letzte Ölung zu empfangen (731-6). Everyman leistet dem Rat Folge (diese Begegnung wird nicht dargestellt) und Knowledge nutzt seine Abwesenheit, um ein paar satirische Seitenhiebe auf das zeitgenössische Priestertum auszuteilen. Everyman betritt gestärkt wieder die Bühne und ist nun bereit für seinen Tod, d.h. er hat das Stadium der Akzeptanz erreicht. Als er auf sein Grab zuschreitet, passiert etwas Seltsames: Strength, Discretion und Beauty, die ihm eben noch ihren immerwährenden Beistand zugesichert haben, beginnen nun eine nach der anderen ihn zu verlassen. Beauty findet die Vorstellung, mit Everyman im Grab zu verrotten, schlichtweg widerlich (796 und 800/1), der Abfall von Strength kündigt sich dadurch an, dass Everyman einen Schwächeanfall erleidet, also erstmalig in dem Stück physisch die Nähe des Todes spürt. Auch Discretion kündigt ihm die Treue und zuletzt auch Five Wits. Sind seine inneren Attribute also nicht besser als die falschen Freunde der ersten Hälfte des Dramas? Everyman fühlt sich ein zweites Mal von seinen Begleitern hintergangen:

---

[355] Goldhamer, „Everyman", S. 95/6.

[*Eueryman*:] Strength, you to dysplease I am to blame;
Wyll ye breke promyse that is dette?
[*Strength*:] In fayth, I care not.
Thou arte but a foole to complayne;
You spende your speche and wast your brayne.
Go thryst the in to the grounde!

[*Eueryman*:] O, all thynge fayleth, saue God alone –
Beaute, Strength, and Dyscrecyon;
For whan Deth bloweth his blast,
They all renne from me full fast.
(820-5 und 841-4)

Spinrad setzt diese Szene in Beziehung zur *Ars-moriendi*-Literatur und deutet Everymans Klammern an seine inneren Attribute als Zeichen dafür, dass er der vierten Versuchung des Teufels erlegen ist, der Selbstgefälligkeit (*vainglory*). In Caxtons *Arte & Crafte to Know Well to Dye* flüstert der Teufel dem Sterbenden ins Ohr, er könne sich auf seine guten Eigenschaften verlassen:

O how thou art ferme and stedfaste in the fayth. O how thou arte sure in hope. O how thou art stronge and pacyent. O how thou haste doon many good dedes (…).[356]

Der Sterbende soll sich jedoch eben nicht auf seine inneren Stärken oder seine Rechtschaffenheit verlassen. Allein die göttliche Gnade ermöglicht ihm *ars moriendi* zufolge die Aufnahme in das Paradies – auf einen Anspruch auf Erlösung dank guter Vorbereitung zu setzten sei anmaßend. Diese falsche Sterbehaltung tadelt die *Ars-moriendi*-Literatur als „spiritual pride".[357] Goldhamer deutet die Verzweiflung Everymans über den Verlust des zweiten Quartetts von Begleitern als Manifestation des von Kübler-Ross beschriebenen Stadiums der zweiten Depression des Sterbenden. Selbst nachdem sich der Patient zur Akzeptanz des Todes durchgerungen habe, bedaure er noch die Auflösung seiner Persönlichkeit.[358] Auch Knowledge verlässt Everyman kurz vor dem Ende. Allein Good Deeds hält ihm bis zuletzt die Treue:

[*Eueryman*:] O Iesu, helpe! All hath forsaken me.
[*Good Dedes*:] Nay, Eueryman; I wyll byde with the.

---

[356] Zweites Kapitel des Traktates: die fünf Versuchungen des Sterbenden; zitiert aus Atkinson, S. 25.
[357] Spinrad geht soweit zu behaupten, dass Everyman im Umgang mit den falschen Freunden des ersten und mit den inneren Attributen des zweiten Teils jeweils denselben Fehler begeht: er setze beide Male auf kurzfristige Lösungen, anstatt auf Gott zu vertrauen (S. 83).
[358] Goldhamer, „Everyman", S. 97.

I wyll not forsake the in dede;
Thou shalte fynde me a good frende at nede.
[*Eueryman*:] Gramercy, Good Dedes! Now may I true frendes se.

(851-5)

Everyman hat endlich gelernt, zwischen wahren und falschen Freunden zu unterscheiden. Nun bittet er Gott und die Jungfrau Maria um Gnade. Good Deeds erklärt sich bereit, für ihn im Himmel Fürsprache einzulegen (876). Zuletzt überantwortet er Gott seine Seele und stirbt (886/7). Knowledge tritt auf und fordert das Publikum auf, sich mit dem Dargestellten zu identifizieren: „Now hath he suffred that we all shall endure" (888). Seine Reise hat ihn an das gewünschte Ziel gebracht:

Me thynketh that I here aungelles synge,
And make grete ioy and melody
Where Euerymannes soule receyued shall be.

(891-3)

Ein Engel bestätigt die Aufnahme seiner Seele in den Himmel:

Come, excellente electe spouse, to Iesu!
Here aboue thou shalte go
Bycause of thy synguler vertue.
Now the soule is taken thy body fro,
Thy rekeninge is crystall-clere.

(894-8)

Reue, Buße und die Fürsprache von Good Deeds erlauben Everymans Seele zuletzt den Einlass ins Paradies. Er muss trotz seiner Verweltlichung zu Beginn des Stückes keine Verhandlungen zwischen Mercy und Justice um die Wirksamkeit seines Gnadenappells fürchten. Das Stück macht dem Zuschauer, der sich seiner Sünden und seiner Diesseitsverbundenheit bewusst ist, Hoffnung: Man muss kein Heiliger sein, so die Botschaft von *Everyman*, um das von Christus verheißene ewige Leben zu erlangen; eine erfolgreiche Bewältigung der Sterbestunde wiegt Jahre sündhaften Lebens auf. In Übereinstimmung mit der *Ars-moriendi*-Literatur und der spätmittelalterlichen Theologie misst *Everyman* der Todesstunde solch überragende Bedeutung zu. Der Heilsoptimismus des Stückes wird jedoch durch den Auftritt des Doctors (ab Vers 902) wieder etwas relativiert. Dieser warnt die Zuschauer nochmals davor, sich auf ihre inneren Attribute zu verlassen, allein Good Deeds bleibe dem Menschen in der Sterbestunde treu. Doch wenn diese gering erscheinen vor Gott könne der Mensch auf keinerlei Beistand hoffen (908/09).

Robert Potter zufolge lautet die Antwort des Dramas auf die letzten Fragen der menschlichen Existenz, der Mensch könne zwar nicht aus eigener Kraft, gestützt auf das zweite Quartett von Begleitern, den Weg ins Paradies finden, auch nicht allein dank seiner guten Taten und schon gar nicht mit Hilfe von Freunden oder materiellem Besitz, doch könne er seine Sünden bereuen und damit sein Leben und Sterben in Einklang bringen mit Christi Erlösungswerk:

The problem which *Everyman* presents with such daring and subtlety is the effort of dying mankind to find a solution for death. The solution, as it is systematically discovered in the action of the play, is not to be found in either external relationships (Fellowship, Kindred, Cousin and Goods) or internal attributes (Discretion, Strength, Beauty, Five Wits). Nevertheless, (...) it is possible for mankind to discover the theological answer to the dilemma. The solution leads, by way of repentance, toward putting the sequence of one's life and death in consonance with the redeeming life and death of Christ, and hence with the pattern of salvation.[359]

Die Moralitäten begründen ihre hoffnungsvolle Sicht des Todes als Tor zum Paradies mit dem Versprechen Gottes, dem reuigen Menschen selbst in der Todesstunde noch die Vergebung seiner Sünden zu gewähren. Auch dem Durchschnittsmenschen, dem „Jedermann", steht der Weg ins Seelenheil offen, wenn er die schwierige Aufgabe des Sterbens zu meistern versteht.

---

[359] Potter, *The English Morality Play*, S. 53.

3. Der Tod in mittelenglischen und mittelschottischen Versromanzen

3.1 Einleitung

Die mittelalterliche Romanzenliteratur scheint sich auf den ersten Blick nur schlecht als Textkorpus für eine Studie zur Thematik des Todes in der mittelalterlichen Literatur zu eignen. Im Vergleich zur epischen Dichtung oder zur Hagiographie fällt auf, dass Romanzenhelden in der überwiegenden Mehrheit nicht sterben, sondern alle Gefahren überleben, aus Schlachten und Zweikämpfen stets als Sieger hervorgehen und ihre Aufgabe, die ritterliche *avanture* bzw. den *quest*, erfolgreich bestehen. Nicht der Tod des Helden steht im Vordergrund, sondern seine Bewährung im Leben: „Romances are typically stories about being young and growing up."[1]

Klaus Jankofsky untersucht im ersten Teil seiner Dissertation[2] Sterbeszenen in der mittelenglischen Romanzenliteratur und kommt zu dem Ergebnis, dass dort primär der Tod der Antagonisten des Helden geschildert wird, oder der von Nebenfiguren, die Hauptfigur betreffend allenfalls ein natürliches Lebensende:

> Neben den angeführten Erzählungen, für die auf Grund ihres anders gelagerten Erzählnachdrucks der Tod der Hauptfiguren überhaupt keine Rolle spielt oder nur als formelhafter harmonischer Abschluss der erzählten Abenteuer und Bewährungen dient, kennen eigentlich nur zwei der untersuchten Versromane eine ausführliche Schilderung des natürlichen Lebensendes der Hauptgestalten, keineswegs jedoch eine Schilderung des Sterbevorgangs. Es sind dies *Beues* und *Le Morte Arthur*. (S. 4)

Die prototypische mittelenglische Versromanze, nehmen wir *Havelok* als Beispiel, endet mit dem Tod der Gegner und der Vereinigung des Heldenpaares. Das *happy ending* wird durch einen Ausblick auf die Zukunft in die Länge gestreckt: Havelok und Goldeboru herrschen 60 Jahre lang über ihr vereinigtes Reich von England und Dänemark, aus ihrer modellhaften Ehe gehen 15 Kinder hervor, die allesamt Könige und Königinnen werden (Vers 2964f.). Das Lebensende des Heldenpaares verliert angesichts ihres langjährigen Lebensglücks völlig an Bedeutung und verschwindet quasi hinter dem Horizont der Erzählperspektive. Wird das Ende des bzw. der Helden doch erwähnt, wie im bretonischen Lai *Sir Orfeo*, das mit dem Tod des kinderlosen Königspaares und der Nachfolge des getreuen Stewards schließt, so hat dies eher den Charakter eines

---

[1] Derek Brewer, *Symbolic Stories: Traditional Tales and the Family Drama in English Literature*, Cambridge 1980, S. 74.
[2] *Darstellungen von Tod und Sterben in mittelenglischer Zeit*, Saarbrücken (Diss.) 1970, S. 1-65.

Zusatzes, eines Ausblickes in eine Zukunft jenseits der Romanzenhandlung. Im Zentrum dieser Erzählung steht die Überwindung des „Todes" der Königsgattin, d.h. ihre Wiedergewinnung aus dem Feenreich dank Orfeos übergroßer Liebe und Opferbereitschaft.

Die mittelenglische und mittelschottische Romanzendichtung in einer Arbeit zum Tod in der englischen Literatur des 13. bis 15. Jahrhunderts zu berücksichtigen scheint aus drei Gründen dennoch für angebracht: Die Romanze nimmt als säkulare narrative Leitgattung in der Literatur der Epoche eine zentrale Stellung ein. Vergleiche mit der Hagiographie, der christlichen narrativen Leitgattung, bieten sich an, gerade was die Rolle der Protagonisten, also der Romanzenhelden bzw. der Heiligen, und ihre Bewährungsproben betrifft. Eine Analyse, weshalb der Tod in der Romanzenliteratur im Vergleich zur Hagiographie, zur Lyrik oder zur epischen und heroischen Dichtung eine nur geringe Rolle spielt, kann zu einem vertieften Verständnis der Interaktion mittelalterlicher Gattungen beitragen.

Es gibt ferner durchaus Romanzen, in denen der Tod des Helden direkt oder indirekt eine Rolle spielt. Zwar formiert sich das Genre der mittelenglischen Versromanze um den oben umrissenen Kerntyp mit unbesiegbarem Helden, doch lebt es in seiner Gesamtheit von thematischer Vielseitigkeit: Konventionen spielen in der Romanzenliteratur zweifelsohne eine entscheidende Rolle, doch zeichnen sich die besten Beispiele der Gattung gerade in ihrer Abweichung vom Prototyp à la *Havelok* oder *Bevis of Hampton* aus. Von zentraler Bedeutung im Lektürekanon mittelenglischer Literatur sind ferner Texte, deren Zugehörigkeit zur Versromanze zu Recht in Zweifel gezogen wurde, da ihr Handlungsverlauf weniger von den Erwartungen des Genres als von der Thematik bestimmt wird. So nimmt in zwei der wichtigsten Werke der mittelenglischen Artusdichtung, dem alliterierenden *Morte Arthure* und dem strophischen *Le Morte Arthur* dem Titel entsprechend der Tod Arthurs und seiner Ritter eine zentrale Stellung ein. An den Grenzen, wenn nicht gar außerhalb des Genres, befinden sich die mittelschottischen historischen Romanzen *The Bruce* und *The Wallace*, die sich zwar romanzenhafter Konventionen bedienen, doch im Prolog historische „Wahrheit" für sich reklamieren.

Ein drittes Argument für ein Kapitel zur Romanzenliteratur im Rahmen dieser Arbeit lautet, dass der Tod nicht nur dann eine Rolle in einer Erzählung spielt, wenn er tatsächlich eintritt, sondern auch, wenn er nur eine Möglichkeit darstellt. Die für die Romanzenwelt typische latente Todesgefahr, das stete Damoklesschwert über dem Helden, der im Kampf gegen übermächtige Gegner sei Leben riskiert, bestimmt das innere und äußere Geschehen entscheidend mit, z.B. in *Sir Gawain and the Green Knight*, wo der Held nicht seinen Antagonisten, sondern seine Todesfurcht besiegen muss. Die Opferbereitschaft Sir Orfeos und die Risikobereitschaft bis hin zur Lebensverachtung des jugendlichen Floris (*Floris and Blancheflour*) spielen in den jeweiligen Romanzen eine entscheidende Rolle. Durch die Berücksichtigung auch der indirekten Rolle des Todes in der Handlung der mittelenglischen Romanze soll dieses Kapitel einen wesentlichen Schritt über die Arbeit Jankofskys (der sich auf die Analyse von Sterbeszenen konzentriert) hinausgehen.

Dieses Kapitel soll wie folgt untergliedert werden: Unter 3.2 soll die Thematik des Todes in der mittelenglischen Romanzenliteratur mit heroischer und epischer Dichtung verglichen und kontrastiert werden. Als Beispiele für den literarischen Umgang mit dem Tod in früher heroischer Dichtung werden *The Battle of Maldon* (altenglisch) und *The Goddodin* (walisisch, Südschottland) herangezogen. Der Tod des Helden in der epischen Dichtung (etwa in *Beowulf* oder in der *Chanson de Roland*) soll dem prototypischen Überleben des Romanzenhelden gegenübergestellt werden. 3.3 soll eine Antwort auf die Frage finden, weshalb in mittelenglischen Romanzen selten explizit Stellung zum Tod bezogen wird. 3.4 untersucht die Funktion des Todes im Handlungsverlauf als auslösendes und als treibendes (*Havelok*, *Le Morte Arthur*), 3.5 als emotionalisierendes Element (*Guy of Warwick*). Das Nahen des Todes als Anlass für Offenbarungen und als Ursache für einen Gesinnungswandel soll unter 3.6 beschrieben werden: Angesichts des Todes kommt Wahrheit ans Licht (*Athelston*), werden Gegner zu Freunden (*Kyng Alisaunder*) und werden Identitäten aufgedeckt (*Guy of Warwick*). Die Romanze von *Floris and Blancheflour* bietet ein Beispiel für den Sieg von Liebe und Opferbereitschaft über den Tod (3.7). Es folgt unter 3.8 die Konfrontation mit dem eigenen Tod als Bewährungsprobe des Helden in *Sir Gawain and the Green Knight*. Den Höhepunkt dieses Kapitels soll die Analyse zweier Romanzen bilden, die von grundlegend unterschiedlichen Konzeptionen von Tragik ausgehend die Ereignisse schildern, die zum Tod Arthurs und zum Untergangs seines Reiches führten, der alliterierende *Morte Arthure* und der strophische *Le Morte Arthur*, vor allem mit Blick auf Kausalzusammenhänge (3.9). Es folgen unter 3.10 die von keltischer Mythologie inspirierten bretonischen Lais *Sir Orfeo* und *Sir Launfal* mit ihren Vorstellungen von „Tod" und jenseitiger Welt und abschließend unter 3.11 eine vergleichende Analyse von Sterbeszenen mittelenglischer und mittelschottischer Romanzendichtung.

3.2 Die Rolle des Todes in Romanzen und heroisch-epischer Dichtung

Folgende zwei Beispiele früher heroischer Dichtung, *The Battle of Maldon* und *The Goddodin*, schildern Kampfgeschehen, bei denen die jeweils eigene Partei (Angelsachsen bzw. keltische Briten) von einem zahlenmäßig überlegenen Gegner (Dänen bzw. Angelsachsen) aufgerieben wird. Das Schlachtgeschehen wird in dieser Dichtung im Gegensatz zur Romanzenliteratur weitaus realistischer dargestellt. Hier kämpfen die Männer nicht um Identitätskrisen zu überwinden, sondern um ihr Land und Leben zu verteidigen. Die relativ wirklichkeitsgetreue Darstellung der Gefahren des Kampfes macht den Tod der Helden dabei zur einem Faktum, in der *Goddodin* wird er gar als unausweichliches Schicksal ins Auge gefasst. Gegen zahlenmäßig weit überlegene Gegner lässt sich bei aller Entschlossenheit zum Kampf eine Niederlage nicht vermeiden. Sich zu einer Schlacht gegen die einfallenden Dänen zu positionieren verlangt den Kämpfern von Maldon heroische Opferbereitschaft ab. Die angelsächsischen Krieger sind trotz der Gefahr zu Beginn des Geschehens voller Aktionismus und auf Kriegsruhm bedacht. Was die Aussicht betrifft, im Schlachtgeschehen den Tod zu finden, fügen sie sich fatalistisch in ein von höheren Mächten vorherbestimmtes Schicksal:

> (...) Þa wæs feohte neh,
> tir æt getohte: wæs seo tid cumen
> þæt þær fæge men feallan sceoldon. (...)
> Swa stemnetton stiðhicgende,
> hysas æt hilde, hogodon georne
> hwa þær mid orde ærost mihte
> on fægean men feorh gewinnan,
> wigan mid wæpnum.[3]
> (103-5 und 122-6)

Die Verteidigung der Angelsachsen ist ein tapferes, aber aussichtsloses Unterfangen. Ihr Heerführer Byrhtnoth lässt die Dänen eine Furt passieren und stellt sich dem Gegner im offenen Kampf. Die Angelsachsen werden überwältigt und Byrhtnoth fällt. Sterbend dankt er dem Herrn für die Freuden der Welt und bittet um Gnade und um Aufnahme seiner Seele in den Himmel:

> Ic geþance þe, ðeoda Waldend,
> ealra þæra wynna þe ic on worulde gebad.

---

[3] Zitiert aus der Ausgabe von D.G. Scragg, Manchester 1981: „Nun war der Kampf nah, Ruhm in der Schlacht. Die Zeit war gekommen, wo todgeweihte Männer fallen sollten. (...) So standen die Männer unerschüttert in der Schlacht, entschlossen in ihrem Vorhaben. Eifrig stritten all diese bewaffneten Kämpfer einer mit dem anderen um zu sehen, wer der erste sein werde, der mit der Spitze seiner Waffe das Leben todgeweihter Männer nimmt."

Nu ic ah, milde Metod, mæste þearfe
Þæt þu minum gaste godes geunne,
þæt min sawul to ðe siðian mote[4]
(173-7)

Gefolgstreue stellt in der altenglischen heroischen Dichtung einen zentralen Wert dar. Nur „Feiglinge" und „Verräter" ergreifen die Flucht, die Helden hingegen kämpfen bis zum Tod, um ihren gefallenen Heerführer zu rächen. Der heroische Ehrenkodex verlangt Treue zum Gefolgsherrn in Sieg oder Niederlage:

he [Offa] hæfde ðeah geforþod þæt he his frean gehet,
swa he beotode ær wið his beahgifan
þæt hi sceoldon begen on burh ridan,
hale to hame, oððe on here crincgan,
on wælstowe wundum sweltan.
He læg ðegenlice ðeodne gehende.[5]
(289-94)

Auch die Verteidiger Goddodins, eines britischen Reiches im heutigen Südschottland (Lothians) sind trotz ihrer zahlenmäßigen Unterlegenheit furchtlos und in wilder Kampfeslust:[6]

Men went to Goddodin, laughter-loving.
Assailants in a war-host, keen for combat,
They would slaughter with their swords (...) (7. Strophe)
Their fears had been left behind.
Three hundred clashed with ten thousand. (10)
And though they were being slain, they slew.
None to their own regions returned. (31)
After wine-feast and mead-feast they left us,
Mail-clad men, I know death's sadness. (...)
Of Mynyddawg's men, great the grief,
Of three hundred, but one man returned. (56)

---

[4] „Ich danke dir, du Herrscher der Völker, für alle die Freuden, die ich auf Erden hatte. Jetzt, milder Herrscher, hoffe ich inständig, dass du meinem Geist gnädig bist, dass meine Seele zu dir reisen kann."

[5] „Er (Offa) hatte jedoch getan, was er seinem Herrn versprochen, was er vor seinem Ringgeber geschworen hatte, nämlich dass entweder beide gesund und wohlbehalten nach Hause in die Stadt reiten oder inmitten des Heeres fallen sollten, auf dem Schlachtplatz an ihren Wunden sterben. Er lag da, wie ein Gefolgsmann es sollte, nah bei seinem Herrn."

[6] Text in englischer Übersetzung aus Thomas O. Clancy, *The Triumph Tree: Scotland's Earliest Poetry*, Edinburgh: Canongate Classics 1998, S. 46-78.

Die Schlacht, in der Romanzenwelt lediglich Bewährungsprobe für den Helden, bringt hier den Tod und gibt Anlass zur Trauer („death's sadness", „great the grief"). In Anbetracht der Gefahr haben die Krieger am Vorabend der Schlacht die Aufopferung ihres Lebens mit Wein und Met gebührend zelebriert. Wenn sie schon sterben müssen, so tun sie dies bewusst und verkaufen ihr Leben so teuer wie möglich. In dem frühmittelalterlichen Text[7] wird die christliche Hoffnung auf eine Aufnahme der Seelen in den Himmel geäußert:

> May their souls be, after the battle,
> Made welcome in heaven's land, home of plenty.
>
> (77. Strophe)

Was die Sieggewissheit der Helden betrifft, ist die mittelalterliche heroische Dichtung im Gegensatz zur Romanzenliteratur weitaus realistischer. Schlachten gegen einen überlegenen Gegner können verloren werden – der Romanzenheld Bevis of Hampton hingegen kämpft allein gegen die gesamte Londoner Bürgerschaft ohne sich besiegen zu lassen. Das gleiche gilt für Zweikämpfe gegen monströse Gestalten wie den Drachen, den Beowulf nicht überlebt - am Sieg König Arthurs über den Riesen vom Mont St. Michel im alliterierenden *Morte Arthure* besteht hingegen niemals auch nur ein Hauch von Zweifel. Dieser Mangel an Realitätssinn im Vergleich zur epischen Dichtung wurde der Romanze Anfang des 20. Jahrhunderts von W.P. Ker zum Vorwurf gemacht: „Whatever Epic may mean, it implies some weight and solidity; Romance means nothing, if it does not convey some notion of mystery and fantasy".[8] D.M. Hill[9] ergreift in einem Aufsatz von 1963 jedoch Partei für das Genre der Romanzen und erklärt die Realitätsferne der Kampfbeschreibungen im Vergleich zur heroischen Dichtung als eine Folge unterschiedlicher thematischer Schwerpunktsetzung: Bei letzterer stehe das Kampfgeschehen im Vordergrund, in Chrétiens *Erec et Enide*, ein Beispiel für eine arthurische Romanze, hingegen die Liebesbeziehung des Titelpaares. Das Kampfgeschehen spielt, auch wenn es erzähltechnisch breiten Raum einnimmt, thematisch eine nur untergeordnete Rolle. Allgemein gilt für das Genre der Romanzen, so könnte man Hills Kommentar ergänzen, dass das heldenhafte Individuum in seiner Entwicklung und Interaktion mit der Umwelt im Vordergrund steht. Heroische Dichtung hingegen lebt von der Realistik der Zweikämpfe und Schlachten: Stark verzerrte Darstellungen von Kampfgeschehen in Texten, die den Kampf an sich thematisieren, würden diesen die Substanz entziehen.

Die unterschiedliche thematische Schwerpunktsetzung von Epos und Romanze lässt sich insbesondere am Tod des Helden bzw. seinem konstanten

---

[7] Das Geschehen fällt ins 6. Jahrhundert, die als *Book of Aneirin* bekannte Handschrift lässt sich jedoch erst auf Anfang 13. Jahrhundert datieren, siehe Clancy, *The Triumph Tree*, S. 46.
[8] W.P. Ker, *Epic and Romance*, London 1908, S. 4.
[9] D.H. Hill, "Romance as Epic", *English Studies* 44 (1963), S. 95-107, S. 96.

Überleben erläutern. John Stevens empfindet es als paradox, dass der Romanzenheld, der Individualist, alle Abenteuer überlebt und am Ende zu seiner ursprünglichen Gemeinschaft zurückkehrt (Chrétiens Helden kehren in aller Regel zum Artushof zurück, ebenso Sir Gawain nach seiner Begegnung mit dem grünen Ritter), der Held des Epos hingegen, der stellvertretend für sein Volk kämpft, typischerweise sein Volk nicht wieder sieht.[10] Doch liegt in seinem Sterben gerade die Bedeutung seiner Tat für die Gemeinschaft, die er vertritt. Der Tod des epischen Helden wird wie Christi Tod am Kreuz zum Opfertod für sein Volk. Der Tod Rolands z.b. wurde als Voraussetzung für den letztendlichen Sieg Karls über die Sarazenen gedeutet. Die Trauer über die gefallenen Helden Roland, Oliver und Turpin in der Schlacht von Roncevaux eint die Franken und gibt ihnen den Impuls, sich dem Emir von Baligant zum Endkampf zu stellen. Der Tod der drei *douzepers* (die zwölf engsten Vertrauten des Kaisers) ist deren individuelles Schicksal und zugleich Teil einer größeren Sache, auf politisch-militärischer Ebene des Feldzugs Karls des Großen gegen die Sarazenen, auf heilsgeschichtlicher Ebene des Kampfes der Christenheit gegen das Heidentum.

Roland ist sich in seinen letzten Momenten noch ganz seiner Rolle als Vertreter des ruhmreichen Frankenheeres und der christlichen Religion bewusst. Angesichts seines Todes lässt er sämtliche Eroberungsfeldzüge, an denen er in Karls Auftrag teilgenommen hat, nochmals Revue passieren (Verse 2322-34). Das christliche Sündenbekenntnis hingegen nimmt vergleichsweise wenig Raum ein (2369-72): Rolands Individualität als Christ verschwindet angesichts seiner Rolle als Führerfigur im Kampf gegen die Heiden. Sein Heldenmut erweist sich in seiner Todesstunde als ebenso unverwüstlich wie sein Schwert Durendal, das er sterbend vor dem Zugriff eines sarazenischen Kriegers bewahrt. Selbst in seiner Sterbepose stilisiert sich Roland noch zum ungebrochenen Sieger, so will er von seinem Volk aufgefunden werden:

Turnat sa teste vers la paiene gent:
Pur ço l'at fait quë il voelt veirement
Que Carles diet et restute sa gent
Li gentilz quens qu'il fut mort cunquerant. [11]
(2360-3)

Christus spielt in dieser Sterbeszene bezeichnenderweise keine Rolle, fällt Stevens auf.[12] Roland wendet seinen Gnadenappell direkt an Gott, seinen höchsten „Feudalherren". Er stirbt nicht *in*, sondern *wie* Christus, allein und von Feinden

---

[10] John Stevens, *Medieval Romance*, London 1973, S. 76.
[11] „Den Kopf kehrt er dem heidnischen Volke zu. Solches tat er, weil er aufrichtig wollte, dass Karl und sein ganzes Volk sagen sollten, der edle Graf sei als Sieger gestorben." Zitiert aus: *La Chanson de Roland*, übersetzt von H.W. Klein, *Klassische Texte des romanischen Mittelalters in zweisprachigen Ausgaben*, hg. v. H.R. Jauss und E. Köhler, München 1963.
[12] Stevens, *Medieval Romance*, S. 125.

bedrängt, doch in Gottes Auftrag. Rolands Verhältnis zu Gott drückt sich in feudaler Symbolik aus: Sterbend reicht er seinen rechten Handschuh zum Himmel empor, eine Geste, auf die der Erzengel Gabriel augenblicklich reagiert: St. Gabriel und St. Michael geleiten die Seele des Grafen ins Paradies (2389-96).

Es lassen sich aufschlussreiche Parallelen zur Hagiographie ziehen: Rolands Tod gleicht dem der Märtyrer, Leben (zumindest im zweiten Teil) und Tod des Romanzenhelden Guy of Warwick hingegen dem friedlichen Sterben des Hl. Alexius. Märtyrer, ebenso Roland, Oliver und Turpin, sterben für eine größere Sache, dies ist der Sieg der Christenheit, Guy und Alexius hingegen leben und sterben für sich. Guy wandelt sich auf dem Gipfel seines irdischen Ruhmes, d.h. nach der Hochzeit mit Felice (ihr Name verdeutlicht die Rolle, die sie im Leben des Titelhelden spielt, nämlich das „irdische Glück", das er anstrebt), vom vorbildlichen Kämpfer zum vorbildlichen Christen:

'Allas', he seyd, 'þat y was born:
Bodi & soule icham forlorn.
Of blis icham al bare.　　　　　　　　　　*habe ich keinen Anteil*
For neuer in al mi liif biforn
For him þat bar þe croun of þorn
Gode dede dede y nare;　　　　　　　　　*gute Tat*
Bot wer & wo ichaue wrouȝt,
& mani a man to grounde y-brouȝt:
þat rewes me ful sare.
To bote min sinnes ichil wende　　　　　*Buße tun für*
Barfot to mi liues ende,
To bid mi mete wiþ care.'[13]　　　　　*betteln; leidvoll*

Wie Alexius nimmt er bei seinem Gesinnungswandel keine Rücksicht auf seine Angehörigen und lässt seine Frau alleine zurück. Ebenfalls wie Alexius nähert er sich am Ende seiner Pilgerschaft der karitativ tätigen Felice, ohne sich ihr zu erkennen zu geben (Strophen 280/81). Guy verbringt die letzten neun Monate seines Lebens als Eremit und gibt sich erst, nachdem ihm ein Engel sein nahes Ende verkündet hat, mittels eines Ringes seiner Gattin zu erkennen, der somit im Moment seines Todes ein Abschiedsblick vergönnt wird. Guys heroische Taten des ersten Teils spielen in seiner Sterbestunde überhaupt keine Rolle mehr, nicht einmal seine „Comebacks" des zweiten Teils, etwa wo er im Zweikampf gegen den dänischen Champion Colbrond noch einmal seine Schlagkraft unter Beweis stellt. Selbst nach dem Tod ähnelt Guys Vita noch der des großen Asketen: Sein Leichnam verströmt einen angenehmen Duft und wird vom Volk wie eine Reliquie verehrt.

---

[13] *Guy of Warwick*, hg. v. Julius Zupitza, EETS ES 42, 49 und 59 (1883), zweiter Teil, Strophe 22 (Auchinleck-Handschrift).

Beowulf, der Held des altenglischen Epos, stirbt ebenfalls in Folge seiner Verletzungen im Kampf gegen einen ebenbürtigen Gegner, einen monströsen Drachen. Wie Roland kämpft er seinen letzten Kampf allein, unterstützt lediglich von seinem getreuen Gehilfen Wiglaf, und fällt, doch hat sein Tod wie der Rolands Folgen für die gesamte von Beowulf vertretene Volksgemeinschaft. Der Drache ist besiegt, der Schatz kann nun zum allgemeinen Nutzen gehoben werden. Der Tod des heldenhaften Königs bedeutet jedoch letztlich den Untergang des Volkes der Gauten. Führerlos können sie den angreifenden Schweden nicht lange standhalten:

(...) ðæs ðe ic [wen] hafo,
þe us seceað to Sweona leoda
syððan hie gefrincgeað frean userne
ealdorleasne, þone ðe ær geheold
wið hettendum hord ond rice[14]

Beowulfs Tod ist keine individuelle, sondern eine kollektive Angelegenheit. Horizontal ist er im Tod mit seinem Volk, vertikal mit seinen Vorfahren verbunden:

(...) ealle wyrd forsweop
mine magas to metodsceafte,
eorlas on elne; ic him æfter sceal.[15]

Das *Rolandslied* und *Beowulf* entstehen vor einem unterschiedlichen geistesgeschichtlichen Hintergrund, hier die Kreuzzugsmentalität des ausgehenden 11. Jahrhunderts, dort der angelsächsische Heldenkult. Der Tod Rolands wird mit programmatischem Optimismus, diktiert von der christlichen Heilslehre, als Etappe auf dem Weg zum letztendlichen Sieg der Christen über die Heiden gedeutet, Beowulfs Tod hingegen läutet den Untergang seines Volkes ein. Roland wird nicht „weggefegt" wie die Vorfahren Beowulfs („ealle wyrd forsweop mine magas"), sondern erreicht durch seine Aufnahme in den Himmel das Endziel des gläubigen Christen. Ein berechenbarer, zuverlässiger Gott greift im *Rolandslied* in die Geschicke der Menschheit ein, in *Beowulf* liegt ein unergründliches *wyrd* bzw. *metodsceafte* (,Schicksalsdekret') den Geschicken der Menschheit zugrunde.

---

[14] *Beowulf*, hg. v. George Jack, Oxford 1994, V. 3001-4: „Ich erwarte, dass das Volk der Schweden uns angreifen wird, sobald sie erfahren, dass unser Herr tot ist. Er war es, der in der Vergangenheit unseren Schatz und unser Königreich vor den Feinden bewahrte."
[15] *Beowulf*, V. 2814-6: „Das Schicksal hat all meine Verwandten, tapfere Krieger, hinweggefegt wie es ihnen vorherbestimmt war. Ich muss ihnen nachfolgen."

3.3 Äußerungen zum Tod in den Romanzen

Klaus Jankofsky fiel bei seiner Analyse von Sterbeszenen in der mittelenglischen Romanzenliteratur auf, dass in diesem Genre auffallend selten explizit zu Fragen des Sinns des menschlichen Lebens und Sterbens Stellung bezogen wird. Dies mag in erster Linie an der Diesseitigkeit des Genres liegen: Romanzen schildern die Taten ihrer Helden zu Lebzeiten, deren Lebensende wird meist nur kurz angedeutet oder einfach ausgeblendet. Zwar sterben in den Romanzen zahlreiche Gegner des Helden, deren Funktion besteht jedoch vor allem darin, ihm bei seiner Identitätssuche und bei seinem Kampf um die ihm zustehende soziale Stellung Widerstände entgegenzusetzen, anhand derer er seinen Wert unter Beweis stellen kann. Das Genre verabsolutiert in aller Regel die Perspektive des Helden. Letzte Worte sterbender Gegner interessieren daher nicht:

> Selten findet sich da eine Sterberede, aus der die Haltung zum Tod hervorgehen würde, nie ist eine solche Rede dem Gegner in den Mund gegeben. Das heißt, das Sterben des Gegners, dessen „point of view", interessiert nicht, solange nur die Art seines Getötetwerdens (...) erzählt wird.[16]

Im Gegensatz zur zeitgenössischen Lyrik werden in den mittelenglischen Romanzen kaum Fragen zum letztendlichen Sinn der menschlichen Existenz gestellt. Dieser wird im Rahmen eines christlichen Weltverständnisses als gegeben vorausgesetzt und nie ernsthaft hinterfragt. Die Themen der Romanzen (Wiedererlangung der sozialen Stellung, Wiederherstellung der gesellschaftlichen Ordnung, Initiation des heranwachsenden Helden in die ritterliche Gemeinschaft, Suche nach einer ebenbürtigen Partnerin) betreffen allesamt die diesseitige Existenz des Helden. Ein tief wurzelndes Bewusstsein der Rechtmäßigkeit des eigenen Handelns erspart dem Romanzenhelden innere Konflikte.[17] Aktion statt Reflexion ist das normale Verhalten des Romanzenhelden in Krisen. Auf den Tod eines Gefährten reagiert er typischerweise mit Wut und Rachegelüsten (z.B. Arthurs Reaktion auf Gawains Tod in *Morte Arthure* oder Guys Reaktion auf den vermeintlichen Tod Heralts) und entfaltet einen noch größeren Aktionismus. Die moralische Selbstgefälligkeit des Romanzenhelden erstreckt sich bis in die eigene Todesstunde:

> Die „Helden" sterben einen ruhigen Tod in Gefasstheit, ohne eine tiefere Unruhe über ihr Seelenheil zu empfinden oder sich gegen den Tod als solchen aufzulehnen; ja, jede Reflexion über den Tod fehlt, ebenso wie etwaige humorvolle Bemerkungen, die eine distanzierende Haltung zum ei-

---

[16] Jankofsky, *Tod und Sterben*, S. 29.
[17] Es gibt hier Ausnahmen wie Guy of Warwick, der auf seine ritterliche Karriere zurückblickt und Reue empfindet, oder Sir Gawain, der sich dem ritterlichen Ehrenkodex verpflichtet fühlt und dennoch um sein Leben bangt.

genen Leben oder Lebensende erkennen ließen. (...) Der Tod wird nicht als Problem gesehen.[18]

Passagen, in denen zum Sinn menschlichen Lebens und Sterbens oder zum Wesen des Todes Aussagen getroffen werden, sind eher die Ausnahme. Folgende Stelle aus dem *Romans of Partenay* z.b. artikuliert anlässlich des Todes des Helden Geoffrey Gemeinplätze zeitgenössischer Lyrik, die jedoch nicht recht in den Rahmen der Romanzenwelt zu passen scheinen:

But deth sparith noght tho feble ne stronge, (...)	
Non hath power gain dethis gouernaunce,	*gegen*
Be he Baron, Markeis, Erle, Duke, Prince, or kyng; (...)	
For noght man may do gain mortal deth, lo! (...)	
That is the trewage of bodies humayn.	*Tribut*
Al most by that path of fine fors to passe; (...)	*gezwungenermaßen*
Alas! She comyth wonderfull lightly,	
Man seith not the hour ne hou he shall dy. (...)	*sieht, weiß*
Ho well on hyr thence, all disport will leue,	*wer an sie (den Tod) denkt*
Thenking, musing hys soules sauete, (...)	*Seelenheil*
Ho wel on it thenke, fro ill will remeue.[19]	*wird sich vom Bösen distanzieren*

Keine irdische Macht ist dem Tod gewachsen - man beachte in der dritten Verszeile die an den Totentanz erinnernde Ständeliste – und der Mensch weiß weder wann, noch wie er sterben wird. Angesichts der Unausweichlichkeit des Todes, der hier weibliches Geschlecht („she", „hyr") hat, werden dem Menschen Reue und Umkehr nahegelegt.

John Barbours historische Romanze *The Bruce* schildert den Kampf König Roberts I. für die schottische Unabhängigkeit. Das Werk dient dem propagandistischen Zweck, durch die Erinnerung an die militärischen Leistungen Roberts im Kampf gegen den englischen Landesfeind ein schottisches Nationalgefühl zu wecken. Angesichts des hohen Preises, der in Vergangenheit (die Entstehung des Werkes fällt in die Regierungszeit des Enkels von Robert the Bruce, Robert Stewart) und Gegenwart für die Unabhängigkeit von England bezahlt werden musste bzw. muss, betont der Autor am Anfang seines Werkes den Wert nationaler Freiheit und zeichnet im Gegenzug dazu ein drastisches Bild von den Folgen der Unterdrückung durch den Feind. John Barbour will seinem Publikum vermitteln, dass es bei den Feldzügen von Robert the Bruce nicht lediglich um dessen Herrschaft und Dynastie ging, sondern um die natio-

---

[18] Jankofsky, *Tod und Sterben*, S. 64 und 34.
[19] *The Romans of Partenay*, hg. v. Walter W. Skeat, EETS OS 22 (1866), V. 6066-6172.

nale Einheit und Unabhängigkeit Schottlands. Der Tod erscheint im Vergleich zur Knechtschaft unter dem englischen König als das kleinere Übel:

And thryldome is weill wer than deid,	*Knechtschaft; schlimmer; Tod*
For quill a thryll his lyff may leid	*Knecht, Leibeigener*
It merrys him body and banys	*zermürbt*
And dede anoys him bot anys.[20]	*nur einmal*

Gleich dem *Rolandslied*, in dem Erzbischof Turpin den kämpfenden Franken im Falle des Todes in der Schlacht die sofortige Aufnahme in den Himmel verspricht, reduziert der politische motivierte Autor des *Bruce* jegliche moralische und metaphysische Reflexion auf simple Erlösungsversprechen:

That he that deis for his cuntre	*stirbt*
Sall herbryit intill hevyn be.[21]	*beherbergt*
(…)	
For hevynnys blys suld be thar mede	*Lohn*
Gyff that thai deyt in Goddis service.[22]	

Die Tapferkeit steht als oberstes Prinzip des ritterlichen Ehrenkodex (*chivalry*) über dem menschlichen Lebenstrieb:

And giff that thaim war set in chos	*zur Wahl stünde*
To dey or to leyff cowartly,	*leben*
Thai suld erar dey chevalrusly.[23]	*lieber, eher*

Guy of Warwick bekennt sich zu derselben Haltung. *Vilanye* ist in der Wertewelt der Romanzen der Gegenbegriff zu *chevalrye*:

For forsothe, y shall you telle,	*in der Tat*
Better it is to dye manly	
Than to flee with shame and vilanye.[24]	

---

[20] John Barbour, *The Bruce*, hg. v. A.A.M. Duncan, Edinburgh 1997, Buch I, V. 269-72.

[21] *The Bruce*, II, V. 343/4.

[22] *The Bruce*, XX, V. 424/5. Dieses Stelle steht gegen Ende des Werkes im Zusammenhang eines Kreuzzuges der schottischen Truppe in Spanien unter der Führung von Douglas, nachdem der Unabhängigkeitskampf erfolgreich beendet wurde. Insbesondere beim „heiligen Krieg" stellt der Krieger sein Leben rückhaltlos dem göttlichen Heilsplan zur Verfügung: „And God wate weill our entent is / To lyve or de in hys service, / Hys will in all thing do sall we" (*The Bruce*, XX, V. 461-3).

[23] *The Bruce*, III, V. 264-6.

[24] *Guy of Warwick*, Caius-Handschrift, V. 2118-20.

Romanzen vermeiden die Reflexion über den Sinn menschlichen Sterbens. Die zahlreichen Apostrophen an den Tod, die sich im Textkorpus finden, sind dementsprechend nicht als reflektierte Äußerungen, sondern als Topoi zum Ausdruck großer Trauer zu werten. Guy bekundet seinen Liebeskummer, Arthur seine Verzweiflung angesichts des Zerfalls seines Reiches und Sir Orfeo seine Trauer um seine ins Feenreich entführte Gemahlin:

> Deþ, he seyd, wher artow so long?
> Þou makest me y may nouʒt stond.
> Þou makest me out of þe way to gon;
> Whi ne comestow to feche me anon?
> Worþi ich were ded to be: *ich wollte*
> Y loue þing þat loueþ nouʒt me. (...)
> Leuer me were forto dye
> Þan long to liuen here in eyʒe.[25]   *in Ewigkeit*

> A doutous, derf dede, thou dwelles too long!
> Why drawes thou so on dregh ? Thou drownes mine herte![26]

> "Allas", quath he, "now is me wo!
> Why nill deth now me slo!
> Allas, wreche, that I no might
> Die now after this sight!"[27]

In der mittelenglischen Todeslyrik, die sich ernsthafter mit dem Phänomen Tod auseinandersetzt, fehlen derartige Äußerungen bezeichnenderweise. Der einzige Text, der einen personifizierten Tod apostrophiert, ist eben jenes Gedicht, in dem ein Sprecher nicht über den Tod als allgemein menschliches Schicksal reflektiert, sondern seiner Trauer über seine jung verstorbene Dame Ausdruck verleiht.[28]

Arthur beklagt in *Morte Arthure* den Tod seiner gesamten Ritterschaft. In seiner Ratlosigkeit sucht er Trost im Glauben an ein göttlich verfügtes Schicksal und an die Aufnahme seiner Getreuen in den Himmel:

---

[25] *Guy of Warwick*, Auchinleck-Handschrift, V. 445-50 und 475/76.

[26] *King Arthur's Death: The Middle English Stanzaic Morte Arthur and Alliterative Morte Arthure*, hg. v. Larry D. Benson, Exeter 1974, V. 3967/8: „Ah! Fürchterlicher, starker Tod, du zögerst zu lange! Warum lässt du so lange auf dich warten? Du ersäufst mein Herz!"

[27] *Sir Orfeo*, in: *Middle English Verse Romances*, hg. v. Donald B. Sands, Exeter 1986, V. 307-10.

[28] Brown, XV, n° 135 „On the Untimely Death of a Fair Lady", siehe 2.1.

Yif us be destained to die   today on this erthe,
We shall be heved unto heven   ere we be half cold!   *erhoben*

(4090/91)

Im Anfangsteil der Romanze konnte er noch im Zweikampf mit dem menschenfressenden Riesen vom Mont St. Michel die Rolle des Erlöser-Königs spielen
(1053-1151). Am Ende ist es ihm vom Schicksal verwehrt, einen „epischen"
Opfertod für sein Volk zu sterben:

Why then ne had Drighten   destained at His dere will   *der Herr*
That He had deemed me today   to die for you all?   *verfügt*

(4157/8)

3.4 Der Tod als initiierendes und treibendes Element im Handlungsverlauf

Die Romanzenhandlung wird häufig durch einen unerwarteten und unzeitigen Todesfall ausgelöst. Ein König fällt im Kampf (z.b. Horns Vater gegen die Sarazenen) oder stirbt an einer Krankheit und muss sein Reich und seine Erben notorisch verräterischen Regenten anvertrauen. In *Havelok* ist dies die Ausgangssituation sowohl in England als auch in Dänemark. Als der idealisierte englische König Athelwold seinen Tod nahen fühlt, lässt er eine Ratsversammlung einberufen, die den bis dato unbescholtenen Grafen Godrich zum Regenten und Vormund für seine minderjährige Tochter Goldeboru erklärt. Dieser schwört, die Thronfolgerin im Alter von zwölf Jahren standesgemäß zu verheiraten und ihr die Herrschaft zu überlassen. Auch in Dänemark greift der Tod willkürlich[29] in die Herrschaft ein: König Birkabein stirbt unverhofft und muss das Reich und seine drei minderjährigen Kinder seinem „Freund" Godard hinterlassen. Die detailreich geschilderte demutsvolle Vorbereitung der beiden rechtschaffenen Könige auf den Tod geht der Haupthandlung, dem Verrat der beiden Regenten und der schrittweisen Wiedererlangung der Herrschaft Haveloks und Goldeborus, voraus und steht in auffällig deutlichem Kontrast zum schimpflichen Tod (Hängen, Vierteilen und Verbrennen) der beiden Verräter Godard und Godrich am Ende der Romanze.[30]

Erzähltechnisch gesehen erfüllen unvorhergesehene Todesfälle häufig die Funktion, dem Handlungsgang einen Impuls zu verleihen. So wird im strophischen *Le Morte Arthur* ein schottischer Ritter zufällig Opfer eines Mordanschlags auf Sir Gawain. Gaynor (= Guinevere) reicht dem Gast unwissend einen für Gawain bestimmten vergifteten Apfel. Da ihr als Gastgeberin die Verantwortung für dessen Tod zugeschrieben wird und ihr königlicher Gemahl als *Roi suzerain* sich nicht über geltendes Recht hinwegsetzen kann,[31] wird sie auf Anklage des Bruders des Vergifteten zum Tod auf dem Scheiterhaufen verurteilt, wenn sich nicht ein Champion findet, der im Zweikampf gegen den Kläger für sie Partei ergreift. Lanzelot ist zur Zeit mit Gaynor zerstritten und nicht bei Hofe, kommt seiner Geliebten jedoch ohne zu zögern zur Hilfe, besiegt den Kläger und rehabilitiert die Königin. Der Verursacher des Anschlags wird mittels Folter entlarvt und gebührend hingerichtet. Bei einer äußeren Bedrohung, so lässt sich die Episode kommentieren, hält die Gemeinschaft der

---

[29] "He [der Tod] that wille non forbere, / Riche ne povre, king ne kaisere, / Deth him [Birkabein] took than he best wolde / Liven - but hyse dayes were fulde", *Havelok the Dane*, V. 352-5. Zitat aus: *Middle English Verse Romances*, hg. v. Donald B. Sands.

[30] Siehe dazu auch Jankofsky, *Tod und Sterben*, S. 10.

[31] Arthur hat als feudaler *Roi suzerain* im Gegensatz zu einem *Roi souverain* (etwa die literarische Figur Karl der Große) keine unumschränkte Befehlsgewalt in seinem Reich, sondern ist dem geltenden Recht unterworfen: „Though Arthur were king the land to weld, / He might not be again the right" (920/1). Arthur ist als König der Tafelrunde ein Primus inter pares, Protagonisten der arthurischen Romanzen sind dementsprechend meist seine Ritter und nicht er selbst.

Tafelrunde stand und die arthurische Rechtsordnung erweist sich als funktions-
tüchtig. Die arthurische Gemeinschaft scheitert an inneren Missständen, Interes-
senskonflikten und charakterlichen Schwächen wie Lanzelots Loyalitätskonflikt,
Agravains Neid, Gawains Rachgier und Mordreds Verrat.

Gawains Tod (3858) im Vorfeld der Endschlacht im alliterierenden *Morte
Arthure* treibt ebenfalls die Handlung voran. Arthur fällt zuerst in Verzweiflung
(3949-68), wird dann von Sir Ewain zur Standhaftigkeit aufgefordert (3979/80)
und schwört Rache (3997-4006). Von diesem Punkt an verfolgt er konsequent
nur noch das Ziel, den Verräter zu Fall zu bringen (4045). Im strophischen *Le
Morte Arthur* ist es Gawain, der sich in Folge des Todes seiner beiden Brüder
Gaheriet und Gaheries vom Vermittler zwischen Lanzelot und Arthur zum
Kriegstreiber wandelt, obschon Lanzelot eine Mitwirkung am Tod der Brüder
abstreitet. Durch Gawains Rachsucht weitet sich der Konflikt zwischen Lanzelot
und Arthur zu einem offenen Krieg aus, der Mordred den Staatsstreich und die
Entführung der Königin ermöglicht – der Verrat, an dem die Tafelrunde und das
arthurische Reich letztlich zerbrechen.

3.5 Der Tod als emotionalisierendes Element

Die Bereitschaft von Romanzenhelden, füreinander zu sterben, erhöht die Dramatik der Geschehnisse und verleiht den Werken eine willkommene Portion Sentimentalität. Guy z.b. kann sich in bedrohlichen Situationen auf seinen treuen Freund Heralt verlassen. Dessen Opferbereitschaft geht so weit, dass er Guy, der mit seinen Gefährten Ziel eines Anschlags wird, auffordert zu fliehen, um sein teures Leben zu retten. Guy denkt freilich nicht daran, seine Begleiter in einer gefährlichen Situation im Stich zu lassen. Sein ritterliches Ethos, das ihm gebietet, entweder mit seinen Freunden alle Gefahren zu bestehen oder mit ihnen zu sterben, erinnert an den heroischen Ehrenkodex der Kämpfer von *Maldon*:

> ʒf ʒe dye, ichil also;
> Nil ich neuer fram ʒou go!
> (1357/8)

Bei dem Kampfgeschehen fallen tatsächlich zwei Gefährten Heralts und Guys - freilich keine Hauptfiguren. Heralt rächt deren Tod augenblicklich, erleidet dabei aber selber eine scheinbar tödliche Wunde. Guy gelingt es, die Angreifer in die Flucht zu schlagen und die gefallenen Gefährten und den vermeintlich toten Freund zur Bestattung in eine Abtei zu schaffen. Guy meint bei seiner Totenklage einen Zusammenhang zwischen dem Tod der Gefährten und seiner Liebeswerbung zu erkennen. Die Verluste, so hadert er, sind Folge seiner wahnwitzigen Liebe zu Felice, dienen ihm doch seine Ritterfahrten durch ferne Länder allein dazu, sich ihr als ebenbürtig zu erweisen:[32]

> Felice, þo I was sent to serue þe;
> For þi loue, Felice, the feir may,   *schöne Jungfrau*
> Þe flour of kniʒtes is sleyn þis day.
> (1558-60)

Erst nach Guys Abreise entdeckt ein heilkundiger Mönch, dass Heralt noch lebt. Dieser wird kuriert und macht sich auf die Suche nach Guy. Lee C. Ramsey fällt in diesem Zusammenhang auf, dass die Freunde von Romanzenhelden zwar

---

[32] Die Unverhältnismäßigkeit der Todesopfer der Gefährten einerseits und Felices Forderung eines Nachweises seiner Tapferkeit andererseits kann als Kritik am ritterlichen Liebesideal gesehen werden und somit als tieferer Grund für den Gesinnungswandel Guys auf dem Höhepunkt seines irdischen Glücks. Auch Diana T. Childress sieht in Guys „growing awareness of the limitations of the chivalric ideal, shown in his soliloquies" einen Grund für seinen „change of heart" auf dem Höhepunkt der Romanze ("Between Romance and Legend: 'Secular Hagiography' in English Literature", in: *Philological Quarterly* 57, 1978, S. 311-22, S. 317).

häufig verloren gehen, verwundet und für tot gehalten werden, jedoch nie sterben: „The idea seems to be that close friends, united with the hero by participation in his trials and conquests, are eternal."[33] Die Freunde des Helden sind für ihn eine Art Bindeglied zur Gesellschaft. Er braucht sie, um seine in seinem Heldentum begründete Isolation zu überwinden. Ein echter Trauerfall ließe sich mit der grundlegend optimistischen Weltsicht der Romanze ohnehin nicht vereinbaren. Auf jede Trennung folgt in der Romanzenliteratur eine Szene der Wiedervereinigung, in aller Regel ist diese zu einem gefühlsschwangeren Höhepunkt ausgestaltet, so auch hier (Verse 1749-54). In einer weiteren Episode dieser Romanze tragen gefallene Gefährten, totgeglaubte Geliebte, Selbstmordabsichten und Ohnmachtsanfälle in ähnlicher Weise zu einer Emotionalisierung der Handlung bei. Der Ritter Tirri von Gormoise berichtet Guy von seinem fehlgeschlagenen Versuch, seine Angebetete dem Zugriff eines Nebenbuhlers zu entziehen. Zwar gelang es ihm und seinen Gefährten, Oisel aus der väterlichen Burg zu entführen, doch wurden sie dabei entdeckt, erkannt, verfolgt und gestellt, wobei sämtliche (!) Gefährten ihr Leben lassen mussten („Alle þai slouȝ mine feren, / þat swiþe gode kniȝtes weren" 4631/2). Nur ihm gelang mit Oisel die Flucht. Ausgerechnet in dieser misslichen Lage wurde er von „outlawes", einer Räuberbande, überrumpelt und seiner Braut entledigt. Guy verfolgt und tötet darauf die Gesetzeslosen und befreit die Jungfer, inzwischen ist jedoch Tirri selbst Opfer einer weiteren Entführungsaktion geworden. Auch mit diesen Widersachern, vier bösen Rittern, macht Guy kurzen Prozess, doch dann ist wiederum das Mädchen verschollen. Sie wird zwar kurz darauf von Heralt jammernd und klagend im Wald aufgespürt, kann jedoch nur schwerlich getröstet werden, da Tirri bei seinem letzten Abenteuer schwere Wunden davongetragen hat und in Lebensgefahr schwebt. Sie erwägt bereits Selbstmord, als Tirri wieder zu Kräften kommt und in einer herzergreifend sentimentalen Szene Guy ewige Freundschaft schwört. Im Strudel der Ereignisse fällt jeder der Beteiligten reihum mindestens einmal in Ohnmacht. Diese Synopse der Verse 4523-4930 soll den Charakter der Romanze als eine Verkettung emotionaler Extreme verdeutlichen. Die Helden sind entweder auf der Flucht, kämpfen um ihr Leben, betrauern gefallene Gefährten und hegen Selbstmordgedanken oder sie genesen von tödlichen Wunden und werden mit Todgeglaubten wieder vereint. Der Tod ist sozusagen stets präsent, ohne jedoch jemals gröber zuzuschlagen - es sterben grundsätzlich nur Gegner oder namenlose Begleiter. Der Tod sorgt für eine nicht nachlassen wollende Spannung – es sei denn, der Autor überspannt den Bogen und die Handlung rutscht vor lauter unglaubhaften Extremsituationen ins Lächerliche ab. Dass *Guy of Warwick* beim ursprünglichen Lesepublikum jedoch den gewünschten Effekt erzielte und nicht als unfreiwil-

---

[33] Lee C. Ramsey, *Chivalric Romances*, Bloomington 1983, S. 61.

lige Parodie gewertet wurde, bezeugt die Überlieferungsgeschichte des Werkes.[34]

Auch der Liebestod der Maid of Ascolot in *Le Morte Arthur* hat neben seiner Bedeutung in der Handlungskette vor allem sentimentalisierende Funktion. Die Regel, dass in Romanzen nur entweder Gegner oder irrelevante, namenlose Gefährten sterben, gilt nicht für die beiden Werke, in denen der Tod Arthurs und der Untergang seines Reiches thematisiert werden – ein an sich ungewöhnlicher Romanzenstoff. Diese beiden Texte nehmen auf Grund ihrer düsteren Grundstimmung und ihres tragischen Ausgangs eine Sonderstellung innerhalb des Genres ein. Mit der Maid stirbt erstmalig eine individualisierte Figur, die ebenso schuldlos ist wie der anonyme schottische Ritter, der zum Opfer des Giftanschlags auf Sir Gawain wurde. Ihr Tod stellt einen weiteren Schritt in der Entfaltung der Tragik des Werkes dar. Der konstanten Todesnähe in *Guy of Warwick*, deren Dramatik sich im Lauf von gut 11000 Versen verliert (hinzu kommt noch die Fortsetzung der Romanze mit Abenteuern von Guys Sohn Reinbrun), steht hier ein gezielter Aufbau von Erzählspannung gegenüber, die sich im Tod des unschuldigen Mädchens tragisch entlädt.

---

[34] "Though the various surviving manuscripts and early prints of *Guy of Warwick* preserve the substance of the Anglo-Norman original, they differ in completeness, in wording and in verse form to an extent which suggests the complex textual history of a perennial best-seller" (W.R.J. Barron, *English Medieval Romance*, London 1987, S. 76). Die erhaltenen Handschriften mit dem mittelenglischen Text von *Guy of Warwick* sind: Hs Advocates 19.2.1 (Auchinleck-Handschrift) in Edinburgh, Hss Royal 8F ix und Harley 3775 in der British Library, London, Hs Rawlinson Misc. 137 in Oxford, Hss Corpus Christi College 50 und Caius 107 in Cambridge, Hs Cod. Aug. 87 in Wolfenbüttel und Hs Sloane 1044 in der British Library, London.
Dieter Mehl kommentiert die Häufung von unglaubwürdigen Abenteuern in *Guy*: „Der etwas zusammengestückelte Charakter des Werkes, das sich stellenweise wie eine Aneinanderreihung von Romanzenklischees ausnimmt, hat zweifellos zu seiner Beliebtheit beigetragen" (*Die mittelenglischen Romanzen des 13. und 14. Jahrhunderts*, Anglistische Forschungen 93, Heidelberg 1967, S. 186).

3.6 Der Tod bringt Wahrheit ans Licht

In *Athelston*, einer Romanze des Stoffkreises der *matter of England*, offenbart der durch ein Gottesgericht überführte Wymound in seiner letzten Rede vor seiner Hinrichtung das Motiv seines Verbrechens: Eifersucht habe ihn dazu bewogen, seinem Blutsbruder Egelond einen völlig unbegründeten Vorwurf des Verrats anzuhängen. Das Mittelalter maß der Todesstunde als letzter Chance, sich vor dem Jüngsten Gericht zu Verfehlungen zu bekennen, besondere Bedeutung zu. Die Endgültigkeit des Todes, der Einbahnstraße vom Diesseits ins Jenseits, gebietet Ehrfurcht. Geheimnisse, die Sterbende „in ihr Grab mitnehmen", sind unwiederbringlich verloren. Das Gerechtigkeitsempfinden der Romanze fordert deshalb eine lückenlose Aufklärung des Komplotts. Aus Reue, aus Angst vor Strafe im Jenseits oder eingeschüchtert von seinen irdischen Richtern gibt Wymound, der seit der Aufdeckung seiner Verleumdung nichts mehr zu verlieren hat, unter dem Galgen seine Motive preis und bringt damit die Geschichte von Verrat, Verleumdung und Rehabilitierung zu einem befriedigenden Abschluss:

"Or that thou deye, thou shalt telle	*bevor*
Why thou that lesing made."	*Lüge*
"Certain, I can no other red,	*Ausweg*
Now I wot I am but ded:	
I telle you nothing gladde.	
Certain, ther was non other wite:	*Grund, Motiv*
He lovid him to mekil and me to lite;	*sehr*
Therfore envie I hadde."[35]	

Guy of Warwick enthüllt Felice erst im Angesicht des Todes seine Identität. Bei seiner Rückkehr nach Warwick gibt er sich als Pilger aus und legt besonderen Wert darauf, unerkannt zu bleiben (278. Strophe). Er schließt sich einer Gruppe von Bettlern an, um deren Wohlergehen Felice sich kümmert, und beobachtet wie der Hl. Alexius aus nächster Nähe ihre Trauer. Erst nach Ankündigung seines Todes durch den Erzengel Michael schickt er einen Boten mit dem Ehering als Erkennungszeichen zu ihr. Felice eilt an sein Sterbebett und darf einen letzten liebevollen Blick ihres Gatten empfangen. Erst im Moment des Todes, da Guy sich vor einem Rückfall in sein altes, weltliches Selbst sicher fühlt, erlaubt er sich einen Rückblick auf die Zeit, als er sich von seinem Liebesbegehren leiten ließ.

Auch „positive" Wahrheiten werden in Romanzen durch den Tod oder fingierte Todesnachrichten ans Licht gebracht. Horn z.B. testet inkognito die

---

[35] *Athelston*, Ausgabe von Donald B. Sands, *Middle English Verse Romances*, V. 793-800. Siehe dazu auch Jankofsky, *Tod und Sterben*, S. 23.

Liebe seiner Braut Rymenhild mit der Nachricht vom eigenen Tod. Als Pilger verkleidet präsentiert er ihr den Erkennungsring, den er dem sterbenden Horn abgenommen zu haben vorgibt.[36] Rymenhild besteht den Treuetest mit Bravour. Ihre Reaktion lässt keine Zweifel an ihrer Treue und rückhaltlosen Opferbereitschaft für Horn. Nur die Aufdeckung seiner Identität hindern sie daran, sich augenblicklich umzubringen (Verse 1201-12). Romanzenheldinnen sind, so fällt Lee C. Ramsey auf,[37] in Leben und Tod mit dem Helden verbunden. Sie sterben entweder kurz nach ihm (Felice z.b. überlebt Guy ganze vierzehn Tage), oder sind wie Rymenhild bereit, bei seiner Todesnachricht den Freitod zu wählen. In *Sir Orfeo* wird auf ähnliche Weise der Steward getestet. Der wiederkehrende König gibt als *menstrel* verkleidet vor, seine Harfe (das Erkennungszeichen) bei einem im Wald von wilden Tieren zerrissenen Mann gefunden zu haben. Auch der Steward besteht den Test:

„O", quath the steward, „ now me is wo!
That was my lord, Sir Orfeo.
Allas, wreche, what shall I do,
That have swiche a lord y-lore!
A way, that ich was y-bore!"[38]

An das Beispiel von *Athelston* anknüpfend lässt sich ein weiterer Effekt der Todesnähe in einer Romanze beobachten. Das Sterben des Perserkönigs Darius bewirkt in *Kyng Alisaunder* in einer betont sentimentalen Szene die Aussöhnung politisch-militärischer Gegner: Alexander hat gegen Darius Kriege geführt, als dieser jedoch sterbend in seinen Armen liegt, begraben die beiden Feldherrn ihre Feindschaft. Darius vermacht Alexander gar sein Reich, seine Schätze und seine Frau (!). Der Mazedonier äußert in Wort und Geste aufrichtige Trauer über den Tod seines vormaligen Feindes. Die „Wahrheit", die in dieser Situation ans Licht kommt, ist die bislang uneingestandene gegenseitige Wertschätzung der Antagonisten. Die beiden Herrscherfiguren werden sich im Moment des Abschieds ihrer Gemeinsamkeiten bewusst:

Ac þe doel þat Alisaundre made	*Trauer*
Ne may Ich neuere ful-rade.	*angemessen beschreiben*
Darrie starf in his armes two.	
Lorde, what Alisaunder was wo!	
He wryngeþ his hondes for hym, saunz faile.	*gewiss, in der Tat*
Often he crieþ and often gynneth waile;	*jammern*
He wolde al Perce habbe yȝiue	*Persien*

---

[36] *King Horn*, Ausgabe von D.B. Sands, S. 15-54, V. 1185-1200.
[37] Ramsey, *Chivalric Romances*, S. 46.
[38] *Sir Orfeo*, Ausgabe von D.B. Sands, V. 518-22.

And he miȝth haue had his lyue.   *wenn, falls*
Þat euere hateden hem so fendes,
Now hij ben in deþ frendes.[39]

Alexanders Reaktion auf den Tod des Darius demonstriert ferner seinen Edelmut. Dem verstorbenen Perserkönig erweist er die Ehre einer standesgemäßen Bestattung und kümmert sich um die Zukunft seiner Töchter. Die persischen Verräter hingegen, die ihren Herrn vergiftet haben um sich bei Alexander einzuschmeicheln, lässt er mit Schimpf und Schande durch die Stadt treiben und aufhängen.

---

[39] *Kyng Alisaunder*, hg. v. G.V. Smithers, EETS OS 227 (1952), V. 4639-48. Siehe dazu auch Jankofsky, *Tod und Sterben*, S. 28.

3.7 Liebe und Tod in *Floris and Blancheflour*

Der Charakter der Helden und das ihrem Handeln zugrunde liegende Wertesystem unterscheidet sich in *King Horn* und *Floris and Blancheflour* nicht nur graduell. Dem Kampfgeist und der Schlagkraft Horns stehen Floris' Opferbereitschaft, jugendliche Unschuld, Beharrlichkeit und List gegenüber. Auch die Liebesthematik hat im Handlungsverlauf der beiden Romanzen einen grundlegend anderen Stellenwert. In *Horn* bildet Liebe lediglich einen Rahmen für ritterliche Kraftakte, in *Floris* steht sie thematisch im Zentrum. Dementsprechend unterschiedlich fällt die Darstellung der gegnerischen Sarazenen aus: In *Horn* sind es monströse Schurken, reduziert auf ihre Rolle als Gegner im Kampfgeschehen, in *Floris*, einer Romanze, die auf der iberischen Halbinsel an einem sarazenischen Königshof ihren Ausgang nimmt, werden sie individualisiert, ihnen werden menschliche Regungen zuerkannt wie das Mitleid der Königinmutter mit Floris oder der Großmut des Sultans von Babylon. Der einseitig feindseligen Darstellung der Sarazenen in *Horn* steht in *Floris* der exotische Reiz eines orientalischen Babylon gegenüber, einer alternativen Welt, in der die Probleme, die am heimischen Königshof entstanden sind, ihre Lösung finden.

Derek Brewers Einschätzung, dass sich Romanzen typischerweise dem Themenbereich der Initiation des jugendlichen Helden in die Erwachsenenwelt widmen (S. 196), trifft für kaum einen Text in dem Maße zu wie für *Floris*. Thema ist hier der Einbruch der Erwachsenenwelt mit ihren gesellschaftlichen Zwängen, ihren ethnischen und religiösen Schranken, ihrer Verlogenheit und emotionalen Brutalität in die bis dato heile Welt der jugendlichen Protagonisten und deren dadurch initiierter Reifungsprozess. Der Reiz dieser Romanze liegt anders als in *Tristan und Isolde* gerade in der Unschuld des Liebespaares, besser gesagt des verliebten Kinderpaares Floris und Blancheflour. Sexualität ist ihnen in der Ausgangssituation am Königshof in Spanien noch unbekannt, zumindest in der englischen Version der Romanze, die Andeutungen von Erotik in der französischen Vorlage bewusst unterdrückt.[40]

Die Liebe der Protagonisten ist zu Beginn der Romanze ebenso rein wie kompromisslos: Floris will Blancheflour stets bei sich haben, ohne sie könne er sich in der Schule nicht aufs Lernen konzentrieren. Aus dynastischen Gründen sind Floris' zärtliche Gefühle jedoch nicht opportun, insbesondere wegen der ethnischen, religiösen und gesellschaftlichen Kluft zwischen dem sarazenischen Königssohn und der Tochter einer christlichen Sklavin. Da von Floris' Eltern arrangierte Phasen der Trennung den Gefühlen des Paares nichts anhaben können, greifen die Erwachsenen zu drastischen Mitteln und verkaufen in Floris' Abwesenheit seine Freundin in die Sklaverei, errichten ihr ein Scheingrab und fertigen den Knaben zynisch mit der Erklärung ab, Blancheflour sei während seiner Abwesenheit vor Sehnsucht nach ihm gestorben („And deed she was for

---

[40] Stevens, *Medieval Romance*, S. 45.

thy love", 244). Der Tod bricht in Floris' heile kindliche Welt ein. Der weitere Handlungsverlauf der Romanze beschreibt seine Überwindung des „Todes" seiner Freundin durch seine Integrität, Beharrlichkeit, Aufopferung und seinen Mut und den damit verbundenen Reifungsprozess.

Die oben für Romanzenheldinnen postulierte Verbundenheit mit dem Partner in Leben und Tod gilt auch für den jugendlichen Floris. Er kann die Trennung von seiner Freundin durch den Tod nicht akzeptieren:

Yif deth were dalt aright,	*ausgeteilt*
We shuld be deed both on oo night.	*in ein und derselben*
On o day born we were;	
We shull be ded both in feere.[41]	*zusammen*

Wie Guy, Arthur und Sir Orfeo apostrophiert Floris den Tod vorwurfsvoll, bekundet seine Bereitschaft eigenmächtig zu sterben und zieht das Messer.[42] Seine Selbstaufopferung und Verachtung des Lebens ohne die Freundin verhilft ihm zum Sieg über den fingierten „Tod" Blancheflours. Die Königin kann seiner Entschlossenheit und Integrität nichts anderes entgegensetzen als die Enthüllung der Wahrheit. Floris' Mutter wird zum Anwalt seiner Liebe vor dem König, denn eine Wiedervereinigung des Paares scheint das einzige Mittel zu sein, den Thronfolger vor dem Suizid zu bewahren. So wird Floris gestattet, den Sklaven-händlern nachzureisen und seine Freundin freizukaufen. Beim Abschied erhält er von seiner Mutter einen kostbaren Kelch, den Erlös für den Verkauf Blan-cheflours, und einen Zauberring, der den Träger unverwundbar macht.

Floris folgt den Spuren seiner Freundin bis nach Babylon, wo sie in einem Harem gefangen gehalten wird und gegen ihren Willen zur Braut des Sultans werden soll. Mit List und Beharrlichkeit - Floris lässt einen Wärter beim Schachspiel gewinnen - gelingt es dem jugendlichen Helden, sich in einem Blumenkorb in den streng bewachten Harem zu schmuggeln, wo es zu einem Wiedersehen des Paares kommt. Die Todesgefahr im feindlichen Palast stimu-liert das Paar sexuell: Die infantile Schwärmerei wandelt sich ausgerechnet im lebensbedrohlichen Umfeld des babylonischen Harems zur geschlechtlichen

---

[41] Verse 277-80, zitiert aus *Middle English Verse Romances*, hg. v. Donald B. Sands, Exeter 1986, S. 289.

[42] "Deeth", he saide, "full of envie
And of alle trechorie,
Refte thou hast me my leman;
For soth, he saide, thou art to blame.
She wold have levid, and thou noldest,
And faine wolde I die, and thou woldest.
After deeth clepe no more I nille,
But slee my self now I wille.
(281-8)

Liebe.[43] Da Blancheflour in Floris' Armen liegt, statt dem Sultan ihre morgend-liche Aufwartung zu machen, kommt es trotz des Bemühens ihrer Freundin Claris, den Vorfall zu kaschieren, bald zu einer Entdeckung der beiden, noch dazu in kompromittierender Pose im Bett („nebbe to nebbe and mouth to mouth"[44]). Lee C. Ramsey weist in diesem Zusammenhang auf den symbo-lischen Konnex von Tod und Sexualität in der Romanze hin: „Death is the same as sexual intercourse, which means growing up". Floris gelangte in einem Blu-menkorb „begraben" in den Harem zu Blancheflour. Entdeckt werden die beiden im Schlaf. Beim Erwachen erblicken sie gezückte Schwerter über ihren Köpfen, d.h. sie befinden sich in Todesnähe, und werden daraufhin in einem Gefängnis „begraben".[45]

Zu erwarten wäre nun die Hinrichtung der beiden Frevler durch den Sul-tan; allein die Gattungskonvention des *happy ending* diktiert wie in *Sir Orfeo* die äußerst unwahrscheinliche, romanzenhafte Wende der Erzählung zu Gunsten des Paares. Doch steht dieses Ende durchaus im Einklang mit der Ausgangs-position der Romanze, dem Sieg Floris' über den fingierten Tod seiner Freundin durch seine Selbstaufgabe. Die beiden Verurteilten wetteifern nahezu miteinan-der in ihrer Bereitschaft, füreinander zu sterben:

> Drery booth these children go;   *traurig*
> Either bemeneth otheris wo. (...)   *beklagt*
> [Floris:] "If kinde of man it thole might,
> Twies I shuld die with right,
> Oones for myself, another for thee,
> For thy deeth thou hast for me."
> Blauncheflour saide tho,
> "The gilt is min of oure wo."
>   (956-65)

Zentrale Bedeutung kommt nun dem Ring zu, den Floris bei seinem Abschied von seiner Mutter erhalten hat. Er drängt ihn Blancheflour auf, doch diese denkt nicht dran, den Freund an ihrer Statt sterben zu lassen, so dass der Ring un-genutzt zu Boden fällt. Unter dem Krummschwert des Sultans, der die Hin-richtung eigenhändig vornehmen will, fangen die beiden gar zu zanken an, wer zuerst seinen Nacken hinstrecken darf und übertreffen sich gegenseitig mit Gnadengesuchen für den jeweils anderen und eigenen Schuldbekundungen. Schon hebt der Sultan sein Schwert, da schreitet ein ranghoher Würdenträger ein, der den „Streit" der Verurteilten um den Zauberring beobachtet hat. Die

---

[43] Der Verlust der Jungfräulichkeit vor der Hochzeit mit dem Sultan wird im Babylon dieser Romanze mit dem Tode bestraft. Für Floris bedeutet eine Entdeckung im Harem ohnehin den Tod.
[44] V. 890; *nebbe*: Gesicht.
[45] Ramsey, *Chivalric Romances*, S. 116.

Selbstlosigkeit des Paares und die gegenseitige Opferbereitschaft rühren den Sultan schließlich zu Mitleid und die beiden werden nicht nur begnadigt, sondern gar miteinander vermählt und Floris wird für seinen Mut obendrein zum Ritter geschlagen (als Ersatzbraut für den Sultan findet sich Blancheflours Freundin Claris). Seine Barmherzigkeit erlaubt dem Herrscher von Babylon außerdem in Erfahrung zu bringen, wie Floris in den Harem gelangte, so dass Maßnahmen ergriffen werden können, um Vorfälle dieser Art in Zukunft auszuschließen. Die Nachricht vom Tod Floris' ungeliebten Vaters „krönt" schließlich die Hochzeitsfeierlichkeiten zu Babylon und der jugendliche Thronfolger kann sich nun sexuell gereift und zum Ritter geschlagen mit seiner Gemahlin auf die Heimreise in sein Königreich machen, wo die beiden zwar nicht ihre abrupt beendete Kindheit wiederaufleben lassen werden, doch unangefochten ihren Platz in der Erwachsenenwelt einnehmen können.

3.8 Die Konfrontation mit dem Tod in *Sir Gawain and the Green Knight*

3.8.1 Tod und Wiedergeburt

Die einzige überlieferte Version der Romanze von Sir Gawain und dem grünen Ritter findet sich in der Handschrift Cotton Nero A. x, zusammen mit drei weiteren Werken des anonymen *Pearl*- bzw. *Gawain*dichters, *Patience, Purity, Pearl* und *Sir Gawain*.[46] Auf die sprachlich-stilistische Einheitlichkeit der Werke wurde des öfteren hingewiesen, eine gemeinsame Autorschaft gilt nicht nur auf Grund der Überlieferung in derselben Handschrift als höchst wahrscheinlich. Auch thematisch weisen die Werke Übereinstimmungen auf: Sie schildern Grenzsituationen der menschlichen Existenz wie die dreitägige Gefangenschaft Jonas' im Inneren eines Walfisches, die Begegnung des trauernden Vaters mit seiner verstorbenen Tochter am Jenseitsfluss oder, in *Sir Gawain*, die Konfrontation des Titelhelden, der Verkörperung des chivalresken Ideals, mit dem Tod. Doch hebt sich dieses Werk von den übrigen drei nicht nur durch größeren Umfang (2530 Verse) ab, sondern vor allem durch seine Zugehörigkeit zum Romanzengenre. Das Werk stammt von einem der christlichsten Autoren der englischen Literaturgeschichte, behandelt jedoch keine religiöse Thematik: "*Sir Gawain* is a Christian poem, but it is not a religious one."[47]

Sir Gawain will den Führungsanspruch des ritterlichen Ideals in einer romanzenhaft-säkularen Welt untermauern. Getestet wird letztlich, ob die arthurische Gemeinschaft, vertreten durch einen musterhaften Ritter, ihrem eigenen moralischen Anspruch gerecht werden kann. Gawains Opfertod für die Ideale der Tapferkeit (er nimmt die Herausforderung zum Schlagabtausch an) und der Treue zum gegebenen Wort („trowþe") unterscheidet sich vor allem insofern von dem der Märtyrer und Glaubenskrieger, als er sich dadurch nicht die Aufnahme in ein jenseitiges Reich erhofft, wo ein gerechter Gott für Wiedergutmachung sorgt, sondern innerweltlich seinem im Pentagramm symbolisierten Anspruch moralischer Vollkommenheit gerecht zu werden sucht. Das Werk wurzelt weltanschaulich in der *matter of Britain*, dem Stoffkreis um den legendären britischen König Arthur. Stoffliche Elemente wie das *beheading game* oder der Keuschheitstest des Helden entstammen der keltischen Erzähltradition. Die Thematik der Romanze, das Austesten der Grenzen menschlicher Perfektion, bleibt säkular. Die arthurische Welt wird in diesem Werk nicht zur Vermittlung von Glaubenswahrheiten instrumentalisiert (wie etwa in Chrétiens *Perceval* oder bei Malorys Schilderung der Gralssuche), stattdessen werden Elemente des christlichen Glaubens in die säkulare Thematik eingewoben, um eine Aussage über den moralischen Stellenwert des ritterlichen Ideals in einem christlichen Universum zu treffen.

---

[46] Zu *Pearl* siehe Kap. 2.8, S. 127f.

[47] Helen Cooper, "The Supernatural", in: Derek Brewer und Jonathan Gibson (Hg.), *A Companion to the Gawain-Poet*, Cambridge 1997, S. 277-91, S. 285.

Die Verbindung unterschiedlicher kultureller Traditionen zu einem aus-
gewogenen, in sich stimmigen Werk der Romanzendichtung lässt sich anhand
der leitmotivisch wiederkehrenden Thematik von Tod und Wiedergeburt verdeutlichen. Thema der Romanze ist neben anderen die Konfrontation Gawains
mit dem Tod, eine Erfahrung der Todesnähe mit „Wiedergeburt" im Anschluss
an den dritten harmlosen Axthieb. Die arthurische Gemeinschaft orientiert sich
in ihren - von obligaten morgendlichen Messfeiern einmal abgesehen – weltlichen Festbräuchen am Rhythmus des Kirchenjahres. Der erste Auftritt des
grünen Ritters fällt auf den Neujahrstag, inmitten der Weihnachtsfeierlichkeiten.
Der christliche Jahresrhythmus steckt den zeitlichen Rahmen für das Ro-
manzengeschehen ab: Weihnachten, so erinnert der Erzähler, ist die Zeit der
Geburt des Erlösers, „þat tyme / Þat Dryȝtyn for oure destyné to deȝe watȝ
borne".[48] Gawains Rolle als menschliches Opferlamm zum Zweck der Aufrecht-
erhaltung des arthurischen Ehrenkodex mit der Tapferkeit und Worttreue als
zentralen Werten wird somit in Beziehung gesetzt zu Christi Erlösungswerk.
Christi Geburt bildet, darauf weist das Zitat hin, die Voraussetzung für seinen
Opfertod, dieser wiederum für die Auferstehung. Auch Gawain wird in einen
Opfertod zur grünen Kapelle geschickt, auch ihm wird dort neues Leben geschenkt und auch er kann an den Artushof zurückkehren.

Die Thematik von Tod und Wiedergeburt wird zu Beginn des Werkes
durch eine Einbettung des Stoffes in die mythologische Menschheitsgeschichte
eingeläutet. Die ersten beiden Strophen und die letzten Verszeilen des Gedichtes
verankern die Handlung im antiken Mythos. Der Fall Trojas wird zum Ausgangspunkt für die Entstehung des europäischen Rittertums: „Siþen þe sege and
þe assaut watȝ sesed at Troye".[49] Den Trümmern des kleinasiatischen Stadtstaa-
tes entfloh neben anderen prominenten Reichsgründern auch ein gewisser Felix
Brutus, der sich in Britannien niederließ, wo nach Jahrhunderte langen Kriegen
das arthurische Reich entstand, so wird kursorisch die britische Geschichte
zusammengefasst. Der Anfang des Gedichtes stellt somit einen Zusammenhang
zwischen dem brennenden Troja und der glanzvollen Herrschaft Arthurs her:
Reiche müssen untergehen, damit neue Reiche entstehen können, auf Untergang
folgt Wiedergeburt.

Ein weiterer Zyklus von Vergehen und Entstehen bildet einen Bezugs-
rahmen für Gawains Konfrontation mit dem Tod, nämlich der Wechsel der
Jahreszeiten. Die Handlung setzt im Winter ein, der Jahreszeit, die traditionell
mit dem Tod assoziiert wird, ausgerechnet zur Jahreswende, dem Moment, wo
das alte Jahr „stirbt".[50] Das Neue Jahr leitet jedoch zugleich die Wiedergeburt

---

[48] *Sir Gawain and the Green Knight*, hg. v. W.R.J. Barron, Manchester 1974, V. 995/6;
Dryȝtyn: der Herr; *to deȝe*: sterben.

[49] Erste Verszeile; *siþen*: nachdem; *watȝ sesed*: zu Ende war.

[50] "On New Year's Eve, when the old year takes to its deathbed and life, having passed
through its longest night, begins to disentangle itself from the grip of wintry death (...) the

der Natur ein, deren Erblühen der Dichter in Versen 500-15 poetisch ausmalt.[51] Reife und Verfall der Natur (516-35) bringen Gawain an Michaeli seine Verabredung in Erinnerung, er bereitet sich auf seinen Abschied vor und bricht, wiederum im Einklang mit dem christlichen und dem natürlichen Jahresrhythmus, an Allerheiligen, dem Fest der Toten und der Zeit des Absterbens der Vegetation, auf. Am Neujahrstag soll er seinen Nacken der Axt des fremden Ritters entblößen, doch wird ihm, der fest mit seinem Tod gerechnet hatte, an diesem Tag ein neues Leben geschenkt.

3.8.2 Die Herausforderung

Das Übernatürliche bricht während der Feierlichkeiten zum Neujahrstag unerwartet in die arthurische Gemeinschaft in Form eines grünen Ritters ein. Seine Erscheinung ist bewusst zweideutig gehalten: Der Unbekannte lässt sich auf Grund der Ambiguität seiner Attribute (die grüne Farbe, die Stechpalme und die Axt), seines herrischen, doch höfischen Grußes und seiner Herausforderung zu einem fairen, doch tödlichen Schlagabtausch in kein zweiteiliges Raster von Gut und Böse einordnen. Die Erscheinung lässt sich als Todesfigur oder als Elf, als übernatürliche Kreatur oder gar als der leibhaftige Teufel deuten.[52] Sicher ist nur, dass es sich um keinen verkleideten Hochstapler handelt, denn sein Überleben der Enthauptung bzw. das Wunder des sprechenden Kopfes entzieht sich jeglicher rationalen Erklärung.

Übernatürliche Erscheinungen finden sich in mittelalterlichen Romanzen zuhauf. Um eine Aussage über den Status des grünen Ritters als Teil der Normalität oder des Übersinnlichen treffen zu können muss deshalb vorerst geklärt werden, wie sein Auftritt von den übrigen Figuren der Romanzenwelt wahrgenommen wird. Der Grüne imponiert den Festgästen allein schon durch seine

---

Green Knight made his unheralded appearance at King Arthur's court." Heinrich Zimmer, "Sir Gawain and the Green Knight", in: *The King and the Corpse*, Princeton 1948, S. 67.

[51] "The year then passes in a lyrical evocation of growth and decay in nature where death is a prelude to rebirth", W.R.J. Barron, *English Medieval Romance*, London 1987, S. 169.

[52] Hans Schnyder vermutet gar auf höherer allegorischer Deutungsebene eine Identität des grünen Ritters mit Christus (*Sir Gawain and the Green Knight*: An Essay in Interpretation, Bern 1961, S. 41f.). Er begründet diese Deutung mit Hinweis auf die Überlegenheit und das majestätische, ehrfurchtgebietende Auftreten des Grünen, der gleich einem Übervater die Ritter der Tafelrunde zur Mannhaftigkeit ermahnt. Er verweist ferner auf die Stechpalme (englisch *holly*) in der Hand des Ritters als christliches Symbol (die deutsche Bezeichnung „Stechpalme" leitet sich von der Verwendung der Pflanze als Ersatz für Palmzweige in Nordeuropa ab), die christlichen Bedeutungen der grünen Farbe (Glaube, Hoffnung und Liebe) und das in der zeitgenössischen Literatur verbreitete Motiv von Christus als Ritter (z.B. in *Piers Plowman* und der *Ancrene Riwle*).

Körpergröße („an aghlich mayster, / On þe most on þe molde on mesure hyghe"[53]). Er ist jedoch kein unförmiger Riese, seine Gliedmaßen sind vielmehr wohlproportioniert. Er macht eine sehr stattliche und imposante Erscheinung und zieht auch ohne das Wirken von Wundern die Aufmerksamkeit der versammelten Tafelrunde auf sich. Die sich auf jedes Detail seines Körpers, seiner Kleidung und sogar seines Pferdes erstreckende grüne Farbe löst allgemeine Verwunderung aus (233). Er wird respektvoll behandelt (251) und seine Herausforderung wird angenommen. Auf sein mysteriöses Überleben der Enthauptung reagiert der Saal mit erstauntem Gemurmel (464/5). Erst als der Unbekannte wieder verschwunden ist, versuchen Arthur und Gawain, den Auftritt scherzhaft herunterzuspielen und die Feststimmung wiederaufleben zu lassen. Der Grüne wirkt auf die Tafelgemeinschaft in seiner Fremdheit, Kühnheit, übernatürlichen Lebenskraft und Unerklärbarkeit bedrohlich.

Seine Erscheinung ist in mehrfacher Hinsicht ambig. Die Symbolik seiner Attribute, seine Worte und sein Verhalten in der Eingangsszene und im weiteren Verlauf der Romanze und insbesondere seine grüne Farbe haben die Literaturkritik der vergangenen Jahrzehnte zu teilweise wilden Spekulationen hinsichtlich seines Wesens eingeladen. So legt sich Heinrich Zimmer etwas einseitig auf eine Deutung des grünen Ritters als Todesfigur fest: „We may safely assume that the death-green, towering apparition (...) was the great reaper, Death",[54] und reduziert die Bedeutung der attraktiven Frau Bertilaks auf ihre Komplementärfunktion als „Life, Death's bride". Vor allem die grüne Farbe wurde in zahlreichen Analysen als Todessymbol gewertet. A.H. Krappe z.B. weist in einem volkskundlichen Aufsatz auf die Bedeutung der grünen Farbe in mittelalterlichen Balladen und im Volksglauben hin: „Death is greener than grass", antwortet z.B. Captain Wedderburn in einer Rätselballade.[55] Einem mittelenglischen Gedicht zufolge wurde Christus angesichts des Todes grün im Gesicht („His rode was worþe grene").[56] Elfen erscheinen ferner in der britischen und irischen Balladendichtung grün gekleidet, die Farbe des Ritters kann somit auch als Hinweis auf seinen übernatürlichen Charakter gewertet werden.

Zur Weihnachtszeit, so Krappe weiterhin, wird traditionell in Europa der Toten gedacht.[57] Das Erscheinen des Grünen zu eben jener Zeit könnte als weiterer Hinweis auf sein Wesen als Todesfigur gedeutet werden, ebenso der Zeitpunkt des Aufbruchs Gawains, Allerheiligen, der Gedenktag der Toten. Sogar die Stechpalme (*Ilex aquifolium*), den der Grüne in seiner linken Hand

---

[53] V. 136/7: „ein ehrfurchtgebietender Herr, körperlich einer der größten auf Erden."

[54] Heinrich Zimmer, „Sir Gawain and the Green Knight", S. 77.

[55] A.H. Krappe, "Who was the Green Knight?", *Speculum* XIII (1938), S. 206-15, S. 211: "Green is the color of the dead and of death. For this reason the color is essentially unlucky." Zur Farbsymbolik siehe auch Larry D. Benson, *Art and Tradition in* Sir Gawain and the Green Knight, New Brunswick (N.J.) 1965, S. 91.

[56] Carleton Brown, *English Lyrics of the Thirteenth Century*, Oxford 1932, n° 24, V. 44.

[57] Krappe, "Who was the Green Knight?", S. 213.

trägt, stellt laut Krappe eine Verbindung der Figur mit dem Tod her. Immergrüne Pflanzen werden gemeinhin mit dem Tod assoziiert, man denke nur an die zahlreichen Eiben auf europäischen Friedhöfen. Vor allem in keltischen Ländern symbolisiert die Stechpalme den Tod.[58] Zimmer deutet ferner die monströse Axt des Ritters als Symbol für die archaisch-brutale Gewalt des Todes.[59]

Beide Literaturkritiker untermauern ihre Deutung des grünen Ritters als Todesfigur mit Hinweisen auf Ereignisse während der Köpfungsszene. Ein unsterblicher Henker könne niemand anders sein als der Tod selbst, so Krappe.[60] Tote tragen in Märchen und Folklore häufig ihren abgetrennten Kopf unterm Arm, um Lebenden einen Schrecken einzujagen, erinnert Zimmer.[61] Auch der an Gawain gerichtete ominöse Auftrag des Gegenbesuches lässt eine Identität des Ritters mit dem Tod erahnen. Er sei der Ritter der grünen Kapelle; genauere Angaben scheinen nicht nötig zu sein. Wer nach ihm suche, könne ihn nicht verfehlen:

> Þe kniȝt of þe grene chapel men knowen me mony;
> Forþi me for to fynde if þou fraysteȝ, fayleȝ þou neuer.[62]

Allein der Tod als Widerpart des Lebens könne sich der Omnipräsenz, der Unverfehlbarkeit rühmen. Man vergleiche diese Wegbeschreibung mit der des Alten Mannes in Chaucers *Pardoner's Tale* (siehe Kap. 4.4). Dort heißt es vom Tod, er warte auf die drei Zecher auf einem Hügel unter einer Eiche: „Noght for youre boost he wole him no thyng hyde".[63] Die warnenden Worte von Gawains Begleiter zur grünen Kapelle suggerieren ebenfalls eine Identität des Grünen mit dem Tod: Er sei ein „mon methles" (‚gnadenloser Mann') und töte „chorle oþer chaplayn (...) Monk oþer masseprest" (‚Bauer sowie Kleriker, Mönch oder Priester', 2107/8) gleichermaßen. Der ritterliche Ehrenkodex, dem sich der Grüne offenbar nicht verpflichtet fühlt, respektiert bekanntlich die Immunität der Geistlichkeit. Die Ständeliste erinnert ferner an den Topos vom Tod als sozialer Gleichmacher (*Death the Leveller*). Auch seine finstere Behausung, die grüne Kapelle[64] stellt in ihrer Ähnlichkeit mit einem Grabhügel einen Bezug zum Tod her. Ein letztes Argument für die Identität des Ritters mit dem Tod liegt in der magischen Kraft des Gürtels - sofern dieser den Träger tatsächlich immun gegen tödliche Verletzungen macht. Wer, wenn nicht der Tod selbst

---

[58] Krappe, "Who was the Green Knight?", S. 214/5.

[59] Zimmer, „Sir Gawain and the Green Knight", S. 85.

[60] Krappe bezeichnet den Grünen als „the only deathless executioner" (S. 208).

[61] Zimmer, „Sir Gawain and the Green Knight", S. 76.

[62] V. 454/5; *forþi*: deshalb; *fraysteȝ*: fragst.

[63] Chaucer, *Pardoner's Tale*, V. 764.

[64] „Now iwysse, quoþ Wowayn, wysty is here; / Þis oritore is vgly, with erbeȝ ouergrowen", V. 2189/90.

(„For hit is my wede þat þou wereȝ", 2358), fragt Zimmer, könne einen Gegenstand verleihen, der dessen Allmacht aushebelt?[65] Als Einwand gegen eine Gleichsetzung des grünen Ritters mit dem Tod lässt sich vorbringen, dass die grüne Farbe auch als Symbol für Leben und für das Wiedererwachen der Natur gewertet werden kann. Grünes Gras steht in *Sir Gawain* für natürliche Lebenskraft, welkendes Gras hingegen kündigt den Winter an (527). Die mittelalterliche Farbsymbolik ordnet Benson zufolge der grünen Farbe beide Bedeutungen zu, Tod und Leben.[66] Vor allem die Beschreibung des Farbtons als *enker-grene* (150), ,helles Grün', lässt eine einseitige Deutung des Ritters als Todesfigur fragwürdig erscheinen. In dem alliterierenden Gedicht *Death and Liffe* tritt Dame Death schwarz gekleidet auf, Dame Liffe hingegen erscheint in einem grünen Mantel: „comlye clad in kirtle and mantle of goodliest greene that euer groome ware." Der *Gawain*dichter scheint mit der Ambiguität der Figur zu spielen, das Wesen des Ritters und dadurch der Ausgang des Abenteuers werden in der Eingangsszene bewusst offen gelassen. Philippa Tristram ordnet die beiden Deutungsmöglichkeiten der Figur ihren beiden Auftritten zu: Der grüne Ritter der ersten Szene sei ein Symbol für Wachstum und Wiedergeburt, der der letzten Szene hingegen eine Todesfigur.[67]

Handelt es sich bei dem ominösen Ritter gar um den Teufel? Auch dieser tritt im Volksglauben in einem grünen Mantel auf.[68] Für diese Interpretation spricht ferner, dass Gawain nach Norden aufbricht (von Camelot nach Nordwales), traditionell der Sitz des Teufels. Gawain selbst schließt sich an einer Stelle dieser Deutung an:

Now I fele hit is þe fende, in my fyue wytteȝ,

Þat hatȝ stoken me þis steuen to strye me here.[69]

Es lässt sich jedoch einwenden, dass Gawain diese Ansicht *vor* der letzten Begegnung vertritt, als er noch davon ausgeht, der Grüne wolle ihm den Kopf abschlagen. Das Wesen des übernatürlichen Eindringlings bleibt somit bis zuletzt enigmatisch, verbirgt sich hinter den verschiedenen Gesichtern einer ambigen Figur. Aus Gawains Perspektive erscheint er als selbstbewusster Herausforderer des Artushofes, als jovialer Gastgeber, als brutaler Jäger und Sadist und letztlich als Ehrenmann, der ihm seine Anerkennung zollt.

---

[65] Zimmer, „Sir Gawain and the Green Knight", S. 79.

[66] Benson, *Art and Tradition*, S. 91/92.

[67] Tristram, *Figures of Life and Death*, S. 31.

[68] Krappe, "Who was the Green Knight?", S. 212.

[69] V. 2193/4: „Jetzt fühle ich es in meinen fünf Sinnen, es ist der Teufel, der mir diese Vereinbarung auferlegt hat um mich dort zu zerstören."

3.8.3 Die Reise

Ob es sich bei dem grünen Ritter nun um den Tod, eine Todesfigur, einen gütigen oder einen boshaften Elf handelt, bleibt somit eine Frage der Interpretation, fest steht jedoch, dass dieser durch seinen Auftritt in Camelot am Neujahrstag und seine Herausforderung zum Schlagabtausch eine Konfrontation Gawains mit seinem Tod initiiert. Diese wird durch die einjährige Frist von der ersten Begegnung bis zur Verabredung an der grünen Kapelle in die Länge gezogen und dadurch intensiviert. Die an Sir Gawain gerichtete Aufforderung, nach Ablauf eines Jahres sein Haupt für einen Axthieb zu entblößen, gewinnt dadurch an Sadismus, dass sie dem Helden keinen Aktionsraum, keinen Platz für ritterliches Handeln lässt. Typische Romanzenhelden trotzen jeglicher Gefahr, kämpfen gegen nie zuvor besiegte Gegner (z.B. Erec oder Yvain in Chrétiens arthurischen Romanzen) oder betreten Länder, aus denen noch niemand lebendig wiederkam (Chrétiens Lanzelot z.B. betritt das Land Gorre). Sie können sich jedoch stets aktiv mit den Gefahren auseinander setzten und ihr Heldentum dadurch unter Beweis stellen. Gawain muss den härtesten Test erdulden, der jemals einem Ritter gestellt wurde: Er soll ein Jahr lang in der Erwartung seines baldigen Todes leben, sich zu seinem Hinrichtungsort begeben und dort sein Leben der Willkür seines Gegners überlassen.

Die Bedeutung der Reise, die Gawain an Allerheiligen antritt, der Ritt des vielversprechenden jungen Ritters, Arthurs Neffen, in einen unzeitigen, gewaltsamen Tod wurde von Teilen der Literaturkritik verkannt und als Initiationsritus abgetan.[70] Der grundlegende Unterschied zwischen den Ritterfahrten eines Guy of Warwick und der Queste Gawains liegt jedoch darin, dass ersterer bei aller Gefahr fest mit seiner Wiederkehr rechnet – der Sinn seiner Abenteuerfahrten liegt ja eben darin, eines Tags ruhmbedeckt zurückzukehren und Felice zu ehelichen – Gawain hingegen, und mit ihm der gesamte Artushof, mit seinem Ende:

Þere watʒ much derne doel driuen in þe sale	*geheime Trauer*
Þat so worthé as Wawan schulde wende on þat ernde,	*Mission, Reise*
To dryʒe a delful dynt, and dele no more	*fürchterlichen Hieb*
With bronde.	*Schwert*
(558-61)	

Romanzenhelden, vor allem die der *matter of England* (Horn, Havelok, Guy und Bevis) reflektieren auffallend selten über den Sinn ihrer Abenteuerfahrten. Sie

---

[70] Etwa von Charles Moorman, "Myth and medieval literature: *Sir Gawain and the Green Knight*", *Medieval Studies* 18 (1956), S. 158-72, Morton Bloomfield, "Sir Gawain", *PMLA* 76 (1961), S. 7-19 und Christopher Wrigley, "Sir Gawain and the Green Knight: The Underlying Myth", in: Derek Brewer (Hg.), *Studies in Middle English Romances: Some New Approaches*, Cambridge 1988, S. 113-28.

kämpfen, siegen und realisieren ihre irdischen Aspirationen. Und wenn einer reflektiert, wie Guy auf dem Höhepunkt seines Glücks, so gibt er bezeichnenderweise seine Rolle als prototypischer Romanzenheld auf und wandelt sich zum bußfertigen Pilger. Gawain spielt insofern eine ganz außergewöhnliche Rolle, als er unbesiegt, zu Beginn seiner Fahrt, schon Zuflucht zu philosophischer Reflexion nehmen muss, um in seiner Hilflosigkeit, fremder Willkür ausgeliefert, seine Standhaftigkeit zu wahren:

þe knyʒt mad ay god chere,
And sayde, 'Quat schuld I wonde?   *zurückschrecken*
Of destines derf and dere   *leidvoll; angenehm*
What may mon do bot fonde?'   *zu ergründen suchen*
   (562-65)

Ein Ritt in den sicheren Tod kann kein Initiationsritus sein. Sinn und Zweck dessen ist ja, den jungen Mann auf das Erwachsenenleben mit seiner Härte und Verantwortlichkeit vorzubereiten. Eine Initiation, die den Heranwachsenden tötet, führt die Bedeutung des Rituals der Einführung ins Leben ad absurdum. Sir Gawain stellt sich, darauf sei nochmals hingewiesen, nicht einer Gefahr, d.h. einer Situation mit *potentiell* tödlichem Ausgang, sondern er reitet zum Treffpunkt in der Erwartung seines *sicheren* Todes. Er zieht los in der Absicht, sich am Neujahrstag an der grünen Kapelle einzustellen und seinen Nacken für den Gegenschlag des grünen Ritters zu entblößen. Der Grüne kann sich auf seine magische Überlebenskraft verlassen, nicht so Gawain. Dies sei unfair, trotzdem steht er zur Abmachung:

Quoþ Gawayn, I schunt oneʒ,   *zuckte*
And so wyl I no more;
Bot þaʒ my hede falle on þe stoneʒ, *doch wenn*
I con not hit restore.
   (2280-3)

Gawains Reise zur grünen Kapelle hat nicht den Charakter eines Initiationsrituals. Nicht Selbstfindung ist Gawains Ziel, sondern Selbstopferung für die Ehre der arthurischen Gemeinschaft. Sir Gawain ist zu Beginn der Ereignisse schon initiiert, schon vollwertiges Mitglied der Tafelrunde, allein deshalb kann er die Herausforderung stellvertretend für Arthur bzw. für die arthurische Gemeinschaft überhaupt annehmen. Er gehorcht seinem moralischen Rigorismus, der ihm gebietet, ungeachtet der Folgen zu seinem gegebenen Wort („trowþe") zu stehen. Gegen eine Deutung der Queste Gawains als Initiationsritual spricht ferner die Art und Weise, wie sich sein Verhältnis zu seinem sozialen Umfeld in Folge seiner Erfahrungen wandelt. Als Gawain aufbricht, ist er in seinem

Denken und Empfinden noch in Einklang mit seinem sozialen Umfeld. Erst in Folge der Konfrontation mit dem Tod entfremdet er sich der arthurischen Gemeinschaft, die seine Enttäuschung über seinen Mangel an Perfektion nicht nachvollziehen kann.

Als Argument für die Deutung der Queste Gawains als *rite de passage* wurde der kindliche Charakter der Weihnachtsfeierlichkeiten zu Camelot angeführt: König Arthur höchstpersönlich benimmt sich wie auf einem Kindergeburtstag. Sein „junges Blut" und sein „wilder Kopf" versetzen ihn in infantile Hyperaktivität: „He watʒ so joly of his joyfnes, and sumquat childgered".[71] Er will, ein bekanntes Motiv der Artusdichtung, nichts essen, bevor man ihm nicht von einem neuen Abenteuer berichtet hat. Am Neujahrstag gehen alle in die Kirche, danach dürfen die Ritter und Hofdamen Geschenke und Neujahrsküsschen austauschen, dann waschen sie sich die Hände und setzen sich zu Tisch. Im Vergleich zum Weihnachtsfest in Bertilaks Burg, zu dem Gawain ein Jahr später eingeladen wird, fällt auf, dass es in Camelot folgende Aspekte des höfischen Lebens nicht gibt: Geheimniskrämerei, graue Eminenzen (Morgan le Fay), Versuchung, Sex und Gewalt. Auf die Kindlichkeit des arthurischen Festes weist auch gerade der grüne Ritter hin: „Hit arn aboute on þis bench bot berdleʒ chylder" (280). Er tritt auf, versetzt die Festgäste in Staunen und betretenes Schweigen, ruft sie zur Ordnung („wher is, he sayd, þe gouvernour of þis gyng?"[72]) und fordert sie auf eine Art und Weise heraus, die ihren Verständnishorizont überschreitet. Gawains Winterreise hat in vielfacher Hinsicht Ähnlichkeit mit einer Initiationsreise. Er reist alleine und betritt ihm unbekanntes Territorium. Er weiß weder, wo der Treffpunkt liegt, noch, wie er dorthin gelangen soll. Trotzdem findet er zum Ziel, scheinbar allein, weil er sich auf die Suche gemacht hat. Die Einheimischen, bei denen er sich nach dem Weg erkundigt (703-8), können ihm jedenfalls nicht weiterhelfen. Die grüne Kapelle kann, so scheint es, nur einer finden, Gawain selbst.

Romanzenhelden kämpfen auf Ritterfahrt mit menschlichen und nichtmenschlichen Gegnern aller Art (vor allem Zwergen und Riesen). So auch Sir Gawain. Er wird unterwegs mit einer Vielzahl teils tierischer, teils phantastischer Gegner konfrontiert, mit Drachen, Wölfen und Waldtrollen, wilden Stieren, Bären, Ebern und „menschenfressenden Monstern" (Verse 720-3). An jeder Furt wird er zu einem Kampf herausgefordert, so wild ist die Gegend (715/6). Diese Kämpfe werden jedoch nicht näher beschrieben, sie verbleiben am Rande der Erzählung. Die fabulösen Gegner Gawains entbehren jeglicher individueller Motivation, der kollektive Zweck ihrer Auftritte scheint zu sein, die Angst des reisenden Ritters zu verstärken. Die feindlichen Begegnungen Gawains sind so abstrakt und phantastisch, dass eher der Eindruck entsteht, Gawain kämpfe

---

[71] V. 86; *childgered*: kindisch, knabenhaft.
[72] V. 224/5; *gyng*: Gesellschaft.

gegen Projektionen seiner eigenen Ängste anstatt gegen reelle Gegner.[73] Am meisten macht ihm jedoch das Winterwetter zu schaffen, der Schneeregen und die nächtliche Kälte (726-32). Die Reise wird somit für Gawain zu einer Grenzerfahrung, er sucht im Gebet zur Gottesmutter Kraft und Beistand (753-62). An Heiligabend, als er sich auf seinem moralischen Tiefpunkt befindet, inbrünstig betet, seine Sünden bekennt und sich bekreuzigt, kommt er unverhofft bei der Burg Bertilaks an, seines Herausforderers, was er jedoch noch nicht weiß.

3.8.4 Die Begegnung

Die Ankunft Sir Gawains bei Bertilak stellt insofern einen Einschnitt in die Erzählung dar, als nun sein innerer Kampf vorerst beendet ist und seine Auseinandersetzung mit seinen Antagonisten beginnt. Die grüne Kapelle befinde sich in unmittelbarer Nähe, wird ihm mitgeteilt, er könne sich am Neujahrstag problemlos dorthin begeben. Es beginnt eine zweite Phase des Testes Gawains moralischer Integrität. Er hat sein Wort gehalten und sich auf den Weg zum Treffpunkt gemacht, nun wird geprüft, ob er die Gesetze der Gastfreundschaft mit derselben Rigidität achtet. Konkret heißt dies, er wird von der attraktiven Gemahlin seines Gastgebers in sexuelle Versuchung gebracht. Bei beiden Prüfungen wird Gawains ritterliche Integrität gegen seine menschlichen Triebe aufgewogen, seinen Lebenstrieb und seinen Sexualtrieb. Die Verlockung, der Gawain ausgesetzt wird, ist so groß, wie sie nur irgendwie sein kann: Die Burgherrin ist hübsch – schöner gar als Guinevere, fällt Gawain auf (945). Er gerät ganz ohne ihr Zutun spontan in den Bann ihrer Attraktivität (970f.). Drei Tage vor Neujahr zieht der Hausherr mitsamt seinem Gefolge auf Jagd, nur Gawain und die Burgherrin bleiben unbeobachtet zurück. Sie dringt des Morgens in sein Zimmer ein und setzt sich auf sein Bett. Ihr Angebot ist eindeutig und sie wird im Verlauf dreier solcher Begegnungen an den letzten drei Tagen des Jahres nur noch aufdringlicher. Die Burgherrin gibt vor, seine Verklemmtheit nicht zu verstehen. Sie fordert bei ihrem zweiten morgendlichen Besuch seine Mannhaftigkeit nahezu heraus, indem sie seine sexuelle Zurückhaltung mit seinem Ruf als herausragender Liebhaber kontrastiert – und damit seine Identität in Frage zu stellt.

Der Grund für Gawains Disziplin, so wurde argumentiert, sei seine innere Beschäftigung mit dem bevorstehenden Tod, Gedanken, die er im Dialog mit der Dame oder dem Burgherrn jedoch nie zur Sprache bringt: „His sleep is restless, he thinks ahead to his appointment and he is perhaps more concerned

---

[73] Wrigley, "The Underlying Myth", S. 117.

with avoiding immorality than he would be if death were not apparently immi-
nent."[74] Für diese Deutung finden sich Belegstellen im Text:

Þaȝ ho were burde bryȝtest þe burne in mynde hade,	*Frau; Ritter*
Þe lasse luf his lode for lur þat he soȝt	*moralische Gesinnung;*
	Geschick
Bounte hone,	*ohne Unterlass*
Þe dunte þat schulde hym deue,	*Hieb; niedermachen*
And nedeȝ hit most be done.	

(1283-7)

Sir Gawain zu unterstellen, allein seine Angst vor der Begegnung mit dem
Grünen dämpfe seine Lust auf heimliche Erotik, scheint jedoch unfair. Es mag
zwar sein, dass er sich des Rufes eines guten Liebhabers erfreut, sexueller Erfüllung steht in dieser Situation jedoch außer der Todesangst noch ein weiteres
bedeutsames Hindernis im Wege, nämlich seine Treue zum Gastherrn: Gawains
moralischer Rigorismus verbietet ihm schlichtweg eine Affäre mit der Gattin
Bertilaks. Seine Selbstdisziplin und Integrität helfen ihm, seinen Prinzipien treu
zu bleiben, mag diese Liebe vor Entdeckung noch so sicher sein:

> He was being tempted to renounce for one moment of self-indulgence his
> life dedication to the perfection of chivalry. Were he to yield, his fault
> would be not carnal license (that, we may believe, he would not have es-
> chewed) but insincerity and infidelity, and this would have signified the
> disintegration of the self-consistency of his being. (...) To have suc-
> cumbed to the allure of an episodical love adventure at the cost of the
> consequentiality of his career would have been to betray not his host only,
> but himself. His life was destined soon to end; let it then continue to the
> end.[75]

Die Nähe des Todes mag Gawain bei seiner Prinzipientreue geholfen haben. So
kurz vor dem Ende hätte es sich für ihn nicht gelohnt, sein positives Selbstbild
zu zerstören, obendrein da er sein Leben ja eben opfert, um seinem hohen moralischen Anspruch gerecht zu werden.

In einem Punkt unterliegt er dennoch: Er nimmt aus den Händen seiner
Verführerin einen magischen Gürtel an, der den Träger angeblich vor Verletzungen schützt. Sir Gawain hatte jedoch mit seinem Gastgeber die Abmachung
getroffen, am Abend eines jeden der drei Tage, an denen dieser zur Jagd auf-
brach und er zu Hause blieb, die Erwerbungen des Tages auszutauschen. Bisher
hat Gawain von diesem Weihnachtsbrauch profitiert: die reiche Jagdbeute wurde

[74] Anne Rooney, "The Hunts", in: Brewer und Gibson, *A Companion*, S. 163.
[75] Zimmer, „Sir Gawain and the Green Knight", S. 71/2.

an zwei Abenden zu seinem Eigen erklärt. Nun wäre es seine Pflicht, den Gürtel ebenfalls abzugeben - Gawain tut dies jedoch nicht. Er, der seine Bereitschaft demonstriert hatte, sein Leben zu opfern, um die Regeln einer bizarren Abmachung einzuhalten, bricht nun wegen eines angeblich magischen Gürtels das Vertrauensverhältnis zu seinem Gastgeber. Die Unterschlagung, so kalkuliert er, lässt sich geheim halten. Der praktische Nutzen des Gürtels, der auf ein Überleben des Gegenschlags hoffen lässt, und der moralische Schaden der Unterschlagung stehen in seinen Augen in einem disproportionalen Verhältnis. Gawains moralischer Perfektionismus unterliegt somit seinem Lebenstrieb.

Angst vor dem Tod empfindet er paradoxerweise erst, seit er sich in Besitz des Gürtels und damit einer neuen Hoffnung befindet. Bei seinem Aufbruch von Camelot demonstriert er noch Gelassenheit und Schicksalsglauben (Verse 562-5, siehe oben). Unterwegs machen ihm vor allem die Kälte, diverse Fabelwesen und seine Orientierungslosigkeit zu schaffen. Die letzten drei Tage vor dem vereinbarten Treffen ist er vor allem damit beschäftigt, die sexuellen Avancen der Burgherrin höflich zurückzuweisen. In der letzten Nacht, nach Erhalt des Gürtels, ändert sich dies: Gawain macht kein Auge zu (2007) und zuckt bei jedem Hahnenschrei zusammen. Vor Tagesanbruch steht er auf und legt mit äußerster Sorgfalt den Gürtel an (2030/1). Zwar hält er den warnenden Worten seines Führers zur grünen Kapelle wiederum Fatalismus und Gottvertrauen entgegen (2132-9), doch als er an der grünen Kapelle schließlich seinen Nacken entblößt und der Grüne zum Schlag ausholt, wirft er einen bangen Blick auf die Axt und zuckt zusammen, womit er sich den Spott seines Gegenspielers zuzieht. Hat Gawains allzu menschliche, doch unritterliche Angst etwas mit dem Gürtel zu tun, den er heimlich trägt? Könnte es sein, dass Sir Gawain gerade weil ihm der Talisman Hoffnung auf ein Überleben gemacht hat, nun Todesangst empfindet?[76] Traut er dem Gürtel nicht? Als Figur der arthurischen Romanzenwelt kann ihm der Glaube an schützende Magie nicht so absurd vorkommen wie dem Leser, der von außerhalb sein Verhalten begutachtet. Schließlich hat die Tafelrunde auch das widernatürliche Überleben des geköpften Grünen ohne größere Aufregung weggesteckt. Sir Gawain *hofft* zumindest auf magischen Schutz durch den Gürtel, sonst hätte er nicht den Vertrauensbruch in Kauf genommen. Der Reiz von *Sir Gawain* im Vergleich zu weniger kunstvollen Romanzen liegt gerade in der Unsicherheit dieses Talismans, betont Helen Cooper. Wären Gawain und damit auch der Leser von der Magie des Gürtels überzeugt, dann hätte die Episode der grünen Kapelle ihren Stellenwert als Testsituation verloren:

---

[76] Siehe dazu auch Zimmer, „Sir Gawain and the Green Knight", S. 74.

"(...) if he, and we, really believed in its [the girdle's] magical powers, his bravery in finally facing the Green Knight would dissolve, and the episode would lose both its suspense and its significance".[77]

Sir Gawains Reaktion auf den dritten vorgetäuschten Axthieb fügt sich in die leitmotivische Thematik der Romanze von Tod und Wiedergeburt. Auf die Axthiebe, hier gedeutet als Todeserfahrung, folgt eine „Wiedergeburt" Gawains: Der seit einem Jahr zur Passivität verurteilte junge Ritter (2307/8) springt nun auf, greift zu Rüstung und Schwert und stellt sich seinem Antagonisten. Er fühlt sich nun an keine Abmachung mehr gebunden und hat zu seinem alten Selbst zurückgefunden. Der passive Dulder ist gestorben, der kampfbereite Held ist wieder auferstanden.

3.8.5 Die Lehre

Was der Leser bereits geahnt hat, wird nun offenkundig: Der Burgherr und der grüne Ritter sind ein und derselbe. Die Aufforderung, sich zum Gegenschlag einzustellen, und die sexuellen Lockungen der Burgherrin waren lediglich Prüfungen Gawains moralischer Integrität und Loyalität. Er hat den Test bestanden, lobt ihn sein Gegenüber, er sei ein ausnehmend rechtschaffener Ritter. Seinem im Pentagramm symbolisierten Anspruch moralischer Perfektion ist er jedoch nicht gerecht geworden. Mit der Unterschlagung des Gürtels sei ihm ein moralischer Fehltritt unterlaufen, für diesen sei er symbolisch mit der Schnittwunde am Hals bestraft worden. Dieser Lapsus sei jedoch verzeihlich, habe er doch allein aus Angst vor dem Tod so gehandelt:

As perle bi þe quite pese is of prys more	*im Vergleich zur weißen Erbse*
So is Gawayn, in god fayth, bi oþer gay knyȝteȝ.	*gallant*
Bot here yow lakked a lyttel, sir, and lewté yow wonted;	*Worttreue*
Bot þat watȝ for no wylde werke,[78] ne wowyng nauþer,	*Liebeswerben*
Bot for ȝe lufed your lyf; þe lasse I yow blame.	*hast geliebt*

(2364-8)

Bertilak, der Übermensch, räumt Sir Gawain somit ein Recht auf menschliche Unvollkommenheit ein. Dieser hingegen reagiert auf die Enthüllungen mit Scham. Ihm wird bewusst, dass er auf Grund seiner Angst um sein Leben sei-

---

[77] Helen Cooper, "The Supernatural", in: Brewer und Gibson, *A Companion*, S. 278.

[78] *Wylyde werke*: der ausnehmend hohe handwerklich-künstlerische Wert (des Gürtels).

nem moralischen Anspruch nicht gewachsen war. Er erkennt, dass seine Abschiedsworte an die arthurische Gemeinschaft sowie an seinen Führer zur grünen Kapelle, in denen er den Willen bekundete, sich Gott und dem Schicksal zu überlassen, nicht aufrichtig waren, dass er – ohne sich dessen gewahr zu werden – ein falsches Bild von sich abgegeben hat. Gawain hat sich zwar der Herausforderung des grünen Ritters gestellt, sein Ideal moralischer Perfektion hat sich jedoch in der Konfrontation mit dem Tod als unhaltbar erwiesen. Von seinem Gegner, der ihn nun erneut mit freundlichen Worten in seine Burg einlädt, und von der arthurischen Gemeinschaft, die ihn mit Freude wieder aufnimmt, wird ihm dieser Mangel jedoch nicht vorgehalten. Die Herausforderung des grünen Ritters stellte Sir Gawain in der ersten Szene vor die Wahl zwischen seinem Leben und der ritterlichen Treue zum gegebenen Wort: Er entschied sich für letzteres. Die Verführungskünste der Burgdame stellten ihn vor die Wahl zwischen sexueller Gratifikation und der Einhaltung der Gesetze der Gastfreundschaft: Er entschiedet sich auch in diesem Fall für letzteres. Das Angebot des magischen Gürtels schließlich hat ihn vor die schwierigste Wahl gestellt, nämlich zwischen seinem Leben und seinem Anspruch auf moralische Perfektion. Allein in diesem Dilemma hat er sich für sein Leben entschieden:

> He is no pale martyr or twisted fanatic, but a robust young man who loves his life but does not value it as the highest of all goods.[79]

Christopher Wrigleys Schlussbemerkung erlaube ich mir wie folgt umzuformulieren:

> He is no pale martyr or twisted fanatic, but a robust young man who loves his moral perfection but does not value it as the highest of all goods.

Mag es für Sir Gawain schmerzhaft sein, sein Selbstbild der Realität anzupassen, seinem Umfeld ist der Vorzeigeritter auf Grund seines menschlichen Lebenstriebs nur sympathischer. Auf den Leser der Romanze schließlich wirkt die Figur auf Grund der Diskrepanz zwischen dem eigenen Anspruch und der Wirklichkeit viel überzeugender als die Superhelden zweitklassiger Romanzen und lädt zur Identifikation ein.

---

[79] Wrigley, "The Underlying Myth", S. 128.

3.9 Konzeptionen von Tragik in *Morte Arthure* und *Le Morte Arthur*

Arthurs Tod und der Zerfall seines Reiches wurden in der zweiten Hälfte des 14. Jahrhunderts Stoff zweier formal und inhaltlich stark divergierender mittelenglischer Romanzen, des alliterierenden *Morte Arthure* und des strophischen *Le Morte Arthur*. Die beiden Werke befinden sich schon auf Grund ihrer für Romanzen ungewohnt düsteren Thematik, des Todes eines Herrschers und des Untergangs seines Reiches, am Rande des Genres. Vor allem die alliterierende Version weist auf Grund ihrer Zugehörigkeit zum *Alliterative Revival* und in ihrer Konzentration auf den Heroismus eine deutliche Nähe zum Epos auf. In den 60er Jahren ordneten Kritiker den Text gar einem angeblichen Genre der „mittelalterlichen Tragödie" zu, im Sinne der Gattungsdefinition in Chaucers *Monk's Tale*.[80] Die Randstellung vor allem der alliterierenden Version innerhalb der Romanzenliteratur zeigt sich nicht zuletzt darin, dass das Werk in Überblicksdarstellungen oft übergangen oder nur kursorisch besprochen wird.[81] Für John Stevens ist die Klärung der Gattungszugehörigkeit eines Textes kein Selbstzweck, sondern nur interpretatorische Hilfestellung: „Classification is only important as an aid to understanding; it is not an end in itself."[82] Um diesem herausragenden Werk der mittelenglischen Artusdichtung gerecht zu werden, empfiehlt es sich, ihm seine Sonderstellung innerhalb des Kanons mittelenglischer Literatur anzuerkennen.

Die mittelenglische Versromanze fügt den Stoffkreisen der altfranzösischen Literatur, diese sind die *matière de France* (der Kampf Karls des Großen gegen die Sarazenen), *de Rome* (antike Stoffe) und *de Bretagne le Grant* (der Stoffkreis um den legendären König Arthur),[83] noch die *matter of England* hinzu. Bei der Einteilung der Romanzen in Stoffkreise bleiben Kriterien wie Inhalt (Tod oder Überleben des Helden), Form oder Stimmungslage jedoch unberücksichtigt. Die Tatsache, dass Romanzenhandlungen in aller Regel zu einem guten Ende führen, lässt sich als ein Argument gegen Huizingas These

---

[80] Chaucer definiert die Tragödie im Prolog zur *Monk's Tale*, Fragment VII, Verse 1973-77, als eine Erzählung, in der jemand aus irdischem Wohlergehen bzw. hohem sozialen Stand ins Elend abstürzt und erbärmlich endet (Zitat siehe Kapitel 4.6). Die Deutung der alliterierenden *Morte Arthure* als *tragedie* geht zurück auf Karl J. Höltgen, „König Arthur und Fortuna", *Anglia* 75 (1957), S. 35-54 und William Matthews, *The Tragedy of Arthur: A Study of the Alliterative 'Morte Arthure'*, Berkeley 1960, wurde in der Folge von zahlreichen Literaturkritikern übernommen und schließlich von Henry A. Kelly in „The Non-Tragedy of Arthur", in: G. Kratzmann and J. Simpson (Hg.), *Medieval English Religious and Ethical Literature*, Woodbridge 1986, S. 92-114 mit Vehemenz zurückgewiesen.

[81] So in den Überblicksdarstellungen von Dieter Mehl, *Die mittelenglischen Romanzen*, W.R.J. Barron, *English Medieval Romance*, John Stevens, *Medieval Romance*, und Lee C. Ramsey, *Chivalric Romances*.

[82] Stevens, *Medieval Romance*, S. 90.

[83] Die Untergliederung geht auf Jean Bodels *Sachsenlied* (*La Chanson de Saisnes*, vor 1202) zurück.

von der pessimistisch-morbiden Stimmungslage des späten Mittelalters anführen. Dass in Romanzen in der einen oder anderen Form auch der Tod zum Thema wird, steht jedoch nicht im Widerspruch zu der optimistischen Grundhaltung des Genres. Die beiden Romanzen, die vom Tod Arthurs und vom Untergang seines Reiches berichten, nehmen auch nicht auf Grund ihrer zahlreichen Schlachten und Sterbeszenen eine Sonderstellung ein, sondern weil ein an sich tragisches Geschehen dargestellt wird. Im Vergleich zu anderen blutigen Romanzen, die von nicht weniger Schlachtgeschehen mit nicht weniger hohen Verlusten berichten (etwa *The Sege of Melayne*), fällt die von den Teilnehmern empfundene Sinnlosigkeit der Kämpfe auf: Der Kampf gegen Mordred ist kein Glaubenskrieg christlicher Ritter gegen sarazenische Schurken (auch wenn der Autor der alliterierenden Version zum Zweck größerer Polarisierung Sarazenen und Unholde unter die Schlachtreihen Mordreds mischt), auch keine heroische Verteidigung des Reiches gegen äußere Feinde, sondern ein selbstzerfleischender Bürgerkrieg, ausgerechnet im Anschluss an die erfolgreiche Abwehr der Bedrohung des Reiches durch den römischen Kaiser Lucius.

Die düstere Grundstimmung beider Werke legt eine Beschreibung des Stoffes als tragisch nahe, doch ist bei der Verwendung der Termini „tragisch", „Tragik" oder der Gattungsbezeichnung „Tragödie" Vorsicht geboten: Die Bedeutungen dieser gattungstheoretischen Begriffe wurden erst in der Neuzeit mit Rückgriff auf Aristoteles' poetologisches Werk fixiert, eine rückbezügliche Anwendung auf mittelalterliche Texte kann zu interpretatorischen Fehlschlüssen führen. So ist die Klassifizierung des alliterierenden *Morte Arthure* als mittelalterliche *tragedie* Henry A. Kelly zufolge schlicht anachronistisch. Kelly untersucht in „The Non-Tragedy of Arthur" sämtliche belegten Verwendungen des Begriffes vor und zur Zeit Chaucers und kommt zu dem Ergebnis, dass erst dieser die Tragödie als produktive Gattung auffasste und bewusst Tragödien schrieb.[84] Boccaccio z.B. verwendet für seine Erzählungen vom Fall der Prinzen (*De casibus virorum illustrium*) niemals diesen Gattungsbegriff. Zwar ähnelt der Handlungsverlauf des alliterierenden *Morte Arthure* (Aufstieg Arthurs zum Sieger über Lucius und damit zum mächtigsten Herrscher der christlichen Welt und anschließend Zerfall seines Reiches und Tod) insbesondere in der Versinnbildlichung seines Schicksals durch das Rad der Fortuna in Arthurs Vision den Kurztragödien in Chaucers *Monk's Tale* und Lydgates Neuauflage von Boccaccios Herrscherbiographien, doch beschränkt eine Fixierung auf derartige Gemeinsamkeiten unnötig die Interpretation dieses Werkes, welches, selbst wenn es nach Chaucers Definition des Tragödienbegriffs entstand, nicht davon beeinflusst wurde, und wird seiner Vielschichtigkeit und Ambiguität nicht gerecht.

---

[84] Kelly, "Non-Tragedy", S. 94 und 96: "Chaucer was the first vernacular author anywhere in Europe who not only considered tragedy to be a living genre but also thought of himself as a writer of tragedies. (...) It follows, therefore, that anyone who assumes that the author of the *Alliterative Morte Arthure* was consciously writing in a genre of tragedy is very probably distorting his meaning."

Die beiden Versionen vom Tod Arthurs und vom Untergang seines Reiches setzen nicht nur verschiedene thematische Schwerpunkte, sondern entwickeln eigene tragische Konzepte, d.h. sie führen die Ereignisse auf unterschiedliche Bündel von Ursachen zurück. In der alliterierenden Version steht Arthur selbst unangefochten im Zentrum der Handlung. Zu Beginn wird er durch Tributforderungen des römischen Kaisers Lucius zu einem Krieg provoziert. Der erste Teil der Romanze beschreibt Arthurs Zweikampf gegen einen monströsen Menschenfresser auf dem Mont St. Michel, siegreiche Schlachten seiner Truppen in Frankreich, seinen Zweikampf gegen Lucius und weitere Eroberungen des arthurischen Heeres auf dem Kontinent, wobei sich eine stete Aufstiegslinie ausmachen lässt. Auf dem Höhepunkt seines Ruhmes verfällt Arthur jedoch den Reizen der Macht und sein Kampf artet in einen wilden Eroberungsfeldzug aus. An diesem Punkt verkündet ihm ein prophetischer Traum vom Rad der Fortuna das Ende seiner militärischen Erfolge, den Verrat seines Neffen Mordred, seinen Tod und den Untergang seines Reiches. Es kommt zu einem urplötzlichen Wandel seines Geschickes, zum tragischen Fall, für den sich kein weiterer Grund als die Missgunst der launischen Fortuna anführen lässt. Arthurs rechtsbrecherische Eroberungen und der Zerfall seines Reiches stehen in keinem innerweltlichen Kausalzusammenhang. Zu klären bleibt lediglich auf spiritueller Ebene ein etwaiger Zusammenhang zwischen Arthurs Hochmut (*surquidrie*) als Sünde und seinem Fall als göttlicher Strafe.

Im strophischen *Le Morte Arthur* stehen das ehebrecherische Verhältnis Lanzelots und Gaynors (= Guineveres) und die Auseinandersetzung zwischen Lanzelot und Gawain im Vordergrund. Arthurs Versuche, in dem sich zuspitzenden Konflikt innerhalb der arthurischen Gemeinschaft zu vermitteln, bleiben erfolglos. Am Untergang seines Reiches, den er nicht verhindern kann, trägt er in dieser Romanze keine Schuld. Von Interesse sind an dieser Version vor allem die Kausalzusammenhänge der Ereignisse: Lanzelots und Gaynors ehebrecherische Leidenschaft bildet die Ausgangsbasis für einen Konflikt, der von menschlichen Schwächen wie Leichtsinn, Neid und Rachsucht, von inneren Widersprüchen des arthurischen Gesellschaftssystems und mehr oder weniger versehentlichen Affronts genährt wird, zum Krieg eskaliert und Mordred, dem Schurken, Verrat und Usurpation ermöglicht.

In der alliterierenden Version bewirken transzendente Mächte (Fortuna) Arthurs Aufstieg und Fall, im strophischen *Le Morte Arthur* hingegen setzt der Niedergang mit Lanzelots Loyalitätskonflikt schon zu Beginn der Handlung ein und entspinnt sich schrittweise bis zur Endschlacht, doch lässt sich in der Schlussphase, die Lanzelots und Gaynors Rückzug in Eremitendasein und Klosterleben beschreibt, wieder eine Aufwärtsbewegung bis hin zur Aufnahme Lanzelots ins Paradies konstatieren. Mehrere Hauptakteure dieser Version tragen am gemeinsamen Desaster Schuld, doch mit Ausnahme Mordreds keiner in dem Maße, dass er oder sie den Tod verdient hätte. Das Ausmaß der Verfehlungen und der Strafen steht in keinem Verhältnis. Die strophische Version lässt sich somit tendenziell der aristotelischen Konzeption von Tragik zuordnen, die alliterierende Version der mittelalterlichen (d.h. der Konzeption Chaucers und Lydgates). Aristoteles fordert im 13. Kapitel seiner *Poetik*, dass in der Tragödie weder rechtschaffene Menschen völlig unverdient zu Fall kommen, noch Erz-schurken den gerechten Lohn für ihre Niedertracht erhalten sollen. „Mittlere" Helden sollen die fatalen Konsequenzen eines anfänglichen Fehlgriffs (*hamartia*) erleiden und dadurch das Mit-leid (‚Sym-pathie') der Zuschauer wecken.

Wird nun der Arthur der alliterierenden Romanze zum Opfer der Willkür Fortunas oder ereilt ihn der Tod als gerechte Strafe für sein Handeln? Von Chaucers Definition der *tragedie* ausgehend sind beide Deutungen möglich: Die Protago-nisten der *Monk's Tale* erleiden ihren Sturz aus weltlichem Glück teils als Strafe für Verbrechen (z.B. der als besonders grausam verrufene Nero), teils für Hochmut, teils fallen sie völlig unverschuldet. Der Konzeption von Chaucers Mönch zufolge ist Fortuna unberechenbar, sie entscheidet in völliger Willkür über Glück und Unglück der Menschen. Lydgate hingegen ordnet in *Fall of Princes* das Wirken der Fortuna der göttlichen Gerechtigkeit unter: Niemand fällt unverdient, der zu strafende Frevel ist in vielen Fällen jedoch nicht mehr als Hochmut (Superbia), eine der sieben mittelalterlichen Todsünden. William Matthews transferiert in seinem Deutungsansatz Lydgates Konzeption auf den alliterierenden *Morte Arthure*. Arthur habe sich wie so viele erfolgreiche Herr-scher vor ihm (z.B. Alexander) durch Stolz, konkret durch Rechtsbruch und Eroberungskrieg, die Ungunst Fortunas zugezogen. Matthews deutet den Text als eine mittelalterliche Fortunatragödie, Arthurs Traum vom Schicksalsrad wird zum Angelpunkt seiner Interpretation.[85] Der Deutung Arthurs Falls als Strafe für Hochmut schlossen sich zahlreiche Kritiker an, so schreibt z.B. John Finlayson:

> That this tale of the end of king Arthur was conceived as a tragedy is, I think, indisputable, for to the dream of the Wheel of Fate with its fatalistic doctrine of the inevitable rise and fall – which resembles *wyrd* – there is added the suggestion that Arthur's fall is due to his own pride which over-reaches itself.[86]

W.R.J. Barron analysiert die Ereignisse im zweiten Teil der Romanze als schrittweisen moralischen Verfall Arthurs. Dessen Traum vom Rad der Fortuna bildet den Höhepunkt des Gedichtes und läutet seinen Wandel vom siegreichen zum angefochtenen und schließlich gefallenen Herrscher ein. Den Wendepunkt in seiner moralischen Entwicklung bilde bereits die zweite Kriegsratszene, in

---

[85] William Matthews, *The Tragedy of Arthur: A Study of the Alliterative 'Morte Arthure'*, Berkeley 1960.
[86] John Finlayson, "The Concept of the Hero in *Morte Arthure*", in: *Chaucer und seine Zeit: Symposium für Walter F. Schirmer*, hg. v. Arno Esch, Tübingen 1968, S. 249-74.

der Arthur einen rechtswidrigen Angriff auf die Lombardei und die Toskana beschließt. Die Szene lässt sich in Parallele setzen zum Kriegsrat am Anfang des Gedichtes (243-569), wo er von seinen Lehensmännern zum gerechten Verteidigungskrieg gegen Lucius aufgefordert wird. Im zweiten Teil lässt sich Arthur nicht beraten, er selbst führt das Wort. Er verkündet seinen Gefolgsleuten seinen Entschluss, einen Eroberungskrieg gegen den Herrscher Lothringens zu starten:

> The lordship is lovely, as ledes me telles,   *die Leute*
> I will that duchy devise and dele as me likes,   *zerteilen; austeilen*
> And senn dress with the duke, if destainy suffer.   *verfahren*
> (2399-2401)

Als Grund für den Angriff reicht Arthur ein früheres Bündnis Lothringens mit dem römischen Kaiser aus (2402/3). Danach will er in der Lombardei und der Toskana einmarschieren, um diese Länder von angeblicher Tyrannei zu befreien. Der Dichter macht keinen Hehl aus dem Leid der Zivilbevölkerung in den besetzten Gebieten:

> Into Tuskane he turnes when him time seemed,
> Takes townes full tite with towers full high;   *schnell*
> Walles he welt down, wounded knightes,   *bringt der zum Einsturz*
> Towres he turnes, and tourmentes the pople,
> Wrought widowes full wlonk wrotherayle singen,[87]
> Oft werye and weep and wringen their handes;   *fluchen*
> And all he wastes with war there he away rides;
> Their welthes and their wonninges wandreth he wrought!   *Wohnstätten;*
> (3150-7)   *Trauer*

Noch distanziert er sich in öffentlich zur Schau gestellter Frömmigkeit von der Absicht, kirchlichen Besitz anzugreifen. Arthurs Eroberungskriege werden jedoch zunehmend hemmungsloser, schließlich marschiert er doch in päpstliche Ländereien ein, nimmt Kinder als Geiseln und droht, diese zu töten, sollte der Papst seinen Forderungen nicht nachgeben. Vor den Toren Roms fleht ihn der Unterhändler des Heiligen Stuhls an, die Stadt zu verschonen und verspricht die Krönung Arthurs zum Kaiser der Christenheit. Arthur befindet sich nun auf dem Höhepunkt seiner Macht und verspricht sich und seinem Gefolge Siegesfeiern und Erholung nach den Anstrengungen der Kriege. Selbstzufrieden kündigt er noch einen Kreuzzug ins Heilige Land an und legt sich zu Bette. Doch gerade in dieser Nacht träumt er vom Rad der Fortuna und von den *Worthies*, sechs früheren und zwei künftigen herausragenden Herrscherpersönlichkeiten der Mensch-

---

[87] V. 3154: „Er brachte sehr schöne Witwen dazu von Elend zu singen."

heitsgeschichte, zu denen er sich bald als Neunter hinzugesellen darf.[88] Vormittags ist ihm die Schicksalsgöttin noch wohlgesonnen,

> But at the mid-day full even all her mood changed,
> And made much menace with marvellous wordes. (…)
> King, thou carpes for nought, by Crist that me made!   *bittest*
> For thou shall lose this laik and thy life after;   *Vergnügen*
> Thou has lived in delite and lordshippes ynow!   *Vergnüglichkeit*
>
> (3382-7)

Ein Traumdeuter verkündet Arthur das Ende seiner Herrschaft und seinen Tod innerhalb der kommenden fünf Jahre. Der Umschwung wird ausdrücklich als Bestrafung für das Blutvergießen während der Eroberungsfeldzüge gewertet:

> Freke, says the philosopher, thy fortune is passed,   *Mensch*
> For thou shall find her thy fo; fraist when thee likes!   *frage*
> Thou art at the highest, I hete thee forsooth;   *versichere*
> Challenge now when thou will, thou cheves no more!   *erreichst*
> Thou has shed much blood and shalkes destroyed,   *Männer*
> Sakeles, in surquidrie, in sere kinges landes;   *Unschuldige; vielen*
> Shrive thee of thy shame and shape for thine end.
> Thou has a shewing, Sir King, take keep yif thee like,   *Vision*
> For thou shall fersly fall within five winters.   *unsanft*
>
> (3394-3402)

Arthur wird vom Traumdeuter des Hochmuts (*surquidrie*), des typischen Lasters fallender Herrscher, bezichtigt. Auch die Aufforderung zur Beichte kann als Vorwurf der Sündhaftigkeit seitens des „Philosophen" gewertet werden. Im Gegensatz zu den meisten Helden mittelalterlicher Tragödien wird Arthur jedoch *rechtzeitig* vor seinem Ende gewarnt und zur Wiedergutmachung aufgefordert. Schrecken bereitet dem mittelalterlichen Menschen vor allem die Vorstellung eines plötzlichen Falls, eines unvorbereiteten Todes.

In der Sekundärliteratur werden weitere Gründe für Arthurs Fall genannt: John Stevens deutet Arthurs Rachgier angesichts des Todes seines Neffen Gawain als Grund für seinen Tod.[89] J.L.N. O'Laughlin meint gar, am Grunde des alliterierenden *Morte Arthure* die aristotelische Tragödienkonzeption zu erkennen – was Kelly wiederum in „Non-Tragedy" und „Aristotle-Averroes-Alemannus"[90] als anachronistisch und irreführend zurückweist. O'Laughlins Deutung zufolge liegt in Arthurs inzestuöser Zeugung Mordreds, seiner *hamartia*, der

---

[88] Zur Thematik der *Nine Worthies* siehe S. 60, FN 111.

[89] Stevens, *Medieval Romance*, S. 91.

[90] Henry A. Kelly, "Aristotle-Averroes-Alemannus on Tragedy: The Influence of the *Poetics* on the Latin Middle Ages", *Viator* 10 (1979), S. 161-209.

tiefere Grund für seinen Fall: nur ein widernatürlich gezeugtes Kind könne ein widernatürliches Verbrechen wie Verrat am eigenen Onkel und Vater begehen.[91]
Larry D. Benson argumentiert nicht nur gegen eine Deutung des alliterierenden *Morte Arthure* als aristotelische Tragödie, sondern grundsätzlich gegen jeglichen Kausalzusammenhang zwischen einem angeblich sündhaften Verhalten Arthurs und seinem Tod. Der mittelalterlichen Fortunakonzeption zufolge sei jeder Hochstehende stets vom Fall bedroht, unabhängig von seiner Gesinnung und seinem Lebenswandel. Die Epoche betont die Vergänglichkeit des Lebens und irdischer Glücksgüter wie Herrschaft, Liebe und materieller Besitz und ist von deren Nichtigkeit überzeugt:

> The hero, like all men, will inevitably fall to death or wretchedness even though he be flawless, for the lesson of medieval tragedy is simply that man is not the master of his own destiny.[92]

Die willkürlich herrschende Göttin Fortuna wird deshalb häufig blind dargestellt, weil sie beim Austeilen und Entzug irdischen Glücks nicht auf das Verdienst der Menschen achtet. Der mittelalterliche Mensch reagiert auf die Unsicherheit des Lebens mit Diesseitsverachtung und nutzt seine Zeit auf Erden zur Vorbereitung auf das Jenseits, eine Haltung, die etwa in der mittelenglischen Todeslyrik Ausdruck findet. Der Mensch muss lernen, Schicksalsschläge in erster Linie als Herausforderungen und Bewährungsproben in Vorbereitung auf das Jenseits aufzufassen. Diese Philosophie fand im Mittelalter, angeregt durch Boethius' *De Consolatio Philosophiae*, weite Verbreitung.[93]
Davon abgesehen, so argumentiert Benson, sei Arthurs Kampf, selbst nachdem er zum Eroberungsfeldzug wird, aus mittelalterlicher Perspektive nicht zwangsläufig als unmoralisch zu werten. Vergleichbare militärische Kampagnen brachten dem Schwarzen Prinzen, dem Sohn König Edwards III. und englischen Thronfolger, Bewunderung in ganz Europa ein. Ein gewisses Maß an Brutalität galt Benson zufolge im Mittelalter gar als Voraussetzung für erfolgreiche Politik, als Herrschertugend. Das Gedicht lasse sich trotz der realistischen Darstellung der Folgen des Krieges für die Zivilbevölkerung nicht als Antikriegsschrift deuten: Der Autor scheint von den militärischen Leistungen des arthuri-

---

[91] "It [*Morte Arthure*] portrays the rise of a noble, valiant king, and his fall brought about by the Aristotelian *hamartia* of the begetting of Mordred." J.L.N. O'Laughlin, "The English Alliterative Romances", in: *Arthurian Literature in the Middle Ages*, hg. v. R.S. Loomis, Oxford 1959, S. 524.

[92] Larry D. Benson, "The Alliterative *Morte Arthure* and Medieval Tragedy", in: *Tennessee Studies in Literature* 11 (1966), S. 75-87.

[93] Bei der *Consolatio Philosophiae* handelt es sich um kein explizit christliches Werk. Der spätantike Autor sucht darin vielmehr nach dem Trost, den die *Philosophie* unabhängig von der Religion dem Menschen spenden kann. In Folge von König Alfreds Übersetzung ins Altenglische setzt schon früh in seiner mittelalterlichen Rezeptionsgeschichte eine christliche Lesart des Werkes ein.

schen Heeres nachhaltig beeindruckt zu sein. Arthur umgibt bis zuletzt die Aura des edlen Herrschers, seine Feldzüge werden in dem Gedicht als heroische Eroberungen gepriesen. Auch die Sterbeszene lässt keine Schlüsse auf eine moralische Verurteilung Arthurs durch den Autor zu. Arthur wird in seiner Todesstunde von keinerlei Gewissensbissen geplagt. Er setzt seine menschenverachtende Machtpolitik in den letzten Momenten seines Lebens gar noch fort und befiehlt die Tötung von Mordreds Kindern, damit nach seinem Tod keine rivalisierenden Erben dem designierten Thronfolger Konstantin die Herrschaft streitig machen können (4320/1).

Verurteilt werden Benson zufolge nicht Arthurs konkrete Taten, sondern, trotz aller Glorifizierung, das Ideal des heroisch-kriegerischen Herrschers an sich. Arthur spielt seine Rolle als machtvoller König bravourös, er kann sich jedoch, gerade weil er mit Leidenschaft seinen Herrschaftsbereich erweitert, nicht zugleich von seinem irdischen Glück distanzieren. Deshalb setzt ihm der plötzliche Schicksalsumschlag so zu. Der Reiz des Gedichtes liegt eben darin, dass es konträre Haltungen gegeneinander ausspielt und die Spannung zwischen ungelösten Konflikten aufrecht erhält:

> The tension in a work like *Morte Arthure* is thus not between good and evil, between the "excess" of earthly kingship and the virtue of renunciation; the tension is between two goods, between the Christian detachment that is necessary for ultimate happiness even on this earth and the complete engagement with an earthly ideal that is necessary for heroism.[94]

Bensons These, dass Arthurs Fall in keinem Zusammenhang mit seinen Taten als Heerführer steht, wird durch ein Argument Kellys untermauert: Weshalb, fragt dieser, berichtet der Traumdeuter, der König Arthur vor seinem baldigen Ende warnt, nur von den ruhmreichen Taten der *Worthies*, Arthurs Vorgänger, und analysiert nicht die Gründe, weshalb sie zu Fall kamen?[95] Offenbar da ihr Schuldenkonto in keinem kausalen Zusammenhang mit ihrem Schicksal steht. Auch Ward Tonsfeldt bestreitet mit Verweis auf Arthurs Traum jeglichen Zusammenhang zwischen seiner Schuld und seinem Fall: „The dream is a warning of death, not of sin."[96] Arthur fällt nicht in Folge schuldhaften Handelns, sondern schlicht da seine Zeit gekommen ist, so Kelly.[97]

Robert M. Lumiansky fügt den Deutungen Matthews bzw. Finlaysons (Fall als Strafe für Hochmut) und Bensons (Willkür der Fortuna) eine dritte

---

[94] Benson, "The Alliterative *Morte Arthure*", S. 80/1.
[95] Kelly, "Non-Tragedy", S. 101. Zwei der *worthies*, Karl der Große und Geoffrey of Bouillon, sind in Arthurs Traum noch im Aufstieg begriffen.
[96] Hugh Ward Tonsfeldt, *Medieval Narrative and the Alliterative Morte Arthure*, San Diego 1975, S. 227.
[97] Kelly, "Non-Tragedy", S. 103.

hinzu.[98] Er argumentiert gegen Bensons These von der Ausgeliefertheit des mittelalterlichen Menschen an ein willkürliches Schicksal unter Verweis auf eben jene boethianische Sicht der Schicksalsschläge als Bewährungsproben des Menschen: Für den Anhänger der Philosophie des Boethius, für denjenigen, der sich von der Willkürherrschaft der Fortuna losgekoppelt hat, könne ein Fall aus hoher sozialer Stellung, der Verlust irdischer Güter oder der Tod keine Tragödie im Sinn eines „beklagenswerten Schicksals" mehr sein. Tragödienheld könne dieser Konzeption zufolge nur werden, wer sich an irdisches Glück klammere.

Lumiansky zeichnet bei seiner Interpretation des Gedichtes die moralische Entwicklung Arthurs nach und konstatiert in seinem Verhalten und seiner Mentalität signifikante Brüche: Der Arthur der ersten Hälfte führt einen gerechten Kampf gegen seinen Herausforderer Lucius. In der zweiten Ratsszene beschließt er aus Machtgier den italienischen Eroberungsfeldzug und bindet dadurch seine Wohlfahrt an die Launen der Schicksalsgöttin. Er wird zum Rechtsbrecher, bringt Unheil über unschuldige Menschen und prahlt mit seinen Leistungen, sieht nicht mehr wie früher Gott oder die Tapferkeit seiner Ritter als Ursachen für seine militärischen Erfolge, sondern nur noch sich selbst. Er fällt der Sünde des Hochmuts (Superbia) anheim. Am Abend der Siegesfeier befindet sich Arthur auf dem Gipfel seiner Macht, rühmt sich seiner Taten und erreicht dadurch einen moralischen Tiefpunkt. Er legt sich zu Bett und träumt nicht zufällig in eben jener Nacht vom Rad der Fortuna.

Diese Vision gibt jedoch den Anstoß zu einer erneuten Wende: „all his mood changed" (3222). Belehrt durch Traum und Traumdeutung schafft der sündige Arthur nun dank seiner Fortitudo, der Herrschertugend, mit der er seinen Hang zur Superbia quasi kompensieren kann, wieder einen Aufstieg. Konfrontiert mit Schicksalsungunst – die Nachricht vom Verrat Mordreds trifft ein – bleibt er standhaft und rüstet sich entschlossen zur Invasion seiner Heimatinsel, um den Verräter zu bestrafen und eine legitime Herrschaft Britanniens wiederherzustellen. Arthur kämpft nun wieder im göttlichen Auftrag. Ihm passiert jedoch im Verlauf des Endkampfes ein zweiter Lapsus, ein weiteres Abweichen vom Verhaltenskodex des vorbildlichen Herrschers, nämlich seine Verzweiflung (*wanhope*) angesichts des Todes von Gawain. Ermahnt von Ewayne („Be knightly of countenance, als a king sholde, / And leve such clamour, for Cristes love of heven!", 3979/80) findet er jedoch wieder zu seinem königlichen Selbst zurück, schwört Rache, kämpft und siegt mit Christi Hilfe gegen eine Übermacht von Feinden, tötet den Verräter, wird jedoch selbst tödlich verwundet und regelt vor seinem Tod die Erbfolge. Arthur hat auf dem Sterbebett seinen moralischen Tiefpunkt durchschritten und die Gottesferne überwunden. Er stirbt einen „guten Tod".

---

[98] Robert M. Lumiansky: "The Alliterative *Morte Arthure*, the Concept of Medieval Tragedy, and the Cardinal Virtue Fortitude", in: J.M. Headley (Hg.), *Medieval and Renaissance Studies* 3, Chapel Hill 1968, S. 95-117.

Die in der Handschrift Harley 2252 überlieferte strophische Romanze vom Tod Arthurs und Untergang seines Reiches, *Le Morte Arthur*, wurde zwar im vergangenen Jahrhundert mehrfach ediert und in der Sekundärliteratur ob ihrer angeblichen Schlichtheit und Naivität gepriesen,[99] doch wurde die erzähltechnische Leistung des Autors bislang kaum kommentiert. Untersuchungen zu dem Werk beschränken sich meist auf Quellenfragen und Stoffgeschichte: E.D. Kennedy z.B. untersucht, wie der Autor seine Quelle, die altfranzösische *Le Mort Artu*, bearbeitet hat, um den Stoff dem englischen Bild von König Arthur anzupassen.[100] Die bislang einzige inhaltliche und strukturelle Analyse des Werkes stammt von Richard A. Wertime.[101] Die achtsilbige Verszeile, die Strophenform, das beschränkte Vokabular und die balladenhafte Diktion des Gedichtes wurden als Indikatoren für die Autorschaft eines Spielmanns (*minstrel*) gewertet, das relativ anspruchsvolle Reimschema (ababadab) mit jeweils vier a- und b-Reimen pro Strophe, häufig mit zusätzlicher Verwendung von Alliteration, hingegen lässt auf bewussten künstlerischen Gestaltungswillen schießen.[102] Der literarische Stellenwert des Werkes, insbesondere die im Vergleich zur alliterierenden Version vom Tod Arthurs nahezu neuzeitlich anmutende Konzeption von Tragik wurde von der Literaturkritik bislang kaum gewürdigt, das Werk wurde häufig als Zwischenstadium des Erzählstoffes vom Untergang des Artusreiches auf dem Weg von der altfranzösischen Quelle[103] zu Malorys Gesamtdarstellung gesehen und als „impoverished brother" der alliterierenden Version abgewertet.[104]

Im Vergleich zu dieser fällt in erster Linie auf, dass hier nicht König Arthur im Zentrum der Handlung steht, sondern prominente Figuren seines Umfeldes, vor allem Lanzelot, Gaynor und Gawain. Das Werk endet auch nicht mit Arthurs Tod. Im Anschluss an die Endschlacht gegen Mordred, die Rückgabe Excaliburs und Arthurs Fahrt nach Avalon wird von den letzten Lebensjahren Lanzelots und Gaynors berichtet (ab 3566), vom Ende ihrer Beziehung und ihrer inneren Einkehr bis zu ihrem friedlichen Sterben, bei Lanzelot wird gar seine Aufnahme ins Paradies erwähnt (3874-81). Doch ist das Werk nicht primär, wie Ramsey urteilt,[105] die Geschichte der Liebe von Lanzelot und Gaynor. Diese ist lediglich Auslöser des Zerfalls der arthurischen Gemeinschaft, des selbstzerfleischenden Konfliktes innerhalb der Tafelrunde, der Arthurs Herr-

---

[99] Z.B. Dieter Mehl in *Versromanzen*, S. 154.

[100] Edward D. Kennedy, "The Stanzaic *Morte Arthur*: The Adaptation of a French Romance for an English Audience", in: *Culture and the King*, Martin B. Shichtman und James P. Carley (Hg.), New York 1994, S. 91-112.

[101] Richard A. Wertime, "The Theme and Structure of the Stanzaic *Morte Arthur*", in: *PMLA* 87 (1972), S. 1075-82.

[102] Barron, *English Medieval Romance*, S. 143.

[103] Der „Quellenverweis" „In the romaunce as we rede" (V. 2363) bezieht sich auf die altfranzösische Quelle *Le Mort Artu*.

[104] Wertime, "Theme and Structure", S. 1075.

[105] Ramsey, *Chivalric Romances*, S. 128.

schaft ein ruhmloses Ende bereitet. Den Grund für diesen Zerfall sucht *Le Morte Arthur* im Gegensatz zur alliterierenden Version nicht im Handeln und in der Person des Königs, sondern in seinem Umfeld, bei Gaynor und den Rittern der Tafelrunde.

Auffallend an dieser Artusfigur ist ihre Machtlosigkeit auf politischer, militärischer sowie privater Ebene. Arthur spielt, so scheint es, zu Beginn die Rolle des gehörnten Ehemanns, der als Einziger bei Hofe nichts von der ehebrecherischen Liaison seiner Gattin mit seinem besten Ritter weiß. Lanzelot stellt von Anfang an einen Störfaktor innerhalb der arthurischen Gemeinschaft dar, weil er sich Arthur gegenüber in einer ausnehmend starken Position befindet: Er ist als bester Ritter zur Verteidigung des Reiches absolut unverzichtbar, Wertime bezeichnet ihn gar als „the keystone in the well-being and survival of Arthur's court",[106] schuldet Arthur selber jedoch keine Lehenstreue. Lanzelot respektiert ihn als Herrscher („The noble king that made me knight", 2193), doch ist er selbst ein Königsohn (1704) und hält sich eine Gefolgschaft (673, 1476). Lanzelots Anhang als „Staat im Staate" stört von Beginn an die Einheit der Tafelrunde. Das volle Ausmaß des Einflusses Lanzelots im Artusreich durch sein weitgespanntes Beziehungsgeflecht wird deutlich, als es zum offenen Konflikt zwischen ihm und Gawain bzw. Arthur kommt. Lanzelots Partei schwillt derart an (2038-45), dass er, verschanzt in seiner Burg Joyous Gard, militärisch nicht zu besiegen ist.

Arthur ist ferner ein innenpolitisch schwacher König: Er kann sich über geltendes Recht selbst im Fall der zweifelhaften Verurteilung Gaynors für den Giftmord an dem schottischen Gast nicht hinwegsetzen (920/1) und ist, um sie vor einem Justizirrtum zu bewahren, auf einen Champion angewiesen, der die Herausforderung des Bruders des Getöteten zum Zweikampf annimmt. Zum Retter Gaynors wird ausgerechnet sein Rivale Lanzelot. Selbst die Entscheidungsbefugnis über Krieg und Frieden wird Arthur, so scheint es, von seinen Mitstreitern entrissen. Er signalisiert bei Verhandlungen mit Lanzelot die Bereitschaft, dessen Friedensangebot und freiwilliges Exil anzunehmen, Gawain setzt sich jedoch mit seiner Kriegstreiberei durch (2660-83). Arthur ist machtlos angesichts der Fehde, die in seinem Reich infolge des Todes der Brüder Gawains ausbricht. Er versagt als Schlichter und kommentiert den Bruderkrieg seiner Ritterschaft schließlich nur noch mit nostalgischen Seufzern („He said, 'Alas,' with sighing sore, / That ever yet this war began!" 2204/5). Auch auf dem Schlachtfeld vollbringt er, im Gegensatz zu seinem Pendant in der alliterierenden Version, keine Heldentaten, sondern wird von einem zweitrangigen Ritter der gegnerischen Partei, nicht etwa von Lanzelot selbst, aus dem Sattel gehoben (2170f.) und ist auf die sportliche Fairness Lanzelots angewiesen, der ihm zur Fortsetzung des Kampfes wieder aufs Pferd hilft. Zuletzt teilt er mit

---

[106] Wertime, "Theme and Structure", S. 1076.

sämtlichen Artusfiguren der Literaturgeschichte das Schicksal, von seinem Neffen und Statthalter Mordred verraten zu werden. *Le Morte Arthur* sucht die Gründe für Arthurs Tod und den Untergang seines Reiches nicht in der transzendenten Welt der launischen Schicksalsgöttin mit Rad, sondern stellt einen innerweltlichen Kausalzusammenhang her zwischen dem Handeln einzelner Figuren und den tragischen Folgen. Aus dem Wesen der Menschen, aus den Problemen menschlichen Zusammenlebens heraus ergibt sich Tragik. Lanzelots und Gaynors ehebrecherische Liebe bildet die Basis für einen Konflikt, der sich durch Neid und Leichtsinn entzündet, den das arthurische Gesellschaftssystem nicht beilegen kann, der von fatalen Missgriffen und Rachsucht hochgeschaukelt wird, seine Eigendynamik entwickelt und zunehmend außer Kontrolle gerät. Arthur spielt hier, im Gegensatz zum alliterierenden *Morte Arthure*, keine aktive Rolle. Er kann sein Ende lediglich nicht verhindern.

Die erzähltechnische Bedeutung der Liebe Lanzelots und Gaynors als Ausgangspunkt für den Konflikt wird allseits anerkannt.[107] Sie spaltet die Tafelrunde und bringt Lanzelot in einen Loyalitätskonflikt zwischen seiner Dame und Arthur, den er trotz seiner weitgehenden Selbstständigkeit als Herrscher anerkennt (2145). Der Dichter legt Wert darauf, die Schuld der Liebenden möglichst einzuschränken. Sie scheinen sich wider Willen zu lieben und sind der Attraktivität des jeweils anderen scheinbar machtlos ausgeliefert. Gawain preist im Kontext der Maid-of-Ascalot-Episode die erotische Unwiderstehlichkeit seines in diesem Stadium Noch-Waffenbruders Lanzelot (586–91).[108] Nicht Ehebruch scheint in dieser Romanze das moralische Problem zu sein - eine von den Beteiligten und Mitwissenden verschwiegene Liebschaft würde Dieter Mehl zufolge der Tafelrunde nicht weiter schaden[109] - sondern erotisches Begehren an sich. Lanzelot und Gaynor bereuen im Schlussteil der Romanze ihre Leidenschaft und quälen sich, vor allem Gaynor, mit Schuldgefühlen, doch weniger auf Grund der Verletzung ihres ehelichen Gelöbnisses als deshalb, weil ihr Verhältnis die Spaltung der arthurischen Gemeinschaft eingeleitet hat. Das Schuldbewusstsein Lanzelots und Gaynors in Folge der Ereignisse lässt sich mit dem Gesinnungswandel Guy of Warwicks vergleichen, der aus spirituellen Gründen auf rechtmäßige eheliche Liebe verzichtet. Wie Guy empfindet Gaynor beim letzten Treffen mit Lanzelot panische Angst vor einem Rückfall in schuldhaftes Begehren und verwehrt Lanzelot gar den Abschiedskuss. Als sündhaft empfinden die beiden ihre Liebe bezeichnenderweise erst *nach* Arthurs Tod, zu dem Zeitpunkt, da ihre Liebe nicht mehr ehebrecherisch ist.

Lanzelot erscheint auf Grund seiner Tapferkeit, seiner militärischen Erfolge und Charakterstärke als überaus positive Figur. Er rettet der Königin zweimal das Leben, beim ersten Mal handelt er dabei ganz in Arthurs Sinn. Er

---

[107] Ramsey, *Chivalric Romances*, S. 128 und Wertime, "Theme and Structure", S. 1076.

[108] Wertime, "Theme and Structure", S. 1077.

[109] Mehl, *Versromanzen*, S. 156.

versucht nicht aus Feigheit, wie Gawain ihm vorwirft, sondern aus Prinzip heraus eine militärische Auseinandersetzung mit ehemaligen Waffenbrüdern zu vermeiden. Er zeigt sich verhandlungsbereit, lehnt zwar die Rückgabe Gaynors aus Furcht vor einer erneuten Verurteilung ab (2308/9), bietet jedoch sein Exil an (2434/5) und schließlich, nach ergebnislosen Schlachten, gar lebenslange Pilgerschaft ins Heilige Land (2664-7). Er bleibt bei Verhandlungen trotz Provokationen von Gawain (2119 und 2121) höflich und im Kampf fair, setzt wie bereits erwähnt seinen gefallenen Gegner Arthur wieder aufs Pferd und zögert den Zweikampf mit Gawain, dessen Stärke bekanntlich mit der Sonne zunimmt, aus sportlicher Fairness bis Mittag hinaus. Gawains Vorwurf der Tötung von Gahieres und Gahieret streitet Lanzelot ab. Er habe die Befreiungsaktion Gaynors angeführt, räumt er ein, doch nicht eigenhändig dessen Brüder getötet. Seine unmittelbare Aufnahme in den Himmel kann ferner als göttliche Bestätigung seiner moralischen Integrität gewertet werden.

Lanzelot und Gaynor, deren Liebe den Konflikt auslöste, tragen bei weitem nicht die Alleinschuld am Untergang des Artusreiches. Sie plagen sich vielmehr im Nachhinein wegen ihres eigenen moralischen Anspruches mit Schuldgefühlen. Es gibt in *Le Morte Arthur*, wie in sämtlichen Versionen vom Tod Arthurs, einen Hauptschuldigen, einen wahren Schurken, Mordred, der aus Machtgier seinen Onkel und König verrät. Die anderen Akteure entsprechen hingegen eher dem Typus des aristotelischen Tragödienhelden, dem weder moralisch verwerflichen, noch perfekten „mittleren Helden":

The best of men are fallen creatures and commit misdeeds for which they will inevitably suffer; but they do not, thereby, automatically become reprehensible beings. Their quest for honour, their efforts to make recompense both for their own ills and the ills of others lead them into divergent paths of action that result in tragic devastation.[110]

Agravains Schwäche ist seine Missgunst gegenüber dem Vorzeigeritter Lanzelot. Gawains Schwäche ist Rachsucht, sein unnachgiebiges Bestehen auf Krieg gegen den ehemaligen Gefährten, obwohl dieser nur eine Teilschuld am Tod seiner Brüder trägt und freiwillig lebenslanges Exil anbietet. Dennoch bleibt Gawain aus Sicht des Erzählers bis zu seinem Tod „good Gawain" (3072). Lanzelot trägt ferner durch seine leichtsinnige Entscheidung, trotz Sir Bors' Warnung vor einem Hinterhalt ins Schlafzimmer der Königin zu gehen, zu der tragischen Verwicklung bei (1776f.).

Der Untergang des Artusreiches liest sich in *Le Morte Arthur* wie eine Kette von Ursachen und Folgen: Die Liebe Lanzelots zur Königin bringt ihn in einen Loyalitätskonflikt, den das arthurische Rechtswesen nicht zu lösen vermag. Ausgerechnet der Vorzeigeritter der Tafelrunde wird somit zum Störfaktor.

---

[110] Wertime, "Theme and Structure", S. 1075.

Missgunst entzündet einen Konflikt, der in Folge der unabsichtlichen Tötung der Brüder Gawains bei Lanzelots Befreiungsaktion der Königin in einen Krieg ausartet. Es kommt vor Joyous Gard zu einem militärischen Patt und Verhandlungen, doch setzt sich Gawains Rachsucht über Lanzelots und Arthurs Kompromissbereitschaft durch. Als Nachricht von Mordreds Verrat eintrifft, haben Arthurs Ritter im Bruderkrieg ihre Kräfte aufgebraucht, vor allem Gawain hat in Folge einer von Lanzelot zugefügten Wunde seinen Nimbus der Unbesiegbarkeit eingebüßt. Bald darauf fällt Gawain - hier decken sich die alliterierende und die strophische Version - im Vorfeld der Endschlacht in einem Scharmützel gegen Mordreds Truppen. Gawains Geist warnt Arthur, nicht ohne Lanzelots Hilfe die Endschlacht gegen Mordred zu wagen. Arthur will dem Rat Folge leisten und einen Waffenstillstand aushandeln, doch nun führt ein Schlangenbiss – an dieser Stelle mischt sich eine missgünstige Fortuna in den Handlungsverlauf ein – zu einem Missverständnis (3341f.) und es kommt zum Endkampf, zur Bestrafung Mordreds, zur Vernichtung fast der gesamten Tafelrunde und zur tödlichen Verwundung Arthurs.

Wertime und Barron bezeichnen das Werk mit Blick auf die Kausalzusammenhänge als eine „tragedy of consequence".[111] Auch Dieter Mehl deutet den Untergang des Artusreiches als „tragische Notwendigkeit": die Menschen seien machtlos angesichts ihres „tragischen Geschicks".[112] Dieses wird jedoch nicht von Fortuna, der willkürlichen Schicksalsmacht, diktiert (abgesehen von dem Schlangenbiss), sondern ergibt sich aus den Figuren selbst, wenn auch wider ihren Willen, aus dem Zusammenspiel ihrer menschlichen Leidenschaften, über die sie gleich Racines Tragödienhelden die Kontrolle verloren haben.

Auffallend ist, dass die arthurische Gesellschaft funktionsfähige Abwehrmechanismen gegen äußere Bedrohung entwickelt hat, innere Streitigkeiten jedoch nicht beizulegen vermag: Mittels Zweikampf und Gottesgericht wird Gaynors Unschuld am Tod des vergifteten schottischen Ritters „bewiesen" und der Verursacher des Anschlags, ein boshafter Knappe, kein Mitglied der Tafelrunde, überführt. Für Lanzelots Loyalitätskonflikt hat das arthurische Gewohnheitsrecht scheinbar keine Lösung vorgesehen, Gawain fühlt sich zur Selbstjustiz genötigt und nicht einmal der Heilige Vater schafft es, zwischen Lanzelots und Arthurs Partei erfolgreich zu vermitteln. In der alliterierenden Version triumphiert Arthur ebenfalls über äußere Bedrohung und scheitert aus internen Gründen. Der *Mangel* an äußerer Bedrohung scheint in gewissem Sinn der Grund dafür zu sein, weshalb ausgerechnet in diesem Stadium das Artusreich in sich zusammenfällt. Lanzelot ist, wie gesagt, die militärische Stütze des Reiches. Zu Kriegszeiten hätte Agravain auf Gawains Rat gehört und zu Lanzelots Affäre mit der Königin geschwiegen. Erst nach Abschluss der Expansionsphase, wäh-

---

[111] Wertime, "Theme and Structure", S. 1075 und Barron, S. 147.
[112] Mehl, *Versromanzen*, S. 155 und 160.

rend der zwölfjährigen Friedenszeit, werden innere Widersprüche offenkundig, brechen Krisen aus und Arthur verliert die Kontrolle über seine Untertanen. Der alliterierende *Morte Arthure* reduziert die Gründe für den Zerfall des Artusreiches auf die Person des Königs und projiziert die Mechanismen der Tragik in die Transzendenz. Arthurs irdisches Glück wird unvermittelt und plötzlich, mit einer Drehung des Schicksalsrades, beendet. Die strophische Version hingegen stellt sich der Herausforderung, die Ursachen für das tragische Ende der Tafelrunde innerweltlich, durch Kausalzusammenhänge, zu erklären und kommt in diesem Ansatz dem neuzeitlichen Tragikverständnis weitaus näher als die alliterierende. Das Urteil über die strophische Version als „impoverished brother" der alliterierenden sollte revidiert werden.

3.10 Wunscherfüllung und Test: Das Jenseits im bretonischen Lai

Die bretonischen Lais *Sir Launfal* und *Sir Orfeo* demonstrieren die Integration keltischer Mythologie in mittelalterliche Literatur. Ein keltisch inspiriertes Elfenreich ersetzt in *Sir Orfeo* den antiken Hades. Die entscheidende weltanschauliche Trennlinie verläuft dabei nicht zwischen christlichen und nichtchristlichen Jenseitsvorstellungen, sondern zwischen christlicher Doktrin und antikem Mythos auf der einen Seite und keltischer Mythologie auf der anderen. Der antike Hades, die Unterwelt, wo sich Orpheus auf Suche nach seiner Gattin macht, lässt sich relativ unproblematisch im christlichen Sinn als Hölle umdeuten, die Schattenwesen als verdammte Seelen und die Qualen eines Tantalus oder Sisyphus als Höllenqualen.[113]

Die Jenseitsvorstellungen keltischer Mythologie differieren hingegen grundlegend von den christlichen. Es gibt im keltischen Jenseits kein Jüngstes Gericht und dementsprechend keine Scheidung der Seelen der Erlösten und der Verdammten. Der Übergang in die jenseitige Welt vollzieht sich nicht durch den Tod, zu verstehen als Trennung der menschlichen Seele vom Körper (den „sterblichen Überresten") und dessen anschließender Zerfall. Keltischen Vorstellungen zufolge werden Menschen als Einheit von Körper und Geist im Jenseits aufgenommen, in das jenseitige Reich ent-rückt,[114] teilweise ohne dessen gewahr zu werden. So wird sich Guingamor im gleichnamigen altfranzösischen Lai seines Verschwindens erst bewusst, als er im Jenseitsschloss zehn unter mysteriösen Umständen verschollene Ritter seines Reiches antrifft. Die bretonischen Lais kennen durchaus den Tod als Ende des diesseitigen Lebens, ergänzen dieses Phänomen jedoch um eine Alternative, die Aufnahme von Menschen in ein jenseitiges Feenreich, sei es als besondere Gunst, die nur wenigen zuteil wird, als Strafe oder keines von beiden. In *Sir Orfeo* z.B. bleibt der Tod trotz der Alternative des Feenreiches der erwartete Normalfall des Endes der menschlichen Existenz.[115] Die Gründe für die Aufnahme ins Jenseitsreich divergieren von Romanze zu Romanze stark und erscheinen oft willkürlich: Dem von einer Elfenprinzessin geliebten Sir Launfal wird trotz seines Vertrauensbruchs die

---

[113] Der mittelschottische Autor Robert Henryson z.B. deutet in der *Moralitas* im Anschluss an seine Version des Orpheusstoffes (*Orpheus and Eurydice*) die Figuren des antiken Mythos im spätmittelalterlich- christlichen Sinn: Orpheus ist demnach die Vernunft, Eurydike die Lust, die Schlange die Sünde. Arestius, der lüsterne Hirte, der Eurydike nachstellt, wird in dieser Deutung zur Tugend, die drei Köpfe des Zerberus stehen für Jugend, mittleres Alter und hohes Alter und Tantalus versinnbildliche die verurteilten Seelen habgieriger Menschen.

[114] Siehe D. Allen, "Orpheus and Orfeo: The Dead and the Taken", *Medium Aevum* 33 (1964), S. 102-11.

[115] Sir Orfeo stellt seinen Untertanen seinen Tod in der Wildnis in Aussicht (Verse 191-3). Er apostrophiert den Tod (307-10). Im Bettlergewand verkündet er seinem Steward den Tod des Königs (511f.). Am Ende der Romanze sterben Sir Orfeo und seine Königin schließlich ganz unspektakulär auf herkömmliche Weise (571/2). Zitate und Zeilenangaben entstammen der Ausgabe von Donald B. Sands, *Middle English Verse Romances*.

außergewöhnliche Gnade zuteil, ihr auf die Insel Oliroun (Avalon) folgen zu dürfen. Guingamor und seine zehn Vorgänger überschreiten bei der Jagd nach einem weißen Eber unwissend einen Grenzfluss in ein Land ohne Wiederkehr. Dame Heurodis wird völlig willkürlich, ohne jegliches Zutun ihrerseits, auch ohne, dass der Elfenkönig besonderes Interesse an ihr hätte, mitten aus ihrem irdischen Glück gerissen. Die Insassen des wundersamen Schlosses, in dem Orfeo sie schließlich wiederfindet, starben alle eines vorzeitigen, grausamen Todes, ihr Gemahl hingegen zwängt sich einfach durch eine Felsspalte und hat dem Torhüter des Jenseitsschlosses gegenüber eine passende Antwort parat.

Die Menschen verharren in dieser Jenseitswelt in ihrem letzten diesseitigen Zustand, dem Zugriff der Zeit entzogen (Launfal bleibt z.B. auf ewig in jugendlicher Turnierlaune, 1027-32), oft gar in der Position erstarrt, in der sie das Diesseits verließen, etwa die schauerlichen Insassen des Jenseitsschlosses in *Sir Orfeo* oder die unter einem „ympe tree" („Pröpfling') schlafende Heurodis (431/2). Christlicher Vorstellung zufolge bewirkt der Übergang vom Diesseits ins Jenseits häufig einen Umschwung, typischerweise genau ins Gegenteil des letzten Zustandes auf Erden. So wird der gequälte und gedemütigte Märtyrer im Himmel glorreich empfangen, wohingegen sein Antagonist, in der Regel eine Herrscherfigur, in die Hölle stürzt. Der verachtete Bettler Alexius wird nach seinem Tod von ganz Rom verehrt, die drei Leichname der *Legende von den drei Lebenden und den drei Toten* hingegen beklagen ihren Sturz aus dem irdischen Glück in die Verwesung und die Vergessenheit in Folge ihres Todes.

Als nahezu selbstverständlich gilt in der christlichen Vorstellungswelt die Endgültigkeit des Todes. Er bereitet der diesseitigen Existenz ein definitives Ende (allein der menschgewordene Gott kann den Tod überwinden). Es gibt keine Wiederkehr auf Erden und über den Zustand der menschlichen Seele entscheidet vom Moment des Todes an allein Gott. In *Pearl* z.B. muss der trauernde Vater die Unwiederbringlichkeit seiner verstorbenen Tochter akzeptieren lernen. Eine Wiedervereinigung wird erst möglich, wenn er über den Todesstrom zu ihr gelangt, der Weg dorthin führt *Pearl* zufolge nur über seinen Tod („Þy corse in clot mot calder keue"[116]). Da keltischer Vorstellung zufolge der Mensch bei der Aufnahme ins Jenseits nicht die Einheit von Körper und Geist aufgibt und auch sonst in keiner Weise transformiert wird, ist eine Wiederkehr ins Diesseits unter Umständen möglich: Orfeos zehnjährige Selbsterniedrigung in der Trauer um Heurodis z.B. ermöglicht dem Paar eine Wiedervereinigung im Diesseits; auch Guingamor im altfranzösischen Lai wird eine Rückkehr ins heimatliche Königreich gestattet, doch unter der strikten Auflage nichts zu essen und zu trinken. Auch Sir Launfal kehrt ab und an ins Diesseits zurück, um seine auf ewig konservierte jugendliche Tatkraft stets erneut unter Beweis zu stellen.

Die Aufnahme Sir Launfals ins jenseitige Reich der Elfenprinzessin Dame Tryamour vollzieht sich schrittweise. Sie dringt zuerst in sein Leben ein und

---

[116] *Pearl*, V. 320: „Dein Körper muss erkaltet zur Erde sinken", siehe dazu Kap. 2.8.

bringt ihm Kompensation für alle Enttäuschungen der diesseitigen Welt. Sir Launfal ragt durch seine Freigebigkeit und moralische Integrität aus der arthurischen Gesellschaft heraus. Diese ist ungerecht und korrumpiert, ihre einstigen Ideale sind vergessen. Sir Launfals *largesse* und *bounté*[117] bringen ihn in existentielle Nöte, da er für seine Großzügigkeit keinen Ausgleich erhält. Er wird von Guinevere, an deren Promiskuität er sich stößt (43-8), beim Austeilen von Geschenken nicht berücksichtigt (71/2). Der Vorzeigeritter wird an diesem degenerierten Artushof nicht wie einst Sir Gawain in Ehren gehalten, sondern wird ausgegrenzt, verlacht (215/16) und regelrecht ausgehungert (196-8). In dieser Notlage erscheinen ihm die Botinnen Tryamours, die ihn rundherum für die Ungerechtigkeiten des Diesseits kompensiert. Er bekommt von ihr Anerkennung und Liebe (301-6), zu essen und zu trinken, sexuelle Gratifikation und übernatürlichen Schutz in Turnier und Krieg, und dies alles, wann immer er will. Die Kluft zwischen dem undankbaren, ungerechten Diesseits und dem freigiebigen Jenseits wird nur noch größer, als Launfal weiterhin schlechte Erfahrungen am Artushof sammelt. Der attraktive Ritter wird nun von Guinevere sexuell belästigt, worauf er brüsk reagiert und sich unachtsam zur Prahlerei mit der Gunst seiner Feenprinzessin hinreißen lässt – und damit das Schweigegebot bricht, das ihm von Dame Tryamour als einzige Bedingung für ihre Liebe gestellt wurde. Seine Bindung an ein jenseitiges Wesen hat Launfal nur weiter von seinem diesseitigen sozialen Umfeld isoliert, die Koexistenz beider Welten scheint Sir Launfal zu überfordern. Doch die Erzählung nimmt einen guten Ausgang: Dame Tryamour entzieht dem wortbrüchigen Ritter ihre Gunst nur solange, bis er von Guinevere sexueller Aggression bezichtigt (das Potiphar-Motiv) und zum Tode verurteilt wird, daraufhin rettet sie ihn erneut. Sir Launfal, der an der Schnittstelle zwischen Diesseits und Jenseits nicht zu leben vermochte, wird die Gunst zuteil, seiner Geliebten ins Jenseits zu folgen, wo er vor Missgunst und Verleumdung ebenso sicher ist wie vor Mangel, Alter und Tod (1015f.). Dem Diesseits wird in diesem Lai vom Jenseits Mangelhaftigkeit vorgehalten, das rechtschaffene Individuum wird von einer jenseitigen Macht für die Enttäuschungen der diesseitigen Welt kompensiert. In deutlichem Kontrast zu den meisten Werken der Artusdichtung lauert in dieser Romanze die Gefahr nicht in der unerforschten Welt jenseits der arthurischen Zivilisation, sondern am Artushof selbst, während die unbekannte, jenseitige Welt Schutz bietet vor den Nachstellungen der eigenen Leute.

Das Jenseits, in welches *Sir Orfeos* Dame Heurodis entführt wird, wirkt in seiner Mischung positiver und negativer Charakteristika eher bedrohlich. Das Elfenreich (*faery*) beeindruckt den Besucher aus dem Diesseits durch äußere Schönheit. Bruce Mitchell empfindet die Jenseitswelt dieser Romanze gar als ausnehmend gefällig.[118] Die ersten jenseitigen Kreaturen, die Dame Heurodis

---

[117] Vers 31. Die *largesse* (Freigebigkeit) gilt als eine der fundamentalen ritterlichen Tugenden.

[118] "All the evidence from the poem apart from the courtyard scene suggests that the faery

begegnen, sind „two fair knightes" (111). Entführt wird sie von einer gemischten Truppe aus „damisels" und „knightes" auf schneeweißen Pferden: „I no seye never wite yete bifore / So fair creatours y-core" (123/24). Sie wird höflich, doch dezidiert dazu aufgefordert, sich am folgenden Tag an selbigem Ort wieder einzufinden und mit Grausamkeiten bedroht, sollte sie versuchen, sich ihrer Entführung zu widersetzen:

And yif thou makest us y-let,	*daran hinderst*
Whar thou be, thou worst y-fet,	*mitgenommen*
And to-tore thine limes all	*zerrissen*
That nothing help thee no shall;	
And they thou best so to-torn,	*und obwohl du bist*
Yete thou worst with us y-born.	*wirst du; fortgetragen*
(145-50)	

Die angedrohte Brutalität der Elfen und die eigene Hilflosigkeit machen Heurodis wahnsinnig vor Angst (53f.). Als Orfeo nach zehnjährigem Eremitendasein ins Elfenreich eindringt, ist er von der Schönheit der jenseitigen Welt eingenommen: Er kommt in ein Land so schön wie die Sommersonne (328). Die Landschaft ist grün und eben, im Zentrum steht ein wundersames Schloss aus kristallklarem Stein (334). Die selbstleuchtenden Edelsteine sorgen für Helligkeit bei Tag und Nacht. Orfeo hält das Elfenreich gar zeitweilig für das Paradies (351/2). Als Spielmann erhält er vom Türhüter des Schlosses Einlass. Die jenseitige Welt bleibt jedoch ambig: Sir Orfeo wird einerseits vom Elfenkönig freundlich empfangen, findet seine Gemahlin im Inneren des Schlosses unversehrt wieder, kann sich mit der Harfe einen Wunsch erspielen und darf Heurodis ohne weitere Auflagen mit sich nehmen – der Elfenkönig zögert ihre Freigabe nicht aus Eigennutz ein wenig hinaus, sondern allein, da ihm die schöne Heurodis zu gut für den schmutzigen Waldmenschen erscheint. Andererseits ist der Eindruck, den er von der Existenz der übrigen Insassen des Schlosses erhält, schlichtweg schauerlich:

Sum stode withouten hade	*Kopf*
And sum non armes nade,	[ne + hade]
And sum thurch the body hadde wounde,	
And sum lay wode, y-bounde,	*wahnsinnig*
And sum armed on hors sete,	
And sum astrangled as they ete,	
And sum were in water adreint,	*ertrunken*
And sum with fire all forshreint.	*verkohlt*

world is a pleasant place." Bruce Mitchell, "The Fairy World of *Sir Orfeo*", *Neophilologus* 48 (1964), S. 155-59, S. 156.

Wives ther lay on child-bedde,
Sum ded and sum awedde;   *wahnsinnig*
(367-76)

Die Insassen scheinen nur tot zu sein, sind es jedoch nicht („And thought dede and nare nought"[119]). Sie „starben" alle eines grausigen Todes, zur Unzeit, auf unnatürliche Weise. Sie sind lebendig im Moment ihres Todes erstarrt, dazu verdammt, ihren Tod auf Ewigkeit fortzuleben.[120] In ihrem Leid ist keine Gerechtigkeit, sie erwecken beim Betrachter Mitleid und Grauen. Bruce Mitchell empfindet diese Passage als inkongruent mit dem aus seiner Sicht ansonsten rein positiven Charakter der jenseitigen Welt und vermutet eine Interpolation, die jedoch zugegebenermaßen schon relativ früh vorgenommen worden sein muss, da sich die Passage in zwei der drei überlieferten Versionen der Romanze findet.[121] Kenneth Gros Louis hält Mitchells Deutung des Elfenreiches als ausschließlich schöne Welt – abzüglich obiger Passage – jedoch die grauenhaften Drohungen entgegen, anhand derer Dame Heurodis gezwungen wird, dem Ruf des Elfenkönigs zu folgen (Zitat siehe oben). Die jenseitige Welt in *Sir Orfeo* ist Gros Louis zufolge auch ohne die strittige Passage zwielichtig.[122]

Es soll hier nochmals ausdrücklich betont werden, dass Dame Heurodis in dieser mittelalterlichen Version des Orpheusmythos nicht *stirbt*, nicht aus dem Reich des *Todes* zurückgeholt werden muss.[123] Dieter Mehls Deutung der Konfrontation des Königspaares mit der jenseitigen Welt als „Begegnung mit dem Tod"[124] verfehlt den Charakter dieses Elfenreiches, ebenso Philippa Tristrams Beschreibung desselben als „land of the dead" und Heurodis' Entführung als „death".[125] Auch Lee C. Ramsey missdeutet den Eingriff des Elfenkönigs als Konfrontation Orfeos mit dem Tod („It comes apparent that the intruder into Orfeo's happy world is death").[126] Der mittelalterliche Autor ersetzt vielmehr die Unterwelt der antiken Quellen durch ein Elfenreich keltisch-mythologischer Provenienz. Dame Heurodis wird von keiner Schlange gebissen, sie wird unver-

---

[119] Vers 366: „Und schienen tot, waren es aber nicht".

[120] "Inside the fairy castle Heurodis and her companions remain exactly as they were at the moment they were abducted, stretched in sleep, or frozen in grotesque attitudes of apparent death." D. Allen, „The Dead and the Taken", S. 104.

[121] Die Passage findet sich in der Auchinleck-Handschrift (Advocates 19.2.1) Verse 391-400 und in der Hs Ashmole 61 Verse 382-9. Sie fehlt in der Hs Harley 3810. Siehe Michell, „The faery world of Sir Orfeo", S. 155f.

[122] Kenneth R.R. Gros Louis, "The Significance of Sir Orfeo's Self-Exile", in *Review of English Studies*, New Series 71 (1967), S. 245-52.

[123] Orpheus' Gattin stirbt in Ovids *Metamorphosen*, Buch X, 1-111, in Vergils *Georgica*, Buch IV, 453-527 und in Boethius' *De Consolatio Philosophiae*, Buch iii, Metrum 12, den drei antiken Quellen des Orpheusmythos.

[124] Mehl, *Versromanzen*, S. 51.

[125] Tristram, *Figures of Life and Death*, S. 187.

[126] Ramsey, *Chivalric Romances*, S. 153.

sehrt in ein Jenseitsreich entführt, verschwindet auf mysteriöse Weise vor den Augen ihres Gatten und tausend Ritter, die gelobt haben, die Königin mit ihrem Leben zu schützen (164-6). Es gibt hier keine Trennung von Seele und Körper, keinen Leichnam und kein Grab. Gegen eine Deutung des Verschwindens von Heurodis als ihr Tod spricht ferner, dass sie im Elfenreich nicht die Schatten berühmter Verstorbener (wie der antike Orpheus) oder ihre Vorfahren antrifft, sondern Mitglied einer exklusiven Gesellschaft edler Damen wird, mit denen sie auf Falkenjagd geht (280f.). Von einer möglichen Wiedervereinigung des Paares durch Orfeos Tod ist in dem Gedicht im Gegensatz zu *Pearl* nie die Rede. Orfeo erhofft sich auf dem Höhepunkt seiner Verzweiflung vom Tod lediglich ein Ende seines Leids (307-10). Auf symbolischer Ebene fällt ferner auf, dass Heurodis ausgerechnet im Frühling, im Monat Mai, entführt wird, der Jahreszeit, die den Tod am weitesten von sich weist. Hätte Sir Orfeo seine Gattin aus dem Totenreich wiedergeholt, so ein weiteres Argument von Peter J. Lucas, so stünde die an den trauernden Steward gerichtete Lebensweisheit der Fürsten, „It is no bot of mannes deth" (528), zur eben geschilderten Handlung in deutlichem Widerspruch, was bei einer so kurzen und auf jedes Detail achtenden Romanze sehr unwahrscheinlich wäre.[127] Bei Orfeos und Heurodis' tatsächlichem Tod am Ende des Lais handelt es sich um ein grundlegend anderes Phänomen.

Gros Louis geht einen Schritt weiter und deutet gar anstelle von Heurodis' Entrückung Orfeos Leben in der Wildnis als Todeserfahrung: „It is as if he, not Heurodis, were in Hades."[128] Sir Orfeo macht sich, ein Detail, das oft übersehen wird, in dieser Version des Orpheusmythos eben nicht auf die Suche nach seiner Gattin. Auf ihren Verlust reagiert er mit Rückzug aus der Welt, er verabschiedet sich von seinen Untertanen in der Absicht, nie wiederzukehren. Der Bettler, den er bei seiner Rückkehr in sein Reich antrifft, beschreibt den Aufbruch des Königs ebenfalls nicht als Suche, sondern als „Exil" (469). In den Versionen von Vergil und Ovid vergeht zwischen dem Tod Eurydikes und Orpheus' Eingang in die Unterwelt nur wenig Zeit. Sir Orfeo hingegen zieht sich in die Einsamkeit des Waldes zurück und vegetiert in dem lebensfeindlichen Umfeld zehn Jahre lang vor sich hin und führt „a life which approximates death".[129] Er ist damit gesellschaftlich tot: Er hat keine Begleitung, selbst die wilden Tiere fühlen sich nur von seinem Harfenspiel angezogen, nicht vom Harfenspieler (251-6). Die jagenden, marschierenden und tanzenden Elfen ziehen an ihm vorbei. Im Zustand völliger Verwilderung begegnet ihm schließlich Heurodis: Sie kommt zu ihm, nicht er zu ihr. Der Lai erwähnt allein *ihre* Tränen angesichts *seines* Zustandes (301-4). Im Elfenschloss macht Sir Orfeo den Eindruck einer Todesfigur, nicht Heurodis:

---

[127] Peter J. Lucas, „An interpretation of *Sir Orfeo*", *Leeds Studies in English* 6 (1972), S. 1-9, S. 3.
[128] Gros Louis, „Sir Orfeo's Self-Exile", S. 248.
[129] Gros Louis, „Sir Orfeo's Self-Exile", S. 247.

For thou art lene, rowe, and black   *mager; wild*
And she is lovesum withouten lack.

(435/36)

Worin liegt der Sinn des Eingriffs der jenseitigen Welt in das irdische Glück des Königspaares? Der Zeitpunkt scheint wie in *Sir Gawain* nicht willkürlich ge- wählt zu sein. Dort tritt der grüne Ritter während der Feierlichkeiten zum Jah- reswechsel auf, just in dem Moment, da sich Arthur mangels Abenteuer weigert, die gedeckte Tafel zu eröffnen. Der Elfenkönig entreißt Sir Orfeo seine vielge- liebte Frau („The fairest levedy for the nones, / That might gon on body and bones / Full of love and godenisse", 29-31) ausgerechnet im Liebesmonat Mai. In beiden Fällen mangelt es dem übernatürlichen Eindringling an einem klar erkennbaren Motiv. Ein Verliebtsein des Elfenkönigs in Heurodis, vergleichbar mit Dame Tryamours Liebe zu Sir Launfal, wird von dem Lai nicht nahegelegt. In *Sir Gawain* sowie in *Sir Orfeo* scheint der Grund für den Eingriff, die *raison d'être* der Jenseitsfiguren, vielmehr in den diesseitigen Protagonisten zu liegen: Sir Gawain und Sir Orfeo, der Vorzeigeritter und der vorbildliche König, wer- den getestet. Auch die Zeitpunkte der Begegnungen mit den übernatürlichen Herausforderern scheinen sich an der inneren Bereitschaft und am Reifezustand der Opfer zu orientieren (im Fall von *Sir Launfal* an der Notlage des Schütz- lings). Sir Gawain gelangt nicht zufällig ausgerechnet am Weihnachtstag am Schloss Bertilaks an, zu dem Zeitpunkt, da ihn die Isolation und das Winter- wetter physisch und psychisch an die Grenzen seiner Belastbarkeit gebracht haben.[130] Dame Heurodis erscheint ihrem Gatten ebenfalls nicht zufällig zu dem Zeitpunkt, da er lange genug um sie getrauert hat. Der Zweck der mysteriösen Elfenjagd, des Marsches und des Tanzes scheint allein darin zu liegen, bei Sir Orfeo bestimmte Eindrücke hervorzurufen: die Elfen erjagen keine Beute (257- 64) und marschieren gegen keinen Feind (265-72). Die jenseitige Welt scheint in ihrem Wesen vom Diesseits abzuhängen.

Der Liebesbeweis, den Sir Orfeo erbringen muss, lässt sich mit dem des jungen Floris vergleichen: In beiden Fällen erreicht der Held durch das Opfer seiner selbst die Wiedervereinigung mit der Partnerin. Der Unterschied liegt jedoch im Wesen der Herausforderer: Floris' Gegner sind Menschen, er muss irdische Hindernisse überwinden, dies sind die Heiratspläne seiner Eltern, der Weg nach Babylon und der Anspruch des Sultans auf Blancheflour. Sir Orfeo hingegen, der König von England, hat keine irdischen Gegner. Seine Frau wird ihm von übernatürlichen Mächten entrissen, gegen die jeglicher Widerstand zwecklos wäre. Sir Orfeo muss keine äußeren Hindernisse überwinden und er geht nicht auf Suche, sein „Kampf" ist in sein Inneres verlagert. Der Lai exem- plifiziert die mittelalterliche Tugend der Demut (*humility*), Gegenstück zum

---

[130] Die Tatsache, dass Sir Gawains Gebete zur Jungfrau Maria an Heiligabend an Intensität zunehmen (734f.), wird hier als Anzeichen seiner mentalen Bedrängnis gedeutet.

Hochmut (*pride*), dem Laster, dem der Arthur der alliterierenden Version zum Opfer fiel. Sir Orfeo entkleidet sich, gibt seine Herrschaft ab und zieht sich in die Einsamkeit des Waldes zurück. Er verzichtet auf Gesellschaft, materiellen Wohlstand und auf seine soziale Stellung. Er besiegt mit seinem Entschluss zum Exil sich selbst, seinen Macht- und Lebenstrieb. Dem Elfenkönig gegenüber, der über sein heruntergekommenes Aussehen spottet, erwähnt er mit keinem Wort, dass er ein König und der rechtmäßige Besitzer von Heurodis ist. Sir Orfeo fordert nicht, er bittet. Dieser König initiiert selbst einen Umschwung seines Schicksals, von ganz oben nach ganz unten. Der entscheidende Unterschied zum „Fall" anderer Herrscherfiguren liegt in der Freiwilligkeit, in seiner bewussten Entscheidung zur Selbsterniedrigung.

Der Charakter dieser mittelalterlichen Version des Orpheusstoffes lässt sich anhand eines Vergleichs mit dem antiken Mythos verdeutlichen: Der antike Orpheus reagiert auf den Tod seiner Gattin mit Wagemut. Er *sucht* nach Eurydike, überschreitet dabei eine Grenze und dringt in die Unterwelt ein. Das Reizvolle an Orpheus' Herausforderung der Mächte des Hades ist, dass er sich seinen Weg mit Musik, nicht mit Gewalt bahnt. Doch bleibt sein Eindringen ins Reich des Todes ein frevlerischer Akt - Orpheus ist nebenbei bemerkt nicht der einzige griechische Held, der die göttliche Ordnung herausfordert - deshalb wird ihm die Rückführung seiner Gattin auch nur unter der Auflage gewährt, sich nicht nach ihr umzusehen. Aufgrund seiner menschlichen Schwäche ist Orpheus jedoch nicht in der Lage, diese Bedingung zu erfüllen und der Mythos endet, in den Versionen Ovids und Vergils, tragisch. Die Änderungen, die der Autor von *Sir Orfeo* an der antiken Vorlage vornimmt, um den Stoff dem mittelalterlichen Weltbild und Wertekanon anzupassen, gehen weit über die oben beschriebene Substitution des Totenreichs durch eine von keltischer Mythologie inspirierte Jenseitswelt hinaus. Der Autor hat dem Mythos eine völlig neue Bedeutung verliehen:

> In transforming Orpheus into Sir and King Orfeo, the author of the poem has done more than merely medievalize a classical hero; he has also added a new dimension to the myth.[131]

In dem Lai kommt es zu einer Verbindung keltischer Mythologie mit den Werten des christlichen Mittelalters. *Sir Orfeo* exemplifiziert die christliche Tugend der Demut. Zur Belohnung nicht für eine wagemutige Grenzüberschreitung, sondern für seine Selbsterniedrigung wird Sir Orfeo die Wiedervereinigung mit seiner Gattin gewährt. Das Werk fußt in einem antiken Stoff, lässt sich von keltischer Mythologie inspirieren und ist in der Einbindung dieser Elemente in eine christliche Aussage ganz ein Kind seiner Zeit.

---

[131] Gros Louis, "Sir Orfeo's Self-Exile", S. 248.

3.11 Sterbeszenen

Abschließend sollen Sterbeszenen mittelenglischer und mittelschottischer Romanzendichtung unter folgenden Gesichtspunkten analysiert werden: Der unverhoffte Tod Eduards I. von England in *The Bruce* soll mit dem gefassten Sterben des Titelhelden verglichen werden. William Wallace stirbt in der historischen Romanze seines Namens schon gegen Anfang einen Scheintod, Details seiner Hinrichtung werden im zwölften Buch hingegen aus Pietät nicht näher ausgeführt. Alexander der Große ist in Folge der Kenntnis seines Todesortes, der Art seines Todes und des genauen Todestages dank einer Prophezeiung in seiner Sterbestunde gefasst. Guy of Warwick stirbt nach Jahren der Buße den Tod eines Heiligen. Auch Lanzelots Seele findet in *Le Morte Arthur* unmittelbar Aufnahme in den Himmel. Der Gawain des alliterierenden *Morte Arthure* stilisiert seinen und den Tod seiner Mitstreiter zu einem christlichen Martyrium. Arthur schließlich trifft seiner Rolle als Herrscher gemäß in der Sterbestunde letzte Vorkehrungen. In der strophischen Version wird sein Tod mystifiziert.

König Edward I. von England wird auf dem Marsch nach Schottland im Dorf Burgh by Sands vom Tod überrascht. Die Prophezeiung, er werde an einem Ort namens Burgh sterben, hat Edward nach Wunsch ausgelegt und ist davon ausgegangen, er werde in der „burch of Jerusalem", d.h. auf Pilgerfahrt im Heiligen Land sterben. Im ersten Buch des *Bruce* wurde berichtet, wie der englische König einen Kreuzzug abbricht, um von dem Machtvakuum in Schottland in Folge des Todes des kinderlosen Alexander III. zu profitieren. Zu spät kommt ihm die Einsicht, dass er sein Versäumnis nicht wieder gutmachen kann:

> For I wend never to thole the payne
> Of deid till I throu mekill mayn   *durch große Anstrengung*
> The burch of Jerusalem had tane,
> My lyff wend I thar suld be gayn.   *beendet*
> In burch I wyst weill I suld de
> Bot I wes nother wys na sle   *weise; schlau*
> Till other burch kep to ta.   *rechnen mit*
> Now may I na wis forther ga.   *in keiner Weise*
> (*The Bruce*, IV, 207-14)

John Barbour verdeutlicht seine Warnung vor Prophezeiungen anhand des Beispiels von Graf Ferrand von Flandern, der einem doppeldeutigen Orakelspruch über den Ausgang einer Entscheidungsschlacht zum Opfer fällt (238-306). König Edward stirbt unverhofft und zeigt auch auf dem Totenbett keine Reue. Er verwirkt sich durch seinen gnadenlosen Befehl der Hinrichtung der schottischen Gefangenen jegliche Aussicht auf göttliche Gnade:

How mycht he traist on Hym to cry	*vertrauen, darauf setzen*
That suthfastly demys all thing	*urteilt über*
To haiff mercy, for his criying,	
Off him that throu his felony	*Boshaftigkeit*
Into sic point had na mercy.	

(IV, 327-31)

Robert the Bruce hingegen ist in seiner Sterbestunde gegen Ende der Romanze mit sich und Gott im Reinen. Er betrachtet es als eine besondere Gunst des Himmels, dass ihm, der so viele Schlachten und Anschläge auf sein Leben überstanden hat, schließlich auf dem Sterbebett Gelegenheit zur Reflexion und Reue gegeben wird. Er kann den Tod als Teil seines Menschseins akzeptieren, sieht in ihm jedoch primär einen *Gegner*, dem er furchtlos gegenüber treten will – es scheint, als habe der siegreiche Feldherr und König keine andere Verhaltensweise in seinem Repertoire als entschlossene Konfrontation:

(…) Lordingis, sua is it gayn	*nun ist es soweit*
With me that thar is nocht bot ane,	*eine Sache*
That is the dede withoutyn drede	*ohne Furcht*
That ilk man mon thole off need.	*muss*

(XX, 171-4)

Robert akzeptiert die Pein des Todeskampfes als Buße für seine Verfehlungen. Selbstzufrieden gedenkt er seines Lebenswerkes, des Kampfes gegen die „Feinde Gottes" (182-5). Sein letzter Wunsch an seine Gefolgsleute lautet, sein Herz zu konservieren und in den Kampf gegen die Ungläubigen mitzunehmen.

William Wallace wird im zweiten Buch der Romanze seines Namens von den Engländern gefasst und unter inhumanen Umständen gefangen gehalten. Er erkrankt an der Ruhr und sein Zustand verschlechtert sich dermaßen, dass die Wärter ihn für tot erklären und seinen leblosen Körper auf einen Misthaufen werfen. Dort findet ihn seine alte Amme, bittet um den „Leichnam", nimmt ihn nach Hause, wäscht ihn und entdeckt, dass der Totgeglaubte noch lebt. Dank ihrer Pflege und Milch aus der Brust ihrer Tochter kommt Wallace wieder zu Kräften. Sergi Mainer liest den Scheintod und die Wiedergenesung des schottischen Nationalhelden allegorisch als Postfiguration des Erlösertodes und der Auferstehung Christi:

William Wallace is constructed as a Christ-like figure with his passion, body bath and resurrection. At the same time, his symbolic death as a man leads to his rebirth as the legendary liberator of Scotland. Therefore, the political significance of the romance is transferred into the field of religious iconography.[132]

Im siebten Buch erklärt die Gottesmutter William Wallace zu ihrem persönlichen Schützling (95-7). Durch Verwendung von religiös konnotiertem Vokabular („redeme") strebt der Dichter eine Gleichsetzung von Wallace' Rebellion mit dem Erlösungswerk Christi an:[133]

This rycht regioun thou mon redeme it all.	*sollst*
Thi last reward in erd sall be bot small.	
Let nocht tharfor tak redres of this mys,	
To thi reward thou sall haiff lestand blys.[134]	*dauerhaft, ewig*

Der Freiheitskämpfer wird auf Empfehlung der Hl. Maria zum schottischen Nationalheiligen erklärt. Im Gegensatz zum siegreichen König Robert bleibt ihm der Lohn für seine Tapferkeit jedoch auf Erden verwehrt. Ihm werden ein Märtyrertod und Belohnung im Himmel prophezeit. Details seiner grausamen Hinrichtung will der Dichter dem Leser aus Pietät ersparen („Bot Wallace end in warld was displesans, / Tharfor I ces and puttis it nocht in rym", XII, 1230/1); die Vorstellung eines gefolterten und von Pferden zerrissenen Wallace schien Blind Harry nicht recht in sein Bild vom heroischen Freiheitskämpfer zu passen. Wallace' Todesart wird nichtsdestotrotz knapp 200 Verse weiter unten angedeutet: „I will nocht tell how he devydyt was / In five partis and ordand for to pas" (XII, 1407/8). Blind Harry verbürgt dem Leser Wallace' Aufnahme in den Himmel anhand eines „Augenzeugenberichts" eines alten Mönchs, der einem jüngeren Ordensbruder versprochen haben soll, nach seinem Tod für ein kurzes Interview als Geist wieder ins Diesseits zurückzukehren. Der verstorbene Mönch hält Wort und berichtet von der triumphalen Aufnahme eines kürzlich in London hingerichteten „gret slaar of men" (1278) ins Paradies. Der jüngere Bruder zeigt sich darüber verwundert, schließlich sei Mord eine Todsünde. Es handle sich um Wallace, den „defendour of Scotland", entgegnet der Geist des verstorbenen Mönchs, sein Kampf sei vor Gott keine Sünde, „for rychtwys wer that he tuk apon hand."[135] Die Glocken, die im Moment von Wallace' Tod (1299) von selbst zu läuten beginnen, bestätigen ferner den Bericht des Mönchs.

---

[132] Sergi Mainer, *The Scottish Romance Tradition within the European Context: c. 1375-1550*, unpublished doctoral thesis: University of Edinburgh 2004, 4. Kapitel ("The Spiritual Journey").

[133] Sergi Mainer, *The Scottish Romance Tradition*: "The religious connotations of the term reinforce the quasi-sacred enterprise of the hero and evoke Jesus Christ's redemption of the world through death".

[134] *The Wallace*, Buch VII, Verse 101-4. Zitate entstammen der Ausgabe von Anne McKim (Edinburgh: Canongate Classics 2003). Vers 103: „Lass deshalb nicht davon ab, dieses Unrecht wieder gutzumachen."

[135] *The Wallace*, XII, V. 1286: „denn es war ein rechtmäßiger Krieg, den er führte".

Alexander der Große wird auf dem Höhepunkt seines Ruhmes von einem Vertrauten vergiftet.[136] Sein Tod wird ihm ein Jahr im Voraus angekündigt. Dreimal
darf er sich in Begleitung eines Priesters mit Fragen an den prophetischen Son-
nen- und Mondbaum wenden (6820-63). Die Prophezeiungen werden im Verlauf der drei Befragungen zunehmend präziser, die Zahl der Vertrauten, die
Alexander mit sich nimmt, wird hingegen schrittweise verringert. Zur ersten
Befragung nimmt Alexander noch ein ganzes Heer mit sich („þre þousand
knyȝttes", 6822). Der Sonnenbaum verkündet Alexander zwar weitere Eroberungen, prophezeit jedoch, dass er seine griechische Heimat, seine Mutter
und seine Freunde zu Hause nicht wieder sehen wird (6848-59). Der König und
sein Gefolge nehmen diese Nachricht mit Bestürzung und Trauer auf. Alexander
erbleicht (6861) und seine Barone fallen in Ohnmacht (6865). Er ermahnt sein
Gefolge, standhaft zu bleiben und sich dem Willen der Götter zu fügen („He
hem solaced and bad ben stille / He most nedes suffre þe goddes wille", 6872/3).

Alexander will jedoch mehr erfahren und wendet sich nach Mitternacht
mit weiteren Fragen an den Mondbaum, diesmal in Begleitung von nur drei
treuen Freunden (6882). Alexander will den Ort und Zeitpunkt seines Todes
wissen. In Babylon werde er sterben, prophezeit der Mondbaum, durch Verrat,
in einem Jahr (6891-5). Wiederum brechen Alexander und seine Begleiter in
Tränen aus. Am nächsten Morgen trauert mit ihm das ganze Heer. Sein Freund
Philotas rät ihm jedoch, seine Emotionen in der Öffentlichkeit zu kontrollieren
und seinem Gefolge gegenüber Zuversicht auszustrahlen (6918/9). Demonstrative Standhaftigkeit sei äußeren und inneren Feinden gegenüber die besten
Verteidigung. Alexander folgt diesem Rat und sorgt für gute Stimmung im
griechischen Heer. Er isst, trinkt und gibt sich betont gelassen, und seine Soldaten folgen seinem Beispiel. Einen Tag lang wird die schlechte Nachricht erfolgreich verdrängt. Doch am folgenden Tag plagt Alexander wiederum die Neugier
und er wendet sich in Begleitung allein des Priesters und seines treuesten Freundes, Perdicas, erneut an den Sonnenbaum. Die zunehmende Präzision der Aus-
künfte bedingt die zunehmende Isolation Alexanders - schließlich geht es um
Verrat im engsten Vertrautenkreis. Er will nun den präzisen Zeitpunkt seines
Todes wissen, und, die heikelste Frage, den Namen des Verräters. Am 24. März
des kommenden Jahres wird er vergiftet werden, so kündet der Sonnenbaum,
den Namen des Mörders hingegen könne Alexander nicht erfahren (6954-7).
Weitere Fragen seien ihm untersagt.

Die Präzision der dritten Prophezeiung zwingt Alexander dazu, ihren Ge-
halt der Öffentlichkeit zu verschweigen und die Sache soweit möglich zu ver-
drängen. Er lässt ein gewaltiges Fest veranstalten und Fröhlichkeit inszenieren.
Alexander erklärt die Prophezeiungen offiziell zur Illusion und verbietet seinem
Gefolge, diese ernst zu nehmen (6975/6). Doch wie steht Alexander selbst zum
Wahrheitsgehalt der Aussagen? Offenbar trauern nicht alle im Kreis seiner

---

[136] *Kyng Alisaunder*, hg. v. G.V. Smithers, EETS OS 227 (1952).

Vertrauten aufrichtig angesichts der Todesbotschaft. Philotas hatte auf Feindseligkeit in Alexanders engstem Vertrautenkreis hingewiesen und gerade wegen der mangelnden Kontrollmöglichkeit potentieller Verräter zu demonstrativer Zuversicht geraten (6910-3). Alexander lässt die Todesnachricht offiziell verdrängen, so können die inszenierten Festivitäten gedeutet werden, um von seinen weniger aufrichtigen Gefolgsleuten nicht vorschnell abgeschrieben zu werden. Er fürchtet, dass die Ankündigungen des Sonnen- und Mondbaums in eine selbsterfüllende Prophezeiung ausarten.

Als Alexander ein Jahr später der Prophezeiung gemäß die Wirkung vergifteten Weins spürt, stellt er sich sofort auf seinen Tod ein: „Allas! He seide, Ich am neiʒ ded!" (7853). Die typischerweise erste Reaktion von Todgeweihten, das Leugnen der schlechten Nachricht, fällt in diesem Sterbeprozess weg:[137] Alexander hat in Folge der Prophezeiungen diese Phase schon im Vorfeld durchlebt. Im Gegensatz zum schurkischen König Edward in The Bruce denkt er in der Sterbestunde nicht an sich und seine durchkreuzten Ambitionen, sondern allein an all diejenigen, die von seiner Macht abhingen und durch seinen frühen Tod in Mitleidenschaft gezogen werden: seine Mutter, seine Schwester und seine Barone. Als „guter Herrscher" kümmert er sich noch um die Aufteilung seiner Ländereien unter seinen Getreuen (7904-57) und verteilt mit letzter Kraft seinen persönlichen Besitz an seine engsten Freunde. Als der Tod schließlich eintritt, wirkt Alexander gut vorbereitet und gefasst. Der Moment des Todes wird als „willentlicher, persönlicher Akt"[138] dargestellt, Alexander stirbt bewusst:

> And riʒth als he had ydo,
> Þe lijf he lete of body goo.
> (7966/7)

Guy of Warwick wird nach Jahren der Buße der Tod als gute Nachricht von einem Engel verkündet. Der Bestürzung Alexanders über die Ankündigung eines frühen und als willkürlich empfundenen Todes, der seine Ambitionen durchkreuzt, steht die freudige Erwartung Guys gegenüber, der die zweite Hälfte seines Lebens nahezu ausschließlich in Vorbereitung auf seine Sterbestunde verbracht hat. Ein Vergleich des Sterbens des heidnischen Herrschers und des christlichen Ritters macht deutlich, wie sehr das Christentum durch den Glauben an und die Konzentration auf ein jenseitiges Leben die Einstellung der Menschen zum Tod beeinflusst hat. Guy stirbt den seligen Tod eines Heiligen, die Nachricht seines Endes stimmt ihn glücklich. Ein letzter Blick gilt Felice, seiner Gattin, der er bis zur Ankündigung seines nahen Todes seine Identität ver-

---

[137] Siehe Ausführungen zu Everyman (Kapitel 2.10). Edward I. in The Bruce reagiert z.B. auf das Nahen des Todes mit Unglauben.

[138] Jankofsky, Tod und Sterben, S. 44.

schwiegen hatte. In der Version der Caius-Handschrift[139] gibt er ihr gar einen Kuss. Guy äußert keinen Trennungsschmerz – Felice folgt ihm ohnehin mit einem respektvollen Abstand von vierzehn Tagen in den Himmel nach. Er hat es nahezu eilig, ins Paradies zu gelangen: „With that he dyed hastylye" (10942, Caius-Handschrift). Die Auchinleck-Handschrift beschreibt Guys Tod als Befreiung der Seele vom Körper im Moment seines letzten Blickes auf Felice. Guy wird gleich einem Heiligen die exklusive Ehre zuteil, von einer Heerschar von Engeln in den Himmel geleitet zu werden (293. Strophe).

Im Bewusstsein ihrer Mitschuld am Tod des Gatten und am Untergang des arthurischen Reiches zieht sich Gaynor in *Le Morte Arthur* ins Kloster nach Almsbury zurück, um dort für den Rest ihres Lebens Buße zu tun. Die Nachricht vom endgültigen Ende der Beziehung trifft Lanzelot hart (3574/5). Er macht sich auf den Weg zu ihr, um sich zu verabschieden (3622f.). Sie empfängt ihn jedoch nur widerwillig. Herablassend rät sie ihm, sich zur Befriedigung seiner sexuellen Bedürfnisse eine andere Frau zu suchen (3667-9). Er solle sie nie wieder aufsuchen, noch Nachricht von ihm senden. Sie wolle den Rest ihrer Tage Gott um Vergebung für ihre sündhafte Liebe bitten. Lanzelot weist den Vorwurf, er sei gekommen, um die alte Liebe wieder aufleben zu lassen, weit von sich. Vielmehr wolle er sich ihrem Vorbild anschließen und ebenfalls in ein Kloster eintreten (3687-9). Er bittet um einen Abschiedskuss, der ihm jedoch brüsk verwehrt wird (3714-7). Beide ringen vor Gram die Hände, schreien und sinken in Ohnmacht, schließlich wird Gaynor von ihren Mitschwestern aus dem Zimmer getragen und Lanzelot reitet von dannen.

Im Wald trifft er auf den einstigen, von Mordred vertriebenen Erzbischof von Canterbury. Sie gründen mit Sir Lionel und Bors de Gawnes aus Lanzelots Gefolge eine religiöse Bruderschaft. Lanzelot übernimmt die Funktion des Priesters und liest täglich die Messe. Nach sieben Jahren erkrankt Lanzelot und fühlt seinen Tod nahen (3834f.). Er bittet den ehemaligen Erzbischof um das letzte Sakrament und äußert den Wunsch, auf seiner Burg Joyous Gard bestattet zu werden. Lanzelot fühlt sich bereit zu sterben, sieht seinen Tod jedoch nicht wie Guy als glorreiches Ende eines gottgefälligen Lebens, sondern lediglich als Befreiung seiner Seele vom lasterhaften Körper: „My foul flesh will to erthe fare" (3841). Seine Mitbrüder erweisen sich als schlechter Beistand und versuchen ihm, der schon im Sterben liegt, seine Gedanken an den Tod auszureden.[140] Lanzelot lässt sich jedoch nicht beirren. In der Nacht hat der Erzbischof eine Vision von der glorreichen Aufnahme Lanzelots in den Himmel, begleitet von 30 000 Engeln (3874-81). Lanzelot ist tatsächlich in dieser Nacht

---

[139] Herausgegeben von Julius Zupitza zusammen mit der Version der Auchinleck-Handschrift, EETS ES 42, 49 und 59 (1883-91).

[140] Freunde sollen den Sterbenden auf den Übergang ins Jenseits vorbereiten, siehe dazu die Diskussion der Lazarusepisode des *N-Town Play* und der *Ars-moriendi*-Literatur (2.7 und 2.9).

verschieden. Sein rosig-frischer Leichnam ist ein weiteres Anzeichen dafür, dass er bei Gott Gnade und Vergebung gefunden hat (3888/9). Gaynor starb in derselben Nacht; auch ihre Wangen sind nicht totenblass, sondern kirschrot und frisch (3956). Lanzelot und Gaynor, „im Leben durch tragisch-schuldhafte Liebe verbunden", sind „durch gemeinsame Züge auch im Sterben vereint", deutet Klaus Jankofsky diese Parallele.[141]

Der rasende Gawain des alliterierenden *Morte Arthure* hingegen stilisiert sich angesichts des sicheren Todes nach dem Vorbild Rolands und Turpins (*Rolandslied*) zum heroischen Gotteskrieger. Er hat die Vorhut des arthurischen Heeres in einen aussichtslosen Kampf gegen Mordreds zahlenmäßig weit überlegene Truppen geführt. Gawain knüpft in seiner letzten Rede an seine Ritter an die Heilsversprechungen der *Chansons de geste* an und verleiht der Schlacht somit eine religiöse Dimension. Das Opfer des eigenen Lebens im Gotteskrieg werde mit sofortiger Aufnahme ins Paradies belohnt:

We are with Sarazenes beset upon sere halves!	*von allen Seiten*
I sigh not for myself, so help me our Lord,	
But for to see us surprised my sorrow is the more!	*gefangengenommen*
Bes doughty today, yon dukes shall be yours!	*seid*
For dere Drighten this day dredes no wepen.	*liebe Gott*
We shall end this day als excellent knightes,	
Ayer to endless joy with angeles unwemmed;	*wir gehen; makellos*
Though we have unwittyly wasted ourselven,	*törichterweise*
We shall work all well in the worship of Crist!	
We shall for yon Sarazenes, I seker you my trewth,	*gebe euch mein Wort*
Soupe with our Saviour solemnly in heven,	*speisen*
In presence of that Precious, Prince of all other,	
With prophetes and patriarkes and apostles full noble,	
Before His freelich face That formed us all!	*edel*

(3795-3808)

Gawain gesteht den taktischen Fehler der Schlacht gegen eine feindliche Übermacht ein (achte Verszeile). Seinem Fatalismus zufolge spielen individuelle Entscheidungen jedoch letztlich keine Rolle. Da das menschliche Schicksal ohnehin vorherbestimmt ist („Or I shall die this day, if destainy worthe!", 3779), lohne sich es sich nicht, Kampfhandlungen aus taktischen Erwägungen aus dem Weg zu gehen. Für Gawain zählt allein, dass die todgeweihte Kampfgemeinschaft, an die er seine Worte richtet, auf der richtigen Seite, auf Gottes Seite, kämpft. Um diesen Eindruck zu verstärken werden Mordreds Truppen

---

[141] Jankofsky, *Tod und Sterben*, S. 5.

pauschal als „Sarazenen" verunglimpft. Sorge bereitet Gawain allein die Schmach einer möglichen Gefangennahme (dritte Zeile). *Morte Arthure* zeichnet ein düsteres Bild vom Ende der Tafelrunde. Arthur wird im Zweikampf gegen Mordred verwundet (4240), kann seinen Gegner jedoch töten. Sein Heer hat Mordreds dämonische Truppen besiegt, doch unter hohen Verlusten. Arthur schleppt sich über das Schlachtfeld bei Salisbury und beklagt den Tod seiner Ritter. Die Liste der Gefallenen ist lang, dennoch dankt Arthur Gott für den „Sieg". Vom Tod bedrängt trifft er in seiner Funktion als Herrscher letzte Vorkehrungen: Er verlangt nach einem Geistlichen mit Hostie (der jedoch nie in Erscheinung tritt), ernennt Konstantin zu seinem Nachfolger und arrangiert die Bestattung der Gefallenen (4314-9). Arthurs Befehl, Mordreds Kinder abzuschlachten und ihre Leichen in einen See zu werfen (4320-3), scheint sinnlos grausam und unglaubwürdig, insbesondere aus dem Mund eines Todgeweihten, der soeben noch mit Gott ins Reine kommen wollte. Der Autor des alliterierenden *Morte Arthure* betrachtete es möglicherweise als Pflicht eines sterbenden Königs, die künftige Herrschaft zu sichern und missliebige Thronanwärter aus dem Weg zu schaffen. Arthur hat, so lässt sich sein brutaler Befehl rechtfertigen, aus Mordreds Rebellion gelernt. In Christi Namen vergibt er allen, die ihm Unrecht getan haben und wünscht Gaynor Wohlergehen – sofern sie ihn nicht betrogen hat (4325). Zuletzt empfiehlt er seine Seele dem Schöpfer und stirbt:

He said „In manus" with main on molde where he ligges,[142]
And thus passes his spirit and spekes he no more!

(4326/7)

In dieser Version vom Ende der Tafelrunde bildet Arthurs Tod den Abschluss. Erwähnt werden im Anschluss nur noch seine Bestattung, Messfeiern und die Totenklage. Der Zusatz „Hic jacet Arthurus, rex quondam rexque futurus" stammt nicht vom Autor des Gedichtes, sondern wurde erst im 15. Jahrhundert von einem Kopisten namens Robert Thornton hinzugefügt. Die Hoffnung auf eine Wiederkehr Arthurs oder eine Deifikation des sagenhaften britischen Königs lässt sich ohnehin mit dem Inhalt dieser Version, die Arthur in seiner menschlichen Schwäche darstellt, nur schwer vereinbaren.

In der Strophenversion vom Ende der Tafelrunde wird Arthurs Tod mystifiziert. Durch die Excalibur-Episode, Arthurs Fahrt nach Avalon und die geheimnisvollen Umstände seines Todes und Begräbnisses wird ein „Element des Wunderbaren"[143] in den Bericht eingewoben. Die Darstellung erstreckt sich vom Erhalt der Todeswunde im Zweikampf gegen Mordred (3392f.) bis zur Identifi-

---

[142] V. 4326: „Er sprach: ‚In deine Hände [empfehle ich meinen Geist]' mit Nachdruck auf der Erde, wo er liegt."
[143] Jankofsky, *Tod und Sterben*, S. 40.

zierung seines Grabes durch Bedivere am Tag nach der Endschlacht (3357).
Arthur trifft gegen Ende der Schlacht auf den Verräter und verwundet diesen
tödlich, doch Mordred holt zum Gegenschlag aus und trifft ihn am Kopf (3398).
Schwer verwundet wird Arthur von den letzten noch lebenden Rittern der Tafelrunde, Sir Lucan und Sir Bedivere, in eine Kapelle gebracht. Dort ist er dem Tod
nahe („The King was wounded and forbledde"[144]), doch vorerst stirbt der ebenfalls tödlich verwundete Sir Lucan (3441). Es folgt die Excalibur-Episode: Eine
mysteriöse Hand empfängt das auf Arthurs Geheiß ins Meer geworfene magische Schwert (3490-3). Daraufhin lässt er sich von seinem letzten Gefolgsmann
an den Strand bringen, wo ein ebenfalls mysteriöses Schiff mit schönen Frauen
auftaucht, die ihn freundlich an Bord nehmen. Die Schönste von allen, seine
Schwester, weint und ringt zum Zeichen der Trauer die Hände:

> Broder, she said, wo is me!
> Fro leching hastou be too long   *ärztliche Hilfe*
> I wot, that gretly greveth me,
> For thy paines are full strong.
>   (3506-9)

Bedivere erkundigt sich nach dem Ziel der Fahrt:

> I will wend a little stound   *für eine Weile*
> Into the vale of Aveloun,
> A while to hele me of my wound.
>   (3515-7)

Die Klage Arthurs Schwester „Fro leching hastou be too long" verkündet die
Aussichtslosigkeit seines Zustandes. Er selbst scheint noch an seine Heilung zu
glauben („to hele me of my wound"). Mit „a little stound" deutet er seine Wie-
derkehr an, wobei jedoch offengelassen wird ob als Lebender oder als Toter.[145]
Das Schiff mit Arthur an Bord entzieht sich nun dem Blick Bediveres; in dieser
Version kommt es zu keiner Sterbeszene Arthurs. Diese Lücke schließt sich erst
wieder, als der letzte überlebende Ritter nach einer einsamen Nacht im Wald bei
einer Kapelle ein frisch aufgeworfenes Grab vorfindet. Das Rätsel um Arthurs
Tod wird noch einen Moment in die Länge gezogen, da der zur Kapelle gehörige
Eremit die Identität des Bestatteten nicht nennen kann. Bedivere kann jedoch
dessen Bericht von den Geschehnissen der Nacht entnehmen, dass es sich um
Arthur handeln muss: Gegen Mitternacht, so der Eremit, haben unbekannte
Frauen einen von zahlreichen Wunden gezeichneten Leichnam in jenem Grab
beigesetzt. Das ungewöhnlich großzügige Almosen, das der Eremit im Voraus

---

[144] V. 3434; *forbledde*: blutete stark.
[145] Jankofsky, *Tod und Sterben*, S. 41.

für Gebete für die Seele des Verstorbenen erhalten hat, deutet ebenfalls darauf hin, dass es sich um niemand geringeren als um den britischen Herrscher handelt:

> "Eremite," he said, "without leesing, *ohne Lüge, wahrhaftig*
> Here lieth my lord that I have lorn,
> Bold Arthur, the beste king
> That ever was in Britain born."
>
> (3550-3)

Eine Vielzahl brennender Kerzen am Grab und der Auftrag an den Eremiten, Tag und Nacht für die Seele des Verstorbenen zu beten, lassen auf die besondere Sorge der Frauen um Arthurs Seelenheil schließen. Diese deutet Jankofsky als Zeichen für Arthurs Mitschuld am Untergang seines Reiches, auch wenn dies von der strophischen Version nicht nahegelegt wird. Über die Frage seiner Erlösung oder Verdammung wird nichts ausgesagt: „Über Arthurs Tod scheint nicht jene Gnade zu walten, die den Tod Lancelots und Guinevers kennzeichnet".[146] Der Autor integriert die märchenhafte Fahrt nach Avalon in den christlichen Kontext der Romanze. Jankofsky fällt ferner auf, dass dieser Bericht verschiedene Auffassungen vom Ende Arthurs miteinander verschmelzen lässt:[147] Bei Monmouth, Wace und Laʒamon sei von seinem Tod keine Rede, sondern lediglich von seiner Fahrt nach Avalon, wo er seine Wunden auskuriert, um eines Tages wiederzukehren. Allein der alliterierende *Morte Arthure* berichtet von Arthurs Tod und Begräbnis.

[146] Jankofsky, *Tod und Sterben*, S. 43.
[147] Jankofsky, *Tod und Sterben*, S. 42.

4. Der Tod im Werk von Geoffrey Chaucer

Die Thematik des Todes spielt in einer Reihe von Werken Chaucers eine bedeutende, teils gar zentrale Rolle: Im *Book of the Duchess* trauert ein schwarz gekleideter Ritter um seine jung verstorbene Gattin.[1] In der *Knight's Tale* versucht Theseus in einer philosophisch ausgerichteten Rede, den unverdienten Tod Arcites in sein Gesamtkonzept eines harmonischen Weltgefüges einzuordnen. In *Troilus and Criseyde* ist die Todesthematik aufs engste mit der Liebesthematik verwoben; das Werk endet mit der Schilderung des Aufstiegs der Seele des Titelhelden in den Himmel und seiner gewandelten Einstellung zum Sinn seiner irdischen Ambitionen. In der *Pardoner's Tale*, dem Höhepunkt von Chaucers literarischer Auseinandersetzung mit dem Tod, wird dieser von drei Antihelden als allegorische Figur imaginiert, in Folge ihres kriminellen Wesens wird er jedoch zur Realität. In der *Legend of Good Women* wird das Sterben legendärer Frauenfiguren der griechischen und römischen Mythologie nach hagiographischem Modell stilisiert. In der Darstellung der *Monk's Tale* äußert sich der Fall der Tragödienhelden aus der Schicksalsgunst weniger in ihrem Tod als im Verlust ihrer sozialen Stellung. Die *Canterbury Tales* beschließen die Thematik mit der Konzeption des Todes in der *Parson's Tale* im Sinne der zeitgenössischen kirchlichen Lehrmeinung.

4.1 Trauer und Trost im *Book of the Duchess*

Lady Blanche, Herzogin von Lancaster, die erste Gemahlin von John of Gaunt und Mutter des künftigen englischen Königs Heinrich IV., starb 1368 oder 1369, vor Vollendung ihres 30. Lebensjahres, an den Folgen der Pest. Ihr Gatte befand sich zum Zeitpunkt ihres Todes in Calais. Er errichtete ihr bei seiner Rückkehr ein aufwendiges Grab in der St. Pauls-Kathedrale und arrangierte Messfeiern für ihr Seelenheil und pompöse Gedenkgottesdienste. Die Verbundenheit John of Gaunts mit Blanche über ihren frühen Tod hinaus wird daraus ersichtlich, dass er sich, obwohl er im Lauf seines Lebens weitere Ehen einging, neben ihr, seiner

---

[1] Chaucer selbst referiert im Prolog der *Legend of Good Women* auf das Werk unter dem Titel *The Deeth of Blaunche the Duchesse*, siehe Prolog zur *Legend of Good Women*, F-Version, Vers 418. Steve Ellis plädiert in "The Death of *The Book of the Duchess*", *Chaucer Review* 29 (1995), S. 249-58, nicht zuletzt mit Verweis auf die zentrale Stellung der Thematik des Todes im Werk für eine Verwendung des vom Autor selbst vorgeschlagenen Titels *The Death of Blanche the Duchess*. Für sämtliche Zitate wird die Ausgabe von Larry D. Benson, *The Riverside Chaucer*, 3rd edition, Oxford 1987, verwendet.

„teuersten Gefährtin", bestatten ließ.[2] Der elisabethanische Antiquar John Stowe vermerkt auf der Fairfax-Handschrift (Fairfax 16, Bodleian Library), dass das *Book of the Duchess* auf Bestellung John of Gaunts, Chaucers Mäzen, verfasst wurde. Von diesem externen Hinweis zur Entstehungssituation abgesehen lassen sich auch in den Schlussversen Anspielungen auf dessen Beinamen Lancaster und Richmond erkennen.[3] Das Gedicht entstand mit großer Wahrscheinlichkeit anlässlich des Todes der Herzogin[4] und war dazu bestimmt, ihrem Gatten und dessen Umfeld bei der Aufarbeitung der Trauer zu helfen. Als Entstehungszeitraum werden in der Regel die Jahre 1369 bis 1372 angegeben, die neuere Forschung hält es für wahrscheinlich, dass es nicht unmittelbar nach Blanches Tod entstand, sondern anlässlich eines der jährlichen Gedenkgottesdienste.[5]

Im Aufbau lässt sich das Gedicht mit einem Triptychon, einem dreigliedrigen Altarbild, vergleichen: Die drei Bilder des von Schlaflosigkeit geplagten Erzählers (Verse 1-43), der trauernden Alkyone (62-214) und des schwarzen Ritters (445-1310) erläutern sich wechselseitig, lassen sich aufeinander beziehen und sind durch thematische und sprachliche Parallelen eng miteinander verbunden. Helen Phillips weist in diesem Zusammenhang auf die Technik der Gegenüberstellung bzw. Reihung sinnverwandter Szenen (*juxtaposition*) in der mittelalterlichen bildenden Kunst und Literatur als Aspekt typologischer Bibeldeutung hin. Zwar lasse sich die figurale Lesart nur auf die Heilige Schrift sinnvoll anwenden, doch werden auch in säkularen Texten Szenen mit wechselseitigem Bezug zum Zweck tieferer Sinngebung aneinander gereiht, etwa die Jagd- und Verführungsszenen im dritten Abschnitt von *Sir Gawain and the Green Knight*.[6] Einheitsstiftendes Element der drei „tales of melancholy"[7] sei in erster Linie die Thematik des Todes. Der an Schlaflosigkeit leidende Erzähler fürchtet um sein Leben:

[2] Patricia P. Buckler, "Love and Death in Chaucer's *The Book of the Duchess*", in: J.St. Mink und J.D. Ward (Hg.) *Joinings and Disjoinings: The Significance of Marital Status in Literature*, Bowling Green (Ohio) 1991, S. 6/7. Weitere Einzelheiten zu Blanche of Lancasters Leben, Tod und Begräbnis finden sich in N.B. Lewis, „The Anniversary Service for Blanche, Duchess of Lancaster, 12 September 1369" in: *Bulletin of the John Rylands Library* 21 (1937), S. 176-92.
[3] "A long castel [„Lancaster"] with walles white [Anspielung auf „Blanche"], / Be Seynt Johan [Johns Namenspatron], on a riche hil [Anspielung auf Lancasters Beinamen Richmond, abgeleitet von franz. *riche mont*, 'reicher Berg']" (1318/9). Siehe dazu die Fußnote des Herausgebers in der *Riverside*-Ausgabe, S. 976.
[4] Auf ihren Namen wird in Vers 948 angespielt: "And goode faire White [= Blanche] she het".
[5] Siehe dazu das Vorwort des Herausgebers des Textes in *The Riverside Chaucer*, S. 329.
[6] Helen Phillips, "Structure and Consolation in *The Book of the Duchess*", *Chaucer Review* 16 (1981), S. 109-11. Zu *Sir Gawain and the Green Knight* siehe Kap. 3.8.
[7] Buckler, „Love and Death", S. 7.

And I ne may, ne nyght ne morwe,
Slepe; and thus melancolye
And drede I have for to dye. (...)
I had be dolven everydel   *begraben*
And ded, ryght thurgh defaute of slep
                    (22-4, 222/3)

Alkyone erhält Nachricht vom Schiffbruch ihres Gatten und folgt diesem in den
Tod nach, und der schwarze Ritter der Traumvision schließlich trauert um seine
früh verstorbene Dame. Eheliche Liebe bzw. der Verlust des Partners als extre-
mes menschliches Leid bilden ein weiteres thematisches Bindeglied der drei
Episoden. In Chaucers Version des antiken Mythos trauert Alkyone um Ceyx
und erweist sich durch ihr Nachfolgen in den Tod als Musterbeispiel ehelicher
Treue.[8] Der schwarze Ritter des Traumes schwebt infolge der Intensität seiner
Trauer ebenfalls in Lebensgefahr:

Hit was gret wonder that Nature
Myght suffer any creature
To have such sorwe and be not ded.
                    (467-9)

Der Liebeskummer der Erzählerfigur (35-40) lässt sich ebenfalls in diesen Zusammenhang einordnen. Ein drittes Bindeglied ist die Thematik des Traums.
Morpheus überbringt der von Ungewissheit geplagten Alkyone auf Veranlas-
sung Junos im Traum in Gestalt des verunglückten Ceyx die Nachricht von
dessen Tod. Die Lektüre der ovidschen Metamorphose erlöst den Erzähler von
seiner Schlaflosigkeit und lässt ihn ebenfalls in einen wundersamen Traum
übergleiten.[9] Der trauernde Ritter ist schließlich Teil dieser Vision. Auffallend
ist hierbei der schrittweise Übergang von der Realität in die Welt der Imagination: Ausgangspunkt des Gedichtes bildet das reale Erleben der Erzählerfigur.
Sein Hinübergleiten in die Traumwelt vollzieht sich über die Zwischenstufe
einer den *Metamorphosen* entnommenen fiktiven Welt. Die thematischen Über-
gänge sind dabei der Traumsituation und der Persönlichkeit der Erzählerfigur
entsprechend irrational: Nicht das tragische Ende Alkyones leitet in die er-
träumte Begegnung mit dem schwarzen Ritter über, sondern die Thematik des
heilsamen Schlafes. Die Vorstellung eines gütigen Morpheus lässt die Erzählerfigur in den lang ersehnten Schlaf sinken (273-6), der ihm letztlich die Traumvision beschert.

---

[8] Man vergleiche hierzu den „Märtyrertod" Chaucers späterer „Good Women" oder den Tod
Felices, der Gattin des Romanzenhelden Guy of Warwick, im Anschluss an seinen Tod.
[9] Vgl. dazu das euphorisierte Erleben der Traumwelt in *Pearl*.

A.C. Spearing lobt pauschal an dem Werk, dass es Gefühle zum Ausdruck bringt, die einem Todesfall angemessen sind.[10] Doch stellt sich gerade bei einem Trostgedicht die Frage, *welche* Emotionen den Tod eines geliebten Menschen begleiten und wie sie sich artikulieren. Ardis Butterfield fiel auf, dass die Ceyx und Alkyone-Episode und die Traumvision vom trauernden Ritter auch insofern eine thematische Einheit bilden, als in beiden Fällen mit Sprachlosigkeit auf die Todesnachricht bzw. die volle Realisation des Todes reagiert wird.[11] Nach einer Periode ahnungsvoller Unsicherheit konfrontiert der von Morpheus verkörperte Verstorbene seine Gattin ohne große Umschweife mit der Nachricht von seinem Tod:

(…) My swete wyf,
Awake! Let be your sorwful lyf,
For in your sorwe there lyth no red;   *Rat, Abhilfe*
For, certes, swete, I nam but ded.
Ye shul me never on lyve yse.

(201-5)

Angesichts der Endgültigkeit des Todes erscheinen dem Verstorbenen Trauer und Klagen der Hinterbliebenen sinnlos (202/3).[12] Der beruhigende Ton des „I nam *but* ded" reibt sich jedoch mit dem trostlosen Verweis auf die Aussichtslosigkeit einer Wiedervereinigung des Paares auf Erden („Ye shul me never on lyve yse").[13] Alkyone reagiert auf die Nachricht mit sprachloser Verzweiflung:

With that hir eyen up she casteth
And saw noght. "Allas!" quod she for sorwe,
And deyede within the thridde morwe.

(212-4)

Ein Vergleich Chaucers Version der Geschichte von Ceyx und Alkyone mit seinen Quellen lässt deutlich werden, mit welchen Zielen er den Mythos im *Book of the Duchess* verwendet. Chaucer kürzt Ovids Erzählung um Alkyones Rede, vollständig nacherzählt bei Machaut,[14] und um deren Ende, die Metamor-

---

[10] "The *Book of the Duchess*, like other public elegies of the Middle Ages or the Renaissance expresses the feeling appropriate to a death." A.C. Spearing, *Medieval Dream-Poetry*, Cambridge 1976, S. 55.

[11] Ardis Butterfield, "Lyric and Elegy in *The Book of the Duchess*", *Medium Aevum* 60 (1991), S. 50.

[12] Vgl. dazu Troilus' spöttische Distanzierung von den Trauerbekundungen seiner Hinterbliebenen im Anschluss an seinen Tod gegen Ende des fünften Buches (*Troilus and Criseyde*, Verse 1821/2).

[13] Auf die Phrase „I nam but ded" findet sich ein verbales Echo im dritten Teil des Triptychons, in Vers 1188, im Zusammenhang der Werbung des Ritters um seine Dame.

[14] *La Fontaine Amoureuse*, Verse 539-698.

phose der Gatten in Meeresvögel. Ebenso abrupt lässt er die Traumvision, Teil drei des Triptychons, enden:

> „Allas, sir, how? What may that be?"
> "She is ded!" "Nay!" "Yis, be my trouthe!"
> "Is that your los? Be God, hyt ys routhe!"
>   (1308-10)

Gerade in dem Moment, wo der Hörer oder Leser des Gedichtes mit tröstenden Worten des Träumers an den trauernden Ritter rechnet, lässt Chaucer die Jagd mit einem Hornsignal beenden, den schwarzen Ritter verschwinden und den Erzähler erwachen. Es bleibt bei der knappen, wenn auch sehr emotionalen Beileidsbekundung des Träumers.

Ein weiterer einheitsstiftender Faktor ist der durchlaufend enge thematische und assoziative Zusammenhang von Schlaf, Ohnmacht und Tod.[15] Schlaflosigkeit bereitet, wie bereits erwähnt, dem Erzähler im ersten Teil des Triptychons Todesängste (22-4 und 222/3). In dem antiken Mythos bildet der an Ohnmacht grenzende Schlaf Alkyones („And fel a-swowne as cold as ston", 123) eine Vorstufe zu ihrem Tod („And deyede within the thridde morwe", 214). Schlaf und Tod werden metaphorisch miteinander assoziiert („and thus *the dede slep* / Fil on hir or [bevor] she tooke kep", 127/8; Wasser plätschert im Tal des Morpheus die Klippen herab und macht einen „dedly slepynge soun" (162).

Der Tod wird in dem Gedicht zu einer Metapher für emotionale Extreme. Die Verzweiflung des Ritters wird als ein Absterben seiner Lebensgeister beschrieben: „Hys sorwful hert gan faste faynte / And his spirites wexen dede" (488/9). An die Stunde, da seine Verehrte erstmalig seine Gefühle erwiderte, erinnert sich der Ritter wie an eine Wiedergeburt zu neuem Leben:

> As helpe me God, I was as blyve   *sehr schnell*
> Reysed as fro deth to lyve   (1277/8)

Die Erinnerung an ihren Tod hingegen bewirkt folgerichtig genau das Gegenteil („Therwith he wax as ded as stoon", 1300).

Den Kern des *Book of the Duchess* bildet zweifelsohne der dritte und längste Teil des Triptychons, die Vision vom trauernden Ritter. Diese Episode spiegelt am direktesten die reale Situation, die den Anlass zur Entstehung des Gedichtes gab, die Trauer John of Gaunts um seine jung verstorbene Gattin. Die anderen beiden Teile sind jedoch weit mehr als nur Einleitung oder rhetorisches Zierwerk. Vor allem die mit gezielter Schwerpunktsetzung erzählte ovidische Metamorphose trägt durch ihre thematischen Parallelen zur Situation des trauernden Ritters entscheidend zur Entfaltung des Trostes bei. Durch die vorge-

---

[15] Ardis Butterfield, "Lyric and Elegy", S. 51.

lagerten Episoden wird der Kern des Gedichtes hinausgezögert. Doch selbst im dritten Teil des Triptychons entsteht der Eindruck, dass der Höhepunkt des Gedichtes stets weiter und weiter aufgeschoben wird, bis zu dem Moment, da der Träumer begreift, dass es sich um einen Todesfall handelt, und das Gedicht zu einem unverhofft raschen Ende kommt. Auf die Einsicht des Todes folgt keine philosophische Reflexion wie etwa in der *Knight's Tale*, auch kein tröstender Gedanke an das christliche Heilsversprechen. Am Ende des Gedichtes kommt dem Leser rückblickend die Einsicht, dass die Tröstungsstrategie und die philosophische Auseinandersetzung mit dem Tod in eben jenen Passagen lagen, die zu diesem Höhepunkt hinführten. Wolfgang Clemen beschreibt dieses Phänomen wie folgt:

> For in this poem "preparation" signifies "introduction" and "postponement" alike. And the dreamer's and Knight's conversation is itself one continuous postponement – the "preparation", in short, goes on till the very end of the poem.[16]

Das *Book of the Duchess* lässt dem Interpreten einen überaus breiten Spielraum. Dies ergibt sich nicht zuletzt aus dem thematischen Wechselspiel der drei Teile des Triptychons. Chaucers Version des antiken Mythos, in dem die trauernde Gattin ihrem Gemahl in den Tod nachfolgt, verdeutlicht Stephanie Hollis zufolge „human inability (...) to confront and accept the actuality of death".[17] Diese Art und Weise mit dem Tod eines nahestehenden Menschen umzugehen, die Flucht in den eigenen Tod, wird zwar im dritten Teil des Triptychons vom schwarzen Ritter in Erwägung gezogen (Verse 690 und 692), stellt jedoch mit Sicherheit nicht die anvisierte „Lösung" des Problems dar.

Die interpretatorische Offenheit des Werkes hat in den vergangenen Jahrzehnten zu einer Vielzahl von Deutungsansätzen geführt. Die überwiegende Mehrheit der Interpreten ist sich zwar seit Anfang des 20. Jahrhunderts einig, dass das Werk tröstenden Charakter hat, Uneinigkeit herrscht jedoch bezüglich der Frage, worin dieser Trost liegt, bzw. wie er sich artikuliert. Helen Phillips fasst in einem Aufsatz von 1981 die Deutungsansätze der vorhergehenden Jahrzehnte zusammen:

> Thus the Dreamer is said to effect consolation through his exquisite tact, anti-courtly bluffness, simple Christian faith, artlessness or a pretence of it. Consolation lies in therapeutic outpouring, in the vision of past love, in turning to a heavenly Blanche, in the poem's rhetoric, in seeing the falseness of rhetoric, in a psychological process of "objectification", in the

---

[16] Wolfgang Clemen, *Chaucer's Early Poetry*, London 1963, S. 43.

[17] Stephanie Hollis, "The Ceyx and Alceone Story in the *Book of the Duchess*", in: *Parergon: Bulletin of the Australian and New Zealand Association for Medieval and Renaissance Studies* 12 (1977), S. 3-9.

moderation of the lesson to be learned, to set against grief: Boethian, Christian, of Nature or Fortune. For others it is concerned to show that in the face of suffering no doctrine will do and "pity is the ultimate offering".[18]

Konfrontiert mit der Fülle von Deutungsansätzen der vergangenen Jahrzehnte nimmt die vorliegende Arbeit vor allem auf folgende fünf Publikationen Bezug: John Lawlor beschreibt als erster ein dem Werk zugrunde liegendes „pattern of consolation".[19] Wolfgang Clemen deutet in seiner Analyse den Träumer als psychologisch geschickt agierenden Tröster.[20] Michael D. Cherniss untersucht den Einfluss der *Consolatio Philosophiae* auf das Gedicht,[21] James Dean hingegen stellt die Relevanz der boethianischen Philosophie für das Werk in Frage und nennt die Dichtkunst, nicht die Philosophie, als Quelle des Trostes im *Book of the Duchess*.[22] Steve Ellis liest das Gedicht schließlich gar als Anti-Trost.[23]

John Lawlor weist auf den areligiösen Charakter des Gedichtes hin (S. 633): Das christliche Erlösungsversprechen wird als Quelle des Trostes gar nicht erst in Erwägung gezogen.[24] Alternativ zur christlichen Religion bietet im *Book of the Duchess* die „Religion der Liebe", die Tradition des *amour courtois*, dem trauernden Ritter Trost. Die Liebeskonzeption der Troubadourlyrik kennt zwar die erzwungene Trennung und auch den Tod als Ursachen für ein schmerzhaftes Ende einer Liebesbeziehung. Das größte Übel, das einen Liebenden jedoch ereilen kann, ist nicht der Tod, sondern die Untreue der Geliebten (S. 635). Der Träumer tröstet den Ritter, indem er ihm verdeutlicht, dass er, bei allem Schmerz über den Verlust von Lady White, doch auf eine im Sinn des *amour courtois* erfüllte Liebe zurückblicken kann. Der Ritter ist im Verlauf der Beziehung in Folge der moralischen Unterweisung seiner Dame (1282-6) in seiner Persönlichkeit gereift. Lawlor stellt sich somit auf die Seite der Interpreten, die dem Träumer nicht Begriffsstutzigkeit, sondern ein besonderes Einfühlungsvermögen und eine gezielte, wenn auch indirekte Tröstungsstrategie zuschreiben. Kittredge mutmaßt Anfang des 20. Jahrhunderts noch, dass der

---

[18] Helen Phillips, "Structure and Consolation", S. 107.

[19] John Lawlor, "The Pattern of Consolation in *The Book of the Duchess*", *Speculum* 31 (1956), S. 626-48.

[20] Clemen, *Chaucer's Early Poetry*, S. 23-66.

[21] Michael D. Cherniss, "The Boethian Dialogue in Chaucer's *Book of the Duchess*", *JEGP* 68 (1969), S. 655-65.

[22] James Dean, "Chaucer's *Book of the Duchess*: A Non-Boethian Interpretation", *Modern Language Quarterly* 46 (1985), S. 235-49.

[23] Steve Ellis, "The Death of *The Book of the Duchess*", *Chaucer Review* 29 (1995), S. 249-58.

[24] Die christlichen Deutungsansätze von Martin Stevens, „Narrative Focus in *The Book of the Duchess*: a Critical Revaluation", *Annuale Medievale* 7 (1966), S. 28-30, D.W. Robertson, *A Preface to Chaucer*, und Rodney de la Santa, "Christian Affirmation in *The Book of the Duchess*", *PMLA* 84 (1969), S. 245-51, besitzen wenig Überzeugungskraft.

Träumer, der die Niedergeschlagenheit des Ritters von Beginn des Dialogs an als Trauer um seine verstorbene Geliebte erkannt hat, sich die Geschichte der Beziehung vor allem deshalb ganz von vorne berichten lässt, um dem Ritter den einzigen Beistand anzubieten, den er ihm geben kann, nämlich ein mitleidvolles Ohr.[25] Lawlor meint nun, in den Fragen des Träumers nicht nur mitleidvolles Interesse, sondern eine gezielte Tröstungsstrategie („a pattern of consolation") erkennen zu können: Der Träumer will wissen, ob das Begehren des Ritters in einer Liebesbeziehung Erfüllung gefunden hat oder nicht:[26]

> Nyl she not love yow? Ys hyt soo?
> Or have ye oght doon amys,
> That she hath left yow? Ys hyt this?

(1140-2)

Dessen zweimalige Reaktion auf die Fragen seines Gesprächspartners,

> Thou wost ful lytel what thou menest;
> I have lost more than thow wenest[27]

ist dieser Deutung zufolge nicht Beleg für den Stumpfsinn des Träumers, sondern ein Hinweis darauf, dass dieser vielmehr den in seiner Trauer befangenen Ritter Schritt für Schritt zu einem besseren Verständnis seiner Lage anleitet. Der Träumer ist, in Lawlors Worten, „cruel in order to be kind" (S. 641).

Lawlor fasst die Strategie des Träumers auf folgende Punkte zusammen (S. 642): Das Liebesbegehren des Ritters hat in der Erwiderung der Liebe durch Lady White Erfüllung gefunden. Er konnte gemäß der Konzeption des *amour courtois* von der erfüllten Liebesbeziehung bei der Entwicklung seiner Persönlichkeit profitieren und durfte schon im Diesseits, wenn auch nur für einen beschränkten Zeitraum, vollendetes Glück kennen lernen. Der Ritter soll sich nun den Beschlüssen der Fortuna beugen, da ihm sein Glück, die Gunst der engelsgleichen Lady White, nicht auf Grund seines Verdienstes, sondern als unverdienter Gnadenerweis zuteil und ihm vom Schicksal mit derselben Willkür wieder entzogen wurde. Ferner ist der Verlust von Liebe durch Tod weniger schmerzvoll als unerfüllte Liebe, ein Standpunkt, den auch Machauts liebeskasuistischer *Jugement dou Roy de Behaigne*, eine der Quellen Chaucers, vertritt.[28] Der Träumer bietet dem Ritter zuletzt den Trost seines Mitgefühls für den Verlust an, seine Empathie: „Is that youre los? Be God, hyt ys routhe!" (1310). Das Eingeständnis der Größe des Verlustes am Ende des Werkes scheint die

---

[25] George L. Kittredge, *Chaucer and his Poetry*, Cambridge (Mass.) 1915, S. 48-55.

[26] Lawlor, "The Pattern of Consolation ", S. 638.

[27] Verse 743/4, ein fast wörtliches Echo auf dieses Verspaar findet sich in Versen 1137/8.

[28] Zum Verhältnis Chaucers Werk zu seinen französischen Quellen siehe v.a. Clemen, *Chaucer's Early Poetry*, S. 47-9.

über hunderte von Verszeilen entwickelte Tröstungsstrategie auszuhebeln. Doch ergänzen sich beide Reaktionsweisen des Träumers, rationaler Trost und emotionale Betroffenheit, zu einer in sich stimmigem Gesamthaltung:

> In Chaucer's poem something unique is done: we have both consolation and a rejection of it – but not before it has done its work. Neither invalidates the other: consolation does not cancel pity, nor pity render consolation void.[29]

Wolfgang Clemen macht auf den dramatischen Effekt des *Book of the Duchess* aufmerksam. Nicht der Dichter, sondern der Trauernde spricht die Eulogie auf die Verstorbene, sein Gesprächspartner liefert mit seinen Fragen lediglich den Anlass für die Erinnerung an vergangenes Glück.[30] Clemen betrachtet das Werk auf Grund seiner Thematik, der Trauer um die verstorbene Geliebte, als eine Elegie, doch erscheinen deren typische Bestandteile Totenklage und Trostrede im *Book of the Duchess* lediglich in abgewandelter Form.[31] In mittelenglischen Klagegedichten findet sich in aller Regel die Mahnung angesichts der Vergänglichkeit alles Irdischen und die Warnung vor der Macht des Todes, dazu meist Gedanken an das Jenseits.[32] Es finden sich in Chaucers Gedicht auch keine wohlmeinenden Worte, keine philosophisch oder religiös angehauchte Trostrede. Der Träumer verhält sich dem Ritter gegenüber mit seiner knappen und spontanen Mitleidsbekundung vielmehr wie ein guter Freund, der dem Trauern-

---

[29] Lawlor, "The Pattern of Consolation ", S. 647.

[30] Clemen, *Chaucer's Early Poetry*, S. 43.

[31] Die Verbindung der literarischen Gattung Elegie mit den Themen Liebe und Trauer ist nicht ursprünglich gegeben. Die altgriechische Elegie greift vor allem politische und sentenziöse Themen auf, die eine allgemeine ethisch-moralische Verbindlichkeit beanspruchen. Erst mit der römischen Elegie (Catull, Tibull, Properz und Ovid) rücken die Themen der Trauer, Melancholie und Liebe ins Zentrum. Mittelalterlichen Werken wurde die Gattungsbezeichnung Elegie erst von der Literaturwissenschaft der Neuzeit verliehen, so altenglischen Dichtungen des Exeterbuches (*The Wanderer, The Seafarer, The Wife's Lament, The Ruin* und einigen anderen), denen eine elegische Grundstimmung gemeinsam ist, die einen Kontrast zwischen Gegenwart und Vergangenheit, zwischen dem Glanz entschwundener Zeiten und den jetzt zu erduldenden Mühen herstellt. Aus mittelenglischer Zeit sind zwar Klagegedichte (Kreuzesklagen, Liebesklagen, Totenklagen) überliefert, doch setzt man für die Epoche im Allgemeinen keine eigene Gattung der Elegie an. Siehe dazu den Eintrag „Elegie" im *Lexikon des Mittelalters*, Band III.

[32] Siehe dazu Kapitel 2.1. Renate Haas schließt sich in *Die mittelenglische Totenklage* (Frankfurt am Main 1980) Clemens Deutung des *Book of the Duchess* als Elegie an. Trost werde paradoxerweise dadurch gespendet, dass im Dialog des Träumers mit dem schwarzen Ritter die Größe des Verlustes evoziert wird. „Die Totenklage geht über die Liebesklage in die die Vergangenheit vergegenwärtigende Erzählung über. (...) Der Träumer verstummt vor der Majestät des Todes und der Größe des vom Ritter erlittenen Verlustes" (S. 277). Chaucer gebe eine doppelte Antwort auf die Frage nach Trost: „Er spendet ihn und erkennt dennoch die Unmöglichkeit eines solchen Unterfangens an" (S. 278).

den am Grab schweigend die Hand reicht (S. 47). Chaucer ignoriert die lehr-reichen Reden seiner französischen Vorlagen und lässt seinen Tröster auf in-direkte Weise agieren. Auch Clemen macht auf die Abwesenheit religiöser Heilserwartung in dem Gedicht aufmerksam, wie sie in den zeitgenössischen Werken *Pearl* und *Der Ackermann aus Böhmen* zu finden ist. Der Träumer ist sich der emotionalen Lage des Ritters voll bewusst, sein *simuliertes* Miss-verstehen ist ein taktisch kluger Zug und beweist psychologisches Einfühlungs-vermögen. Seine Fragen verschaffen dem Dialog die nötigen dramatischen Impulse und leiten den Ritter bei der Aufarbeitung seiner Trauer an (S. 50). Im Lauf der Unterredung überwinden der Ritter und der Träumer ihre soziale Dis-tanz und kommen sich menschlich näher. Der Dialog erweckt den Eindruck einer realen Konversation zwischen zwei sich anfangs fremden und zunehmend vertrauten Menschen. Chaucer beschreibt, im Gegensatz zu den literarisch stilisierten Trauer- und Trostbekundungen seiner Vorlagen, echte Gefühle (S. 53).

Die Emotionen des Ritters im Verlauf der Begegnung lassen sich wie folgt beschreiben: Der Erzähler trifft im Traum auf einen Menschen in einer Extremsituation, der sich angesichts des Ausmaßes seiner Verzweiflung jeg-lichem Trost gegenüber versperrt:

> I have of sorwe so gret won   *Überfülle*
> That joye gete I never non,
> Now that I see my lady bryght,
> Which I have loved with al my myght,
> Is fro me ded and ys agoon.
> (475-9)

Der schwarze Ritter sehnt seinen Tod herbei und knüpft dadurch thematisch an die vorhergehende Episode an, den Tod Alkyones aus Trauer angesichts des Verlustes ihres Gatten:

> Allas, deth, what ayleth the,
> That thou noldest have taken me,
> Whan thou toke my lady swete
> That was so fair, so fresh, so fre
> (481-4)

Der Ritter ist zu Beginn des Treffens, darin sind sich die Interpreten einig, niedergeschlagen und betrübt. Uneinigkeit herrscht jedoch bezüglich der Frage, ob sich sein Zustand im Verlauf der Unterredung verbessert oder verschlechtert. Wolfgang Clemen meint eine Verbesserung des Zustandes des Ritters zu erken-nen, die dem psychologisch versierten Beistand des Träumers zu verdanken sei. Wir erleben, wie der schwarze Ritter die Phasen seiner Liebe Revue passieren lässt, sich dadurch zunehmend von der Last seiner Trauer befreit und seine Gedanken positiv neuorientiert.[33]

Solange er in Erinnerungen schwelgt, wirkt der Ritter gelöst und von den Fesseln seiner Verzweiflung vorübergehend befreit. Er durchlebt seine auf ein glückliches Ende zustrebende Werbung um White erneut, von dem Tag an, wo er erstmalig auf sie und ihre überwältigende Attraktivität aufmerksam wurde (805f.), über das Geständnis seiner Liebe, seine Verzweiflung über ihre vorerst spröde Zurückweisung (die sein Begehren freilich nur weiter steigerte) bis hin zu dem glücklichen Moment, da sie ihm ihre „Gnade" gewährte und seine Liebe erwiderte (Verse 1277/8, siehe oben). Ein aller Erwartung zum Trotz schließlich erworbenes Liebesglück erscheint dem Ritter wie ein Wiedererwachen zu neuem Leben und gleicht einer Aufnahme in ein irdisches Paradies. Das Paar lebt mehrere Jahre lang in vollkommener, jedoch statischer und monotoner Harmonie (die Schilderung der Werbung um die Geliebte nimmt einen gut zwanzigfachen Umfang ein im Vergleich zur Beschreibung jahrelangen ehelichen Glücks).

Bedenken bereiten jedoch die Rückfälle des schwarzen Ritters in seine anfängliche Verzweiflung im Verlauf der Konversation. Die Erinnerung an die erste Begegnung mit White lässt die in ihm aufgestaute Wut auf die Schicksalsgöttin wieder hochkommen:

> (...) Nay, but Fortune,
> That ys to lyen ful comune,   *die sehr zu lügen pflegt*
> The false trayteresse pervers!
> God wolde I koude clepe hir wers
> (811-4)

Ansätze philosophischen Rates von Seiten des Träumers haben sichtlich wenig genützt:

> Remembre yow of Socrates,
> For he ne counted nat thre strees   *Strohhalme*
> Of noght that Fortune koude doo.
> (717-9)

Die heftige emotionale Reaktion des Ritters auf die letzte der Fragen des Träumers lässt schließlich Zweifel an der Heilsamkeit der Unterredung aufkommen:

> „Sir", quod I, "wher is she now?"
> "Now?" quod he, and stynte anoon.
> Therwith he wax as ded as stoon

---

[33] Clemen, *Chaucer's Early Poetry*, S. 58.

And seyde, "Allas, that I was bore!"

(1298-1301)

Am Ende des Dialogs scheint der Ritter wieder bei seiner emotionalen Ausgangsverfassung angelangt zu sein, worauf nicht zuletzt die Todesmetaphorik hindeutet („Therwith he wax as ded as stoon", Vers 1300, erscheint als ein Echo auf Vers 489, „And his spirites wexen dede"). Es lässt sich angesichts dieser „Rückfälle" keine nachhaltige Besserung seines Zustandes konstatieren. Doch ist dies offensichtlich vom Autor so intendiert und widerspricht nicht zwangsweise Clemens Sicht des Träumers als einfühlsamer Tröster. Chaucers Einblick in die Psyche eines Trauernden und sein Takt verbieten ihm, den schwarzen Ritter nach gerade mal einem psychologisch gut geführten Gespräch als getrösteten und schon wieder halbwegs glücklichen Menschen zu präsentieren. Die Nobilität des als Identifikationsfigur für Chaucers Gönner konzipierten Ritters, die Größe seines Verlustes und das Ausmaß seiner Trauer gebieten Ehrfurcht. Die zeitweilige Suspendierung seines Schmerzes in der angenehmen Erinnerung, die von John Lawlor skizzierte Tröstungsstrategie und das Einfühlungsvermögen des Träumers können durchaus langfristig einen positiven Effekt auf den Ritter, und damit letztlich auf den Adressaten des Gedichtes ausüben. Clemen erkennt, dass der Trost des Träumers, trotz seines psychologischen Geschicks, keine unmittelbare, sondern eher langfristige Wirkung zeitigen wird:

> [Chaucer] has shown how by reliving the stages of his own past happiness a mourner can find release from the thought of death, while at the same time, far from being conquered, death overwhelms him anew with its relentless finality. (S. 59)

Trauerbewältigung ist kein exakt kalkulierbarer und stufenweise nachvollziehbarer Prozess. Chaucer beweist Einfühlungsvermögen in die emotionale Lage des Trauernden und gesteht ihm ein Schwanken zwischen Erleichterung und Rückfall zu. Der Autor hatte offensichtlich nicht die Intention, ein konkretes, greifbares „Ergebnis" an das Ende seines Werkes zu stellen. Somit scheint Clemens Deutung des Träumers als psychologisch versierter und aller Aussicht nach letztlich erfolgreicher Tröster zutreffend.

Michael D. Cherniss fielen Parallelen zwischen dem Dialog des Träumers und des schwarzen Ritters und dem Diskurs der Philosophia und des Boethius in der *Consolatio Philosophiae* auf.[34] Er sammelt Belegmaterial für seine These, dass Chaucer in seinem Frühwerk gezielt die äußere Situation und den Inhalt der ersten beiden Bücher der *Consolatio Philosophiae* imitiert. Eine erste Parallele liegt in den Anlässen beider Dialoge. In beiden Fällen wird ein von einem

---

[34] Cherniss, "The Boethian Dialogue", S. 655.

schweren Schicksalsschlag getroffener Mann von einem ihm fremden Gegenüber getröstet. Der inhaftierte Boethius sowie der schwarzgekleidete Ritter sehnen sich nach dem Tod:[35]

> The pure deth ys so ful my foo
> That I wolde deye, hyt wolde not soo;
> For whan I folwe hyt, hit wol flee;
> I wolde have hym, hyt nyl nat me.
>
> (583-6)

Cherniss listet Übereinstimmungen der äußeren Gesprächssituationen auf (S. 656f.). So nähert sich der Träumer dem Ritter in ähnlicher Weise wie Philosophia dem römischen Senator und steht während der Begegnung „ryght at his fet" (502), jene setzt sich gar an Boethius' Bettkante. Der Sprecher der *Consolatio* sowie der schwarzgekleidete Ritter sind so sehr in ihrem Schmerz befangen, dass sie zuerst die Ankunft ihrer Dialogpartner gar nicht bemerken. Das Angebot des Träumers, Trost zu spenden,

> But certes, sire, yif that yee
> Wolde ought discure me youre woo,   *offenbaren*
> I wolde, as wys God helpe me soo,
> Amende hyt, yif I kan or may.
>
> (548-51)

paraphrasiert eine entsprechende Stelle der *Consolatio*.[36] Der Bericht des Ritters von seiner Misshandlung durch Fortuna (558-709) ähnelt den Klagen der Figur Boethius über Schicksalsungunst (Buch I, pr. 4). Auch der Einblick des Ritters in das Walten der Fortuna entspricht ihrem in der *Consolatio Philosophiae* skizzierten Wesen. Er geht in seinem „Verständnis" der Schicksalsgöttin so weit, ihren gierigen Griff nach seiner Dame in derselben Rede, in der er sie der Treulosigkeit bezichtigt, zu entschuldigen.[37]

---

[35] "Thilke deth of men is weleful [glücklich] that ne comyth noght in yeeris that ben swete, but cometh to wrecches often yclepid. Allas, allas! With how deef an ere deth, cruwel, turneth awey fro wrecches and nayteth [weigert sich] to closen wepynge eien" (*Boece* I, Metrum 1). Selbst für den Fall dass, wie allgemein angenommen, Chaucers Übersetzung der *Consolatio Philosophiae* erst nach dem *Book of the Duchess* entstand, geht Cherniss von einer Vertrautheit Chaucers mit Boethius' Werk zum Zeitpunkt der Abfassung des Gedichtes aus.

[36] Yif thou abidest after help of thi leche, the byhoveth discover thy wownde, I, pr. 4.

[37]   And eke she ys the lasse to blame;
         Myself I wolde have do the same,
         Before God, hadde I ben as she;
         She oghte the more excused be.
                              (675-8)

Ein Hauptunterschied, räumt Cherniss ein, liegt in den unterschiedlichen Verhältnissen der Dialogpartner zueinander, mit den entsprechenden Konsequenzen für den Gesprächsverlauf: Der Träumer blickt zu dem trauernden Ritter sozial nach oben und spielt im Dialog dementsprechend eine untergeordnete Rolle, erteilt keine Lehren, sondern löst mit seinen Fragen lediglich die Erinnerungen des Ritters aus. Philosophia hingegen tritt dem Sprecher der *Consolatio* gegenüber als spirituelle Autorität auf und dominiert. Sie, ein übernatürliches, rein rationales Wesen, empfindet für das Leid der Figur Boethius keine Sympathie und lässt sich von dessen Klagen nicht beeindrucken. Sie kennt als allwissende Gottheit die Vergangenheit ihres Schülers besser als dieser selbst und erinnert ihn an sein früheres Wohlergehen, um seine angesichts des gegenwärtigen Leidwesens verzerrte Sicht seiner Lebensbilanz zurechtzurücken.[38] Auch Cherniss fällt der areligiöse Charakter Chaucers Frühwerkes im Vergleich zu den zahlreichen Hinweisen auf Gott in der *Consolatio Philosophiae* auf (S. 658). Als zentrales Element der Tröstungsstrategie des Träumers deutet Cherniss dessen Aufforderung an den Ritter, wie Sokrates den Wechselfällen des Lebens gegenüber eine distanzierte Haltung einzunehmen ("For he ne counted nat thre strees / Of noght that Fortune koude doo", 718/9), die zentrale Botschaft der *Consolatio Philosophiae*. Das Mitleid des Erzählers gilt Cherniss zufolge mehr der suizidalen Niedergeschlagenheit des Ritters, seiner Unfähigkeit, mit Schicksalsschlägen umzugehen, weniger dem Anlass der Trauer an sich (S. 658).

Die *Consolatio* lehrt, die Vergänglichkeit irdischen Glücks zu erkennen (II, pr. 3 und mtr. 3) und zwischen wahrem und falschem Glück zu unterscheiden (II, pr. 8). Der Ritter wird laut Cherniss vom Träumer angeleitet, darin Trost zu finden, dass das Wesen seiner Dame, ihre Tugendhaftigkeit, in Gott ihren Ursprung hat und deshalb vom Tod nicht zerstört werden kann (S. 662). Diese und weitere Parallelen zwischen den Unterweisungen Philosophias und dem Rat des Träumers liest Cherniss als Hinweis darauf, dass Chaucer den Adressaten bzw. die Leserschaft des *Book of the Duchess* dazu auffordern will, die Trostlehre des Boethius direkt auf die Situation des trauernden Ritters anzuwenden, wobei Cherniss eine Gleichsetzung der im Gedicht betrauerten Dame und des schwarzen Ritters mit der verstorbenen Herzogin Blanche und ihrem trauernden Gatten John of Gaunt (oder gar eine Identität der Erzählerfigur mit dem Autor des Gedichtes) freilich ablehnt (S. 663-5).

James Dean weist boethianische sowie christliche Deutungsansätze des Textes entschieden zurück.[39] Er vermutet das Jahr 1380, den Beginn der Arbeit an

---

[38] "If thow considere the nowmbre and the maner of thy blisses and of thy sorwes, thow mayst noght forsaken that thow nart yit blissful" (II, pr. 3).

[39] Dean, "Chaucer's *Book of the Duchess*: A Non-Boethian Interpretation", S. 235-49. Weitere boethianische Lesarten des Gedichtes stammen von A.C. Spearing, *Medieval Dream-Poetry*, Cambridge 1976 und von D.W. Robertson und B.F. Huppé, *Fruyt and Chaf: Studies in Chaucer's Allegories*, Princeton 1963, S. 32-100.

Troilus, als den Zeitpunkt von Chaucers Übersetzung der *Consolatio* (*Boece*), Jahre nach Entstehung des *Book of the Duchess* (um 1370; Tod der Herzogin 1368 oder 69). Dem Inhalt des Werkes lasse sich entnehmen, dass Chaucer zum Zeitpunkt der Abfassung des Gedichtes noch *keine* präzise Kenntnis der *Consolatio Philosophiae* hatte. Es handle sich bei Chaucers Werk um kein philosophisches, sondern um ein höfisches Gedicht, aufbauend auf französischen Vorlagen (vor allem Guillaume de Machauts *Dit de la fontainne amoureuse* und Froissarts *Paradys d'Amours*), um ein geschicktes Pastiche (S. 236/7). Der Trost, den Chaucer dem Adressaten seines Frühwerkes anbietet, sei nicht der Trost der Philosophie, sondern der Kunst. Dieser liege jedoch nicht im dichterischen Schaffen als Verarbeitungsmechanismus von Trauer (der Autor will sich ja nicht selbst trösten, sondern Trost spenden), auch nicht primär im ästhetischen Genuss der Dichtung, sondern in ihrer exklusiven Macht, eine schöne Vergangenheit zeitweilig zu neuem Leben zu erwecken (S. 236). Zwar lassen sich Dean zufolge Parallelen des Gedichtes mit der *Consolatio Philosophiae* nicht leugnen, doch gehe aus den von Cherniss beschriebenen Übereinstimmungen keine bewusste Übernahme der philosophischen Lehre des Boethius hervor. Das philosophische Gedankengut sei vielmehr auf indirektem Weg in das *Book of the Duchess* gelangt, via Chaucers französische Quellen (S. 237).

Das Fehlen einer Trostrede des Träumers im Anschluss an das Bekenntnis des Ritters zur vollen Wahrheit war bereits Clemen aufgefallen. Die Beiträge des Träumers zum Dialog bieten dem Ritter gar keinen eigentlichen Trost. Dessen oben zitierter Rat etwa, sich am Stoizismus eines Sokrates ein Beispiel zu nehmen (718/9), verhallt ungehört. Dennoch - oder vielleicht gerade deshalb - scheint sich der emotionale Zustand des Ritters während der Unterhaltung zu bessern: Seine Melancholie lässt merklich nach und seine Klagen klingen ab – von den oben erwähnten Rückfällen des Ritters in Wut und Trauer während und am Ende der Unterhaltung abgesehen. Das Wiederauflebenlassen der Vergangenheit, seine Vergegenwärtigung der Phasen seiner Liebe zu White und insbesondere sein stilisiertes Porträt bewirken ein Nachlassen seines Kummers:

Through his making, this poet-figure dispels, for a time, the extremes of melancholy that earlier threatened his well-being (…). He rouses himself through his dialogue with the dreamer but even more through his artistic powers to make his lady live again, not as a flesh-and-blood woman but as the ideal woman that rhetorical poetics can best re-create. This, then, is the consolation of art.[40]

Die Philosophie des Boethius tadelt eben solches Klammern an irdisches Glück. Wahrer Trost liegt Boethius zufolge in der Distanzierung von der Welt und von allem Vergänglichen. Selbst der Beistand eines mitfühlenden Freundes, ja sogar der Trost der Dichtung an sich stellt aus Sicht der *Consolatio* eine trügerische

---

[40] Clemen, *Chaucer's Early Poetry*, S. 240-1.

Hoffnung dar. Deshalb werden auch die Musen von Philosophia aus der Nähe des zu Tröstenden verjagt.[41] In Chaucers Werk hingegen preist der Trauernde die Verstorbene als Modell irdischer Perfektion. Ihr hat er seinen Idealismus zu verdanken, sie war in seinem Reifungsprozess die Quelle seiner Inspiration. Auch nach ihrem Tod bleibt sie ihm als Leitstern tugendsamen Verhaltens erhalten.

Steve Ellis stellt gar grundsätzlich den tröstenden Effekt des *Book of the Duchess* in Frage.[42] Thema des Werkes sei, darauf deute insbesondere die Wahl des Alkyone-Mythos hin, nicht der Trost Hinterbliebener, sondern eine Pathologie der Trauer (S. 254). Zu dieser Deutung lässt sich ebenfalls aus der *Consolatio* zitieren, wo es in Buch ii, Prosa 4 heißt, das Schlimmste aller Missgeschicke sei der *Verlust* von Glück.[43] Das Pendant des Ritters in Chaucers Hauptquelle, Machauts *Roy de Behaigne*, warnt ausdrücklich vor dem Schmerz, den die schöne Erinnerung verursacht.[44] Vergangenes Glück und gegenwärtiges Unglück stünden in einem kausalem Verhältnis. Ellis deutet die Verzweiflung des schwarzen Ritters am Ende des Dialogs nicht als Rückfall in die anfängliche Trauer, sondern vielmehr als Resultat seines unheilsamen Wiederauflebenlassens der schönen, doch unwiederbringlich verlorenen Vergangenheit (S. 255). Eine spiegelbildliche Situation lasse sich in Chaucers *Troilus* erkennen. Dort bewirke die Erinnerung des Titelhelden an vergangenes Leid auf dem Höhepunkt seines Glücks im dritten Buch genau das Gegenteil, nämlich eine Steigerung der gegenwärtigen Wonne:

> And now swetnesse semeth more swete,
> That bitternesse assaied was byforn;   *erfahren*
> For out of wo in blisse now they flete
> (*Troilus and Criseyde*, III, 1219-21)

Die griechische Mythologie, lässt sich ergänzen, sieht jedoch das Vergessen vergangenen irdischen Leids durch Trinken aus dem Lethefluss als Voraussetzung für himmlische Glückseligkeit.

Dem *Book of the Duchess* liegt Ellis zufolge wie dem *Troilus* ein Dreischritt bzw. eine Kreisbewegung zugrunde vom Tod („Allas, deth", 481) zum

---

[41] But goth now rather awey, ye mermaydenes [Nixen], whiche that ben swete til it be at the laste, and suffreth this man to ben cured and heeled by myne muses (that is to seyn, by noteful sciences) (I, pr. 1).

[42] Ellis, "The Death of *The Book of the Duchess*", S. 249-58.

[43] In Chaucers Übersetzung: „in alle adversites of fortune the moost unzeely [unglücklich] kynde of contrarious fortune is to han ben weleful".

[44] *Chaucer's Dream-Poetry: Sources and Analogues*, hg. v. B.A. Windeatt, Woodbridge 1982, S. 16.

Leben („Reysed as fro deth to lyve", 1278) und wieder zurück zum Tod („he wax as ded as stone", 1300), nur fehlt hier im Unterschied zum Liebesepos die tröstliche metaphysische Komponente, d.h. der Aufstieg der Seele des Verstorbenen in den Himmel. Die simple, doch so schwer fassbare Tatsache, dass Lady White tot ist („She ys ded!" 1309) beendet den Dialog wie ein Paukenschlag. Durch das abrupte Ende macht der Erzähler dem Leser, so Ellis, die volle Macht des Todes bewusst. Der Tod von Lady White wird in dem Gedicht verbal inszeniert, dramatisiert: „The poem therefore revitalizes death, so to speak, transforming it from trope to dramatic experience" (S. 256). Das Gedicht stellt den Sieg des Todes über Jugend und Glück dar, seine zentrale Botschaft ist die der Macht des Todes. Nicht zuletzt deshalb, so Ellis, sollte das Werk wieder den vom Autor selbst vorgeschlagenen Titel erhalten, nämlich *The Death of Blanche the Duchess* (S. 257).

Chaucer widmete sein Frühwerk seinem hochadeligen Gönner, dem königlichen Prinzen John of Gaunt. Diesem seine Trauer mit erhobenem Zeigefinger auszureden, kann nicht im Sinn des bescheidenen bürgerlichen Autors gewesen sein. Durch den ausführlichen Lobpreis der Schönheit und des Charakters der Betrauerten scheint das Gedicht vielmehr die Größe des Verlustes zu unterstreichen. Ihrem Porträt werden nicht weniger als 270 Verszeilen (817-1087) gewidmet. Chaucer scheint seinen Adressaten in seiner Trauer eher bekräftigen zu wollen anstatt sie ihm auszureden: Die Größe des Verlustes wird evoziert, um die Tiefe der Verzweiflung zu rechtfertigen. Chaucer scheint verstanden zu haben, dass der Hinterbliebene Zeit braucht, um seine Trauer bewusst aufzuarbeiten, und dass ein Verdrängen schmerzhafter Tatsachen mit Hilfe lebensferner Weisheiten langfristig mehr schadet als nützt. Die Erinnerung an die verstorbene Gattin kann den Schmerz ihres Verlustes zwar nicht wettmachen, doch wird das vergangene Glück mit White / Blanche durch ihren Tod auch nicht gemindert: Die Jahre erstrahlen vielmehr durch ihren frühen Tod im Nachhinein in besonderem Glanz. Chaucer nimmt im Staunen seiner Träumerfigur über die Größe des verflossenen Glücks und in dessen Betroffenheit angesichts des Verlustes des Ritters Anteil an der Ambivalenz der Trauer John of Gaunts um Blanche.

4.2 Der Tod des Arcite in der *Knight's Tale*

Man geht in der Forschung mit großer Sicherheit davon aus, dass die *Knight's Tale*, im Prolog zur *Legend of Good Women* erwähnt als „the love of Palamon and Arcite / Of Thebes" (F 420/1 bzw. G 408/9), vor der Konzeption der *Canterbury Tales* als separates Werk entstand. Mit der stofflichen Quelle des Werkes, Boccaccios *Teseida*, die Chaucer auch für *The Parliament of Fowles* und *Troilus and Criseyde* (Aufstieg der Seele des Troilus, vgl. S. 303) verwendet, wurde der Autor während eines seiner beiden Italienaufenthalte (1372/3 und 1378) vertraut. Der in der *Teseida* geschilderte Aufstieg der Seele des Arcita in die achte Sphäre des ptolemäischen Weltbildes wurde in der *Knight's Tale* ausgespart und bildet den Abschluss des *Troilus*; dies lässt sich jedoch nicht als Hinweis auf zeitliche Priorität letzteren Werkes werten: Die Streichung der Passage ergibt sich auch aus den inhaltlichen Änderungen, die Chaucer an seiner Quelle vornimmt. Auf Grund der direkten und ausführlichen Bezugnahme beider Werke auf Boethius kann davon ausgegangen werden, dass sie in demselben Zeitraum entstanden, in den frühen 80er Jahren des 14. Jahrhunderts, im Anschluss an Chaucers Übersetzung der *Consolatio Philosophiae*.[45]

Die massive Verwendung von boethianischem Gedankengut in der *Knight's Tale* auf der Suche nach dem Sinn des „ungerechten" vorzeitigen Todes Arcites stellt gegenüber der taktvollen Zurückhaltung des *Book of the Duchess* in punkto philosophischer Unterweisung eine entscheidende Neuerung dar. Das Ergebnis vorliegender Analyse der Theseusrede, Abschluss und philosophischer Höhepunkt der ersten und interpretatorisch anspruchsvollsten *Tale*,[46] lautet, dass Chaucers Theseus, Herrscherfigur und Inbegriff männlich-menschlicher Vernunft, zwar dem Lehrwerk des Boethius einzelne Weisheiten entnimmt, diese jedoch auf unpassende Sachverhalte anwendet und insbesondere in seinen Schlussfolgerungen zum Umgang mit Arcites Tod den Kern der boethianischen Philosophie, nämlich die Suche nach dem Sinn des Lebens in der Distanzierung von diesseitigem Glück, klar verfehlt und mit pragmatischen und seiner Machtpolitik dienlichen Lebensweisheiten ersetzt.

Grundkonstellation des Werkes ist ein Liebesdreieck: Palamon und Arcite, thebanische Ritter, Vettern und obendrein geschworene Waffenbrüder, verlieben sich beide in Emily, die jüngere Schwester Hyppolytas, Gemahlin des Theseus. Diese Dreiecksbeziehung hat ihr Pendant auf „höherer" Ebene im Dreigestirn von Venus (Schutzgöttin Palamons), Mars (Arcite) und Diana (Emily). Zur Lösung dieser Konstellation kennt die Literaturgeschichte grund-

---

[45] Helen Cooper, *Oxford Guides to Chaucer: The Canterbury Tales*, Oxford 1996, S. 61.

[46] "Large in theme, rich in concrete detail and philosophical allusion, complex in style and structure, enigmatic in its final effect, *The Knight's Tale* is the most often and the most variously interpreted of *The Canterbury Tales*, and no aspect of *The Knight's Tale* is so difficult to interpret as the circumstances of Arcite's death." Edward C. Schweitzer, „Fate and Freedom in *The Knight's Tale*", *Studies in the Age of Chaucer* 3 (1981), S. 13.

sätzlich zwei Varianten, die komische, die nach Krisen und heiter-humorvollen Missverständnissen eine(n) passende(n) vierte(n) Mitspieler / -in ins Geschehen einführt, die bzw. der die potentiell tödliche Spannung des Dreiecks zu lösen vermag (etwa der Zwillingsbruder Violas in Shakespeares *Twelfth Night*), und die tragische, die einen der beiden Rivalen sterben lässt (z.B. Racines *Rodogune*).[47] Die *Knight's Tale* ist der tragischen Gattung zuzuordnen, doch verzichtet Chaucer in Abweichung von seiner stofflichen Quelle auf jegliche Abwertung eines der beiden Verehrer Emilys.[48] Der Verzicht auf auch nur einen Anklang von poetischer Gerechtigkeit, auf Legitimation des tragischen Schicksals Arcites erhöht die Brisanz der Frage nach dem Sinn seines unverdienten Todes und damit letztlich nach der Stellung des Menschen in einer vom Fatum, personifiziert durch die willkürlich ins Geschehen eingreifende Gottheit Saturn, regierten Welt. Die philosophische Reichweite der *Knight's Tale* und die Fülle der in ihr aufgeworfenen Fragen rechtfertigt ihre Stellung zu Beginn der *Canterbury Tales*.

Die Thematik des Todes ist in der *Knight's Tale* wie in *Troilus* aufs engste mit der Liebesthematik verknüpft und tritt in beiden Werken mit leitmotivischer Beharrlichkeit auf: Der Auftritt der beiden Protagonisten beginnt damit, dass sie halb lebend, halb tot („Nat fully quyke, ne fully dede they were", Fragment I, 1015) aus einem Leichenhaufen gezogen und zu lebenslanger Haft verurteilt, d.h. in Theseus' Athener Gefängnis „lebendig begraben" werden. Liebe und Tod sind in dieser Erzählung konträre Mächte, so spaltet die Liebe zu Emily eine bis in den Tod geschworene Freundschaft („That nevere, for to dyen in the peyne, / Til that the deeth departe shal us tweyne", I, 1133/4), die erst angesichts Arcites Todes wieder erneuert werden kann (2793-7). Dessen Tod ist eine Folge der rivalisierenden Liebe der beiden Thebaner um Theseus' Schwägerin und wird selbst wiederum zur Voraussetzung für die ganz zum Schluss nur schemenhaft umrissene eheliche Liebe von Palamon und Emily (3103-6).

Allein Emilys Anblick wirkt auf die beiden inhaftierten Thebaner schon tödlich. Palamon entdeckt die blonde Schönheit an einem Maimorgen in dem vom Gefängnisturm aus einsichtlichen Garten und wird vor Liebe totenblass („Cosyn myn, what eyleth thee, / That art so pale and deedly on to see?", 1081/2). Ebenso stark, wenn nicht gar stärker (1116), trifft es kurz darauf seinen Vetter Arcite:

---

[47] Die schwierige Frage, welcher der beiden in aller Regel gleichwertigen Aspiranten letztlich sterben muss, damit der andere sein Liebesglück erreichen kann, löst Racine dadurch, dass die Umworbene, im Gegensatz zu Emily, eine eindeutige, wenn auch geheimgehaltene Präferenz für einen der beiden werbenden Brüder hat und dieser sich dazu passend an entscheidender Stelle als der hartnäckigere und damit würdigere Verehrer erweist.

[48] "If there were some difference between Palamon and Arcite sufficient to explain why the one should win Emelye and the other should lose her, Arcite's death might appear to serve a higher order. (…) but despite ingenious and contradictory efforts to discover it, the two lovers are essentially interchangeable." Schweitzer, „Fate and Freedom", S. 13.

> The fresshe beautee sleeth me sodeynly
> Of hire that rometh in the yonder place;   *spazieren geht*
> And but I have hir mercy and hir grace,
> That I may seen hire atte leeste weye,   *wenigstens*
> I nam but deed;
>
> (I, 1118-22)

Die Liebe der beiden Thebaner wird in Folge der Freilassung und Verbannung Arcites aus Athen gegen Ende des ersten Teils zu einem Beispielfall für eine *demande d'amour*, eine typischerweise in der höfischen Literatur anzutreffende Problemstellung der Liebeskasuistik:[49] Welcher der beiden Liebenden erleidet das schlimmere Schicksal, der befreite, doch aus der Nähe seiner Geliebten verbannte Arcite, oder der in Sichtweite Emilys inhaftierte Palamon (1347-52)? Ersterer ist auch in Freiheit in Folge seines Liebeskummers mehr tot als lebendig:

> The deeth he feeleth thurgh his herte smyte;
> He wepeth, wayleth, crieth pitously;
> To sleen hymself he waiteth prively.   *insgeheim*
>
> (I, 1220-2)

Arcites Glaube an einen Fortbestand der menschlichen, im Gegensatz zur tierischen, Seele nach dem Tod bereitet ihm jedoch keine Hoffnung, sondern gibt zusätzlichen Anlass zur Sorge. Der Tod bereitet dem irdischen Leid nämlich nicht notwendigerweise ein Ende:

> And whan a beest is deed he hath no peyne;
> But man after his deeth moot wepe and pleyne,
> Though in this world he have care and wo.
>
> (1319-21)

Die Vorstellung, dass der Mensch im Tod in seinem irdischen Leid erstarrt, ist heidnisch und steht in deutlichem Kontrast zum Vertrauen leidender Märtyrer auf einen Ausgleich im Jenseits für ihre auf Erden erlittenen Qualen.[50] Arcite beschließt aller Gefahr zum Trotz zurück nach Athen zu reiten und sich inkognito in die Nähe seiner Dame einzuschleusen:

> (...) to Atthenes right now wol I fare,
> Ne for the drede of deeth shal I nat spare

---

[49] Weitere Beispiele finden sich in der *Wife of Bath's Tale*, Verse 904/5, und der *Franklin's Tale*, Verse 1621/2.
[50] Siehe Kapitel 2.6.3 (Hagiographie) „Das Motiv des guten Tausches".

To se my lady, that I love and serve.
In hire presence I recche nat to sterve.   *es kümmert mich nicht*
(1395-8)

Die Statik der Situation – ein Liebender ist zu lebenslanger Haft verurteilt, der andere ist auf Grund seiner falschen Identität handlungsunfähig - wird erst durchbrochen, als Palamon nach sieben Jahren Haft die Flucht gelingt. Zufällig, „by aventure" (1516), belauscht der flüchtige Palamon die Klagen seines Vetters in einem Wäldchen bei Athen. Er stellt seinen Rivalen, beide betonen ihr Recht auf Emily und fordern sich zum Zweikampf heraus. Die geschworene Waffenbruderschaft hat sich in Folge von Rivalität in der Liebe zu erbitterter Feindschaft gewandelt: „I wol be ded, or elles thou shalt dye" (1587).[51] Selbst ihrem Todfeind Theseus gegenüber, der sich von göttlicher Vorsehung geleitet ebenfalls am Schauplatz des Zweikampfes einstellt, demonstrieren die Vettern noch ihre Feindschaft („But sle my felawe eek as wel as me / Or sle hym first", 1722/3). Dieser staunt über die Macht der Liebe, die zwei flüchtige thebanische Prinzen zurück nach Athen in die Hände ihres Feindes treibt:

And yet hath love, maugree hir eyen two,
Broght hem hyder bothe for to dye.
(1796/7)

Doch Theseus beweist Großmut, verzeiht dem verbannten Arcite die Rückkehr und Palamon die Flucht und verspricht gar die Schlichtung ihres Streits mittels eines öffentlichen Turniers. Der Sieger soll die bislang in völliger Unkenntnis der sie umgebenden Liebesproblematik harrende Emily zur Frau bekommen. Arcite - um weite Strecken der Erzählung zusammenzufassen – setzt sich im Turnier gegen Palamon durch. Damit erhält er, worum er seinen Schutzgott Mars in Vorbereitung auf den Kampf gebeten hatte, nämlich den Sieg. Doch auch Palamons Bitte an seine Schutzgöttin Venus, Emily zu ehelichen, geht in Erfüllung: Saturn greift in das Geschehen ein und lässt mittels einer Furie den triumphierenden Arcite just in dem Moment, da er zu Emily aufblickt und erstmals von ihr einen liebevollen Blick erhält, vom Pferd stürzen und sich eine tödliche Verletzung zuziehen. Arcite stirbt kurze Zeit später mit seinem Rivalen versöhnt, doch nicht mit seinem Schicksal. Boccaccios Bericht vom Aufstieg der Seele des Arcita in die achte Sphäre des Kosmos wird hier bezeichnenderweise ausgespart. Chaucers Arcite verscheidet ohne boethianische Einsicht in die Nichtigkeit irdischen Strebens und ohne sich von der Willkür des Schicksals distanziert zu haben. In seinen letzten Worten beklagt er vielmehr eindringlich sein Schicksal:

---

[51] „Dye" reimt sich vielleicht nicht ganz zufällig auf „Emelye" im folgenden Vers (1588).

Allas, the deeth! Allas, myn Emelye!
Allas, departynge of oure compaignye!   *Auseinanderbrechen*
Allas, myn hertes queene! Allas, my wyf,
Myn hertes lady, endere of my lyf!
What is this world? What asketh men to have?
Now with his love, now in his colde grave
Allone, withouten any compaignye.
Fare wel, my sweete foo, myn Emelye!
                    (2773-80)

In seinem Abschied von Emily stellt er vorwurfsvoll einen Zusammenhang zwischen seiner Liebe und seinem unverdient frühen Tod her („Myn hertes lady, endere of my lyf"), der ahnungslos-unbeteiligten Emily macht er in seinem Lebewohl gar der Vorwurf der Feindschaft („my sweete foo"). Arcite erwartet sich vom Tod keine Erlösung, sondern Kälte („colde grave") und Einsamkeit. Seine Fragen nach dem Sinn seines Lebens und seines unzeitigen Todes bleiben in seiner Sterbestunde unbeantwortet.

Doch Arcites Tod ist nicht das Ende der *Tale*. Die Umstehenden bringen ihre Betroffenheit („Shrighte Emelye, and howleth Palamon", 2817) und ihr Unverständnis darüber zum Ausdruck, wie ein junger Mann auf dem Höhepunkt seines Glückes sterben kann: „Why woldestow be deed, thise wommen crye, / And haddest gold ynough, and Emelye?" (2835/6). Allein Theseus' Vater Egeus, der im Lauf seines Lebens die Welt als einen Ort steten Wandels kennen gelernt hat („That knew this worldes transmutacioun", 2839)[52] bleibt ungerührt und kommentiert den Tod Arcites mit altersweisen Sprüchen:

"Right as ther dyed nevere man," quod he,
"That he ne lyvede in erthe in some degree,
Right so ther lyvede never man," he seyde,
"In al this world, that som tyme he ne deyde.
This world nys but a thurghfare ful of wo,
And we been pilgrymes, passynge to and fro.
Deeth is an ende of every worldly soore."
                    (2843-9)

Egeus' Worte tragen zum Kernproblem der *Tale*, nämlich zum Umgang mit der *Ungerechtigkeit* des Todes des siegreichen Arcite und mit der *Willkür* des Schicksals jedoch nichts bei. Sein Räsonnement in den ersten vier zitierten Verszeilen ist eher bescheiden; ab Vers 2847 zitiert er Gemeinplätze mittelenglischer Todeslyrik, jedoch mit dem Unterschied, dass aus seiner heidnischen

---

[52] Vgl. dazu *Boece*, II, metr. 3: „It is certeyn and establssched by lawe perdurable, that nothyng that is engendred nys stedfast ne stable."

Sicht die „Pilgerfahrt" des Menschen auf Erden ziellos verläuft („passynge to and fro"). Auch sein Trost, dass der Tod dem Leid des irdischen Lebens ein Ende bereitet - diese Verszeile knüpft an eine Stelle im *Boece* an[53] - passt schlecht auf die gegebene Situation, wurde doch Arcite aus dem prallen Lebensglück, vom Höhepunkt seines Triumphes, hinweggerafft. Was Egeus sonst noch alles gesagt haben mag („And over al this yet seyde he muchel moore", 2850) ist der Erzählerfigur, dem Ritter, nicht der Wiedergabe wert. Dies kann als augenzwinkernder Hinweis Chaucers auf die Irrelevanz der Altersweisheit eines Egeus gewertet werden.

Arcite, der zu Beginn der *Tale* halbtot aus einem Leichenhaufen gezerrt, von Theseus lebendig begraben und vom Anblick Emilys tödlich verwundet wurde, vor Liebeskummer den Tod in seinem Herzen spürte (1220), jahrelang inkognito bei Todesgefahr am Athener Hof weilte, mit seinem Vetter Palamon auf Leben und Tod um Emily kämpfte und bei der Entdeckung durch Theseus allein dank der mitleidvollen Tränen der Königin und Emilys Gnade fand (1746-59), wird posthum, nachdem er ausgerechnet an den Folgen eines banalen Sturzes gestorben ist, zum meistbetrauerten Helden Griechenlands. Die *Tale* schildert minutiös – wobei sie ihre Versprechungen der Raffung (*occupatio*) beharrlich bricht - das Zeremoniell der Leichenverbrennung (2853-2966). Es folgen Jahre der Trauer und zuletzt die viel kommentierte abschließende Rede des Theseus (2987-3093).

Das Echo der Kritik der vergangenen Jahrzehnte auf diese Rede fiel unterschiedlich aus. Patricia Kean urteilt, dass sie ihrem Anspruch als philosophischer Höhepunkt der *Tale* gerecht wird.[54] Chaucer setze zielsicher die Philosophie des Boethius im Sinne seiner *Tale* um (S. 42). Der „Firste Moevere" (2987), so hebt Theseus an, der im Schöpfungsakt die vier Elemente des Feuers, der Luft, des Wassers und der Erde zu einer harmonischen, geordneten und begrenzten Einheit verband,

> For with that faire cheyne of love he bond
> The fyr, the eyr, the water, and the lond
> In certayn boundes, that they may nat flee. (…)
> That same Prince and Moevere (…)
> Hath stablissed in this wrecched world adoun
> Certeyn dayes and duracioun (...)
> Over the whiche day they may nat pace
>   (2991-8)

schuf ein Universum, in dem zyklischer Wandel grundlegende Stabilität garantiert. Arcites Tod, so Kean, ist wie jegliches individuelles Sterben Teil dieses

---

[53] "For thynges that semen now sory passen also" (II, pr. 3).
[54] Patricia M. Kean, *Chaucer and the Making of English Poetry, Volume II: The Art of Narrative*, London 1972, S. 41f.

allgemeinen Wandels (S. 38). Der Widerspruch zwischen Stabilität und Wandel lässt sich dadurch klären, dass letzterer zyklisch verläuft, also stets wieder zum Ausgangsstadium zurückführt und dadurch letztlich Stabilität garantiert. Beispiele aus der Natur wären hierfür die Jahreszeiten oder die Gezeiten.[55] Die allseits erkennbare Ordnung könne als Beweis für die Existenz eines ewigen und vollkommenen Schöpfergottes gewertet werden (3003/4):

> Theseus's speech is thus, philosophically speaking, much more comprehensive and closely argued than has sometimes been allowed. It shows a free and flexible use of several well-known philosophical topics which range far beyond a mere rehash of disconnected passages of Boethius.[56]

Die Überzeugung, dass das Universum seinen Ursprung in der göttlichen Vollkommenheit hat, und die Erklärung der Korruption auf Erden als einen Abstieg („descendynge") der Schöpfung von der göttlichen Perfektion entnimmt Chaucer einer Passage aus dem dritten Buch der *Consolatio*:[57]

> For nature hath nat taken his bigynnyng
> Of no partie or cantel of a thing   *Portion, Teil*
> But of a thing that parfit is and stable,
> Descendynge so til it be corrumpable.
>   (3007-10)

Nichts auf dieser Welt, ob Lebewesen oder tote Materie, hat ewigen Bestand, sondern ist dem natürlichen Wandel („progressioun", 3013), im Falle der Lebewesen der sukzessiven Existenz, unterworfen („Shullen enduren by successiouns", 3014). Theseus listet vier Beispiele besonders dauerhafte Phänomene auf, die jedoch alle, wenn man einen entsprechend langen Beobachtungszeitraum ansetzt, sich gleichermaßen als unbeständig erweisen: Die Eiche, der Stein, der Fluss und die Stadt (3017-26). Wenn selbst diese vier Inbegriffe von Dauerhaftigkeit bzw. Langlebigkeit nur für einen begrenzten Zeitraum existieren, dann erst recht der Mensch, der in einem der beiden Lebensalter, „in youthe of elles age" (3029), sterben muss, gleich, welchem sozialen Rang er angehört („the kyng as shal a page"). Alles, was geschaffen wurde, vergeht und kehrt zu seinem Ursprung, dem Schöpfergott, zurück (3035-8). Diesem Lauf der Dinge

---

[55] Boethius erläutert das Konzept der Stabilität im Wandel (*stability-in-change*) in Buch II, Prosa 1.

[56] Kean, *Chaucer*, S. 48.

[57] Buch III, Prosa 10, in Chaucers Übersetzung: "For the nature of thinges ne took nat hir begynnynge of thinges amenused [reduziert] and inparfit, but it procedith of thinges that ben alle hole and absolut, and descendith so doun into uttereste thinges and into thinges empty and withouten fruyt".

müsse sich der Mensch fügen und seinen Tod als Teil der natürlichen Ordnung akzeptieren.

Weise sei es Theseus zufolge, aus der Not eine Tugend zu machen („To maken vertu of necessite", 3042) und dem uns allen bevorstehenden Tod eine positive Haltung gegenüber einzunehmen („And take it weel", 3043). Sich dagegen aufzulehnen sei eine Narrheit und Rebellion gegen Gott (3045/6). Am Ende seiner allgemeinen Argumentation angelangt, wendet sich Theseus nun dem konkreten Fall, dem Anlass der Rede zu, dem Tod Arcites (3047f.): Eine besondere Gunst wird laut Theseus dem Menschen zuteil, der auf dem Höhepunkt seines Lebens stirbt („To dyen in his excellence and flour", 3048), zu einem Zeitpunkt, da er sich eines guten Nachrufs sicher sein kann, demjenigen, der in Ehren aus der Welt verscheidet:

> Thanne is it best, as for a worthy fame,
> To dyen whan that he is best of name.
> (3055/6)

Arcite – sein Name fällt erstmalig in der 73. Verszeile der Rede – sei dieses Glück zuteil geworden, deshalb stünde es den Hinterbliebenen nicht länger an, über seinen Tod zu klagen. Er sei ehrenvoll aus dem „foule prisoun" (3061) des Diesseits verschieden, sein Vetter und seine Braut sollen ihm nicht länger sein jenseitiges Wohlergehen („his welfare") missgönnen. Theseus schließt mit der Aufforderung an Palamon und Emily, fröhlich zu sein, Jupiter für seine Gnade zu danken (3069), die Trauer zu Freude werden zu lassen und sich die Hand zum Ehebund zu reichen.

Auch Ian Robinson lobt die Rede als angemessenen Höhepunkt der *Knight's Tale*.[58] Theseus könne als Herrscher von Athen zwar nicht Ungerechtigkeit und Leid aus der Welt verbannen, doch sei es ihm gelungen aufzuzeigen, wie sich der Mensch am besten in einer von Jupiter und Saturn regierten Welt arrangiert.[59] Der Eingriff letzterer Gottheit in das Schicksal Arcites stellt einen Störfaktor im ansonsten harmonischen Weltgefüge Jupiters dar. Saturn ist boshaft und handelt willkürlich; als Vater des „Firste Moevere" ist er bedauerlicherweise außerhalb der Jurisdiktion der gerechten und ordnenden Schöpfungsmacht (Robinson, *Chaucer*, S. 133). Saturn zerstört durch seinen willkürlichen Eingriff in das Turnier den gerechten Verlauf des von Theseus arrangierten Schlichtungsverfahrens. Arcite kann in seinem plötzlichen, unerwarteten, unzeitigen und unverdienten Tod im Moment seines Triumphes keinen Sinn erkennen und stirbt mit seinem Schicksal unversöhnt. Sein Tod in Folge eines Sturzes vom Pferd hat außerdem nichts Ehrenvolles oder Heroisches

---

[58] Ian Robinson, *Chaucer and the English Tradition*, Cambridge 1972, S. 140.
[59] In Helen Coopers Worten: "Theseus' speech is about coming to terms with mutability, mortality, death: to do so, he reaches beyond the corruptible order of earth to the stable and eternal First Mover" (*The Canterbury Tales*, S. 70).

an sich, auch wenn Theseus in seiner Rede diesen Anschein erwecken will, nicht einmal etwas Schreckliches oder Gräuliches wie die im Tempel des Mars dargestellten Sterbeszenen (2001-32), fügt Robinson hinzu (S. 135). Sein Tod ist, in deutlichem Kontrast zu seinem Leben, schlichtweg banal. Arcite hat jedoch im Sterben ein gewisses Verständnis seiner Rolle und seiner Selbst erlangt (S. 136). Er erkennt den tödlichen Irrsinn der Rivalität ehemaliger Waffenbrüder um eine attraktive Frau, besiegt auf dem Sterbebett seine Eifersucht und empfiehlt Emily, die er für eine flüchtige Weile seine Braut nennen kann, der Liebe Palamons. Arcite vermag somit „aus der Not eine Tugend zu machen", wie von Theseus in seiner Rede empfohlen („To maken vertu of necessitee", 3042).

Der Herrscher Athens spannt in seiner Rede einen weiten Bogen von der auf zyklischem Wandel basierenden stabilen Weltordnung zur Akzeptanz menschlichen Sterbens als Aspekt dieses Wandels, zur Glorifizierung eines ehrenvollen Todes bis zum konkreten Fall, dem Tod Arcites. Der Einblick in die größeren Zusammenhänge menschlichen Lebens und Sterbens ermöglicht der Trauergemeinde, Arcites Tod als sinnvolles, wenn auch schmerzhaftes Ereignis im Rahmen des allgemeinen Laufs der Welt zu akzeptieren. Der menschliche Tod wird als Voraussetzung für neues Leben gesehen; dessen Akzeptanz stellt somit kein Eingeständnis der Niederlage des Lebens dar (S. 140). Theseus bietet laut Robinson der Trauergemeinde echten Trost, da er dem Tod Arcites Sinn verleiht, im Gegensatz zu seinem Vater Egeus, der der allgemeinen Trauer nur hohle Allgemeinplätze und seine stumpfe Altersgelassenheit entgegenzuhalten vermag.[60] Ausgerechnet Egeus, der Repräsentant des hohen Alters, spielt die Tragik des frühzeitigen Todes eines jungen Ritters unter Verweis auf die Sterblichkeit als allgemein menschliches Schicksal herunter. Theseus hingegen geht gegen Ende seiner Rede von philosophischer Spekulation zu praktischem Beistand über: Sowie Palamon und Emily den Tod Arcites als natürlichen Vorgang im Rahmen der Progression der Schöpfung akzeptiert und der Ungerechtigkeit seines Todes auf dem Höhepunkt seines irdischen Glücks gar eine positive Seite abgewonnen haben, müssen sie sich nicht länger zu resignierter und steriler Trauer im Andenken an den Vetter bzw. Gatten verpflichtet fühlen. Es liegt nun, nach Ablauf einer angemessenen Frist („By processe and by lengthe of certeyn yeres", 2967), an ihnen, aus der Situation das Beste zu machen und durch einen Ehebund die Trauer in dauerhafte Freude zu verwandeln. Die positive, auf philosophischer Reflexion basierende Lebenshaltung des Theseus ermöglicht Palamon und Emily einen glücklichen Neubeginn und beschert der *Knight's Tale* im Anschluss an die Tragödie des Arcite zuletzt doch noch einen glücklichen Ausgang.

In den vergangenen Jahrzehnten haben jedoch eine ganze Reihe von Interpreten bei ihren Analysen der *Knight's Tale* auf logische Schwächen der

---

[60] Robinson kommentiert die Rede des Egeus als "a low-inspired stoicism compounded of fear and resignation" (S. 140).

Theseusrede aufmerksam gemacht. Elizabeth Salter z.B. hebt zwar lobend die Eloquenz der Passage hervor, kritisiert jedoch, dass Theseus die philosophische Argumentationslinie des ersten Teils der Rede in ihrem zweiten Teil nicht fortführt. Sein Ratschlag, aus der Not eine Tugend zu machen (3042), sei eine praktische Lebenshilfe, kein logischer Schluss aus dem Einblick in das Funktionieren der Welt. Weitere gut gemeinte Hilfestellungen zur Bewältigung der Trauer, etwa dass Arcite ein guter Nachruf gewiss oder dass er dem „foule prisoun of this lyf" (3061) entkommen sei, entfernen die Rede nur von ihrem philosophischen Ausgangspunkt.[61]

Joseph Westlund macht auf Sinnverzerrungen der Theseusrede im Vergleich zu ihrer ideologischen Quelle, der *Consolatio Philosophiae*, aufmerksam.[62] Der Herzog Athens erläutere die Stellung des Menschen innerhalb der transzendenten Weltordnung, sage jedoch wenig über das Wesen dieser Ordnung aus (S. 534). Das menschliche Sterben lässt sich philosophisch als Teil des allgemeinen Wandels innerhalb der stabilen Weltordnung erklären, doch wie die Ungerechtigkeit des Todes des siegreichen Arcite? Die Vorstellung einer umfassenden Weltordnung, die sich auf einen ewigen und vollkommenen Schöpfergott zurückführen lässt, stammt von Boethius. Dessen Sprecherin Philosophia wählt als Beispiele zur Veranschaulichung ihrer These „that the world with stable fayth varieth accordable chaungynges" (II, metr. 8, Chaucers Übersetzung) die Bewegungen der Himmelskörper, die Gezeiten und die Abfolge der Jahreszeiten (dazu auch Buch IV, metr. 6). Sie erläutert den Lauf der Welt als zyklischen Wandel basierend auf grundlegender Stabilität (stability-in-change). Theseus' Beispiele von nur scheinbar dauerhaften Phänomenen der Natur und der menschlichen Zivilisation, der Eiche, dem Stein, dem Fluss und der Stadt, die Chaucer nicht der *Consolatio Philosophiae*, sondern Boccaccios *Teseida* entnahm, haben im Prinzip jedoch genau gegenteiligen Effekt: Sie erläutern nicht die Stabilität der Welt im Wandel, sondern die Vergänglichkeit alles Irdischen.

Theseus' Rat an die Menschen, angesichts unerklärbarer Missgeschicke aus der Not eine Tugend machen und einfach weiterzuleben, ist Westlund zufolge im Vergleich zu den Schlüssen der *Consolatio* ebenfalls nicht zufriedenstellend. Philosophia erläutert, dass die Weltordnung nicht nur einen stabilen Rahmen für das Leben auf Erden bildet, sondern dass jedem individuellen Schicksal ein providenzieller Sinn zugrunde liegt (IV, pr. 6). Indem sie die Figur Boethius an vergangenes Glück erinnert, relativiert sie dessen Klagen über derzeitiges Unglück (II, pr. 1). Ein wohlgesonnenes Schicksal ist trügerisch („whan Fortune semeth debonayre, thanne sche lieth, falsly byhetynge the hope of welefulnesse"), ein schlechtes Schicksal hingegen ist ehrlich und gewährt dem Menschen einen Einblick in ihr Wesen („but forsothe contraryous Fortune

---

[61] Elizabeth Salter, *Chaucer, 'The Knight's Tale' and 'The Clerk's Tale'*, Studies in English Literature Series, n° 5 (1962), S. 35.
[62] Joseph Westlund, "The *Knight's Tale* as an Impetus for Pilgrimage", *Philological Quarterly* 43 (1964), S. 526-37.

is alwey sothfast", II, pr. 8). Wahres Glück, so die zentrale Aussage der *Consolatio*, kann der Mensch nur in sich selbst finden:

> O ye mortel folk, what seeke ye thanne blisfulnesse out of yourself
> whiche that is put in yowrself? (II, pr. 4)

Theseus' Preis des ehrenvollen Todes Arcites (3055/6) steht zuletzt in krassem Gegensatz zur Geringschätzung von Ruhm und Ehre durch Philosophia. Der Tod wird schon von Boethius als sozialer Gleichmacher gesehen:

> Yit natheles deth despiseth al heye glorie of fame, and deth wrappeth togidre the heyghe heved [Kopf] and the lowe, and maketh egal and evene the heygheste to the loweste. (II, metr. 7)

Die Weltdeutung der Theseusrede, so schließt Westlund, haftet in diesseitigem Pragmatismus und verfehlt den Kern der boethianischen Philosophie (S. 535).

Auch Robert B. Burlin kritisiert an der Theseusrede den eingeschränkten Radius ihrer Philosophie.[63] Sie bietet keine Antwort auf die verzweifelten Fragen des sterbenden Arcite. Sie vermag zwar den menschlichen Tod im Allgemeinen als Aspekt der natürlichen Generationenfolge zu erklären, jedoch nicht Arcites individuellen und regelwidrigen Tod. Im Universum der *Knight's Tale* herrschen zwar Stabilität und Ordnung, doch keine Gerechtigkeit (S. 106). Nicht Theseus, sondern der sterbende Arcite äußert Einsichten der *Consolatio Philosophiae* in das trügerische Glück der Welt:

> What is this world? What asketh men to have?
> Now with his love, now in his colde grave
> Allone, withouten any compaignye.
>
> (2777-9)

Dies lässt sich damit erklären, dass dem todgeweihten Arcite intuitiv dieselbe Einsicht, nämlich in die Nichtigkeit irdischen Glücks, kommt wie dem inhaftierten und von Hinrichtung bedrohten römischen Senator, Theseus hingegen in seiner Verantwortung für das Athener Gemeinwesen und für seine Schützlinge Emily und Palamon der pessimistischen Sicht der *Consolatio* eine positive Lebensphilosophie entgegenhält. Die einer menschlichen Extremsituation entstammenden Einsichten eines Boethius sind nur bedingt als philosophische Lebenshilfe anwendbar.

Stewart Justman schließt sich der Kritik Westlunds an, dass die Theseusrede die boethianische Philosophie im Kern verfehlt.[64] Arcites Tod infolge eines

---

[63] Robert B. Burlin, *Chaucerian Fiction*, Princeton 1977, S. 105f.
[64] Stewart Justman, "'Auctoritee' and the *Knight's Tale*", *Modern Language Quarterly* 39 (1978), S. 3-14.

Sturzes vom Pferd habe nichts Ehrenvolles an sich, auch wenn Theseus dies suggeriert (3059-61). Justman sieht die politische Pragmatik des Herzogs von Athen als Grund für dessen Initiative zur Eheschließung von Palamon und Emily, nicht philosophische Erwägungen:[65]

> To have with certein contrees alliaunce,
> And have fully of Thebans obeisaunce. (2973/4)

Weshalb sollte ferner Jupiter gepriesen werden, wenn letztlich Saturn über den Ausgang des Turniers entscheidet? Auch Theseus' Versuch, ein moralisches Urteil über die Ereignisse der *Knight's Tale* zu fällen, scheitert (Justman, „Auctoritee", S. 13). Doch seien die verzerrte Widergabe boethianischer Philosophie in der Theseusrede und die Widersprüche zwischen angeblich wohlgeordneter Schöpfung und ungerechtem Einzelschicksal nicht als Zeichen minderer Qualität Chaucers erster *Tale* zu werten: „Without contradictions (which cannot be tolerated in Boethian dialectic) there would be no tensions and no tales. This holds for the *Knight's Tale* as well" (S. 14). Ein philosophisches Werk wie die *Consolatio* will über logische Schlüsse zu eindeutigen und wahren Aussagen gelangen, ein Erzählwerk wie die *Knight's Tale* hingegen will Gegensätze und Ungereimtheiten der menschlichen Existenz aufdecken und, ganz abgesehen vom ästhetischen Reiz, den die Verserzählung bietet, den Menschen Hilfestellungen geben, mit den Widersprüchen der Welt zu leben.

Derek Pearsall weist darauf hin, dass die Inhalte der *Consolatio* sich nur demjenigen voll erschließen und Trost spenden, der aus einer extremen Notlage heraus bewusst nach dem „Trost der Philosophie" sucht.[66] Ein erfolgreicher Herrscher wie Theseus kann Boethius' Trost der Lebensverachtung nicht nachvollziehen und schon gar nicht seinen Untertanen vermitteln. Pearsall fällt ferner auf, dass der Theseusrede letztlich doch eher eine eschatologische anstelle einer zyklischen Weltsicht zugrunde liegt (Pearsall, *Canterbury Tales*, S. 125): Die Menschen leben in einer „wrecched world" (2995), Arcite sei dem „foule prisoun of this lyf" (3061) entronnen. Theseus vertraut also doch nicht auf die in der *Consolatio* geschilderte (und von ihm selbst feierlich vorgetragene) Weltordnung, in der jeder Abfall vom einstigen Idealwerk des vollkommenen Schöpfers zyklisch restauriert wird, er hofft vielmehr im Sinn der christlichen Heilserwartung auf eine bessere, tatsächlich stabile jenseitige Welt, in die der Mensch nur über den Tod gelangen kann. Die boethianische Philosophie steht nicht im Widerspruch zur christlichen Botschaft, doch ist der beschriebene Weg zum Heil ein grundlegend anderer: Das Christentum verheißt Trost im Glauben an den Erlöser, die *Consolatio* hingegen fordert den Menschen dazu auf, in einem autonomen Willensakt durch die Verachtung des Diesseits und im Vertrauen auf

---

[65] "I rede that we make of sorwes two / O parfit joye, lastynge everemo" (3070/71).
[66] Derek Pearsall, *The Canterbury Tales*, London 1985, S. 121f.

einen letzten Sinn der göttlichen Ordnung zur Akzeptanz eines misslichen Schicksals zu finden. Die philosophischen Diskrepanzen der Theseusrede (Glaube an eine zyklische Ordnung einerseits, Hoffnung auf Erlösung andererseits) ergeben sich daraus, dass es Chaucer - sofern er dies wollte - nicht gelungen ist, den philosophischen Ansatz der *Consolatio* und das heilsgeschichtliche Denken seiner Epoche deutlich genug voneinander zu trennen und auch nicht, die beiden Denkweisen stimmig miteinander zu verbinden. Der spätmittelalterliche Autor wurzelt zu sehr im Denken seiner Zeit, um den Kerngehalt der *Consolatio* zur philosophischen Grundlage eines seiner Werke machen.

Edward C. Schweitzer rückt den Tod Arcites ins Zentrum seiner Interpretation der *Knight's Tale*. Seine überraschende These lautet, dass dieser nicht nur gerecht ist, sondern sich gar folgerichtig aus dem Fortgang der Erzählung heraus ergibt. Ihm geht es darum, hinter den diversen Elementen der *Tale* ein kohärentes Muster aufzuzeigen, in dem der scheinbare Widerspruch zwischen der Willensfreiheit Arcites und seiner Ausgeliefertheit an das Schicksal Sinn ergibt. [67]

Die Problematik der *Tale* liegt letztlich darin, dass Palamon und Arcite, anders als ihre Vorgänger in Boccaccios *Teseida*, als Liebhaber gleichrangig und praktisch austauschbar sind. Das Ergebnis ihrer Rivalität um Emily, die Palamon ehelicht, während sein siegreicher Vetter stirbt, ist willkürlich und durch keine Weisheit zu rechtfertigen. Arcites Tod und Palamons Glück stehen in auffallendem Gegensatz zu der von Theseus feierlich verkündeten Ordnung und Gerechtigkeit des Universums. Die Menschen erscheinen als Schachfiguren, als Spielzeuge der Götter. Thema der Erzählung ist letztlich nicht die Rivalität der beiden thebanischen Vettern, sondern ein Zwist zwischen Mars, Venus und Saturn. Schweitzer verweist in diesem Zusammenhang auf den konstanten Einfluss der Gottheiten, bzw. ihrer Planeten, auf den Verlauf des Geschehens (S. 16). Dieser erstreckt sich bis in Details wie die Porträts der beiden Sekundanten Lygurge und Emetreus, die Stunde, wann die Figuren des Liebesdreiecks zu ihren Gottheiten beten, den Tag des Turniers, den genauen Moment von Arcites Unfall, den Tag und die Art und Weise seines Todes. Alles wird vom Einfluss der Planeten bestimmt. Arcite bleibt kein Handlungsspielraum, er erscheint als passives Opfer, das machtlos in seinen frühen Tod schlittert, wie er selbst kurz vor seinem Treffen mit Palamon im Wald bei Athen einsieht: „Shapen was my deeth erst [früher, bevor] than my sherte [Hemd]" (1566).

Eine kosmische Ordnung, die Arcites Tod und Palamons Triumph verfügt, ist ungerecht und boshaft. Schweitzer macht nun auf Korrespondenzen zwischen Arcites Liebeskrankheit, „the loveris maladye / Of Hereos", [68] die ihm in der ersten Hälfte der Erzählung zusetzt, und der Art und Weise seines Todes in der zweiten Hälfte (2742-61) aufmerksam. Die Symptome seines Liebesleidens

---

[67] Edward C. Schweitzer, „Fate and Freedom in *The Knight's Tale*", *Studies in the Age of Chaucer* 3 (1981), S. 13-45.

[68] Deren Symptome werden in Versen 1361-79 geschildert.

gehen auf den „humour malenkolik" (1375) zurück, der in der zeitgenössischen Heilkunde Saturn zugeordnet ist, eben jener Gottheit, die seinen Sturz vom Pferd verursacht. Die Furie fährt in eben jenem Moment aus der Erde hoch, da Arcite zu Emily blickt und sie zu ihm (2678-83), sein Tod nimmt somit einen ähnlichen Ausgang wie sein Liebesleiden, welches ebenfalls durch einen Blick auf Emily ausgelöst wird (1114-6). Arcites Klage im Athener Wald, „Ye sleen me with youre eyen, Emelye!" (1567), erhält im Nachhinein eine zusätzliche Bedeutungsschicht. Derartige Korrespondenzen tragen zur Bedeutung der *Tale* entscheidend bei: Arcites Liebesleiden lässt sich als Präfiguration seines Todes deuten. Sein Sturz vom Pferd hingegen re-inszeniert sein Sich-Verlieben (englisch: „to fall in love"). Zwischen den beiden Ereignissen lässt sich ein Zusammenhang ermitteln: Der Logik der Erzählung zufolge hat Arcite, da er seine Liebe zu Emily bewusst kultiviert, auch seinen korrespondierenden Tod zu verantworten. Dieser ereilt ihn in Folge der Maßlosigkeit seines Liebesbegehrens. Der Widerspruch der *Tale* zwischen der Willensfreiheit der Protagonisten und ihrem Schicksal lässt sich damit auflösen, dass die kosmischen Mächte zwar das Schicksal der Menschen bestimmen, doch dabei genau das verfügen, was diese letztlich selbst zu verantworten haben.

Das Verhältnis der *Knight's Tale* zu ihrem philosophischen Referenzwerk trägt zu ihrer Bedeutung entscheidend bei, betont Schweitzer (S. 30). Arcite begeht eben jene Fehler, vor der die *Consolatio* warnt, er sucht sein Glück nicht in sich selbst, sondern in der Liebe („In hire presence I recche nat to sterve", 1398). Sein irrationales Liebesverlangen führt in seinen Tod. Boethius tadelt im fünften Buch seines Werkes (pr. 2, 36-43), dass sich die Menschen vom Licht der höchsten Wahrheit ab- und „lowe thingis and derke" zuwenden. Sie lassen ihren Leidenschaften freien Lauf: „[Thei] hepen and encrecen the servage which thei han joyned to hemself; and in this manere thei ben caytifs [Gefangene] fro hir propre liberte." Das boethianische Paradox der frei gewählten Unfreiheit wird Schweitzer zufolge in eben jenem Widerspruch der *Knight's Tale* zwischen Schicksal und Willensfreiheit reflektiert: die beiden thebanischen Prinzen haben nach Verlust ihrer physischen Freiheit ihre geistige Freiheit missbraucht und ihr Glück in den falschen Dingen gesucht und sich dadurch zu Sklaven ihres Schicksals gemacht, versinnbildlicht in der astrologischen Maschinerie der *Tale*.

Schweitzer äußert sich ebenfalls kritisch zum Verhältnis der Theseusrede zu ihrer philosophischen Quelle. Arcites Ruhm als Sieger des Turniers, den Theseus als Trost für dessen frühen Tod anführt, wird von Philosophia, wie bereits Westlund auffiel, als trügerisch und wertlos entlarvt (II, pr. 7 und metr. 7). Die ganze Rede ist Schweitzer zufolge ein Amalgam von Phrasen und Ideen, die verschiedenen Stellen der *Consolatio* willkürlich entnommen wurden (S. 38). Deren philosophischer Gehalt wurde, argumentiert er, durch die Einbettung einzelner Aussagen in neue Kontexte so stark verfremdet, dass die Theseusrede der boethianischen Philosophie letztlich gar zuwiderläuft. Der Herzog von Athen offenbare vor allem seine Verbundenheit mit dem Diesseits und seine

Identifikation mit seiner Rolle als Herrscher (S. 42). Er verwende boethianische Argumente allein, um eine dynastisch opportune Hochzeit zum Zwecke eines politischen Bündnisses (2973/4) zu arrangieren. Seine Folgerung aus der Ausgeliefertheit des Menschen an sein Schicksal, „But after wo I rede us to be merye" (3068), erinnert eher an sprichwörtliche Weisheiten von der Art wie „lasst es uns heute gut gehen, wer weiß, ob wir morgen noch leben" als an den *Trost der Philosophie*. Palamons Sieg in der Rivalität um Emily erscheint somit auch nicht als Triumph, sondern als unverdiente Schicksalsgunst - Palamon hätte ja dasselbe Ende wie sein Vetter verdient. Arcite wurde zum Opfer seines Wahns, Palamon und Emily werden zu Objekten weltlicher Machtpolitik.

Der erzählende Ritter beschert der *Tale* mit der Hochzeit Palamons und Emilys und einem Ausblick auf ein glückliches Eheleben zuletzt doch noch ein gutes Ende. Er kann sich mit dem diesseitsorientierten Lebensoptimismus seiner Theseusfigur identifizieren. Es ist demnach auch nur folgerichtig, dass der von Boccaccio geschilderte Seelenflug des Arcita in der *Tale* ausgespart wird[69] und alles andere als ein Zufall, dass ausgerechnet der Ritter die Litanei tragischer „Fälle" des Mönchs an späterer Stelle in den *Canterbury Tales* unterbricht.[70]

---

[69] Der Ritter tut das Weiterleben der Seele des Arcite nach dessen Tod mit den Worten ab:
His spirit chaunged hous and wente ther,
As I cam nevere, I kan not tellen wher.
Therfore I stynte, I nam no divinistre;   *Theologe*
(2809-11)

[70] Die *Monk's Tale* wird nie zu Ende erzählt, da sich der Ritter die Litanei trauriger Schicksale, die der Mönch zum Besten gibt, nicht länger anhören möchte. Er fordert Geschichten mit glücklichem Ausgang, die seiner optimistischen Lebenshaltung entsprechen:

And the contrarie is joye and greet solas,
As whan a man hath been in povre estaat,
And clymbeth up and wexeth fortunat,
And there abideth in prosperitee.
Swich thyng is gladsome, as it thynketh me   *erfreulich*
And of swich thyng were goodly for to telle.
(VII, 2774-9)

4.3 Liebe und Tod in *Troilus and Criseyde*

In *Troilus and Criseyde* ist die Liebesthematik noch enger als in der *Knight's Tale* ist mit der des Todes verknüpft. Wie Palamon und Arcite verliebt sich Troilus zu Beginn der Erzählung in seine künftige Partnerin und stirbt am Ende an den Folgen seiner Liebe. Im Unterschied zu letzterem Werk liegt hier zwischen der ersten Begegnung des Paares und dem Tod des Protagonisten jedoch nicht nur eine ausgedehnte Phase der Werbung, sondern auch eine der Erfüllung, der Trennung und der Distanzierung von der Liebe. Beide Werke verwenden Boccaccio als Vorlage, die *Knight's Tale* baut auf der *Teseida* auf und *Troilus* auf dem *Filostrato*, wobei Chaucer sich die Freiheit nimmt und den Aufstieg der Seele des Arcita aus Boccaccios Kontext entfernt und in seinen *Troilus* verpflanzt. Letzteres Werk stellt schon allein auf Grund seines Umfangs einen Höhepunkt innerhalb des Chaucerkanons dar.[71]

Im Vergleich zur ersten *Canterbury Tale* fällt ferner auf, dass hier tatsächlich eine Liebes*beziehung*, nicht die Rivalität zweier Liebender um ein passives Mädchen im Zentrum steht. Criseydes Perspektive und Handlungsweise nimmt in Chaucers Darstellung breiten Raum ein, ihre Emotionen spielen bei der Entfaltung des *plots* eine entscheidende Rolle. Eine Erweiterung gegenüber dem Handlungsverlauf der *Knight's Tale* ist ferner, dass sich in *Troilus* das Ende der Liebe in zwei Schritten vollzieht, die der Autor auf die Bücher vier und fünf aufteilt und dadurch deutlich voneinander absetzt. Arcites Tod gegen Ende der *Knight's Tale* würde, auf die Erzählstruktur des *Troilus* übertragen, auf das Ende des vierten Buches fallen, welches die physische Trennung des Paares schildert. In *Troilus* folgt jedoch Buch fünf, wo der Held zur Einsicht in die Brüchigkeit irdischer Liebe gelangt. Troilus stirbt nicht wie Arcite / Arcita mit dem Namen seiner Geliebten auf den Lippen, sondern desillusioniert von der Liebe und resigniert, wodurch sich der Erzähler Raum schafft für eine neue Metaphysik anlässlich des Seelenflugs.

Die bereits an der *Knight's Tale* konstatierte Verknüpfung von Liebes- und Todesthematik wird in *Troilus* zu einer Grundcharakteristik des Werkes. Troilus' Stellung zwischen seinen beiden Brüdern Hector und Paris trägt zu einem Verständnis seiner Rolle als todgeweihter Liebender mit bei. Troilus wird zwar wiederholt für seine Tapferkeit im Kampf gegen die Griechen gepriesen, doch bleibt er dabei stets seinem älteren Bruder unterlegen, was selbst der knappe Bericht seines Todes in der Schlacht für erwähnenswert hält.[72] Hector ist der prototypische Kriegsheld, Paris der prototypische Liebhaber, Troilus hat an

---

[71] Chaucer erweitert Boccaccios 5704 Verse auf 8239, die *Knight's Tale* umfasst 2250 Verse; siehe Willi Erzgräber, „Tragik und Komik in Chaucers *Troilus and Criseyde*", *Festschrift für Walter Hübner,* Dieter Riesner und Helmut Gneuss (Hg.), Berlin 1964, S. 140/1.

[72]   As he that was withouten any peere,
Save Ector, in his tyme, as I kan heere.
(Buch V, 1803/4)

beiden Rollen Anteil. Sein Erfolg als Krieger und als Liebhaber gehen Hand in Hand und sein Scheitern scheint nicht zuletzt in dieser Zwischenstellung begründet zu sein: sein Erfolg in der Liebe mündet in seinen Tod.[73]

Dieser wird von seiner ersten Begegnung mit Criseyde an thematisch vorbereitet.[74] Liebe und Tod stehen in diesem Werk in einem variablen und teilweise widersprüchlichen Verhältnis: Criseydes Liebe spendet Troilus zwar neues Leben (Buch III), führt aber letztlich zu seinem Tod, da er, vor der ersten Begegnung noch ein lebenslustiger junger Mann (Buch I), in Folge des Entzugs ihrer Liebe nicht mehr zu leben vermag (Buch V). Die Ereignisse auf dem Höhepunkt seines Glücks lassen sich zudem in Beziehung zu Troilus' Sterbeerfahrung setzen: die eingebildete Krankheit („mock illness"), sexuelle Vereinigung („little death") und sein Gefühl vollkommenen Glücks antizipieren seine tatsächliche Krankheit, seinen Tod und Einlass in die himmlische Glückseligkeit.[75] Die stete Todesgefahr, die das liebende Paar im umkämpften Troja umgibt, wirkt ferner intensivierend auf ihre Emotionen:[76] Troilus übt nicht zuletzt in seiner Rolle als Krieger einen erotischen Reiz auf Criseyde aus, sie wiederum durch ihre soziale Isolation (ihr Vater hat Troja verraten) und Witwentracht, die sie mit dem Tod assoziiert. In Folge seiner Liebe wird Troilus zu einer Todesfigur für den griechischen Feind („That day to day in armes so him spedde / That the Grekes as the deth him dredde", I, 482/3) und entwickelt einen Hang zur Selbstzerstörung, der sich in seiner Todessehnsucht im ersten, in seiner (eingebildeten oder tatsächlichen) Krankheit im zweiten und in seinem allmählichen Dahinschmachten im fünften Buch äußert. Gail T. Houston beschreibt in ihrem Aufsatz über die Farbsymbolik des *Troilus* das Verhältnis der Liebes- und Todesthematik als Interaktion:

> Love is intensified and enlarged by being set against death; and the meaning and importance of death is intensified by being set against the moment of most intense living, sexual consummation with the beloved. Thus, just as the theme of darkness and death is sounded when the theme of love and light are at their fullest, so too is the radiance of love present at the moment of death.[77]

Bei ihrer ersten sowie bei ihrer letzten Erwähnung bildet Criseydes Name das Reimwort zu „deyde" (I, 55/6 und V, 1833/4). Ihr widersprüchlicher Einfluss

---

[73] Claudia R. Papka, "Transgression, the End of Troilus, and the Ending of Chaucer's *Troilus and Criseyde*", *Modern Language Review* 77 (1982), S. 270.

[74] Lonnie J. Durham, "Love and Death in *Troilus and Criseyde*", *Chaucer Review* 3 (1968), S. 4.

[75] Durham, "Love and Death", S. 5.

[76] Gail T. Houston, "'White by Black': Chaucer's 'Effect Contraire' in *Troilus and Criseyde*", *Comitatus: A Journal of Medieval and Renaissance Studies* 15 (1984), S. 1.

[77] Houston, "White by Black", S. 7/8.

auf Troilus als Lebensspenderin einerseits und Ursache seines Todes andererseits wird farbsymbolisch im hell / dunkel-Kontrast ihrer Erscheinung zum Ausdruck gebracht:[78] Troilus nimmt sie bei der ersten Begegnung als strahlende Schönheit wahr ("in al Troies cite / Nas non so fair (...) an hevenyssh perfit creature", Verse 100-4), die in ihrer schwarzen Witwentracht nur um so heller leuchtet ("In widewes habit blak", "in hir blake wede", "She, this in blak", Verse 170, 177 und 309). Ihren Familienstand entnimmt Chaucer seinen Vorlagen, doch bekommt dieser in seiner Bearbeitung des Stoffes auch die Funktion, ihre assoziative Nähe zum Tod zu unterstreichen.[79] Die in Schwarz gekleidete Criseyde bedeutet für Troilus einen Hoffnungsschimmer, er sieht in ihr einen leuchtenden Stern hinter einer schwarzen Wolke ("under cloude blak so bright a sterre", 175). Allein ihr Blick lässt in dem soeben noch über die Liebe spöttelnden Trojaner den Lebensgeist (*spiritus vitalis*) absterben:

> That sodeynly hym thoughte he felte dyen,
> Right with hire look, the spirit in his herte.
>
> (306/7)

Troilus zieht sich in die Einsamkeit seines Zimmers zurück, reflektiert dort über das Wesen der Liebe und beschließt, sein bisheriges Leben aufzugeben und von nun an selbstlos Criseyde zu dienen (370/1). In seinem Hymnus beschreibt er die Liebe anhand gängiger Oxymora ("O quike deth, O swete harm so queynte", 411).[80] Eine Strophe des Liebeslieds endet bezeichnenderweise auf „dye" (420), die nächste auf „sterve" (427). Criseyde wird für ihn zum Lebensinhalt, sie hat Macht über sein Leben und seinen Tod ("Lo, here [ihr] his lif, and from the deth his cure!", 469).[81]

Um die Aufmerksamkeit seiner Verehrten auf sich zu lenken wütet Troilus unter den verfeindeten Griechen (482/3). Die Kälte („as frost in wynter moone", 524) und Unnahbarkeit seiner Verehrten lässt ihn jedoch bald seinen eigenen Tod herbeisehnen. Die Vorstellung vom Tod als Hafen des Friedens ist uns aus der mittelenglischen Lyrik bekannt;[82] für Troilus wird der Tod zum Ziel seines Lebensweges, er gibt dem Leidgeplagten Halt und Orientierung („God

---

[78] Houston, "White by Black", S. 1: "Thus, while Criseyde is repeatedly described in terms of whiteness – a characteristic she shares with the 'bright lady' Venus, goddess of love – she is consistently linked with death and its symbolic manifestation in blackness."

[79] Houston, "White by Black", S. 1.

[80] Die drei Gesänge (*Cantici*) des Troilus stehen an den drei Eckpunkten seiner Entwicklung in den Büchern eins, drei und fünf. Er reflektiert darin die jeweilige Station seiner Liebe, sein Liebesverlangen im ersten, die Erfüllung seiner Liebe im dritten und deren Verlust im fünften Buch.

[81] Dazu auch Vers 460: „Ye wolden on me rewe [Mitleid mit mir haben], er that I deyde!"

[82] Brown, XV, n° 164 "Port of Peace". Dieses Gedicht stammt zwar erst aus dem 15. Jahrhundert, der Topos vom Tod als Hafen des Friedens findet sich jedoch schon in antiker Literatur.

wold I were aryved in the port / Of deth, to which my sorwe wol me lede",
526/7). Im ersten Buch schwankt Troilus noch zwischen Todessehnsucht und
Hoffnung auf Rettung durch Criseyde (535/6). Seinem Freund Pandarus gegenüber simuliert er eine unbekannte Krankheit („Go hennes awey; for certes my
deyinge / Wol the disese, and I mot nedes deye", 572/3). Auf dessen Drängen
bekennt er sich zur Liebe als Ursache seines Leidens, doch würde er lieber
sterben, als den Namen seiner Verehrten preisgeben (674/5). Seines baldigen
Todes ist er sich sicher („That streight unto the deth myn herte sailleth", 606). Er
wünscht sich nichts sehnlicher, als im nächsten Scharmützel mit den Griechen
zu fallen (608/9). Um der aufdringlichen Hilfsbereitschaft seines Freundes zu
entkommen, mimt Troilus gar den Toten (723). Wachrütteln lässt er sich von
Pandarus erst wieder, als dieser ihm die Sinnlosigkeit seines Todes vor Augen
führt, wo doch seine Verehrte nicht einmal von seinem Leiden weiß. Wenn er
sie in dem Glauben lässt, er sei aus Angst vor den Griechen gestorben, würde
ihn posthum gar ihre Verachtung treffen (799f.). Als es Pandarus schließlich
gelingt, Troilus den Namen seiner Verehrten zu entlocken, stirbt der trojanische
Ritter fast vor Furcht (875). Nun bleibt ihm nichts anderes mehr übrig, als sein
Schicksal auf Leben und Tod seinem Freund anzuvertrauen (1053).

Die Lichtmetaphorik der ersten Begegnung (hell/dunkel-Kontrast) wird
im Proömium zum zweiten Buch fortgesetzt. Troilus segelt aus den schwarzen
Wogen („thise blake wawes", II, 1) seiner Verzweiflung in schöneres Wetter
(„the weder gynneth clere", 2). Buch II schildert Troilus' Wiedererwachen zu
neuem Leben dank der Vermittlung des Pandarus, Criseydes Onkels, zwischen
dem künftigen Paar. Der hoffnungsvolle Aufbruch ins Liebesglück prägt die
Stimmung des Buches, die Todesthematik bleibt jedoch greifbar. Der Monat
Mai bietet den Rahmen für Troilus' Erfolg in der Liebe, die Zeit des Erwachens
der Natur („That fresshe floures (...) Ben quike agayn, that wynter dede made",
51/2). Pandarus will bei einem Besuch seine Nichte schrittweise auf ihre Rolle
als Geliebte des Troilus vorbereiten. Zuerst muss er sie dazu bringen, ihre Witwentracht und -mentalität abzulegen und sich von der Jahreszeit zu einem Neu-
anfang inspirieren zu lassen (111/2). Criseyde kontert die Vorschläge ihres
Onkels jedoch mit dem Verweis auf ihre Trauer um den verstorbenen Gatten
und auf die stete Gefahr für die Stadt, die von den Griechen ausgeht (124).
Pandarus nutzt das Thema der griechischen Belagerung jedoch geschickt in
seinem Sinn: der junge Troilus habe sich neuerdings im Kampf gegen den Feind
besonders hervorgetan. Den Griechen habe er den Tod gebracht, Troja Leben
und Schutz geboten („He was hire deth, and sheld and lif for us", 201).

Pandarus kommt bald zur Sache und macht seine Nichte mit Troilus'
Gefühlen für sie vertraut. Dessen Grenzzustand zwischen Leben und Tod in
Folge seines Liebesleids wird zusammen mit seiner Bedeutung für die Sicherheit
der Stadt zu einem wirkungsvollen Druckmittel auf Criseyde. Ihr obliege nun
die Verantwortung für das Heil des Verehrers („Doth what yow lest [was du
willst] to make hym lyve or deye", 322). Pandarus setzt diesem gar noch eins

drauf und bindet sein eigenes Wohlergehen an das des Freundes („But if ye late hym deyen, I wol sterve", 323). Ihre eitle Distanz zur Liebe („daunger", 384) wird ihr zum Schuldvorwurf („That of his deth ye be naught to wite [Vorwurf machen, beschuldigen]", 385). Criseyde ist „zu Tode" erstaunt (427) und stirbt selber fast vor Furcht (449). Pandarus lässt jedoch nicht locker, macht ihr gar seinen eigenen Tod zum Vorwurf („That wikkedly ye don us bothe deye", 441) und droht mit Hungerstreik (442f.). Er berichtet seiner Nichte vom Aufkommen der Liebe des Troilus beim Palladionsfest, schildert jedoch die Erinnerungen seines Freundes in verzerrter Form, um den moralischen Druck auf Criseyde zu erhöhen. Troilus wird der Darstellung des ersten Buches zufolge von einem Pfeil Amors getroffen, als er auf die nichtsahnende Criseyde blickt. Pandarus unterstellt nun seiner Nichte, durch einen Blick die tödliche Wunde des Troilus selbst verursacht zu haben (533-6). Ein Triumphzug siegreicher Trojaner vor Criseydes Fenster, Troilus mittendrin, kommt Pandarus in diesem Moment wie gerufen (610f.).

Troilus' Schwanken zwischen Hoffnung und Verzweiflung führt zum Ausbruch der klassischen Liebeskrankheit (*amor hereos*, vgl. Arcites Leiden in der *Knight's Tale*), eine Art Grenzzustand zwischen Leben und Tod („For I am sik in ernest, douteles, / So that wel neigh [beinahe] I sterve for the peyne", 1529/30). Pandarus nimmt ihn mit zum Haus des Deiphebus, eines der zahlreichen Brüder des Troilus, um sein Unwohlsein mit Spielen und Geselligkeit zu vertreiben. Dort ereilt ihn jedoch ein Anfall von Fieber, so dass er von allen bemitleidet zu Bette gebracht werden muss. Für den nächsten Tag sind Helena und Criseyde bei Deiphebus zum Mittagessen eingeladen, letztere ahnt freilich nicht, dass Pandarus somit ihr erstes Treffen mit Troilus eingefädelt hat. Dessen Fieberanfälle werden bald zum Gesprächsthema der Tafelrunde und Criseyde genießt insgeheim ihre Macht, die sie nun über den Zustand des allseits beklagten Ritters ausübt. Als Pandarus seine Nichte ans Krankenbett geleitet, unterstellt er ihr erneut eine Mitschuld an seinem Zustand (1736). Troilus befindet sich nun am Scheideweg zwischen Tod und Genesung („Fully to deye, or han anon comfort", 1755).

Zu Beginn des dritten Buches, welches die Erfüllung seines Liebesverlangens bringen wird, verharrt Troilus noch in einem Stadium zwischen Leben und Tod („This Troilus ... wax neither quyk ne ded", III, 78/9). Wiederholt wird sein Tod evoziert und in Zusammenhang mit seiner Liebe zu Criseyde gebracht (63, 103, 110, 112, 123, 138, 263, 343). Das paradoxe Verhältnis von Liebe und Tod rückt im dritten Buch thematisch ins Zentrum. Troilus' Schwanken zwischen Liebe / Leben und Tod äußert sich auch in dem Doppelleben, das er trotz seiner Fieberanfälle zu führen imstande ist: Bei Tag dient er als trojanischer Ritter dem Kriegsgott Mars (437/8), bei Nacht der Venus (440/1).

Ein paar Tage später wird Criseyde abends von sintflutartigen Regenfällen dazu genötigt, über Nacht im Haus ihres Onkels zu bleiben. Um eine erste Liebesbegegnung mit Troilus unter seinem Dach zu arrangieren, manipuliert

Pandarus seine Nichte mit immer dreisteren Mitteln: Er lässt sie glauben, Troilus habe Gerüchte von einem geheimen Liebhaber Criseydes, dem wahren Grund ihrer Zurückhaltung, vernommen und befinde sich vor Eifersucht am Rande des Wahns. Gleichzeitig verspricht er Troilus für die kommende Nacht schon den Himmel der Liebe („Make the redy right anon, / For thow shalt into hevene blisse wende", 703/4). Die Gleichsetzung der sexuellen Erfüllung des Troilus mit dem Einzug in den Himmel nimmt den Aufstieg seiner Seele in die achte Sphäre am Ende des fünften Buches vorweg. Diese beiden Glücksmomente stehen jedoch insofern in auffälligem Kontrast, als die Glückseligkeit im dritten Buch durch die Erfüllung der Liebe erreicht wird, im fünften Buch gerade durch Troilus' endgültige Distanzierung von der Liebe. Ein leicht ironischer Kontrast zum Seelenflug des fünften Buches ergibt sich ferner aus der Art und Weise, wie Troilus ungesehen in sein irdisches Paradies, Criseydes Schlafgemach, „aufsteigt", nämlich durch eine Abwasserröhre („through a goter, by a pryve [geheim] wente [Weg]", 787). Er befindet sich Pandarus zufolge vor Eifersucht in akuter Todesgefahr (794, 798, 905). Doch Criseyde schwört auf Leben und Tod, um dem Troilus ihre Unschuld zu versichern (1049). Ihre Tränen angesichts der Schmach der Verleumdung verursachen bei Troilus Todeskrämpfe (1071 und 1081) bis er dem emotionalen Druck nicht mehr standhalten kann und nach den Stadien der Krankheit und des Wahns in einen weiteren Grenzzustand zwischen Leben und Tod fällt, nämlich in Ohnmacht (1092) und somit unbeabsichtigt genau die Reaktion Criseydes initiiert, auf die er nicht zu hoffen gewagt hatte, nämlich ihre zärtliche Zuwendung.

Als er in ihren Armen wieder erwacht, ist es nur noch ein kurzer Weg bis zur Erfüllung der Liebe. Der rauchige Regen (628) und die Dunkelheit der Nacht („blake nyght", „thi derke wede", 1429-31), die die Kulisse für die Liebesnacht bilden, setzen die Lichtmetaphorik des ersten Buches fort, wo Criseyde in ihrer Witwentracht als ein leuchtender Stern hinter einer schwarzen Wolke (I, 175) erscheint. Ausgerechnet bei der Schilderung der ersten Liebesbegegnung häufen sich die Hinweise auf Troilus' Tod bzw. den Tod im Allgemeinen (1171, 1240, 1241, 1243, 1292, 1483, 1502, 1505, zweite Liebesnacht: 1697), gar auf Christi Tod am Kreuz (1577); so wird etwa ein Zusammenhang zwischen Liebe und Tod hergestellt durch einen Vergleich der sexuellen Freuden des Troilus im Anschluss an sein Liebesleid mit der Aufnahme eines Heiligen in den Himmel nach qualvollem Martyrium („Thus sondry peynes bryngen folk in hevene", 1204). Troilus' Seele ist dank der Vermittlung des Pandarus vom Höllenfluss Phlegethon in den Himmel aufgestiegen (1599/1600). Sein Glück wird mit dem eines Mannes verglichen, der in Erwartung seines Todes unverhofft gerettet wird (1240-3). Criseydes Liebe bringt Troilus Rettung vor dem Tod, sein Leben oder Sterben liegen ganz in ihrer Hand (1292). Zuletzt bietet auch noch Pandarus am nächsten Morgen Criseyde scherzhaft seinen Tod zur Sühne für seine Kuppelei an (1572/3).

Das vierte Buch bringt den Umschwung des Schicksals des Troilus und leitet seinen Fall ein. Die Hinweise auf seinen Tod verdichten sich erneut. Als er den Beschluss der Ratsversammlung Trojas vernimmt, Criseyde gegen den Kriegsgefangenen Antenor einzutauschen, verliert er seine Gesichtsfarbe und stirbt beinahe (IV, 150/1). Er zieht sich, wie schon im ersten Buch, in die Einsamkeit seiner Kammer zurück („his derke chambre", 354) und legt sich auf sein Bett, welches nun eher an ein Grab erinnert („Lith Troilus ... Ibounden in the blake bark of care", 228/9).[83] Troilus steht der Tod, der ihn am Ende des fünften Buches ereilen wird, bereits ins Gesicht geschrieben („Ful lik a ded image, pale and wan", 235). Sein Kummer entlädt sich in Autoaggression („Smytyng ... His hed to the wal", 243/4), Klagen über seinen Tod (241), Apostrophen an den Tod („O deth, allas, why nyltow do me deye?", 250) Hadern mit dem Schicksal (260-6) und Suizidabsichten (278). Seit seinem Fall aus der Schicksalsgunst gleicht sein Leben einem in die Länge gezogenen Sterbeprozess:

> I, combre-world, that may of nothyng serve,
> But evere dye and nevere fulli sterve.
>
> (279/80)

Er vergleicht sein vermeintliches Schicksal, nämlich in der Finsternis sein sorgenvolles Leben zu beenden und vor Kummer zu sterben, mit dem des Ödipus (300/1). Troilus nimmt in einer Apostrophe an Criseyde (316f.) seine Trennung von Körper und Geist vorweg. Im Unterschied zum fünften Buch ist Troilus hier jedoch noch ganz in seiner Liebe befangen und antizipiert in Folge dieser Trennung eine Reise seines Geistes („my spirit", 320, im fünften Buch „his lighte goost", 1808) nicht in den Himmel, sondern zu seiner Geliebten. Bis zu seiner Einsicht, dass die Glückseligkeit gerade in der Distanzierung von jeglichem irdischen Verlangen liegt, ist es noch ein weiter Weg.

Auch im Dialog mit Pandarus, nun selbst leichenblass (379), finden sich gehäuft Hinweise auf Troilus' bevorstehenden Tod (373, 376, 399, 429, 432). Pandarus Rat, den Verlust Criseydes mit einem anderen Mädchen zu kompensieren, kontert Troilus entschlossen mit der Bitte um sofortigen Tod (440/1). Troilus' Bild vom Tod ist widersprüchlich. Mal fürchtet er eine Verlängerung seines Leids über den Tod hinaus,

> The deth may wel out of my brest departe   *vertreiben*
> The lif, so longe may this sorwe myne
> But for my soule shal Criseydes darte   *Pfeil*
> Out nevere mo; but down with Proserpine,
> Whan I am ded, I wol go wone in pyne,   *verharren, leben*
>
> (470-4)

---

[83] Hinweis aus Houston, „White by Black", S. 5.

dann schließt er sich jedoch der Sicht des Egeus in der *Knight's Tale*[84] an, dass der Tod seinem Kummer ein gnädiges Ende bereiten wird:

> O deth, that endere art of sorwes alle,
> Com now, syn I so ofte after the calle;
> For sely is that deth, soth to seyne,   *glücklich*
> That, ofte ycleped, cometh and endeth peyne.
>
>   (501-4)

Pandarus mahnt seinen Freund noch mit Blick auf seinen Nachruf und sein Seelenheil, wenn er schon sterben müsse, dann doch in seinem Leid mannhaft zu bleiben und einen ehrenvollen Tod in der Schlacht zu suchen („And if thow deye a martyr, go to hevene", 623), niemand, weder in Troja noch im Jenseits, werde ihn respektieren, wenn er sich von der Verzweiflung treiben lasse (629/30).

Auch Criseyde lässt sich wie tot (733) auf ihr Bett fallen und sehnt angesichts der Trennung ihr Ende herbei (753, 908), will sich gar selbst das Leben nehmen (777). So wie ein Fisch im Trockenen oder wie eine entwurzelte Pflanze sei sie ohne Troilus' Liebe zum Sterben verurteilt („rooteles moot grene soone deye", 770). Sie verunstaltet sich derart, dass ihr der Tod ins Gesicht geschrieben steht („it a deth was for to see", 856). Um ihre einst strahlenden Augen bilden sich vor Trauer purpurne Ringe, so dass auch ihr Blick an den Tod erinnert („That to beholde it was a dedly thyng", 871). Ihr Entschluss, dem Verlust ihrer Liebe durch ihre Witwentracht Ausdruck zu verleihen (779), nimmt Troilus' Tod sichtlich vorweg.

Troilus sehnt nun seinen Tod immer heftiger herbei (882, 924, 951/2, 955, 1081). Das Licht seiner Augen ist bereits erloschen (1092). Beim letzten Beisammensein der Liebenden stirbt Criseyde gar einen Scheintod (1149f.). Troilus küsst ihren kalten Mund, richtet ihren blassen und leblosen Körper in Leichenstellung (1182/3) und betet für ihr Seelenheil. Dann beteuert er, sich durch den Tod nicht von seiner Geliebten trennen zu lassen, und zieht sein Schwert. Der Tod wird somit paradoxerweise zu einer Macht, die Liebende zu trennen vermag („bis dass der Tod euch scheidet"), die den Liebenden jedoch, wenn sie die nötige Willenskraft besitzen, zu ihrer endgültigen Vereinigung allen widrigen Umständen zum Trotz verhelfen kann. Allein Criseydes Wiedererwachen im rechten Moment verhindert einen Ausgang der trojanischen Liebesgeschichte nach dem Muster von Pyramus und Thisbe. Das vierte Buch endet eben nicht mit dem Tod, sondern mit dem Abschied der Liebenden. Ein Zeitpunkt für Criseydes Wiederkehr wird vereinbart. Erste Zweifel an ihrer Treue klingen jedoch unterschwellig bereits an, als Troilus für den Fall ihrer Nicht-Einhaltung des Termins mit Suizid droht (1446, ebenso im Moment des Abschieds im

---

[84] "Deeth is an ende of every worldly soore" (*Knight's Tale*, Vers 2849).

fünften Buch, Vers 84). Dies weist sie jedoch entschieden von sich (1546/7, 1593), allein ihr Tod könne sie an der Rückkehr hindern (1595/6). Das Buch endet mit Troilus' dumpfer Vorahnung seines Todes am Morgen nach der letzten Liebesnacht (1691/2).

Das fünfte Buch schildert Troilus' schrittweisen Abschied aus dem Leben, sein Schwelgen in Nostalgie und – darin liegt der entscheidende Unterschied zum Ende der *Knight's Tale* – seine Distanzierung von der Geliebten und (posthume) Einsicht in die Nichtigkeit irdischer Liebe. Der lange Schatten, den Troilus' Tod vorauswirft, wird immer spürbarer: Troilus steuert im fünften Buch geradewegs und willentlich auf seinen Tod zu.[85] Er erhofft sich vom Tod Erlösung von seinem Leid (41/2), er schreit nach ihm (205), verflucht die antiken Gottheiten (207-10) und macht der soeben von dannen gezogenen Criseyde sein Sterben zum Vorwurf („Se how I dye, ye nyl me nat rescowe!", 231). Troilus schwelgt nun in Selbstmitleid: Pandarus kündigt er schon für den kommenden Tag sein Ende an (297), arrangiert sein Begräbnis und beginnt damit, sein Erbe zu verteilen (299f.). Zweimal will er bereits des Nachts die Eule, die Botin des Todes, nach ihm rufen gehört haben (319/20).

Troilus' Rundgang durch Troja zu den Erinnerungsstätten seiner Liebe ist voller Hinweise auf seinen bevorstehenden Tod (536, 545, 559, 574). In Criseydes verlassenem und vom Verfall bedrohtem Haus sieht Troilus sein Schicksal gespiegelt (540-46), die verriegelten Tore symbolisieren zudem seine Ausgeschlossenheit aus der irdischen Glückseligkeit (531-35). Ausgerechnet im fünften Buch erscheint Criseyde leuchtender als je zuvor: Ihre weißen Brüste und hellen Augen kommen ihm in Erinnerung (219/20). Sie ist für ihn seine „owen lady bright", seine „lufsom lady bright", „Criseyde the brighte", „Criseyde, brighte of hewe" und sein „lode-sterre [Polarstern, i.S.v. richtungweisender Stern]" (162, 465, 516, 1573, 232). Troilus' morbide Stimmung wird von körperlichem Verfall begleitet (559, 618). Im letzten seiner drei Gesänge sinniert er über den Verlust seiner Liebe. Er fasst das allmähliche Schwinden seiner Lebensgeister in das poetische Bild des Segelns in den Tod („Toward my deth with wynd in steere I saille", 641) und des Verschlungenwerdens vom Meeresungeheuer Carybdis (644).

Auch Criseyde wünscht anfangs ihren Tod herbei (690/91 und 984/85), erweist sich jedoch als anpassungsfähig, beschließt zu bleiben (1029) und vollzieht eine Kehrtwende hin zu dem Griechen Diomedes, dessen Wunden sie bald liebevoll pflegt und dem sie gar die Fibel schenkt, die ihr Troilus beim Abschied als Zeichen seiner Liebe anvertraut hatte (1040/41). Criseyde erweist sich somit als Teil eben jener Welt, die Troilus in seinem dritten Liebeshymnus besungen hat (III, 1744-71). Dort preist er die Liebe als eine ordnende Macht himmlischen Ursprungs, die ein harmonisches Miteinander der Völker der Erde ermöglicht, die vier Elemente zusammenhält, die Abfolge der Gezeiten und den zyklischen

---

[85] Houston, "White by Black", S. 7.

Wechsel von Sonne und Mond reguliert (1755/6); dabei übersieht er jedoch, dass die Liebe als Teil dieser Welt selbst dem allgemeinen Wandel (*mutability*) unterworfen ist. Criseyde, die sich im fünften Buch von Troilus ab- und Diomedes zuwendet, verkörpert eben jenes Konzept der *stability-in-change*. Ihre Wandlungs- oder Anpassungsfähigkeit ermöglicht ihr zu bestehen, im Gegensatz zu Troilus, der sich dem Lauf der Welt widersetzt, seinem Ideal dauerhafter Liebe treu bleibt und deshalb sterben muss:[86] "She is as the world is and goes as the world goes",[87] nämlich zyklisch, Troilus' Entwicklung hingegen verläuft geradlinig, er bewegt sich von seinem ersten Blick auf Criseyde an auf seinen Tod zu.

Als sie die Rückkehrfrist verstreichen lässt, stirbt Troilus' restlicher Lebenswille (1211, 1246). Ihn überkommt eine wilde Eifersucht und Melancholie (1213, 1216), seine Züge sind bald bis zur Unkenntlichkeit entstellt (1219/20), er verliert an Farbe, Gewicht und Körperkraft, so dass er zuletzt gar an einem Krückstock („by potente", 1222) laufen muss. Er hat nun jegliche Hoffnung aufgegeben und blickt seinem Tod mit Erleichterung entgegen (1232). Erneut zieht er Selbstmord als letzten Ausweg in Erwägung (1270-4). Sein Brief an Criseyde (1317f.) ist erwartungsgemäß in vorwurfsvollem Ton verfasst und voller Ankündigungen seines Todes (1387, 1393, 1400, 1413 und 1418). Criseyde rechtfertigt in ihrem Antwortschreiben mit fadenscheinigen Argumenten (ungünstiger Zeitpunkt, göttlicher Wille) ihre Entscheidung, bei den Griechen zu bleiben und hält ihm seine Ungeduld gar als Vergnügungssucht vor (1607/8). Als er schließlich gar an der Rüstung des Diomedes Criseydes Fibel erkennt, schreit er ein letztes Mal nach seinem Tod (1672/3), den er nun gezielt in der Schlacht sucht (1718) und bald findet (1806). Der redselige Pandarus, ein weiteres ominöses Zeichen, kann seinem Freund erstmalig keinen Rat mehr geben und bleibt aus Scham über die Untreue seiner Nichte „still wie ein Stein" (1729).

Troilus' zahlreiche Vorausdeutungen seines Todes über fünf Bücher hindurch erweisen sich im Nachhinein, da er tatsächlich in der Schlacht fällt, als mehr als bloße Selbststilisierung.[88] Er hat korrekt prophezeit: seine Liebe zu Criseyde hat ihm letztlich den Tod beschert. Vom Aufstieg seiner Seele wird erst im Anschluss an zwei metapoetische Strophen berichtet, die die Geschichte der Troilusliebe formell beenden.[89] Die Umstände seines Todes werden, im Gegensatz zur ausführlichen Schilderung des Todes von Arcite, so knapp wie

---

[86] Durham, "Love and Death", S. 7-9.

[87] Charles Muscatine, *Chaucer and the French Tradition*, Berkeley 1956, S. 154.

[88] Siehe auch Papka, "Transgression", S. 268: „In [the last seventy lines] Troilus finally dies after having talked about dying for several thousand lines (...)".

[89] Die erste der beiden Strophen (1786-92) enthält den bekannten Vers „Go, litel bok, go, litel myn tragedie", die zweite (1793-9) spielt auf die Problematik der textuellen Überlieferung im sprachlich zerklüfteten England des 14. Jahrhunderts an. Die beiden metapoetischen Strophen markieren C. R. Papka zufolge (S. 270) das zweite von insgesamt drei „false endings", gemeint sind damit Momente, an denen der Erzählton ein Ende der Geschichte suggeriert. Das erste „falsche Ende" bildet Troilus' Entscheidung, den Tod in der Schlacht zu finden (1718).

möglich gehalten. Troilus stirbt im Unterschied zu dem Thebaner eben nicht mit dem Namen seiner (einstigen) Geliebten auf den Lippen.[90] Bei der Schilderung des glückseligen („ful blisfully", 1808) Aufstiegs seiner Seele („his lighte goost") in die achte Sphäre des ptolemäischen Kosmos legt Chaucer größeren Wert als Boccaccio auf die spirituelle Erleuchtung des Troilus. Arcita bewundert den Lauf der Planeten, Troilus hingegen beobachtet „with ful avysement [Aufmerksamkeit]" (1811) die himmlische Ordnung, in deren Vergleich die Erde („this wrecched world", 1817) ganz klein und unscheinbar wirkt.[91] Ihm kommt die Einsicht in die Nichtigkeit irdischer Liebe, in seine Torheit, sein ganzes Leben der Liebe verschrieben zu haben, und er beginnt, spirituelle Wahrheiten zu verstehen.[92] Über die Trauer seiner Freunde und Angehörigen kann er, dem Merkur seine ewige Bleibe zuweist, nur verständnislos lachen.

Chaucer spannt gegen Ende des *Troilus* einen Bogen aus der heidnischen Welt des antiken Troja zurück in die christliche Gegenwart. In der Strophe, in der er sich von seinem Erzählstoff abwendet, fordert er die Jugend unter seinen Zuhörern auf, sich jetzt schon von der Eitelkeit der Welt zu lösen und ihre Gedanken auf den Schöpfergott zu richten (1835-41). Es bleibt fraglich, wie aufrichtig es Chaucer damit meint, wenn er den Wert der soeben über tausende von Versen besungenen Liebe zwischen Mann und Frau am Ende seines literarischen Meisterwerkes so im Handumdrehen herabsetzt (vgl. Chaucers wie ernst auch immer gemeintes Einlenken in die Wertewelt des christlichen Spätmittelalters in der *Retractatio*, s. 4.6). Ob es sich um ein Lippenbekenntnis zur offiziellen Geisteshaltung, um einen Ausdruck innerer Zerrissenheit des vielseitig interessierten und doch ganz im Denken seiner Zeit wurzelnden Autoren oder um ein Beispiel der Chaucerschen Ironie handelt? Die anschließende Kurzbeschreibung des Erlösungswerkes Christi wirkt wie ein Echo auf das Ende des Troilus: Christus starb aus Liebe zu den Menschen und stieg in den Himmel auf (1842-4). Christus ist wie Troilus in seiner Liebe beständig („for he nyl falsen no wight", 1845) und wurde wie der trojanische Held von denjenigen, die er liebte, verraten, ließe sich ergänzen. Claudia R. Papka zufolge hat sich Troilus von seiner ersten Begegnung mit Criseyde an eine Religion der Liebe geschaffen, für die er wie Christus zu sterben bereit ist.[93] Chaucer distanziert sich zuletzt von den antiken Gottheiten und dem dazugehörigen Weltbild (1849-55), widmet sein Werk seinen Zeitgenossen Gower und Strode und schließt mit einem Gebet an die Dreifaltigkeit.

---

[90] Gerald Morgan, "The Ending of *Troilus and Criseyde*", *Modern Language Review* 77 (1982), S. 262.

[91] *Teseida*, XI. 1 und 2, siehe Morgan, „The Ending", S. 263.

[92] "The significance of the joyful ascent of Troilus to the eighth sphere is that it effects in the hero of the poem a final transition from moral blindness to spiritual enlightenment" (Morgan, "The Ending", S. 261).

[93] Papka, "Transgression", S. 275.

4.4 Der zweifache Tod in der *Pardoner's Tale*

Als Gegenstand seiner Erzählung verkündet der Ablassprediger einen Vers (6:10) aus dem ersten Paulusbrief an Timotheus:

My theme is alwey oon, and evere was –
Radix malorum est Cupiditas.

(Fragment VI, 333/4)

Cupiditas, die Habgier, gilt als eine der sieben Todsünden. Der Schwerpunkt der Beispielgeschichte (Exemplum) liegt jedoch auf einem anderen Thema, nämlich auf der Konsequenz der Habgier der drei Zecher, auf dem Tod.[94] Das Besondere an Chaucers Umgang mit dem Thema in dieser *Canterbury Tale* ist sein Spiel mit den verschiedenen Sinnschichten: Im ersten Teil der Erzählung des Ablasspredigers, eingeleitet von einer Moralpredigt gegen die Kneipenlaster, wird im Dialog der drei Antihelden mit dem Buben und dem Wirt die Erwartung einer Todesfigur aufgebaut, wie man sie aus zeitgenössischen Werken kennt, doch zu einer physischen Konfrontation mit dem Tod wie in der *Legende von den drei Lebenden und den drei Toten*, in *Death and Liffe* oder in den Totentänzen[95] kommt es in der *Pardoner's Tale* eben nicht.[96] Der Tod wird stattdessen nüchtern-realistisch *ex negativo* als Ende des Lebens, als Folge des gegenseitigen Mordens dargestellt, als un-„begreifliches", un-„fassbares" und immaterielles Phänomen.[97] Die Art, wie die drei Zechbrüder sich in ihrer Naivität den Tod vorstellen, nämlich als materiellen Gegner, den der Mensch konfrontieren und überwinden kann, stellt sich als falsch heraus. Der Tod, so Johannes Kleinstück, wird in dieser *Tale* nicht als Person *verstanden*, sondern als Person *miss*verstanden. Die mythische Vorstellung vom Tod als einem in menschlichen Kategorien fassbaren Wesen wird in Chaucers Erzählung überwunden: „Der Tod ist hier nicht eine Person, sondern eine Macht und Möglichkeit, die aus dem So-sein des menschlichen Lebens hervorgeht. Das ist, wenn man will, ganz modern, zugleich aber auch durchaus christlich und mittelalterlich."[98]

---

[94] Siehe dazu Derek Pearsall, "Chaucer's Pardoner: The Death of a Salesman", *ChR* 17 (1983), S. 362.

[95] Zur *Legende* siehe Kap. 2.2, zu *Death and Liffe* Kap. 2.5, zur Entstehung der Totentänze Kap. 1.

[96] Pearsall (S. 362) vergleicht Chaucers Durchmischung der wörtlichen und allegorischen Bedeutungsebene mit dem surrealen Effekt, den Langland dadurch erzielt, dass seine Träumerfigur Piers Plowman Dowel in Folge guter Taten findet. Die *Tale* erzielt ihren Effekt durch Chaucers Spiel mit dem doppelten Sinn des „Todes", den die Antihelden verfehlen.

[97] Zur Darstellung des Todes *ex negativo*, als „Ding ohne Persönlichkeit", siehe Ian Bishop, „The Narrative Art of the *Pardoner's Tale*", *Medium Aevum* 36 (1967), S. 23.

[98] Johannes Kleinstück, „Zur Auffassung des Todes im Mittelalter", *DVJS* 28 (1954), S. 56 und 58. Philippa Tristram sieht in „'Olde stories longe tyme agoon': Death and the audience of Chaucer's Pardoner", in: *Death in the Middle Ages*, hg. v. Herman Braet, Leuven 1983, in

Die Handlung der *Tale* hält rationaler Erklärung vom Anfang bis zum Ende stand; auf übernatürliche Ereignisse oder allegorische Figuren wird bewusst verzichtet.[99] Der Tod des namenlosen Kumpanen der drei Zecher zu Beginn des Exemplums (673-5) lässt sich, sofern man von der metaphorischen Sprechweise zu abstrahieren versteht, ebenso glaubhaft nachvollziehen wie der Bericht des Wirtes vom Wüten der Pest oder der Auftritt des vermummten alten Manns.[100] Allein der Fund des Goldschatzes ist etwas Außergewöhnliches, die „unerhörte Begebenheit" Chaucers novellenartiger Erzählung, doch nichts Übernatürliches. Thomas Moisan empfindet die allegorischen Repräsentationen des Todes in der zeitgenössischen Literatur und bildenden Kunst (v.a. in der Wandmalerei) als einen Versuch des in Folge der Pestepidemien dem Tod nahezu hilflos ausgelieferten spätmittelalterlichen Menschen, das bedrohliche Phänomen zu materialisieren und dadurch in den Griff zu bekommen.[101] Doch ist der Tod in der *Pardoner's Tale* eben keine Macht, die der Mensch konfrontieren kann, er ist vielmehr im Wesen der drei Antihelden, in ihrer Gottlosigkeit, bereits zu Beginn der Handlung angelegt. Der Tod wird hier, so Kleinstück, durch den Menschen vollzogen; er liegt wie eine ständig bereite Möglichkeit im Menschen drin.[102] Chaucer legt in der Erzählung des Ablasspredigers den Mechanismus dar, wie die Lasterhaftigkeit der drei Zecher, ihr spiritueller Tod, ihren leiblichen Tod bewirkt. Das mittelalterliche Christentum, erklärt Malcolm Pittock, versteht unter dem Tod zweierlei, nämlich rein physisch das Ende des irdischen Lebens als Voraussetzung für den Einlass ins jenseitige Leben und spirituell den Zustand der Gottesferne, den Tod der Seele:[103]

---

der Weigerung der *Tale*, den Tod als allegorische Figur gleich welcher Art auftreten zu lassen, ein bewusstes Korrektiv zur morbiden Vorstellungswelt („charnel imagination") von Chaucers Zeitgenossen (S. 180).

[99] Ian Bishop beschreibt den Blickwinkel, aus dem die Ereignisse der *Tale* berichtet werden, als Doppelperspektive, surreal aus subjektiver Sicht der Antihelden, objektiv-realistisch aus Sicht des Erzählers ("The Narrative Art", S. 22).

[100] Alte Menschen treten im Mittelalter, in der Literatur sowie in der Realität, häufig vermummt auf, man denke z.B. an Morgan La Fay, die verschleierte „auncien lady" in *Sir Gawain*. Der Alte hat auf Grund seiner Vermummung nicht zwangsweise eine allegorische Bedeutung.

[101] "Paradoxically, the more death changes from an invisible and ineluctable condition of life to a personified presence, a foe of recognizable proportions and human propensities to be challenged, the more its imminence is actually being fled", Thomas Moisan, "Shakespeare's Chaucerian Allegory: The Quest for Death in *Romeo and Juliet* and *The Pardoner's Tale*", in: E.T. Donaldson und J.J. Kollmann (Hg.), *Chaucerian Shakespeare: Adaptation and Transformation*, Detroit 1983, S. 132.

[102] Kleinstück, "Zur Auffassung des Todes im MA", S. 56.

[103] Malcolm Pittock, "*The Pardoner's Tale* and the Quest for Death", *Essays in Criticism* 24 (1974): "Thus, for the good Christian, death as physical extinction is merely the beginning of true life, the life everlasting. For the sinner, death is a spiritual state preceding extinction which is itself a prelude to an immortality that is merely a more intense experience of physical death" (S. 108/9).

But, certes, he that haunteth swiche delices
Is deed, whil that he lyveth in tho vices.

(VI, 547/8)

Zeitgenössischen Vorstellungen zufolge zieht der Tod der Seele ohnehin einen vorzeitigen physischen Tod nach sich. Die drei Zecher sind, wie die gesamte flämische „Kneipenjugend" des Vorspanns, bereits zu Beginn der Erzählung innerlich tot. Die Nachricht vom Tod eines ihrer Gefährten löst eine Ereigniskette aus, an deren Ende sich der physische Tod der drei Zecher als (theo-)logische Konsequenz ihres spirituellen Zustandes ergibt.

Die drei namenlosen Antihelden sind den drei mittelalterlichen „Kneipenlastern" verfallen, der Trunksucht, dem Glücksspiel und dem Fluchen, Sünden, gegen die der Ablassprediger im Vorfeld seiner Erzählung ungeachtet der Tatsache, dass er selbst davon betroffen ist, zu Felde zieht und deren Folgen er anhand seiner Beispielerzählung darstellen will. Die drei Antihelden sitzen schon (oder noch?) am Morgen betrunken in der Schänke (661-3). Ihre Trunksucht fällt unter die Völlerei („glotonye", 498), eine weitere Todsünde. Das Glücksspiel („hasardrye", 590), das der Ablassprediger ebenfalls schon im Vorspann der Beispielgeschichte leidenschaftlich anprangert, ist ein Aspekt der Habgier („coveityse" oder „avarice", 424, 428). Drittens fluchen die drei, dass sich die Balken biegen („Gret sweryng is a thyng abhominable", 630), sie zerreißen verbal den Körper des Gekreuzigten in Stücke (710). Die Erzählung beschreibt, zusammenfassend formuliert, wie die sündhafte Existenz der drei Zecher ihren physischen Tod bedingt. Ihre Konfrontation mit dem Tod eines der Ihren zu Beginn der Geschichte setzt eine Handlung in Gang, in deren Verlauf das Zusammenspiel der drei Laster den in ihnen spirituell bereits angelegten Tod physisch realisiert. Ihre Trunkenheit hat ihr Missverstehen der bildhaften Sprache ihrer Dialogpartner zur Folge und lässt sie auf die absurde Suche nach „dem Tod" aufbrechen. Ihr Hang zum Glücksspiel bedingt ihre Liebe zum Geld, der sie angesichts des Goldfundes die geschworene Freundschaft (702-4) augenblicklich opfern. Ihr Fluchen kann schließlich als Zeichen ihrer Gottlosigkeit und ihrer gewissenlosen Bereitschaft zum Morden gewertet werden. Mit ihren Flüchen re-inszenieren sie die Passion Christi:[104]

Oure blissed Lordes body they totere -   *zerrissen sie*
Hem thoughte that Jewes rente hym noght ynough -
And ech of hem at otheres synne lough.

(474-6)

Ein Gattungsmerkmal des Exemplums ist die Typenhaftigkeit der handelnden Figuren. Im Vergleich zu den übrigen Erzählungen fällt auf, dass hier auf Indi-

---

[104] Pittock, „The *Pardoner's Tale* and the Quest for Death", S. 109/10.

vidualisierung weitgehend verzichtet wird: Die drei Zecher sind in ihren Rollen praktisch austauschbar und lassen sich nur graduell unterscheiden als „the proudeste" (716) oder „the yongeste" (804). Es handelt sich um keine Individuen, sondern um Typen.[105] Die einzige „Figur", der in der Erzählung in gewissem Umfang Charakter und Individualität verliehen werden (Grausamkeit, Launenhaftigkeit und Verschlagenheit), die ferner als einzige beim Namen genannt wird (675 und 699), ist ausgerechnet Deeth, der jedoch nie in Erscheinung tritt.[106]

Der Knabe schildert den plötzlichen Herztod des Kumpanen der drei Zecher als einen Mordfall und evoziert dadurch das konventionelle Bild vom Tod als einer mächtigen, grausamen und mysteriösen Figur mit einer Waffe in der Hand:

> Ther cam a privee theef men clepeth Deeth
> That in this contree al the peple sleeth,
> And with his spere he smoot his herte atwo,
> And wente his wey withouten wordes mo.
> (675-8)

Die Zuverlässigkeit dieses Berichtes wird jedoch dadurch relativiert, dass sie einem Kind in den Mund gelegt wird, welches nicht aus eigenem Verständnis spricht, sondern die kindgerechte Version seiner Mutter wiedergibt („Thus taughte me my dame", 684). Der Wirt schließt sich, etwa um dem Buben seinen Kinderglauben zu lassen, dieser Deutung an und unterstreicht das Ausmaß der Verwüstungen, die der Unhold („a privee theef", 675) seit Ausbruch der jüngsten Pestepidemie (679) verursacht hat. Ob Knabe und Wirt bildhaft sprechen oder an eine personifizierte Todesfigur glauben, bleibt somit letztlich offen,[107] fest steht jedoch, dass die drei Antihelden in ihrer Trunkenheit deren Worte für bare Münze nehmen und spontan ihre aberwitzige Jagd nach dem Tod beschließen. Die Zechbrüder missverstehen aber nicht nur das Wesen des Todes, sondern in Folge ihrer Abstumpfung auch die Konsequenz, die aus dessen Macht und Allgegenwart zu ziehen wäre: Knabe und Wirt fordern sie zur inneren Einkehr auf, zum inneren Frieden, zur spirituellen Vorbereitung auf den Tod („Beth redy for to meete hym everemoore [stets]", 683), die drei beschließen jedoch genau das Gegenteil, nämlich physische Aggression.[108]

---

[105] Ian Bishop vergleicht den Mangel an Individualisierung mit der trotz ihrer Kürze äußerst effektvollen Charakterisierung des „litel clergeon" der *Prioress's Tale* im Dialog mit seinem älteren Schulkameraden („The Narrative Art", S. 17).

[106] Bishop, "The Narrative Art", S. 18.

[107] Tristram, "Olde stories longe tyme agoon", S. 181: "It is hard to tell from the taverner's speech which follows whether Death personified is for him a figure of speech or an actual figure".

[108] Tristram, "Olde stories longe tyme agoon", S. 182.

Ihr Vorhaben, den Tod zu töten („Deeth shall be deed", 710) parodiert blasphemisch das Erlösungswerk Christi: Allein der menschgewordene Gott kann den Tod besiegen. Die Zechbrüder geben sich der Illusion hin, in ihrer „Mission" als selbsternannte Erlöser der Menschheit der Nutzlosigkeit ihres Daseins Sinn verleihen zu können.[109] Christus opferte jedoch sein Leben, um die Menschheit zu erlösen, die Zechbrüder hingegen morden, um ihren Traum materiellen Reichtums zu verwirklichen.[110] Die Parodie wird in dem unseligen „Abendmahl" der in Folge von Mord geschrumpften „Bruderschaft" mit Brot und Wein (797) fortgesetzt (883).

Das Spiel mit den Sinnschichten wird in der Begegnung der drei mit dem Alten Mann (712 f.) fortgeführt. Die Kluft zwischen dessen Weisheit,[111] Christentum[112] und Distanz zum diesseitigen Leben („Allas, whan shul my bones been at reste", 733) einerseits und der blinden Jagd der Zechbrüder nach einem oberflächlichen Lebenssinn in ihrer pseudoheroischen Queste nach dem Menschenschlächter andererseits bewirkt, dass diese die Botschaft des Alten nicht verstehen. Dieser findet auf die unverschämte Frage des ersten Zechers, weshalb er denn so alt und noch am Leben sei (719), eine passende Antwort, nämlich dass er kaum jemand finde, der bereit wäre, seine Jugend gegen sein hohes Alter einzutauschen. Nicht einmal der Tod wolle sein Leben (727). Ihm schwinden die Kräfte, doch werde ihm von Mutter Erde der Zutritt zur letzten Ruhestätte verwehrt (728-33). Die Wanderschaft des Alten steht somit in auffälligem Kontrast zum Vorhaben der drei Zechbrüder: Beide Parteien suchen den Tod, doch aus entgegengesetzten Beweggründen, der eine, weil er mit dem Leben abgeschlossen hat und die anderen, weil sie ihrem verfehlten Leben Sinn verleihen wollen. Der Alte hat ferner im Unterschied zu den Zechern verstanden, dass der Mensch dem Tod seinen Willen nicht aufzwingen kann, zumindest nicht, ohne dabei eine schwere Sünde zu begehen. Er erkennt, dass der Tod in Form ihrer Habgier und Skrupellosigkeit in den dreien bereits angelegt ist und dass es nur eines Goldfundes bedarf, um den Mechanismus wechselseitiger Aggression auszulösen. Der Weg, den er den dreien weist, ist der Weg der Sünde, „this croked wey" (761), denn, so schreibt Paulus im Römerbrief, „der Lohn der Sünde ist der Tod" (6:23). Den spirituell toten Zechern vermag er

---

[109] Zur Queste der Zecher als Parodie auf Christi Erlösungswerk siehe Pittock, „The *Pardoner's Tale* and the Quest for Death", S. 113/4; Piero Boitani, "The old man and the earth: Alterity and otherness of a medieval story", in: *The tragic and the sublime in medieval literature*, Cambridge 1989, S. 13, und Pearsall, "Chaucer's Pardoner", S. 362.

[110] Elizabeth R. Hatcher, "Life without death: the old man in Chaucer's *Pardoner's Tale*", ChR 9 (1974), S. 247.

[111] Piero Boitani betont, dass der Alte im Gegensatz zu Miltons Adam (*Paradise Lost*, x, 769-79) oder Shakespeares Hamlet („The undiscovered country, from whose bourn / no traveller returns", III, i, 79/80) sehr wohl weiß, was der Tod ist (S. 7).

[112] Der Alte zitiert aus der Bibel (743/4), fügt sich, was den Zeitpunkt seines Todes anbelangt, dem göttlichen Willen (725/6) und grüßt im Namen Gottes (715, 748, 766).

den Weg in ihren physischen Tod zu weisen,[113] muss selbst jedoch weiterhin mit dem Stab auf die Erde klopfen und vergeblich um Einlass bitten. Dank seiner Einsicht in das Wesen des Todes kann er von diesem und von „Mutter Erde" im übertragenen Sinn sprechen.

Die Absurdität ihrer blasphemischen Queste führt dazu, dass die drei den Tod genau dann finden, als sie die Suche nach ihm aufgegeben haben („No lenger thanne after Deeth they soughte", 772) und sich in der Freude über den unverhofft erworbenen Reichtum mehr denn je an ihr Leben klammern („In mirthe and joliftee oure lyf to lyven", 780). Der Tod ereilt sie, wie Everyman, in einer Stunde, in der sie am wenigsten mit ihm rechnen. Ihr Unverständnis des Todes als Ende der irdischen Existenz ergibt sich aus ihrer Gottesferne, ihrem spirituellen Tod. Die Zecher haben nur eine Vorstellung vom Töten, ein Konzept, das sie auf nichtmaterielle Phänomene ausweiten wollen, nicht jedoch vom Tod als Folge des Tötens, deshalb planen sie auch so leichtfertig Mord.[114]

Ihr Glaube an Fortuna (779), die heidnische Gottheit, die materiellen Reichtum austeilt ohne auf das Verdienst der Empfänger zu achten, kommt den dreien in dieser Situation freilich sehr gelegen, so müssen sie sich keine weiteren Gedanken darüber machen, ob ihnen der Goldschatz überhaupt zusteht. Allzu schnell betrachten sie ihr neues Glück als Selbstverständlichkeit und planen nicht nur, den unverhofft erworbenen Besitz zu sichern, sondern gar, diesen durch Auslöschung der jeweils anderen beiden zu vermehren. Das Resultat des Glückstreffers lässt sich, wenn man die charakterliche Disposition der drei Antihelden mit einkalkuliert, vorhersagen. Erzähltechnisch gesehen geht Chaucer im dritten Handlungsabschnitt so vor, dass er die wechselseitigen Morde im Planungsstadium vorwegnimmt und deren eigentlichen Bericht am Ende äußerst knapp hält. Einer der drei wird ausgesandt, um Nahrungsmittel zu besorgen, da sie den Fund erst unter dem Schutz der kommenden Nacht bergen können. Die zwei Zurückgebliebenen nutzen nun in ihrer Habgier dessen Abwesenheit, um seine Ermordung zu planen (806-36). Dieser hat jedoch Ähnliches im Sinn und besorgt nicht nur Brot und Wein, sondern auch ein starkes Gift, das er in zwei der drei Weinflaschen mischt. Der Ausgang der Erzählung ist somit vorprogrammiert: Sowie der dritte Zecher zurückkehrt, streben die Ereignisse mit schwindelerregender Geschwindigkeit ihrem Ende zu. Dieses folgt mit nahezu mathematischer Logik aus den geschilderten Umständen:[115]

> What nedeth it to sermone of it moore?   *erzählen*
> For right as they hadde cast his deeth bifoore,
> Right so they han hym slayn, and that anon.
> (879-81)

---

[113] Hier sei angenommen, dass der Alte den Goldfund unter der Eiche selbst deponiert hat. Siehe dazu Verse 734/5, wo der Alte eine Schatzkiste erwähnt.

[114] Malcolm Pittock, „The *Pardoner's Tale* and the Quest for Death", S. 117.

[115] Ian Bishop, "The Narrative Art", S. 20.

Nur für einen flüchtigen Moment können sich die Mörder der Illusion hingeben, ihr Ziel erreicht zu haben und sich ihres Reichtums erfreuen (883). Die lakonisch auf sieben Verse reduzierte Darstellung des Gifttodes der beiden hinterlässt einen Eindruck von Unvermeidbarkeit. Im Nachhinein wird sich der Leser der dramatischen Ironie von Vers 703 bewusst, wo sich die drei versprachen, „To lyven and dyen ech of hem for oother": Sie haben nun tatsächlich alle drei ihr Leben der Habgier der jeweils anderen geopfert.

Die Literaturkritik zur *Pardoner's Tale* hat sich in den vergangenen Jahrzehnten insbesondere mit der Bedeutung des mysteriösen Alten, der den Zechern den Weg zum Goldschatz weist, beschäftigt. Anfang des zwanzigsten Jahrhunderts gab man sich noch mit einsträngigen Deutungen zufrieden, die der Komplexität der Figur jedoch nicht gerecht wurden: So meinen G.L. Kittredge[116] und R.K. Root,[117] in dem Alten Mann schlicht „den Tod" zu erkennen. Carleton F. Brown sieht ihn als einen Reflex der legendären Figur des „Wandering Jew".[118] Für F.N. Robinson ist der Alte ein Symbol des Todes, oder auch des Alters, dessen Bote.[119] Marie P. Hamilton geht bei ihrer Deutung der Figur von dem zeitgenössischen Gedicht *Three Messengers of Death*[120] aus, wo Unglück (*Aventures*), Krankheit (*Seeknesse*) und Alter (*Elde*) als Boten des Todes auftreten. In diesem Sinn sei auch der Alte Mann in Chaucers *Tale* zu werten.[121] Eine Gleichsetzung der Figur mit dem Tod an sich lehnt sie mit der Begründung ab, dass weder der Alte Mann noch das Gold unter der Eiche den Tod der drei Zecher zu verschulden haben, sondern diese selbst, bzw. ihre Habgier.[122]

W.J.B. Owen kritisiert an Hamiltons Deutung, dass sie bei ihrer Übertragung der Bedeutung des Alten Mannes von seinem Pendant in dem zeitgenössischen Gedicht auf die *Pardoner's Tale* nicht berücksichtigt, dass die drei Boten aus *Three Messengers* Allegorien sind, Chaucers Figur jedoch nicht.[123] Es handle sich bei dem Alten Mann schlicht um „einen alten Mann" (S. 50), der den Zechern nichts als die Wahrheit über sein Wesen sagt, nämlich dass er auf

---

[116] G.L. Kittredge, *Chaucer and his Poetry*, Cambridge (Mass.) 1915, S. 215: "The aged wayfarer ... is undoubtedly Death in person".

[117] R.K. Root, *The Poetry of Chaucer*, Boston 1922, S. 229: "One of the 'rioters' accuses him of being Death's spy; we are temped to believe that he is rather very Death himself."

[118] Carleton F. Brown, *Chaucer: The Pardoner's Tale*, Oxford 1935, S. 29.

[119] F.N. Robinson, *Complete Works of Geoffrey Chaucer*, Cambridge 1934, S. 836: "The figure in Chaucer becomes ... a symbol of Death itself, or possibly of Old Age, conceived of as Death's messenger."

[120] Ediert in: *The Minor Poems of the Vernon MS*, Band 2, EETS OS 117.

[121] Marie P. Hamilton, "Death and Old Age in *The Pardoner's Tale*", *Studies in Philology* 36 (1939), S. 572: "He must stand for Old Age as the Harbinger of Death, clothed as it were in his master's livery, and hence resembling Death".

[122] Hamilton, "Death and Old Age", S. 572.

[123] W.J.B. Owen, "The Old Man in *The Pardoner's Tale*", *Review of English Studies* 5 (1951), S. 49f.

Grund seines hohen Alters des Lebens überdrüssig ist und seinen Tod herbeisehnt. Da der Alte selbst den Tod suche („Ne Deeth, allas, ne wol nat han my
lyf", 727), widerspreche dessen Gleichsetzung mit dem Tod der Logik der
Allegorie, ebenso eine Deutung des Alten als Bote oder anderweitig Verbünde-
ter des Todes.[124] Dieser „begegne" den Zechern nicht in Form des Alten Manns
oder des Goldes, sondern er sei in ihnen drin, Teil ihrer selbst. Owen verweist
auf menschliche Qualitäten und Reaktionsweisen des Alten, die einer allegorischen Deutung den Boden entziehen: Er schwankt zwischen Selbstironie (721-6)
und Selbstmitleid (727-38), setzt sich würdevoll gegen die Grobheit seiner
jüngeren Zeitgenossen zur Wehr (739-47), versucht vergeblich, sich davonzu-
machen (748/9) und sendet die Mordgesellen schließlich mit Versprechungen zu
einer naheliegenden Eiche, um sie sich vom Halse zu schaffen (760-7). Die
dramatische Ironie einer vergleichbaren deutschen Erzählung, *Der Dot im
Stock*,[125] wird in der *Pardoner's Tale* gerade umgekehrt: Dort flieht ein Eremit
den Tod, den er zuletzt findet, bei Chaucer sucht der Alte Mann den Tod, verfehlt ihn jedoch.

Owen geht davon aus, dass der Alte nichts von dem Gold weiß und dass
die drei Zecher den Schatz rein zufällig unter der Eiche finden. Hätte er gewusst,
dass dort tatsächlich der Tod wartet, dann wäre er, der sich nach dem Tod sehnt,
selbst hingegangen bzw. dort geblieben.[126] Der Alte Mann hat, wie die Zecher,
sein Ziel verfehlt, doch im entgegengesetzten Sinn: Auf der Suche nach dem
Tod hat er es paradoxerweise geschafft, eine Begegnung mit drei betrunkenen
Mördern zu überleben. Gegen Owens Deutung lässt sich jedoch einwenden, dass
nicht das Gold den Tod der drei verursacht, sondern ihre Habgier und Brutalität:
„Es sind nicht die Dinge an sich," so Johannes Kleinstück, „die [dem Menschen]
tödlich werden, sondern seine Reaktion auf die Dinge."[127] Den Worten des Alten
lässt sich außerdem entnehmen, dass er kurz zuvor selbst am Fundort war („For
in that grove I lafte hym, by my fey, / Under a tree", 762/3). Berücksichtigt man

---

[124] Helen Cooper schließt sich in „The Pardoner's Prologue and Tale", in: *Oxford Guides to
Chaucer: The Canterbury Tales*, Oxford 1996, S. 260-75 dieser Deutung an. Der Alte Mann
könne nicht *der Tod* sein, argumentiert sie, da er diesen selbst herbeisehne. Die *Tale* lehre ja
gerade eben, dass dieser nichts Materielles sei, was man finden, oder gar ein Wesen, welches
man besiegen könne. Weder der Alte Mann noch das Gold können deshalb mit dem Tod
gleichgesetzt werden. Der Schatz stehe allein in metonymischer Beziehung mit dem Tod der
drei Zecher, da er den Selbstzerstörungsmechanismus der Habgier der drei auslöse. Der Alte
sei genau das, als was man ihn im Text ankündige: ein alter Mann, der den Tod sucht (S. 269).
[125] In: F. Tupper, *Sources and Analogues of Chaucer's Canterbury Tales*, hg. v. Bryan und
Dempster, Chicago 1941, II. B.
[126] Owen, „The Old Man in the *Pardoner's Tale*", S. 51.
[127] Johannes Kleinstück („Zur Auffassung des Todes im MA", S. 58) beruft sich mit dieser
Aussage auf Gregor den Großen. Helen Cooper sieht ebenfalls die Ursache für den Tod der
Zecher nicht in dem Gold, sondern in dem in ihnen sitzenden Bösen (*The Canterbury Tales*,
S. 268): „The tale of the rioters emphasises the power of evil to bring about its own destruction: only in Chaucer's version do the malefactors set out to seek death, the treasure
being no more than a catalyst for the forces of destruction already within them."

ferner, dass er ein paar Verse weiter vorn von einer „cheste" [Kiste für Wert-
gegenstände] spricht (734), so scheint es nur allzu plausibel, dass er selbst den
Goldschatz unter der Eiche deponiert hat. Der Alte Mann hat eingesehen, dass
sein Gold, welches den Zechbrüdern den Tod bringen wird, ihm nichts mehr
nützt. Der Alte würde ohnehin nicht eigenmächtig seinen Tod suchen, sondern
er fügt sich in Gottes Plan:

> And therfore moot I han myn age stille,
> As longe tyme as it is Goddes wille.
>
> (725/6)

Für Elizabeth R. Hatcher erhält der Alte Mann, genau wie die Mitglieder der
Pilgergruppe, seine Bedeutung erst im Kontext der Erzählung.[128] Deren Stoff ist
das aberwitzige Vorhaben dreier Betrunkener, den Tod zu töten und sich dadurch ewiges Leben zu sichern. Die drei sind sich jedoch der Folgen ihrer Tat,
sollten sie tatsächlich in der Lage sein ihren Plan umzusetzen, nicht bewusst.
Die griechische Mythologie hat für die Erfüllung des Wunsches nach Unsterblichkeit einen Beispielfall parat: Eos, die Göttin der Morgenröte, bat Zeus um
Unsterblichkeit für ihren Geliebten Tithonus, ohne jedoch dabei gleichzeitig um
ewige Jugend zu bitten. Sein Schicksal war es in Folge dessen, stets zu altern
und doch nie zu sterben.[129] Das Vorhaben der drei Zecher sei im Prinzip eine
Variante dieses voreiligen, der Konsequenzen unbedachten Wunsches. Als
weitere Beispiele für die Erfüllung des „rash wish" (S. 247) führt Hatcher eine
ovidsche Metamorphose (n° XIV) und Swifts endlos alternde Struldbruggs
(Gulliver's Travels) an. Der Alte Mann der Pardoner's Tale verkörpere die
Erfüllung des Wunsches der drei Zecher, ein Leben ohne Tod. Indem er ihnen
sein Missgeschick vor Augen führt („Lo how I vanysshe, flessh, and blood, and
skyn!", 732) versucht er indirekt, den dreien ihr Vorhaben auszureden, was ihm
freilich nicht gelingt, da sie es nicht für wahr haben wollen, dass auch sie vom
Alter bedroht sind. In Chaucers Altem Mann verschmelzen laut Hatcher die
beiden traditionellen Figuren des Alten, der nicht sterben kann, und dessen, der
den Helden vor jugendlichen Torheiten warnt.[130]

Der Alte Mann ist sich im Unterschied zu den drei Zechern der
Immaterialität des Todes bewusst und greift die unfreiwillig metaphorische
Sprechweise seiner Dialogpartner lediglich auf, wodurch er diese, die nicht wie

---

[128] Elizabeth R. Hatcher, "Life without death: the old man in Chaucer's Pardoner's Tale",
Chaucer Review 9 (1974), S. 246: "For while Chaucer certainly did draw the Old Man from
the storehouse of legendary, artistic, Biblical, and psychological symbols and motifs available
to him as to any medieval artist, he then treated him as he treated the Canterbury pilgrims: he
made the Old Man define his own meaning by his behaviour in a meaningful context."
[129] Classical Mythology, hg. v. M.P. Morford und R.J. Lenardon, New York 1971, S. 21, siehe
Hatcher, "Life without death", S. 248.
[130] Hatcher, "Life without death", S. 250.

er in der Lage sind, zwischen der wörtlichen und der allegorischen Bedeutungsebene zu differenzieren, bewusst oder unbewusst in ihrem Irrglauben bestärkt.
Der Tod, den er sucht, ist der physische Tod, das Ende seines Alterungsprozesses. Pittock sieht den Alten einerseits wie Owen einfach als einen alten
Mann, auf symbolischer Ebene als Verkörperung des Zufalls, der den Zechern
den Weg zu einem Schatz weist, und drittens als Sinnbild der Unergründlichkeit
des göttlichen Plans mit den Menschen (S. 116). Ansätze, ihm wegen seiner
Vermummung (718), seines penetranten Blicks (720), seines irreführenden
metaphorischen Sprachgebrauchs oder des Resultats seines Wegweisens etwas
Dämonisches zu unterstellen, lassen sich jedoch in Anbetracht seiner Bibel-
kenntnisse, seiner Unterwerfung unter den göttlichen Willen (725/6) und seiner
wohlmeinenden Segenswünsche mit Nachdruck zurückweisen. Christopher
Dean begründet seine positive Sichtweise des Alten damit, dass dieser zwei
Eigenschaften Gottes verkörpere: seine Gnade, in der er den Zechbrüdern ihren
Irrsinn vor Augen hält und seine Gerechtigkeit, in der er den Uneinsichtigen den
Weg zu ihrer gerechten Strafe weist.[131]

Piero Boitani weist darauf hin, dass jegliche Deutung der Figur des Alten
Manns vor allem davon abhängt, welcher aus einer Vielzahl möglicher Texte als
Chaucers Quelle für die Figur präsumiert wird. Der Alte scheint sich ohnehin
nicht auf eine konkrete Bedeutung festnageln zu lassen, sondern eine Vielzahl
von Aspekten in seinem mysteriösen Wesen zu verbinden (S. 10). Im Werk des
spätantiken Autors Maximian z.B. klopft Senectus, die Allegorie des Alters, mit
ihrem Stab auf die Erde und bittet wie Chaucers Alter Mann um Einlass (S. 8).
Gehen wir davon aus, dass Chaucer sich von dieser Vorstellung hat inspirieren
lassen (Maximians Werk war im Mittelalter weitaus bekannter als in der Neuzeit), so lässt sich sein Alter Mann als Reflex dieser Allegorie des Alters deuten.
Das Verhältnis von Chaucers Altem Mann zum Tod lässt sich auch als Echo auf
eine Passage zu Beginn der *Consolatio Philosophiae* auffassen, wo es heißt,
dass sich der Tod in seiner Rücksichtslosigkeit gerade von denen abwendet, die
am lautesten nach ihm rufen.[132] Der Alte Mann der *Pardoner's Tale* lässt sich
ferner mit dem biblischen Hiob vergleichen, mit dem er seinen erbärmlichen
Zustand („Thus walke I, lyk a restelees kaityf [Elender]", 728), sein Unverständnis seines Leids („But yet to me she [Mutter Erde] wol nat do that
grace", 737) und dennoch seine Akzeptanz des göttlichen Willens teilt („I moot
go thider as I have to go", 749 und 725/6).

Auf die Kontrastivität der Suche der drei Zecher und des Alten Mannes
nach dem Tod wurde bereits hingewiesen. Diese haben nur eine Vorstellung

---

[131] Christopher Dean, "Salvation, Damnation and the Role of the Old Man in the *Pardoner's
Tale,*" *Chaucer Review* 3 (1968), S. 44-9.
[132] In Chaucers Übersetzung: "For eelde is comyn unwarly [unerwartet] upon me, hasted
[angetrieben] by the harmes that Y have, and sorwe hath comandid his age to ben in me. (...)
With how deef an ere deth, cruwel, turneth awey fro wrecches and nayteth [weigert sich] to
closen wepynge eien" (*Boece*, I, metr. 1).

vom Töten („And we wol sleen this false traytour Deeth", 699), nicht von ihrem eigenen Tod. Durch sein Klopfen mit dem Stab auf die Erde weist ihnen der Alte den Weg dorthin, wie er ihn sich vorstellt, nämlich als Rückkehr zur Erde, als Ende des irdischen Lebens und damit als Voraussetzung für den Übergang ins Jenseits, einen Weg, den der Mensch nicht ohne Zustimmung von „Mutter Erde" (731) und nicht ohne den göttlichen Segen beschreiten kann. Erst als die drei Zechbrüder sich mit dieser Erklärung nicht zufrieden geben und ihm mit Gewalt drohen, weist ihnen der Alte den Weg in eine andere Art von Tod, in die physische und spirituelle Auslöschung ihrer Existenz.[133] Die Segenswünsche des Alten wandeln sich dementsprechend von konventionellen Floskeln bei der Begegnung und der ersten Verabschiedung („God yow see!", 715 und „God be with you, where ye go or ryde!", 748) zu einer indirekten Warnung bei der zweiten und endgültigen Verabschiedung („God save you, that boghte agayn [erlöst hat] mankynde, / And yow amende!", 766/7). Die Tatsache, dass die Zecher den Sinn der Worte und Gesten des Alten Mannes so vollkommen verfehlen, offenbart die mentale und kulturelle Kluft, die sich zwischen den Dialogpartnern auftut. Der fromme Alte und die gottlosen Zecher entstammen grundverschiedenen Welten: Die drei Antihelden haben jeglichen Bezug zur christlichen Kultur verloren; insofern sind sie die Fremden, die „Anderen".[134] Der „mysteriöse" Alte hingegen erscheint, wenn man seinen Worten und Gesten gebührende Beachtung schenkt und von seinem übertragenen Sprachgebrauch abstrahiert, ent-mystifiziert und als ein guter, alter und weiser Mann.

Philippa Tristram sieht den Alten Mann der *Pardoner's Tale* in der literarischen Tradition warnender Alter, wie in *The Parlement of the Three Ages*, wo sich das Alter der Jugend als warnendes Beispiel vor körperlichem Verfall anbietet (Verse 290/1).[135] Typischerweise lässt sich die Jugend jedoch vom Alter nicht unterweisen, sondern findet es in seinen Gebrechen eher lächerlich als lehrreich (S. 184/5). Auch die - stets vergebliche - Suche des Alten nach einem jugendlichen „Tauschpartner" ist ein Topos mittelalterlicher Literatur. Im Unterschied zu konventionellen Figuren fällt an Chaucers Altem Mann das Fehlen abstoßender Merkmale auf. Dieser Alte ist weder kahlköpfig, noch blind oder zahnlos (S. 186) – zumindest ist dies dem Ablassprediger nicht der Erwähnung wert. Er ist sozusagen würdevoll im Endstadium des Alterungsprozesses angekommen („Lo how I vanysshe, flessh, and blood, and skyn!", 732). Der Alte blickt weder nostalgisch auf seine Jugend zurück, noch ist er sich schmerzhaft verschwendeter Lebensjahre bewusst, noch kommt ihm wie so vielen seiner Altersgenossen die Einsicht in die Nichtigkeit der Welt (*contemptus mundi*). Nichts in seinen Worten lässt auf eine epochentypische negative Lebenshaltung schließen. Wenn nun dieser Alte, so Tristram, weder an den üblichen Altersgebrechen leidet, noch die gängigen Ansichten seiner Zeit vertritt oder dem

---

[133] Boitani, "Alterity and otherness", S. 13/4.
[134] Boitani, "Alterity and otherness", S. 15.
[135] *The Parlement of the Three Ages*, hg. v. M.Y. Offord, EETS OS 246 (1959).

stereotypen Laster des Alters, der Habgier, frönt (er hat sich womöglich soeben von seinem Vermögen getrennt), so liegt dies daran, dass er im Gegensatz zu konventionellen Altersfiguren sich des Todes bewusst ist ohne ihn zu fürchten, dass er diesen geradezu herbeisehnt.[136]

Chaucer konfrontiert in diesem sowie in anderen Werken die spirituellen Ängste seiner Zeit und propagiert alternativ zur konventionellen Todesfurcht eine positive Sicht des Sterbens als Rückkehr des Menschen zu seinem Ursprung („Leeve mooder, leet me in!", 731)[137] und des Grabes als eines Ortes des Friedens. Schon Egeus, der „Alte Mann" der *Knight's Tale*, kann dem Tod Arcites den tröstlichen Aspekt abgewinnen, dass er dem irdischen Leid ein Ende bereitet, ebenso hofft Troilus im vierten Buch auf ein Ende seines Leids im Tod (IV, 503/4). Der Alte Mann der *Pardoner's Tale* schließt sich mit seiner Bitte um „Einlass" in den Schoß der Mutter Erde der positiven Haltung seiner Vorgänger im Chaucerkanon an. Seine Einstellung zum Tod leitet sich aus seiner Einstellung zum Leben ab: Der Alte Mann kann dem Ende seiner physischen Existenz deshalb so gelassen entgegenblicken, da er, soweit man aus seinen Worten schließen kann, die Welt nicht als Ort des Leids erlebt hat. Er ist mit sich und seinem Leben im Reinen und fürchtet sich weder vor dem Tod noch vor dem Jüngsten Gericht. Er ist, im Gegensatz zu den Zechern, spirituell bei vollem Bewusstsein.[138] Chaucer fordert mit der *Pardoner's Tale*, in der der unverhoffte Tod nicht als das Wüten einer unberechenbaren und boshaften äußeren Macht dargestellt, sondern als Ergebnis menschlichen Handelns enttarnt wird, die morbide Vorstellungswelt seiner Zeit gezielt heraus.

Malcolm Pittock macht auf die der *Tale* zugrunde liegende Antithese zwischen rein intellektuellem und ganzheitlichem, „substanziellem" oder verinnerlichtem Verständnis des Todes aufmerksam.[139] Als literarische Parallele hierzu biete sich die Moralität *Everyman* an, deren Protagonist trotz seines theoretischen Wissens um seinen Tod und seiner Kenntnis der christlichen Lehre sich im konkreten Fall als unfähig erweist, mit der Realität seines Todes umzugehen. So sind sich auch die drei Zecher nur oberflächlich des Todes als einer bedrohlichen Macht bewusst und empfinden unterschwellig Angst davor, können sich jedoch keinen Begriff von ihrer Sterblichkeit machen. Ebenso ist sich der Erzähler der *Tale*, der Ablassprediger, seiner Sündhaftigkeit bewusst, er weiß, dass ein lasterhaftes Leben wie das seine nach dem Modell der drei Antihelden seiner eigenen Er-

---

[136] Tristram, „Olde stories longe tyme agoon", S. 186.

[137] Philippa Tristram weist darauf hin, dass das uns vertraute Bild von der „Mutter Erde" nachhaltigen Eindruck auf den zeitgenössischen Hörer / Leser gemacht haben muss. Die Phrase („mother earth") ging erst im Zuge der englischen Renaissance in den allgemeinen Sprachgebrauch über („Olde stories longe tyme agoon", S. 187).

[138] Malcolm Pittock, („The *Pardoner's Tale* and the Quest for Death", S. 108f.) und Philippa Tristram („Olde stories longe tyme agoon", S. 189) sehen die Zecher als „spirituell tot".

[139] Pittock, „The *Pardoner's Tale* and the Quest for Death", S. 107f.

zählung in den zweifachen (spirituellen und physischen) und dadurch endgültigen Tod führt. Dennoch er ist nicht willens, vielleicht auch gar nicht in der Lage, die nötigen persönlichen Konsequenzen aus dieser Einsicht zu ziehen. Der Ablassprediger exemplifiziert wie keine weitere Figur der Pilgergruppe die Perversion seiner eigenen fiktiven Kreaturen. Eine ganze Reihe der *Canterbury Tales* werden von Klerikern erzählt, die sich der Bedeutung dessen, was sie predigen, nicht oder nur unzureichend bewusst sind:[140] So leiert der Mönch mit einschläfernder Monotonie sein Repertoire von Kurzbiographien herunter, die allesamt seine Doktrin vom unausweichlichen Fall der Mächtigen exemplifizieren. Die frömmlerische Äbtissin erzählt in sentimentalem Tonfall die Geschichte von der Ermordung eines Buben durch boshafte Juden, ohne deren moralischen Gehalt, das blinde Vertrauen des Knaben auf die Gottesmutter, zu erfassen. Der Bettelmönch schließlich stellt wie der Ablassprediger klerikale Laster bloß, ist sich der Wirkung seiner *Tale* jedoch im Unterschied zu jenem nicht bewusst. Letzterer weiß, was gut und was böse ist, und wählt dennoch das Böse. Sein Wissen um die Folgen des spirituellen Todes wendet er nicht auf sich selbst an; intellektuell kann er mit Begriffen wie Sünde und Tod umgehen, ein ganzheitliches, verinnerlichtes Verständnis derselben hat er nicht.

Chaucer durchbricht den Realismus seiner Schilderung der Pilgerfahrt nach Canterbury, indem er den Ablassprediger im Anschluss an seine Beispielgeschichte zu den Folgen der Habgier seinen Zuhörern seine „Reliquien", deren Wertlosigkeit er soeben selbst entlarvt hat, anpreisen lässt. Dies suggeriert einen Bruch in der Charakterisierung des Predigers: Soeben hat er sich und seine perfiden Praktiken entlarvt, nun will er auf einmal wieder seine Rolle als heuchlerischer Kleriker weiterspielen. Chaucer scheint hier mit der literarischen Konvention der Selbstoffenbarung der Lasterfigur zu spielen. Literarische Vorbilder bzw. Parallelen hierfür sind Jean de Meuns Teil des *Rosenromans* oder William Langlands *Piers Plowman*, wo personifizierte Laster selbstzufrieden ihr wahres Wesen offenbaren.[141] Zynisch teilt der Ablassprediger die Menschheit ein in clevere Kerle so wie ihn und Dummköpfe, die zum Narren gehalten werden dürfen. Er stellt seine infamen Praktiken bloß, um sich die Bewunderung der Pilgergruppe zu erheischen, die er auf seiner Seite wähnt, worin er sich jedoch gründlich täuscht: Der Wirt weist ihn mit drastischen Worten in seine Grenzen (947-55), die den Prediger auch sichtlich in seinem Stolz verletzen (956/57).

Helen Cooper erkennt weitere Parallelen zwischen den drei Zechern und der Erzählerfigur: Diese opfern ihr Seelenheil einem Goldschatz, jener dem finanziellen Profit seiner heuchlerischen Praktiken. Diese finden zur Strafe für ihre Habgier und Brutalität den Tod, jener wird unter Gelächter aus der Pilger-

---

[140] Joan R. Huber bezeichnet diese in ihrer Dissertation (*Chaucer's Concept of Death in The Canterbury Tales*, Ann Arbor 1967) als "the non-living churchmen" (Kapitel IV).

[141] Bei Langland wären dies die Sünden, bei de Meun die Figur Fals-Semblant. Siehe dazu Cooper, *The Canterbury Tales*, S. 260. Zu Erklärungsversuchen des widersprüchlichen Verhaltens des Predigers siehe Pearsall, "Chaucer's Pardoner", S. 360.

gruppe ausgegrenzt (961) und mit Kastration bedroht (952/3), was sich sinn-
bildlich für die spirituelle „Impotenz" des Predigers lesen lässt (S. 270). Der
Ablassprediger ist allen sieben Todsünden zugleich verfallen: Aus seiner Trunksucht, Völlerei (gluttony) und Lüsternheit (lechery) macht er im Prolog keinen
Hehl („I wol have ... chese and whete, ... I wol drynke licour of the vyne / And
have a joly wenche in every toun", 448-53). Sein Stolz (pride) offenbart sich in
seiner großtuerischen Manier zu predigen („I peyne me [strenge mich an] to han
an hauteyn [laut] speche", 330), seiner Anmaßung, selbst als bekennender Sünder noch in Gottes Auftrag handeln zu können (427/8) und seinem Zynismus,
mit dem er die Leichtgläubigkeit seiner Opfer bloßstellt. Seine Missgunst (envy)
gegenüber den Kritikern seines Berufsstandes (413-6) gesteht er ebenso leichtfertig ein wie seine Faulheit (sloth): „I wol nat do no labour with myne handes"
(443) und Indifferenz, was sein Seelenheil und das der ihm anvertrauten Gläubigen anbelangt („I rekke nevere, whan that they been beryed, / Though that hir
soules goon a-blakeberyed!", 405/6). Zornig (wroth) reagiert er auf die spöttische Zurückweisung durch den Wirt („So wrooth he was, no word ne wolde he
seye", 957). Seine Habgier (avarice), die er in Versen 403, 428 und 448 un-
verhohlen eingesteht, ist schließlich Thematik der gesamten *Tale*.

Die Zecher versuchen, ihre innere Leere mit einer aberwitzigen Jagd auf
eine imaginierte Todesfigur zu füllen. Ihre demonstrative Wehrhaftigkeit soll
ihre Unsicherheit und uneingestandene Todesfurcht übertünchen. Der Ablassprediger überspielt seine Bedenken angesichts seiner Heuchelei und parasitären
Existenz in der Pose des materialistischen Zynikers, die es ihm erlaubt, trotz
seiner verstandesmäßigen Einsicht in die Gefahr seiner lasterhaften Existenz für
sein Seelenheil seinen verwerflichen Lebenswandel beizubehalten.

4.5 Stilisiertes Sterben in der *Legend of Good Women*

Das Interesse der Leserschaft des 15. und 16. Jahrhunderts an Chaucers Biographien legendärer Frauengestalten der klassischen Antike steht in deutlichem Kontrast zum Desinteresse der Literaturkritik der vergangenen Jahrzehnte an dem Werk.[142] Kritische Beiträge zur *Legend of Good Women* widmen sich meist ausschließlich dem relativ umfangreichen Prolog. Werden die „Legenden" an sich zum Gegenstand der Analyse, dann beschränkt sich diese in der Regel auf die Veränderungen, die Chaucer an seinem Quellenmaterial vorgenommen hat, um seine Erzählstoffe der im Prolog entworfenen Konzeption eines Kompendiums von Biographien treu liebender Frauen anzupassen.[143] Dass die Lebensbeschreibungen der „guten Frauen" vom modernen Leser als monoton und wenig unterhaltsam empfunden werden, mag daran liegen, dass sie allesamt auf ein- und dieselbe Thematik ausgerichtet sind, nämlich auf die Untreue von Männern und das daraus resultierende Leid ihrer treu liebenden Partnerinnen.[144] Die Namen (Kleopatra, Thisbe, Dido, Hysipyle und Medea, Lukrezia, Ariadne, Philomela, Phyllis und Hypermnestra) wechseln von einer Erzählung zur nächsten, die Inhalte bleiben jedoch weitgehend dieselben, ähnlich wie in der *Monk's Tale*, die anhand von siebzehn Kurzbiographien die These von der Willkür der Fortuna und vom unausweichlichen Fall der Mächtigen aus ihrem irdischen Glück erläutert. Die Biographien der *Legend* sind in einem sparsamen, häufig kursorischen Erzählstil verfasst, unter Verwendung der Stilfiguren *abbreviatio* und *occupatio*, doch sind sie im Vergleich zu den Kurzbiographien des Mönchs wiederum zu lang, um durch Knappheit einen parodistischen Effekt zu erzielen.[145]

Die Lebensbeschreibungen der *Legend*, insbesondere die Sterbeszenen, sind nach hagiographischem Modell stilisiert, daher die Bezeichnung „Legenden". Die Kluft zwischen dem prototypischen Lebenslauf einer mittelalterlichen

---

[142] "References to the *Legend* in the fifteenth and early sixteenth century suggest that, far from boring their reader, the legends delighted them. Indeed, in this period the *Legend of Good Women* seems to have been one of Chaucer's most popular creations, for it is alluded to and imitated a number of times." Robert W. Frank, *Chaucer and the Legend of Good Women*, Cambridge (Mass.) 1972, S. 190.

[143] Lisa J. Kiser, "Chaucer's Classical Legendary" (1983), in : *Chaucer's Dream Visions and Shorter Poems*, hg. v. William A. Quinn, New York und London 1999, S. 315.

[144] Die „Legende" von Pyramus und Thisbe stellt insofern einen Sonderfall dar, als auch Pyramus bereit ist, für seine Geliebte zu sterben. Auch Kleopatras Partner Antonius lässt sie nicht willentlich im Stich, sondern fällt in der Schlacht.

[145] Lisa J. Kiser sieht den kursorischen Erzählstil der „Legenden" als humorvolle Imitation der charakteristischen Knappheit der Form des Exemplums, erkennt jedoch an, dass der parodistische Effekt extremer Kürze bei den später entstandenen Tragödien der *Monk's Tale* zu besseren Ergebnissen geführt hat: „Not all critics, however, have seen the legends' brevity as parodic, possibly because the Monk's tragedies, written later for the *Canterbury Tales* have so improved on the joke that the legends, in comparison, do not seem amusing" ("Chaucer's Classical Legendary", S. 318).

Heiligen und der Vita mythologischer Frauengestalten ist freilich nur schwer zu überbrücken.[146] Den Frauenfiguren haftet in der zeitgenössischen Literatur teilweise ein deutlich negatives Image an, vor allem Kleopatra und Medea, die im Mittelalter als abschreckende Beispiele von Untreue und Lüsternheit galten, Medea gar als Kindsmörderin. Chaucer setzt in diesem Werk seinen literarischen Ehrgeiz daran, seinen im Prolog entworfenen Plan (F 481-9) umzusetzen, durch gezielte Auslassungen, Erweiterungen und Umdeutungen des Quellenmaterials diese Kluft zu überbrücken und den ansonsten meist auf den Rang von Nebenfiguren reduzierten Frauen den Status von Märtyrerinnen der Liebe zu verleihen.

Die Frauenfiguren der *Legend* teilen sich mit den Heldinnen mittelalterlicher Hagiographie ihre Selbstlosigkeit und Aufopferung für ein höheres Ideal, in diesem Fall die Treue zu ihrem Partner. Davon abgesehen leiden sie alle und sterben großteils (in sechs von acht vollendeten „Legenden") in Folge männlicher Untreue einen Opfertod, wenn auch von eigener Hand. Doch darin liegt auch schon eine gewichtige Problematik: Märtyrerstatus im Sinn mittelalterlicher Hagiographie setzt freilich die Hinrichtung des oder der Heiligen durch Christenverfolger voraus (die Heilige darf ihrem Tod lediglich freudvoll entgegenblicken, siehe 2.6); Selbstmord hingegen ist nach christlichem Moralverständnis an sich schon eine Todsünde und eine denkbar schlechte Voraussetzung für die Erlangung der Märtyrerkrone. Bedenkt man nun, dass es sich bei der erotischen Liebe der mythologischen Frauenfiguren um ein nur in Ansätzen mit der Hingabe der Heiligen für ihr Glaubensideal vergleichbares Phänomen handelt, dann wundert es nicht, dass Chaucer tiefgreifende Veränderungen an seinem Stoff vornehmen musste, um zumindest den Eindruck einer gewissen Korrespondenz zwischen seinen säkularen „Legenden" und der zeitgenössischen Hagiographie zu erwecken. Dies versucht er zu bewerkstelligen, indem er bei den Lebensbeschreibungen der antiken Frauenfiguren das Handlungselement ins Zentrum rückt, welches die beste Vergleichsmöglichkeit mit dem hagiographischen Modus verspricht, nämlich die Sterbeszene. Wenn die *Legend of Good Women* auch keine neuen Einblicke in Chaucers philosophischen Standpunkt im Umgang mit dem Tod eröffnet, so spielt die Thematik des Todes doch gerade in diesem Werk eine entscheidende Rolle, da oft allein die überproportional breiten Sterbeszenen die intendierte Stilisierung der mythologischen und historischen Frauenfiguren zu „Heiligen der Liebe" ermöglichen.

Insbesondere an Kleopatras Biographie nimmt Chaucer tiefgreifende Veränderungen vor, um sie in sein hagiographisches Schema einzufügen. Historische Fakten wie ihre Manipulation des Antonius oder ihre politische Rolle im antiken Ägypten bleiben unerwähnt, sie erscheint in dieser Darstellung allein als

---

[146] "Chaucer's classical sources are cheapened by his forcing them into an alien hagiographic pattern, and the spirit of hagiography is profoundly violated by Chaucer's implicit suggestion in these stories that pagan women who die for love are somehow morally comparable to saints dying for the love of God" (Kiser, "Chaucer's Classical Legendary", S. 320).

treue Geliebte des Antonius (607), dessen Leichnam sie wie eine Reliquie verehrt.[147] Ihre Sterbeszene nimmt breiten Raum ein und wirkt deutlich stilisiert: In sämtlichen Quellen setzt sie sich eine Schlange an den Busen, Chaucers Kleopatra hingegen schreitet nackt in eine Schlangengrube („a pit", 678) hinab. Lisa J. Kiser erkennt in dieser Darstellung ein Echo auf Christi Triumphzug durch die Hölle (*Harrowing of Hell*) im Anschluss an die Kreuzigung. Dieser wenig überzeugenden Lesart zufolge erscheint Kleopatra als Präfiguration des Erlösers der Menschheit.[148] Ihr Abstieg in die Schlangengrube bringt jedoch keine Erlösung, sondern den Tod. Die Grube wird ihr zum Grab („that grave", 680, „hire buryinge", 698). In ihrer freudigen Erwartung des Todes gleicht sie den Märtyrerinnen mittelenglischer Hagiographie, obgleich sie ihr Leben nicht für Gott, sondern für die Liebe hingibt:

> And she hire deth receyveth with good chere
> For love of Antony that was hire so dere.
> (700/1)

In der „Legende" von Pyramus und Thisbe opfert auch der männliche Held sein Leben der Liebe. In keiner weiteren Erzählung nimmt die Schilderung der Sterbeszene, in diesem Fall gedoppelt, so viel Raum ein wie in dieser. Pyramus erdolcht sich, als er das blutverschmierte Gewand Thisbes findet (850), verscheidet aber erst 36 Verse später, begleitet von den Klagen der Geliebten, wodurch sich sein Sterbeprozess in die Länge zieht. Ihre Totenklage wiederum vermittelt den Eindruck, dass sie zu sterben beginnt, schon lange bevor sie sich Gewalt antut (915). Dadurch entsteht der Eindruck, dass sich die beiden Sterbeszenen überlappen und die zwei Suizide sich spiegelbildlich gegenüberstehen. Allein der Tod vermag die Liebenden voneinander zu trennen, doch selbst diese Trennung kann überwunden werden, da Thisbe bereit ist Pyramus in den Tod nachzufolgen:

> And thogh that nothing, save the deth only,
> Mighte thee fro me departe trewely,   *trennen; in der Tat*
> Thow shalt no more departe now fro me
> Than fro the deth, for I wol go with thee.
> (896-9)

Die Liebe führt in den Tod; doch dieser bringt ihre Erfüllung. Im Grab sind die Liebenden miteinander vereint:

---

[147] And let the cors enbaume, and forth she fette   *einbalsamieren*
This dede cors, and in the shryne it shette. (676/7)
[148] Kiser, "Chaucer's Classical Legendary", S. 323/4. Ereignisse aus dem Leben von Heiligen werden typischerweise in bildhaftem (figurativen) Zusammenhang gebracht mit Ereignissen aus dem Leben Christi, der „Norm" der Heiligkeit.

That in o grave yfere we moten lye,   *in einem Grab zusammen*
Sith love hath brought us to this pitous ende.

(903/4)

Die Sterbeszene der Dido, Königin von Karthago, ist vergleichsweise schmucklos. Sie ist die erste einer Reihe von Frauen, die von ihren Partnern im Stich gelassen werden. Ihr Schlaf, den Äneas nutzt um sich davonzustehlen, und ihre Anfälle von Ohnmacht („Twenty tyme yswouned hath she thanne", 1342) lassen sich als Vorstufen ihres Todes deuten. Gleich einem Schwan beginnt sie vor ihren Tod zu singen (1355/6). Ihre Schwester und ihre Kammerfrau sendet sie los, um Feuer für ein Brandopfer zu holen. Ihren Suizid stilisiert sie somit zu einem Opfertod für die Liebe (1346-51).

Es folgt die Doppelbiographie der Hysipyle und der Medea, beide Opfer der Untreue des Jason. Hysipyle stirbt einen gewaltlosen, nicht näher beschriebenen Liebestod („But deyede for his love, of sorwes smerte", 1579), Medeas Tod wird gar nicht erst berichtet. Dennoch erhalten beide im *Incipit* und *Explicit* den Titel von Märtyrerinnen („martirum") der Liebe. Angesichts des vernichtenden Leumunds der Medea im Mittelalter[149] muss Chaucer bei ihrer Lebensbeschreibung äußerst selektiv vorgehen. Ihr Mord an den eigenen Kindern, mit dem sie die Nachwelt primär assoziiert, wird deshalb nicht berichtet, das Ereignis wird lediglich von ihrer Vorgängerin als Fluch in die Zukunft projiziert (1574). Als Jason sie zu Gunsten der Tochter König Kreons verlässt, wünscht sie sich, er wäre bei vergangenen Eroberungszügen ums Leben gekommen:

O, haddest thow in thy conquest ded ybe,
Ful mikel untrouthe hadde ther deyed with the!

(1676/7)

Mit diesem Wunsch knüpft Medea an die Logik des Theseus der *Knight's Tale* an, der am Tod des Arcite immerhin trostreich findet, dass dieser durch sein frühes Sterben einem Einbruch seines Ruhmes zuvorgekommen ist (3055/6).

Lukrezia und Philomela werden zu Opfern sexueller Gewalt. Vor allem Lukrezia, wie die Virginia der *Physician's Tale* Inbegriff der züchtigen Römerin, lässt sich weitaus leichter zu einer Heiligen stilisieren als die übrigen, erotisch liebenden Frauen. Ihre Keuschheit und ihre Rolle als Opfer männlicher Gewalt rücken sie ganz ohne biographische Verzerrungen in die Nähe des Typus der Märtyrerin mittelalterlicher Hagiographie. Die heidnische Lukrezia erfreute sich gar der Wertschätzung der Kirchenväter (z.B. Hieronymus), wenn auch Augustinus an ihrem Selbstmord Anstoß nahm.[150] An Chaucers Schilderung

---

[149] In Guido delle Colonnes *Historia Destructionis Troiae* nimmt sie regelrecht bestialische Züge an, siehe Frank, *Chaucer and the Legend of Good Women*, S. 84.
[150] Kiser, "Chaucer's Classical Legendary", S. 321/2.

ihrer Vergewaltigung und ihres Todes lassen sich Charakteristika der zeitgenössischen Hagiographie erkennen: So erinnert Lukrezias totengleiche Ohnmacht während ihrer Vergewaltigung an die transzendenten Zustände, in die Gott seine Heldinnen versetzt, damit diese auf wundersame Weise alle Folterqualen überstehen können:

> She loste bothe at ones wit and breth,
> And in a swogh she lay, and wex so ded   *Ohnmacht*
> Men myghte smyten of hire arm or hed;
> She feleth no thing, neyther foul ne fair.
>
> (1815-8)

Lukrezias Ohnmacht lässt sich ferner als Präfiguration ihres Todes lesen und bewahrt sie vor dem etwaigen Vorwurf der Komplizenschaft oder des heimlichen erotischen Genusses während des Sexualverbrechens. Sie fühlt sich durch Tarquinius' Angriff auf ihre Keuschheit ihrer Identität als Muster der Tugend beraubt und vermag nicht länger zu leben. Als sie sterbend zu Boden sinkt, demonstriert sie noch mit der Geste der Verhüllung ihrer Beine ihr Ideal rigider Keuschheit. Posthum wird sie in Rom wie eine Heilige verehrt („She was holden there / A seynt", 1870/1), ihr Leichnam wird wie eine Reliquie durch die Stadt getragen. Auch in den Auswirkungen ihres Todes auf die Nachwelt gleicht sie den Märtyrerinnen mittelalterlicher Hagiographie, deren Tod typischerweise weitreichende Folgen für die Gläubigen hat: Das Vorbild der Hl. Katharina z.B. lässt die Reihen der alexandrinischen Christengemeinde anschwellen, an der Stelle des Hauses der Hl. Cäcilia in Rom wird eine Kirche errichtet. Lukrezias Tod führt nicht nur zur Verbannung des Vergewaltigers, sondern zum Sturz der gesamten Dynastie der Tarquinier (1863/4) und zur Gründung der römischen Republik.

Die Biographie der Ariadne konzentriert sich auf ihre Rolle als Gehilfin des Theseus beim Sieg über den Minotaurus. Der Prinz von Athen bleibt ihr jedoch seinen Dank schuldig und lässt sie zugunsten ihrer hübscheren Schwester Phädra auf einer einsamen Insel zurück. Ihre Geschichte endet mit den einsamen Klagen Ariadnes und Chaucers Verweis auf seine Quelle, eine „Epistel" des Ovid (Heroides 10).[151] Die „Legende" der Philomela, wie Lukrezia ein Opfer

---

[151] Diese und weitere demonstrative Auslassungen von Erzählstoff, kursorische Raffungen (*abbreviatio*) und Bekundungen von „Überdruss" (z.B. „But shortly of this story for to passe, / For I am wery [ich bin's leid] of hym for to telle", 2257/8) wurden in der Literaturkritik des 20. Jahrhunderts als Hinweise auf Chaucers nachlassendes oder von vornherein mangelndes Interesse an dem Stoff gewertet. Robert W. Frank argumentiert im Anhang zu seiner Monographie („The Legend of Chaucer's Boredom", *Chaucer and the Legend of Good Women*, S. 189-210) jedoch dafür, *abbreviatio*-Formeln wie die Behauptung des Erzählers, der weitere Verlauf einer Geschichte gemäß der Quellen sei zu umfangreich, um hier berichtet zu werden, nicht wörtlich zu nehmen. Chaucers narrative Technik liege darin, seinen Vorlagen genau die Passagen zu entnehmen, die ihm im Kontext des jeweiligen Werkes wichtig erschienen: „We

sexueller Aggression, endet ebenfalls mit den Klagen der Frauen (2379). Die
Metamorphose der Philomela, ihrer Schwester Progne und des Tereus zu Vögeln
wird ausgespart, ebenso die makabere Rache der Progne, offensichtlich da sich
dieser Stoff schlecht für die Thematik des Werkes eignet.[152] Theseus' Treulosigkeit wird von Demophon fortgesetzt, der mit derselben Gewissenlosigkeit wie
sein Vater der Phyllis den Treueschwur bricht, worauf diese sich erhängt
(2485/6). Die letzte der Legenden, die der Hypermnestra, bricht kurz vor ihrem
Ende mitten im Satz ab (2723); die Schilderung des Todes der Heldin, angedeutet in Versen 2700-2, ist uns nicht überliefert oder wurde nie realisiert. Doch
ist gerade in dieser „Legende" der Tod ein zentrales Motiv: Egiste, der Vater
Hypermnestras, beauftragt sie, in der Hochzeitsnacht ihren Bräutigam zu töten
(2656/7). Durch seine Drohung tödlicher Rache, sollte sie sich seinem Geheiß
widersetzen, verschärft er ihren Loyalitätskonflikt (2641-6). Hypermnestra lässt
sich jedoch von ihrem Vater nicht zum Gattenmord anstiften, sondern nimmt
vielmehr selbst totengleiche Züge an („Ded wex ihre hew, and lyk an ash to sene
[anzusehen]", 2649). Sie erweist sich ihrem Gatten Lyno als treu und warnt ihn
vor den Mordabsichten ihres Vaters:

> (…) syn I am his wif,
> (…) is it bet for me
> For to be ded in wifly honeste
> Than ben a traytour lyvynge in my shame.
>
> (2699-2702)

Lyno erweist sich ihrer jedoch als unwürdig, rennt davon und lässt sie in der
Gewalt ihres rachsüchtigen Vaters zurück. And diesem Punkt bricht die letzte
der Legenden mitten im Satz ab. Nur neun von fünfundzwanzig geplanten „Legenden" wurden realisiert bzw. sind uns erhalten.[153]

---

can conclude that Chaucer was planning to mine a great mass of narrative, classical or other,
and he chose to make each narrative relatively brief. The technique of *abbreviatio* was therefore dictated by his material and by his plan. He used *occupatio* as a device of *abbreviatio*
throughout the poem" (S. 209). Irrelevante Passagen aus dem Erzählstoff werden auch in
Werken, bei denen in der Forschung Einigkeit herrscht, dass Chaucer nicht „gelangweilt" o.
Ä. war, mit Hilfe derartiger Floskeln übergangen, z.B. in *Troilus and Criseyde*, Buch V, 267-
73.

[152] Chaucer spart bei seiner Verwendung der Erzählungen Ovids generell die Metamorphosen
aus.

[153] Die Zahl 25 nennt der Autor selbst in seiner *Retraction* in Anschluss an die *Canterbury
Tales*, Fragment X, Vers 1085.

4.6 Die Thematik des Todes in weiteren *Canterbury Tales*

In einer Reihe weiterer *Canterbury Tales* spielt die Thematik des Todes eine Rolle, wenn auch keine so zentrale wie in der *Knight's* oder der *Pardoner's Tale*: In der Erzählung des Oxforder Gelehrten (Clerk) spielt sich ein gewisser Walter zum Herrn über Leben und Tod auf und testet die Duldsamkeit seiner Gattin Griselda. In den Erzählungen der Frau von Bath, des Verwalters (Manciple), des Arztes (Physician) und des Rechtsgelehrten (Man of Law) werden die Themen Tod und Sexualität in Verbindung gebracht. In dem Marienmirakel der Äbtissin (*Prioress's Tale*) und in der Cäcilienlegende (*Second Nun's Tale*) sterben der Held bzw. die Heldin einen Märtyrertod. In der *Nun's Priest's Tale* durchbricht das Opfer eines Raubmordes die Grenze zwischen Tod und Leben und erscheint seinem Reisebegleiter im Traum. In der *Monk's Tale*, Chaucers Sammlung mittelalterlicher Tragödien, stürzen Herrscherfiguren aus ihrem weltlichen Glück, ein Großteil davon in den Tod. Der Gemeindepfarrer (Parson) vertritt zuletzt die Vorstellungen vom Tod und von der Hölle, wie sie von der Kirche gelehrt wurden. Chaucers Konzeption des Todes, so fasst Joan R. Huber die Ergebnisse ihrer Dissertation von 1967 zusammen, entwickelte sich von anfänglicher Konventionalität (*An ABC*) über eine boethianische Phase (*The Knight's Tale* und *Troilus*) zu einer Synthese des mittelalterlich-christlichen und des spätantik-philosophischen Ansatzes in Chaucers literarischer Reife:[154]

> [There is a] very real concern about death that permeates many of the Tales, a fact that is not surprising in view of the intense morbidity of Chaucer's time. What is surprising, though, and worth study, is Chaucer's developing independence from the eschatological strictures that bound most of his contemporaries. Really to understand Chaucer in his time, it is important to know not only what he thought about courtly love, about Fortune, about Boethius, but also what and how he thought about a phenomenon that, under a single religious system, had assumed a moral significance second to none. Chaucer's concept of death is best studied as it reveals itself in the *Canterbury Tales*, for they are about real people. (...) Chaucer's achievement – through his early adoption of his intellectual-moral environment, his later adoption of a philosophy radically different from his milieu, and his final, glowing synthesis of the two – of his own concept of death is part of his greatness.

Chaucers Werk und sein literarischer Umgang mit dem Tod müssen, so Huber, im Kontext seiner Zeit und seiner persönlichen Erfahrungen als Soldat, Höfling, königlicher Beamter und Diplomat betrachtet werden. Chaucer hat die spät-

---

[154] Joan R. Huber, *Chaucer's Concept of Death in The Canterbury Tales*, ungedruckte Dissertation, Ann Arbor 1967, Zitat S. 1 und 10.

mittelalterlichen Pestepidemien (vor allem 1368) und die von Huizinga beschriebene „makabere" Reaktion seiner Zeit darauf erlebt, er war ferner Zeuge der Bauernaufstände von 1381, die in London zu einem Massaker führten.[155] Das Besondere an Chaucers Konzeption des Todes, soweit sie sich seinem Oeuvre entnehmen lässt, ist, dass sie sich trotz der Einbettung seiner Werke in die literarischen und kulturellen Entwicklungen seiner Epoche weitgehend unabhängig vom Zeitgeist des Spätmittelalters entwickelt hat.[156]

In den *Canterbury Tales* finden sich, teilweise ohne näheren Bezug zum Inhalt der jeweiligen Erzählung, vereinzelt Allgemeinplätze zur Thematik des Todes. Der Reeve z.B. beschreibt im Prolog zu seiner *Tale* den Fluss der Zeit mit Hilfe des Bildes eines auslaufenden Fasses:

> For sikerly, whan I was bore, anon
> Deeth drough the tappe of lyf and leet it gon,
> And ever sithe hath so the tappe yronne
> Til that almost al empty is the tonne.
>
> (I, 3891-4)

Das Bild vom „Verrinnen" der Zeit veranschaulicht das allmähliche, unmerkliche und unaufhaltsame Voranschreiten des Alters. Der Tod hat schon bei der Geburt des Menschen dessen Sterbeprozess in Gang gesetzt. Er wird hier nicht als äußere Macht imaginiert, die in unser Leben eingreift, sondern als Teil der *conditio humana*, als steter Begleiter der menschlichen Existenz. Leben und Tod stehen diesem Bild zufolge in engem Zusammenhang.[157] Der Gelehrte aus Oxford hingegen erklärt im Prolog zu seiner Erzählung den Tod von Francesco Petrarka und Giovanni da Lignano als das Wirken einer boshaften übernatürlichen Macht:

> But Deeth, that wol nat suffre us dwellen heer,
> But as it were a twynklyng of an ye,
> Hem bothe hath slayn, and alle shul we dye.
>
> (IV, 36-8)

---

[155] Huber, *Chaucer's Concept of Death*, S. 4.

[156] "The aspect worthy of note is that he [Chaucer], seeing so much of death in a death-obsessed time, yet evolved a concept of the phenomenon almost independent of his milieu" (Huber, *Chaucer's Concept of Death*, S. 5).

[157] Huber zufolge kennen die Fabliauxtypen der *Canterbury Tales*, darunter der Reeve, kein stimmiges Gesamtkonzept des Todes. Dieser wird als ein furchterregendes Etwas, ein Schatten imaginiert, den sie durch ein zügelloses Leben und Sex an den Rand ihres Bewusstseins zu drängen versuchen (*Chaucer's Concept of Death*, S. 224).

Alle Altersstufen und sozialen Ränge sind gleichermaßen vom Tod bedroht, zwei weitere Topoi zeitgenössischer Todeslyrik. Sicher ist allein, *dass* wir Menschen sterben müssen, unbekannt ist uns der genaue Zeitpunkt:

And deeth manaceth every age, and smyt	*schlägt zu*
In ech estaat, for ther escapeth noon;	*sozialer Rang*
And al so certein as we knowe echoon	*jeder, alle*
That we shul deye, as uncerteyn we alle	
Been of that day whan deeth shal on us falle.	

(IV, 122-6)

Seine Erzählung berichtet von einem italienischen Marquis namens Walter, der sich zu einer Ehe mit der verarmten Bauerstochter Griselda herablässt. Er verlangt ihr im Gegenzug einen Eid ab, sich bedingungslos seinem Willen zu unterwerfen (362-4). Walter stellt nun die Treue seiner Gattin auf die Probe und nimmt ihr ohne einen Grund zu nennen die gemeinsame Tochter weg. Griselda fügt sich widerspruchslos seinem Willen:

My child and I, with hertely obeisaunce,	
Been youres al, and ye mowe save or spille	*du kannst*
Youre owene thyng; werketh after youre wille.	

(502-4)

Griseldas Schmerz bei der Trennung von ihrer Tochter (547-60) unterstreicht dabei die Selbstlosigkeit ihrer Unterwerfung unter den Gatten. Als er ein weiteres Opfer von ihr verlangt, den gemeinsamen Sohn, beteuert Griselda erneut ihre Bereitschaft, sich seinem Willen zu fügen. Seine Liebe gilt ihr mehr als das eigene Leben:

For wiste I that my deeth wolde do yow ese,
Right gladly wolde I dyen, yow to plese.
Deth may noght make no comparisoun
Unto youre love.

(664-7)

Griseldas Treue wird anhand ihrer Reaktion auf den Verlust ihrer Kinder getestet, die sie freilich am Ende der Erzählung wiederbekommt.

In der Erzählung der Frau von Bath werden die Themen Tod und Sexualität in Verbindung gebracht. Am Artushof wird ein junger Ritter wegen Vergewaltigung zum Tode verurteilt. Ein Gnadenerlass wird ihm jedoch in Aussicht gestellt für den Fall, dass er die richtige Antwort auf die Frage findet, was sich Frauen am meisten von ihren Männern wünschen (III, 1006/7). Sexuelle Transgression wird in der *Manciple's Tale* ebenfalls mit der Thematik des Todes verknüpft, diesmal in Form eines Eifersuchtsdramas: Phebus (Apollo) tötet seine Frau, als ihm sein Lieblingsvogel, eine schneeweiße Krähe, von ihrer Untreue berichtet. Der Tod der namenlosen Frau des Sonnengottes bildet jedoch nicht den Höhe- oder Schlusspunkt der *Tale*, sondern einen Wendepunkt: Phebus findet in seiner Verzweiflung über seine Tat in der verräterischen Krähe ein neues Opfer seiner Wut. Diese wird gerupft (der Verlust ihres weißen Federkostüms symbolisiert ihren Verstoß aus der göttlichen Gnade), verstümmelt (mit ihrer Zunge wird ihr das Organ ihres Frevels entfernt) und verjagt.

In der *Physician's Tale* bedroht ein korrupter römischer Beamter die Keuschheit der Virginia. Joan R. Huber sieht in den Alternativen der Jungfrau, sich entweder den Lüsten des Appius hinzugeben oder aus der Hand ihres Vaters den Tod zu empfangen, ein Beispiel für den zahlreichen *Canterbury Tales* zugrunde liegenden Konflikt zwischen Sexualität und Tod:[158]

> „Doghter," quod he, „Virginia, by thy name,
> Ther been two weyes, outher deeth or shame,
> That thou most suffer;" (...)
> "O doghter, which that art my laste wo, (...)   *größter Schmerz*
> Take thou thy deeth, for this is my sentence.
> For love, and nat for hate, thou most be deed;
> My pitous hand moot smyten of thyn heed."
>   (VI, 213-25)

Virginia (von lat. *virgo* ‚Jungfrau') muss sterben, um ihre Identität als Inbegriff der Jungfräulichkeit zu wahren. Der Vater wird aus moralischem Rigorismus zum Mörder seiner Tochter. Sexuelle Integrität stellt auch in ihren Augen einen höheren Wert dar als das Leben an sich:

> Blissed be God that I shal dye a mayde!
> Yif me my deeth, er that I have a shame;
>   (248/9)

Der Tod wird in dieser Erzählung zum letzten Ausweg zur Wahrung Virginias Jungfräulichkeit. Zwar werden gegen Ende der Erzählung Appius und seine Helfershelfer von ihrer gerechten Strafe ereilt, doch ist im Falle der Virginia, im Gegensatz zu den christlichen Märtyrerinnen (etwa der Cäcilia der *Second Nun's Tale*) kein tieferer Sinn in ihrem Sterben erkennbar, was die *Tale* thematisch in die Nähe der *Legend of Good Women* (Lukrezia) rückt. Ein simultaner Entstehungszeitraum (1380er Jahre) lässt sich nicht zuletzt deshalb vermuten.

Die Todesgefahr, der Custance nahezu kontinuierlich ausgesetzt ist, wird zu einem zentralen Motiv der *Man of Law's Tale*. Die Hochzeitsgesellschaft, die

---

[158] Huber, *Chaucer's Concept of Death*, S. 224.

ihr von Rom bis zum Hof des Sultans von Syrien gefolgt ist, wird zum Opfer eines von der sarazenischen Schwiegermutter arrangierten Mordanschlags. Custance überlebt als einzige, wird jedoch in einem ruderlosen Boot („in a ship al steerelees", II, 439), Inbegriff ihres Ausgeliefertseins an die göttliche Vorsehung, auf dem Meer ausgesetzt. Zwar kommt sie nach jahrelanger (!) Irrfahrt unversehrt an der northumbrischen Küste an, gerät jedoch erneut in Todesgefahr, als ein abgewiesener Freier sie des Mordes an ihrer Gastgeberin bezichtigt. Die Wahrung ihrer Keuschheit bringt sie, wie Virginia, in tödliche Bedrängnis (591/2). Zwar wird dank eines göttlichen Eingriffs ihre Unschuld erwiesen, doch wird sie Opfer einer zweiten Verleumdungskampagne, wieder von einer Schwiegermutter eingefädelt, und wiederum wird sie in einem ruderlosen Boot auf dem Meer ausgesetzt. Auch im zweiten Teil wird ihre Keuschheit gewaltsam bedroht (911f.), diesmal kommt jedoch der Aggressor dank Christi Hilfe schon beim Ansatz zur Tat zu Tode. Custance, die in aller Bedrängnis ihre Standhaftigkeit und ihr Gottvertrauen unter Beweis gestellt hat, wird zuletzt sowohl mit ihrer Familie in Rom wiedervereint, als auch mit ihrem northumbrischen Gatten.

Die *Prioress's Tale* (Fragment VII) und die *Second Nun's Tale* (VIII) sind Märtyrerlegenden. Die Äbtissin berichtet von der Ermordung eines Marienlieder singenden Schulbuben[159] im Judenghetto, die Nonne vom Leben und von der Hinrichtung der Heiligen Cäcilia.[160] Die Äbtissin nutzt die Thematik des Todes eines ob seiner kindlichen Unschuld Mitgefühl erweckenden „litel clergeon", um ihrer Erzählung ein kräftiges Maß an Sentimentalität zu verleihen. Nicht zufällig häuft sich bei der Beschreibung des Knaben und seiner Welt das Adjektiv „litel" („This litel child, his litel book lernynge", VII, 516, auch 503 und 509). Die Umstände seiner Ermordung und sein in die Länge gezogenes Sterben werden, um der Entrüstung über die Tat zusätzliche Nahrung zu verleihen, minutiös geschildert. So wird berichtet, wie dem Buben von seinem jüdischen Mörder die Kehle durchgeschnitten wird. Die Kloake, in der sein lebloser Körper landet, wird nahezu naturalistisch beschrieben (571-3). Als seine Mutter nach dem Ermordeten sucht, demonstriert Gott an dem kindlichen Märtyrer seine Macht: Mit durchgeschnittener Kehle ist der Bub auf wundersame Weise noch in der Lage, Marienlieder zu singen und die nach ihm suchenden Christen zu sich zu lenken:

> "My throte is kut unto my nekke boon,"
> Seyde this child, "and as by wey of kynde
> I sholde have dyed, ye, longe tyme agon."
>
> (649-51)

Das Wunder des sprechenden Leichnams erinnert an die Szene der posthumen Taufe des heidnischen Richters durch den Hl. Erkenwald.[161] Die Äbtissin hat ein Herz für ihre Schoßhündchen und für in Fallen geratene Mäuse, nicht jedoch für die Juden, mit denen kollektiv (allein für Mitwisserschaft) und brutal (628-30) abgerechnet wird. Die *Tale* liefert ideologische und emotionale Nahrung für den zeitgenössischen Antisemitismus. Das Marienmirakel kann zudem nicht als Parodie auf vergleichbare zeitgenössische anti-semitische Literatur gewertet werden: Es handelt sich, so Helen Cooper, um ernstgemeinte und sehr effektvolle Dichtung.[162] Thema der Erzählung ist eines der Paradoxa der christlichen Religion, nämlich dass sich Gott in seiner Größe ausgerechnet in dem kleinen, wehrlosen und betont naiv-ungebildeten Jungen offenbart. Wie die Cäcilienlegende dient das Marienmirakel dem Zweck, die Christenheit zu einen, im Fall der *Prioress's Tale* gegen das angeblich subversive Judentum. Renate Bauer ist hingegen bemüht, Chaucer mit Blick auf den literarisch-kulturellen Kontext der *Tale* vom Vorwurf eines boshaften Antisemitismus zumindest teilweise zu entlasten.[163] Deren judenfeindlicher Gehalt werde dadurch relativiert, dass sie von einer wenig sympatischen Priorin vorgetragen wird, deren Bildnis als „personifizierte Unschuld" (Bauer, *Adversus Judaeos*, S. 248) im Verlauf ihrer Charakterisierung brüchig wird. Eine antisemitische Haltung, so Bauer weiter, sei im Mittelalter tief verwurzelt gewesen, Judenhass und die Zuwendung zur Gottesmutter gingen in vielen Texten einher (S. 250), Chaucer habe die „judenfeindliche Bürde" seiner Zeit nolens volens mitgetragen. Bauer warnt vor Versuchen, Chaucer zu einem Vordenker des 20. Jahrhunderts zu stilisieren: Er wollte schlicht ein Marienwunder erzählen (S. 253). Chaucer sei letztlich der Vorwurf nicht zu ersparen, er habe judenfeindliche Konventionen bewusst eingesetzt, um ein übergeordnetes Ziel zu erreichen, nämlich dem Bischof von Lincoln zu schmeicheln (S. 250).

Die *Second Nun's Tale* hingegen blickt auf die Christenverfolgungen im antiken Rom zurück. Auch diese Erzählung wirkt auf ihre Weise einheitsstiftend: Durch die Schilderung ihres starken Glaubens, ihres missionarischen Eifers und ihrer Standhaftigkeit im Märtyrertod wird die Hl. Cäcilia zum Vorbild für die Christenheit. Die Gläubigen auch späterer Jahrhunderte sind zur Nachahmung ihrer Heiligkeit aufgerufen, nicht zur Rache an den heidnischen Henkern. Die Thematik des Todes spielt in beiden Erzählungen eine zentrale Rolle: Sowie der „litel clergeon" der Äbtissin erst im Tod das ganze Ausmaß seiner Hingabe an die Gottesmutter unter Beweis stellen kann, so erhält Cäcilia erst in Folge ihrer Unerschütterlichkeit in der Passion und im Tod ihren Status als Heilige. Wie dem Knaben des Marienmirakels werden ihr schwere Ver-

---

[161] Siehe Kapitel 2.7.

[162] "The tale is not a comfortable one ... it is crude ... and it is deeply and mindlessly anti-Semitic" (Helen Cooper, *The Canterbury Tales*, S. 292).

[163] Renate Bauer, *Adversus Judaeos: Juden und Judentum im Spiegel alt- und mittelenglischer Texte*, Münchner Universitätsschriften Band 29, Frankfurt am Main 2003, S. 242-54.

letzungen (drei Axthiebe) am Hals zugefügt, wie dieser lebt sie, obwohl bereits hingerichtet, auf wundersame Weise noch eine Weile fort und kann wie er noch sterbend im Lobpreis des Herrn ihren Mitchristen ein Vorbild sein. In beiden Erzählungen entfalten die Protagonisten erst im Tod ihr volles spirituelles Potenzial.

In der *Nun's Priest's Tale* will Chauntecleer seiner Pertelote anhand einer Beispielgeschichte den Realitätsgehalt von Traumvisionen erläutern: Zwei Reisende mussten einst des Nachts in einer überfüllten Stadt getrennt auf Quartiersuche gehen. Der eine fand mit ein wenig Glück in einer Herberge einen sicheren Schlafplatz, der andere hingegen musste mit einem Stall vorlieb nehmen. In der Nacht erscheint letzterer seinem Freund gleich einem Wiederkehrer (*revenant*) der schottischen Volksballade im Traum und bittet ihm um Beistand:

> Allas, for in an oxes stalle
> This nyght I shal be mordred ther I lye!
> Now help me, deere brother, or I dye.
>
> (VII, 3004-6)

Der in der Herberge Ruhende hält die Erscheinung jedoch für eine Illusion und schläft weiter, auch nachdem ihm sein Freund ein zweites Mal im Traum erschienen ist. Beim dritten Mal ist es zu spät und der „Wiederkehrer" kann nur noch von seiner Ermordung berichten und Direktiven zur Auffindung seines Leichnams erteilen. Tote können dem Exemplum des sangesfreudigen Hahns zufolge die Grenze zwischen Diesseits und Jenseits zeitweilig überschreiten und im Traum mit ihren Angehörigen und Freunden kommunizieren, ein Glaube, der insbesondere in der schottischen Volksballade des 16. Jahrhunderts seinen Niederschlag findet.[164]

Die Mehrzahl der Tragödienhelden der *Monk's Tale* kommt zwar zu Tode, doch konzentrieren sich die Kurzbiographien des Mönchs primär auf den *Fall* der Protagonisten aus dem irdischen Glück, den Verlust ihrer gesellschaftlichen Stellung und ihr Absinken ins Elend. Die Tatsache, dass ein im Sinn mittelalterlicher Literatur „tragisches" Schicksal nicht zwangsläufig den Tod involviert, jedoch unweigerlich den Verlust der sozialen Stellung, kann als Hinweis auf den zentralen Stellenwert gewertet werden, den die Epoche dem gesellschaftlichen Rang eines Menschen als Teil seiner Identität beimisst. Die Sammlung von Kurzbiographien biblischer, mythologischer und historischer (antiker bis zeitgenössischer) Persönlichkeiten (Luzifer, Adam, Samson, Herkules, Nebukadnezar, Belsazar, Zenobia, Peter von Spanien, Peter von Zypern, Bernabo Visconti, Ugolino von Pisa, Nero, Holofernes, Antiochus, Alexander, Julius Cäsar und Krösus) dient dem Mönch als Anschauungsmaterial für seine

---

[164] Traumvisionen mit wiederkehrenden Toten finden sich in den Nummern 74, 73E und 265 der Sammlung von Child, *Fair Margaret and Sweet William, Lord Thomas and Fair Annet* und *The Knight's Ghost*, siehe Kapitel 6, S. 384/85.

These, dass alle Mächtigen, insbesondere wenn sie dem Hochmut verfallen, früher oder später, verdient oder unverdient zu Fall kommen. Da zur Entstehungszeit der *Canterbury Tales* der Begriff „Tragödie" noch weithin unbekannt ist, tut der Mönch gut daran, im Prolog zu seiner *Tale* seine Konzeption zu erläutern. Chaucer führt damit die Gattungsbezeichnung „Tragödie" in dieser Bedeutung in die englische Literatur ein:

> Tragedie is to seyn a certeyn storie,
> As olde bookes maken us memorie,
> Of hym that stood in greet prosperitee,
> And is yfallen out of heigh degree
> Into myserie, and endeth wrecchedly.
>
> (VII, 1973-7)

Vom Tod des Helden als Gattungskriterium der Tragödie ist in dieser Kurzdefinition nicht die Rede („endeth wrecchedly" bedeutet nicht notwendigerweise den Tod), stattdessen gilt der *Fall* aus irdischem Wohlergehen („greet prosperitee") und sozialer Höhe („heigh degree") als konstituierendes Merkmal. Der Tragödienkonzeption des Mönchs liegt die boethianische Vorstellung von der Schicksalsgöttin (Fortuna) zugrunde, die willkürlich, d.h. ohne auf Verdienst oder Sünde zu achten, die Mächtigen der Welt vom Scheitelpunkt ihres Rades ins Elend stürzt. Die Fortuna der zeitgenössischen Romanze *Morte Arthure* versichert Arthur im Traum, Christus habe sie geschaffen, um die Mächtigen für ihren Hochmut zu bestrafen (3385).[165] Die Fortuna der *Monk's Tale* hingegen lässt sich, obwohl es sich bei dem Erzähler um einen Ordensmann handelt, nur schlecht in das christliche Weltbild integrieren, da der Willkür, mit der sie ihre Opfer zu Fall bringt, kein Prinzip göttlicher Gerechtigkeit zugrunde liegt:

> But that Fortune alwey wole assaile
> With unwar strook the regnes that been proude;   *unerwartetem*
> For whan men trusteth hire, thane wol she faille   *im Stich lassen*
> And covere hire brighte face with a clowde.
>
> (2763-6)

Versuche, die Fortuna der *Monk's Tale* mittels einer Analyse ihrer Rolle in allen 17 Kurztexten näher zu bestimmen, haben zu keiner präziseren Definition geführt als der, die der Mönch selbst gibt. Ihre Konzeption variiert von Beispielfall zu Beispielfall: Teils haben die Protagonisten schwere Schuld auf sich geladen und fallen verdientermaßen (z.B. Nero), teils haben sie im aristotelischen Sinn leichtsinnig einen geringfügigen, doch folgenschweren Fehler begangen (z.B. Adam oder Samson), teils werden sie mit ihrem Fall für ihren Hochmut bestraft

---

[165] Zur Rolle der Fortuna in mittelenglischer Literatur siehe auch S. 356, FN 12.

(Nebukadnezar, Belsazar oder Krösus), teils fallen sie völlig schuldlos, zumindest soweit sich dies ihrer Kurzbiographie entnehmen lässt (Herkules, Peter von Zypern, Ugolino von Pisa oder Alexander der Große). Den Tragödien des Mönchs scheint keine einheitliche Konzeption zu Grunde zu liegen, so wird in einer der Kurzbiographien, der von König Antiochus, die Fortuna gar zum verlängerten Arm der göttlichen Gerechtigkeit (2599, 2609, 2615).[166]

Der „Fall" der Helden endet häufig, doch nicht zwangsläufig, im Tod. So stirbt Herkules qualvoll in dem vergifteten Hemd des Nessus, Balthasar (Belsazar) wird von seinen Untertanen getötet, ebenso Peter von Zypern. Peter von Spanien wird von seinem Bruder ermordet, Bernabo Visconti von seinem Neffen. Ugolino von Pisa verhungert samt seiner drei Kinder im Gefängnis. Nero erdolcht sich aus Angst vor der Rache seiner Untertanen, Holofernes wird von Judith im Schlaf geköpft, Antiochus stirbt einsam im Gebirge. Alexander wird „von seinem eigenen Volk" vergiftet, Julius Cäsar von „Brutus Cassius" und dessen Helfershelfern erdolcht und Krösus endet am Galgen. Nur vereinzelt wird der Tod an sich zum Gegenstand der Klage, etwa bei Peter von Spanien: „Wel oghten men thy pitous deeth complayne!" (2377).

Eine Reihe der Tragödien endet jedoch nicht mit dem Tod des Helden, sondern mit einem anderweitig als Strafe empfundenen Schicksal: Luzifer ist als übernatürliches Wesen ohnehin unsterblich.[167] Seine Fallhöhe ist, im Sinne des mittelalterlichen Weltbildes, mit Abstand am größten, er stürzt von einer herausgehobenen Stellung im Himmel („brightest of angels alle", 2004), bis ganz nach unten in die Hölle ab, wo er seither in nicht näher beschriebener „miserie" (2006) schmachtet. Auch Adams Fall endet nicht im Tod. Er wird zur Strafe für seinen Fehltritt aus dem Paradies verjagt und muss fortan arbeiten (2014).[168]

Nebukadnezars Lebensbeschreibung stellt einen Sonderfall mittelalterlicher Tragik dar, da er im Anschluss an seinen Fall und an eine Phase des Elends von Gott rehabilitiert wird. Das Schicksalsrad zerrt ihn nach unten, bleibt jedoch nicht stehen.[169] Sein Sturz ins Elend vollzieht sich abrupt, er verliert seine

---

[166] E.M. Socola analysiert in "Chaucer's development of Fortune in the *Monk's Tale*", *Journal of English and Germanic Philology* 49, 1950, S. 159-71 die Veränderungen, die Chaucer an den Versionen seiner Quellen vorgenommen hat, und kommt zu dem Schluss, dass der *Tale* eine bewusste Entwicklung in der Konzeption der Fortuna zugrunde liegt (S. 164): In den ersten drei Tragödien spielt die Fortuna keine Rolle oder wird gar nicht erst erwähnt (Luzifer bis Samson), in einer zweiten Gruppe erscheint sie als Abstraktion (Herkules bis Ugolino) und erst in einer dritten Gruppe als persönliches und individualisiertes Wesen (Nero bis Krösus).

[167] Seine Tragödie kann insofern auch als einzige nicht als „Biographie" bezeichnet werden.

[168] Die Obsession des Mönchs mit dem sozialen Rang eines Menschen als Gradmesser seines Glücks geht soweit, dass selbst Adams paradiesisches Glück als „heigh degree" gepriesen wird.

[169] Der Bericht des Mönchs von Nebukadnezars Fall und Rehabilitation stellt auch insofern eine Ausnahme innerhalb der mittelalterlichen Fortunaliteratur dar, als volle oder „360 Grad"

Königswürde unverhofft und plötzlich („sodeynly", 2170). Er fällt - im Sinn des mittelalterlichen Weltbildes - „herab" ins Tierreich, was sein Gebaren, seine Identität („And lyk a beest hym semed for to bee", 2171) und zuletzt gar sein Äußeres betrifft (2175/6); er stirbt wohlgemerkt nicht. Gott hat nach Ablauf einer Frist Erbarmen mit dem Gedemütigten und gibt ihm seine menschliche Vernunft zurück. Ob Nebukadnezar auch seine Königswürde wieder erlangt wird offengelassen, der Mönch betont allein, dass der ehemalige Herrscher nach Rückgewinnung seiner menschlichen Identität vom Laster des Hochmuts dauerhaft geheilt ist, dass er Gott für seine Genesung dankt und nicht mehr sündigt. Die Kurzbiographie deutet zuletzt im Bild Nebukadnezars auf der Bahre seinen Tod an, doch ist dieser eben nicht der Endpunkt seines Falls, sondern das natürliche Ende seines irdischen Lebens, welches ihm, der im Bewusstsein der göttlichen Macht und Gnade stirbt (2182), den Einlass in das Reich Gottes ermöglicht, das Ziel aller Gläubigen.

Auffallend ist, dass die kürzeren der Kurzbiographien, etwa die der zeitgenössischen Herrscherfiguren Peter von Spanien, Peter von Zypern oder Bernabo Visconti (letztere beiden jeweils nur eine Strophe lang) zu tödlichen Ausgängen neigen, während der längste Text, die Lebensbeschreibung der Zenobia, streitbare Königin von Palmyra (16 Strophen), eben nicht mit dem Tod der Heldin endet, sondern mit ihrer Entmachtung und demütigenden Feminisierung beim römischen Triumphzug. Schon zu ihrer Zeit als erfolgreiche Herrscherin wurde sie von ihrer Familie aus dynastischen Gründen unter das Ehejoch gezwängt, doch ließ sie, Mars in Frauengestalt, ihren Gatten zur Zeugung eines Erben nur ein einziges Mal zu sich ins Bett („suffre hym doon his fantasye", 2285), um möglichst wenig von ihrem männlichen Habitus einzubüßen. Der Mönch goutiert zuletzt sichtlich die Wiederherstellung der Geschlechterordnung in Folge ihrer Niederlage gegen den römischen Statthalter Aurelian, der sie zum Triumphzug durch Rom statt ihres gewohnten Schlachthelms eine typisch mittelalterliche weibliche Kopfbedeckung („vitremyte", 2372) tragen lässt und ihr statt des gewohnten Zepters eine Spindel, Symbol für weibliche Hausarbeit und niederen Stand, in die Hand gibt.

Antiochus ist einer der Kandidaten, die bis in den Tod „fallen", doch liegt seine Bestrafung weniger im Tod an sich als in seiner entwürdigenden Krankheit, die ihm Gott aus „Rache" (2615) für seinen Hass auf die Juden sendet. Antiochus fällt nicht ehrbar in der Schlacht, sondern wird in Folge eines Sturzes vom Streitwagen zum Krüppel und ist von da an auf fremde Hilfe angewiesen (2610-4). Gott straft ihn dann noch härter und sendet ihm eine abstoßende Krankheit, die ihn bei lebendigem Leibe verfaulen lässt. Seine Untertanen halten den Gestank schließlich nicht mehr aus und setzen ihn in einer einsamen Berg-

---

- Drehungen in der Regel mit dem Protagonisten an einem relativen Tiefpunkt beginnen und als die Texte von seinem Aufstieg, Glück und anschließendem Fall ins Unglück berichten, siehe z.B. die Schicksalskarriere König Arthurs in der alliterierenden *Morte Arthure* oder Troilus' Aufstieg und Fall.

region aus, wo er bis zu seinem Tod dahinvegetiert. Antiochus wird somit gerade nicht mit dem Tod bestraft, sondern vielmehr damit, dass er seinen gesellschaftlichen Tod überlebt. Sein physischer Tod bringt ihm vielmehr Erlösung von seinem Leid.

Auch die Tragödie des biblischen Samson endet letztlich mit dem Tod des Helden, doch ist dieser ebenfalls nicht Kulminationspunkt seines Unglücks, sondern ein zweiter Wendepunkt in seinem Schicksal. Samson findet in der Art und Weise seines Todes in gewissem Sinn zu seiner alten Identität zurück. Der Champion des jüdischen Heeres, Eroberer von Gaza und Schrecken der Philister gibt unachtsam seiner Mätresse Dalida das Geheimnis seiner übermenschlichen Stärke preis, wird von ihr im Schlaf geschoren und an seine Feinde verraten, die ihn gefangen nehmen, blenden und bei einem Fest der Lächerlichkeit preisgeben. In den Demütigungen der Philister erreicht Samson seinen Tiefpunkt, den er jedoch zu durchschreiten vermag: Er gewinnt seine legendäre Stärke zurück, rüttelt an den Pfeilern des Tempels, bringt diesen zum Einsturz und lässt sich mitsamt seiner spöttelnden Gegner von den herabstürzenden Trümmern begraben. Im Tod erhält Samson seine übermenschliche Größe und alte Identität als furchterregender Gegner der Philister zurück. Seine Lebensbeschreibung endet eben nicht mit dem Spott der Philister, sondern mit seiner Rache und seinem wehrhaften Ende.

Wenn man nun wie Joan R. Huber davon ausgeht, dass sich Chaucers Konzeption des Todes während der Jahre seines literarischen Schaffens in drei Schritten entwickelt hat, so wird man das Ergebnis dieses Prozesses im letzten Teil der *Canterbury Tales* suchen, in der *Parson's Tale*, und in deren Anhang, der *Retraction*. Dabei sei jedoch Vorsicht geboten, da erstens jede Entstehungschronologie der *Tales* auf Vermutung beruht und zweitens jene beiden „letzten" Teile ohnehin nicht notwendigerweise das Endergebnis einer persönlichen Entwicklung wiedergeben, sondern eventuell von vornherein als angemessener Abschluss des umfangreichen (und ohnehin nicht abgeschlossenen) Werkes konzipiert waren, der mit den literarischen und gesellschaftlichen Konventionen der Zeit harmonieren sollte. Gerade die *Parson's Tale* erweckt den Eindruck, dass Chaucer hier nicht mit eigener Stimme spricht. Die Ausführungen des Gemeindepfarrers zur Buße und zu den sieben Todsünden geben im Wesentlichen den Inhalt zweier damals vielgelesener Handbücher wieder: eines Traktats von Raymond of Pennaforte und eines von William Peraldus. Larry D. Benson vermutet, dass Chaucer für die *Parson's Tale* neben weiteren Quellen vor allem diese beiden Werke benutzt, die er eventuell durch eine verschollene französische Übersetzung kannte.[170] Wie dem auch sei, Hubers Einschätzung, dass wir ausgerechnet aus dem Munde des Gemeindepfarrers, dem die Ehre zuteil wird, die *Canterbury Tales* abzuschließen, Chaucers reifes und endgültiges Konzept

---

[170] Larry D. Benson (Hg.), *The Riverside Chaucer*, Oxford 1987 (3rd edition), S. 21.

des Todes vermittelt bekommen, „one which reflects his maturity bound neither by the eschatology of his faith nor by the need to refute it, but rather subsuming both in his own thought",[171] klingt wenig überzeugend.

Der Pfarrer ist der einzige Geistliche unter den Canterbury Pilgern, der mit seiner ganzen Persönlichkeit das vertritt, was er lehrt, wie sich seinem Charakterbild im *General Prologue* entnehmen lässt. Da er predigt, was er lebt, und lebt, was er predigt, kann er, im Gegensatz zu seinen korrupten Standesgenossen, vom Inhalt seiner *Tale* überzeugen und einen lebendigen Glauben vermitteln. Grundlage seiner religiösen Überzeugung ist die gute Nachricht des Neuen Testaments, dass Christus die Menschheit durch seinen Tod erlöst hat (Fragment X, 153). Ziel seiner Ausführungen ist es, seine Zuhörer zu einem christlichen Lebenswandel zu bewegen und sie von der Notwendigkeit von Reue, Buße und Umkehr zu überzeugen. Christi Passion soll den Menschen die Augen für die Liebe Gottes zu den Menschen öffnen. Ein mindestens ebenso wirksames Mittel wie das Gedenken der Leiden Christi ist jedoch, die Gläubigen vor den Qualen der Hölle zu warnen. Dieser Aufgabe widmet sich der Pfarrer im ersten Teil seines Traktats ausführlich und eindringlich, mit drastischer Metaphorik und mit der Autorität sämtlicher Propheten, Apostel und Kirchenväter. Die Thematik des Todes wird von ihm auf die Bestrafung des Sünders im Jenseits reduziert. Dort werden die Hierarchien des Diesseits auf den Kopf gestellt:

> And this is for as muche as the hyer that they were in this present lyf, the moore shulle they been abated [erniedrigt] and defouled in helle. (X, 190)

Der Pfarrer beschreibt in drastischen Bildern die verschiedenen Qualen, die den Sünder im Jenseits erwarten. Die Vorstellungen ewigen Hungers und Durstes (Tantalus) und bei lebendigem Leib Verschlungen-Werdens von höllischen Vögeln (Prometheus) scheinen jedoch von antiker Mythologie und nicht von biblischer Offenbarung inspiriert (193/4). Am schlimmsten sei jedoch die Endlosigkeit des Leidens, die ewige Dauer der höllischen Pein. Die Seelen winden sich in ständigen Todesqualen, ohne jemals im Tod Erlösung zu finden, da sie ja bereits gestorben sind. Die Flucht des Menschen vor dem Tod im Diesseits wandelt sich zu einer verzweifelten Suche nach einem erneuten Tod im Jenseits:

> For it peyneth hem evere, as though they sholde dye anon; ... To wrecche caytyves [elenden Unglücklichen] shal be deeth withoute deeth, and ende withouten ende, and defaute [Entbehrungen] withoute failynge [ohne Unterlass]. For hir deeth shal alwey lyven, and hir ende shal everemo bigynne, and hir defaute shal nat faille. ... They shullen folwe deeth, and they shul nat fynde hym; and they shul desiren to dye, and deeth shal flee fro hem. (212-5)

---

[171] Huber, *Chaucer's Concept of Death*, S. 204.

Kein weiterer Abschnitt der *Canterbury Tales* artikuliert konventionelle kirchliche Vorstellungen in der Strenge wie die *Parson's Tale*. Diese kann auch schwerlich als Summe Chaucers literarischer Reife gewertet werden. Auch der Epilog zu den *Tales*, Chaucers *Retraction*, hinterlässt weniger den Eindruck eines reflektierten Schlusswortes zu seinem literarischen Werk als eines konventionalisierten Bekenntnisses zur christlichen Religion als der weltanschaulichen Grundhaltung seiner Zeit. Der bedeutendste Autor der mittelenglischen Epoche gibt vor, sich nicht nur von frivolen Frühwerken („many a song and many a leccherous lay", 1086), sondern mehr oder minder von seinem gesamten Oeuvre zu distanzieren, vom *Book of the Duchess*, dem *Troilus*, dem *Parliament of Fowles*, dem *House of Fame*, der *Legend of Good Women* und insbesondere den „tales of Canterbury, thilke that sownen [sähen, propagieren] into synne" (1085), gemeint sind dabei wohl vorrangig die Fabliaux. Bestehen bleiben nach diesem Kahlschlag im Hain der mittelenglischen Literatur allein die Übersetzung der *Consolatio Philosophiae*, die Cäcilienlegende und weitere (verschollene?) „bookes of legendes of seintes, and omelies, and moralitee, and devocioun" (1087).

Ob es sich bei der *Retraction* nun um ein Einlenken pro forma in die Wertewelt des christlichen Spätmittelalters in der Tradition der Palinodie (vgl. das Ende des *Troilus*) handelt oder um einen ernstgemeinten Widerruf, sei dahingestellt, fest steht jedoch, dass sich weder dem Ende der *Canterbury Tales* noch sonst einem Abschnitt dieses oder sonst eines Werkes des Chaucerkanons des Autors letztendliche, „reife" Konzeption des Todes entnehmen lässt. Seine Werke divergieren nicht allein deshalb so stark voneinander in der Frage des richtigen Umgangs mit dem Tod, da sie in verschiedenen Lebensabschnitten entstanden, sondern auch, da sie die letzten Fragen zur menschlichen Existenz, zum Sinn des Lebens und Sterbens, aus teils grundverschiedenen Perspektiven betrachten. Der areligiöse Trost des *Book of the Duchess* erfüllt schlicht eine grundlegend andere Funktion als der Lobpreis der Heiligkeit der Cäcilia, die Diesseitigkeit der *Canterbury*-Fabliaux illustriert einen grundlegend anderen Aspekt des Lebens als die Resignation der *Monk's Tale* angesichts der Unkontrollierbarkeit des menschlichen Schicksals. Der spätantiken Philosophie des Boethius (*Knight's Tale*) liegt ein anderes Weltbild zugrunde als der christlichen Orthodoxie der Quellen der *Parson's Tale*. Angesichts der Vielzahl weltanschaulicher Ansätze in Chaucers Werk scheint es verfehlt, in einem bestimmten Teil des Oeuvres nach einer Selbstoffenbarung des „wahren" oder „gereiften" Chaucer zu suchen. Erst unter Berücksichtigung der Gesamtheit der Werke des Chaucerkanons können wir der Vielseitigkeit des Autors im Umgang mit dem Tod gerecht werden.

5. Der Tod in Gowers "The Trump of Death" (*Confessio Amantis*) und Lydgates *Fall of Princes*

In folgendem Kapitel sollen Werke zweier weiterer herausragender Dichter der mittelenglischen Epoche mit Blick auf die Thematik des Todes untersucht werden, eine Erzählung aus John Gowers *Confessio Amantis* und John Lydgates *Fall of Princes*. Dass Gowers englisches Hauptwerk im Rahmen einer Studie zum literarischen Umgang mit dem Tod weniger Ergebnisse zulässt als die *Canterbury Tales*, liegt nicht primär an der angeblichen literarischen Zweitrangigkeit Gowers, als daran, dass sich die *Confessio Amantis* trotz ihres imposanten Umfangs (33 444 achtsilbige Verszeilen) nicht auf ein mit den *Canterbury Tales* vergleichbar umfassendes Themenspektrum ausbreitet, sondern sich, wie vom Titel angekündigt, auf die Thematik der sieben Todsünden (die den Autor auch in seinen nichtenglischen Werken, der *Vox Clamantis* und dem *Mirour de l'Omme* beschäftigen) und der höfischen Liebe konzentriert. Gottgegebene Prinzipien werden bei Gower zur Grundlage moralischer Unterweisung, nicht die Angst vor dem Tod oder vor Strafe im Jenseits.

Den Rahmen für die 133 Beispielgeschichten, die den Kern des Werkes ausmachen, bildet ein literarisch stilisiertes Beichtgespräch eines Liebenden („Amans") mit seinem Beichtvater („Confessor"), in dessen Verlauf die Liebe (*amour courtois*) als Fokus mittelalterlicher höfischer Lebenskultur diskutiert wird. Bei der „Liebe" der *Confessio* handelt es sich weniger um erotisches Begehren an sich als um einen durch die sinnlichen Reize der Dame stimulierten emotionalen Grenzzustand, den der Beichtvater, die Erzählerfigur der Beispielgeschichten, zum Angelpunkt seiner Analyse fehlerhaften menschlichen Verhaltens macht.[1] Die sieben Todsünden bilden ein Raster, vor dessen Hintergrund Verhalten und Einstellungen des Liebenden betrachtet werden. Der im ersten Buch festgehaltene Abschnitt des Beichtgesprächs widmet sich der mittelalterlicher Auffassung zufolge hartnäckigsten aller Sünden, dem Hochmut (*pride*). Dieser wird in fünf Erscheinungsformen („Five Ministers") unterteilt, in *Ipocrisie, Inobedience, Surquiderie, Avantance* und *Veine gloire*, die den Rahmen für die Beispielgeschichten bilden (darunter die Erzählungen von *Mundus and Paulina, Florent, Capaneus, Narcissus, Albinus and Rosemund* und *Nebuchadnezzar*). Das Laster des Hochmuts wird teils mit Bezug auf die Liebesthematik (z.B. in der *Tale of Narcissus*), teils mit allgemeiner Relevanz erläutert, so in *The Trump of Death* (2021f.), die die Erscheinungsform der *Surquiderie*, erläutern soll. Die Erzählung befindet sich auf Grund der allgemeinen (d.h. nicht nur für Liebende) Gültigkeit ihrer Lehre außerhalb der Rahmenthematik des Werkes, sie stellt insofern einen Sonderfall innerhalb der *Confessio Amantis* dar,

---

[1] "For Gower, love is a principle of existence, a blind natural force, in itself neither good nor evil, but providing the strongest motive to good or evil and therefore for the display of man's moral nature." Derek Pearsall, *Gower and Lydgate*, London 1969, S. 12.

als in ihr ein ganz und gar unhöfisches Thema behandelt wird, nämlich die Frage des richtigen Umgangs des Menschen mit dem Alter und dem Tod.

In Ungarn, so leitet der Beichtvater seine Erzählung ein, regierte einst ein weiser und ehrbarer König. Eines Maimorgens machte er sich mit seiner Entourage auf ins Grüne zu saisonalen Lustbarkeiten wie Spiel, Gesang und Reiterei. Die Hofgesellschaft verkörpert im Einklang mit der Jahreszeit unbekümmerte Jugendlichkeit („lusti folk that were yonge", 2033). Dank seiner Umsichtigkeit und seinem Blick für das Außergewöhnliche wird der König auf zwei Pilger aufmerksam, die auf Grund ihres ausnehmend hohen Alters in markantem Kontrast zur Jugend der Hofgesellschaft stehen. Ihre Gesichter sind ausgetrocknet, blass und fahl, ihre Bärte schneeweiß. Der Tod steht ihnen bereits ins Gesicht geschrieben:

> Ther was of kinde bot a lite,   *menschliches Wesen*
> That thei ne semen fulli dede.   (2046/7)[2]

Die Pilger, die der lebensfrohen Gesellschaft mit unverhüllter Drastik die Realität des Alters, der Bedürftigkeit und des Todes vor Augen führen, lassen sich mit der allegorischen Figur *Elde* in dem mittelenglischen Gedicht *Three Messengers of Death*[3] vergleichen, die wie sie um Almosen betteln muss:

> Whon Monnes hed biginneþ to elde,
> He may not do but beodes bidde.   *Gebete sprechen*
>   (111/2)

Elde ist einer der drei Vorboten des Todes, der im Unterschied zu seinen Kumpanen *Seeknesse* und *Aventures* (‚Unglück'), vor allem letzterem, dem Menschen Zeit zur Vorbereitung auf den Tod lässt. Der König nimmt die beiden vom Alter gezeichneten Pilger als Projektion seines eigenen Alterungsprozesses und Todes wahr, als Abbild seiner Zukunft und damit als Teil seiner selbst, deshalb springt er aus seinem Wagen, küsst zum Entsetzen der umstehenden Großen seines Reiches den mittellosen Pilgern Hände und Füße und beschenkt sie freigebig. Der König hat die Bedeutung des von den Pilgern repräsentierten Lebensabschnitts erkannt: Das Alter soll nicht an den Rand der Gesellschaft und des Bewusstseins gedrängt werden, es ist kein Unheil, kein Schreckgespenst, sondern ein auf Grund der Nähe zum Tod besonders bedeutungsvoller Abschnitt der menschlichen Existenz, ein Privileg gar, da es nicht jeder erreicht und da es dem Menschen Zeit lässt, sich auf sein unabdingbares Ende würdevoll vorzubereiten. Der König kann dank dieser Einsicht die grauhaarigen Pilger inmitten der

---

[2] Zitate aus: *The English Works of John Gower*, hg. v. G.C. Macaulay, EETS ES 81 und 82 (1900).
[3] *The Minor Poems of the Vernon MS*, Band 2, hg. v. F.J. Furnivall, EETS OS 117 (1901). Zu dem mittelenglischen Gedicht von den drei Todesboten siehe Kap. 2.3.

Maienlandschaft und umgeben von Jugendlichkeit mit ganzem Herzen willkommen heißen.

Die Entourage des Königs teilt mit ihm diese Einstellung jedoch nicht. Es
wird gemurmelt und hinter seinem Rücken getuschelt, man meint, er habe sich
und den gesamten Hofstaat durch sein Verhalten gedemütigt. Insbesondere der
Bruder des Königs nimmt an der Ehrung der unliebsamen Außenseiter Anstoß
und stellt ihn noch am selben Abend unter vier Augen stellvertretend für alle
Zeugen des Vorfalls zur Rede. Er legt ihm nahe, sich bei den Großen seines
Reiches für sein Verhalten umgehend zu entschuldigen. Der König hört sich die
Vorwürfe seines Bruders gelassen an und „denkt dabei mehr als er spricht"
(2106): Er will seinem Bruder eine herbe Lehre für seinen Stolz erteilen. Dem
König kommt in der Erzählung eine Doppelfunktion zu als Mitglied der Hofgesellschaft einerseits, als vorbildliches Individuum, das sich vom Hochmut und
von der Kurzsichtigkeit der anderen absetzt und sich dadurch der Kritik aussetzt,
und als allmächtiger, gottgleicher Herrscher, der in völliger Willkür über Leben
und Tod seiner Untertanen verfügen kann. Diese Macht wird durch eine Trom-
pete symbolisiert, die „Trump of Death", deren blecherner Schall dem in Ungnade Gefallenen vor seiner Haustür des Nachts das Todesurteil verkündet.
Gegen den Entscheid des Königs gibt es keine Berufung, es hilft kein Hinterfragen und kein Argumentieren, so wie gegen die Schläge der Fortuna. Dem
„gefallenen" Bruder des Königs bleibt nur eine Hoffnung für sein Leben, nämlich demutsvoll seinen Herrscher um Gnade zu bitten. So hüllen sich der am
Vortag noch so Stolze, seine Frau und ihre fünf Kinder in Bußgewänder und
ziehen bei Tagesanbruch vor den Augen der ganzen Stadt barfuss zum Palast
und bitten kleinlaut um sein Leben. Der König nimmt die Selbsterniedrigung
seines stolzen Ratgebers mit Genugtuung zur Kenntnis und spottet noch, er habe
sich von nichts Weiterem als dem Klang einer Blechtrompete in Angst und
Schrecken versetzen lassen. Aus Furcht vor dem Tod habe er sich vor den Augen der ganzen Stadt erniedrigt, seinen König hingegen habe er am Vortag dafür
kritisiert, dass er den beiden Pilgern, Symbolfiguren des Alters, Ehrungen erwies:

Now schalt thou noght forthi mervaile	*dich wundern*
That I doun fro my Charr alihte,	*herabstieg*
Whanne I behield tofore my sihte	
In hem that were of so gret age	
Min oghne deth thurgh here ymage,	*eigenen*
Which god hath set be lawe of kynde,	*Gesetz der Natur*
Wherof I mai no bote finde:	*Abhilfe*
For wel I wot, such as thei be,	
Riht such am I in my degree,	*Stand, Rang*
Of fleissh and blod, and so schal deie.	

(2226-35)

Es gibt kein Aufbegehren gegen Alter und Tod, der Mensch muss die Vergänglichkeit der Jugend und des irdischen Lebens als Teil der *conditio humana* akzeptieren. Selbst der König als Herr über Leben und Tod ist diesem Gesetz unterworfen und seinem Wesen nach ein sterblicher Mensch, eine Einsicht, zu der auch *The Three Messengers of Death* gelangt (139/40). Der König betont erneut die Gleichheit aller angesichts des Todes und vergibt seinem Bruder seinen Hochmut.

Auch in Lydgates *Fall of Princes* steht, obwohl die Erzählungen in aller Regel mit dem Tod des Helden enden, nicht dieser im Zentrum des Interesses, sondern die Tatsache des *Falls* aus dem irdischen Glück, d.h. in erster Linie des Verlustes der sozialen Stellung. Selbst die mächtigsten und erfolgreichsten Figuren der Weltgeschichte sind ohnmächtig der Willkür der Fortuna ausgeliefert, die sich nahezu unweigerlich früher oder später von ihren Günstlingen wieder abwendet. Kriegshelden werden geschlagen, Heerführer verraten und ermordet, Reiche verlieren ihren Besitz und Herrscher ihre Macht: „Fortune ful offte, for al ther gret estat, / Vnwarli [unvorhergesehen, plötzlich] chaungith & seith to hem chekmat" (I, 181/2).[4] Eine an den Totentanz erinnernde klerikale Ständeliste (Priester und Prälaten, Patriarchen, Bischöfe, Äbte und Chorherren, IX, 3263f.) veranschaulicht hier weniger die Gleichheit aller vor dem Tod als die Hilflosigkeit der Menschheit angesichts der Macht des Schicksals. Der Autor kündigt im Prolog an, zur Veranschaulichung dieses Sachverhalts Beispiele aus der Weltgeschichte zu liefern (I, 427), das Werk nimmt im Lauf von neun Büchern mit jeweils im Durchschnitt 4000 Versen jedoch den Charakter eines enzyklopädischen Geschichtswerkes an: Epische Breite wird bei Lydgate zu einem Kriterium zuverlässiger Geschichtsschreibung (I, 92-5). Sein *Fall of Princes* fußt letztlich auf Boccaccios ohnehin schon voluminösem lateinischem Werk *De casibus virorum illustrium* (1355-60); der Engländer verwendet jedoch eine erweiterte französische Version dieses Werkes von Laurent de Premierfait als direkte Vorlage (*Des cas des Nobles Hommes et Femmes*) und baut seine Tragödiensammlung mit Hilfe der Bibel und weiterer Quellen nach seinem Geschmack aus. Wie in der *Monk's Tale* folgt in den meisten Fällen der Tod des Helden auf den Schicksalsumschwung, doch wird nicht dieser, sondern das Wesen der Fortuna, die Unbeständigkeit des irdischen Glücks, zum Gegenstand der Reflexion. Je höher ein Held in der weltlichen Hierarchie positioniert war, desto tiefer fällt er, sobald sich die Göttin von ihm abwendet: „Who clymbeth hiest, his fal is lowest doun" (I, 3435).

Schicksalsungunst kann den Menschen auf verschiedene Weise treffen, der Tod des Helden ist durchaus nicht die einzige Manifestation. Bei Ödipus etwa, wo eine unheilsame Prophezeiung allen Gegenmaßnahmen zum Trotz

---

[4] Zitate aus der Ausgabe von Henry Bergen, EETS ES 121-24 (1924-27); die deutschen Glossen basieren auf den neuenglischen Glossen dieser Ausgabe.

eintrifft, liegt der „Fall" vom Schicksalsrad in ungewolltem Schuldigwerden. Der wesentliche Unterschied zwischen Lydgates Darstellung und der von Boccaccio liegt darin, dass ersterer den Mächtigen der Welt nicht mit Feindseligkeit und Zynismus gegenübersteht, sondern ihnen einen wohlmeinend-warnenden Rat erteilen will. Lydgate hegt keinen Zweifel an der prinzipiellen Rechtmäßigkeit der Herrschaft der Fürsten und Könige, er arbeitet schließlich im Auftrag von Humphrey, dem Herzog von Gloucester. Er legt seinem Lesezielpublikum, den Mächtigen der Welt, nahe, sich am Schicksal ihrer zahlreichen unglückseligen Vorgänger ein warnendes Beispiel zu nehmen und mit ihrer Macht verantwortungsvoll umzugehen, d.h. tugendsam zu leben und gerecht zu herrschen, um dadurch einem Fall entgegenzuwirken.[5] Lydgate verstrickt sich jedoch im Verlauf der neun Bücher zunehmend in einen ideologischen Widerspruch, der sich aus der Divergenz zwischen Boccaccios streckenweise unmodifiziert übernommener fatalistischer Haltung und seinem eigenen Glauben an die Verantwortung des Menschen für sein Handeln ergibt: Teils ist Fortuna wie in Lydgates Vorlage oder wie in Chaucers *Monk's Tale* eine unberechenbare heidnische Gottheit, die in völliger Willkür ihre ehemaligen Günstlinge ohne deren Verschulden zu Fall bringt, teils wird Fortuna zum verlängerten Arm der göttlichen Gerechtigkeit, die nur schuldige Fürsten zu Fall bringt und diese im Auftrag Gottes für ihren Frevel straft:

> For such a massive work, and one so dependent for its significance on an external moral scheme, there is remarkably little attempt to systematise its moral teaching. The poet's insights into the concept of Fortune and human motivation (...) are inconsistent and eclectic. Sometimes the attitude is fatalistic: Fortune is a fickle and arbitrary deity who visits men with adversity regardless of their deserts. Sometimes the concept of Fortune is retributive: Fortune in this sense is only a name men give to the punishment of vice (...).[6]

Die Menschen sind der Willkür der Fortuna hilflos ausgeliefert, lautet Lydgates These, dann wiederum weist er im Dialog von Glad Poverty mit Fortuna (drittes Buch) einen Weg aus dieser Abhängigkeit. Ein tugendsamer Lebensstil - Lydgate spricht grundsätzlich lieber von *virtue* (‚Tugend') anstatt von christlicher Frömmigkeit, um Figuren der antiken Mythologie und römischen Geschichte in sein Ideal eines rechtschaffenen Lebenswandels zu integrieren - bietet vor dem Sturz ins Unglück einen gewissen Schutz und wird vor allem deshalb mit Nachdruck empfohlen. Lydgate macht jedoch keinen Hehl daraus, dass zahlreiche

---

[5] Siehe dazu Walter F. Schirmer, *John Lydgate: Ein Kulturbild aus dem 15. Jahrhundert*, Tübingen 1952, S. 182.

[6] Derek Pearsall, *John Lydgate*, London 1970, S. 241. Siehe dazu auch Schirmer, *John Lydgate*, S. 185, und Karl Heinz Göller, *König Arthur in der englischen Literatur des späten Mittelalters*, Göttingen 1963, S. 135.

Herrscher schuldlos gefallen sind. Er verspricht den Mächtigen ganz pragmatisch eine lange und erfolgreiche Herrschaft („long prosperite"), wenn sie auf seine Warnung hören,[7] letztlich müssen sie aber auch ohne Aussicht auf irdische Belohnung dem Laster widerstehen, allein um im Fall eines schicksalhaften Unglücks doch noch besser dazustehen als ein zu Fall gebrachter Schurke.[8] Von göttlicher Gerechtigkeit im Jenseits, von einem Jüngsten Gericht, das unverdient zu Fall gebrachte Herrscher für ihr irdisches Unglück entschädigt, ist in *Fall of Princes* jedenfalls nicht die Rede. Es entsteht der Eindruck, mit dem Tod sei alles zu Ende, ganz im Gegensatz zu Lydgates Heiligenleben, die teilweise zeitgleich zu dem Werk entstanden.[9] Ansonsten wurzelt der Autor in seiner Metaphorik und seiner Verwendung von Topoi ganz in den Konventionen seiner Zeit. Der Tod ist die Rückkehr des Menschen zur Erde, er ist der große Gleichmacher, der die Reichen und Mächtigen ebenso mit sich nimmt wie das gemeine Volk:

Erthe is the eende off eueri maner man;	*jeder Art von Mensch*
For the riche with gret possessioun	
Deieth as soone, as I reherse can,	
As doth the poore in tribulacioun.	*Leid, Elend*

(I, 3452-5)

Das Leben wird beschrieben als eine Pilgerfahrt. Von Geburt an ist der Mensch unterwegs in Richtung Tod:

That whan a child is first born, allas,	
Kynde to his dethward anon doth hym dispose;	*seine Menschennatur*
Ech day a iourne; ther is noon other glose;	*Deutung*
Experience cam teche in eueri age,	*lehrt*
How this world heer is but a pilgrimage.	

(I, 3461-5)

Den Opfern der Fortuna kann der Tod Erlösung von ihrem irdischen Leid bringen, so dem römischen Feldherrn und Konsul Marius, der er-„leben" muss, wie ihm sein Gegner Sulla Körperteile seines ermordeten Bruders zusendet. Auf dem Höhepunkt der Verzweiflung bittet er seinen Diener um Beihilfe zum Freitod:

---

[7] Willard Farnham empfindet Lydgates Warnung deshalb als „crassly materialistic" (*The Medieval Heritage of Elizabethan Tragedy*, Berkley 1936, S. 163).

[8] Siehe Henry A. Kelly, *Chaucerian Tragedy*, Cambridge 1997, S. 196.

[9] Lydgate arbeitet an *The Fall of Princes* gegen Ende seiner ausgedehnten Schaffenszeit, von 1431 bis 1439. In diesem Zeitraum (1433) fällt auch die Abfassung der Legende von St. Edmund und Fremund.

Men seen how deth is fyn of al myscheef,   *das Ende allen Unglücks*
Eende off aduersite that doth wrechchis tarie.[10]

(VI, 1261/2)

In Lydgates Darstellung griechischer Mythologie (Ödipusstoff) wird der Tod gar in deutlichem Kontrast zur spätmittelalterlichen Todesfurcht und Jenseitserwartung zum ersehnten Endpunkt der sorgenschweren menschlichen Existenz. Henry A. Kelly betont in diesem Zusammenhang die Nähe des Werkes zur Sichtweise der frühen Neuzeit (man denke an Hamlets „to be"-Monolog) und den Kontrast zwischen der Haltung Lydgates und dem typisch spätmittelalterlichen Umgang mit dem Tod, wie etwa in der Lazarusszene des Towneley-Zyklus, wo der wiedererstandene Lazarus einen schauerlichen Bericht vom Sterben und vom Jenseits liefert.[11] Der Tod wird für die Helden griechischer Mythologie zur Erlösung von der Pein des Lebens. Lydgate bringt keinerlei moralische Einwände gegen den Selbstmord der Jokaste vor, er, der Mönch, rechtfertigt gar ihren Entschluss zum Freitod:

Bet is to deie than lyue in wrechidnesse,
Bet is to deie than euer endure peyne,
Bet is an eende than dedli heuynesse,
Bet is to deie than euer in wo compleyne;
And where-as myscheeff doth at folk disdeyne   *Unglück*
Bi woful constreynt off long contynuaunce,
Bet is to deie than lyue in such greuaunce.   *Sorge, Schmerz*
(*Fall of Princes*, I, 3795-3801)

Im achten Buch, im Kontext der Tragödie des Julian Apostata, erläutert Lydgate Pythagoras' Glauben an den Seelenwandel (VIII, 1520-4), auch wenn dieser den Helden nur weiter vom rechten Weg abbringt und zu einem Erzfeind des Christentums macht. In derselben Erzählung wird weiter unten gar vom Auftritt eines Wiederkehrers berichtet, eines dem Grabe entstiegenen Toten (1600-31).[12] Gott will den Frevel Julians nicht länger dulden und lässt ihn zur Strafe von Mercurius, einem in Cäsarea bestatteten christlichen Ritter, erdolchen. Zum Beleg dafür, dass es sich bei dem gottgesandten Rächer tatsächlich um einen wiedererstandenen Toten handelt, verbürgt der Erzähler, dass die Rüstung des Ritters, die ansonsten am Grabmal des Mercurius hing, zu dem Zeitpunkt der Bestrafung des Julian dort fehlte. In einer Erzählung des zweiten Buches wird ferner die Möglichkeit in Erwägung gezogen, durch Magie mit den Toten Kontakt

---

[10] „(...) welches auf Unglückselige wartet."
[11] Die Höllenpredigt des Lazarus findet sich in den Versen 103 bis 236, n° 31, *The Towneley Plays*, hg. v. Martin Stevens und A.C. Cawley, EETS SS 13 und 14 (1994); Hinweise von H. A. Kelly in *Chaucerian Tragedy*, S. 186.
[12] Zur volkstümlichen Vorstellung des Wiederkehrers siehe Balladenkapitel, S. 382f.

aufzunehmen. Der biblische König Saul lässt mit Hilfe einer israelitischen Zauberin den Geist Samuels ins Diesseits zurückkehren, um sich bei dem Propheten Rat zu holen (II, 428f.). Vom Wahrheitsgehalt dieser Episode distanziert sich jedoch der christliche Autor.

Im Prolog zum sechsten Buch erscheint Fortuna dem Autor von Lydgates Quelle, Bochas (Boccaccio), und stellt sich einem Streitgespräch über ihr Wesen und ihre Verantwortung am Unglück der Menschen. Den Vorwurf der Wankelmütigkeit („Thi mutabilite hath stroied many a man", VI, 399) weist sie mit der Begründung von sich, die Unbeständigkeit läge in ihrem Wesen, sei ein Teil ihrer Natur und stünde ihr deshalb zu (VI, 190/1). Sie sieht sich als autonome Macht und habe sich auch keinem höheren Wesen gegenüber zu verantworten. In dieser Episode wird sie erklärtermaßen nicht als verlängerter Arm der göttlichen Gerechtigkeit wahrgenommen.[13] Voraussetzung für den Fall eines Menschen ist allein, dass sie ihn zuvor mit ihrem Rad nach oben gehievt hat. Sie allein entscheidet, wann sie ihren Günstlingen ihr Wohlwollen wieder entzieht:

> Vpon my wheel thei shal hem nat diffende,
> But whan me liste that thei shal dessende.
>
> (VI, 160/1)

Der Sturz ins Unglück ereignet sich gerade dann, wenn die Betroffenen am wenigsten damit rechnen („Whan thei lest weene doun thei shal descende", 585). Bochas hält ihr aber die Grenzen ihrer Macht vor Augen: Einem tugendsamen Leben könne sie nichts anhaben, ihr Rad habe z.B. keinen Einfluss auf die Viten der Heiligen ausgeübt. Wer sich Christus anvertraut, sei vor ihren Schlägen sicher (VI, 239-59). Nur Narren, so Bochas, schieben die Schuld für ihr Unglück auf die Willkür der Fortuna, um von ihrer eigenen Verantwortung abzulenken (281-7). Die Prädestination läge nicht in ihrer Hand (295-301). Doch da bricht Bochas das Streitgespräch ab und bittet sie um Hilfe zur Fertigstellung seines Werkes.

Diese sichert Fortuna ihm zu und fährt fort mit Erzählungen von Helden, die sich nicht durch tugendsamen Lebenswandel gegen ihre Willkür absicherten, sondern lasterhaft lebten, sich für eine Weile in ihrem Glück sonnten und zuletzt durch eine Drehung ihres Schicksalsrades einen Sturz in Elend und Tod erlitten. Eines ihrer Opfer war ein gewisser Fanaticus (VI, 662f.), ein Scharlatan, den sie

---

[13] Mittelenglische Literatur greift häufig auf die antike Fortuna-Figur zurück, und dies obwohl die heidnische Göttin nicht so recht ins christliche Weltbild passen will. Mal tritt sie als verlängerter Arm der göttlichen Gerechtigkeit auf, etwa die Fortuna der alliterierenden Morte Arthure (siehe Kap. 3.9), die von sich behauptet, Christus habe sie geschaffen, um durch sie die Menschheit zu strafen, mal erscheint sie als eine autonome Macht, die nach ihren eigenen Gesetzen handelt, wie in dieser Episode oder in der *Monk's Tale*, und deren Handeln keinem göttlichen Prinzip unterliegt (S. 343).

bis zum Scheitelpunkt ihres Rades emporhob. Mit allerlei Tricks konnte er die Menschen von seinen angeblich magischen Kräften überzeugen und erlebte einen phänomenalen Aufstieg von ganz unten in der Ständehierarchie (von Geburt her ist er ein „cherl", ein „vileyn") bis hin zum akklamierten Ritter, der mit ihrer Hilfe standesgemäße Ruhmestaten vollbrachte. Doch da ward sie seiner überdrüssig und warf ihn vom Rad (703), indem sie ihm einen Gegner sandte, der ihn überwältigte und samt seinem Gefolge hinrichtete. Keinem Aufsteiger bleibt sie treu, resümiert Fortuna (714). Sie berichtet Bochas noch, wie sie mit Athenion, Spartakus, Viriathus, Marius und Sulla, Orodes von Parthia und Pompeius verfuhr, trägt ihm auf, sein Werk mit der Erzählung vom Fall des Marius fortzusetzen und erhebt sich schwungvoll in die Lüfte (982).

Der Römer Marius, so setzt Lydgates Erzählerfigur Bochas fort, stieg von einfacher Herkunft bis in höchste Ehrenämter auf. Als Feldherr kann er überragende Erfolge für Rom verbuchen. Er erobert Numidien und setzt Jugurtha gefangen, unterwirft die Tiguriner, kämpft in Germanien gegen einen Giganten namens Teutobochus, vernichtet das Volk der Kimbern, einschließlich der Frauen, und wird zum Lohn für derartige „Ruhmestaten" von Rom mehrmals im Amt des Konsuls bestätigt. Der Emporkömmling sonnt sich im Glück,

> Til Fortune gan wexen envious
> Ageyn this saide cruel Marius.
>
> (VI, 1180/1)

Sie erweist sich als wankelmütig, bereitet seiner Glückssträhne ein Ende und lässt ihn auf seinen erbitterten Gegner Sulla treffen, der ihn besiegt, verfolgt und in solche Bedrängnis versetzt, dass er, wie bereits erwähnt, den Freitod wählt. Sulla ist darüber so erbost, dass er die Leiche des Marius exhumieren, zerstückeln und in den Tiber werfen lässt, seine Rache also über den Tod seines Gegners hinaus fortsetzt. Aus der Biographie des Marius wird wiederum ersichtlich, dass in *Fall of Princes* nicht der Tod das eigentliche Übel ist – durch den Freitod schafft es Marius, sich der grausamen Rache seines Gegenspielers zu entziehen – sondern allgemein der Umschwung des Schicksals. Mit dem Tod ist für den antiken Helden alles vorbei, im negativen wie positiven Sinn, und dem Gegner bleibt nur noch eine sinnlose und frevlerische Demonstration von Grausamkeit anhand seiner Leiche.

Es folgt die Erzählung vom Aufstieg und Fall des Mithridates, der schon als Kind Mordversuche seiner Vormunde überstehen musste. Um zu überleben muss er wie ein Tier sieben Jahre in der Wildnis ausharren, bis seine Glücksträne ansetzt und er sich gegen seine Feinde durchsetzen kann. Auch er bindet sich an das Rad der Fortuna, kämpft und siegt, rächt sich und lädt Schuld auf sich, kann sich aber vorerst der Herrschaft über sein Reich und der Liebe seiner zahlreichen Frauen erfreuen. Doch auch von ihm wendet sich die launische Schicksalsgöttin nach einer Weile wieder ab (VI, 1597) und er erleidet eine

Reihe militärischer Niederlagen. Der Erzähler zollt seiner Standhaftigkeit in der Bedrängnis jedoch Anerkennung, denn je weiter Fortuna sich von ihm abwendet, um so tapferer kämpft er um sein Überleben. Sein Fall aus der Schicksalsgunst lässt ihn nicht verzweifeln (1630/1). Mithridates' Lebenswille zerbricht erst, als er von einem seiner Söhne verraten wird. Er tötet seine Frauen, Töchter und Konkubinen mit Gift und lässt sich von einem Diener erdolchen. Mit dem Freitod unterstreicht er seinen Willen, selbst über sein Leben zu verfügen („He shold nat deie but bi his owne will", 1701). Auch bei Mithridates ist der Tod alles andere als das „Aufprallen" am Ende seines „Falls", sondern seine letzte und große Gelegenheit, seine Verfügungsgewalt über seine Familie und über sein eigenes Leben zu demonstrieren.

Die Beispiele des Fanaticus, des Marius und des Mithridates demonstrieren, wie Fortuna diejenigen zu Fall bringt, die ihr den sozialen Aufstieg zu verdanken haben und sie zu ihrer Gottheit erheben. Immun gegen die Schläge der Fortuna sind hingegen die tugendsamen Fürsten, denen ihre soziale Stellung von Geburt her zusteht und die sich in ihrem irdischen Glück nicht von ihrer moralischen Integrität abbringen lassen. Im Prolog zum zweiten Buch geht Lydgate gar so weit zu behaupten, dass Fortuna am Fall der Mächtigen gar keine Schuld habe, sondern dass sich die Fürsten in Folge ihres lasterhaften Lebenswandels ihr Unglück selbst zuzuschreiben haben:

> For fals Fortune, which turneth as a ball,
> Off vnwar changes thouh men hir wheel atwite,　　*unerwartet, plötzlich;*
> 　　　　　　　　　　　　　　　　　　　　　　　　　　*beschuldigen*
> It is nat she that pryncis gaff the fall,
> But vicious lyuyng, pleynli to endite.
> 　　　　　　　(II, 43-6)

Fortuna ist von Natur aus unbeständig, wer sich jedoch nicht blenden lässt und tugendsam lebt, der kann sich ihrer Willkür entziehen („Vertu on Fortune maketh a diffiaunce [fordert sie heraus, weist sie in ihre Schranken]", II, 54). Fortuna ist insofern gar keine autonome Macht, wie das Werk streckenweise suggeriert, sie ist gar nicht das oberste Prinzip, das die Welt regiert, sondern ein Teil der christlichen Weltordnung, ein Instrument oder, bildhaft gesprochen, der verlängerte Arm der göttlichen Gerechtigkeit. So behauptet Lydgate an verschiedenen Stellen in *Fall of Princes*, Gott stünde letztlich hinter dem Walten der Fortuna, z.B. im achten Buch: „Thus can the Lord of his eternal myht / Chastise tirauntis & ther malis represse [ihren üblen Taten Einhalt gebieten]" (XIII, 1996/7). Gott lässt der Fortuna bei den lasterhaften Menschen freie Hand, um diesen früher oder später ihre verdiente Strafe zukommen zu lassen. Sie lässt ihnen für eine Zeit die Illusion, ihr irdisches Glück sei von Dauer, bevor sie letztlich doch zu Fall gebracht werden:

For which sumtyme, as bookes specefie,
God list suffre, as maad is mencioun,   *Gott beliebt es zu dulden*
That Fortune bi a maner moquerie   *um sich sozusagen lustig zu machen*
Fauoureth summe folk (…)

(IV, 974-7)

Das Walten der göttlichen Gerechtigkeit – als Gegenbeispiel zur Willkür der Fortuna - soll nun anhand des Schicksals dreier Erzschurken, dreier als besonders frevlerisch verschriener antiker (bzw. spätantiker) Persönlichkeiten erläutert werden. König Antiochus (fünftes Buch) kämpfte erfolgreich gegen die römische Besatzung in Griechenland; bekannt ist er jedoch vor allem für seinen lasterhaften Lebenswandel. Er wird Lydgates Darstellung zufolge nahezu zur Verkörperung der typischen Herrscherlaster Hochmut, Faulheit und Lüsternheit:

Iustli accusid of vicious thynges thre:
Of pride, slouthe and of glotonye,
And of disordynat superfluite,   *zügellos*
Of niht excesse, riot and lecherie   *nächtlich*

(V, 1594-7)

Er ruht sich auf den Lorbeeren seiner militärischen Erfolge aus und dient nicht mehr dem Kriegsgott Mars, sondern der Venus bzw. ihrem Sohn Cupido (V, 1500-2). Grausamkeit im Umgang mit seinen Untertanen, Falschheit und Feigheit ergeben sich als nahezu zwingende Konsequenzen seiner Dekadenz. Antiochus wird mit einem plötzlichen Tod („a sodeyn deth", 1612) bestraft, dem Horrorszenarium des mittelalterlichen Menschen.

Julian Apostata (achtes Buch) heuchelt eine Weile den christlichen Glauben und wird von Kaiser Konstantin zum Statthalter Galliens ernannt. Doch bald gibt er sich schwarzer Magie hin und konspiriert aus Machtgier gegen seinen Herrn. Mit Hilfe seiner Zauberei kann er die Menschen beeindrucken und sich auf den Kaiserthron schwingen und bleibt im Kampf gegen die Griechen eine Zeit lang siegreich – bis sich Gott an dem Frevler rächt (siehe oben). Als erklärter Gegner der christlichen Religion - Julian lässt Märtyrer hinrichten und christliche Symbole zerstören - ist er interessanterweise kein Günstling Fortunas, sondern des Teufels (VIII, 1513 und 1548). Julians Tod wird als göttliche Strafaktion dargestellt, nicht als willkürlicher Schlag der Fortuna. Auch in der Lebensbeschreibung Mohammeds (neuntes Buch) spielt Fortuna keine Rolle. Auch er sucht in schwarzer Magie nach Inspiration und mimt den gottgesandten Propheten. Er kann militärische Erfolge verbuchen, schwört seine Leute auf seine neue Religion ein und verbietet ihnen den Genuss von Schweinefleisch und Alkohol. Selbst hingegen trinkt er guten Wein und lässt seiner Lüsternheit freien Lauf. Aus Verachtung für den „falschen" Propheten dichtet Lydgate seinen Quellen (Boccaccio erwähnt dessen Tod gar nicht, Laurent de Premierfait lässt ihn an einer Krankheit sterben) einen besonders spektakulären und schmählichen Tod Mohammeds hinzu. In der Art seines Sterbens offenbart sich seine Heuchelei: Der Prophet ersäuft der Darstellung des *Fall of Princes* zufolge betrunken in einer Pfütze und wird - ausgerechnet - von Schweinen gefressen.

Zahlreichen als vorbildlich empfundenen Helden der griechisch-römischen Antike wird jedoch, obwohl sie sich außerhalb der christlichen Wertewelt befinden, ein ehrenvoller Platz im Geschichtspanorama zuerkannt. Ihnen wird mit Blick auf die Normen ihrer Zeit zugestanden, dass sie das christliche Verbot des Suizids missachten. Römertugend wird von Lydgate als Ersatz für ein Bekenntnis zum christlichen Glauben durchaus anerkannt. So wird der Freitod bekannter Persönlichkeiten der römischen Geschichte nicht verurteilt; Lydgate verleiht seinen Schilderungen der Tat teilweise regelrecht heroischen Charakter. Catos Freitod in Folge seines gescheiterten Widerstands gegen Cäsars Machtübernahme in Rom (drittes Buch) wird mit einer Hochachtung behandelt, die ansonsten nur den ebenfalls für ein höheres Ideal sterbenden Märtyrern zukommt. Cato hat Zeit seines Lebens dem Staat gedient, er hat Laster wie Schmeichelei und Ehebruch geahndet und ließ sich mit Frauen nur zur Zeugung von Nachkommen ein. Der Tod dieses Helden ist alles andere als der Endpunkt eines Falls, er ist die Krönung eines Lebens in Aufopferung für das Gemeinwohl:

> For which this Catoun, stedfast as a wall,
> For comoun profit[14] to deie was nat afferd,
> Whan he hymsilff slouh with a naked suerd.
>
> (III, 1272-4)

Der edle Grieche Epaminondas empfindet ebenfalls vor dem Tod keine Furcht (III, 4709f.). Obwohl sich der Held auf keinerlei religiöse Überzeugung beruft und im Sterben keinen Gedanken an Gott, das Jenseits oder seine Seele verliert, erscheint sein Tod in Lydgates Darstellung als Krönung eines vorbildlichen Lebens. Der im Kampf zu Tode verwundete Epaminondas sorgt sich allein um zwei Dinge: ob sein Schild, Symbol seiner Unbezwingbarkeit, in die Hände der Feinde gefallen ist und ob seine Leute die Schlacht für sich entschieden haben. Sowie er in beiden Fällen die erhoffte Nachricht erhalten hat, stirbt er voller Freude und ganz ohne sich mit Gedanken an das Jenseits zu belasten:

> And with that woord he so reioysshed was,
> That he his sperit yolde anon vpriht.   *seinen Geist aufgab*
> And so he deide lik a worthi kniht,
> In whom is shewed what vailleth, in sentence,   *um die Wahrheit zu sagen*

---

[14] Für den Nutzen der Allgemeinheit.

Noblesse of knihthod ioyned with prudence.
(III, 4742-6)

Marcus Regulus wird nach einer langen und glorreichen Karriere als römischer Soldat von den Karthagern gefangen genommen. Deren Angebot, den alternden und auf dem Schlachtfeld nicht mehr tauglichen Regulus gegen sämtliche karthagische Kriegsgefangenen Roms einzutauschen wird von den Römern, bei denen Regulus in höchsten Ehren steht, freudig angenommen, doch dieser besteht nach seiner Freilassung darauf, den Tausch abzulehnen und in die Kriegsgefangenschaft zurückzukehren, da er dem römischen Volk als Kämpfer nichts mehr nützen könne, die gefangenen Karthager hingegen Rom großen Schaden zufügen könnten. Er bleibt allem Drängen seiner Freunde zum Trotz bei seinem Vorsatz und kehrt nach Karthago zurück, wo er von einer rachsüchtigen Menge zu Tode gefoltert wird. Lydgates Schilderung, wie Regulus selbstlos auf sein Leben und auf die Ehrungen seiner Landsleute verzichtet, um sich dem Gemeinwohl zuliebe der Schmach von Gefangenschaft, Folterung und Tod zu unterziehen, evoziert nicht weniger als den Opfertod Christi am Kreuz. Regulus wird zu einer Präfiguration des Heilands und der christlichen Märtyrer.

Auch der Freitod Jubas (VI, 2738f.) und Scipios (VI, 2787f.) wird nicht verurteilt. Die Entschlossenheit der antiken Kämpfer lieber zu sterben als in Gefangenschaft zu gehen wird von Lydgate gepriesen. Selbst dem ruhmlosen Ende des Antonius und der Kleopatra bringt der Autor von *Fall of Princes* Verständnis entgegen. Der besiegte Römer tötet sich, um nicht dem Feind in die Hände zu fallen („With a sharp suerd his daungeer to dyuerte [seine Gefangennahme abzuwenden] / Hymsilff he rooff vnwarli [plötzlich, ohne Vorwarnung] to the herte", VI, 3660/1), Kleopatras Tod wird als Resultat ihrer an Wahn grenzenden Liebe entschuldigt („[she] Slouh eek hirsilfe, loue so did hir raue [die Liebe ließ sie den Verstand verlieren]", 3667).[15] Gegen eine Aufweichung christlicher Jenseitsvorstellungen setzt sich der Autor jedoch bei seiner Schilderung römischer Mythologie zur Wehr. Die römische Legende, die besagt, dass der Gründer Roms als Sternenbild in den Himmel aufgenommen wurde („Hih up in heuene to be stellefied [in ein Sternenbild verwandelt], / With othre goddis estatli deified [würdevoll vergöttlicht]", II, 4204/5), fordert ihn zum Widerspruch heraus: Ein „Tyrann" wie Romulus könne nie und nimmer im Jenseits den Rang eines Gottes erhalten; allein tugendhafte Römer könnten auf Gottes Gnade hoffen.

Die Episode der Äneasliebe bleibt in Lydgates Version der Biographie der Dido (zweites Buch) unerwähnt. Sie erscheint als die treue Witwe ihres ermordeten Gatten, die sich das Leben nimmt, um einer von den Großen des Reiches arrangierten Verbindung mit einem unliebsamen Freier zu entgehen („Leuere I haue my liff as now to lese, / Rathere than soile my widwes chastite", II,

---

[15] Siehe dazu Kelly, *Chaucerian Tragedy*, S. 203.

2129/30). Dido spielt erst auf Zeit; als sie zum Handeln gezwungen ist, zelebriert sie ein rituelles Gedenken an ihren Gatten, schickt dann ihre Vertrauten fort und sucht mit Feuer und Messer den Freitod. Der christliche Autor tadelt ihr Vorgehen mit keinem Wort, sie wird vielmehr in seiner Darstellung von den Karthagern auf den Rang einer Keuschheitsgöttin erhoben und vom Volk gleich einer Märtyrerin betrauert. In einem Envoy (Strophen im Anschluss an einen Erzählabschnitt, in denen der Erzähler das Gesagte kommentiert) lobt Lydgate zwar die Standhaftigkeit und Keuschheit Didos und preist ihren Tod als Apotheose ihrer Keuschheit, warnt jedoch in einem zweiten Envoy die Witwen unter seinem Lesepublikum davor, dem Beispiel der Dido zu folgen. Die Tat der Königin Karthagos sei bewundernswert, aber nicht nachzuahmen; den Menschen sei seit Christi Erlösungswerk der Selbstmord untersagt. Er gibt den Witwen den wohl nicht ganz ernst gemeinten Rat, sich doch besser mit Liebhabern („freendis") gegen die Wechselfälle des Lebens abzusichern (II, 2220-6).

Im zweiten Buch findet sich auch die Erzählung von der Vergewaltigung und vom Suizid der Lukrezia, die schon allein deshalb aus dem Rahmen fällt, da es sich bei der keuschen Römerin um keine Herrscherfigur handelt (II, 1002f.). Der Schwerpunkt von Lydgates Darstellung liegt dabei ganz auf der Szene im Anschluss an die Vergewaltigung, in der sich Lukrezia einer Diskussion für oder wider ihren beabsichtigten Suizid stellt. Diese Szene ist bei Lydgate auf 280 Verse ausgeweitet, die Darstellung der Geschehnisse, die zu der Vergewaltigung führten, nimmt hingegen nur 20 Verse ein.[16] Lukrezia berichtet ihrem Gatten und ihrem Vater von ihrem Unglück, fordert die zwei Männer zur Rache auf und verkündet freimütig ihren Entschluss zum Suizid. Collatin und ihr Vater versuchen mit allen Mitteln, sie davon abzubringen, geloben Rache an Tarquinius und betonen ihre Unschuld. Sie sei in ihren Augen nach wie vor ein Musterbeispiel von Keuschheit und ehelicher Treue. Sie habe die Tat nicht verhindern können, ihre Seele sei frei von jeglichem Laster (II, 1152/3). Ein Selbstmord könne gar von Rom als Eingeständnis ihrer Mitschuld gedeutet werden, denn weshalb solle sich ein schuldloses Opfer selbst das Leben nehmen? Henry A. Kelly fällt dabei auf, dass der Gatte und der Vater bei ihrer Argumentation gegen Lukrezias Suizid Gott völlig aus dem Spiel lassen.[17] Lydgate achtet bei seiner Darstellung darauf, die Einheitlichkeit der Erzählung aus dem antiken Rom nicht durch zeitgenössische Zusätze zu zerstören. Lukrezia bekräftigt ihren Entschluss jedoch damit, dass ihr das Leben in Folge der Schändung verhasst geworden sei. Nach dem Verlust ihrer Keuschheit sei für sie der Tod das kleinere Übel. Sie halte sich ihres Gatten und ihres Vaters für nicht mehr würdig. Lydgates Lukrezia glaubt gar, der erzwungene Ehebruch könne in ihr eine Gier

---

[16] In Chaucers Version des Lukreziastoffes (siehe Kapitel zu Chaucer, „Stilisiertes Sterben in der *Legend of Good Women*", 4.5) fällt die Gewichtung umgekehrt aus, dort kommen 130 Verse zu den Geschehnissen bis einschließlich der Vergewaltigung auf nur 26 Verse Dialog im Anschluss daran bis zu ihrem Tod.

[17] Kelly, *Chaucerian Tragedy*, S. 192.

auf weitere Lüsternheiten geweckt haben, sie habe gar, so wirft sie sich vor, bei dem frevlerischen Geschlechtsakt ein wenig Lust verspürt (1282/3). Die moralische Rechtfertigung eines Suizids in Folge von Vergewaltigung wird bei Lydgate breit diskutiert; beide Seiten kommen ausführlich zu Wort. Lukrezia setzt sich aber zuletzt über alle Einwände hinweg und greift zum Dolch. Ihr Blut, so ihr letztes Argument, werde die Bevölkerung Roms zur Rebellion gegen die tyrannische Herrschaft der Tarquinier anstacheln. Die von ihr angekündigten politischen Folgen scheinen die Tat im Nachhinein zu rechtfertigen, denn es kommt in Rom zur Revolte, zur Vertreibung der Tarquinier und zur Abschaffung der Monarchie.

Beachtung verdient auch die Szene der Beichte des römischen Kaisers Konstantin. Seine Biographie, die Lydgate aus Patriotismus (Konstantin wurde in Großbritannien geboren) den Sammlungen seiner Vorgänger hinzufügt, liest sich fast wie eine Heiligenlegende.[18] Konstantin entledigt sich seiner kaiserlichen Garderobe und bekennt sich vor dem Hl. Petrus zu den Verfehlungen, die er vor seiner Bekehrung zum Christentum begangen hat, etwa die Hinrichtung christlicher Märtyrer. Er legt demutsvoll seine kaiserlichen Insignien beiseite und weint. Die Szene erweckt den Eindruck, dass der alte, sündhafte Konstantin symbolisch stirbt und von seinen Sünden geläutert zu neuem Leben erwacht. Die Umstehenden brechen dabei in Jubel aus. Es ist, als sei ein für tot erklärter Herrscher zu neuem Leben erweckt worden. Trauer löst sich in Freude auf. Die Szene erinnert an die Erlösung des heidnischen Richters in *St. Erkenwald* (siehe 2.7):

> This ioye was lik a feeste funerall,
> In folk of custum that doon ther besi cure[19]
> To brynge a corps, which of custum shall
> Haue al the rihtis of his sepulture,   *Bestattungsriten*
> And in this tyme, of sodeyn auenture   *durch ein plötzliches Ereignis*
> To lyf ageyn restored be his bonys,
> Causing his freendis to lauhe & weepe attonis.   *gleichzeitig*
> (VIII, 1380-6)

Lydgates Schilderung des Endes der arthurischen Herrschaft, die er voller patriotischer Begeisterung für den britischen Idealkönig in sein Geschichtswerk integriert (achtes Buch), nimmt insofern eine Sonderstellung unter den Erzählungen vom Fall der Herrscher ein, als seiner Version zufolge den legendären König keine Schuld trifft und er seinen Fall nicht selbst zu verantworten hat.[20]

---

[18] Schirmer, *John Lydgate*, S. 194.
[19] V. 1381: „(...) die eifrig damit beschäftigt sind".
[20] Schirmer, *John Lydgate*, S. 195. Auch Karl Heinz Göller urteilt, dass es sich bei der Erzählung vom Fall König Arthurs im Grund um keine [mittelalterliche] Tragödie handelt, da er keine Schuld an seinem Untergang hat (*König Arthur*, S. 136).

Lydgate weicht von seiner Vorlage großzügig ab, um Arthurs Bild in seinem Sinn zurechtzurücken.[21] Der Envoy betont den Charakter der Erzählung als Warnung vor Verrat, insbesondere vor unloyalen Familienmitgliedern, und vor der erneut als arbiträr empfundenen Fortuna („the disposicioun [Verfügungs-gewalt] / Of Fate and Fortune, most furious & wood, / Caused his destruccioun be vnkynde blood" [durch widernatürliche (Bluts-)Verwandte], 3148-50). Dem christlichen König wird ein Platz am Himmelsgewölbe zugestanden („Arthuris constellacioun", 3105), Arthur thront inmitten der restlichen *Worthies* am und im Himmel, eine Ehre, die der Autor dem heidnischen König Romulus nicht zugestehen wollte.[22] Dies steht jedoch in gewissem Widerspruch zu Lydgates Darstellung der Endschlacht, wo von Arthurs Tod nicht die Rede ist und lediglich berichtet wird, dass er sich im Kampf gegen Mordred eine tödliche Wunde zugezogen hat (3091). Arthur wird – Lydgate beruft sich dabei auf die Dar-stellung des Geoffrey of Monmouth – zur Genesung auf die Feeninsel Avalon verschifft, wo er mit seinen Gefährten sein ritterliches Leben in alle Ewigkeit fortsetzen kann. Die Macht des Todes erscheint im Fall des britischen Sagen-königs suspendiert.

Lydgates *Fall of Princes* endet mit Erzählungen vom Unglück bekannter Persönlichkeiten der jüngeren Vergangenheit, zuletzt des von Eduard III. ge-schlagenen König Johann von Frankreich. Der Autor preist in einem Envoy die Duldsamkeit („pacience") und spricht sich für ein besonders ehrenvolles Ge-denken der christlichen Märtyrer aus. Sie ragen aus der Menge der Duldsamen heraus, da sie ihr Leben für die Glorifizierung Gottes hingegeben haben (IX, 2408-10). Das Ende reflektiert mit seinen vielen Envoys und wiederholten Zusammenfassungen der zentralen Botschaft (die Macht der Fortuna) die Weit-schweifigkeit des gesamten Werkes. So widmet der selber schon an Jahren fortgeschrittene Lydgate einen umfassenden Envoy speziell seinem Auftrag-geber Humphrey, den er vor dem Nahen des Alters und dessen Gebrechen warnt. Die Unsicherheit des Schicksals betreffe auch ihn, dessen Lebensglück („estat") noch wie Phebus leuchte. Der Tod, so warnt er seinen Gönner, könne zu unverhoffter Stunde eintreffen und lasse sich nicht bestechen: „Deth takith no mede; afforn [Vorbote] he wyl not sende" (IX, 3570).

---

[21] Göller, *König Arthur*, S. 134.
[22] Zu Arthurs Apotheose siehe auch Göller, *König Arthur*, S. 135/6.

6. Der Tod in der englischen und schottischen Volksballade

Zu Beginn eines Kapitels zur englischen und schottischen Volksballade stellt sich die Frage, inwieweit sich diese Gattung in den Rahmen der Literatur der spätmittelalterlichen Epoche einfügen lässt. Die Balladentexte wurden zwar mit Sicherheit schon lange vor ihrer schriftlichen Fixierung mündlich verfasst und überliefert, doch entstammen die allermeisten Texte der Ausgabe von Francis J. Child[1] in ihrer frühesten überlieferten Version nicht dem Mittelalter, sondern dem 16. bis 19., insbesondere dem 18. Jahrhundert. Nur für eine Handvoll Texte existieren schriftliche Belege bereits aus der spätmittelalterlichen Epoche, etwa im Fall der ältesten überlieferten Ballade, *Judas* (23), einer Handschrift des 13. Jahrhunderts entnommen,[2] *Riddles Wisely Expounded* (1A) aus einer Oxforder Handschrift, *St. Stephen and Herod* (22) und *Robyn and Gandelyn* (115) aus der Hs Sloane 2593 und *Robin Hood and the Monk* (119) aus einem Kodex in Cambridge (letztere 15. Jahrhundert).[3]

Eine Klassifizierung der Ballade als spätmittelalterliche Gattung, auf die Literaten (z.B. Walter Scott Ende des 18. Jahrhunderts) und Verleger lediglich erst in der Neuzeit aufmerksam wurden, trifft deshalb nicht zu, da die Balladentexte von der Epoche nachhaltig geprägt sind, in der sie erstmals schriftlich fixiert wurden. So ist die Darstellung eines Kampfgeschehens aus dem Jahre 1411 zwischen schottischen Highlandern und Lowlandern in *The Battle of Harlaw* (163), wo englische Rotröcke („redcoats") als Gegner der Highlander auftreten, von Eindrücken der Jakobitenaufstände des 18. Jahrhunderts überlagert. Balladen verbinden typischerweise die Schilderung historischer Ereignisse mit Begleitumständen, Sitten und Mentalitäten aus verschiedenen Zeitaltern zu einer künstlerischen Einheit, so die Wilderer-Ballade *Johnie Cock* (114A) aus dem ausgehenden 18. Jahrhundert, deren Held in archaischer Manier das heiße Blut des erlegten Wildes trinkt, jedoch zeitgenössische Schuhe aus amerikanischem Leder trägt. Sein Gewand aus grünem Lincoln-Stoff erinnert an die Kleidung Robin Hoods, ebenso entstammt der „palmer", der Johnie verrät, dem Kontext der spätmittelalterlichen Robin-Hood-Balladen. Die Texte lassen sich meist nicht einem bestimmten Zeitabschnitt zuordnen; sie integrieren vielmehr im Lauf ihres sich oft über Jahrhunderte erstreckenden Überlieferungsprozesses Elemente unterschiedlicher Epochen in die Darstellung eines Geschehens. Gerould bezeichnet die historische Perspektive der Ballade deshalb als einen „lon-

---

[1] Francis J. Child (Hg.), *The English and Scottish Popular Ballads*, 5 Bände, New York 1882-98, Nachdruck N. Y. 1965. Nummernangaben hinter den Titeln der Balladen beziehen sich auf diese Ausgabe.

[2] Eine neuere Ausgabe dieser Ballade findet sich bei Karl Reichl, *Religiöse Dichtung im englischen Hochmittelalter*, Münchner Universitätsschriften Band 1, München 1973.

[3] Wolfgang G. Müller, *Die englisch-schottische Volksballade*, München 1983, S. 99.

gitudinal view of the past".[4] Der Ursprung der Volksballade liegt, was den Großteil der Texte betrifft, im Dunklen. Allein ein *terminus post quem* lässt sich für die Balladen angeben, die sich auf ein historisches Ereignis, z.B. die Schlacht von Harlaw aus dem Jahr 1411, beziehen.[5] Als unangemessen erscheint jedoch die Vorgehensweise David C. Fowlers, der bei seiner Altersbestimmung der Balladen allein vom Datum der ersten schriftlichen Fixierung der Texte ausgeht und die vorausgegangene mündliche Tradition unberücksichtigt lässt. Seine Behauptung, die charakteristischen Merkmale der englischen und schottischen Volksballade hätten sich erst im 18. Jahrhundert herausgebildet, unterschätzt die Bedeutung der weit in die Vergangenheit zurückreichenden mündlichen Tradition. Dieses Jahrhundert, aus dem eine große Zahl von Erstaufzeichnungen von Balladen stammen, bezeichnet er als das „golden age of balladry".[6]

Dass die Textgattung ihren Ursprung im Mittelalter hat, lässt sich anhand der Judas-Ballade (23) aus dem 13. Jahrhundert zweifelsfrei nachweisen.[7] Diese weist bereits alle wesentlichen Charakteristika der Gattung auf wie die gedrängte und sprunghafte Erzählweise, die Dramatik des Textes und die typisch balladischen emphatischen Satzformeln. Auch ihrer Thematik nach, der im Bereich der Familie angesiedelten Tragik, lässt sich *Judas* eindeutig dem Genre zuordnen. Sogar Details, etwa die Art und Weise, wie die Schwester des Judas ihm seine 30 Silberlinge entwendet, nämlich indem sie ihn dazu bringt, seinen Kopf in ihren Schoß zu legen und zu schlafen, teilt sich *Judas* mit jüngeren Texten wie der „Mädchenmörder-Ballade" *Lady Isabel and the Elf-Knight* (4). Balladen, die wie *Judas* mittelalterlich-christliche Stoffe behandeln, sind jedoch nicht allzu zahlreich.[8] Weit häufiger sind diejenigen, die historischer Ereignisse oder Persönlichkeiten der spätmittelalterlichen Epoche gedenken, und diejenigen, die Stoffe der mittelenglischen Romanzenliteratur aufgreifen, wie *Hind Horn, King Orfeo, Thomas Rymer, The Boy and the Mantle* oder *The Marriage of Sir Gawain* (letztere zwei behandeln arthurische Stoffe).

---

[4] „Nothing is more apparent or less disputed about the ballads than the curious way in which they mingle what is far off in time with what is less remote or actually contemporary. (...) The ballads thus present what might be called a longitudinal view of the past, never adequate for any one period and completely careless of chronology", Gordon H. Gerould, *The Ballad of Tradition*, New York und Oxford 1957 (1932), S. 135 und 137.

[5] Müller, *Volksballade*, S. 93.

[6] „I therefore assume that a given ballad took the particular shape it has about the time it was written down, unless there is specific evidence to the contrary." David C. Fowler, *A Literary History of the Popular Ballad*, Durham 1968, S. 5.

[7] „Diesmal ist die Ballade echt. Die epische Eingangsformel, die sofort in medias res führt, die sprunghafte Erzählweise, die 'incremental repetition', das Szenenhafte der Ereignisabfolge (die "Montage-Technik"), Verwünschung und Fluch, aber auch das Metrum bezeugen dies." Karl Reichl, *Religiöse Dichtung*, S. 116.

[8] Weitere Beispiele wären *St. Stephen and Herod* (22) und *Dives and Lazarus* (56).

Dies hat zu Spekulationen hinsichtlich der Entstehung des Genres geführt: Dass die Balladen mit Romanzenstoffen auf Grund ihrer Neigung zur parodistischen Verzerrung der arthurischen Welt *nach* den mittelenglischen Versromanzen entstanden sein müssen, streiten nicht einmal Verfechter der *communal theory* wie Gummere ab.[9] David C. Fowler vermutet, dass das Genre im Spätmittelalter aus einer Verschmelzung der Tradition der Versromanze mit dem Volkslied entstanden ist.[10] Deutsche Anglisten versuchten gar in der ersten Hälfte des 20. Jahrhunderts, die Volksballade über eine etwaige Zwischenstufe, die „Ritterballade", aus dem germanischen Heldenlied, der epischen Kurzgattung der frühmittelalterlichen Epoche, herzuleiten.[11] Zwischen dem Modus des Heldenlieds und der Volksballade mag zwar eine Affinität bestehen, daraus folgert jedoch nicht zwangsweise eine generische Beziehung. Wolfgang Müller kommt zu dem Ergebnis, dass sich die Volksballade aus keiner früheren Gattung ableiten lasse. Es handle sich bei dem Genre um eine „spätmittelalterliche Neuschöpfung".[12]

Eine Untersuchung zum Umgang mit dem Tod in der englischen und schottischen Volksballade muss von einer Analyse ihrer religiösen und weltanschaulichen Haltung ausgehen. Der Mangel an christlichen Stoffen und die Tendenz der Gattung zur Indifferenz der christlichen Heilsbotschaft gegenüber fällt auf und erstaunt um so mehr, wenn man bedenkt, dass der Ursprung der Gattung in eine Epoche fällt, die wie kaum eine zweite von der kirchlichen Lehrmeinung geprägt war. Wimberly sieht die Volksballade gar in deutlichem Widerspruch zur christlichen Religion:

> Certain conceptions of the Otherworld as portrayed in British balladry are more or less Christian in character. But we should repeat here (...) that Christian thought in our popular poetry is on the whole alien and intrusive. Our best ballads are pagan at heart, fully as much so as the traditional songs of Scandinavia, and their religion is as heathen as that of the Helgi lays.[13]

Daraus folgere zwar nicht, dass der Ursprung der Balladen in einer Zeit vor der Christianisierung der britischen Inseln (ab 597) liege, doch konserviere die

---

[9] Der Theorie vom gemeinschaftlichen Ursprung der Ballade in grauer Vorzeit (Gummere, Kittredge) wurde Anfang 20. Jahrhundert die „individual theory" (Pound) entgegen gehalten, die von einer individuellen Autorschaft ausgeht. Die „communal theory" hat in der Folge ihre Überzeugungskraft eingebüßt, siehe dazu Müller, *Volksballade*, S. 17f.

[10] Fowler, *Popular Ballad*, S. 18.

[11] So Hans Naumann, „Volksballade", in: *Reallexikon der deutschen Literaturgeschichte*, III, Berlin 1928/29, S. 476-81 und Hans Fromm, „Das Heldenlied des deutschen Hochmittelalters", in: *Neuphilologische Mitteilungen* 62 (1961), S. 94-118.

[12] Müller, *Volksballade*, S. 98.

[13] Lowry C. Wimberly, *Folklore in the English and Scottish Ballads*, New York 1959 (1928), S. 401.

volkstümliche, mündlich überlieferte Balladenliteratur im Prinzip religiöse Vorstellungen der vorchristlichen Zeit. Charakter und Weltbild der Volksballade seien von der religiösen Orthodoxie ihrer Entstehungszeit unberührt geblieben. Auch Gordon H. Gerould verweist auf den auffallenden Mangel an christlichen Inhalten in dem Genre. Allein in den Robin-Hood-Balladen spielen christliche Elemente noch eine gewisse Rolle, so verehrt Robin die Jungfrau Maria (117), zwingt nachlässige Mönche und Bischöfe dazu, ihre religiösen Pflichten zu erfüllen und verzichtet aus christlicher Demut bei seinem Tod auf Rache für den Verrat der Äbtissin (120). Gerould fallen ansonsten in der Balladenliteratur nur vereinzelte Hinweise auf das Fegefeuer auf. Insgesamt, so sein Schluss, spielt die christliche Religion in der Volksballade kaum eine Rolle.[14]

Ein Beispiel für eine Ballade, der christliche Vorstellungen vom Sterben und vom Jenseits zugrunde liegen ist *Dives and Lazarus* (56). Der Bettler Lazarus bittet den reichen Dives um ein paar Brocken von seiner Festtafel, die ihm jedoch mit zynischen Worten verwehrt werden. Als Lazarus stirbt, geleiten Engel seine Seele in den Himmel, Dives wird dementsprechend von Höllenschlangen mitgenommen. Ihre irdischen Rollen sind im Jenseits ausgetauscht: Der ehemals reiche Gastgeber blickt zu dem einstigen Bettler empor und bittet ihn demutsvoll um einen einzigen Tropfen Wasser, um seinen brennenden Durst zu löschen.

David C. Fowler räumt ein, dass in den Balladen, was die Themen Tod und Jenseits betrifft, der Volksglaube dominiert, doch bestreitet er, dass dieser in direktem Widerspruch zur christlichen Lehre steht. Er verleihe christlichen Glaubensinhalten vielmehr Substanz, schmücke sie aus, veranschauliche sie.[15] Dies gelte insbesondere für die zahlreichen Wiederkehrer (*revenants*) der Balladenliteratur. Wimberly ordnet die balladentypischen körperlich-materiellen Wiederkehrer dem heidnischen Volksglauben zu, die körperlosen Geister hingegen dem Christentum. Doch dominiert in der christlichen Überlieferung die Vorstellung von der physischen Auferstehung der Toten, wie sie im apostolischen Glaubensbekenntnis verankert wurde. Der *Cursor Mundi* schildert etwa, wie die Toten bei der Kreuzigung körperlich ihren Gräbern entsteigen.[16] Der Wiederkehrer der Volksballade, fasst Fowler zusammen, ist archaisch, doch deshalb nicht anti-christlich. Das Jenseits der Balladenwelt und die wiederkehrenden Toten sind im Einklang mit der christlichen Lehre, die den Bedürf-

---

[14] Gerould, *The Ballad of Tradition*, S. 135-7.
[15] Fowler, *Popular Ballad*, S. 183/4.
[16]   So grisly þe erþe quoke:
       þat graues hit undid
       Dyuerse bodies ros to lif:
       in erþe before were hid
       And coomen to toun amonge men:
       & þere were knowen & kid.
                    (*Cursor Mundi*, Band III, EETS OS 62, 1876, V. 16795-16800)

nissen der Hörer entsprechend mit volkstümlichen Vorstellungen angereichert wurde.[17]

Gegen Fowlers christliche Lesart der Balladen lässt sich jedoch einwenden, dass der tragische Grundcharakter der Volksballade im Widerspruch zur christlichen Heilsbotschaft steht. Balladen thematisieren in ihrer überwiegenden Mehrzahl Konflikte, die zu einem tragischen Ausgang führen. Am Ende einer Ballade steht meist der Tod des Helden oder des Heldenpaares - Liebe und Tod sind zentrale Themen des Genres. Typisch für die Balladenliteratur ist die Unausweichlichkeit des bösen Endes, die Ausgeliefertheit des Helden an sein tragisches Schicksal. Zwei konträre Kräfte wirken äußerlich oder innerlich auf den Helden und führen zur Zuspitzung eines Konfliktes, der unweigerlich mit seinem Tod endet: „Die Ballade," so Wolfgang Müller, „hat die Tendenz, zwischenmenschliche Konfliktsituationen und das Wirken gegensätzlicher Kräfte in einem Charakter in aller Schärfe und bis zur letzten tragischen Konsequenz darzustellen".[18] Sie kennt keine Aufwärtsbewegung des Schicksalsrades in Folge von Einsicht und Umkehr wie die Tragödie des Nebukadnezar, erzählt von Chaucers Mönch. Verfehlungen lassen sich nicht revidieren, es gibt keine Wiedergutmachung, sondern nur den Sühnetod (*Proud Lady Margaret*, 47). Die Ballade kennt kein Vermeiden der gerechten Strafe, keine göttliche Gnade wie die Moralitäten, schon gar nicht in letzter Minute wie in *The Castle of Perseverance*. Sie kennt nur schwache, sündige und ihren Trieben schicksalhaft ausgelieferte Menschen, keine starken, kontrollierten und vorbildhaften Persönlichkeiten wie die Hagiographie. Die Balladen thematisieren schwerpunktmäßig die Schattenseiten der menschlichen Existenz: Eifersucht und Verrat, Mord im engsten Vertrautenkreis und Inzest. Männer werden typischerweise von ihrem Sexualtrieb beherrscht. Die einzige in der Ballade thematisierte menschliche Qualität ist die Treue des liebenden Paares bis in den Tod oder gar darüber hinaus. Der Fortbestand der Liebe wird häufig im Bild der zwei Pflanzen, die aus den Gräbern wachsen, über Hindernisse (typischerweise die Friedhofsmauer) zueinander finden und sich vereinigen, symbolisiert (*rose-and-briar ending*). Wie hilflos die Menschen - typischerweise junge Menschen - dem Tod ausgeliefert sind, zeigt sich nicht zuletzt darin, dass dieser sich gleich einer ansteckenden Krankheit durch einen Kuss von den Wiederkehrern auf ihre Partner überträgt. Es gibt in den Balladen auch kein Genesen von Krankheiten oder Unwohlsein gleich welcher Art. Krankheiten sind, ebenso wie Schlaf oder Ohnmacht, stets Vorstufen des Todes, meist eines frühen Todes.

---

[17] Fowler, *Popular Ballad*, S. 184. Folkloristische Ausweitungen der christlichen Vorstellungswelt finden sich auch gehäuft in der mittelenglischen Hagiographie und Romanzenliteratur. Als Beispiel hierfür führt Fowler die Romanze *Thomas of Ersseldoune* an, wo eine erotische Elfenprinzessin dem Held die Wege in Hölle, Fegefeuer und Paradies weist.

[18] Müller, *Volksballade*, S. 172.

Im 19. Jahrhundert pflegten Balladensammler, etwa Cecil Sharp,[19] in den Vereinigten Staaten die Einheimischen der südlichen Appalachen um „old-timey love songs" zu bitten, in der Annahme, dass die Bewohner der Bergregionen den Begriff „Ballade" nicht kannten. Als sie die Ergebnisse ihrer Exkursionen präsentierten, fiel auf, dass die gesammelten folkloristischen Lieder in der überwiegenden Mehrheit traurigen Charakters waren.[20] Je größer das Textkorpus von Balladen, das man zur Themenanalyse heranzieht, desto mehr verstärkt sich der Eindruck, dass ein ungemein großer Anteil davon tragische Liebeslieder sind. Liebe und Tod sind die zwei zentralen Themenfelder der englischsprachigen Balladendichtung.

Der enge Zusammenhang zwischen den beiden Themen in der Volksballade liegt auf der Hand. In der Balladendichtung resultiert der Tod meist aus der Liebesproblematik. Die Liebe ist eine Domäne der Jugend, dementsprechend sterben die meisten Balladenhelden und -heldinnen jung. Der Tod nimmt in der Volksballade nicht Alte und Kranke mit sich, es ist kein Tod, auf den sich der Mensch in Ruhe vorbereiten kann. Die Sterbeerfahrung an sich spielt im Gegensatz zur *ars-moriendi-Literatur* oder zu den Moralitäten hier keine Rolle. Dem Tod kommt in den Balladen eine grundlegend andere Bedeutung zu als etwa in dem Gedicht *The Three Messengers of Death*, wo dieser von Vorboten wie Krankheit oder Hohes Alter angekündigt wird. Doch tritt er zumindest bei einem Großteil der Balladen nicht unverhofft ein, er wird typischerweise von trauernden Liebenden oder reuigen Gewalttätern bewusst gesucht, der Held oder die Heldin entschließt sich, dem verstorbenen Partner in den Tod nachzufolgen. Wie sich dieses Sterben vollzieht, ist der sprunghaften Erzählweise der Ballade entsprechend meist irrelevant. Häufig begehen Helden Suizid, oft sterben sie, vor allem weibliche Protagonisten, aber auch ganz einfach an „gebrochenem Herzen". Der Tod wird häufig nur indirekt erwähnt, so enden Volksballaden damit, dass die Heldin oder der Held den eigenen Tod ankündigt, dass Totenglocken läuten, oder mit der Auffindung des Leichnams durch Angehörige. In Wiederkehrerballaden wird der Tod der „Besuchten" auch dadurch angedeutet, dass er oder sie mit dem Besucher aus dem Jenseits geht.

Das Tragische ist für die Ballade, so Wolfgang Müller, nicht gattungskonstitutiv, doch lässt sich eine Vorliebe des Genres für tragische Stoffe deutlich erkennen.[21] Über die Gründe, weshalb die Volksballade diese Tendenz aufweist,

---

[19] Der Brite Cecil J. Sharp, der geistige Vater des Folklore Revivals in England Anfang des 20. Jahrhunderts, reiste von 1916 bis 1918 mit seinem Kollegen Maud Karpeles in den USA durch entlegene Gegenden in den südlichen Appalachen auf der Suche nach alten englischen Folk Songs. Die Ergebnisse dieser Feldforschung ließ Karpeles 1932 in Oxford unter dem Titel *English folk songs from the southern Appalachians, collected by Cecil J. Sharp* (...) veröffentlichen.

[20] William B. McCarthy, "Love and Death", in: *The Ballad Matrix: personality, milieu and the oral tradition*, Bloomington 1990, S. 117.

[21] Müller, *Volksballade*, S. 172.

lässt sich nur spekulieren. Eventuell liegt es an der mündlichen Überlieferung der Texte über mehrere Generationen hinweg. Tragische Erfahrungen lassen sich auf Grund ihrer allgemein menschlichen Relevanz leichter über größere Zeiträume übertragen.

Es gibt, wenn auch in geringer Anzahl, Balladen, die eine Schlüsselepisode einer Liebesbeziehung mit gutem Ausgang schildern. Der Tod der Helden wird in den folgenden drei Texten aus unterschiedlichen Gründen nur simuliert bzw. fälschlich behauptet: In *The New-Slain Knight* (263) testet ein Ritter die Treue seiner Dame, indem er ihr in Verkleidung mitteilt, er habe einen Mann, dessen Beschreibung haargenau auf ihn selbst zutrifft, erschlagen in der Nähe des väterlichen Gartens aufgefunden. Die Verzweiflung, mit der sie auf die Nachricht reagiert, und ihr striktes Ablehnen jeglicher Tröstung durch einen neuen potenziellen Liebhaber stellt ihm ihre Treue unter Beweis, worauf er seine Identität enthüllt. Einen anderen Beweggrund, die Partnerin mit der fälschlichen Nachricht vom eigenen Tod zu konfrontieren, hat der Held von *Willie's Lyke-Wake* (25). Er lässt die Totenglocken läuten, hüllt sich in Leichengewänder und spielt den Toten, um die aus seiner Sicht verklemmte Freundin an sein Bett zu locken. Diese lässt sich täuschen und nähert sich der „Leiche", die in diesem Moment plötzlich zu neuem Leben erwacht und die Erschrockene zu sich zieht – in diesem Fall nicht in den Hades, sondern unter die Bettdecke, wo er sie, so gelobt er, schwängern und anschließend heiraten will. Die Heldin von *The Gay Goshawk* (96) schließlich trinkt wie Shakespeares Juliet einen „sleepy draught", der sie für eine Weile in eine totengleiche Starre sinken lässt („And soon oer every tender limb / Cauld death began to creep", A-Version, 20. Strophe). Durch den Transport ihres leblosen Körpers ins heimatliche Schottland entzieht sie sich dem Zugriff ihrer Familie, die sich einer Verbindung mit ihrem Wunschpartner widersetzt hatte. Dieser trifft wie im Vorfeld arrangiert auf den sich nach Norden bewegenden Leichenzug und erweckt die „Verstorbene" zu neuem Leben (26. Str.):

> „Lay down, lay down the bigly bier,
> Lat me the dead look on;"
> Wi cherry cheeks and ruby lips
> She lay an smil'd on him.

Die überwiegende Mehrheit der Liebesballaden endet jedoch tragisch. Unerwiderte Liebe führt fast zwangsläufig in den Tod, so im Fall von Sir John Graeme, der sich – bezeichnenderweise nicht im Frühling, sondern um St. Michaeli – sterblich in ein Mädchen namens Barbara Allan verliebt (84). Vor Liebe erkrankt sendet er seine Männer los, um der Schönen die Folgen ihrer Abweisung vor Augen zu führen. Sie stellt teilnahmslos fest, dass er dem Tode geweiht ist: „Young man, I think you're dying" (3. Str.). Er wendet sich ob ihrer Gefühlskälte von ihr ab, empfiehlt sie aber dem Wohlwollen seiner Freunde.

Erst in Folge seines Todes scheint sich ihre Haltung dem Verehrer gegenüber zu ändern: Sie erhebt sich ganz sachte von seinem Sterbebett, seufzt und verabschiedet sich. Die Totenglocken, die sie auf dem Nachhauseweg läuten hört, scheinen ihr den eigenen Tod anzukündigen. Die Ballade schließt damit, dass sie sich von ihrer Mutter ebenfalls ein Sterbebett richten lässt, wobei jedoch offen bleibt, ob sie aus Reue über ihre Spröde oder zur Strafe für ihren Stolz sterben wird (9. Str.):

> Since my love died for me to-day,
> I'll die for him to-morrow.

Eine spiegelbildliche Situation findet sich in *Lord Lovel* (75), wo jedoch der Titelheld der Liebe der Königstochter Lady Ouncebell grundsätzlich nicht abgeneigt ist und sich lediglich für einen zweijährigen Aufenthalt in Schottland von ihr verabschiedet: „That is a long time ... To leave a fair lady alone", gesteht er selber ein (2. Str.). Nach einem halben Jahr empfindet er bereits solche Sehnsucht nach ihr, dass er sich auf die Heimreise nach London macht, wo er schon nach einem halben Tag ihre Totenglocken läuten hört.[22] Auch er, ob aus Reue oder aus Sehnsucht, folgt ihr in den Tod nach, ebenfalls am Morgen des darauffolgenden Tages. Die Ballade endet mit dem Bild der zwei Pflanzen (Rose und Dornbusch), die den Gräbern entspringen und sich zum Zeichen der Sehnsucht der Liebenden über dem Kirchendach symbolträchtig miteinander vereinigen.

Besonders tragisch verläuft die Ballade *Earl Crawford* (229), wo die Gattin des Titelhelden zu früh den Glauben an seine Zuneigung verliert und in Folge der Launenhaftigkeit Crawfords an gebrochenem Herzen stirbt. Ihre scherzhafte Kritik, er liebe den Sohn mehr als seine Frau, empfindet er als Vorwurf der Untreue und sendet sie aufbrausend zu ihrem Vater zurück. Als er sich weigert, sie wieder zu sich zu lassen, stirbt sie an gebrochenem Herzen („Wi that her sair [verwundet] heart brak in twa", 18. Str.), was ihm ausgerechnet in dem Moment zu Ohren kommt, da er sich aufmacht, sie wieder zu sich zu holen.

Die Heldin von *The Laird of Wariston* (194) fühlt sich an der Seite ihres Gatten, mit dem sie schon im Alter von fünfzehn Jahren verheiratet wurde, nicht wohl. Als dieser von einer längeren Reise zurückkommt und die Vaterschaft ihres Kindes nicht anerkennen will, sinnt sie auf Rache für die Schmähung und lässt sich vom Diener ihres Vaters zum Gattenmord anstacheln. Im Gefängnis wird sie jedoch von Reue überwältigt, fällt in Ohnmacht und lehnt den Vorschlag ihres Bruders, sich freikaufen zu lassen, ab (Str. 19 und 26),

---

[22] Die steigernde Wiederholung (*incremental repetition*), in diesem Fall stets knapper werdende Zeitabstände („half above half a year ... half above half a day"), ist ein charakteristisches Stilmittel der Volksballade.

> For I gart[23] kill my ain gude lord,
> And life is nae pleasure to me. (…)
> I that is worthy of the death,
> It is but right that I shoud dee.

Selbst einen Gnadenerlass des Königs höchstpersönlich lehnt sie ab und besteht auf ihrer Hinrichtung zur Sühne der Tat. Der König zeigt sich betrübt über den Tod des Mädchens und betont die Mitschuld Waristons an dem Verbrechen (28. Str.).

Eine Reihe von Balladen schildern Eifersuchtsdramen, so *Young Hunting* (68), dessen Titelheld der Mutter seines Kindes plump mitteilt, dass er von nun an eine andere liebt, sich aber dennoch dazu überreden lässt, bei ihr über Nacht zu bleiben. Im Schlaf wird er von der Eifersüchtigen erstochen, die seinen Leichnam in einen Brunnen wirft, wo dieser am nächsten Tag vom Gefolge des Königs gefunden wird. Ein Vöglein, das den Mord beobachtet hat, klärt die Gesellschaft über die Umstände des Todes von Hunting auf,[24] was zur Bestrafung der Mörderin auf dem Scheiterhaufen führt.

In *Lord Thomas and Fair Annet* (73) zieht der Titelheld auf Rat seiner Mutter eine gewisse wohlhabende „nut-browne bride" seiner mittellosen Geliebten Annet als Ehefrau vor. Nicht Annet, sondern die anonyme Braut wird jedoch zur eifersüchtigen Mörderin, als die verschmähte Geliebte am Hochzeitstag die Kirche betritt und mit ihrer Schönheit erneut die Aufmerksamkeit von Lord Thomas auf sich zieht. Diesem wird mit einem Schlag klar, welche der beiden Frauen er wirklich liebt, und er rächt Annets Tod unverzüglich, bevor er sich selbst das Leben nimmt, um ihr ins Jenseits nachzufolgen. Lord Thomas hofft auf eine Wiedervereinigung mit der Geliebten im Tod (28. Str.):

> "Now stay for me, dear Annet," he sed,
> "Now stay, my dear," he cry'd;

Die Liebe über den Tod hinaus wird erneut im Bild der sich vereinigenden Pflanzen (Birke und Dornenstrauch) symbolisiert.

Ein Liebesdreieck liegt auch der Ballade *Little Musgrave and Lady Barnard* (81) zugrunde. Hier steht die Titelheldin zwischen zwei Männern, ihrem Gatten Lord Barnard und dem Liebhaber Musgrave. Ein Page verrät Lord Barnard ein ehebrecherisches Stelldichein, worauf dieser die beiden überrascht, Musgrave tötet und seiner Frau die Brüste abschneidet, die, sei es an den Folgen der Verstümmelung oder allgemein auf Grund der Umstände, stirbt. In balladentypischer Manier bereut Lord Barnard seine Impulsivität just in dem Moment, da es zu spät ist, wirft seinen Bediensteten vor, ihn nicht am Töten ge-

---

[23] *Gart*: ließ.

[24] Die sprechenden Tiere (Animismus) sind eines der archaischen, keiner literarischen Epoche zuzuordnenden Charakteristika der Volksballade.

hindert zu haben, und lässt die Liebenden in ein und demselben Grab bestatten. Aus unbekanntem Grund vergiftet Lord Randalfs (12) „true-love" ihren Geliebten mit gebratenen Aalen (Schlangen?). Die Ballade blendet die Hintergründe der Tat aus und konzentriert sich auf die schrittweise Offenbarung der schockierenden Wahrheit im Dialog des sterbenden Randalf mit seiner Mutter. Der Titelheld von *Young Benije* (86) schließlich kann die Trennung von Marjorie in Folge gehäufter Auseinandersetzungen nicht verkraften und ertränkt seine Freundin in einem nahegelegenen Fluss.

Gewalttätige Auseinandersetzungen spielen sich in den Balladen auffallend häufig im familiären Bereich ab. Die Tatsache, dass die engsten Vertrauten, die Mitglieder des Familienkreises, sei es auf Grund von Missverständnissen oder in emotionalen Extremsituationen, zu Mördern werden, verursacht den balladentypischen Schauereffekt. In einer Reihe von Balladen kommt es zu gewalttätigen Auseinandersetzungen, da die Familie den Partner oder die Partnerin der Heldin oder des Helden nicht akzeptieren will. So ersticht in *The Cruel Brother* (11) der Bruder seine Schwester am Hochzeitstag, da er vom Bräutigam nicht um Zustimmung zur Heirat gebeten wurde. Die Tragik dieser Ballade liegt darin, dass der Bruder, dem sonst die Aufgabe zukommt die Schwester zu beschützen, in diesem Fall zu ihrem Mörder wird. In *Clerk Saunders* (69) überraschen Margrets sieben Brüder das liebende Paar des Nachts schlafend im Bett. Die Dramatik der Entdeckungsszene wird dadurch gesteigert, dass sich sechs Brüder der Reihe nach bereit erklären, den Liebhaber der Schwester zu akzeptieren und auf Rache für den Affront zu verzichten, der siebte Bruder jedoch unnachgiebig auf seiner „Beschützerrolle" beharrt und den schlafenden Clerk Saunders erdolcht. Auch in *The Lass of Roch Royal* (76) führt die Einmischung der Familie in eine Liebesbeziehung zu einem tragischen Ausgang. Fair Annie kann die Rückkehr ihres „true-love" und Kindsvaters Gregor nicht länger erwarten und macht sich auf den Weg zu ihm. Nach einer Bootsfahrt kommt sie an der heimatlichen Burg ihres Geliebten an, wird jedoch an der Tür von dessen Mutter, deren Stimme sie für Gregors hält, als Hexe und böswillige Meeresjungfer beschimpft und abgewiesen. Als der Sohn am nächsten Morgen von dem Vorfall erfährt, ist es schon zu spät und er findet nur noch die Leiche seiner schiffbrüchigen Annie vor. In *Prince Robert* (87) ist die Schwiegermutter gar noch boshafter und vergiftet ihren eigenen Sohn, da er ohne ihre Zustimmung Fair Eleanor geheiratet hat. Als sie dem Mädchen auch noch einen versprochenen Ring von Roberts Finger zum Gedenken an seine Liebe verweigert, stirbt Eleanor an gebrochenem Herzen.

Eine Reihe weiterer Balladen thematisieren gewalttätige Auseinandersetzungen in Folge von Spannungen innerhalb der Familie, zwischen Geschwistern oder zwischen Kindern und Eltern. In *The Twa Sisters* (10) stößt die ältere Schwester die jüngere aus Neid auf ihre Schönheit ins Meer. *The Twa Brothers* (49) schildert einen Fratrizid aus ähnlichen Beweggründen. In *Babylon* (14) tötet der im Wald in Verbannung lebende Bruder unwissentlich zwei seiner drei Schwestern, bevor er von der dritten über ihre Identität aufgeklärt wird. Die Tragik der Ballade liegt darin, dass der Titelheld Lon unwissentlich zwei seiner Schwestern tötet und damit genau das Gegenteil von dem tut, was seiner Bruderrolle zugefallen wäre: „For I hae a brother in this wood," hält die dritte Schwester dem Mörder vor, „And gin [wenn] ye kill me, it's he'll kill thee" (14. Str.). Dieser Rollenverstoß lässt so starke Schuldgefühle in dem Geächteten aufkommen, dass er, sowie er sich seiner Tat bewusst wird, nicht mehr in der Lage ist zu leben. Die Verletzung der brüderlichen Beschützerrolle ist in Inzestballaden wie *Sheath and Knife* (16) und *Lizie Wan* (51), wo der Bruder die Schwester erst schwängert und dann ermordet, noch drastischer. Nicht einmal das Verhältnis von Eltern und Kindern bleibt im Genre Volksballade intakt. In *Edward* (13) enthüllt der Dialog des Titelhelden mit seiner Mutter schrittweise die schockierende Wahrheit des Vatermordes, angestachelt von der Mutter selbst. In der über ganz Europa verbreiteten Ballade *The Cruel Mother* (20) tötet eine Mutter ihre unehelich geborenen Zwillinge, um ihren gesellschaftlichen Status als Jungfrau zu erhalten. Kindsmord thematisiert auch die Ballade *Mary Hamilton* (173). In *Lady Isabel* (261) schließlich reicht die Stiefmutter der Titelheldin vergifteten Wein.

Auch Konflikte zwischen Familienclans können zu tödlichen Auseinandersetzungen führen. Ein Beispiel hierfür wäre *Bewick and Graham* (211), wo eine Streitigkeit der Väter zwei in Blutsbrüderschaft verbundene junge Männer zum Duell zwingt. Graham Senior stellt seinen Sohn vor die Wahl, entweder eine Schmähung von Bewick Senior im Zweikampf gegen seinen Freund zu rächen oder gegen ihn selbst zu kämpfen. Graham wird so zum tragischen Helden, er kann nur zwischen dem einen oder dem anderen Unglück wählen. Der Kampf gegen den besten Freund, wofür er sich aus Loyalität zu seinem Vater entscheidet, kann nicht anders als tragisch enden. Graham verwundet Bewick tödlich, leistet dem Rat des sterbenden Freundes zur Flucht jedoch nicht Folge und stürzt sich in sein Schwert.

Der Antagonismus zwischen Juden und Christen führt in *Sir Hugh* (155) zur Ermordung eines Knaben in Lincoln. Tödliche Auseinandersetzungen zwischen ganzen Volksgruppen schildern vor allem die Border-Balladen, die historischer Ereignisse während der Jahrhunderte langen Grenzstreitigkeiten zwischen Engländern und Schotten gedenken. In der bekannten Ballade *The Hunting of the Cheviot* (162), deren Vortrag Sir Philip Sidney seiner eigenen Darstellung in *The Defense of Poesie* zufolge zu Tränen rührte, artet der ritterliche Zweikampf der Heerführer Douglas (Schottland) und Percy (England) in ein wildes Gemetzel aus. Tragisch ist dieses Geschehen deshalb, da die beiden Anführer in gegenseitiger chivalresker Wertschätzung den Tod des jeweils anderen gar nicht gewollt hatten. So fordert Douglas nach erbittertem, doch fairem und unentschiedenem Zweikampf Percy auf, sich zu ergeben und verspricht ihm eine seiner Tapferkeit angemessene Stellung in der schottischen Hierarchie, was dieser freilich rundweg ablehnt. Als Douglas darauf von einem englischen Pfeil getroffen wird, zollt Percy dem sterbenden Gegner seinen Respekt und meint gar, er würde seine gesamten Ländereien für Douglas' Leben hingegeben (38. Str.). Zweitrangige Ritter und anonymes Fußvolk bringen die beiden großen und großherzigen Heerführer zu Fall, ein gewisser Witherington, der blindwütig darauf besteht, an der Auseinandersetzung teilzunehmen, der englische Bogenschütze, der Douglas trifft, und ein rachsüchtiger Sir Hugh Montgomery, der den trauernden Percy mit seiner Lanze durchbohrt. Die Nachricht von Douglas' und Percys Tod löst am schottischen und englischen Hof große Bestürzung aus.

Von Interesse für diese Arbeit sind vor allem die Darstellungen des Todes von Heldenfiguren. Johnie Armstrong, der Held der gleichnamigen Border-Ballade (169), fällt, als er und seine 160 Männer von einem Edinburgher Mob überwältigt werden. Als er hinterrücks von einem „falce Scot" durchbohrt wird, will er seinen Tod nicht wahrhaben und fordert seine Männer auf, standhaft weiter zu kämpfen (16. Str.):

> For I will stand by and bleed but awhile,
> And then will I come and fight againe.

Robin Hood (*Robin Hood's Death*, 120) bittet seine Cousine, die Äbtissin von Kirklees, um einen Aderlass, wird von ihr jedoch „verraten" und durch zu hohen Blutverlust zu Tode gebracht. Little Johns Ansinnen, aus Rache das gesamte Kloster abzufackeln, weist Robin im Sterben jedoch aus Pietät zurück (25. Str.):

> "If I shold doe any widow hurt, at my latter end,
> God," he said, "wold blame me;"

In der B-Version schießt er einen letzten Pfeil aus dem Fenster und wünscht sich, an dem Ort, wo dieser zu Boden trifft, bestattet zu werden.

Die Ballade, die vom Ende der arthurischen Herrschaft berichtet, *King Arthur's Death*, nimmt Child in seine dritte und endgültige Ausgabe nicht mit auf, da sie ein zentrales Kriterium der Gattung Volksballade, die dramatische Erzählweise, nicht erfüllt.[25] Der Text erweckt den Eindruck einer frühneuenglischen Kurzfassung der strophischen Romanze *Le Morte Arthur* aus dem 14. Jahrhundert. Der Autor entscheidet sich jedoch für die keltischer Erzähltradition

[25] Francis J. Child (Hg.), *English and Scottish Ballads*, Boston 1857, erster Band, n° 6. Die Differenzen zwischen den Ausgaben von 1857-59 und 1882-98 rühren daher, dass sich Childs Balladenverständnis im Lauf der Jahrzehnte weiterentwickelt hat. So lässt er insgesamt 115 Texte der ersten Ausgabe in der dritten weg, vor allem Balladen mit Romanzenstoffen wie *King Arthur's Death*, Broadsides und nichtepische Lieder. Diese schienen ihm die Kriterien der Volksballade nicht ausreichend zu erfüllen. Neu hinzu kamen dafür 90 Texte, auf die Child erst im Lauf der Jahre aufmerksam wurde, ferner eine große Anzahl alternativer Versionen bereits aufgenommener Balladen; siehe Müller, *Volksballade*, S. 25.

entstammende Version vom Ende der arthurischen Herrschaft, der zufolge der König gar nicht stirbt, sondern von unbekannten Frauen in einem mysteriösen Boot in ein Feenreich entrückt wird, um eines Tages wiederzukehren. Der Tod Arthurs, wie er im alliterierenden *Morte Arthure* berichtet und in der strophischen Romanze durch Bediveres Auffinden des frischen Grabes am nächsten Morgen angedeutet wird, ist hier kein Thema, insofern ist Childs Titel der Ballade irreführend.[26]

Die weiteren Ausführungen sollen sich auf übernatürliche Erscheinungen bzw. Besuche aus dem Jenseits in den Volksballaden konzentrieren. Klar getrennt werden soll dabei zwischen bösen Geistern und Elfen auf der einen Seite und den sogenannten Wiederkehrern (*revenants*), den aus dem Reich des Todes zurückgekehrten Verstorbenen, andererseits. Isabel (*Lady Isabel and the Elf-Knight*, 4) hört am Morgen des ersten Mai das Hornsignal eines Elfenritters und wünscht sich spontan eine Liebesbegegnung mit der jenseitigen Kreatur. Der Elf springt augenblicklich durchs Fenster zu ihr und nimmt sie mit auf einen Ritt in den nahen Wald,[27] wo er sie wissen lässt, dass sie dort sterben wird (7. Str.). Ihre Bitten um Gnade schmettert er zynisch mit der Bemerkung ab, auf diese Weise schon sieben Königstöchter getötet zu haben. Lady Isabel soll für ihre transgressiven sexuellen Wünsche mit dem Tod bestraft werden. Die erotische Anziehungskraft des Elfen liegt eben in seinem Wesen als Todesfigur begründet, was Isabel erst durchschaut, als es zu spät ist – nicht ganz zu spät, denn ihr gelingt es, den Jenseitigen mit weiblichem *charm* (im Sinne von ‚Scharm' und ‚Zauber') zu überlisten. Sie versetzt ihn in tiefen Schlaf, bindet ihn mit seinem Schwertgürtel und ersticht ihn mit seinem Dolch. Ihre Gegenwehr reflektiert die Handlungen und Absichten des Elfen ihr gegenüber: So wie er sie mit seiner Erotik betörte, streichelt sie ihn sanft in den Schlaf, so wie er sie mit seinem Zauber binden und töten wollte, fesselt und erdolcht sie ihn. Nicht sie, sondern er soll sich zu den unglückseligen Königstöchtern gesellen (13. Str.):

> If seven king's-daughters here ye hae slain,
> Lye ye here, a husband to them a'.

Auch der Titelheld von *Willie's Fatal Visit* (255) wird für seine überbordende Sexualität mit dem Tod bestraft. Von seiner Freundin bei seinem nächtlichen Besuch vor die Wahl gestellt zwischen dem Glücksspiel („the cards or the dice", 7. Str.), Wein oder dem Bett entscheidet er sich für Letzteres. Einen üblen Streich spielt dem Liebespaar der Hahn, der sie mitten in der Nacht glauben lässt, der Tagesanbruch stünde schon vor der Tür. Willie rennt nach draußen ins

---

[26] Zur Balladenversion von Arthurs Tod siehe auch Karl H. Göller, *König Arthur in der englischen Literatur des späten Mittelalters*, Göttingen 1963, S. 169.

[27] Vergleiche dazu den Auftritt Yonecs, des Elfenritters im gleichnamigen Lais von Marie de France.

Mondlicht und will nach Hause eilen, doch da begegnet ihm auf einem Hügel eine schauerliche Furie (13. Str.), die ihm seine sündhaften nächtlichen Liebesbegegnungen und seine Gottlosigkeit vorwirft, ihn in Stücke reißt und seine Leichenteile in der nahegelegenen Mary's Kirk aufhängt. Am Beispiel dieses ambigen Höllengeistes lässt sich das Verhältnis der Volksballade zur christlichen Religion näher betrachten. Die Handlung basiert auf einer restriktiven Sexualmoral, wie sie auch von christlicher Seite vertreten wird. Das freie Ausleben von Sexualität steht in scharfem Kontrast zu einem gottgefälligen Lebenswandel und muss deshalb bestraft werden. Die übernatürliche Kreatur will ihres grausamen Wesens zum Trotz Vollstreckerin des göttlichen Willens sein, deshalb vollbringt sie ihre blutige Tat auch in der Nähe der Mary's Kirk, doch lässt sich das Wesen mitnichten als göttlicher Bote oder gar als Engel deuten. Es muss seinem Opfer des Nachts auflauern - Willie ist bislang verschont geblieben, da er sich immer erst bei Tagesanbruch auf den Weg gemacht hat. Schon sein Anblick ist furchterregend, es ist blass und erschöpft („wan and weary"), hat aber ein sarkastisches Lächeln auf den Lippen (14. Str.): alles Eigenschaften, die einem Gottesboten ebenso wenig anstehen wie seine Gnadenlosigkeit und Brutalität. Die „Dekoration" der Mary's Kirk mit Willies Leichenteilen ist schlichtweg makaber und rückt den Geist endgültig in die Nähe heidnischer Dämonen. Die Ballade steht in ihrem moralischen Gehalt zwar nicht im Widerspruch zum Christentum, scheint jedoch durch Beimischung heidnischer Elemente das christliche Gottesbild bis zur Unkenntlichkeit zu entstellen. Der Volksglaube überlagert das Christentum mit archaischen Ängsten wie der Furcht vor nächtlichen Dämonen und verzerrt gröblich die Botschaft des Neuen Testaments. Gottes Liebe zu den Menschen und die Vergebung der Sünden werden hier ignoriert bzw. von heidnischen Ängsten zugedeckt.

Auch in *James Harris / The Daemon Lover* (243) durchmischen sich heidnische und christliche Vorstellungen. Die Ballade lässt sich nur in ihren Versionen A bis D zu den Wiederkehrerballaden rechnen. Der Geist von James Harris sucht sieben Jahre nach seinem Tod seine Braut auf, erinnert sie an ihr Treueversprechen und will sie mit sich führen. Sie zögert, da sie inzwischen Mann und Kind hat, willigt aber letztlich ein, da sie seine geisterhafte Natur entweder nicht bemerkt oder schlicht ignoriert und sich erneut in James Harris verliebt. In der A-Version heißt es einfach, dass sie nie wieder gesehen wurde; der Schwerpunkt der Darstellung liegt hier auf der Trauer ihres Mannes. In der C-Version segelt das Paar von dannen, doch sie ist unglücklich und sehnt sich zuerst nach ihrem Mann und Kind zurück, dann nach dem Tod und einem Begräbnis im heimatlichen Schottland. Da offenbart ihr der Geist, dass er sie entführt hat um sie für ihren Treuebruch zu strafen. Sein Versprechen, die Reise würde zu italienischen Blumenwiesen führen, diente nur dem Zweck, sie aufs Geisterschiff zu locken. Mit majestätischer Geste lässt er das Schiff zu Grunde gehen. In der E-Version entpuppt sich der Geist, daher der alternative Titel, als

Dämon („It's then she spied his cloven foot", 11. Str.).[28] Seine Miene verfinstert
sich im Einklang mit dem Wetter. Die Jenseitsvorstellungen der Ballade decken
sich mit der aus dem Christentum bekannten Zweiteilung des Jenseits in Himmel und Hölle. Die Geographie der jenseitigen Welt knüpft jedoch an alt-
nordische Vorstellungen an: Das Schiff segelt an den Hügeln des Himmels
vorbei („Where you shall never be", 14. Str.) und auf die Hügel der Hölle zu
(„Where you and I shall be", 15. Str.). Christliche Vorstellungen werden auch in
dieser Ballade mit heidnischem Zusatz aufbereitet.

Den Schwerpunkt dieses Kapitels zum Tod in den englischen und schottischen
Volksballaden soll eine Analyse der sogenannten Wiederkehrerballaden (*revenant ballads*) bilden, die vom Erscheinen eines meist vor nicht allzu langer Zeit
Verstorbenen berichten, von einer Begegnung an der Grenze zwischen Leben
und Tod. Ein gutes Dutzend der Balladen der Childsammlung lassen sich in
diesem Sinn als Wiederkehrerballaden bezeichnen. Die Balladenforschung der
vergangenen Jahrzehnte hat sich bezüglich dieser thematischen Untergruppe vor
allem mit der Frage des Wesens und der Provenienz, literarisch und volks-
kundlich, der Balladengeister beschäftigt. So meint Wimberly in den 20er Jahren
des vergangenen Jahrhunderts, eine klare Opposition zwischen dem körperlichen Wiederkehrer der Volksballade und den körperlosen, geisterhaften Erscheinungen der schriftlichen literarischen Tradition erkennen zu können:

> The ballad ghost (...) is obviously an animated or living corpse, is in most
> cases thought of as not separated from the body at all, and is at times, in-
> deed, designated as "the corpse." There is little or nothing in our best
> supernatural ballads to indicate that the ghost of folksong is the breath –
> *anima, spiritus* – in keeping with the shades of Greek, Roman, or Hebrew
> traditions.[29]

Im Gegensatz zur (Schrift-)Literatur - Wimberly erwähnt die Geistererschei-
nungen Shakespeares, ergänzen lassen sich Beispiele mittelalterlicher Literatur
wie Chaucers Version des Ceyx-und-Alkyone-Mythos im *Book of the Duchess*,
die Episode von den beiden Reisenden in der *Nun's Priest's Tale* und die Begegnung des trauernden Vaters mit seiner Tochter am Jenseitsfluss in *Pearl* -
erscheinen die Verstorbenen der Volksballade ihren Hinterbliebenen als mate-
rielle Wesen, als wiedererweckte Leichname. Bei dieser Zweiteilung sei jedoch
Vorsicht geboten: Erstens finden sich auch in spätmittelalterlicher Literatur
zahlreiche Beispiele von „Stimmen aus dem Grab", Texte, in denen nicht der
Geist eines Verstorbenen, sondern ein von Würmern zerfressener Leichnam den

---

[28] Auch Gerould deutet die übernatürliche Kreatur der E-Version von *James Harris* nicht als
wiederkehrenden Toten oder als Geist, sondern als Dämon (*The Ballad of Tradition*, S. 141).
[29] Wimberly, *Folklore in the English and Scottish Ballads*, S. 228.

Lebenden ein *memento mori* erteilt.[30] Zweitens handelt es sich nicht bei allen Wiederkehrern der englischen und schottischen Volksballade um wiederbelebte Leichname, sondern nur bei etwas mehr als der Hälfte, nämlich Childs Nummern 78, 49, 47, 79, 272, 86, 77F und 155. Die übrigen Beispiele schildern körperlose, geisterhafte Erscheinungen oder gehen auf das Wesen des Wiederkehrers schlicht nicht näher ein, so dass sich dieser weder der einen noch der anderen Gruppierung eindeutig zuordnen lässt. In einem Fall, *Sweet Williams Ghost* (77), ergeben die Hinweise zur Natur des Wiederkehrers gar ein widersprüchliches Bild. Gerade weil es sich bei dem Genre der Volksballade um mündlich verfasste und tradierte Literatur handelt, lassen sich bestenfalls von Ballade zu Ballade, oft nur von Version zu Version Aussagen über das Wesen (körperlich oder geisterhaft) des jeweiligen Wiederkehrers treffen. Variation und teilweise widersprüchliche Durchmischung von Eigenschaften bilden ein Merkmal der „wildwüchsig", d.h. abseits jeglicher literaturtheoretischer Diskussion entstandenen Gattung.

David C. Fowler argumentiert gegen die ideologische Trennlinie, die Wimberly zwischen den Jenseitsvorstellungen der Volksballade und denen der christlichen Lehre zu erkennen meint und bemüht sich zu zeigen, dass sich die Vorstellungswelt der Volksballade ohnehin nicht isoliert und abgekoppelt von der literarischen und weltanschaulichen Tradition entwickelte, sondern innerhalb der spätmittelalterlichen Literatur, insbesondere in den Versromanzen, deren Stoffe teilweise von Balladen wiederaufgegriffen wurden,[31] zahlreiche Entsprechungen findet. Anhand der mittelenglischen Romanze *Thomas of Ersseldoune*, der Vorlage für die Ballade von *Thomas Rymer* (37), zeigt Fowler, wie sich christliche Vorstellungen mit folkloristischer keltischer Tradition verbinden. Die Traumvision vom ertrunkenen Ceyx in Chaucers *Book of the Duchess* vergleicht er mit Margarets Erscheinung in *Fair Margaret and Sweet William* (74). Die teuflische Verführerin Parzivals in einer Episode aus Malorys *Quest of the Holy Grail* sieht Fowler als Modell für den dämonischen Verführer in *The Daemon Lover* (243). Wiederkehrerballaden wie *Clerk Saunders* (69G) oder *Lady Isabel* (261), deren Helden an ihre verstorbenen Angehörigen Fragen über ihre Stellung in der jenseitigen Welt richten, erinnern an eine Verserzählung aus dem 15. Jahrhundert, *The Childe of Bristowe*,[32] wo ein Vater zwei Wochen nach seinem Tod seinem Sohn erscheint und diesem vom Zustand seiner Seele berichtet. Fowler weist darauf hin, dass volkstümlicher Aberglaube zur Wiederkehr der Toten in dieser Verserzählung in derselben Weise wie in den Wieder-

---

[30] Z.B. in dem einzig in Hs Addit. 37049 (British Library) überlieferten Streitgedicht *A Disputacioun betwyx þe Body and Wormes*, herausgegeben von Karl Brunner (1935). Siehe dazu Jankofsky, „Tod und Sterben", S. 123f.

[31] "What has been adequately recognized, I believe, is the extent to which the ballad is a composite of themes and motifs from medieval romance", Fowler, *Popular Ballad*, S. 198.

[32] W. Carew Hazlitt (Hg.), *Remains of the Early Popular Poetry of England*, London 1864.

kehrerballaden eingesetzt wird, um der kirchlichen Lehre Form und Substanz zu verleihen:

Far from existing in isolation from religion, folklore regarding the dead was freely employed in medieval times to give shape and form to the ethical teaching of the church regarding the hereafter. It was this fact, rather than a supposed latent hostility to religion, that has kept these folk traditions alive.[33]

Auch Wolfgang Müller geht in seinem Kapitel zur Tragik in den Balladen kurz auf die Wiederkehrerballaden ein. Die Trennung zwischen Leben und Tod scheint für gewisse Zeit durch den Besuch aus dem Jenseits außer Kraft gesetzt. Der Trauernde von *The Unquiet Grave* (78) z.B. will durch einen Kuss die Distanz zu seiner verstorbenen Geliebten überwinden. Da die Toten jedoch unweigerlich wieder in ihr Grab zurück müssen, wie in *The Wife of Usher's Well* (79), wo der „channering worm" die drei toten Söhne beim Morgengrauen von der Mutter zurückruft, kommt die Unaufhebbarkeit der Grenze zwischen Leben und Tod um so eindringlicher zur Geltung:

In der Konfrontation mit dem Wiederkehrer wird die Intensität ihres Leids und die Endgültigkeit des Verlusts eindringlich deutlich. Die Tragik der Wiederkehrerballaden ist deshalb so intensiv, weil die Begegnung mit den toten Leichnamen die einzige – und radikal enttäuschende - Möglichkeit einer Kontaktaufnahme mit den Verstorbenen ist.[34]

Im Folgenden sollen die Wiederkehrerballaden der Childsammlung nach dem Kriterium der Geisterhaftigkeit oder Körperlichkeit des Besuchers aus dem Jenseits in zwei Gruppen aufgeteilt und auf das Wesen des Wiederkehrers und seine Botschaft hin untersucht werden. Von körperlosen Erscheinungen berichten Childs Nummern 74, 73E, 265, 243 und 261. In den ersten drei Beispielen erscheinen Verstorbene ihren Partnern im Traum, so in der fünften Strophe von *Fair Margaret and Sweet William* (74):

> When day was gone, and night was come,
> And all men fast asleep,
> Then came the spirit of Fair Margaret,
> And stood at William's feet.

Die von William zu Gunsten einer nicht näher beschriebenen Rivalin abgewiesene Margaret teilt ihm in vorwurfsvollem Ton ihren Tod mit und nimmt gar ihre Bestattung vorweg. Ihr Auftritt erinnert an die Episode aus Chaucers

---

[33] Fowler, *Popular Ballad*, S. 204.
[34] Müller, *Volksballade*, S. 177/8.

Nun's Priest's Tale, wo Chauntecleer seiner Pertelote anhand einer Beispielgeschichte die Verlässlichkeit von Träumen belegen möchte. Zweimal erscheint einem Reisenden im Traum sein Freund und ersucht ihn um Schutz vor Mördern. Der Träumer hält die Erscheinung für Illusion und bleibt untätig, bis es zu spät ist und der Freund beim dritten Mal nur noch seine Todeswunden herzeigen und Hinweise zur Auffindung seines Leichnams geben kann.[35] William macht sich ebenfalls des Morgens zum Haus seiner ehemaligen Geliebten auf, wo er nur noch einen Blick auf die in Leichentücher gewickelte Margaret werfen und ihre sieben Brüder darum bitten kann, sich mit einem Kuss von ihr verabschieden zu dürfen. Zur Sühne für seine Untreue folgt er ihr noch am selben Tag in den Tod nach.

Eine Version der Ballade von *Lord Thomas and Fair Annet* (73E) verzichtet auf die Ermordung Annies durch die eifersüchtige Braut (s.o.) und gestaltet das Ende stattdessen nach dem Vorbild der Ballade von Margaret und William (74). Wie Margaret erscheint Annie ihrem Thomas des Nachts in Leichentücher gehüllt. Dieser macht sich ohne zu zögern auf den Weg zu ihrem Zuhause, wo er den Vater und die obligaten sieben Brüder dabei antrifft, wie sie die Totenbahre für Annie herrichten. Wie William stirbt auch Thomas noch am selben Tag. In einer weiteren Ballade, *The Knight's Ghost* (265), erscheint ein in der Schlacht gefallener Ritter seiner Frau im Traum (11. Str.):

> Then she sat down in her own room,
> And sorrow lulld her fast asleep,
> And up it starts her own gude lord,
> And even at that lady's feet.

Die Frau hat die Überbringer der Todesnachricht, die Schiffsbesatzung ihres Mannes, trunken gemacht, eingesperrt und die Schlüssel ins Meer geworfen. Dieser Wiederkehrer ist nun trotz seines Naturells als bloßes Traumgespinst in der Lage, ihr jene Schlüssel vom Meeresgrund wiederzubringen. Sein Auftritt dient vor allem dem Zweck, seine Gefährten von dem Vorwurf, ihn im Kampf im Stich gelassen zu haben, zu entlasten. Rätselhaft ist jedoch nicht nur das physische Eingreifen einer erträumten Erscheinung ins Diesseits (Wiederbringen der Schlüssel), sondern auch die Prophezeiung des Ritters: Er verspricht seiner Frau einerseits, sie an der Himmelspforte persönlich in Empfang zu nehmen, womit sich Müllers Einschätzung, die Hoffnung auf eine Vereinigung mit dem Geliebten im Jenseits sei den Balladen fremd, relativieren lässt,[36] andererseits

---

[35] Siehe Kapitel zu Chaucer, S. 342.

[36] Müller, *Volksballade*, S. 178. Ein weiterer Beleg für die Hoffnung auf Wiedervereinigung findet sich in *Clerk Saunders* (69G): „Or [bevor] this night nine nights come and gang, / We baith [beide] shall be in Paradise" (37). Das Genre der Volksballade kennt auch in diesem Punkt keine allgemeingültige Regel. Müller kann insofern Recht gegeben werden, als sich die

verkündet er ihr eine weitere Ehe mit einem gar nobleren Ritter, dem sie nicht weniger als neun Kinder schenken wird.

Der Wiederkehrer von *James Harris* (243) erscheint seiner ehemaligen Braut ebenfalls des Nachts (s.o.), sie erlebt ihn jedoch im Wachzustand: Sie erblickt ihn durch das Fenster (16. Str.), ist in der Lage, mit ihm zu kommunizieren, lässt sich von ihm vereinnahmen und verlässt mit ihm ihr sicheres Zuhause. Die Ballade macht wiederholt deutlich, dass es sich bei dieser Erscheinung um keinen wiederbelebten Leichnam handelt, wie Wimberly die Wiederkehrer der Volksballade pauschal deutet. Er wird als ein „spirit" (16. und 17. Str.) bezeichnet. Er *täuscht* sie mit seiner menschlichen Form, er *ähnelt* einem menschlichen Wesen nur (27. Str.):

> When he had told her these fair tales,
> To love him she began,
> Because he was in human shape,
> *Much like* unto a man.

Die A-Version endet mit dem Schmerz ihrer zurückgelassenen Familie. In der C-Version wird der geisterhafte Entführer auf See zum Rächer ihres Treubruchs, enthüllt seine Versprechungen als Köder und bringt das Geisterschiff zum Sinken. In der E-Version schließlich wird er, wie bereits erwähnt, zum Dämon mit gespaltenem Huf.

Childs Nummer 261, *Lady Isabel*, stellt insofern einen Sonderfall unter den Wiederkehrerballaden dar, als in dieser Ballade eine Tochter Rat bei ihrer verstorbenen Mutter sucht, die Hinterbliebene also den Anstoß zur Begegnung mit dem Jenseits gibt, sich zu diesem Zweck in eine Kirche begibt, wo ihr auf ihren Wunsch ihre Mutter erscheint. Diese ist auch als einzige Besucherin aus dem Jenseits weder trügerisch lebendig, noch erbärmlich oder schreckenerregend (11. Str.):

> When she gaed[37] on to Marykirk,
> And into Mary's quire,
> There she saw her ain mother
> Sit in a gowden chair.

Auch sie verspricht ihrer Tochter die Wiedervereinigung in einem als glücklich empfundenen Jenseits (14). Allein diese Jenseitsfigur lässt sich ansatzweise mit dem Perlmädchen aus *Pearl* vergleichen.

In Childs Nummern 78, 49, 47, 79, 272, 86, 77F und 155 treten die von Wimberly beschriebenen wiederbelebten Leichname auf. Ein erstes Beispiel für

---

Hoffnung auf Wiedervereinigung in der Volksballade eher selten findet und der Tod tendenziell als das Ende zwischenmenschlicher Beziehungen empfunden wird.

[37] *Gaed*: ging; *gowden*: golden.

eine „Stimme aus dem Grab" bietet *The Unquiet Grave* (78). Die Begegnung mit der Verstorbenen spielt sich in dieser Ballade an ihrer letzten Ruhestätte ab. Die Tote ist insofern keine „Wiederkehrerin", als sie den ihr zugewiesenen Platz gar nicht verlässt. Sir Walter Scott hat auf den zu seiner Zeit in Schottland noch weit verbreiteten Glauben hingewiesen, demzufolge übermäßige Trauer der Angehörigen die Ruhe der Toten stört. Child listet dazu eine Vielzahl literarischer und folkloristischer Parallelen auf.[38] Die Tote kann mit dem Hinterbliebenen kommunizieren, ist jedoch physisch an den Ort ihrer letzten Ruhe gebunden (3. Str.):

> Oh who sits weeping on my grave,
> And will not let me sleep?

Die Welt nimmt sie nur in Form der Tränen wahr, die über ihrem Grab vergossenen werden, zu ihr sickern und sie in ihrer Ruhe stören. Der trauernde Freund wünscht, die Distanz zu ihr mit einem Kuss zu überwinden, doch sie warnt ihn davor: Nicht er kann ihr durch einen Kuss neues Leben einhauchen, sondern ihre „clay-cold lips" übertragen ihre Totenstarre vielmehr auf ihn („Your time will not be long"). Ein Kuss, d.h. ein intimer Kontakt, an der Grenze zwischen Leben und Tod führt gerade nicht wie im deutschen Volksmärchen zur Erneuerung von Leben, sondern zum Tod. Die Trennwand zwischen Leben und Tod wird, wie Müller bereits aufgefallen, durch diese Kontaktaufnahme am Grab letztlich nur bekräftigt.

In der B-Version von *The Two Brothers* (49) ruft Margaret durch Flöten- und Harfenspiel ihren vom Bruder getöteten Freund aus dem Grab zurück (10. Str.). Auch sie will die Grenze zwischen Leben und Tod durch einen Kuss überwinden. Ihre Kontaktaufnahme mit dem Toten über das Harfenspiel erinnert an den Orpheusmythos. Ein grundlegender Unterschied besteht jedoch zwischen dem Rückruf Verstorbener ins Diesseits in diesen zwei Balladen und der Auferweckung des Lazarus durch Christus im Towneley-Zyklus mittelenglischer Mysterienspiele. Lazarus wird zu neuem Leben erweckt und in die Gemeinschaft der Lebenden re-integriert, die Wiederkehrer hingegen können mit ihren Hinterbliebenen nur in momentanen Kontakt treten, die Kluft zwischen Jenseits und Diesseits können (und wollen) sie hingegen nicht überwinden.

Lady Margarets Bruder (*Proud Lady Margaret*, 47) ist von seinem Auftreten her gar nicht als Wiederkehrer zu erkennen – obwohl er sich mit Würmern seine Ruhestätte teilt, wie er in der letzten Strophe erklärt. Er erscheint als fremder Ritter („a gallant knight"), der um ihre Hand anhält. Die Stolze lässt sich von seiner Hingabe („This night for thee I'll die", 4. Str.) jedoch nicht beeindrucken und stellt ihm Rätselfragen, die er mit den richtigen Antworten zu parieren weiß. Als sie mit ihrem Erbe prahlt, gibt er sich als ihr Bruder zu erkennen und offen-

---

[38] Child, *The English and Scottish Popular Ballads* (1965), S. 234.

bart den Zweck seiner Mission, ihren Stolz in die Schranken zu weisen. Margaret erklärt sich spontan bereit, durch ihre Nachfolge in den Tod Buße zu tun, doch ist er nicht willens, sie „unvorbereitet" zu sich ins Grab zu nehmen (18. Str.):

> For ye've unwashen hands and ye've unwashen feet,
> To gae to clay wi me.

In der B-Version fügt er hinzu, dass er in Dunfermline zu Grabe liegt, fordert sie erneut auf, ihren Stolz fallen zu lassen und warnt sie vor „Pirie's chair", dem Höllensitz, der ihr ansonsten droht.

Das *Suffolk Miracle* (272) berichtet von der Trennung zweier Liebender durch den Vater des Mädchens und vom Tod des jungen Mannes aus Liebeskummer. Als dieser einen Monat danach seine Geliebte des Nachts bei ihrem Onkel aufsucht und ihr anbietet, sie heim zu ihrem Vater zu bringen, ist diese zwar über den Gesinnungswandel des Vaters erstaunt, nicht jedoch über den Auftritt des Freundes, von dessen Tod sie nichts weiß. Wie der Bruder der stolzen Margaret überspielt er die Tatsache, dass er tot ist, auch der Onkel lässt sich täuschen und das Mädchen mit ihm ziehen. Dieser Leichnam riecht nicht wie andere Wiederkehrer nach Erde, allein die Kälte seines Kopfes („Thou art as cold as any clay", 15. Str.) deutet darauf hin, dass er seinem Grab entstiegen ist, was dem Mädchen jedoch entgeht, als sie ihm zur Linderung seiner angeblichen Kopfschmerzen ihr Taschentuch umbindet. Am Haus ihres Vaters angelangt, verschwindet der Wiederkehrer plötzlich und die Tochter erfährt erstmalig vom Tod ihres Geliebten. Eine Exhumierung am nächsten Tag ergibt, dass sie tatsächlich mit dessen Leiche geritten ist, um deren Kopf noch ihr Taschentuch gewickelt ist. Die Begegnung mit dem Wiedergänger hat die üblichen Folgen: sie folgt ihm wenig später in den Tod nach.

Auch in *The Wife of Usher's Well* (79) sind die Wiederkehrer äußerlich nicht als Tote zu erkennen. Eine wohlhabende Frau wünscht sich die Rückkehr ihrer drei Söhne „in earthly flesh and blood" (4. Str.), was ihr in der St. Martinsnacht auch gewährt wird, zumindest dem Anschein nach. Allein die Hüte der drei Söhne, gefertigt aus der Rinde einer an der Himmelspforte wachsenden Birke, deuten darauf hin, dass die drei aus dem Jenseits kommen. Sie erwecken den Eindruck, dass es ihnen gut geht („Since my three sons are well", 7. Str.) und feiern mit der Mutter und den Bediensteten die Nacht hindurch. Doch im Morgengrauen wird die Unaufhebbarkeit der Grenze zwischen Diesseits und Jenseits bestätigt und die drei werden von „nörgelnden Würmern" (11. Str.) zur Rückkehr ins Grab genötigt.

Walter Scott berichtet von einem zu seiner Zeit in Schottland noch verbreiteten Aberglauben, der der Ballade von *Young Benjie* (86) zugrunde liegt. Dieser besagt, dass der Geist eines Verstorbenen während der Totenwache (*lykewake*) noch in der Nähe des Leichnams weilt und, wenn man ihn durch rituelle Handlungen dazu auffordert, in der Lage ist, Grund und Art seines Todes mitzuteilen. Das Ritual wird jedoch wegen spiritueller Gefahren nur zelebriert, wenn Mordverdacht (*foul play*) besteht. Indem die Angehörigen die Tür zur Leichenkammer halb offen lassen und den Toten zum Sprechen auffordern, können sie ihm den Namen des Mörders und den Hergang der Tat entlocken. Marjorie wurde, wie bereits erwähnt, von Benije im Fluss ertränkt, da dieser die Trennung nicht verkraften konnte. Ihre Brüder machen von dem Ritus Gebrauch, lassen die Tür halb offen stehen und ersuchen die Leiche des Nachts um den Namen des Mörders. Um Mitternacht erwacht Marjories Körper zum neuem Leben und offenbart den Brüdern den Tathergang. Doch bittet die Tote darum, Benije nicht aus Rache zu töten, da sie sich um das Seelenheil des ehemaligen Geliebten sorgt. Sie empfiehlt, ihm zur Strafe für seine Tat die Augen auszustechen und ihn zur Buße alle sieben Jahre an den Ort seines Verbrechens zu führen.

Childs Nummer 77F knüpft inhaltlich an *Clerk Saunders* (69) an. Der ermordete Saunders erscheint hier, nach sieben Jahren im Grab, seiner Geliebten als eine Art *memento-mori*-Figur und macht sie auf die Vergänglichkeit des irdischen Lebens aufmerksam. Seine Warnung, sie werde einst so jämmerlich aussehen wie er („Sae will become of thee", 4. Str.), erinnert an den entsprechenden Topos mittelenglischer Todeslyrik („Quod estis, fuimus; quod sumus, eritis", siehe 2.1). Dieser Wiederkehrer ist im Gegensatz zu dem des *Suffolk Miracle* eindeutig als wandelnder Leichnam zu erkennen, ihm fehlen seine Arme, die ihm von Würmern abgenagt wurden.

Sir Hugh (155) berichtet, wie Chaucers *Prioress' Tale* (4.6), von der Ermordung eines Kindes durch boshafte Juden. In diesem Fall ist es die Tochter eines Juden, die den kleinen Hugh mit einem Apfel in ihr Haus lockt, auf dem Küchentisch wie ein Schwein abschlachtet und seinen Leichnam in einen Brunnen wirft. Als sich die Mutter des Ermordeten - wie in Chaucers Version der Geschichte - auf die Suche nach ihm macht, hört sie aus eben jenem Brunnen seine Stimme, die sie auffordert, nach Hause zu gehen und sein Begräbnis vorzubereiten. Er werde ihr am nächsten Tag bei der Kathedrale von Lincoln begegnen. Wie prophezeit begegnet ihr dort am folgenden Tag der „dead corpse" (16. Str.) ihres Buben, der unter großer Anteilnahme der Stadt beigesetzt wird. Hugh ist nach seiner Ermordung nicht nur wie sein Pendant der *Prioress' Tale* in der Lage zu sprechen und zu singen, sein Leichnam kann gar von einem Ort zum andern wandern. In weiteren Versionen der Ballade gibt er noch Details seiner Ermordung preis und wünscht sich, mit einer Bibel unter dem Haupt bestattet zu werden (F, G).

Die bekannteste der Wiederkehrerballaden, *Sweet William's Ghost* (77), lässt sich weder in die Gruppe der körperlichen, noch in die der geisterhaften Erscheinungen zweifelsfrei einordnen. In den meisten Versionen der Ballade widersprechen sich die Hinweise auf die Natur des Wiederkehrers. So wird er in der A-Version gegen Anfang und gegen Ende als ein „ghost" bezeichnet (Strophen 1 und 15), von sich selbst behauptet er im Einklang dazu, er sei kein „earthly man" (6. Str.), sondern ein „spirit", losgelöst von seinem Körper, der auf einem Friedhof jenseits des Meeres ruht (9. Str.):

> My bones are buried in yon kirk-yard,
> Afar beyond the sea,
> And it is but my spirit, Margret,
> That's now speaking to thee.

Andererseits kann er nicht durch verschlossene Türen gleiten, sondern muss am Türknauf rütteln („And ay he tirled at the pin") und um Einlass bitten. In der elften Strophe wird er gar der Beschreibung der neunten Strophe zum Trotz als „dead corp" bezeichnet. Anlass seines Besuches ist, von seiner Geliebten Margret seinen „faith and troth" zurückzufordern, d.h. den wechselseitigen Treueschwur aufzulösen, damit sie weiterleben und sich an einen neuen Partner binden kann. Sie hingegen will sich nicht von ihm trennen, sondern mit einem Kuss die Distanz überwinden, was er ihr jedoch mit der üblichen Begründung verwehrt. Ihr Verlangen auf Vereinigung mit dem Toten wird dadurch nur weiter stimuliert, und sie will seine Braut werden. Als er erneut ablehnt, reicht sie ihm die Hand, um ihm seinen „faith and troth" zurückzugeben, folgt aber dem „Leichnam" ins Dunkel der winterlichen Nacht. Sie ersucht ihn gar darum, sie mit sich in sein Grab zu nehmen, was er aus einem recht pragmatischen Grund ablehnt, nämlich da im Sarg nur Platz für einen sei (13. Str.). Ein letztes Mal fordert er sie auf, zu den Lebenden zurückzukehren („Tis time, tis time, my dear Margret, / That you were going away", 14. Str.) und verschwindet, nun kein wandelnder Leichnam mehr, sondern ein Geist, in den Nebelschwaden. Für Margret gibt es jedoch kein Zurück mehr und sie stirbt an Ort und Stelle. Nicht der Tote hat die Lebende in dieser Ballade zu sich gerufen, sondern Margret ist ihm all seinen Abweisungen zum Trotz in den Tod nachgefolgt.

Das Wesen der kindlichen Wiederkehrer in *The Cruel Mother* (20) bleibt im Unklaren. Ihre Mutter hat sie ermordet und erblickt auf dem Nachhauseweg nach der Tat eben jene beiden Kinder, wie sie unterhalb der Burgmauern Ball spielen, erkennt sie jedoch nicht. Um ihr schlechtes Gewissen zu beruhigen stellt sie sich vor, welch schöne Gewänder sie den Kindern schenken würde, wären es ihre eigenen. Wir waren deine Kinder, lautet die Antwort der Wiederkehrer, die ihr die Hölle prophezeien.

Ein Sonderfall einer Wiederkehrerballade ist Childs Nummer 10, *The Twa Sisters*. Die ältere stößt aus Missgunst ihre jüngere und hübschere Schwester ins Meer. Die Ertrunkene wird bei einer Mühle an Land geschwemmt, wo der Müller ihre Leiche zu einer Geige („violl") verarbeitet. Durch die Transformation in ein Musikinstrument erhält die Ermordete ihre Stimme zurück und deckt die Täterschaft der älteren Schwester auf (16. Str.):

And then bespake the strings all three,
O yonder is my sister that drowned mee.

In dieser Ballade wird der Leichnam der Ermordeten nicht für eine Zeit zu neuem Leben erweckt, sondern macht nach Art der ovidschen Metamorphosen eine Verwandlung durch. Die ertränkte Schwester überschreitet dabei gleich zweimal die Grenzen zwischen Seinskategorien, erst vom Leben zum Tod, dann vom Menschsein zur Dinglichkeit. Auf die „Dekonstruktion" ihres Körpers folgt dessen Rekonstruktion zu einem Musikinstrument. Die Grenzüberschreitung liegt hier nicht darin, dass ein Leichnam erneut lebt, sondern darin, dass ein Gegenstand, das Instrument, eine menschliche Stimme erhält.

Mit einer abschließenden Analyse der Gründe für die Rückkehr der Toten ins Diesseits sollen das Verhältnis der Volksballade zur christlichen Religion und zur schriftlich-literarischen Tradition näher betrachtet werden. Es fällt auf, dass die Besucher aus dem Jenseits in den Wiederkehrerballaden, gleich ob es sich um wiederbelebte Leichname oder um die Geister Verstorbener handelt, sich allesamt mit diesseitigen Angelegenheiten auseinander setzen, im Gegensatz zu der Jenseitsfigur von *Pearl*, dem Visionsgedicht aus dem 14. Jahrhundert (siehe 2.8), wo im Dialog der verstorbenen Tochter mit dem Vater über den Todesstrom hinweg die jenseitige Welt selbst zum Thema wird. Aussagen über das Jenseits sind in den Balladen oberflächlich, so wird in einer Handvoll Texten der Glaube an Himmel und Hölle lediglich angedeutet, etwa in *The Cruel Mother* (20) und *James Harris* (243), wo den schuldig gewordenen Heldinnen die Hölle prophezeit wird. In *Lady Isabel* (261), *The Knight's Ghost* (265) und *Clerk Saunders* (69G) wird im Einklang mit christlichen Vorstellungen eine Wiedervereinigung mit der Mutter, dem Gatten oder dem Geliebten im Jenseits versprochen. In den Balladen wird zwar von einer realen Präsenz der Toten berichtet, sei es als Geist oder als für einen beschränkten Zeitraum reanimierter Körper, doch spielen diese „posthumen" Existenzen im Unterschied zu den Erscheinungen christlich inspirierter Visionsliteratur allein ihre diesseitige Rolle fort. Es kommt durch den Tod zu keinem markanten Bruch oder Rollentausch wie in der Hagiographie, wo aus dem gepeinigten Märtyrer der glorifizierte Heilige wird und spiegelbildlich dazu der mächtige Christenverfolger im Schlund der Hölle versinkt.

Wimberly fasst in seinem achten Kapitel, „The Ballad Ghost", die Gründe für die Rückkehr der Wiedergänger ins Diesseits zusammen:[39] Die übermäßige Trauer der Hinterbliebenen stört in *The Twa Brothers* (49B) und *The Unquiet Grave* (78) die Ruhe der Verstorbenen. Diese berichten nicht von einem wie auch immer gestalteten Leben im Jenseits, ihr ganzer „Trost" liegt darin, dass sie auf die allgemeine Vergänglichkeit hinweisen und den Trauernden empfehlen,

---

[39] Wimberly, *Folklore in the English and Scottish Ballads*, S. 256 f.

sich dem göttlichen Willen zu fügen. Die Toten möchten durch die Begegnung mit den Hinterbliebenen eben nicht die Beziehung erneuern, sondern vielmehr die letzten Verbindungen zum Diesseits kappen und ihre irdische Rolle als Liebhaber oder Geliebte zu Ende bringen, um endgültig zur Ruhe zu kommen. Die eigene Lebensgeschichte zu einem als gerecht empfundenen Ende zu bringen ist auch das Motiv rächender Wiederkehrer, z.b. in *James Harris* (243), dessen strafender Geist sich in späteren Versionen zu einem regelrechten Dämon wandelt. William (77) hingegen kehrt wieder, um seine trauernde Geliebte von ihrem Treueschwur zu entbinden.[40] Auch sein Besuch dient dem Zweck, seine diesseitige Rolle zu einem Abschluss zu bringen.

Tote kehren ferner wieder, um den Hinterbliebenen die Wahrheit über ihren Tod und den Tathergang mitzuteilen. So offenbart Margret (86) ihren Brüdern, dass ihr „Ex"-Freund Benije sie in den Fluss geworfen hat. Das Gleiche wollen die Enthüllungen der zur Geige „metamorphisierten" jüngeren Schwester in *The Twa Sisters* (10) bezwecken. Der seiner trauernden Gattin im Traum erscheinende Ritter von *The Knight's Ghost* (265) hingegen will seine Gefährten von dem Verdacht befreien, ihn im Kampf nicht ausreichend beschützt zu haben. Den Hinterbliebenen Rat zu erteilen oder sie zu warnen ist die Intention zweier weiterer Wiederkehrer, nämlich der Mutter von *Lady Isabel* (261), die der Tochter rät, den vergifteten Becher der Stiefmutter zu trinken, oder des Bruders von *Proud Lady Margaret* (47), der seine Schwester vor Hochmut warnt. Auch in letzterem Fall hat das Treffen zur Folge, dass die Hinterbliebene dem Wiederkehrer in den Tod nachfolgt. Wie in Chaucers *Nun's Priest's Tale* erscheinen Margaret (74) und Annet (73E) ihren treulosen Partnern im Traum, um diesen vorwurfsvoll ihren Tod mitzuteilen. Lord Lovel schließlich kündigt in einer Version der gleichnamigen Ballade (75 I) Fair Helen den Tod an.

Es entsteht der Eindruck, dass die Wiederkehr der Toten weniger mit ihnen selbst als mit den Belangen der Lebenden zu tun hat. Eine Blick auf die Gründe für die Wiederkehr lässt vermuten, dass die Treffen an der Grenze zwischen Leben und Tod sich nicht an den Bedürfnissen der Verstorbenen, sondern an denen der Lebenden ausrichten. In *The Twa Brothers* und *The Unquiet Grave* sind es die trauernden Partner, die die Trennung nicht verkraften können und mit ihrer exzessiven Totenklage eine Begegnung mit den Verstorbenen initiieren. Von den Lebenden, nicht von den Toten, geht der Anstoß zu deren Wiederkehr aus. Letztere empfinden keine Sehnsucht nach ihren Partnern im Diesseits. Das Gleiche gilt für die Fälle, wo die Lebenden ihre toten

---

[40] Walter Scott ist dem Volksglauben was die Gültigkeit des Treueschwurs über den Tod des oder der Geliebten hinaus betrifft nachgegangen und hat in Erfahrung gebracht, dass sich eine Frau aus dem Treueverhältnis mit ihrem verstorbenen Geliebten oder Mann lösen muss, indem sie die Hand seines Leichnams berührt. Tut sie dies nicht, so riskiert sie, von seinem Geist heimgesucht zu werden, wenn sie einem anderen Mann ihre Treue verspricht. Siehe Wimberly, S. 259.

Angehörigen um Rat fragen (*Lady Isabel*, 261) oder einen Leichnam um den Namen des Mörders ersuchen (*Benije*, 86). Auch der Ritter von *The Knight's Ghost*, der seine Frau davor bewahrt, ein großes Unrecht zu tun, greift nicht in eigener Sache ins Diesseits ein. Ähnliches gilt für den warnenden Bruder in *Proud Lady Margaret*. Auch die Auftritte von Williams (77), Fair Margarets (74) und Fair Annets (73E) Geistern entspringen nicht den Bedürfnissen der Wiederkehrer, sondern der besuchten Partner. Margret (77) soll von ihrem Treueid entbunden werden, die Endgültigkeit der Trennung akzeptieren und sich auf eine Zukunft ohne William einstellen (was an ihrer obsessiven Sehnsucht scheitert), Margaret (74) und Annet teilen ihren treulosen Partnern ihren Tod mit, um diesen die Chance zu geben, sich an der Totenbahre von ihnen zu verabschieden. Selbst der rächende Geist von *James Harris*, lässt sich argumentieren, entspringt dem Schuldbewusstsein seiner ehemaligen Braut.

Die Wiederkehrer der Volksballade haben im Gegensatz zur Jenseitsfigur von *Pearl* im Tod keine neue Identität erworben, sie sind ihr „prä-humes" Selbst. Sie sind auf den ersten Blick als diejenigen zu erkennen, die sie einst waren; ihr äußeres Erscheinungsbild hat sich nicht oder nur geringfügig geändert, von den abgenagten Armen Clerk Saunders (77F) einmal abgesehen. Der gespaltene Huf des Wiederkehrers James Harris (243E) kommt bezeichnenderweise erst zum Vorschein, als es für die Besuchte zu spät ist. Die Balladen verzichten im Gegensatz zu den Werken der Schriftliteratur auch darauf, übernatürliche Erscheinungen rational zu erklären. Sie fordern den Hörer dazu auf, selbst die wundersamsten Ereignisse ohne Vorbehalt zu akzeptieren. Wie es – physisch oder metaphysisch - funktionieren soll, dass ein Leichnam wie der des Liebhabers im *Suffolk Miracle* dem Grab entsteigt, seine ehemalige Geliebte auf dem Pferd ihres Vaters nach Hause bringt und sich mit ihrem Taschentuch um die Stirn zurück ins Grab legt (und dieses gar über sich wieder zuschaufelt) wird in der Ballade nicht zum Thema, was teilweise auch auf den elliptisch-sprunghaften Erzählstil des Genres zurückzuführen ist. Zieht man zum Vergleich jedoch die detaillierte und weit ausholende Schilderung in *St. Erkenwald* heran, wo berichtet wird, wie die Seele des heidnischen Richters mangels Taufe unerlöst blieb, wie sein Körper zum Lohn seiner Rechtschaffenheit von der Verwesung ausgenommen wurde, wie dieser dank Erkenwalds Bemühungen zu neuem Leben erwacht, in Folge der Taufe spirituelle Erlösung findet und zugleich körperlich zerfällt (vgl. S. 121-24), so wird der Unterschied zwischen dem Balladengenre und schriftlicher Literatur was den Anspruch auf Wahrhaftigkeit betrifft deutlich.[41] *Pearl* berichtet von keiner physisch-reellen Be-

---

[41] Ein Vergleich bietet sich an zwischen den Wiederkehrern der Volksballade und dem in Literatur (*The Time Machine*) und Film (*Les Visiteurs*) des 20. Jahrhunderts verbreiteten Motiv der Zeitreise. Der gesamten Fiktion liegt die stillschweigende Übereinkunft zwischen Autor und Leser zugrunde, dass der technisch sowie logisch unmögliche Bruch in der Zeitstruktur, die Rahmenbedingung für den gesamten Handlungsverlauf, einfach akzeptiert wird. Der Rezipient wird dazu angehalten, seinen Unglauben bewusst zu ignorieren („willing

gegnung des trauernden Vaters mit seiner verstorbenen Tochter; diese *erscheint* ihm vielmehr im Rahmen einer *Traum*vision. Das Bewusstsein des Vaters verlässt wie in einer von der modernen Todesforschung beschriebenen Sterbeerfahrung den Körper und springt an den Jenseitsfluss, die unpassierbare Grenze zwischen Leben und Tod, an dessen gegenüberliegenden Ufer er seine Tochter erblickt. Die in dem Gedicht geschilderte visionäre Einblick ins Jenseits will vom zeitgenössischen Hörer oder Leser als glaubhaft akzeptiert werden. Die Balladengeister hingegen, mal ein „dead corpse", dann wieder ein körperloser „spirit", teils ein wiederbelebter Leichnam, teils eine geisterhafte Erscheinung, scheinen diesen Anspruch erst gar nicht zu erheben. Ein weiteres Beispiel für einen im Traum erscheinenden Wiederkehrer, wo ebenfalls auf die Wahrung der Grenze zwischen Tod und Leben entschieden Wert gelegt wird, bietet Chaucers *Book of the Duchess* (4.1). Dort sendet Juno auf Bitten der von Unsicherheit geplagten Alkyone einen Boten zum Gott des Schlafes mit präzisen Anweisungen, wie dieser die Erscheinung ihres ertrunkenen Gatten Ceyx personifizieren soll:

Sey thus on my half: that he	*he = Morpheus*
Go faste into the Grete Se,	
And byd him that, on alle thyng,	
He take up Seys body the kyng,	*Ceyx'*
That lyeth ful pale and nothyng rody.	
Bid hym crepe into the body,	
And doo hit goon to Alcione	
The quene, ther she lyeth allone,	
And shewe hir shortly, hit ys no nay,	
How hit was dreynt thys other day;	
And do the body speke ryght soo,	
Ryght as hyt was woned to doo	*zu tun pflegte*
The whiles that hit was alyve.	
(139-51)	

Nicht ein wiederkehrender, d.h. zu neuem Leben erwachter Ceyx, sondern Morpheus soll *in der Gestalt* des Verstorbenen dessen Gattin als Traumvision erscheinen. Dem Ertrunkenen kann, so lässt sich folgern, sein Leben nicht, auch nicht für die Dauer eines Kurzbesuchs auf Erden, wiedergegeben werden. In der Hülle des toten Ceyx soll Morpheus, nicht etwa der Ertrunkene, der trauernden Alkyone die Nachricht vom Tod ihres Gatten überbringen. In den Balladen hingegen wird die „technische" Realisierung von Erscheinungen nie zum Thema. Die Texte erheben gar nicht erst den Anspruch, fundierte Aussagen über

---

suspension of disbelief"). Die gesamte Geschichte geht von einer rational nicht vertretbaren Grundlage aus, was jedoch nicht weiter stört, da die Fiktion ihre eigene Realität und Logik entfaltet.

den Tod und das Jenseits zu treffen. Dies bringt uns zurück zur Frage des Verhältnisses der Volksballade zur christlichen Religion: Fowler hat festgestellt, dass die Balladen nicht im Widerspruch zur kirchlichen Lehre stehen, sondern diese lediglich mit volkstümlichem Aberglauben anreichern und dadurch dem Verständnishorizont des ungebildeten Volkes anpassen.[42] Die englischen und schottischen Volksballaden wollen kein Kontrastprogramm zur christlich geprägten literarischen Tradition sein, sie verkünden keinen alternativen Glauben; ebenso wenig versuchen sie jedoch, christliche Glaubensinhalte einem ungebildeten Volk mit abergläubischem Zusatz aufbereitet zu vermitteln. Volksballade und christliche Literatur stehen schlichtweg in einem neutralen Verhältnis zueinander, die beiden Traditionsstränge existieren nebenher – eine Ausnahme bilden freilich die wenigen Balladen mit explizit christlichen Inhalten. In der Volksballade werden mysteriöse Ereignisse geschildert. Dabei wird nicht der Anspruch erhoben, die Welt und das Jenseits alternativ zum Christentum neu zu erklären.

Wie steht es nun mit dem Realitätsgehalt der in den Balladen geschilderten Ereignisse? Welcher Art ist die von den Balladen evozierte Realität? Der Anspruch auf Glaubhaftigkeit erstreckt sich in den Balladen auf die Wahrheiten, die *anhand* der Begegnungen zwischen Diesseits und Jenseits deutlich gemacht werden, etwa auf die Tatsache, dass die Grenze zwischen Leben und Tod nur in eine Richtung überschritten werden kann, dass wahre Liebe vor dem Tod nicht zurückschreckt, dass die Gerechtigkeit stets siegt und dass jeder noch so geschickt kaschierte Mord irgendwann ans Licht kommt. Balladen wollen schlicht keine theologisch fundierten Aussagen über den Tod und das Jenseits treffen. Der Blick, den sie auf diese Thematik werfen, ist ein grundlegend anderer als der der christlich geprägten literarischen Tradition. Sie suchen nach keiner alternativen Antwort auf die letzten Fragen der menschlichen Existenz. Die in den Balladen häufigen Andeutungen eines christlichen Weltbildes verdeutlichen, dass sie sich nicht in Opposition zum allgemeinen Glauben ihrer Entstehungszeit sehen, diesem aber auch nichts hinzuzufügen haben. Es handelt sich bei den Balladen schlicht um volkstümliche Literatur, die das Numinose evoziert, um die Sensationsgier des Menschen und sein Bedürfnis nach grusligen Geschichten und nach Tragik zu befriedigen.

---

[42] Fowler, *Popular Ballad*, S. 184.

7. Fazit

Als Ergebnis dieser Arbeit lässt sich festhalten, dass die Literatur der mittelenglischen Epoche, insbesondere was ihren Umgang mit metaphysischen Fragestellungen betrifft, stark von der christlichen Glaubenswelt geprägt ist. Christliche Vorstellungen von Tod und Jenseits liegen der spätmittelalterlichen Zivilisation zu Grunde. Bei der Analyse von Texten, die das Thema Tod und Sterben aus explizit christlicher Sichtweise betrachten, fällt jedoch auf, dass sie der gemeinsamen Glaubensbasis zum Trotz zu überraschend unterschiedlichen Ergebnissen gelangen. Innerhalb der christlichen Glaubenswelt tut sich eine Kluft auf zwischen denen, die angesichts der menschlichen Sterblichkeit und der Vergänglichkeit des irdischen Glücks einen Heilspessimismus predigen, also dem notorisch sündhaften Menschen sein aller Voraussicht nach schlimmes Ende vor Augen halten, und denen, die unter Berufung auf dieselbe Glaubenslehre die Hoffnung auf das Seelenheil verkünden. Letzteren zufolge ist der allgegenwärtige Tod zwar schrecklich, doch für den Christen nicht das letzte Ende. Das Christentum verkünde den Sieg des Lebens über den Tod, die Vergebung der Sünden und die Wiederaufnahme des sündhaften Menschen in die göttliche Gnade.

Die mittelenglische Todeslyrik etwa predigt den Heilspessimismus. Thematische Schwerpunkte der Gedichte sind die Vergänglichkeit des Lebens und des irdischen Glücks, die Macht des Todes, die Verwesung des menschlichen Körpers im Grab und die Angst vor dem Sterben und vor der Hölle. Die Gedichte kommen meist zu dem Schluss, dass der Mensch so wie er ist und lebt keine Chance auf Einlass ins Paradies hat und deshalb bereuen, büßen und seinen Lebenswandel ändern müsste, wenn er dazu in der Lage wäre. Da die Verse von unterschiedlichen Autoren aus verschiedenen Jahrhunderten stammen, überrascht es nicht, dass sich eine gewisse Spannbreite im Todesverständnis findet, doch bleiben alternative Sichtweisen die Ausnahme, etwa in „Proprietates Mortis", einem Gedicht aus dem 13. Jahrhundert, das den Tod humorvoll als das Ende des Alterungsprozesses beschreibt, als einen verträglichen Zustand, in dem der Mensch endlich Ruhe findet vor irdischen Belagen, oder ein Gedicht aus dem 15. Jahrhundert („Port of Peace"), wo der Tod zum Hafen des Friedens wird, zur Zuflucht des geplagten Menschen und zum Trost all derer, die im Leben zu leiden haben.

Die *Legende von den drei Lebenden und den drei Toten* verkündet dieselbe Botschaft wie das Gros der Lyrik. Die drei Lebenden erhalten bei der schaurigen Begegnung mit ihren toten Vorfahren eine bittere Lektion vom Zerfall des menschlichen Körpers, von der Vergänglichkeit aller irdischen Freuden und von der Notwendigkeit eines „christlichen", d.h. asketisch-frommen Lebenswandels. Auch das mittelenglische Traktat *Ayenbite of Inwyt* und das Lehrgedicht *Prick of Conscience* lehren einen Heilspessimismus, wobei Dan Michael (*Ayenbite*) für die rechtschaffenen Christen, d.h. diejenigen, die ihr irdisches Leben hassen, die Möglichkeit der Erlösung sieht und lediglich den Rest der Menschheit vor Hölle und Fegefeuer warnt. Der *Prick of Conscience* sieht das Leben als einen in die Länge gezogenen Sterbeprozess; keine Macht der Welt könne dem allseits gefürchteten Tod widerstehen. Wiederum droht dem Sünder die ewige Verdammnis, allein die Rechtschaffenen, von denen es nicht allzu viele gibt, könnten im Tod einen Anlass zur Freude sehen, doch sei die Sterbestunde selbst für die Frömmsten der Frommen eine herbe Herausforderung.

In Lydgates Totentanz wird die Frage der Zukunft der Seele nach dem Tod nicht gestellt. Das Gedicht rückt vielmehr die Allmacht des Todes und die Gleichheit aller Menschen vor ihm in den Mittelpunkt. Die Figuren, die zum Tanz aufgefordert werden, reagieren jedoch mit Ausnahme eines einzigen, des frommen Einsiedlers, entsetzt und sind betrübt.

Ein Werk, das die christliche Botschaft optimistisch auslegt, ist das alliterierende Gedicht *Death and Liffe*. Die Repräsentationsfigur des Lebens weist die Versinnbildlichung des Todes in ihre Schranken, deren Anspruch, im Auftrag Gottes zu handeln, wird zurückgewiesen, denn Christus, so erinnert Dame Liffe ihre Gegnerin, habe sie damals in Jerusalem vernichtend geschlagen und ihr, Liffe, das Versprechen des Sieges gegeben. Die getöteten Menschen erwachen zu neuem Leben und müssen die hässliche Dame Death nie wieder fürchten.

Die mittelenglische Hagiographie nimmt bei einer Zweiteilung in heilsoptimistische und heilspessimistische Gattungen eine Sonderstellung ein, da dort nicht der Tod des Menschen im Allgemeinen, sondern Leben und Tod von Heiligen, d.h. ausnehmenden Persönlichkeiten der Glaubensgeschichte, zum Thema werden. Diese sind Vorbilder, sie heben sich, wie stets betont wird, deutlich von den anderen Menschen, auch von ihren Mitchristen, ab. Ihr Tod und ihre freudige Erwartung dessen sind eben nicht repräsentativ für die allgemeine Christenheit. Sie schaffen es, ihr Menschsein so sehr zu unterdrücken, dass sie schon zu Lebzeiten göttliche Vollkommenheit erreichen. Drohungen, Folter und Tod können ihnen deshalb nichts anhaben und sie hegen nicht den geringsten Zweifel daran, dass der Tod ihnen eine glorreiche Aufnahme in den Himmel und die ersehnte Vereinigung mit Gott bringen wird.

Das alliterierende Gedicht *St. Erkenwald* schildert, wie der angelsächsische Bischof einen rechtschaffenen, doch vor der Ankunft des Christentums verschiedenen Mann zurück ins Leben zu rufen vermag, um ihm nachträglich die Taufe zu spenden, worauf dieser Einlass ins Himmelreich erhält. Die Rede des Lazarus im Towneley-Zyklus mittelenglischer Mysterienspiele vermittelt hingegen unter Verwendung derselben Topoi, Motive und Wendungen wie die zeitgenössische Lyrik die Botschaft vom Schrecken des Todes und vom Grauen der jenseitigen Existenz, und dies, obwohl die Passage eigentlich in dem hoffnungsvollen Kontext der Wiedererweckung eines Toten dank der Barmherzigkeit Christi steht.

Der Trost der Jenseitsvision von *Pearl* bleibt zweideutig. Zwar hat die verstorbene Tochter Aufnahme in das Neue Jerusalem gefunden und berichtet von ihrem Glück, doch hinterlässt die Vision beim trauernden Vater ein Gefühl der Befremdung. Die Distanz zu seiner Tochter ist gewachsen, ihr wurden Ehrungen zuteil, die er nicht nachvollziehen kann und sie ist Teil einer Welt, deren Gerechtigkeit er nicht versteht und deren statische Glückseligkeit er nicht wünscht. Seine Hoffnung auf Wiedervereinigung mit ihr hat sich zerschlagen.

Die Traktate und Blockbücher, die *Moriens* und den am Sterbebett Anwesenden Hilfestellungen zur Bewältigung der Todesstunde geben möchten, verkünden voller Zuversicht, dass es dem Sterbenden, selbst wenn er alles andere als ein guter Christ war, möglich ist, durch eine Aussöhnung mit Gott in letzter Minute doch noch das Seelenheil zu erlangen. Heinrich Seuses *Orologium Sapientiae*, einer der Vorläufer der *ars moriendi*, sah dies noch ganz anders und stellte die Verzweiflung des Sterbenden und seine Verurteilung im Jenseits dar. In geistiger Nähe zu *ars moriendi* stehen die mittelenglischen Moralitäten, die ebenfalls optimistisch davon ausgehen, dass das Seelenheil in Jedermanns Reichweite liegt. Die Repräsentanten der Menschheit sind eben keine Musterbeispiele christlicher Lebensführung, sie verdrängen den Gedanken an ihr Ende solange wie irgend möglich, werden aber dennoch dank der göttlichen Gnade, der Fürsprache der heiligen Maria oder ihrer Guten Taten zuletzt gerettet.

Die Divergenz zwischen Heilspessimismus auf der einen Seite und Heilsoptimismus auf der anderen lässt sich damit erklären, dass die beiden Textgruppen unterschiedliche Aspekte der christlichen Lehre in den Vordergrund rücken. Die Todeslyrik konzentriert sich von der Beobachtung der Allgegenwart des Todes ausgehend auf dessen Macht und Schrecken. Dies ist, wenn man zeitgenössische Umstände wie lang anhaltende Kriege und Pestepidemien mit berücksichtigt, verständlich und widerspricht auch nicht der christlichen Lehre, verfehlt jedoch ihren Kern, die eigentliche Neuerung, die die Christianisierung der Welt brachte. *Death and Liffe*, die *Ars-moriendi*-Literatur und die Moralitäten sehen ebenfalls im Tod etwas Furchterregendes, doch bleiben sie bei dieser Erkenntnis nicht stehen, sondern verkünden dem Menschen die Essenz der christlichen Botschaft, nämlich dass ihm trotz seiner sündhaften Natur in Folge von Christi Passion und Tod der Weg zur Erlösung wieder offen steht. Dem selektiven Umgang der Todeslyrik mit Elementen der christlichen Lehre steht die Verkündigung der Guten Nachricht in den heilsoptimistischen Texten gegenüber. Die spätmittelalterliche Geisteskultur in ihrer Gesamtheit der einen oder anderen Mentalität zuzurechnen verkennt ihre innere Widersprüchlichkeit und wird ihrer ideologischen Vielfalt nicht gerecht, insofern sollte unser auf Huizingas Darstellung zurückgehendes Urteil über den angeblich durchweg pessimistischen Umgang mit dem Tod im Spätmittelalter relativiert werden.

Ferner sind Bereiche der erzählenden Literatur auf Grund eines angeblichen Mangels an Seriosität unabhängiger von der christlichen Weltsicht als die soweit erwähnten Textgattungen oder die meist in Auftrag der Kirche arbeitende bildende Kunst. Die Unterhaltungsfunktion von Literatur schafft weltanschauliche Freiräume, die von den fahrenden Sängern der Epoche oder von Autoren wie Chaucer genutzt wurden. So greifen mittelenglische Romanzen Elemente einer vorchristlichen keltischen Erzähltradition auf, die entweder die Christianisierung überdauert haben (etwa der Schlagabtausch in *Sir Gawain*) oder über die altfranzösische Literatur aus der Bretagne nach England reimportiert wurden (etwa die Vorstellung einer Jenseitswelt in *Le Morte Arthur*, *Sir Launfal* oder *Sir Orfeo*); es handelt sich dabei jedoch um keine weltanschauliche Gesamtkonzeption, sondern jeweils nur um einzelne Elemente einer disparaten Erzähltradition, die von den Autoren der Romanzen in einen christlichen Kontext integriert wurden (*Le Morte Arthur* oder *Sir Gawain*). Es fällt auf, dass in der Romanzendichtung im Gegensatz zur mittelalterlichen Epik die Helden in aller Regel nicht sterben, der Tod aber dennoch als stete Bedrohung im Hintergrund präsent bleibt (*Guy of Warwick*), bzw. die Auseinandersetzung der Helden mit ihm einen Reifungs- oder Selbstfindungsprozess nährt (*Floris and Blancheflour*, *Sir Gawain*).

Auch die literarische Hochkultur der Zeit bedient sich im Umgang mit Themen wie Tod, Jenseits und Schicksal freimütig bei der vorchristlichen Erzähltradition, doch verwenden die Autoren ihre antiken Stoffe in einer Art und Weise, so dass sie in keinem Widerspruch zur religiösen Überzeugung der Zeit stehen, sondern sich entweder in das christliche Weltbild einfügen oder gar zur Veranschaulichung von Glaubensüberzeugungen herangezogen werden. John Gower bedient sich in *Confessio Amantis* antiker Stoffe, um seine Konzeption der sieben Todsünden zu erläutern. John Lydgate schöpft auf der Suche nach Stoffen für *Fall of Princes* ausgiebig aus der antiken Geschichtsschreibung und Mythologie. Thema seines Werkes ist die Ausgeliefertheit des Menschen an sein willkürlich agierendes Schicksal, mit Ausnahme derer, die sich von Fortuna distanzieren und tugendsam leben.

Geoffrey Chaucer schließlich geht am freimütigsten mit antikem Erzählstoff und Gedankengut um. Im *Book of the Duchess* wird ein Mythos, nicht etwa der christliche Auferstehungsglaube, bemüht, um dem Adressaten des Gedichtes angesichts des Todes seiner Gattin Trost zu spenden. In der *Knight's Tale* befasst sich Chaucer auf rein philosophischer Basis mit der Thematik eines ungerecht frühen Todes. Er legt seiner Theseusfigur Gedankengut aus Boethius' *Consolatio Philosophiae* in den Mund, ein Werk, das er selbst kurz zuvor ins Englische übertragen hat. Das klassische Setting der Erzählung erlaubt ihm, das Thema der Willkür des menschlichen Schicksals, verkörpert durch den missmutigen Gott Saturn, ohne Rückgriff auf christliche Antworten zu behandeln. Damit zeigt er, dass es auch außerhalb des christlichen Glaubens, nämlich in antiker Philosophie, Quellen des Trostes gibt, doch stellt Chaucer die christliche Heilslehre damit nicht in Frage. Theseus muss auf den Trost der Philosophie zurückgreifen, da er als Figur der griechischen Mythologie keinen Anteil an

Christi Tod und Auferstehung hat. Es wäre verfehlt, den Ansatz der *Consolatio* und der *Knight's Tale* im Umgang mit Leid und Tod als eine Zurückweisung der Heilserwartung des Christentums zu werten. Boethius und Chaucer wollten vielmehr zeigen, dass auch die Philosophie eine Deutung des Todes und Hilfestellungen im Umgang damit bereithält.

In *Troilus and Criseyde* nutzt Chaucer den Kontext des antiken Epos, um frei von christlichen Wertungen über die Liebe und den Tod des trojanischen Prinzen berichten zu können, doch spannt der Erzähler am Ende des Werkes einen Bogen zurück zur christlichen Gegenwart und ermahnt seine Zuhörer, sich nicht wie Troilus der Liebe zu verschreiben, sondern sich auf ihr Seelenheil zu konzentrieren. In der *Pardoner's Tale* entlarvt Chaucer die Vorstellung eines *in persona* in die menschliche Kommunität eingreifenden Todes als ein Machwerk der zeittypischen Allegorik. Dem Leser wird vor Augen geführt, was den drei Zechern verborgen bleibt, nämlich dass es sich beim Tod um kein greifbares Wesen handelt, sondern um etwas, das in ihnen selbst angelegt ist und sich in Folge ihrer verbrecherischen Natur durch ihr eigenes Handeln realisiert. Todesfiguren wie dem verwesenden Leichnam oder Dame Death wird die Abstraktheit und Unfassbarkeit des Phänomens entgegengehalten.

In auffallender Distanz zum christlichen Glauben stehen allein die englischen und schottischen Volksballaden. Das Jenseits, aus dem die Verstorbenen wiederkehren, hat keine eigene Wesensart, die Toten spielen ihre diesseitige Rolle lediglich fort, mal als wiederbelebter Leichnam, mal als Geist, und strafen oder trösten die Hinterbliebenen oder nehmen sie mit sich. Die Begegnungen an der Grenze zwischen Leben und Tod hinterlassen den Eindruck, dass sie sich allein im Bewusstsein der Lebenden abspielen, denn deren tote Kommunikationspartner scheinen in dem Zustand, den sie zuletzt im Diesseits innehatten, erstarrt. Nicht die göttliche Gerechtigkeit leitet den Menschen im Tod, sondern das Gesetz der Rache. Christliche Vorstellungen von Himmel und Hölle werden am Rande anzitiert, spielen aber essentiell keine Rolle.

Chaucers Werke zählen mit Sicherheit zum Besten, was in der mittelenglischen Epoche geschrieben wurde, und haben für die Themenstellung dieser Arbeit eine Fülle von Material bereitgestellt. Zwei weitere, uns dem Namen nach leider nicht bekannte Dichter verdienen an dieser Stelle besondere Würdigung. Dies ist einmal der Verfasser des Visionsgedichtes *Pearl* und der Romanze *Sir Gawain and the Green Knight*. Der vermutlich klerikale Autor vermittelt deshalb mit so nachhaltiger Überzeugungskraft christliche Inhalte, da er Raum lässt für den Zweifel, für ein rationales Nicht-nachvollziehen-Können von Glaubenswahrheiten. Die Darstellung von *Pearl*, was nach dem Tod mit der menschlichen Seele geschieht, ist gerade auf Grund der von dem trauernden Vater vorgetragenen Bedenken weitaus ansprechender als die plumpe Zweiteilung der Hagiographie in Gute, die in den Himmel aufsteigen, und Böse, die zur Hölle fahren. In gleicher Weise hebt sich *Sir Gawain* von den übrigen Romanzen ab: Der mit sich und seiner Todesangst ringende Sir Gawain wird in diesem Werk zur Galionsfigur des arthurischen Rittertums und dessen Ideale, nämlich der Treue zum gegebenen Wort, Selbstbeherrschung und Tapferkeit. Zweitens ist dies auf Grund des tiefen Einblicks, den sein Werk in das menschliche Innere gestattet, der Autor von *Everyman*. Die Moralität inszeniert die Sterbestunde entlang der zeitgenössischen, in den *Ars-moriendi*-Texten ausgeführten Vorstellungen von Tod und Sterben und erreicht dabei ein hochmodernes Verständnis der menschlichen Psyche. Die Reaktionen des Menschen auf die Einsicht in die eigene Sterblichkeit und die Übertragung des Sterbevorgangs in ein dramatisches Geschehen können zeitlose Gültigkeit beanspruchen.

Dass mittelalterliche Literatur einen ästhetischen Reiz ausübt, der die Lektüre allen sprachlichen Schwierigkeiten zum Trotz zu einem ausnehmenden Vergnügen macht, ist eine weit verbreitete Überzeugung. Das Urteil über ihre Inhalte fällt hingegen meist abschätzig aus: So sei das mittelalterliche Wissen um den Menschen und die Welt so lückenhaft wie zeitgenössische Landkarten und die vom katholischen (Aber-) Glauben dominierte Weltsicht sei engstirnig und belastet von Vorurteilen gegenüber Andersgläubigen, von Standesdünkel und Misogynie. Diesem neuzeitlichen (Vor-) Urteil über das Mittelalter möchte ich an dieser Stelle entgegenhalten, dass wir trotz unseres umfassenden Weltwissens jener Epoche in der Frage, was nach unserer immer noch vergleichsweise kurzen Lebensspanne mit unseren geistigen Anteilen geschieht, keinen Schritt voraus sind, im Gegenteil: Dieses essenzielle Problem des Menschseins wird, da es sich mit wissenschaftlichen Methoden nicht lösen lässt, vielerorts einfach beiseite geschoben. Die Lektüre der in dieser Arbeit besprochenen Werke wurde auf Grund der Reichhaltigkeit ihrer Antworten diesbezüglich als großer Gewinn empfunden. Es geht dabei um nicht weniger als den Stellenwert unseres zeitlich beschränkten, vom Tode bedrohten Lebens:

„O Death, thou comest when I had thee least in mind!"

(*Everyman*, Vers 119)

8. The theme of death in Middle English literature

- English Summary -

In dealing with metaphysical questions Middle English literature, just as medieval civilization as a whole, is profoundly marked by Christian notions of death and the afterlife. Looking at texts which approach the subject of death and dying from an explicitly Christian point of view, we realize, however, that they arrive at surprisingly divergent interpretations despite their common religious base. The two distinct types of texts that emerge are those which, in light of human mortality and the fleeting nature of earthly happiness, preach a pessimistic view of man's chances of salvation and threaten sinful man with the possibility of damnation and those which, also referring to Christian tenets, proclaim the soul's redemption. According to the latter group of authors, death is surely terrible, but not the final end for those who believe in Christ. Christianity proclaims the victory of life over death, the forgiveness of sins and the readmission of sinful man into divine grace.

Middle English death lyrics articulate the pessimistic view. Frequent subjects are the transience of life, the omnipotence of death, the putrefaction of the body in the grave and the fear of dying and hell. Most of the poems arrive at the conclusion that because of the way we live, we have no chance of being admitted to paradise unless we were to repent our wrongdoings, atone for them and change our way of life. As the lyrics were written by different authors and date from different periods, it comes as no surprise that we find a certain range of notions about death in them, although alternative views remain an exception, like in "Proprietates Mortis", a 13th century poem, which humorously describes man's growing old and decrepit and his death as a pleasant state, which allows him to finally rest from earthly concerns, or a 15th century poem, where death is described as a port of peace, as a refuge for suffering man and a consolation for all those who have to suffer in life.

In Lydgate's *Dance of Death*, which focuses on the supremacy of death and the equality of people from all social ranks when faced with it, the question of man's chances of salvation is not asked. With the only exception of the hermit, characters are horrified and sad when asked to join the dance, especially those who were most privileged during lifetime. The *Legend of the three living and the three dead* teaches the same message as the majority of the lyrics. Upon their dreadful encounter with their dead ancestors, the three noblemen are taught a bitter lesson about the transience of the human body and earthly joys and about the necessity of a "Christian", i.e. ascetic and pious lifestyle. Dan Michael's *Ayenbite of Inwyt* and the contemporary *Prick of Conscience* also preach a pessimistic outlook on Christianity. Dan Michael believes in a chance of salvation for good Christians, by which he basically means people renouncing earthly joys, but he warns the rest of mankind against hell and purgatory. The

Prick of Conscience views life as a prolonged process of dying. According to this didactic poem, no power on earth can resist death's omnipotence. The sinner risks eternal damnation, while only the just, who are very few in number, can consider death a joyful occasion. Even for the most pious, however, the dying hour is described as a harsh challenge.

Using the same *topoi*, motifs and phrases as the texts mentioned so far, the speech of Lazarus in the Towneley Cycle of Middle English mystery plays likewise propagates the message of death's terror and of the frightfulness of otherworldly existence, in spite of the fact that the scene enacts the joyful resurrection of a dead man thanks to Christ's mercy. *St. Erkenwald*, an alliterative poem also telling of a resurrection, discusses the chances of salvation for people who led good lives but died before the arrival of Christianity. A dead body, which has been beautifully preserved throughout centuries, is reawakened to life only to tell Erkenwald's congregation of his misery being shut out of paradise because he is a pagan. As soon as bishop Erkenwald has administered to him the sacrament of baptism, his soul is welcomed in heaven and the virtuous pagan joyfully dies a second death.

The 14th century alliterative poem *Death and Liffe* draws optimistic conclusions for humanity from Christian teaching. The allegory representing life overcomes Dame Death, whose claim to act on behalf of God is refuted: Dame Liffe reminds her opponent of how Christ vanquished her at Jerusalem while giving her, Liffe, the promise of victory. The people struck down by Death wake up to new life and do not need to be afraid of their enemy ever again.

When dividing Middle English literature into genres optimistic and pessimistic with regard to man's chances of salvation, we have to reserve a separate place for hagiography, because these texts do not deal with death in general, but with the life and death of saints, i.e. extraordinary personalities. These men and women are models of a Christian life, they differ markedly from the rest of mankind. Their death, often through martyrdom, and joyful expectancy of it are not representative of Christianity as a whole. Saints manage to suppress human weaknesses to the point of reaching divine perfection already during their lifetime. Threats, torture and death thus cannot harm them and there can be no doubt that through these torments they will achieve heaven's glory and the longed-for union with God.

Pearl is ambiguous in its message about death. The departed girl has been admitted to the company of the blessed virgins living in the New Jerusalem and tells her father of her bliss, but the vision leaves him with a feeling of estrangement. He refuses to accept the unmerited honours awarded to his daughter, who has become part of a world whose justice he does not understand and whose static felicity he does not want. His aim of happiness, namely reunification with his daughter, has been moved even further away and there seems to be no consolation to be gained from his vision.

The contrast between pessimism in one set of texts and optimism in another may be ascribed to the fact that both groups place different aspects of the Christian message in the foreground. The death lyrics do not in fact contradict Christian teaching, they describe man's sinful nature, the transience of life and the omnipresence of death - taking contemporary circumstances like endless wars and the plague into account, we can empathize with the authors' point of view. *Death and Liffe*, the treatises and booklets teaching the art of dying (*ars moriendi*) and late medieval moralities (*The King of Life, The Castle of Perseverance* and *Everyman*) also look at death as something fearful, but they go a step further and announce the essence of the gospel, which is that in spite of his sinful nature, the way to salvation has been reopened for man as a result of Christ's passion and death. The death lyrics' selective use of elements of the Christian faith stands in contrast to the propagation of the Good News in the optimistic set of texts. To ascribe only one attitude or the other to late-medieval literary culture as a whole would mean to disregard the inner contradictions and ideological diversity of the period.

Due to their professed lack in seriousness, other areas of literature are more independent from Christian doctrine than the religious texts discussed so far. The function of literature as entertainment and the freedom reserved for poets to tell "untruths" gave medieval authors scope for a discussion of questions of life and death beyond Christian tenets. Thus some Middle English romances integrate elements of a Celtic narrative tradition which either survived Christianity or were brought back to the British Isles from Brittany via Old French literature. Surely there was no coherent concept of Celtic mythology waiting to be set down as literature and challenge the Christian outlook of the English Middle Ages, but only elements of a fragmented narrative tradition to be taken up by the authors of romances such as *Sir Launfal, Sir Orfeo* or *Sir Gawain and the Green Knight*. By subjecting the classical myth of Orpheus to major changes and by setting the story into a Celtic fairyland, the author of *Sir Orfeo* exemplifies the Christian virtue of humility. The romance of *Floris and Blancheflour* describes the hero's and heroine's growing to maturity through their confrontation with death. Two contemporary and thematically related yet formally quite distinct romances narrate the ending of the reign of King Arthur. The reasons they give for Arthur's downfall also stand in sharp contrast: the alliterative *Morte Arthure* may be read as a medieval tragedy of fortune while the stanzaic *Le Morte Arthur* tries to work out the causal relationship between individuals' actions and their tragic consequences.

In dealing with themes such as death, the otherworld or fate, the literary high culture of the Middle English period also made free use of pre-Christian narrative traditions. Through his playful retelling of subject matters from antiquity and by juxtaposing classical philosophy with contemporary views, Geoffrey Chaucer opens a fruitful discussion of metaphysical issues. In his *Book of the Duchess*, classical mythology instead of the Christian belief in resurrection is evoked in order to console the poem's addressee, who is faced with his wife's death. In *Troilus and Criseyde*, Chaucer uses the context of an classical epic in order to narrate the love and death of the Trojan prince independently of Christian judgements. Nevertheless, the narrator returns at the end of his "tragedye" to Christian morality and warns his audience against dedicating their lives to earthly love like Troilus.

One of the central issues of Chaucer's *Knight's Tale* is Arcite's unjustly suffered early death. In his final speech, Chaucer's Theseus expounds wisdom from Boethius' *Consolatio Philosophiae*, a treatise from late antiquity, which Chaucer himself had recently translated into English. The classical setting of the tale allows him to deal with the theme of the arbitrariness of human fate without recourse to Christian answers. Thus he shows that there are also sources for consolation outside faith, in philosophy, but this does not mean that Chaucer was raising doubts about Christian truths. Theseus has to quote the Consolation of Philosophy, because as a character of Greek mythology he cannot take part in Christ's death and resurrection. What Boethius and Chaucer meant to show is that in addition to religion, philosophy can also explain death and offer ways of coming to terms with it.

In the *Pardoner's Tale*, Chaucer exposes the notion of a personified death interfering with human society as a construct of contemporary allegory. The reader or listener is faced with what remains hidden to the three rioters, the fact that death is no tangible being, but something that lies in the characters themselves and has the potential to become reality as a consequence of their murderous actions. Thus late medieval personifications of death as a rotting corpse or Dame Death are challenged by an insight into its abstract and immaterial nature.

In his *Confessio Amantis*, John Gower retells stories from antiquity in order to illustrate the Christian concept of the seven deadly sins. "The Trump of Death", a story about the sin of pride, discusses the value of old age as a reminder of the inevitability of death. In the *Fall of Princes*, John Lydgate uses classical historiography and mythology to exemplify mankind's subjection to an arbitrary fate, with the exception of those who distance themselves from Fortune and live virtuously.

Only the English and Scottish popular ballads stand in a barely hidden opposition to the Christian faith. The otherworld from which the dead return has no distinctive traits of its own, the revenants simply continue to play the roles they did in this world, either as reanimated bodies or as ghosts, and punish, console or even abduct their relatives. The encounters at the borderline between death and life give the impression of occurring only in the minds of the living, with the visiting dead perpetually frozen in the state they were in at the moment they departed this world. It is not divine justice that governs the dead of balladry, but the laws of revenge. In these texts, Christian notions of heaven and hell are only casually referred to and do not play any significant role.

Chaucer's works undoubtedly number among the best that were written in the Middle English period and provide a wealth of material for a discussion of death in literature. Two more poets, whose names we unfortunately do not know, merit our acclaim. One is the author of the visionary poem *Pearl* and the romance *Sir Gawain and the Green Knight*. With *Pearl* he manages to convincingly propagate his Christian message paradoxically by leaving room for doubt, for a rational non-acceptance of spiritual truths. The poem's description of what happens to the human soul after death has a much greater appeal for us because of the mournful father's misgivings about his daughter's spontaneous acceptance to heaven, than hagiography's simplistic splitting of mankind into good people who ascend to heaven and bad people who are driven to hell. In a similar way *Sir Gawain* rises above contemporary romances: the hero, fighting against no other enemy than his own fear of death, becomes a figurehead of Arthurian chivalry and its ideals, which are self-control, valour and remaining faithful to one's word.

Thanks to his play's deep insight into human nature, the author of *Everyman* is the other poet to be praised here. The morality dramatises man's dying hour in accordance with contemporary notions of death and dying as laid out in the *ars moriendi* texts, thereby reaching a strikingly modern understanding of the human psyche. Everyman's reactions when being confronted with his mortality and the translation of a man's process of dying into dramatic action may claim timeless validity.

We should finally give a thought to the fact that in spite of our seemingly boundless knowledge of the world, we know no more than people did during the Middle Ages as to the question of what will happen to our souls after our comparatively short lifetime on earth. As this essential problem of mankind cannot be solved with scientific methods, we tend today to simply push the matter aside. The study of the multiple ways in which medieval literature deals with this can thus be a great challenge as well as enrich spiritually and please aesthetically. At issue here is nothing less than the value of our life, restricted by time and threatened by death:

"Oh Death, thou comest when I had thee least in mind!"

(*Everyman*, line 119)

9. Bibliographie

1. Das Todesverständnis des Spätmittelalters

Ariès, Philippe: *Geschichte des Todes*, München 1982 (Original: *L'homme devant la mort*, Paris 1978), aus dem Französischen von Hans-Horst Henschen und Una Pfau.

Ariès, Ph.: *Western attitudes toward Death*, Baltimore and London 1974.

Aston, Margaret: "Death", in: R. Horrox (Hg.), *Fifteenth-century Attitudes: Perceptions of Society in Late Medieval England*, Cambridge 1994, 202-28.

Binski, P.: *Medieval Death: Ritual and Representation*, London 1996.

Boase, Thomas S.: *Death in the Middle Ages. Morality, Judgement and Remembrance*, London 1972.

Chené-Williams, Adèle: "Vivre sa mort et mourir sa vie: L'art de mourir au XVe siècle", *Le Sentiment de la Mort au Moyen-Âge*, hg. v. Claude Sutto, Montréal 1979, 169-82.

Choron, Jacques: *Der Tod im abendländischen Denken*, Stuttgart 1967 (Original: *Death and Western Thought*, New York 1963), übersetzt von Renate und Klaus Birkenhauer.

Daniel, Christopher: *Death and Burial in Medieval England*, London 1997.

Dinzelbacher, Peter: „Jenseitsvisionen – Jenseitsreisen", in: Volker Mertens und Ulrich Möller (Hg.), *Epische Stoffe des Mittelalters*, Stuttgart 1984, 61-79.

Döring-Hirsch, Erna: *Tod und Jenseits im Spätmittelalter*, Berlin 1927.

DuBruck, Edelgard E. und Barbara I. Gusick: *Death and Dying in the Middle Ages*, New York 1999.

Goez, Werner: „Die Einstellung zum Tode im Mittelalter", in: *Der Grenzbereich zwischen Leben und Tod im Mittelalter*, Göttingen 1976, 111-53.

Huizinga, Johan: *Herbst des Mittelalters*, deutsche Fassung von Kurt Köster, Stuttgart 1987 (Original *Herfsttij der middeleeuwen*, erschienen in Leyden 1924).

Kleinstück, Johannes: „Zur Auffassung des Todes im Mittelalter", *DVJS* 28 (1954), 40-60.

Kübler-Ross, Elisabeth: *On Death and Dying*, New York 1969.

Ohler, Norbert: *Sterben und Tod im Mittelalter*, München 1990.

Palmer, Nigel F.: „Ars moriendi und Totentanz: Zur Verbildlichung des Todes im Spätmittelalter", in: Arno Borst (Hg.), *Tod im Mittelalter*, Konstanz 1993, 313-34.

Rehm, Walter: *Der Todesgedanke in der deutschen Dichtung vom Mittelalter bis zur Romantik*, Halle 1928.

Sheridan, Bernhard: *Der Tod des Menschen als geschichtsphilosophisches Problem*, Frankfurt am Main 2000.

Spencer, Theodore: "The Medieval Background", in: *Death and Elizabethan Tragedy*, Cambridge 1936, 3-34.

Tristram, Philippa: *Figures of Life and Death in Medieval English Literature*, London 1976.

2. Der Tod aus Sicht christlicher Literatur

2.1-5 Todeslyrik, Lydgates Totentanz, mittelenglische Traktate und Gedichte

Ausgaben:

Dan Michael's Ayenbite of Inwyt, hg. v. Richard Morris, EETS OS 23 (1866).[1]
The Poems of John Audelay, hg. v. Ella K. Whiting, EETS OS 184 (1931).
Brown, Carleton (Hg.): *English Lyrics of the Thirteenth Century*, Oxford 1932.
Brown, C. (Hg.): *Religious Lyrics of the Fourteenth Century*, Oxford 1924.
Brown, C. (Hg.): *Religious Lyrics of the Fifteenth Century*, Oxford 1939.
"Death", in: *An Old English Miscellany* (n° 23), hg. v. Richard Morris, EETS OS 49 (1872).
Death and Liffe, hg. v. Joseph P.M. Donatelli, Cambridge, Massachusetts 1989.
"The Poems of William Dunbar", in: *The Makars*, hg. v. J.A. Tasioulas, Edinburgh 1999.
Kaiser, Rolf (Hg.): *Medieval English*, Berlin 1958.
Langland, William: *The Vision of Piers Plowman*, hg. v. A.V.C. Schmidt, London 2003, 2. Auflage (Erstausgabe 1978).
Lydgate, John: *The Dance of Death*, hg. v. Florence Warren, EETS OS 181 (1931).
Religious Pieces, hg. v. George G. Perry, EETS OS 26 (1867).
The Parlement of the Three Ages, hg. v. M.Y. Offord, EETS OS 246 (1959).
The Prick of Conscience, hg. v. Richard Morris, Berlin 1863.
Ryman, James: "Die Gedichte des Franziskaners Jakob Ryman", hg. v. Julius Zupitza, *Archiv* 89 (1892), 167-338.
Silverstein, Theodore (Hg.): *Medieval English Lyrics*, London 1971.
Vernon-Handschrift, Faksimileausgabe von D.S. Brewer, Cambridge 1987, mit einer Einführung von A.I. Doyle.
The Minor Poems of the Vernon MS, hg. v. F.J. Furnivall Band 2, EETS OS 117 (1901).

---

[1] Das Kürzel EETS OS bezieht sich auf die Ausgaben der Original Series der Early English Text Society, EETS ES auf die der Extra Series und EETS SS auf die der Supplementary Series. Erscheinungsort ist, wenn nicht anders angegeben, London.

Sekundärliteratur:

Asher, Lyell: "Life against Death in *Death and Liffe*", *Christianity and Literature* 50, n° 2 (2001).

Cross, James E.: *Latin themes in Old English poetry with an excursus on the Middle English 'Ubi Sount qui ante nos fuerount'*, Bristol 1962.

DuBruck, Edelgard E.: *The Theme of Death in French Poetry of the Middle Ages and the Renaissance*, Dan Haag 1964.

Gray, Douglas: *Themes and Images in the Medieval English Religious Lyric*, London 1972.

Hanford, James H. und Steadman, John M. (Hg.): "*Death and Liffe*: An Alliterative Poem", *Studies in Philology* 15 (1918), 221-94.

Höltgen, Karl J.: „Die ,Nine Worthies'", *Anglia* 77 (1959), 279-309.

Matsuda, Takami: *Death and Purgatory in Middle English didactic poetry*, Cambridge 1997.

Oakden, J.P.: *The Poetry of the Alliterative Revival*, Manchester 1937.

Rosenfeld, Helmut: „Vadomori", in: *Zeitschrift für deutsches Altertum und deutsche Literatur* 124 (1995), 257-64.

Tristram, Philippa: *Figures of Life and Death in Medieval English Literature*, London 1976.

Woolf, Rosemary: *The English Religious Lyric in the Middle Ages*, Oxford 1968.

2.6 Hagiographie

Ausgaben:

The Life of St. Alexius, hg. v. F.J. Furnivall, EETS OS 69 (1878).

Barclay, Alexander: *The Life of St. George*, hg. v. William Nelson, EETS OS 230 (1955).

Bokenham, Osbern: *Legendys of Hooly Wummen by Osbern Bokenham*, hg. v. Mary S. Serjeantson, EETS OS 206 (1938).

The Early South English Legendary, hg. v. Carl Horstmann, EETS OS 87 (1887).

Three lives from the Gilte Legende, Middle English Texts 9, hg. v. Richard F.S. Hamer, Heidelberg 1978.

The Golden Legend or Lives of the Saints as Englished by William Caxton, hg. v. F.S. Ellis, London 1900.

Legends of the Saints in the Scottish dialect of the 14th century, hg. v. W.M. Metcalfe, Scottish Text Society (first series) 13, 18 und 23, Edinburgh und London 1896.

Lydgate, John: The Minor Poems, hg. v. Henry N. MacCracken, EETS ES 107 (1911).

Mirk's Festival, hg. v. Theodore Erbe, EETS ES 96 (1905).

Seinte Katerine, hg. v. D'Ardenne, S.R.T.O. und E.J. Dobson, EETS SS 7 (1981).

The South English Legendary, hg. v. Charlotte D'Evelyn und Anna J. Mills, EETS OS 235, 236 und 244 (1956 und 1959).

Speculum Sacerdotale, hg. v. Edward H. Weatherly, EETS OS 200 (1936).

Supplementary Lives in some Manuscripts of the Gilte Legende, hg. v. Richard F.S. Hamer und Vida Russel, EETS OS 315 (2000).

Thomas Beket, Epische Legende, von Laurentius Wade (1497), hg. v. Carl Horstmann, *Englische Studien* 3 (1880), 407-69.

Sekundärliteratur:

D'Evelyn, Charlotte und F.A. Foster: "Saints' legends", in: J. Burke Severs (Hg.), *A Manual of the Writings in Middle English 1050-1500*, Band 2, Hamden (Connecticut) 1970, 410-57 und 553-649.

Gerould, Gordon Hall: *Saints' Legends*, Boston & New York 1916.

Görlach, Manfred: *The South English Legendary, Gilte Legende and Golden Legend*, Braunschweiger Anglistische Arbeiten 3, Braunschweig 1972.

Görlach, M.: *Studies in Middle English Saints' Legends*, Anglistische Forschungen Band 257, Heidelberg 1998.

Jankofsky, Klaus: *Darstellungen von Tod und Sterben in mittelenglischer Zeit: Untersuchungen literarischer Texte und historischer Quellen*, Saarbrücken (Diss.) 1970.

Lauwers, Michel: "La mort et le corps des saints: la scène de la mort dans les vitae du Haut Moyen Age", *Le Moyen Age : Revue d'Histoire et de Philologie* 94 (1988), 21-50.

Rösler, Margarete: *Die Fassungen der Alexiuslegende*, Wiener Beiträge zur Englischen Philologie, Band XXI, Wien und Leipzig 1905.

Schirmer, Walter: *John Lydgate: Ein Kulturbild aus dem 15. Jahrhundert*, Tübingen 1952.

Wolpers, Theodor: *Die englische Heiligenlegende des Mittelalters. Eine Formgeschichte des Legendenerzählens von der spätantiken lateinischen Tradition bis zur Mitte des 16. Jahrhunderts*, Tübingen 1964.

2.7 St. Erkenwald und Lazarus

St. Erkenwald: A Middle English Poem, hg. v. Henry L. Savage, Yale 1972.

St. Erkenwald, hg. v. Ruth Morse, Cambridge 1975.

The Towneley Plays, hg. v. Martin Stevens und A.C. Cawley, EETS SS 13 und 14 (1994).

2.8 Pearl

Conley, John (Hg.): *The Middle English "Pearl": Critical Essays*, Notre Dame, Indiana, 1970.

Cooper, Helen: "The Supernatural", in: *A Companion to the Gawain-Poet*, hg. v. Derek Brewer und Jonathan Gibson, Cambridge 1997, 277-91.

Moorman, Charles: "The Role of the Narrator in *Pearl*", *Modern Philology* 53 (1955), 73-81.

Pearl, An Edition with Verse Translation, hg. v. William Vantuono, Notre Dame, Indiana, 1995.

Prior, Sandra P.: *The Pearl Poet revisited*, New York 1994.

Putter, Ad: *An Introduction to the Gawain-Poet*, London und New York 1996.

Spearing, A.C.: *The Gawain-Poet*, Cambridge 1970.

2.9 Ars moriendi

Atkinson, David W.: *The English ars moriendi*, New York 1992, darin: *Craft and Knowledge For to Dye Well* (1-20) und W. Caxton, *The Arte & Crafte to Know Well to Dye* (21-35).

Beaty, Nancy Lee: *The Craft of Dying. A Study in the Literary Tradition of the Ars Moriendi in England*, New Haven und London 1970.

O'Connor, Mary Catharine: *The Art of Dying Well: The Development of the Ars moriendi*, New York 1942.

Siy, Dennis: *Death, Medieval Moralities and the Ars Moriendi Tradition*, University of Notre Dame (Diss.) 1985.

Seuse, Heinrich: *Orologium Sapientiae or The Seven Poyntes of Trewe Wisdom*, hg. v. Carl Horstmann, *Anglia* 10 (1887), 5. Kapitel, 357-65.

2.10 Moralitäten

The Castle of Perseverance, in: *The Macro Plays*, hg. v. M. Eccles, EETS OS 262 (1969).

Chambers, Edmund K.: *The Mediaeval Stage*, London 1903.

Chambers, E.K.: *English Literature at the Close of the Middle Ages*, Oxford 1945 (Kap. 1 "Medieval Drama").

Craig, Hardin: *English Religious Drama of the Middle Ages*, Oxford 1955.

Davenport, William A.: *The Early Moral Plays and their Literary Relations*, Cambridge 1982.

Duclow, Donald F.: "Everyman and the Ars Moriendi: Fifteenth-Century

Ceremonies of Dying", *Fifteenth-Century Studies* 6 (1983), 93-113.

Everyman, hg. v. A.C. Cawley, London 1961.

Farnham, Willard: *The Medieval Heritage of Elizabethan Tragedy*, Berkeley 1936.

Goldhamer, Allen D.: „Everyman: A Dramatization of Death", *Quarterly Journal of Speech* 59 (1973), 87-98.

Kahrl, Stanley J.: *Traditions of Medieval English Drama*, London 1974.

Keppel, Eva: *Ironie in den mittelenglischen Moralitäten*, Heidelberg 2000.

Kolve, V.A.: *"Everyman* and the Parable of the Talents", in: J. Taylor, und A.H. Nelson (Hg.): *Medieval English Drama*, Chicago und London 1972, 316-40.

Mackenzie, W.R.: *The English Moralities from the Point of View of Allegory*, New York 1914.

Moore, E. Hamilton: *English Miracle Plays and Moralities*, London 1907.

The N-Town Play, hg. v. S. Spector, EETS SS 11 und 12 (1991).

Potter, Robert: *The English Morality Play*, London und Boston 1975.

Potter, R.: "Forgiveness as Theatre" (1975), in: *Medieval English Drama*, hg. v. Peter Happé, London und Basingstoke 1984, 130-40.

Pride of Life, in: *Non-Cycle Plays and Fragments*, hg. v. Norman Davis, EETS SS 1 (1970).

Siy, Dennis: *Death, Medieval Moralities and the Ars Moriendi Tradition*, University of Notre Dame (Diss.) 1985.

Spinrad, Phoebe S.: „The Last Temptation of Everyman", *Philological Quarterly* 64 (1985), 185-94.

dies.: *The Summons of Death on the Medieval and Renaissance English Stage*, Columbus 1987.

3. Mittelenglische und mittelschottische Versromanzen

Ausgaben:

John Barbour, *The Bruce*, hg. v. A.A.M. Duncan, Edinburgh: Canongate Classics 1997.

The Battle of Maldon, hg. v. D.G. Scragg, Manchester 1981.

The Goddodin, in: *The Triumph Tree: Scotland's Earliest Poetry*, hg. v. Thomas O. Clancy, Edinburgh: Canongate Classics 1998, 46-78.

[*The Romance of*] *Guy of Warwick*, hg. v. Julius Zupitza, EETS ES 42, 49, 59 (1883).

Kyng Alisaunder, hg. v. G.V. Smithers, EETS OS 227 (1952).

King Arthur's Death: The Middle English Stanzaic Morte Arthur and Alliterative Morte Arthure, hg. v. Larry D. Benson, Exeter 1974.

[*The Romans of*] *Partenay*, hg. v. Walter W. Skeat, EETS OS 22 (1864).

Middle English Verse Romances, hg. v. Donald B. Sands, Exeter 1986.

Sir Gawain and the Green Knight, hg. v. W.G. R. Barron, Manchester 1998.
The Wallace, hg. v. Anne McKim, Edinburgh: Canongate Classics 2003.

Sekundärliteratur:

Allen, Dorena: "Orpheus and Orfeo: The Dead and the Taken", *Medium Aevum* 33 (1964), 102-11.

Barron, W.R.J.: *English Medieval Romance*, London 1987.

Benson, Larry D.: *Art and Tradition in Sir Gawain and the Green Knight*, New Brunswick (N.J.) 1965.

Benson, L. D.: "The Alliterative *Morte Arthure* and Medieval Tragedy", *Tennessee Studies in Literature* 11, 1966, 75-87.

Bogdanow, Fanni: "The Changing Vision of Arthur's Death", in: Jane H.M. Taylor, *Dies illa: Death in the Middle Ages*, Liverpool 1984, 107-23.

Cooper, Helen: "The Supernatural", in: *A Companion to the Gawain-Poet*, hg. v. Derek Brewer und Jonathan Gibson, Cambridge 1997, 277-91.

Cross, Tom P.: "Celtic Mythology and Arthurian Romance", in: Thomas A. Kirby und Henry B. Woolf, *Philologica: The Malone Anniversary Studies*, Baltimore 1949, 110-14.

Finlayson, John: "The Concept of the Hero in *Morte Arthure*", in: *Chaucer und seine Zeit: Symposium für Walter F. Schirmer*, hg. v. Arno Esch, Tübingen 1968, 249-74.

Göller, Karl H.: *König Arthur in der englischen Literatur des späten Mittelalters*, Göttingen 1963.

Gros Louis, Kenneth R.R.: "The Significance of Sir Orfeo's Self-Exile", in *Review of English Studies, New Series* 71 (1967), 245-52.

Hill, D.H.: "Romance as Epic", *English Studies* 44 (1963), 95-107.

Jankofsky, Klaus: *Darstellungen von Tod und Sterben in mittelenglischer Zeit. Untersuchungen literarischer Texte und historischer Quellen*, Saarbrücken (Diss.) 1970.

Kelly, Henry A.: "Aristotle-Averroes-Alemannus on Tragedy: The Influence of the *Poetics* on the Latin Middle Ages", *Viator* 10 (1979), 161-209.

Kelly, H.A.: "The Non-Tragedy of Arthur", in: G. Kratzmann and J. Simpson (Hg.), *Medieval English Religious and Ethical Literature*, Woodbridge 1986, 92-114.

Ker, W.P.: *Epic and Romance*, London 1908.

Krappe, A.H.: "Who was the Green Knight?", *Speculum* XIII (1938), 206-15.

Loomis, Roger S.: *The Development of Arthurian Romance*, London 1963.

Lucas Peter J.: „An interpretation of *Sir Orfeo*", in: *Leeds Studies in English* 6 (1972), 1-9.

Lumiansky, Robert M.: "The Alliterative *Morte Arthure*, the Concept of Medieval Tragedy, and the Cardinal Virtue Fortitude", in: J.M. Headley (Hg.), *Medieval and Renaissance Studies* 3, Chapel Hill 1968, 95-117.

Mainer, Sergi: *The Scottish Romance Tradition within the European Context: c. 1375-1550*, unpublished doctoral thesis: University of Edinburgh 2004.

Matthews, William: *The Tragedy of Arthur: A Study of the Alliterative 'Morte Arthure'*, Berkeley 1960.

Mehl, Dieter: *Die mittelenglischen Romanzen des 13. und 14. Jahrhunderts*, Anglistische Forschungen 93, Heidelberg 1967.

Mitchell, Bruce: "The Fairy World of *Sir Orfeo*", *Neophilologus* 48 (1964), 155-59.

Patch, Howard R.: "The Adaptation of Otherworld Motifs to Medieval Romance", in: Thomas A. Kirby und Henry B. Woolf, *Philologica: The Malone Anniversary Studies*, Baltimore 1949, 115- 23.

Patch, H.R.: *The Other World, according to Descriptions in Medieval Literature*, Cambridge 1950.

Ramsey, Lee C.: *Chivalric Romances*, Bloomington 1983.

Sir Gawain and the Green Knight, übersetzt und hg. v. von W.R.J. Barron, Manchester 1998 (1974).

Stevens, John: *Medieval Romance*, London 1973.

Tonsfeldt, Hugh W.: *Medieval Narrative and the Alliterative Morte Arthure*, San Diego 1975.

Wertime, Richard A.: "The Theme and Structure of the Stanzaic *Morte Arthur*", in: *PMLA* 87 (1972), 1075-82.

Wrigley, Christopher : "Sir Gawain and the Green Knight: The Underlying Myth", in: Derek Brewer (Hg.), *Studies in Middle English Romances: Some New Approaches*, Cambridge 1988, 113-28.

Zimmer Heinrich: *The King and the Corpse*, Princeton 1948.

4. Werke von Geoffrey Chaucer

Larry D. Benson (Hg.), *The Riverside Chaucer*, Oxford 1987[3] (basierend auf *The Works of Geoffrey Chaucer* von F.N. Robinson 1933).

Sekundärliteratur zu mehreren Werken:

Cooper, Helen: *Oxford Guides to Chaucer: The Canterbury Tales*, Oxford 1996.

Howard, Donald R.: *The Idea of the Canterbury Tales*, Berkeley 1976.

Huber, Joan R.: *Chaucer's Concept of Death in The Canterbury Tales* (Diss.), Ann Arbor 1967.

Kelly, Henry A.: "Chaucer and Shakespeare on Tragedy", *Leeds Studies in English* 20, 1989, 191-206.

Kelly, H.A.: *Ideas and forms of tragedy from Aristotle to the Middle Ages*, Cambridge 1993.

Kelly, H.A.: *Chaucerian Tragedy*, Cambridge 1997.

Kittredge, George L.: *Chaucer and his Poetry*, Cambridge (Mass.) 1915.
Muscatine, Charles: *Chaucer and the French Tradition*, Berkeley 1956.

4.1 The Book of the Duchess

Buckler, Patricia P.: "Love and Death in Chaucer's *The Book of the Duchess*", in: J.St. Mink und J.D. Ward (Hg.) *Joinings and Disjoinings: The Significance of Marital Status in Literature*, Bowling Green (Ohio) 1991, 6-18.

Butterfield, Ardis: "Lyric and Elegy in *The Book of the Duchess*", *Medium Aevum* 60 (1991), 33-60.

Cherniss, Michael D.: "The Boethian Dialogue in Chaucer's *Book of the Duchess*", *JEGP* 68 (1969), 655-65.

Clemen, Wolfgang: *Chaucer's Early Poetry*, London 1963 (Original: *Der Frühe Chaucer*, Bochum 1938).

Dean, James: "Chaucer's *Book of the Duchess*: A Non-Boethian Interpretation", *Modern Language Quarterly* 46 (1985), 235-49.

Ellis, Steve: "The Death of *The Book of the Duchess*", *ChR* 29 (1995), 249-58.

Haas, Renate: *Die mittelenglische Totenklage: Realitätsbezug, abendländische Tradition und individuelle Gestaltung*, Frankfurt am Main 1980.

Hollis, Stephanie: "The Ceyx and Alceone Story in the Book of the Duchess", in: *Parergon: Bulletin of the Australian and New Zealand Association for Medieval and Renaissance Studies* 12 (1977), 3-9.

Lawlor, John: "The Pattern of Consolation in *The Book of the Duchess*", *Speculum* 31 (1956), 626-48.

Phillips, Helen: "Structure and Consolation in *The Book of the Duchess*", *ChR* 16 (1981), 107-18.

Spearing, A.C.: *Medieval Dream-Poetry*, Cambridge 1976.

4.2 The Knight's Tale

Burlin, Robert B.: *Chaucerian Fiction*, Princeton 1977.

Fowler, Elizabeth: "The Afterlife of the Civil Dead: Conquest in the *Knight's Tale*", in: Thomas C. Stillinger, *Critical Essays on Geoffrey Chaucer*, New York 1998, 59-81.

Justman, Stewart: "'Auctoritee' and the *Knight's Tale*", *Modern Language Quarterly* 39 (1978), 3-14.

Kean, Patricia M.: *Chaucer and the Making of English Poetry, Volume II: The Art of Narrative*, London 1972.

Pearsall, Derek: *The Canterbury Tales*, London 1985.

Robinson, Ian: *Chaucer and the English Tradition*, Cambridge 1972.

Salter, Elizabeth: *Chaucer, 'The Knight's Tale' and 'The Clerk's Tale'*, Studies in English Literature Series, n° 5 (1962).

Schweitzer, Edward C.: „Fate and Freedom in *The Knight's Tale*", *Studies in the Age of Chaucer* 3 (1981), 13-45.

Westlund, Joseph: "The *Knight's Tale* as an Impetus for Pilgrimage", *Philological Quarterly* 43 (1964), 526-37.

4.3 Troilus and Criseyde

Dronke, Peter; "The Conclusion of *Troilus and Criseyde*", *Medium Aevum* 33 (1964), 47-52.

Durham, Lonnie J.: "Love and Death in *Troilus and Criseyde*", *Chaucer Review* 3 (1968), 1-11.

Erzgräber, Willi: „Tragik und Komik in Chaucers *Troilus and Criseyde*", *Festschrift für Walter Hübner,* Dieter Riesner und Helmut Gneuss (Hg.), Berlin 1964, 139-63.

Houston, Gail T.: "'White by Black': Chaucer's 'Effect Contraire' in *Troilus and Criseyde*", *Comitatus: A Journal of Medieval and Renaissance Studies* 15 (1984), 1-9.

Morgan, Gerald: "The Ending of *Troilus and Criseyde*", *Modern Language Review* 77 (1982), 257-71.

Papka, Claudia R.: "Transgression, the End of Troilus, and the Ending of Chaucer's *Troilus and Criseyde*", *Chaucer Review* 32 (1998), 267-81.

4.4 The Pardoner's Tale

Bishop, Ian: "The Narrative Art of the *Pardoner's Tale*", *Medium Aevum* 36 (1967), 15-24.

Boitani, P.: "The old man and the earth: Alterity and otherness of a medieval story", in: *The tragic and the sublime in medieval literature*, Cambridge 1989, 1-19.

Hamilton, Marie P.: "Death and Old Age in *The Pardoner's Tale*", *Studies in Philology* 36 (1939), 571-76.

Hatcher, Elizabeth R.: "Life without death: the old man in Chaucer's *Pardoner's Tale*", *ChR* 9 (1974), 246-52.

Kleinstück, Johannes: „Zur Auffassung des Todes im Mittelalter", *DVJS* 28 (1954), 40-60.

Matsuda, Takami: "Death, Prudence and Chaucer's *Pardoner's Tale*", *JEGP* 91 (1992), 313-24.

Moisan, Thomas: "Shakespeare's Chaucerian Allegory: The Quest for Death in *Romeo and Juliet* and *The Pardoner's Tale*", in: E.T. Donaldson und J.J. Kollmann (Hg.), *Chaucerian Shakespeare: Adaptation and Transformation*, Detroit 1983, 131-49.

Owen, W.J.B.: "The Old Man in *The Pardoner's Tale*", *Review of English Studies* 5 (1951), 49-55.

Pearsall, Derek: "Chaucer's Pardoner: The Death of a Salesman", *ChR* 17 (1983), 358-65.

Pittock, Malcolm: "*The Pardoner's Tale* and the Quest for Death", *Essays in Criticism* 24 (1974), 107-23.

Tristram, Philippa: "'Old stories longe tyme agoon': Death and the audience of Chaucer's Pardoner", in: Herman Braet, *Death in the Middle Ages*, Leuven 1983, 179-90.

4.5 *The Legend of Good Women*

Frank, Robert W. Jr.: *Chaucer and the Legend of Good Women*, Cambridge (Mass.) 1972.

Kiser, Lisa J. : "Chaucer's Classical Legendary" (1983), in: *Chaucer's Dream Visions and Shorter Poems*, hg. v. William A. Quinn, New York und London 1999, 315-46.

4.6 *The Monk's Tale*

Babcock, R.W.: "The Mediaeval setting of Chaucer's *Monk's Tale*", *PMLA* 46, 1931, 205-13.

Boitani, P.: "Two versions of tragedy: Ugolino and Hugelyn", in: *The Tragic and the Sublime in Medieval Literature*, Cambridge 1989, 20-55.

Farnham, William: *The Medieval Heritage of Elizabethan Tragedy*, Berkeley 1936, 129-72.

Haas, Renate: "Chaucers *Monk's Tale*: An Ingenious Criticism of Early Humanist Conceptions of Tragedy", *Humanistica Lovaniensia* 36, 1987, 44-70.

Kaske, R.E.: "The Knight's interruption of the *Monk's Tale*", *English Literary History* 24, 1957, 249-68.

Lepley, D.L.: "The Monk's Boethian tale", *Chaucer Review* 12, 1978, 162-69.

Mahoney, J.F.: "Chaucerian Tragedy and the Christian tradition", *Annuale mediaevale* 3, 1962, 81-99.

Oruch, J.B.: "Chaucer's Worldly Monk", *Criticism* 8, 1966, 280-88.

Patch, Howard R.: "Chaucer and Lady Fortune", *Modern Language Review* 22, 1927, 377-88.

Robertson, D.R.: "Chaucerian Tragedy", *English Literary History* 19, 1952, 1-37.

Ruggiers, P.G.: "Notes towards a theory of tragedy in Chaucer", *Chaucer Review* 8, 1973, 89-99.

Socola, E.M.: "Chaucer's development of Fortune in the *Monk's Tale*", *JEGP* 49, 1950, 159-71.

Strange, W.C.: "The *Monk's Tale*: A Generous View", *Chaucer Review* 1, 1967, 167-80.

5. Werke von Gower und Lydgate

Gower, John: *The English Works of John Gower*, hg. v. G.C. Macaulay, EETS ES 81 und 82, London 1900.

Lydgate, John: *The Dance of Death*, hg. v. Florence Warren, EETS OS 181 (1931).

Lydgate, John: *Fall of Princes*, hg. v. Henry Bergen, EETS ES 121-24 (1924).

Farnham, William: *The Medieval Heritage of Elizabethan Tragedy*, Berkley 1936.

Kelly, Henry A.: "Lydgate's fallen princes", in: *Chaucerian Tragedy*, Cambridge 1997, 176-215.

Patch, H.R.: *The Goddess Fortuna in Medieval Literature*, Cambridge 1927.

Pearsall, Derek: *Gower and Lydgate*, London 1969.

Pearsall, D.: *John Lydgate*, London 1970.

Schirmer, Walter F.: *John Lydgate: Ein Kulturbild aus dem 15. Jahrhundert*, Tübingen 1952.

6. Englische und schottische Volksballaden

Francis J. Child (Hg.), *The English and Scottish Popular Ballads*, 5 Bände, 1882-98, Neuausgabe New York 1965.

Gerould, Gordon H.: *The Ballad of Tradition*, New York und Oxford 1957 (1932).

Fowler, David C.: *A Literary History of the Popular Ballad*, Durham, N.C. 1968.

McCarthy, William B.: "Love and Death", in: *The Ballad Matrix: personality, milieu and the oral tradition*, Bloomington 1990, 117-31.

Reichl, Karl: *Religiöse Dichtung im englischen Hochmittelalter*, Münchner Universitätsschriften: Texte und Untersuchungen zur englischen Philologie, Band 1, München 1973 (zur Judasballade 116-18 und 375/6).

Müller, Wolfgang G.: *Die englisch-schottische Volksballade*, München 1983.

Wimberly, Lowry C.: *Folklore in the English and Scottish Ballads*, New York 1959 (1928).

10. Index der besprochenen Texte

mittelenglische Todeslyrik:

mittelenglische und mittelschottische Texte:

englische und schottische Volksballaden (Kap. 6), Nummerierung gemäß der Ausgabe von Francis J. Child:

altenglische Texte und *The Goddodin* (walisisch)

altfranzösische Texte:

lateinische Texte:

mittelhochdeutsche Texte:

MÜNCHENER UNIVERSITÄTSSCHRIFTEN
Texte und Untersuchungen zur Englischen Philologie

Herausgegeben von Helmut Gneuss, Hans Sauer und Wolfgang Weiß

Die Bände 1-20 sind im Wilhelm Fink Verlag München erschienen und können, soweit nicht vergriffen, von dort über die Auslieferung bezogen werden.

Band 22 Sonja Fielitz: Wit, Passion and Tenderness. Ovids *Metamorphosen* im Wandel der Diskurse in England zwischen 1660 und 1800. 2000.

Band 23 Sabine Gieszinger: The History of Advertising Language. The Advertisements in *The Times* from 1788 to 1996. 2001.

Band 24 Svenja Weidinger: Revision der Empfindsamkeit. Samuel Richardsons Fortschreibungen von *Pamela* (1739-1761). 2002.

Band 25 Carolin Schreiber: King Alfred's Old English Translation of Pope Gregory the Great's *Regula pastoralis* and its Cultural Context. A Study and Partial Edition According to All Surviving Manuscripts Based on Cambridge, Corpus Christi College 12. 2003.

Band 26 Brigitte Langefeld: The Old English Version of the Enlarged Rule of Chrodegang. Edited together with the Latin Text and an English Translation. 2003.

Band 27 Berit Bettina Schubert: [*Enter* SHAKESPEARE.]. Der Dramatiker als Figur im modernen Drama. 2003.

Band 28 Ursula Kalbhen: Kentische Glossen und kentischer Dialekt im Altenglischen. Mit einer kommentierten Edition der altenglischen Glossen in der Handschrift London, British Library, Cotton Vespasian D.vi. 2003.

Band 29 Renate Bauer: *Adversus Judaeos*. Juden und Judentum im Spiegel alt- und mittelenglischer Texte. 2003.

Band 30 Lucia Kornexl / Ursula Lenker (eds.): Bookmarks from the Past. Studies in Early English Language and Literature in Honour of Helmut Gneuss. 2003.

Band 31 Katja Kraushaar: Englische Elegien. 2004.

Band 32 Oliver M. Traxel: Language Change, Writing and Textual Interference in Post-Conquest Old English Manuscripts.The Evidence of Cambridge, University Library, Ii. 1.33. 2004.

Band 33 Claudia Küster: Give me some music.... Shakespeare an der Bayerischen Staatsoper München. Auftragswerke und Erstaufführungen im Vergleich mit ihren literarischen Vorlagen. 2005.

Band 34 Matthias Galler: *O Death, thou comest when I had thee least in mind!* Der Umgang mit dem Tod in der mittelenglischen Literatur. 2007.

www.peterlang.de

Hans Sauer (Hrsg./ed.)

Angelsächsisches Erbe in München
Anglo-Saxon Heritage in Munich

Angelsächsische Handschriften, Schreiber und Autoren aus den Beständen der Bayerischen Staatsbibliothek in München
Anglo-Saxon manuscripts, scribes and authors from the collections of the Bavarian State Library in Munich
Unter Mitarbeit von/InCooperation with Birgit Ebersperger, Carolin Schreiber & Angelika Schröcker

Frankfurt am Main, Berlin, Bern, Bruxelles, New York, Oxford, Wien, 2005.
119 S., zahlr. Abb.
ISBN 3-631-54487-1 / US-ISBN 0-8204-7794-X · br. € 19.80*

England erlebte im 7. und 8. Jahrhundert eine erste religiöse und kulturelle Blütezeit. Eine der Folgen davon war, daß Deutschland im 8. Jahrhundert weitgehend von angelsächsischen Missionaren wie zum Beispiel Bonifatius christianisiert und damit bis heute entscheidend geprägt wurde.
Die Christianisierung wirkte sich auch auf die literarische Kultur und die Handschriftenüberlieferung aus. Diesen Aspekt verdeutlichte eine Ausstellung in der Bayerischen Staatsbibliothek in München (1.–24. August 2005). Gezeigt wurden aus England stammende sowie englisch beeinflußte kontinentale Handschriften, ferner Texte angelsächsischer Autor(inn)en wie Alcuin, Aldhelm, Beda, Bonifatius, Candidus (Wizo) und Hugeburc. Der illustrierte Katalog beschreibt die Handschriften und stellt sie in ihren historischen und kulturellen Kontext.

English religious and cultural life reached its first culmination in the 7th and 8th centuries. One result of this was that Germany was largely christianized by Anglo-Saxon missionaries such as Boniface in the 8th century, which put a lasting stamp on the religious and cultural structure of Germany. Christianization also influenced the literary life and the transmission of manuscripts. This aspect was highlighted in an exhibition in the Bavarian State Library in Munich (1–24 August 2005) which presented manuscripts from Anglo-Saxon England as well as continental manuscripts written or influenced by the Anglo-Saxons. Texts composed by English authors such as Alcuin, Bede, Boniface, Candidus (Wizo) and Hugeburc are also on display. The illustrated catalogue describes the manuscripts and puts them into their historical and cultural context.

Frankfurt am Main · Berlin · Bern · Bruxelles · New York · Oxford · Wien
Auslieferung: Verlag Peter Lang AG
Moosstr. 1, CH-2542 Pieterlen
Telefax 00 41 (0)32/376 17 27

*inklusive der in Deutschland gültigen Mehrwertsteuer
Preisänderungen vorbehalten

Homepage http://www.peterlang.de

Peter Lang · Europäischer Verlag der Wissenschaften